알기쉬운 **부동산경매**

에듀컨텐츠 휴피아
CH Educontents Huepia

머 릿 말

"알기쉬운 부동산경매"는 교육인적자원부 지원하여 제작 촬영된 K-MOOC 개별공모 사업에 당선되어 시민의 부동산경매 길잡이 역할을 위해 편찬된 부동산 실전 경매교재이다.

우리나라 부동산시장은 급등과 급락이라는 다양한 변화를 겪어 왔다. 특히 최근 몇 년간의 주택 가격 상승과 정부의 부동산 정책 변화로 부동산시장의 풍경을 크게 바꿔 놓았는데 부동산경매시장 또한 새로운 역동적인 변화를 경험해 왔다.

현재 우리나라 부동산경매시장은 부동산 저당시장과 그 궤를 같이하고 있다.
주택가격 상승으로 인해 부채를 안는 가구들이 늘어나고 부동산시장이 급냉 또는 경착륙을 반복하며 부동산경매시장이 요동치고 있다. 이에 일반 시민의 부동산경매에 대한 관심 또한 증가되고 있다.

법원주도의 부동산경매시장은 비교적 저렴한 가격에 부동산을 매입할 수 있는 기회를 제공하며, 투자자에게는 다양한 투자 가능성을 제시한다. 그러나 부동산경매는 일반시민이 이해하기 어려운 절차와 규정이 존재한다. 따라서 부동산경매와 절차에 대하여 알기 쉽게 이해시키고 실전적인 투자전략을 세우기 위해서 본 교재를 집필하게 되었다. 그래서 본 교재는 이러한 부동산경매에 대한 이해와 전문 지식을 제공한다.

필자는 누구나 쉽게 부동산경매를 배울 수 있게 하기 위해 교육인적자원부가 지원하는 K-MOOC 개별공모 사업에 당선되어 "알기쉬운 부동산경매" 교육과정 촬영을 완료하고 수강에 필요한 교재로 본 교재를 집필하게 되었다. 따라서 일반시민은 K-MOOC를 통해 "알기쉬운 부동산경매"강좌를 학습하며, 부동산 경매지식을 습득하기 바라며, 본 교재를 통해서 부동산경매에 관심이 있는 독자에게 경매시장의 동향과 전략, 실제 사례, 경매 노하우 등 법률적 지식을 쉽게 전달하고 싶었는데 그 성과를 미지수이다.

독자 여러분은 "알기쉬운 부동산경매"를 통해서 성공적인 투자의 기회를 가지게 되어 "서민갑부"의 탄생을 기대해 본다.

이 책이 나오기까지 애써주신 도서출판 에듀컨텐츠휴피아의 이상열 대표를 비롯한 임직원 여러분과 본서 집필에 큰 도움을 준 세명대학교 조재진 박사에게 고마움을 전한다.

2024년 2월

하늘 맑은 까치산 아래 세명대학교 연구실에서 **이산 김상진**

저 자 소 개

- 저자 : 김 상 진

- 저자약력

    충남대학교 법과대학 법학과졸

    충남대학교 대학원 법학석·박사학위 취득

    벽성대학교 부동산행정과 교수(1996.8~2012.2)

    세명대학교 부동산지적학과 교수(2012.3~2024.2 현재)

    한국부동산경매학회장 역임(2023년도)

    한국법이론실무학회 부회장

    충북도 행정심판위원/도시계획위원/지방세심의위원역임

목 차

제1편 총 설

제1장 권리와 경매 ··· 1
제1절 권리 ··· 1
제2절 물권과 채권 ··· 1
제3절 등기부 보는 법 ··· 4
제4절 말소기준등기(최선순위권리) ··· 5

제2장 경매절차흐름의 이해 ··· 6
제1절 경매절차흐름도 ··· 6
제2절 경매신청 ··· 7
제3절 경매개시결정 ··· 10
제4절 매각을 위한 준비 ··· 13
제5절 매각의 실시 ··· 22

제2편 특수권리분석

제1장 가장임차인 ··· 34
제1절 주택임대차보호법의 이해 ··· 34
제2절 상가건물임대차보호법 ··· 57
제3절 가장임차인 ··· 61

제2장 선순위 전세권 ··· 65
제1절 전세권 ··· 65
제2절 선순위 전세권 관련 쟁점 ··· 68

제3장 선순위 가등기 ··· 71

제4장 선순위 가처분 ··· 74

제5장 유치권 ··· 75
제1절 유치권 ··· 75
제2절 허위유치권자에 대한 대응 ··· 81

제6장 법정지상권 · 83
  제1절 지상권 · 83
  제2절 민법 제366조의 법정지상권 · 87
  제3절 관습법상의 법정지상권 · 90
  제4절 민법 제621조의 차지권 · 96
  제5절 분묘기지권 · 96
  제6절 경매와 법정지상권 · 99

제7장 지분경매 · 102
  제1절 공유의 법률관계 · 102
  제2절 지분취득후 활용방안 · 107

제8장 토지별도등기 · 109

제3편 배당 및 명도

제1장 배당 · 112
  제1절 총설 · 112
  제2절 배당절차 · 116
  제3절 배당연습 · 117

제2장 명도 · 122
  제1절 총설 · 122
  제2절 인도명령의 당사자 · 122
  제3절 인도명령의 신청 · 123
  제4절 인도명령의 심판 · 123

제4편 경매 팁(1~272)

1팁 강제집행이란 무엇인가 · 126
2팁 강제집행절차와 판결절차는 어떻게 다른가 · 127
3팁 채무명의란 무엇인가 · 128
4팁 급부의무의 모습과 채무명의 · 129
5팁 채무병의의 경합과 소멸이 있는 경우 · 129
6팁 채무명의의 종류 · 130
7팁 집행증서란 무엇인가 · 131
8팁 집행증서에는 어떠한 효력이 있는가 · 132
9팁 강제집행신청과 집행개시요건 · 132

10팁 적극적 집행개시요건 ·· 133
11팁 집행장해란 무엇인가 ·· 134
12팁 즉시항고란 무엇인가 ·· 135
13팁 이해관계인이란 ·· 138
14팁 이해관계인은 ·· 139
15팁 이해관계인은 ·· 140
16팁 경매비용예납표준액 ·· 140
17팁 강제경매절차 ·· 142
18팁 임의경매절차 ·· 142
19팁 임의경매와 강제경매의 차이 ··· 143
20팁 입찰이란 ··· 144
21팁 강제경매의 대상 ··· 148
22팁 경매사건의 관할법원 ··· 149
23팁 강제경매신청서·임의경매신청서 ··· 149
24팁 강제경매신청서에는 ·· 150
25팁 강제경매신청서에는 ·· 151
26팁 강제경매신청서에는 ·· 152
27팁 강제경매신청서에는 ·· 153
28팁 임의경매신청서에는 ·· 154
29팁 임의경매신청서에는 ·· 155
30팁 임의경매신청서에는 ·· 156
31팁 임의경매신청서에는 ·· 157
32팁 임의경매신청서에는 ·· 158
33팁 임의경매신청서에는 ·· 159
34팁 임의경매신청서에는 ·· 160
35팁 임의경매신청서에는 ·· 161
36팁 임의경매신청서에는 ·· 162
37팁 임의경매신청서에는 ·· 163
38팁 임의경매신청서에는 ·· 164
39팁 강제경매신청서에는 ·· 165
40팁 강제경매신청서에는 ·· 166
41팁 강제경매신청서에는 ·· 167
42팁 임의경매신청서에는 ·· 168
43팁 강제경매개시결정 ··· 169
44팁 강제경매개시결정 ··· 170
45팁 임의경매개시결정 ··· 172
46팁 경매신청기입등기의 촉탁 ··· 173
47팁 경매신청기입등기의 촉탁 ··· 173
48팁 경매신청기입등기의 촉탁 ··· 174
49팁 경매신청기입등기의 촉탁 ··· 175
50팁 경매신청기입등기의 촉탁 ··· 176
51팁 경매절차는 승계되기도 한다 ··· 176

52팁 경매절차의 취소 ··· 177
53팁 경매절차는 ··· 178
54팁 강제경매개시결정은 ··· 179
55팁 강제경매개시결정은 ··· 180
56팁 경매진행중 부동산의 침해방지를 위하여 ··················· 181
57팁 강제경매개시결정에 대하여 ··· 182
58팁 강제경매개시결정에 대하여 ··· 183
59팁 임의경매개시결정에 대하여 ··· 184
60팁 임의경매개시결정에 대하여 ··· 185
61팁 임의경매개시결정에 대하여 ··· 186
62팁 경매개시결정을 한 후 ··· 187
63팁 채권신고의 최고 ··· 188
64팁 채권신고의 최고 ··· 189
65팁 부동산 현황조사명령 ··· 190
66팁 집행관이 현황조사 할 사항은 ····································· 191
67팁 현황조사보고서에는 ··· 192
68팁 임차인에 대한 통지 ··· 194
69팁 경매목적 부동산의 평가 ··· 195
70팁 평가명령의 대상은 ··· 196
71팁 부동산의 평가는 ··· 197
72팁 부동산의 평가는 ··· 198
73팁 감정평가서와 재평가 ··· 199
74팁 최저경매가격은 ··· 199
75팁 최저경매가격은 ··· 200
76팁 경매물건명세서 ··· 201
77팁 경매물건명세서는 ··· 202
78팁 우선채권이란 ··· 203
79팁 우선채권의 범위 ··· 204
80팁 우선채권의 종류 ··· 205
81팁 무잉여경매취소 ··· 206
82팁 경매절차의 속행신청 ··· 207
83팁 압류채권자가 매수신청을 한 경우 ····························· 208
84팁 어떤 경우 강제집행은 정지되는가 ····························· 209
85팁 강제집행의 정지원인 ··· 210
86팁 강제집행의 정지원인 ··· 211
87팁 강제집행의 정지원인 ··· 212
88팁 집행정지의 방법 ··· 213
89팁 집행정지 서류의 제출시기 ··· 214
90팁 집행정지신청이 있는 경우 ··· 214
91팁 집행정지의 효력은 ··· 216
92팁 임의경매절차의 정지 ··· 217
93팁 임의경매절차의 취소 ··· 218

94팁 경매절차의 정지·취소문서는 ………………………………………… 219
95팁 경매기일은 …………………………………………………………… 219
96팁 경매기일은 …………………………………………………………… 220
97팁 낙찰기일은 …………………………………………………………… 222
98팁 경매기일공고에 기재할 사항 ………………………………………… 222
99팁 경매기일공고에 기재할 사항 ………………………………………… 223
100팁 경매기일공고에 기재할 사항 ……………………………………… 224
101팁 입찰에 참가하는 방법 ……………………………………………… 225
102팁 신문게재 입찰공고사항 읽는법 …………………………………… 226
103팁 입찰매각조건이란 …………………………………………………… 228
104팁 특별매각조건도 변경할 수 있다. ………………………………… 228
105팁 분할경매와 일괄경매 ……………………………………………… 229
106팁 일괄경매의 절차 …………………………………………………… 231
107팁 일괄경매의 절차 …………………………………………………… 232
108팁 경매기일은 …………………………………………………………… 233
109팁 매수신청자격 ………………………………………………………… 234
110팁 매수(입찰)신청은 …………………………………………………… 235
111팁 입찰보증금이란 ……………………………………………………… 235
112팁 매수·입찰신청의 효력 ……………………………………………… 236
113팁 최고가매수인·차순위매수신고인의 결정 ………………………… 237
114팁 경매부동산의 공유자는 …………………………………………… 238
115팁 최고가매수신고인 등의 주소신고 ………………………………… 239
116팁 경매조서란 …………………………………………………………… 240
117팁 농지경매와 농지취득자격증명 …………………………………… 241
118팁 신경매란 ……………………………………………………………… 242
119팁 신경매의 절차 ………………………………………………………… 243
120팁 신경매의 절차 ………………………………………………………… 244
121팁 낙찰기일이란 ………………………………………………………… 245
122팁 낙찰기일에서 이해관계인은 ……………………………………… 245
123팁 낙찰허가에 대한 이의란 …………………………………………… 246
124팁 낙찰허가에 대한 이의사유는 ……………………………………… 247
125팁 낙찰허가에 대한 이의사유는 ……………………………………… 247
126팁 낙찰허가에 대한 이의사유는 ……………………………………… 248
127팁 낙찰불허가결정을 하는 경우 ……………………………………… 249
128팁 낙찰불허가결정을 하는 경우 ……………………………………… 250
129팁 낙찰불허가결정을 하는 경우 ……………………………………… 251
130팁 낙찰불허가결정을 하는 경우 ……………………………………… 252
131팁 경매와 매도인의 담보책임 ………………………………………… 252
132팁 낙찰불허가결정 ……………………………………………………… 253
133팁 낙찰불허가결정 ……………………………………………………… 254
134팁 낙찰허가결정은 ……………………………………………………… 255
135팁 낙찰허가결정에는 …………………………………………………… 256

136팁 낙찰기일조서에는 …………………………………………………………… 257
137팁 낙찰허부결정에 대한 즉시항고 ………………………………………… 258
138팁 낙찰허부결정에 대한 즉시항고 ………………………………………… 259
139팁 낙찰허부결정에 대한 즉시항고 ………………………………………… 260
140팁 경매사건의 항고심 절차 …………………………………………………… 260
141팁 경매사건의 항고심 절차 …………………………………………………… 261
142팁 경매사건의 항고심 절차 …………………………………………………… 262
143팁 낙찰인이 대금지급의무를 불이행하면 ………………………………… 263
144팁 재경매는 ………………………………………………………………………… 263
145팁 재경매는 ………………………………………………………………………… 264
146팁 재경매절차 ……………………………………………………………………… 265
147팁 재경매도 취소될 수 있다. ………………………………………………… 266
148팁 재경매에서 전낙찰인은 ……………………………………………………… 267
149팁 공동경매란 ……………………………………………………………………… 267
150팁 2중경매 …………………………………………………………………………… 268
151팁 2중경매 …………………………………………………………………………… 269
152팁 2중경매 …………………………………………………………………………… 270
153팁 2중경매 …………………………………………………………………………… 271
154팁 배당요구 할 수 있는 채권자는 ……………………………………………… 272
155팁 배당요구 할 수 있는 채권자는 ……………………………………………… 273
156팁 배당요구는 ……………………………………………………………………… 274
157팁 배당요구채권은 ………………………………………………………………… 275
158팁 배당요구는 ……………………………………………………………………… 275
159팁 배당요구를 하면 ……………………………………………………………… 275
160팁 배당요구신청의 적부심사 …………………………………………………… 276
161팁 채권확정의 소 ………………………………………………………………… 276
162팁 국세 교부청구와 참가압류 ………………………………………………… 277
163팁 경매신청은 언제까지 취하할 수 있는가 ……………………………… 278
164팁 재경매경령 후의 취하 ……………………………………………………… 279
165팁 경매신청 취하는 어떻게 하는가 ………………………………………… 280
166팁 경매신청을 취하하면 ………………………………………………………… 281
167팁 경매신청기입등기의 말소 …………………………………………………… 281
168팁 낙찰대금의 납부 ……………………………………………………………… 282
169팁 집행정지서면이 제출되면 …………………………………………………… 283
170팁 대금지급기일 …………………………………………………………………… 283
171팁 낙찰대금 납부절차 …………………………………………………………… 284
172팁 낙찰대금 납부의 하자 ……………………………………………………… 285
173팁 특별한 낙찰대금 지급방법 ………………………………………………… 285
174팁 소유권이전등기 ………………………………………………………………… 286
175팁 소유권이전등기 ………………………………………………………………… 287
176팁 말소등기 촉탁절차 …………………………………………………………… 288
177팁 말소촉탁의 대상이 되는 등기 ……………………………………………… 289

178팁 소유권이전등기 촉탁신청서 ·· 290
179팁 소유권이전등기 촉탁신청서 ·· 291
180팁 등기촉탁비용과 등기필증의 수령 ······································ 292
181팁 부동산 관리명령 ··· 293
182팁 관리명령과 인도명령 ·· 294
183팁 관리방법·관리종료·관리비용 ·· 294
184팁 인도명령의 신청절차 ·· 295
185팁 인도명령의 당사자 ··· 296
186팁 인도명령의 심리·재판·집행 ·· 297
187팁 인도명령에 대한 불복방법 ·· 298
188팁 법정지상권 ·· 299
189팁 법정지상권의 성립요건 ·· 300
190팁 배당이란 ··· 301
191팁 배당받을 채권자의 범위 ·· 301
192팁 채권계산서의 제출 ··· 302
193팁 채권계산서의 제출 ··· 303
194팁 배당기일 ··· 304
195팁 배당표의 작성 ·· 305
196팁 배당표의 기재사항 ··· 305
197팁 배당표에 포함되는 채권은 ·· 306
198팁 배당비율과 배당액 ··· 307
199팁 배당재단 ··· 308
200팁 집행비용 ··· 309
201팁 강제집행절차에서 필요한 비용이란 ·································· 310
202팁 경매비용의 예납 ··· 311
203팁 집행비용의 부담자와 추심절차 ··· 312
204팁 집행비용확정 결정이란 ·· 313
205팁 배당순위 ··· 314
206팁 임대차보증금의 배당순위 ·· 315
207팁 임금·퇴직금의 배당순위 ·· 318
208팁 국세와 가산금의 배당순위 ·· 319
209팁 저당권의 배당순위 ··· 320
210팁 근로관계로 인한 채권의 배당순위 ···································· 322
211팁 징수금의 배당순위 ··· 322
212팁 공과금의 배당순위 ··· 323
213팁 배당을 실시하여야 할 경우 ·· 323
214팁 배당금의 수령절차 ··· 324
215팁 배당액을 공탁하는 경우 ·· 325
216팁 배당액을 공탁하는 경우 ·· 326
217팁 배당액을 공탁하는 경우 ·· 327
218팁 추가배당절차 ·· 327
219팁 배당기일조서 ·· 328

220팁 임의경매의 배당절차 ·· 329
221팁 제3취득자의 비용상환청구권 ·· 330
222팁 저당권의 배당 ·· 331
223팁 저당권의 배당 ·· 332
224팁 근저당권의 배당 ·· 333
225팁 근저당권의 배당 ·· 334
226팁 근저당권의 배당 ·· 335
227팁 공동저당 ·· 336
228팁 공동저당 ·· 336
229팁 공동저당 ·· 337
230팁 차순위 저당권자의 대위(代位) ·· 339
231팁 대위권의 발생요건 ·· 340
232팁 대위의 효과 ·· 341
233팁 이시배당(異時配當)과 대위 ·· 341
234팁 근저당권 공유자와 대위 변제자의 배당 ·· 342
235팁 수개의 공장저당권 상호간의 배당관계 ·· 343
236팁 공장저당권과 보통 저당권간의 배당 ·· 344
237팁 전세보증금·가압류채권의 배당 ·· 344
238팁 가압류·압류의 효력 ·· 345
239팁 흡수배당 ·· 346
240팁 흡수배당 ·· 346
241팁 흡수배당 ·· 348
242팁 순환배당 ·· 349
243팁 배당의 실제 ·· 350
244팁 배당의 실제 ·· 351
245팁 배당의 실제 ·· 351
246팁 배당의 실제 ·· 352
247팁 배당의 실제 ·· 353
248팁 배당의 실제 ·· 353
249팁 배당의 실제 ·· 354
250팁 배당의 실제 ·· 355
251팁 배당의 실제 ·· 356
252팁 배당의 실제 ·· 357
253팁 배당의 실제 ·· 358
254팁 배당의 실제 ·· 358
255팁 배당의 실제 ·· 359
256팁 배당의 실제 ·· 360
257팁 배당표에 대한 이의절차 ·· 361
258팁 배당표에 대한 이의절차 ·· 362
259팁 배당이의 신청방법 ·· 363
260팁 배당이의에 대한 다른 채권자의 인부 ·· 364
261팁 배당이의의 효과 ·· 365

262팁 배당이의 소 ··· 366
263팁 배당이의 소의 소송요건 ··· 367
264팁 배당이의 소의 소송요건 ··· 368
265팁 배당이의 소의 제기 ··· 369
266팁 배당이의 소송의 실제 ··· 370
267팁 배당이의 소송의 종결 ··· 370
268팁 배당이의의 소의 판결의 주관적 범위 ··· 371
269팁 배당이의의 소의 판결의 주관적 범위 ··· 372
270팁 배당이의의 소의 판결의 주관적 범위 ··· 372
271팁 배당이의의 소의 판결의 객관적 범위 ··· 373
272팁 배당이의소송 완료후의 배당실시 ·· 374

제5편 개정사항

개정1 전세사기피해자 지원 및 주거안정에 관한 특별법 ················ 376
　제1절 전세사기피해자의 요건 ·· 376
　제2절 전세사기피해자등 지원 ·· 376
　제3절 국세의 체납으로 인하여 압류된 주택의 매각 유예·정지 ··········· 378
　제4절 경매절차에서의 우선매수권 ··· 378

개정2 주택임대차보호법 개정사항(2023. 4. 18 개정 / 7.11. 시행) ·· 380
　제1절 임대인의 정보제시 의무 ··· 380

개정3 공인중개사법 개정사항(2023. 4. 18 개정 / 10.11. 시행) ········ 384
　제1절 개업공인중개사의 고용인의 신고 ·· 384
　제2절 중개보조원의 고지의무 ·· 384
　제3절 임대차 중개 시의 설명의무 ··· 384

에듀컨텐츠·휴피아
CH Educontents · Hue-pia

알기쉬운 부동산경매

김 상 진 · 著

제1편
총 설

제1장 경매와 권리

제2장 경매절차흐름도의 이해

제1장 권리와 경매

제1절 권리

경매라 함은 채권자의 채권의 회수를 위하여 국가가 채무자의 재산을 강제로 매각하는 행위를 말한다. 그러므로 경매가 진행되는 물건에는 여러 가지 권리관계가 복잡하게 얽혀있는 것이 사실이다. 따라서 경매를 이해하기 위해서는 권리에 대한 이해가 반드시 전제가 되어야 한다.

권리라 함은 일정한 이익을 향유하기 위하여 법적으로 인정된 힘을 의미한다. 여기서 법적으로 인정된 힘이란 말의 의미는 궁극적으로 국가의 강제력을 동원할 수 있는 힘이란 의미이다.
예컨대 갑소유의 토지에 을이 무단으로 건물을 건축한 경우에는 갑은 을에게 건물의 철거청구권을 가지고 있으며 이는 을이 건물의 철거를 하지 아니하는 경우에 국가의 강제력을 동원하여 을의 건물을 철거할 수 있는 힘이 있다는 의미이다.

제2절 물권과 채권

이러한 권리는 그 구별기준에 따라서 여러 가지로 분류할 수가 있지만 가장 대표적인 분류방법을 기술해보고자 한다.
크게 권리는 재산관계하에서 발생하는 재산권과 신분관계하에서 발생하는 신분권으로 나누어진다.
또한 이러한 재산권은 다시 또 물권과 채권으로 구별할 수 있으며 이러한 물권과 채권의 이해는 부동산경매의 권리분석에 있어서 가장 기본이 되는 내용이라 할 수 있다.

[1] 물 권

1. 물권의 의의

물권이라 함은 물건을 배타적으로 지배할 수 있는 권리를 말한다.
이는 절대권으로서 누구에게든지 주장이 가능하며 이를 법률용어로 대항할 수 있다고 표현한다. 즉 물권은 절대권이기에 제3자에게도 대항력을 가진다.
이렇듯 물권은 제3자에게도 자신의 권리를 주장할 수 있는 것이기에 제3자에게 불측의 손해를 야기시킬 수도 있으며 따라서 이를 미연에 방지하기 위하여 미리 공시(公示)를 하여야 한다. 물권에 인정되는 공시방법중 가장 대표적인 것이 등기제도이며, 어떠한 물건에 어떠한 물권자가 존재하는지를 우리는 등기부를 통하여 확인할 수가 있는 것이다.

2. 물권의 종류

물권은 제3자에게도 대항력을 주장할수 있는 권리이기에 당사자가 마음대로 새로운 물권을 창설하고 당사자가 임의로 새로운 내용으로 물권을 변경할 수가 없으며 이를 물권법정주의라고 한다.

> 민법 제185조 [물권법정주의]
> 물권의 종류와 내용은 법률 또는 관습법에 의하지 아니하고는 임의로 창설하지 못한다

이러한 물권법정주의에 의하여 현행법상 인정되는 물권에는 다음과 같은 것들이 있으며 이는 권리분석의 기본이 되는 내용이므로 반드시 숙지하고 있어야 하겠다

(1) 민법이 인정하는 물권

① 소유권과 제한물권
소유권은 객체인 물건의 사용가치와 교환가치를 전면적으로 지배할 수 있는 권리인 데 비하여 제한물권은 물건의 사용가치나 교환가치에 대해서만 제한적으로 지배를 할 수 있는 권리이다.

② 용익물권과 담보물권
제한물권은 사용가치만을 지배하는 지배권으로서 용익물권(지상권·지역권 ·전세권)이 있고, 교환가치만을 지배하는 지배권으로서 담보물권(유치권·질권·저당권)이 있다.

사용가치와 교환가치의 지배	소유권
사용가치의 지배	지상권, 지역권, 전세권
교환가치의 지배	유치권, 질권, 저당권

(2) 민법 이외의 법률이 인정하는 물권

① 상법이 인정하는 물권
상사유치권, 상사질권, 주식질권, 선박저당권, 선박채권자의 우선특권 등이 있다.

② 특별법이 인정하는 물권
공장저당권·공장재단저당권·광업재단저당권·자동차저당권·항공기저당권·건설기계저당권·가등기담보권 등이 있고, 그 밖에도 광업권·조광권·어업권 등의 특수한 물권적 권리가 있다.

(3) 관습법이 인정하는 물권

① 분묘기지권
타인의 토지에 분묘를 설치한 자는 일정한 요건하에 그 분묘기지에 대하여 지상권에 유사한 물권을 취득한다.

② 관습법상 법정지상권
동일인의 소유에 속하는 토지와 그 지상의 건물이 매매 등으로 각각 소유자를 달리하게 된 경우에는 특히 그 건물을 철거한다는 별도의 특약이 없는 한 건물의 소유자는 그 토지 위에 관습법상의 법정지상권을 취득한다.

3. 물권의 효력

(1) 물권 상호간의 우선적 효력
물권은 배타적인 성질이 있는 권리이므로 동일한 물건 위에 종류·성질·순위가 같은 물권이 동시에 성립하지 못한다. 그러나 종류·성질·순위를 달리하는 물권은 동일한 물건 위에 동시에 성립할 수 있다. 예를 들어 동일물 위에 두 개의 소유권은 성립할 수 없으나 소유권과 지상권, 또는 전세권과 저당권은 함께 성립할 수 있다. 그리고 같은 부동산 위에 1번 저당권과 2번 저당권이 함께 설정될 수 있다.

① 소유권과 제한물권 상호간의 효력
소유권과 용익물권(지상권, 지역권, 전세권) 또는 소유권과 담보물권(유치권, 질권, 저당권)상호 간에 있어서는 용익물권 또는 담보물권과 같은 제한물권이 우선한다.

② 제한물권과 제한물권 상호간의 효력
제한물권과 제한물권 상호간에 있어서는 성립순위에 따라 우선적 효력이 좌우된다. 부동산물권에 있어서 성립순위는 등기부 상 동(同)구에서는 순위번호에 따르고, 별(別)구에서는 접수번호에 의한다.
즉, 어떤 토지위에 지상권이 설정된 후 저당권이 설정된 경우 저당권의 실행에 의해서도 지상권은 소멸하지 않지만 저당권 설정 뒤에 지상권이 설정된 경우에는 저당권의 실행으로 저당권이 소멸하면 지상권도 소멸하게 된다.

(2) 채권에 우선하는 효력
채권 상호간에는 채권자 평등주의가 적용되나 어떤 물건에 관하여 물권과 채권이 경합하는 경우 시기의 선후에 관계없이 물권이 채권에 우선한다. 예를 들어 어떤 토지에 대하여 매매계약이 성립하고 있더라도 후에 제3자에게 이전등기가 된 때에는 그 제3자가 소유권을 취득한다.

[2] 채 권

1. 채권의 의의

채권이라 함은 상대방의 행위를 청구할 수 있는 권리를 말한다.
이는 상대권으로서 자신과 법률관계를 맺은 상대방에게만 행사할 수 있는 권리다. 따라서 이러한 채권을 제3자에게는 주장할 수 없으며 이를 대항력이 없다고 표현한다.
즉 채권은 원칙적으로 대항력이 없다. 물론 이러한 채권도 예외적으로 대항력을 취득할 수 있는 경우가 있으며 이는 다시 후술하기로 한다.

2. 채권의 종류

이러한 채권은 다시 금전채권과 비금전채권으로 구별할 수 있으며 금전채권이라함은 금전의 지급을 요구할 수 있는 권리이며, 비금전채권이라 함은 금전이외의 급부의 이행을 요구할 수 있는 권리인 것이다.

3. 채권의 효력

채권은 상대권으로서 대항력이 없으며 따라서 물권에 우선할수 없는 것이 원칙이다. 그러나 이러한 채권이라 할지라도 물권적효력을 취득할 수 있는 방법이 있으며 이러한 경우에는 예외적으로 물권에 우선할 수도 있는 것이며 이와 관련된 내용은 후술하기로 한다.

제3절 등기부 보는 법

부동산에 대한 권리는 물건에 대한 권리이므로 물권이다. 물권은 배타성을 속성으로 하는 절대적 권리이므로 제3자에게 공시를 하여야 하며 이를 위하여 등기제도가 존재한다.
따라서 어떠한 부동산에 대한 권리분석을 하기 위해서는 등기부를 확인하여 당해 부동산에 어떠한 권리가 존재하고 있는지를 확인하고 또한 권리 상호간의 순위를 비교하는 작업이 반드시 필요하다 하겠다.

(1) 등기부의 구성과 내용

부동산에 대한 권리관계를 공시하는 등기부는 갑구와 을구로 구성되어 있다.
갑구는 소유권에 대한 사항을 공시하는 등기부이며 더불어 소유권과 관련된 다툼이 있는 경우에 소유권과 관련된 모든 사항을 공시하게 된다.
따라서, 채권자가 채권을 회수하기 위하여 당해 소유권을 처분하기 위하여 채권보전절차로서 경료하는 가압류 또는 압류 또는 처분금지가처분, 또는 소유권이전을 위한 가등기 등이 갑구에 등기되게 된다.

을구는 제한물권을 공시하는 등기부이며 당해 부동산의 소유자의 사용 수익 처분권능 중에서 일정한 권능을 제한하는 효력을 가지고 있는 권리가 공시된다.
따라서, 민법상 인정되는 제한물권 즉 지상권 지역권 전세권 저당권등이 공시되며 임차권도 이를 등기하는 경우에는 을구에 기재하게 된다.
또한, 이러한 을구에 기재되는 여러 가지 제한물권 상호간의 순위는 순위번호에 의하여 그 우열이 결정된다.

(2) 권리상호간의 우열의 기준(동순별접)

① 갑구의 등기부에 기재된 내용이 수 개의 권리인 경우에 이들 상호간의 순위는 순위번호에 의하여 우열이 가리워진다.

② 을구 등기부에 기재된 내용이 수 개의 권리인 경우에 이들 상호간의 순위도 순위번호에 의하여 결정된다.

③ 갑구와 을구란에 기재된 권리 상호간의 우선순위는 접수번호에 의하여 우열이 결정된다.

제4절 말소기준등기(최선순위권리)

원래 말소기준등기 또는 말소기준권리란 용어는 법률용어가 아니며 이는 실무상으로 이야기되는 개념이다.
정확한 법률용어는 최선순위권리라 지칭한다
이러한 말소기준등기 또는 말소기준권리라 함은 경매를 통하여 당해 물건의 소유자의 변동이 생기는 경우에 매수인의 인수여부의 기준이 되는 등기를 말한다.
이러한 말소기준등기에는 다음과 같은 것들이 있으며 이는 반드시 숙지하고 있어야 하겠다.

> 1.(근)저당 2.(가)압류 3. 담보가등기 4. 전세권 5. 경매개시결정등기

위와 같은 말소기준권리를 기준으로 하여 이에 앞서오는 물권은 모두 매수인이 인수하게 되며 이보다 후순위권리는 매각으로 인하여 소멸하게 되는 것이다.
다만 전세권의 경우에는 원칙적으로 말소기준등기가 아니지만, 전부전세권자가 배당요구를 한 경우에 한하여 말소기준권리가 될 수 있음을 주의하여야 한다.
임차인의 경우에는 원칙적으로 채권자이기에 말소기준등기의 여부와 관계없이 매수인에게 대항할 수 없는 것이지만 이러한 임차인이라 할지라도 말소기준등기보다 먼저 대항요건을 취득한 경우에는 매수인에게 대항할 수 있다는 점도 주의하여야 한다.

2. 단, 말소기준등기 이전에 대항력을 갖춘 임차인 또는 전세권자의 경우에는 원칙적으로 매수인에게 대항할 수 있는 대항력이 있지만, 이러한 자신의 대항력을 포기하고 우선변제를 주장하며 배당신청을 할 수도 있는 선택권이 있다.
따라서, 선순위대항력을 갖춘 임차인과 전세권자는 각 당사자가 배당요구를 하는지 여부에 따라서 매수인의 인수여부가 결정된다할 것이다.

제2장 경매절차흐름도의 이해

제1절 경매절차흐름도 개관

강제경매절차는 대체로 목적물을 압류하여 현금화한 다음 채권자의 채권을 변제하는 3단계의 절차로 진행된다.

강제경매절차의 개요는 다음과 같다.
먼저 채권자의 신청이 있으면 법원은 경매개시결정을 하여 매각 부동산을 압류하고, 법원사무관등은 관할등기소에 즉시 그 사유를 등기부에 기입하도록 등기관에게 촉탁하여 경매개시결정사유를 기입하도록 한다. 경매개시결정원본을 기록에 철하고 정본을 채무자에게 송달한다. 다음에 배당요구의 종기를 정하여 공고하고, 현금화의 준비절차로서 집행관에게 부동산 현황에 관한 조사를 명하고 감정인에게 매각부동산을 평가하게 하고 그 평가액을 참가하여 최저매각가격을 정한다.

위 절차가 끝나면 법원은 매각결정기일을 지정하여 이를 공고한다. 매각기일에는 집행관이 집행보조기관으로서 매각을 실시하여 최고가매수신고인이 정하여지면 법원은 매각결정기일에 이해관계인의 의견을 들은 후 매각의 허부를 결정한다. 허가할 매수가격의 신고가 없는 경우에는 법원은 최저매각가격을 저감하고 매각기일을 정하여 다시 새 매각을 실시한다.

매각허가결정이 확정되었을 때에는 법원은 대금지급기한을 정하여 매수인에게 대금의 지급을 명한다. 매수인이 대금을 완납한 경우에 있어서 채권자의 경합이 없거나 그 대금으로써 각 채권자의 채권 및 비용을 변제하기에 충분한 때에는 각 채권자에게 이를 지급하고 각 채권자의 채권 및 비용을 변제하기에 부족한 경우에는 배당절차를 행한다.

매수인이 대금을 완납한 경우에는 매수인이 취득한 권리의 등기를 촉탁한다. 매수인이 대금을 지정한 기한까지 완납하지 아니할 때에는 차순위매수신고인에 대한 매각허가여부를 차순위매수신고인이 없는 때에는 재매각을 명한다.

■ 경매절차

제2절 경매신청

1. 신청의 방식
경매의 신청은 서면으로 하여야 한다. 신청서에는 다음의 사항을 기재하여야 한다.

2. 신청서의 기재사항
강제경매신청서에는 다음 사항을 적어야 한다(민집 80조).

(1) 채권자와 채무자의 특정
채권자와 채무자를 특정할 수 있도록 그 이름과 주소를 표시하여야 한다.

(2) 부동산의 표시(민집 80조 2호)
① 강제경매의 대상이 될 부동산을 특정하여 표시한다. 부동산의 표시는 반드시 모든 점에서 실제와 완전히 부합하여야 되는 것은 아니고 객관적으로 보아서 당해 부동산의 동일성을 인식할 수 있는 정도가 되면 족하다.
② 미등기의 부동산인 경우에는 그 부동산이 채무자의 소유임을 증명할 서류(부동산소유증명서)의 표시와 부합되도록 적어야 한다. 미등기의 경우에는 집행법원의 경매개시결정등기의 촉탁이 있으면 등기관은 직권으로 그 부동산의 소유권보존등기를 하여야 하므로(부등법134조)경매신청서 중 부동산표시의 항에 미등기라는 취지를 부기하도록 하여야 한다.

(3) 경매의 이유가 된 일정한 채권(청구금액)의 특정
청구금액이란 강제경매에 의하여 변제를 받고자 하는 일정한 채권과 그 청구액을 말한다.

강제경매에 있어서 채권의 일부청구를 한 경우에 그 매각절차 개시를 한 후에는 청구금액의 확장은 허용되지 않고 그 후에 청구금액을 확장하여 잔액의 청구를 하였다 하여도 민사집행법 88조에 의한 배당요구의 효력밖에는 없다(대결 1983.10.15. 83마 393).

(4) 집행할 수 있는 일정한 집행권원(민집 80조 3호)
경매의 이유가 된 채권에 관한 집행권원을 표시한다. 구체적으로 어떠한 집행권원에 의한 강제집행인가를 알아볼 수 있도록 표시하여야 한다.

(5) 대리인의 표시
대리인에 의하여 강제경매의 신청을 하는 경우에는 신청서에 대리인의 이름, 주소를 표시하여야 한다.

3. 첨부서류

(1) 집행력 있는 정본 등의 제출

(2) 81조 1항 소정의 첨부서류
(가) 등기부등본(민집 81조 1항 1호)
(나) 즉시 채무자의 명의로 등기할 수 있음을 증명할 서류

(3) 그 밖의 첨부서류
(가) 자격증명서
(나) 위임장
(다) 경매개시결정등기 등록세 영수필통지서 및 영수필확인서
(라) 부동산목록 10통

(4) 비용의 예납
민사집행의 신청을 하는 때에는 채권자는 민사집행에 필요한 비용으로서 법원이 정하는 금액을 미리 내야 한다. 강제집행에 필요한 비용이라 함은 부동산의 감정료, 매각수수료, 현황조사비용 등의 각종 수수료와 송달료이다. 이와는 별도로 등록세와 지방 교육세도 납부하여야 한다.

```
┌─────────────────────────────────────────────────────────────────────┐
│                    부 동 산 강 제 경 매 신 청 서                      │
│                                                                     │
│    채 권 자    (이름)                                                │
│               (주소)                                                 │
│    채 무 자    (이름)                                                │
│               (주소)                                                 │
│  청구금액 금    원 및 이에 대한 20 . . .부터 20 . . .까지 연 %의 비율에 의한 지연이자집
│  행권 원의 표시 채권자의 채무자에 대한 ○○지방법원 20 . . . 선고 20 가단(합) 대여금 청구사건
│  의 집행력 있는 판결정본 매각할 부동산의 표시 별지 목록 기재와 같음
│
│                            신 청 취 지
│
│      별지 목록 기재 부동산에 대하여 강제결매절차를 개시하고 채권자를 위하여 이를 압류한다.
│      라는 재판을 구합니다.
│
│                            신 청 이 유
│
│      채무자는 채권자에게 위 집행권원의 집행력 있는 정본에 따라 위 청구금액을 변제하여야 하는
│  데, 이를 이행하지 아니하므로 채무자 소유의 위 부동산에 대하여 강제경매를 신청합니다.
│
│                            첨 부 서 류
│
│    1. 집행력 있는 정본                     1통
│    2. 집행권원의 송달증명서                 1통
│    3. 부동산등기부등본                      1통
│    4. 매각물건 목록                        10통
│                              20 . . .
│
│         채권자                        ㊞ (연락처:              )
│
│                       지방법원              귀중
│
│                          ◇ 유 의 사 항 ◇
│   1. 채권자는 기명날인에 갈음하여 서명을 하여도 되며, 연락처에는 언제든지 연락 가능한 전화번호
│   나 휴대전화번호(팩스번호, 이메일 주소 등도 포함)을 기재하기 바랍니다.
│   2. 이 신청서를 접수할 때에는 (신청서상의 이해관계인의 수 +3)×10회분의 송달료와 집행비용(구체
│   적인 액수는 접수담당자에게 확인바람)을 현금으로 예납하여야 합니다.
│   3. 경매신청인은 채권금액의 1000분의 2에 해당하는 등록세와 그 등록세의 100분의 20에 해당하는
│   지방교육세를 납부하여야 하고, 부동산 1필지당 2,000원 상당의 등기수입중지를 제출하여야 합니다.
└─────────────────────────────────────────────────────────────────────┘
```

제3절 경매개시결정

1. 경매개시결정

강제경매의 신청이 있으면 집행법원은 신청서의 기재 및 첨부서류에 의하여 강제집행의 일반 요건 및 강제경매에 특히 필요한 요건 등에 관하여 형식적 심사를 한 후 요건이 구비되었다고 판단하면 강제경매개시결정을 한다. 개시결정은 경매신청 접수일부터 2일 이내에 하여야 한다.

```
                    ○ ○ 지 방 법 원
                         경매개시결정

  사  건    20  타경 부동산강제경매
  채 권 자   ○○○
             ○○시○○구○○동○○
  채 무 자   ○○○
             ○○시○○구○○동○○

                       주    문
  별지 기재 부동산에 대한 경매절차를 개시하고 채권자를 위하여 이를 압류한다.

                     청 구 금 액

  금 10,000,000원 및 이에 대한 2000.3.1.부터 완제일까지 연 5%의 비율에 의한 이자.
                       이    유

   채권자가 위 청구금액을 변제받기 위하여 ○○지방법원 20  가합대여금 청구사건의 집행력 있는
  판결정본에 기하여 한 이 사건 신청은 이유 있으므로 주문과 같이 결정한다.


                       20  .   .   .
                       판사              ㊞
```

3. 경매개시결정의 효력

<u>법원이 경매개시결정을 하면 법원사무관등은 개시결정일로부터 3일이내에 이를 채무자에게 송달하여야 하며 또한 이를 등기부에 기입하도록 등기관에게 촉탁하여야 한다. 강제경매개시결정에 의한 압류의 효력은 그 결정이 채무자에게 송달된 때 또는 경매개시결정의 기입등기가 된 때에 발생한다</u>(민집 83조 4항). 개시결정이 채무자에게 송달된 시기와 경매개시결정등기가 된 시기 중 먼저 된 시기에 경매개시결정의 효력, 즉 부동산 압류의 효력이 발생한다.

> 참고판례 : 경매개시결정이 채무자에게 송달되지 아니한 경우
> <u>집행법원이 강제경매개시결정을 채무자에게 송달하지도 않고 그 기입등기만 경료한 채 매각절차를 진행하여 매각절차를 진행하여 매각대금을 납부받은 경우</u> 그 압류의 효력발생 여부에 관계없이 경매개시결정의 효력이 발생하지 아니한 상태에서 매각절차를 속행한 경우이어서 위법하므로, 매각대금 완납에 의한 <u>매수인으로서의 소유권 취득이라는 매각허가의 효력은 부정될 수 밖에 없으며</u> 집행법원이 매각대금의 완납 후에 사후적으로 경매개시결정을 채무자에게 송달하였다고 하여 그 결론이 달라지는 것은 아니다(대판 1994. 1. 28. 93다9477).

4. 경매의 취소

부동산이 없어지거나 매각 등으로 말미암아 권리를 이전할 수 없는 사정이 명백하게 된 때에는 법원은 강제경매의 절차를 취소하여야 한다(민집 96조 1항). 본조의 경매절차취소사유로서는 부동산의 멸실, 채무자의 경매목적물에 대한 소유권의 상실 그 밖의 법령에 의한 금지 등이 있다.

(1) 부동산의 멸실
경매부동산이 멸실되면 경매를 진행할 수 없게 된다.

(2) 채무자의 소유권상실
① 매각부동산이 제3자의 소유인 경우에는 경매개시결정을 할 수 없게 되므로 경매개시결정 후에 매각부동산이 채무자의 소유가 아님이 판명되면 경매절차를 취소하여야 한다.
② 제3자를 위하여 가등기가 되어 있는 부동산에 관하여 경매개시결정을 한 후 그 가등기권리자가 본등기를 하면 그 본등기의 효력은 가등기시에 소급하게 되므로 이는 경매절차개시에 장애될 사실에 해당한다. 또한 경매개시결정이 이루어 진 후 선순위가처분권자의 본안승소판결에 기한 소유권이전등기가 이루어지면 본조에 따라 경매절차를 취소하여야 한다.

5. 공동경매와 이중경매

(1) 공동경매(병합사건)
여러 명의 채권자가 동시에 경매신청을 하거나 아직 경매개시결정을 하지 아니한 동안에 동일 부동산에 대하여 다른 채권자로부터 경매신청을 병합하여 1개의 경매개시결정을 하여야 하며 이때 그 수인은 공동의 압류채권자로 되며 그 집행절차는 단독으로 경매신청을 한 경우에 관한 민사집행법 80조 내지161조의 규정을 준용하여 실시하면 된다(민집 162조).

(2) 이중경매(중복사건)
강제경매절차 또는 담보권 실행을 위한 매각절차를 개시하는 결정을 한 부동산에 대하여 다른 강제경매의 신청이 있는 때에는 법원은 다시 경매개시결정을 하고, 먼저 경매개시결정을 한 집행절차에 따라 경매한다(민집 87조 1항). 따라서 이미 개시결정을 한 부동산에 대하여도 이중의 개시결정은 허용되고, 다만 현금화절차는 먼저 개시결정한 집행절차에 따라 실시한다.

6. 공매와의 경합

체납처분과 강제집행은 국가권력에 의하여 채무자의 재산권을 압류하여 강제로 현금화하여서 얻은 돈으로 채권의 변제에 충당하려고 하는 점에서는 그 성질이 근본적으로 같으나, 강제집행은 사법상 청구권의 실현을 목적으로 하고 체납처분은 공법상 채권인 조세채권의 실현을 목적으로 하는 점에서 서로 다르다. 따라서 양 절차는 각기 다른 법령과 집행기관에 의하여 별도의 독립한 절차로 진행되고, 그 때문에 동일한 목적물에 대하여 강제집행과 체납처분이 경합하는 경우가 생기게 된다.
국세체납절차와 민사집행절차는 별개의 절차로서 그 절차 상호간의 관계를 조정하는 법률의 규정이 없으므로 한쪽의 절차가 다른 쪽의 절차에 간섭을 할 수 없는 반면 쌍방절차에서의 각 채권자는 서로 다른 절차에서 정한 방법으로 그 다른 절차에 참여할 수밖에 없고(대판 1989.1.31.88다카42), 국세체납처분에 의한 공매절차가 진행중에 있는 경우에도 법원은 그 부동산에 대하여 강제경매나 임의경매의 절차를 별도로 진행할 수 있으며, 이 경우 양 매수인 중 먼저 그 소유권을 취득한 자가 진정한 소유자로 확정된다.

제4절 매각을 위한 준비

① 경매개시결정등기가 기입되고, ② 채무자에게 경매개시결정정본이 송달되어 압류의 효력이 발생하면, ③ 매각부동산의 현황조사를 명하고, ④ 감정인으로 하여금 목적물을 평가하게 하여 최저매각가격을 정하게 된다. ⑤ 최저매각가격으로 우선채권자의 채권을 변제하고 나면 남을 가망이 없게 될 경우에는 민사집행법 102조가 규정하는 바에 따라 매각절차를 취소하며, ⑥ 남을 가망이 있으면 직권으로 매각기일과 매각결정기일을 지정, 공고, 통지하고 절차를 진행한다.

[1] 배당요구종기의 결정/ 공고

1. 배당요구종기의 결정

경매개시결정에 따른 압류의 효력이 생긴 때(그 경매개시결정전에 다른 경매개시결정이 있는 경우를 제외한다)에는 집행법원은 절차에 필요한 기간을 감안하여 배당요구를 할 수 있는 종기를 통상적으로 첫 매각기일 1개월이전으로 정한다(민집 84조 1항). 매수참가를 희망하는 사람이 매수신고 전에 권리의 인수 여부를 판단할 수 있고 또한 법원으로서도 매각기일 전에 무잉여 여부를 판단할 수 있도록 함으로써 매각절차의 불안정을 해소하기 위하여 배당요구의 종기를 정하도록 하고 있다.

2. 배당요구종기의 공고/ 고지

(1) 공 고
법원은 배당요구의 종기가 정하여진 때에는 경매개시결정을 한 취지 및 배당요구의 종기를 공고하여야 하고, 그 공고는 경매개시결정에 따른 압류의 효력이 생긴 때부터 1주 이내에 하여야 한다

(2) 고 지
저당권, 압류채권, 가압류채권에 대항할 수 있는 최선순위 전세권은 매각으로 소멸되지 않고 매수인이 인수하지만 전세권자가 민사집행법 88조에 따라 배당요구를 하면 매각으로 소멸된다 (민집 91조 3항, 4항). 이처럼 최우선순위의 전세권자에게는 '매수인에 의한 전세권에게는 배당요구의 종기를 고지하여 그 기간 안에 선택권을 행사할 수 있는 기회를 보장할 필요가 있으므로, 법원은 배당요구의 종기를 공고하는 외에 최우선순위의 전세권자에게 이를 고지하여야 한다(민집 84조 2항).
또한 동법 88조 1항의 채권자는 배당요구를 하여야만 배당받을 수 있으므로, 이들에게 배당에 참여할 수 있는 공평한 기회를 보장하기 위하여 법원은 매각절차 진행과정에서 알게 된 위 채

권자에게도 배당요구의 종기를 고지하여 주어야 한다(민집 84조 2항).

3. 채권신고의 최고

(1) 최고의 상대방

법원사무관등은 ①첫 경매개시결정등기전에 등기된 가압류채권자 ②저당권·전세권, 그 밖의 우선변제청구권으로서 첫 경매개시결정등기전에 등기되었고 매각으로 소멸하는 것을 가진 채권자 및 ③ 조세, 그 밖의 공과금을 주관하는 공공기관에 대하여 채권의 유무, 그 원인 및 액수를 배당요구의 종기까지 법원에 신고하도록 최고하여야 한다.
이는 우선변제청구권 있는 채권의 유무와 그 금액에 관하여 신고를 받아 남을 가망이 있는지 여부를 확인함과 동시에 매각조건을 결정하고, 그들에게 배당요구(또는 교부청구)를 할 수 있는 기회를 부여하여 채권회수나 조세징수를 용이하게 하려 함에 그 목적이 있다.

(2) 가등기권자에 대한 최고
소유권이전에 관한 가등기가 되어 있는 부동산에 대하여 경매개시결정이 있는 경우에는 법원은 가등기권리자에 대하여 그 가등기가 담보가등기인 때에는 그 내용 및 채권(이자 그 밖의 부수채권을 포함한다)의 존부, 원인 및 액수를, 담보가등기가 아닌 경우에는 그 내용을 법원에 신고할 것을 상당한 기간을 정하여 최고하여야 한다(가담법 16조 1항).

[2] 현황조사명령

1. 현황조사명령
법원은 경매개시결정을 한 뒤에 바로 집행관에게 부동산의 현상, 점유관계, 차임 또는 보증금의 액수, 그밖의 현황에 관하여 조사하도록 명하여야 한다(민집 85조 1항). 현황조사를 집행관에게 명하여야 하며, 집행관 이외의 자에게 명할 수 없다(민집 85조 1항).

2. 조사사항
부동산의 현상/ 점유관계, 임대차관계, 그밖의 현황을 조사하여야 한다.
전자에 속한 사항으로서는 부동산의 위치 및 현상, 부동산의 내부구조 및 사용용도등과 부동산의 점유자와 점유권원을 그리고 임대차에 속하는 사항으로서 임차목적물, 임차인, 임차내용(보증금, 전세금, 임대차기간등), 주민등록의 전입여부 및 그 일자, 확정일자여부 및 그 일자등으로 조사하도록 구체적으로 세분하여 조사명령을 발하고 있다.

3. 집행관의 조사권한
집행관은 현황조사를 위하여 건물에 출입할 수 있고 채무자 또는 그 건물을 점유하고 있는 제3자에게 질문을 하거나 문서의 제시를 요구할 수도 있으며 또 건물에 출입하기 위하여 필요한 때에는 잠긴 문을 여는 등의 적절한 처분을 할 수도 있다.
또한 저항을 받으면 경찰 또는 국군의 원조를 요청할 수도 있다.

4. 현황조사보고서
집행관은 현황을 조사한 때에는 ① 사건의 표시 ② 부동산의 표시 ③ 조사의 일시/ 장소 ④ 부동산의 위치 및 현상, 부동산의 내부구조 및 사용용도 등과 부동산의 점유자와 점유권원을 그리고 임대차에 속하는 사항으로서 임차목적물, 임차인, 임차내용(보증금, 전세금, 임대차기간 등), 주민등록의 전입여부 및 그 일자, 확정일자여부 및 그 일자 등에 대하여 조사한 내용을 기재한 현황조사보고서를 정해진 날까지 집행법원에 제출하여야 한다. 이러한 현황조사보고서에는 조사의 목적이 된 부동산의 현황을 알수 있도록 도면, 사진 등을 첨부하여야 한다.

또한 현황조사의 대상이 주택인 경우에는 임대차관계의 확인을 위하여 경매목적물소재지에 주민등록 전입신고된 세대주 전원에 대한 주민등록 등,초본을 발급받고 임대차계약서의 사본도 가능한 한 취득하여 현황조사보고서에 붙여야 한다.

법원은 이러한 현황조사보고서의 사본을 매각물건명세서 및 평가서의 사본과 함께 비치하여 누구든지 볼 수 있도록 하여야 한다. 비치시기는 매각기일마다 그 1주전까지이다. 매각기일의 1주전부터 매각실시일까지 계속하여 비치하여야 함은 물론이다.

5. 임차인에 대한 통지

집행법원은 집행관의 현황조사보고서 등의 기재에 의하여 주택임차인(상가임차인)으로 판명된 자, 임차인인지 여부가 명백하지 아니한자 또는 임차인으로 권리신고를 하고 배당요구하지 아니한자에 대하여 다음과 같은 양식의 통지서를 송부하여 배당요구종기까지 배당요구하여야만 우선변제를 받을 수 있음을 고지하여야 한다.

[3] 최저매각가격의 결정

집행관은 감정인에게 매각부동산을 평가하게 하고 그 평가액을 참작하여 최저매각가격을 결정하여야 한다(민집 97조 1항).

1. 감정인의 선임
집행법원은 최저매각가격을 결정하기 위하여 적당한 자를 감정인으로 선임하여 부동산을 평가시켜야 한다. 부동산경매사건의 경우에는 최저매각가격의 결정을 위하여 감정인을 선정함에 있어서는 감정평가사를 감정인으로 선정함을 원칙으로 하고 있다.

2. 평가명령
경매목적부동산의 평가는 집행법원의 직권에 의한 평가명령에 기하여 감정인이 행한다. 법원은 매각부동산을 특정하여 평가를 명하며 2주 이내로 평가서의 제출기간을 정하여야 하는 외에 평가상 유의할점이 있으면 이를 지시하여야 한다.
평가명령은 임의경매에 있어서는 경매개시결정일로부터 3일안에, 강제경매에 있어서는 등기필증접수일로부터 3일이내에 하여야 한다.

3. 평가의 대상
평가의 대상은 매각부동산 및 매수인이 그 부동산과 함께 취득할 모든 물건 및 권리에 미친다.

매수인이 취득할 물적 범위는 압류의 효력이 미치는 물적 범위와 일치한다. 따라서 매각부동산의 구성부분, 천연과실, 종물 등도 평가의 대상이 된다.

(1) 부동산 자체
부동산 자체의 평가는 평가 당시의 현황을 기준으로 하고, 토지의 지목, 지적, 건물의 구조, 바닥면적 등에 관하여 현황과 공부상의 표시에 차이가 있는 경우에는 현황에 따라 평가하여야 한다.

(2) 부합물
부동산의 부합물은 당연히 평가의 대상이 된다. 그러나 타인의 권원(지상권, 전세권, 임차권 등을 말한다)에 의하여 부속(부합된 물건이 어느 정도의 독립성을 갖춘 경우를 말한다)에 의하여 부속(부합된 물건이 어느 정도의 독립성을 갖춘 경우를 말한다)된 것은 평가의 대상이 되지 않는다(민법 256조 단서).

① 토지에의 부합물
정원수, 정원석, 석등 등이 있을 수 있으나 대표적인 부합물로는 수목을 들 수 있다. 수목은 '입목에관한법률'에 따라 등기된 수목과 명인방법을 갖춘 수목이 아닌 한 부합물로서 평가의 대상이 된다.
타인의 토지상에 권원 없이 식재한 수목의 소유권은 토지소유자에게 귀속하고 권원에 의하여 식재한 경우에는 그 소유권이 식재한 자에게 있다(대결 1990.1.23. 89다카21095, 대판 1998.4.24.97도3425). 교량, 도랑, 돌담, 도로의 포장 등도 부합물로서 평가의 대상이 된다. 논둑은 논의 구성부분이므로 평가의 대상이 된다(대판 1964.6.23. 64다120). 지하굴착공사에 의한 콘크리트 구조물은 토지의 구성부분으로서 토지의 일부로 간주될 뿐만 아니라 부동산에 건축공사를 시행할 경우에 이를 활용할 수 있는 것으로서 객관적으로 부동산의 가액을 현저히 증가시키는 것이므로 평가시 이를 고려하여야 한다(대결 1994.4.22.93마719). 지하구조물이나 주유소 땅속에 부설된 유류저장탱크(대판 1995.6.29. 94다6345)는 토지의 부합물이 되는 경우가 많다.

② 건물에의 부합물
증축 또는 개축되는 부분이 독립된 구분소유권의 객체로 거래될 수 없는 것일 때에는 기존건물에 부합한다(대판 1981.7.7. 80다2643,2644). 1동 건물의 증축 부분이 구분건물로 되기 위해서는 구조상·이용상의 독립성과 소유자의 구분행위가 필요하다(대판 199.7.27. 98다32540). 건물이 증축된 경우에 증축 부분의 기존 건물에 부합 여부는 증축 부분이 기존 건물에 부착된 물리적 구조뿐만 아니라, 그 용도와 기능면에서 기존 건물과 독립한 경제적 효용을 가지고 거래상 별개의 소유권의 객체가 될 수 있는지의 여부 및 증축하여 이를 소유하는 자의 의사 등을 종합하여 판단하여야 한다(대판 1981.12.8. 80다2821, 대판 1996.6.14 94다53006).

(3) 종 물
압류의 효력은 종물에 미치므로 종물도 평가의 대상이 된다. 압류후나 저당권설정등기후의 종물도 평가의 대상이 된다(대결 1971.12.10. 71마757). 종물은 주물의 상용에 이바지하는 관계에 있어야 하고, 주물의 상용에 이바지한다 함은 주물 그 자체의 경제적 효용을 다하게 하는 것을 말하는 것으로서 주물의 소유자나 이용자의 상용에 공여되고 있더라도 주물 그 자체의 효용과 직접 관계가 없는 물건은 종물이 아니다.

부동산의 종물 중 동산인 것은 보일러시설, 지하수펌프, 주유소의 주유기(대판 1995.6.29.94다6345), 백화점 건물의 지하 2층 기계실에 설치된 전화교환설비(대판 1993.8.13 92다42399)등이 있다. 일정한 건물에 대하여 저당물건과는 별개의 등기부가 존재하고 있다고 하더라도 저당건물의 종물로 볼 수 있을 경우에는 그 건물도 평가의 대상이 된다. 임의경매에 있어서는 법률에 특별한 규정이 있는 경우에는 종물이 아닌 경우에도 평가의 대상이 되고, 설정행위에 다른 약정이 있는 경우에는 종물이라도 평가의 대상이 되지 않는다(민법 358조 단서).

(4) 종된 권리
압류 및 저당권의 효력은 매각부동산의 종된 권리에도 미치고(대판 1995.8.22. 94다12722) 매수인은 종된 권리도 취득한다. 부동산의 종된권리에는 토지에 관하여는 지역권(경매목적토지가 요역지인 경우, 민법 292조), 건물에 관하여는 지상권이 있다. 건물에 대한 저당권의 효력은 그 건물의 소유를 목적으로 한 지상권(대판 1992.7.14. 92다527, 대판1996.4.26. 95다52864), 건물의 소유를 목적으로 한 토지의 임차권에도 미친다(대판 1993.4.13. 92다24950).

(5) 대지권
대지권등기없는 집합건물에 대하여만 경매신청이 있는 경우 대지사용권을 매각목적물에 포함되는 것으로 보고 그에 대한 감정평가액을 최저매각가격에 포함시킬지 여부가 문제된다. 대지사용권은 원칙적으로 전유부분 건물의 종된 권리이다(집합건물법 20조 1항 참조). 따라서 임의경매든 강제경매든 구별없이 전유부분의 소유자가 대지사용권을 취득하고 있다만, 비록 그것이 등기되어 있지 아니하다 할지라도 그 대지사용권은 '대지사용권의 분리처분이 가능하도록 규약으로 정해져 있는 경우가 아닌 한' 종된 권리로서 당연히 경매목적물에 포함이 된다 할 것이고, 여기의 대지사용권에는 지상권 등 용익권 이외에 대지소유권도 포함된다(대판 2001.9.4. 2001다22604).

4. 최저매각가격의 결정

법원은 감정인의 평가액을 참작하여 최저매각가격을 정한다(민집 97조1항). 감정인의 평가액을 그대로 최저매각가격으로 정하여야 하는 것은 아니다. 그러나 감정인의 평가액을 증감하여 최저매각가격을 정함에는 그럴만한 합리적인 이유가 있어야 한다. 실무에서도 원칙적으로 감정인의 평가액을 그대로 최저매각가격으로 정하고 있는 것이 통례이다.

[4] 매각방법과 매각기일의 지정/ 공고

1. 매각방법

부동산의 매각은 ① 매각기일에 하는 호가경매, ② 매각기일에 입찰 및 개찰하게 하는 기입입찰, ③ 입찰기간 내에 입찰하게 하여 매각기일에 개찰하는 기간입찰의 세 가지 방법으로 한다(민집 103조 2항).
어느 방법을 선택하여 시행할 것인지는 집행법원이 정한다. 실무에서는 매각명령을 발하면서 매각방법을 함께 지정하고 있다.
이해관계인은 매각방법 중 하나를 지정하여 시행하도록 신청할 수 있으나 집행법원이 이에 구속되는 것은 아니다. 그러나 모든 이해관계인의 합의가 있으면 이를 존중하여 그 방법을 채택하는 것이 상당하다.

2. 매각기일

(1) 매각기일의 지정/ 공고
매각기일이라 함은 집행법원이 매각부동산에 대한 매각을 실시하는 기일을 말한다. 집행법원은 공과주관공무소에 대한 최고, 현황조사 최저매각가격결정 등의 절차가 끝나고 경매절차를 취소할 사유가 없는 경우에는 직권으로 매각기일을 정하여 공고한다.

> 참고 : 공고방법
> ① 법원게시판 게시
> 법원게시판 게시는 종전부터 널리 사용되어 온 공고방법으로서 비용이 저렴하고 공고절차가 간편하다는 장점이 있으나, 공고의 실효성을 기대하기 어렵다는 단점이 있다.
> ② 관보·공보 또는 신문 게재
> 관보는 관보규정(대통령령 3759호)에 근거하여 행정자치부 장관이 주관하여 간행하는 것이며, 공보는 관보 이외에 다른 국가기관이나 지방자치단체 등 공공기관이 발행하는 것이다.
> 민사집행절차상의 공고는 법원공보발간내규(대법원내규 150호)에 근거하여 발행되는 법원공보를 주로 이용한다. 신문은 일간신문에 한정되는 것은 아니지만, 종래 실무상으로는 주로 일간신문이 공고매체로서 이용되어 왔다. 신문공고는 실효성의 측면에서는 법원게시판 게시보다 우월하지만 많은 비용이 소요된다는 문제점이 있다.
> ③ 전자통신매체를 이용한 공고
> 인터넷 ARS 자동응답방식 등과 같이 최근 급속하게 발전하고 있는 정보통신기술을 이용하여 공고사항을 일반에게 제공하는 방식이다. 통상 매각공고문을 PDF 파일로 변경하여 매각기일 2주일 전까지 대법원 홈페이지 법원공고 경매란에 게시하는 방법으로 한다. 이 방식은 저렴한 비용으로 높은 공고효과를 기대할 수 있다는 점에서 주요한 공고수단이 되고 있다.

(2) 매각기일의 통지
법원은 매각기일과 매각결정기일을 이해관계인에게 통지하여야 한다(민집 104조 2항). 매각절차의 이해관계인은 매각기일에 출석하여 매각 부동산이 지나치게 저렴하게 매각되는 것을 방지하기 위하여 필요한 조치를 취 할 수도 있고, 채무자를 제외하고는 스스로 매수신청을 하는 등 누구에게 얼마에 매각되느냐에 대하여 직접적인 이해관계를 가지고 있을 뿐 아니라, 매각기일에 출석하여 의견진술을 할 수 있는 권리가 있는 이해관계를 가진 사람들이므로, 매각길일과 매각결정기일을 공고만으로 고지하는 것은 충분하지 못하다는 점을 고려하여 개별적으로 이러한 기일에 관하여 통지를 함으로써 입찰절차에 참여할 기회를 부여한다는 데에 그 뜻이 있다 (대결 1999.7.22. 99마 2906, 대결 1999.11.15. 99마5256 등).

(3) 매각명령
법원이 매각기일을 지정하면 이에 의하여 다시 매각명령을 발한다. 이 매각명령은 집행관에게 별도로 송부하지 아니하고 기록에 가철하여 두었다가 매각기일 공고가 끝난 후에 경매사건기록과 함께 집행관에게 교부하여 매각을 실시하도록 한다.

(4) 매각기일의 취소/ 변경

법원은 일단 정하여진 매각기일을 자유재량에 의하여 변경할 수 있다. 특히 법원은 경매절차 과정에 위법한 점이 있음을 발견하였다든지 불가피한 사정이 발생하여 매각기일에 경매를 실시할 수 없는 경우에는 매각기일을 취소하거나 변경하여 적법한 경매절차가 이루어지도록 하여야 한다. 민사집행법 49조에서 정한 집행정지서류가 제출된 경우에는 직권으로 매각기일의 지정을 취소하는 것이 원칙이나, 실무에서는 기일을 변경하여 추후지정하는 식으로 처리하고 있다. 변경후의 매각기일도 공고일부터 2주 이후로 정하여야 한다.

경매개시결정에 대한 이의가 제기되고 그 사유가 상당하다고 인정되는 경우에는 매각기일을 직권으로 변경하고 채권자, 채무자에게 통지하여 심문한 후, 그 결과에 따라 경매개시결정을 취소하거나 절차를 속행한다. 이해관계인에 대한 송달의 부적법, 매각물건명세서 작성의 중대한 하자, 최저매각가격 결정의 하자, 공고의 중대한 오류 등을 이유로 직권으로 변경하는 경우에는 잘못을 시정하여 다음 기일에 바로 다시 진행한다.

3. 매각조건

매각조건이란 법원이 부동산을 매각하여 그 소유권을 매수인에게 이전시키는데 있어서 지켜야 할 조건, 즉 경매의 성립과 효력에 관한 조건을 말한다.

① 법정매각조건 : 경매도 일종의 매매라 할 수 있으나 통상의 매매에서는 그 조건을 당사자가 자유로이 정할 수 있지만 강제경매는 소유자의 의사에 반하여 행하여지고 이해관계인도 많으므로 법은 매각조건을 획일적으로 정하였다. 이와 같이 도든 매각절차에 있어서 공통적으로 적용되도록 민사집행법과 동규칙이 미리 정하여 놓은 매각조건을 법정매각조건이라 한다.

② 특별매각조건: 법정매각조건 중에서 공공의 이익이나 경매의 본질에 관계되지 않는 조건들은 이해관계인 전원의 합의에 의하여 또는 법원의 직권으로 이를 변경할 수 있는데, 이와 같이 각개의 매각절차에 있어서 이해관계인의 합의 또는 법원의 직권으로 변경한 매각조건을 특별매각조건이라 한다. 다만, 현금화의 본질적, 근본적, 필연적인 조건은 변경할 수 없다.

[5] 매각물건명세서

1. 취지

법원은 매수를 희망하는 사람들에게 부동산에 관한 정확한 정보를 제공하여 예측하지 못한 손해를 입는 것을 방지하고 매각에의 참여를 유도하여 강제집행의 기능을 제고하고자 함에 그 목적이 있다.

절대권으로서의 물권은 등기부에 공시가 되기 때문에 등기부어 기재된 내용으로서 권리분석이 가능하지만, 당해 물건에 대한 점유관계(유치권주장)나 기타 임대차관련사항은 이를 공시하는 공적장부가 없기에 이를 매각물건명세서에 기재하여 입찰하는 이들에게 불측의 손해가 발생하는 것을 미연에 방지하기 위한 조치이다.
이러한 매각물건명세서 작성에 중대한 하자가 있는 경우에는 매각허가에 대한 이의(민집 제121조) 또는 매각허가결정에 대한 즉시항고(민집 제130조)의 사유가 된다.

2. 매각물건명세서의 작성

매각물건명세서에는 민사집행법 제105조에 규정된 사항을 기재한다.

(1) 부동산의 표시
매각목적물인 부동산을 표시한다. 등기부등본상의 부동산의 표시를 그대로 기재하며 표시와 현황이 다른 경우에는 현황도 병기하여야 한다. 또한 감정평가액과 최저매각가격을 함께 표시한다.

(2) 점유관계와 관계인의 진술
현황조사보고서 또는 감정평가보고서 등에 의하여 매각부동산의 점유자와 점유권원, 차임 또는 보증금에 대한 관계인의 진술등을 표시한다. 또한 임차인의 경우에 그 전입신고와 확정일자의 유무를 기재한다.
현황조사보고서와 다른 내용의 권리신고 및 배당요구가 있는 경우에는 그 신고내용도 그대로 기재한다.

(3) 매각으로 효력을 잃지 아니하는 부동산위의 권리 또는 가처분
① 등기된 부동산에 대한 권리 또는 가처분으로서 매각으로 인하여 그 효력을 잃지 아니하고 매수인에게 인수되는 것을 매각물건명세서에 기재한다.
② 유치권은 매수인에게 인수되지만 등기된 부동산에 대한 권리가 아니므로 본 호에 따른 기재사항이 아니다. 다만 유치권자라고 주장하는 자는 점유를 하고 있을 터이므로 유치권의 존부와 관계없이 제2호에서 정한 점유자로 기재한다.
③ 배당요구를 하지 아니한 선순위 전세권의 기재
④ 최선순위 저당권설정일자등의 기재 (말소기준권리)

(4) 지상권의 개요
매각물건명세서에는 매각에 따라 설정된 것으로 보게 되는 지상권의 개요를 적어야 한다.
지상권이 설정되는 것이 확실한 경우라면 " 이사건 물건을 위하여 그 대지위에 법정지상권이 성립한다"라고 기재하며, 지상권이 성립할 가능성이 있으나 확실히 밝혀지지 아니한 경우에는 "법정지상권의 성립여지 있음"이라고 기재한다.

(5) 비고
특별매각조건, 유치권신고내역 등 기타 당해 부동산의 매각과 관련하여 따로이 고지할 사항을 기재하는 곳이다

3. 비치/ 열람

(1) 비치
매각물건명세서가 작성되면 그 원본은 경매기록에 순서에 따라 철하고, 그 사본을 만들어 집행

관의 현황조사보고서, 감정인의 평가의 각 사본 1부와 같이 사건별로 분철한 후, 경매계사무실 등 적당한 곳에 일반인이 열람할 수 있도록 비치하되, 그 장소 부근에 매각물건명세서 비치장소를 표시하고, 사건별·기일별로 구분하여 비치한다

매각물건명세서 사본은 매각기일마다 그 1주일 전까지 비치하되, 각 매각기일까지 계속 비치하며, 매각대금이 납부되면 적당한 방법으로 이를 폐기한다.

(2) 열 람

비치기간 중은 누구라도 또 집무시간 내에는 언제라도 무료로 자유로이 열람할 수 있다. 그러나 비치문서의 복사권은 인정되지 않는다.

매각물건명세서의 열람은 이처럼 자유롭게 인정되지만, 경매기록의 열람과 복사는 매각절차의 이행관계인에 한한다는 점을 주의하여야 한다.

[매각물건명세서 양식]

○ ○ 지 방 법 원
매각물건명세서

사건		매각물건번호		작성일자		담임법관		
부동산의 표시, 감정평가액, 최저매각가격, 매수신청보증금과 보증제공방법(1)					최선순위설정			
부동산의 점유자와 점유의 권원, 점유할수 있는 기간, 차임 또는 보증금에 관한 관계인의 진술 및 임차인이 있는 경우에 배당요구 여부와 그 일자, 전입신고일자 또는 사업자등록신청일자와 확정일자의 유무와 그 일자(2)								
점유자의 성명	점유부분	점유의 권원	점유기간	보증금	차임	전입신고/사업자등록일자	확정일지	배당요구여부
* 위 최선순위 설정일자보다 대항요건을 먼저 갖춘 주택/ 상가건물의 임차인의 임차보증금은 매수인에게 인수되는 경우가 발생할수 있고 대항력과 우선변제권이 있는 주택/ 상가건물의 임차인이 배당요구를 하였으나 보증금전액에 관하여 배당을 하지 아니한 경우에는 배당받지 못한 잔액이 매수인에게 인수되게 됨을 주의하시기 바랍니다								
등기된 부동산에 관한 권리 또는 가처분으로서 매각으로 그 효력이 소멸되지 아니하는 것(3)								
매각에 따라 설정된 것으로 보는 지상권의 개요(4)								
비고란(5)								

[6] 경매기록의 열람과 복사

1. 매각기일공고 전에는 매각절차의 이해관계인(민집 90조, 268조) 또는 민사소송법 162조 1항에 해당하는 자(당사자와 이해관계를 소명한 제3자)에 한하여 기록의 열람을 허용하고, 그 밖의 자에 대하여는 열람을 허용하지 아니한다. 기록의 열람을 허용할 때에는 가능한 한 이해관계의 증명을 엄격히 요구해야 하고, 열람자가 본인인지의 여부를 주민등록증에 의하여 확인하고, 이름, 주민등록번호, 주소를 명기하여야 한다.

2. 매각절차상의 이해관계인이외의 자로서 매각기일 이외의 기간중에 경매기록에 대한 열람·복사를 신청할 수 있는 이해관계인의 범위는 다음과 같다.
① 파산관재인이 집행당사자가 된 경우의 파산자인 채무자와 소유자
② 매수신고인(다만, 매각허부결정이 선고된 이후에는 최고가매수신고인, 차순위매수신고인 및 매수인에 한정한다)
③ 민법·상법, 그 밖의 법률에 의하여 우선변제청구권이 있는 배당요구채권자
④ 대항요건을 구비하지 못한 임차인으로서 현황조사보고서에 표시되어 있는 사람
⑤ 건물을 매각하는 경우의 그 대지 소유자, 대지를 매각하는 경우의 그 지상 건물 소유자
⑥ 가압류채권자, 가처분채권자(점유이전금지가처분 채권자를 포함한다)

제5절 매각의 실시

[1] 매수신청

1. 매수신청인

(1) 능력
매수신청인은 권리능력 및 행위능력이 있어야 한다.
따라서, 행위무능력자는 법정대리인을 통해서만 매수신청이 가능하다.

(2) 대리인에 의한 매수신청
임의대리인에 의한 매수신청도 가능하며, 대리인의 자격에는 제한이 없다.
따라서, 변호사나 법무사 아닌자도 매수신청을 대리할 수 있다.

(3) 공동입찰
여러사람이 공동소유의 목적으로 매수신청을 할 수도 있다.
이렇게 공동으로 입찰하는 경우에는 각 지분의 표시를 하여야 한다.

2. 매수신청의 제한
채무자, 집행관, 감정인, 집행법원의 법관과 사무관, 재매각절차에서의 전 매수인.

3. 매수신청의 방법

매수신청은 매각기일에 하는 호가경매, 매각기일에 입찰 및 개찰하는 기일입찰, 또한 입찰기일과 매각기일을 달리 정하여 개찰하는 기간입찰의 세 가지 방법이 있다.
이 경우에 어느 방법으로 진행하는지에 대해서는 집행법원이 정하게 된다.

(1) 호가경매

(2) 기일입찰
① 의의 : 매각기일에 법원에 방문하여 직접 입찰하는 것을 말한다.
② 입찰표의 기재
입찰표에는 사건번호와 이름과 주소, 대리인을 통하여 입찰하는 경우에는 대리인의 이름과 주소, 입찰가격 등을 기재하여야 한다. 이러한 입찰표는 물건마다 따로이 용지를 사용하여야 하며, 한 사건에 경매가 진행되는 물건이 여러 개인 경우에는 믈건번호까지 정확히 기재하여야 한다.
③ 입찰표의 제출
입찰표는 매각기일에 집행관에게 제출하여야 하며, 실제로는 입찰봉투에 보증금과 함께 넣어 입찰함에 투입함으로서 입찰한 것이 된다.
입찰표의 제출로서 매수신고인이 되는 것이며, 가장 높은 가격으로 입찰한 경우에 최고가매수신고인이 된다.
④ 보증의 제공
매수신청보증금은 최저입찰가격의 10%이다.
단, 2002년 6월 30일 이전에 경매개시결정을 한 경매사건은 구법이 적용되므로 입찰보증금은 입찰가격의 10%이다

(3) 기간입찰
기간입찰은 일정한 입찰기간을 정하여 그 기간내에 입찰표를 직접 또는 우편으로 법원에 제출하게 하고 법원이 정한 최저매각가격의 10%를 일률적으로 법원의 보관금계좌로 납입한 뒤에 일정한 매각기일에 개찰을 일괄실시하여 최고가매수신고인, 차순위매수신고인을 결정하는 매각의 방법이다.

기 일 입 찰 표

지방법원 집행관 귀하   입찰기일 :   년   월   일

| 사건번호 | 타 경   호 | 물건번호 | ※물건번호가 여러개 있는 경우에는 꼭 기재 |

입찰자	본인	성 명		전화번호	
		주민(사업자)등록번호		법인등록번호	
		주 소			
	대리인	성 명		본인과의 관계	
		주민등록번호		전화번호	-
		주 소			

| 입찰가격 | 천억 | 백억 | 십억 | 억 | 천만 | 백만 | 십만 | 만 | 천 | 백 | 십 | 일 | 원 | 보증금액 | 백억 | 십억 | 억 | 천만 | 백만 | 십만 | 만 | 천 | 백 | 십 | 일 | 원 |

보증의 제공방법   □ 현금·자기앞수표   □ 보증서

보증을 반환 받았습니다.
                                      입찰자

주의사항

1. 입찰표는 물건마다 별도의 용지를 사용하십시오, 다만, 일괄입찰시에는 1매의 용지를 사용하십시오.
2. 한 사건에서 입찰물건이 여러 개 있고 그 물건들이 개별적으로 입찰에 부쳐진 경우에는 사건번호 외에 물건번호를 기재하십시오.
3. 입찰자가 법인인 경우에는 본인의 성명란에 법인의 명칭과 대표자의 지위 및 성명을, 주민등록란에는 입찰자가 개인인 경우에는 주민등록번호를, 법인인 경우에는 사업자등록번호를 기재하고, 대표자의 자격을 증명하는 서면(법인의 등기부 등.초본)을 제출하여야 합니다.
4. 주소는 주민등록상의 주소를, 법인은 등기부상의 본점소재지를 기재하시고, 신분확인상 필요하오니 주민등록증을 꼭 지참하십시오.
5. 입찰가격은 수정할 수 없으므로, 수정을 요하는 때에는 새 용지를 사용하십시오.
6. 대리인이 입찰하는 때에는 입찰자란에 본인과 대리인의 인적사항 및 본인과의 관계 등을 모두 기재하는 외에 본인의 위임장(입찰표 뒷면을 사용)과 인감증명을 제출하십시오.
7. 위임장, 인감증명 및 자격증명서는 이 입찰표에 첨부하십시오.
8. 일단 제출된 입찰표는 취소, 변경이나 교환이 불가능합니다.
9. 공동으로 입찰하는 경우에는 공동입찰신고서를 입찰표와 함께 제출하되, 입찰표의 본인란에는 "별첨 공동입찰자목록 기재와 같음"이라고 기재한 다음, 입찰표와 공동입찰신고서 사이에는 공동입찰자 전원이 간인 하십시오.
10. 입찰자 본인 또는 대리인 누구나 보증을 반환 받을 수 있습니다.
11. 보증의 제공방법(현금·자기앞수표 또는 보증서)중 하나를 선택하여 ☑표를 기재하십시오.

(뒷면)

위 임 장

대리인	성 명		직업	
	주민등록번호	-	전화번호	
	주 소			

위 사람을 대리인으로 정하고 다음 사항을 위임함.

다 음

지방법원　　　　타경　　　　　호 부동산
경매사건에 관한 입찰행위 일체

본인1	성 명	(인감인)	직 업	
	주민등록번호	-	전화번호	
	주 소			
본인2	성 명	(인감인)	직 업	
	주민등록번호	-	전화번호	
	주 소			
본인3	성 명	(인감인)	직 업	
	주민등록번호	-	전화번호	
	주 소			

* 본인의 인감 증명서 첨부
* 본인이 법인인 경우에는 주민등록번호란에 사업자등록번호를 기재

지방법원 귀중

4. 차순위매수신고

① 최고가매수신고인 외의 매수신고인은 매각기일을 마칠 때까지 집행관에게 최고가매수신고인이 대금지급기한까지 납부하지 않으면 자기의 매수신고에 대하여 매각을 허가하여 달라는 취지의 신고를 할 수 있다.

② 이러한 차순위매수신고는 매수신고액이 최고가매수신고액에서 보증금을 뺀 금액을 초과할 때에만 할 수 있다. 차순위매수신고자가 2인 이상일 때에는 신고한 매수가격이 높은 사람을 차순위신고인으로 정하고, 신고한 매수가격이 같을 때에는 추첨에 의하여 정하게 된다.

③ 매수인이 대금을 납부하지 아니한 때에는 차순위매수신고인에 대하여 매각여부를 결정하고, 매각허가결정을 받은 차순위매수신고인은 매각대금을 납부할 수 있다. 최고가 매수신고인 및 차순위매수신고인 모두가 대금을 납부하지 않는 경우에는 재매각하되 재매각기일 3일전까지 위의 대금을 먼저 납부한 사람이 경매목적물의 권리를 취득한다. 매수신고 후 경매신청을 취하하려면 위의 두 사람 모두의 동의가 있어야 한다.

5. 공유자의 우선매수권

① 공유자는 매각기일까지 법원에서 정한 보증을 제공하고 최고매수신고가격과 같은 가격으로 채무자의 지분을 우선 매수하겠다는 신고를 할 수 있다.

② 이 때 법원은 최고가매수신고가 있더라도 그 공유자에게 매각을 허가하여야 한다.

③ 여러 사람의 공유자가 우선매수 하겠다는 신고를 하고 절차를 마친 때에는 특별한 협의가 없으면 공유지분의 비율에 따라 채무자의 지분을 매수하게 된다.

④ 한편 공유자가 우선매수신고를 한 경우에는 최고가매수신고인을 차순위매수신고인으로 본다.

6. 매각기일의 종결

① 집행관은 최고가매수신고인의 성명과 그 가격을 부르고 차순위매수신고를 최고한 뒤, 적법한 차순위매수신고가 있으면 차순위매수신고인을 정하여 그 성명과 가격을 부른 다음 매각기일을 종결한다고 고지하여야 한다.

② 최고가매수인과 차순위매수신고인을 제외한 다른 매수신고인은 위의 고지에 따라 매수의 책임을 벗게 되고, 즉시 입찰보증금을 돌려받는다.

③ 매각기일을 마감할 때까지 허가할 매수가격의 신고가 없는 때에는 집행관은 즉시 매각기일의 마감을 취소하고 같은 방법으로 매수가격을 신고하도록 최고할 수 있다.

[2] 새매각

1. 의의

허가할 매수가격의 신고가 없이 최종적으로 입찰기일이 마감돼어 유찰된 때에 법원은 새매각 기일을 정하여 상당히 낮춘 최저매각가격으로 새매각하여야 한다.

2. 새매각 사유

① 허가할 매수신고가 없는 경우(유찰)
법원은 일정한 기준에 의하여 최저매각가격을 상당히 낮출 수 있다. 단, 최저매각가격은 압류 채권에 우선하는 채권을 변제하고 잉여가 있을 가격 이상이어야 한다.
새매각에 있어서 최저매각가격의 저감은 기록에 나타난 모든 사정을 참작하여 합리적이고 객관적인 타당성이 있는 범위 내에서 법원이 자유롭게 저감할 수 있다.
통상 직전 매각기일의 최저매각가격에서 10~30%(통상 20%)정도 저감한다.
새매각 기일에도 다시 허가할 매수신고가 없는 때에는 다시 새매각 기일을 정하여 새매각을 계속하게 된다.

② 이의에 의한 매각불허가의 경우
매각허가기일에서의 매각허가 이의가 정당하다고 인정하여 매각을 불허가한 경우 또는 매각허가의 결정이 있었으나 항고에 의하여 취소되고 다시 매각을 실시할 경우에도 법원은 직권으로 새매각 기일을 정하여야 한다.
이와 같은 경우로서 새매각을 하는 경우에는 최저경매가격을 낮추지 않는다.

③ 매수가격 신고 후에 목적물의 훼손을 이유로 매각불허가 뜨는 허가 취소된 경우에는 매각 목적물에 대해 다시 평가하여 법원이 최저매각가격을 결정하고 새매각기 일을 정하게 된다. 이 때에는 처음부터 다시 경매절차를 밟는 것이므로 그 공고일로부터 7일이 아니라 14일 이후로 정하여야 한다.

[3] 매각허부결정

1. 매각결정기일
① 매각결정기일이란 집행법원이 매각기일의 절차를 종결한 후 이해관계인에게 매각에 관한 의견을 듣고 매각허가 혹은 불허가결정 등 매각허부의 재판을 하기 위한 기일이다.

② 매각결정기일은 매각기일부터 1주 이내로 정하게 되며 매각결정절차는 법원 안에서 진행하게 된다.

③ 이해관계인의 매각허가에 관한 이의는 매각허가가 있을 때까지 신청하여야 한다. 이미 신청한 이의에 대한 진술도 또한 같다.

2. 매각허가에 대한 이의신청사유
매각허가에 대한 이의신청은 다음 각 호중 어느 하나에 해당하는 이유가 있어야 한다.
① 강제집행을 허가할 수 없거나 집행을 계속 진행할 수 없을 때
- 강제집행을 허가할 수 없다함은 강제집행의 요건이 흠결된 경우를 말하며. 임의경매에 있어서는 담보권부존재 등과 같이 담보권실행을 허가할 수 없는 경우에 해당된다.
- 강제집행을 진행할 수 없는 없을 때라함은 강제집행의 정지 또는 취소사유가 있을 때, 경매신청의 취하가 있을 때와 같이 집행절차 중에 집행법상 절차의 진행을 저해하는 사유가 발생한 것을 의미한다.

② 최고가매수신고인이 부동산을 매수할 능력이나 자격이 없는 때
  행위무능력자로(대리인 없이) 경매부동산의 매수신청을 한 경우가 이에 해당된다.

③ 부동산을 매수할 자격이 없는 사람이 최고가매수신고인을 내세워 매수신고를 한 때

④ 최고가매수신고인, 그 대리인 또는 최고가매수신고인을 내세워 매수신고를 한 사람이 제108조 각 호(매각장소의 질서유지를 위하여 배척되는 사람들) 가운데 어느 하나에 해당되는 때

⑤ 최저매각가격의 결정, 일괄매각의 결정 또는 매각물건명세서의 작성에 중대한 흠이 있는 때

⑥ 천재지변, 그밖에 자기가 책임질 수 없는 사유로 부동산이 현저하게 훼손된 사실 또는 부동산에 관한 중대한 권리관계가 변동된 사실이 경매절차의 진행 중에 밝혀 진 때

⑦ 경매절차에 그 밖의 중대한 잘못이 있는 때

3. 서면에 의한 이의신청
의견진술은 서면으로도 가능하며 이 서면에 인지는 붙이지 않는다.

4. 이의신청의 제한
이의는 다른 이해관계인의 권리에 관한 이유로는 신청하지 못하고 반드시 자기 자신만의 이유를 가지고 이의신청을 할 수 있다.

5. 법원의 매각허·부결정
① 매각허가결정
집행법원은 이해관계인들의 매각허가에 대한 이의가 이유 없다고 인정되고 기타 직권으로 매수불허가할 사유가 없다고 인정되는 때에는 최고가매수신고인에게 매수를 허가한다는 취지의 결정을 하게 된다. 매각허가결정은 선고한 때에 고지한 효력이 생기고 확정된 때에 결정의 효력이 생긴다. 한편 매각결정기일에도 민사소송 및 집행의 다른 절차와 마찬가지로 조서를 작성하게 된다.

② 매각불허가결정
집행법원은 다음의 경우에 매각불허가 결정을 하게 된다.
- 이해관계인의 이의가 정당하다고 인정할 때

- 직권으로 매각을 불허가할 다음 사유가 있을 때
  - 부동산이 양도할 수 없는 경우

1	매각부동산이 멸실된 경우
2	압류전의 가등기에 기하여 본등기를 경료 한 경우
3	사립학교 교지. 교사 등과 같이 법률상 양도가 금지된 경우

  - 경매절차를 정지한 경우(집행정지―집행취소의 사유가 발생한 때)

③ 과잉경매의 경우
여기서 각 채권자의 채권은 경매신청자의 우선순위의 채권, 같은 순위의 채권, 이중경매신청권자의 채권이 포함됨(후 순위채권은 제외)
- 여러 개의 부동산을 경매하는 경우에는 그 중 어느 하나만 경매하여도 각 채권자의 피담보채권이나 집행채권 및 경매비용 등에 충분한 경우에는 다른 부동산에 대하여는 불허가결정을 하게 되며, 이 경우 채무자는 매각할 부동산을 지정할 수 있다.
- 대지 및 지상건물의 경우에는 그 어느 것만의 매각 매금으로서도 채무액을 변제할 수 있는 경우 이를 일괄경매 하여도 상기의 과잉경매에 해당되지 않는다.
- 채무자는 매각할 부동산을 매각결정기일에 출석하여 구두로 지정할 수 있을 뿐만 아니라 서면으로 지정할 수도 있다.
- 채권자가 이러한 지정권을 행사하지 아니한 때에는 법원이 자유재량에 의하여 매각허가할 부동산을 선택할 수 있다.
- 채무자의 매각물 지정의 뜻이 매각결정조서에 기재되어 있음에도 다른 부동산을 매각한 경우에는 즉시항고의 사유가 된다.

④ 부동산 훼손으로 인한 경매취소의 경우
- 매수신고 후 천재지변 기타 매수신고인의 책임없는 사유로 인하여 부동산이 훼손된 경우 매수신고인은 매각불허가신청을 할 수 있고 이 경우 법원은 사실을 조사하여 신청이 상당하다고 인정되면 매각불허가 결정을 선고한다.
- 후에 법원은 다시 매각할 수 있다고 인정되면 감정인에게 감정명령을 내려 감정한 후 이를 참작하여 최저매각가격을 정한 후 매각명령을 하게 된다.
- 그러나 그 훼손의 정도가 너무 심하여 부동산으로서 매각이 불가능하다고 인정되면 그 이유를 명시한 매각불허가결정을 하고 매각절차를 종결지을 수 있다.
- 매각절차의 진행이 정지되어 매각기일과 매수기일 사이에 오랜 시간이 경과되어 그 사이에 부동산의 가격이 현저하게 하락된 경우에도 최고가매수인은 부동산의 멸실 등으로 말미암은 경매취소규정(법 제94조)을 준용하여 경매의 취소를 신청할 수 있다.

〈참고판례〉
(가) 대지와 그 지상건물을 일괄경매 하는 경우에 그 중 어느 하나에 관하여 경매절차에 위법된 점이 있다면 그 전부를 불허가하여야 한다(대법원판결 71. 4 20, 70마 639).
(나) 경매담당 공무원에게 뇌물을 공여하는 범법행위를 하여 경매절차의 공정을 해친 경우에는 매수불허가의 사유가 된다.
(다) 공동매수인은 특별한 사정이 없는 한 공동하여서만 매수자의 자격을 가지게 되므로 공동매수인 중 1인에 관한 매각불허가 사유는 다른 공동매수인에게도 미치게 된다.

(라) 여러 개의 부동산을 일괄하여 경매하는 경우 그 중 일부에 매각불허가사유가 있다면 그 전부를 불허가하여야 한다(대법원판결 84. 2. 8, 84마카 31).

(5) 매각허가결정의 취소신청
매각허가결정이 확정된 뒤에 천재지변, 그 밖의 자기가 책임을 질 수 없는 사유로 부동산이 현저하게 훼손된 사실 또는 부동산에 관한 중대한 권리관계가 변동된 사실이 경매절차 진행 중에 밝혀진 때는 매수인은 대금을 낼 때까지 매각허가결정의 취소신청을 할 수 있다.

[4] 매각대금의 납부

(1) 대금의 지급
① 매각허가결정의 확정
매각허가결정이 난 후 「7일 이내에 항고신청이 없거나」, 「신청된 항고재판이 기각된 경우」에 매각허가결정은 확정이 된다.

② 매수인 등에 통지
매각허가결정이 확정되면 법원은 대금의 지급기한을 정하여(보통 매각결정 확정 후 1개월 이내로 지정), 매수인과 차순위매수인에게 통지하게 된다. 매수인은 대금 지급기한까지 매각대금을 지급하여야 한다. 한편 차순위매수인은 매수인이 대금을 모두 지급한 때 매수의 책임을 벗게 되고 즉시 매수신청의 보증을 돌려줄 것을 요구할 수 있다.

③ 일시불 납부
공매와는 달리 경매는 분할납부가 허용되지 않고 일시불로 전액 납부해야 한다.(구법사건: 반드시 납부기일 그 날에만 납부할 수 있음)

(2) 채권상계처리
매수인이 채권자인 경우에는 「매각결정기일이 끝날 때」까지 법원에 신고하고 배당받아야 할 금액을 제외한 대금을 배당기일에 낼 수 있다. 상계처리가 가능하다. 채권자와 채무자가 서로 같은 종류의 채권·채무를 가지고 있는 경우에 그 채권과 채무의 같은 액수를 서로 없애버리기 위한 한쪽의 의사표시를 민법상 상계라고 한다. 이러한 상계제도는 채권자와 채무자가동종의 채권채무를 서로 청구·집행하고 이행하는 쓸데없는 번거로운 절차(시간과 비용의 낭비)를 생략할 수 있으며 또한 서로 간에 공평성을 확보하기 위함이다.

(3) 매수대금의 지급효과

① 매수인의 소유권취득
매수인이 경매부동산의 소유권을 취득하는 시기는 강제경매이든 임의경매이든 매각대금을 완납한 때이다.
매수취득의 공신력에 의거 강제경매든 임의경매든 매수인의 소유권취득은 집행권원의의 취소나 담보권의 소멸에 의하여 방해받지 아니한다.

② 차순위매수신고인의 면책
차순위신고인은 매수인이 대금지급기일에 대금을 지급함으로써 매수하여야 할 책임을 면하고 이미 맡긴 경매보증금의 반환을 청구할 수 있다.

③ 경매신청취하, 경매개시결정에 대한 이의신청 제한
이해관계인은 경매신청의 취하신청과 경매개시결정에 대한 이의신청을 할 수 없다.

④ 인도명령신청 제한
경매신청등기일 이후에 점유를 시작한 자나 채무자 또는 소유자에 대한 인도명령신청은 대금납부일로부터 6월 이내에 신청해야하며, 만약 이 기간을 경과하면 명도소송을 제기해야 한다.

⑤ 낙찰자가 부담하지 않는 부동산상의 권리들은 말소촉탁대상이 되어 소멸하게 된다.(인수주의와 소제주의, 말소기준권리)

(4) 매각대금미납과 차순위매수신고인에 대한 매각허부결정
매수인이 대금지급기한까지 매각대금을 납부하지 않은 경우 차순위매수인이 있는 경우에는 이에게 매각을 허가할 것인지를 결정하여야 한다.
차순위매수신고인에 대한매각허가결정이 있는 때에는 매수인은 매수신청의 보증을 돌려 줄 것을 요구하지 못한다.

[5] 재매각

(1) 매각대금미납과 재매각명령
매수인이 대금지급기한까지 대금을 납부하지 않고 또 차순위매수신고인이 없는 때에는 법원은 직권으로 부동산의 재매각을 명하게 된다.
재매각 절차에도 종전에 정한 최저매각가격, 그 밖의 매각조건을 적용한다.

(2) 재매각절차의 취소
매수인이 재매각기일의 3일 이전까지(예컨대 재매각기일이 3월11일인 경우 3월 8일이 된다) 대금, 그 지급기한이 지난 뒤부터 지급기일까지의 대금에 대한 지연이자와 절차비용을 지급한 때에는 재매각절차를 취소하여야 한다.(법원에 따라서는 1일 전까지 처리해주기도 함)
한편 차순위매수신고인이 매각허가결정을 받았던 때에는 위 금액을 먼저 지급한 매수인이 매매목적물을 취득한다.

(3) 대금을 납부하지 않은 전 매수인
대금을 납부하지 않은 전 매수인은 그 사건에 있어서는 다시 매수신청을 할 수 없으며 또한 보증금의 반환을 청구하지 못한다.(기 납부한 보증금은 법원에 몰수되어 채권자들에게 배당될 배당재단에 편입된다)
이를 위반하여 매각대금을 납부하지 않은 전 매수인이 재경매에 참가한 경우 이는 매각허가에 대한 이의사유에 해당되며 법원은 직권으로 매각불허가를 결정하게 된다.

에듀컨텐츠·휴피아
CH Educontents·Hurepia

제2편
특수권리 분석

제1장　가장임차인

제2장　선순위전세권

제3장　선순위 가등기

제4장　선순위 가처분

제5장　허위 유치권

제6장　법정지상권

제7장　지분경매

제8장　토지별도등기

제1장 가장임차인

제1절 주택임대차보호법

> 제1조
> 이 법은 주거용 건물의 임대차(賃貸借)에 관하여 「민법」에 대한 특례를 규정함으로써 국민 주거생활의 안정을 보장함을 목적으로 한다.

주택임대차보호법은 주거용 건물의 임대차에 관하여 민법에 대한 특례를 인정함으로써 국민의 주거생활의 안정을 보장함을 목적으로 한다(주택임대차보호법 제1조).
임차인이 가지고 있는 권리가 채권이다보니 이러한 주택임차인은 제3자에게 대항할 수 없을 뿐만 아니라 임대차기간의 확보라든가 보증금의 반환에서 여러 가지 어려움을 당하게 된다. 따라서 주거용 건물의 임대차에 관하여 민법에 대한 특례를 규정함으로써 임차인을 보호하기 위하여 1981년 3월 5일 주택임대차보호법이 공포·시행되었고 이후 임차인의 지위를 강화하기 위하여 여러 차례의 개정이 이루어졌다.

[1] 적용범위

> 제2조
> 이 법은 ①주거용 건물(이하 "주택"이라 한다)의 전부 또는 일부의 ②임대차에 관하여 적용한다. 그 ③임차주택(賃借住宅)의 일부가 주거 외의 목적으로 사용되는 경우에도 또한 같다

주택임대차보호법은 주거용건물의 임대차만을 규율하기 위한 특별법이다.
따라서 건물임대차계약을 체결하였다 할지라도 주거용건물의 임대차가 아니라면 동법은 적용될 여지가 없는 것이다.
따라서 주거용건물이 무엇인지? 또한 무엇이 임대차계약인지 등에 대한 검토가 필요하다 할 것이다.

1. 주거용 건물

(1) 주거용 건물인지 여부의 판단기준 (=실지 용도)

가. 주택임대차보호법 제2조 소정의 주거용 건물에 해당하는지 여부는 임대차목적물의 공부상의 표시만을 기준으로 할 것이 아니라 그 실지 용도에 따라서 정하여야 하고 또 건물의 일부가 임대차의 목적이 되어 주거용과 비주거용으로 겸용되는 경우에는 구체적인 경우에 따라 그 임대차의 목적, 전체 건물과 임대차목적물의 구조와 형태 및 임차인의 임대차목적물의 이용관계 그리고 임차인이 그 곳에서 일상생활을 영위하는지 여부 등을 아울러 고려하여 합목적적으로 결정하여야 한다.

나. 건물이 공부상으로는 단층 작업소 및 근린생활시설로 표시되어 있으나 실제로 갑은 주거 및 인쇄소

경영 목적으로, 을은 주거 및 슈퍼마켓 경영 목적으로 임차하여 가족들과 함께 입주하여 그 곳에서 일상생활을 영위하는 한편 인쇄소 또는 슈퍼마켓을 경영하고 있으며, 갑의 경우는 주거용으로 사용되는 부분이 비주거용으로 사용되는 부분보다 넓고, 을의 경우는 비주거용으로 사용되는 부분이 더 넓기는 하지만 주거용으로 사용되는 부분도 상당한 면적이고, <u>위 각 부분이 갑·을의 유일한 주거인 경우 주택임대차보호법 제2조 후문에서 정한 주거용 건물로 인정한 사례</u> (대판 1995.03.10 선고 94다52522).

(2) 주거용 건물인지 여부의 판단시기는 언제?/임대차계약 체결 당시

구 주택임대차보호법 제2조 소정의 주거용 건물이란 공부상의 표시에 불구하고 그 실지용도에 따라서 정하여야 하고 또한 한 건물의 비주거용 부분과 아울러 주거용 부분이 함께 임대차의 목적이 되어 각기 그 용도에 따라 사용되는 경우 그 주거용 부분에 관하여 본법이 적용되느냐의 여부는 구체적인 경우에 따라 합목적적으로 결정하여야 하며, 더욱이 위 <u>주택임대차보호법이 적용되려면 먼저 임대차계약 체결 당시를 기준으로 하여 그 건물의 구조상 주거용 또는 그와 겸용될 정도의 건물의 형태가 실질적으로 갖추어져 있어야 하고, 만일 그 당시에는 주거용 건물부분이 존재하지 아니하였는데 임차인이 그 후 임의로 주거용으로 개조하였다면 임대인이 그 개조를 승락하였다는 등의 특별한 사정이 없는 한 위 법의 적용은 있을 수 없다</u>(대판 1986.01.21 선고 85다카1367).

2. 임대차

임대차는 일방이 부동산의 사용수익을 약정하고 타방은 차임의 지급을 약정함으로서 성립하는 낙성, 유상, 쌍무, 불요식계약을 의미한다.
따라서 <u>사용수익의 목적이 아닌 경우이거나 또는 반대급부의 지급약정이 없는 경우에는 주임법에 의해 보호되는 임대차라 볼수 없다</u>할 것이다.

(1) 주택임대차로서의 우선변제권을 취득한 것처럼 외관을 만들었을 뿐 실제 주택을 주거용으로 사용·수익할 목적을 갖지 아니한 계약에는 주택임대차보호법이 정하고 있는 우선변제권을 부여할 수 있는지 여부(소극)

주택임대차로서의 우선변제권을 취득한 것처럼 외관을 만들었을 뿐 <u>실제 주택을 주거용으로 사용·수익할 목적을 갖지 아니한 계약에는</u> 주택임대차보호법이 정하고 있는 우선변제권을 부여할 수 없다(대판 2003.07.22. 선고 2003다21445).

(2) 임대차계약의 주된 목적이 주택을 사용·수익하려는 것이 아니고 대항력 있는 임차인으로 보호받아 기존 채권을 회수하려는 것에 있는 경우, 주택임대차보호법상의 대항력이 있는지 여부(소극)

부모가 삼촌에 대하여 가지는 대여금채권을 임대차보증금으로 대체하기로 하고 삼촌이 건축한 빌라에 관하여 임대차계약을 체결한 사안에서, 그 주된 목적이 대항력 있는 임차인으로 보호받아 부모의 대여금채권을 우선변제받으려는 것인지에 관하여 더 심리해야 한다는 이유로 원심판결을 파기한 사례(대판 2007.12.13. 선고 2007다55088)

(3) 임대차계약의 주된 목적이 주택을 사용·수익하려는 데 있는 것이 아니고 소액임차인으로 보호받아 기존채권을 회수하려는 데에 있는 경우, 주택임대차보호법상의 소액임차인으로 보호받을 수 있는지 여부(소극)

채권자가 채무자 소유의 주택에 관하여 채무자와 임대차계약을 체결하고 전입신고를 마친 다음 그곳에 거주하였다고 하더라도 실제 임대차계약의 주된 목적이 주택을 사용수익하려는 것에 있는 것이 아니고, 실제적으로는 소액임차인으로 보호받아 선순위 담보권자에 우선하여 채권을 회수하려는 것에 주된 목적이 있었던 경우에는 그러한 임차인을 주택임대차보호법상 소액임차인으로 보호할 수 없다(대판 2001. 5. 8. 선고 2001다14733)

3. 주거겸용 건물
주거용과 비주거용으로 함께 사용되고 있는 건물의 경우에 주임법의 적용여부가 문제된다 할 것이다.
이 경우에는 구체적인 경우에 따라 그 임대차의 목적, 전체 건물과 임대차목적물의 구조와 형태 및 임차인의 임대차목적물의 이용관계 그리고 임차인이 그 곳에서 일상생활을 영위하는지 여부 등을 아울러 고려하여 합목적적으로 결정하여야 한다.

(1) 비거주용 건물의 일부가 주거의 목적으로 사용되고 있는 경우에도 주택임대차보호법의 보호대상인 주거용 건물이라 할 수 있는지 여부(소극)

임차주택의 일부가 주거외의 목적으로 사용되는 경우에도 주택임대차보호법 제2조의 규정에 의하여 그 법률의 적용을 받는 주거용 건물에 포함되나 주거생활의 안정을 보장하기 위한 입법목적에 비추어 임차주택의 일부가 비주거용이 아니고 거꾸로 비주거용 건물에 주택의 목적으로 일부를 사용하는 경우에는 위 법 제2조가 말하고 있는 일부라는 범위를 벗어나 이를 주거용 건물이라 할 수 없고 이러한 건물은 위 법률의 보호대상에서 제외된다고 할 것이다.
원심은 그 채택증거를 종합하여 원고가 경락으로 소유권을 취득한 이 사건 건물은 당초부터 여관, 여인숙의 형태로 건축되었고 피고는 전소유자 인경남으로부터 여인숙을 경영할 목적으로 임차하여 방 10개 중 현관앞의 방은 피고가 내실로 사용하면서 여관, 여인숙이란 간판을 걸고 여인숙업을 경영하고 온 사실을 인정하고 피고의 그 점유부분은 주택임대차보호법상의 주거용 건물에 해당하지 아니한다고 하였는바, 원심의 위와 같은 판단은 정당하다(대판 1987.4.28. 선고 86다카2407)

(2) 방2개와 주방이 딸린 다방은 주거용 건물에 해당하지 아니한다고 본 사례

방 2개와 주방이 딸린 다방이 영업용으로서 비주거용 건물이라고 보여지고, 설사 그 중 방 및 다방의 주방을 주거목적에 사용한다고 하더라도 이는 어디까지나 다방의 영업에 부수적인 것으로서 그러한 주거목적 사용은 비주거용 건물의 일부가 주거목적으로 사용되는 것일 뿐, 주택임대차보호법 제2조 후문에서 말하는 '주거용 건물의 일부가 주거 외의 목적으로 사용되는 경우'에 해당한다고 볼 수 없다(대판 1996. 3. 12. 선고 95다51953).

4. 법 인
법인도 권리의 주체가 될수 있으므로 임대차계약을 체결할 수 있다. 따라서 법인도 임차권의 주체가 될 수 있는 것이다. 그러나 법인은 주임법에 의한 보호를 받지 못한다. 법인이 임차인인 경우에는 주임법은 적용되지 않기 때문이다.
다만, 일정한 경우에는 법인의 임차권도 보호될 수 있다
즉 국민주택기금을 재원으로 하여 저소득층의 무주택자에게 주거생활의 안정을 보장함을 목적으로 전세임대주택을 지원하는 법인이 주택을 임차한 후 지방자치단체의 장 또는 법인이 선정한 입주자가 그 주택을 인도받고 주민등록을 마쳤을 때에는 동법 제3조 제1항의 대항력을 준용한다. 이러한 대항력을 취득할 수 있는 법인은 한국토지주택공사법에 따른 한국토지주택공사와 지방공기업법에 따른 지방공사를 말한다.

법인이 주택을 임차하면서 그 소속 직원 명의로 주민등록을 하고 확정일자를 구비한 경우, 주택임대차보호법상 우선변제권의 인정 여부(소극)

주택 임차인이 주택임대차보호법 제3조의2 제1항 소정의 우선변제권을 주장하기 위하여는 같은 법 제3조 제1항 소정의 대항요건과 임대차계약증서상의 확정일자를 갖추어야 하고, 그 대항요건은 주택의 인도와 주민등록을 마친 때에 구비된다 할 것인바, 같은 법 제1조는 "이 법은 주거용 건물의 임대차에 관하여 민법에 대한 특례를 규정함으로써 국민의 주거생활의 안정을 보장함을 목적으로 한다."라고 규정하고 있어 위 법이 자연인인 서민들의 주거생활의 안정을 보호하려는 취지에서 제정된 것이지 법인을 그 보호 대상으로 삼고 있다고는 할 수 없는 점, 법인은 애당초 같은 법 제3조 제1항 소정의 대항요건의 하나인 주민등록을 구비할 수 없는 점 등에 비추어 보면, 법인의 직원이 주민등록을 마쳤다 하여 이를 법인의 주민등록으로 볼 수는 없으므로, 법인이 임차 주택을 인도받고 임대차계약서상의 확정일자를 구비하였다 하더라도 우선변제권을 주장할 수는 없다(대판 1997. 7. 11. 선고 96다7236)

[2] 대항력

> 제3조
> ① 임대차는 그 등기(登記)가 없는 경우에도 임차인(賃借人)이 주택의 인도(引渡)와 주민등록을 마친 때에는 그 다음 날부터 제삼자에 대하여 효력이 생긴다. 이 경우 전입신고를 한 때에 주민등록이 된 것으로 본다.
> ② 국민주택기금을 재원으로 하여 저소득층 무주택자에게 주거생활 안정을 목적으로 전세임대주택을 지원하는 법인이 주택을 임차한 후 지방자치단체의 장 또는 그 법인이 선정한 입주자가 그 주택을 인도받고 주민등록을 마쳤을 때에는 제1항을 준용한다. 이 경우 대항력이 인정되는 법인은 대통령령으로 정한다.
> ③ 임차주택의 양수인(讓受人)(그 밖에 임대할 권리를 승계한 자를 포함한다)은 임대인(賃貸人)의 지위를 승계한 것으로 본다.
> ④ 이 법에 따라 임대차의 목적이 된 주택이 매매나 경매의 목적물이 된 경우에는 「민법」 제575조제1항·제3항 및 같은 법 제578조를 준용한다.
> ⑤ 제4항의 경우에는 동시이행의 항변권(抗辯權)에 관한 「민법」 제536조를 준용한다.

1. 대항력

대항력을 취득한다는 것은 임차인이 임차주택의 양수인에게 임대차의 효력을 주장할 수 있다는 의미이다.
즉 임차인이 대항력을 취득한 경우에는 그 이후에 임차주택이 양도되어도 양수인에게 자신의 임차권을 주장하며 계속 사용/수익을 할 수 있다는 의미라 할 것이다.
임차주택의 양수인은 임대인의 지위를 승계한 것으로 본다. 따라서 임대차관계는 동일성을 유지하며, 양수인에게 그대로 승계되므로 임차인은 양수인에게 보증금의 반환을 요구할 수도 있는 것이다.
임차인이 주택의 인도와 더불어 주민등록을 한 경우에는 그 익일 0시부터 제3자에 대하여 대항력을 취득한다.

2. 주택의 인도

임차인은 임대차계약을 체결과 더불어 당해 주택을 인도받아야 대항력을 취득한다. 인도라 함은 점유의 이전을 의미하며, 점유라 함은 물건을 사실상 지배하는 것을 의미한다.
이러한 점유에는 직접점유와 간접점유가 있으며, 직접점유는 직접 목적물을 사실상 지배하는 것이므로 대항력을 취득함은 당연한 것이며, 다만 문제가 되는 것은 간접점유이다.

간접점유라 함은 점유매개관계를 통하여 타인으로 하여금 직접점유를 하게 한 경우를 말한다. 예컨대 갑이 자신의 부동산을 을에게 임대해 준 경우에 을은 당해 부동산을 직접점유하고 있으며, 이 경우에 갑 또한 을을 매개로 하며 당해 부동산을 간접점유하고 있다고 볼 수 있다.
임차인이 이러한 간접점유방법에 의해서 대항력을 취득할 수 있는지가 문제되는 바, 간접점유도 점유이므로 이러한 간접점유방법에 의한 대항력의 취득도 당연 인정된다 할 것이다.

(1) 임차인이 주택을 간접점유하는 경우에도 대항력을 인정할 수 있는지 여부(적극)

주택임대차보호법 제3조 제1항 소정의 대항력은 임차인이 당해 주택에 거주하면서 이를 직접점유하는 경우뿐만 아니라 타인의 점유를 매개로 하여 이를 간접점유하는 경우에도 인정될 수 있다(대판 2001.01.19. 선고 2000다55645).

(2) 간접점유자의 주민등록이 주택임대차의 유효한 공시방법이 되는지 여부(소극)

주택임대차보호법 제3조 제1항 소정의 대항력은 임차인이 당해 주택에 거주하면서 이를 직접 점유하는 경우뿐만 아니라 타인의 점유를 매개로 하여 이를 간접점유하는 경우에도 인정될 수 있을 것이나, 그 경우 당해 주택에 실제로 거주하지 아니하는 간접점유자인 임차인은 주민등록의 대상이 되는 '당해 주택에 주소 또는 거소를 가진 자'(주민등록법 제6조 제1항)가 아니어서 그 자의 주민등록은 주민등록법 소정의 적법한 주민등록이라고 할 수 없고, 따라서 간접점유자에 불과한 임차인 자신의 주민등록으로는 대항력의 요건을 적법하게 갖추었다고 할 수 없으며, 임차인과의 점유매개관계에 기하여 당해 주택에 실제로 거주하는 직접점유자가 자신의 주민등록을 마친 경우에 한하여 비로소 그 임차인의 임대차가 제3자에 대하여 적법하게 대항력을 취득할 수 있다(대판 2001.01.19. 선고 2000다55645).

3. 주민등록 (전입신고)

(1) 정확한 전입신고
임차인이 대항력을 취득하기 위해서는 주택의 인도와 더불어 주민등록을 하여야 한다. 이러한 주민등록은 정확한 주민등록이어야 한다.
따라서 주소를 잘못 기재한 경우에는 대항력을 취득할수 없다.

① 정확한 전입신고

(1) 실제 지번인 '산 53의 6'이나 등기부상 지번인 '산53'과 일치하지 아니한 '53의 6'에 등재된 주민등록이 주택임대차보호법 소정의 대항요건으로서 유효한지 여부(소극)

실제 지번인 '산 53의 6'이나 등기부상 지번인 '산53'과 일치하지 아니한 '53의 6'에 등재된 주민등록이 주택임대차보호법 소정의 대항요건으로서 유효하지 않다(대판 2000.06.09. 선고 2000다8069).

(2) 임차인의 착오로 다른 지번에 주민등록이 된 경우 대항력을 취득하는지 여부(소극)

임차인이 착오로 임대차건물의 지번과 다른 지번에 주민등록(전입신고)을 하였다가 그후 관계공무원이 직권정정을 하여 실제지번에 맞게 주민등록이 정리되었다면 위 임차인은 주민등록이 정리된 이후에 비로소 대항력을 취득하였다고 할 것이다(대판 1987.11.10. 선고 87다카1573).

(3) 등기부상 동·호수 표시인 '다동 103호'와 불일치한 '라동 103호'로 된 주민등록이 임대차의 공시방법으로서 유효한지 여부(소극)

등기부상 동·호수 표시인 '다동 103호'와 불일치한 '라동 103'호로 된 주민등록은 그로써 당해 임대차건물에 임차인들이 주소 또는 거소를 가진 자로 등록되어 있는지를 인식할 수 있다고 보여지지 아니한다고 하여, 위 주민등록이 임대차의 공시방법으로서 유효하다고 할 수 없다(대판 1999. 4. 13. 선고 99다4207).

[비교판례] 부동산등기부상 건물의 표제부에 '에이(A)동'이라고 기재되어 있는 연립주택의 임차인이 전입신고를 함에 있어 주소지를 '가동'으로 신고하였으나 주소지 대지 위에는 2개 동의 연립주택 외에는 다른 건물이 전혀 없고, 그 2개 동도 층당 세대수가 한 동은 4세대씩, 다른 동은 6세대씩으로서 크기가 달라서 외관상 혼동의 여지가 없으며, 실제 건물 외벽에는 '가동', '나동'으로 표기되어 사회생활상 그렇게 호칭되어 온 경우, 사회통념상 '가동', '나동', '에이동', '비동'은 표시 순서에 따라 각각 같은 건물을 의미하는 것이라고 인식될 여지가 있고, 더욱이 경매기록에서 경매목적물의 표시가 '에이동'과 '가동'으로 병기되어 있었던 이상, 경매가 진행되면서 낙찰인을 포함하여 입찰에 참가하고자 한 사람들로서도 위 임대차를 대항력 있는 임대차로 인식하는 데에 아무런 어려움이 없었다는 이유로 임차인의 주민등록이 임대차의 공시방법으로 유효하다(대판 2003. 6. 10. 선고 2002다59351).

(4) 신축중인 연립주택 중 1층 소재 주택의 임차인이 주민등록 이전시 잘못된 현관문의 표시대로 '1층 201호'라고 전입신고를 마쳤는데, 준공 후 그 주택이 공부상 '1층 101호'로 등재된 경우, 임대차를 공시하는 효력이 있는지 여부(소극)

신축중인 연립주택 중 1층 소재 주택의 임차인이 주민등록 이전시 잘못된 현관문의 표시대로 '1층 201호'라고 전입신고를 마쳤는데, 준공 후 그 주택이 공부상 '1층 101호'로 등재된 경우, 위 주민등록은 이 사건 주택의 표시와 달라 이 사건 임대차를 공시하는 효력이 없어 이를 전제로 하여 우선변제권이 있다는 주장은 이유 없다(대판 1995.08.11. 선고 95다177).

(5) 건축중인 주택을 임차하여 주민등록을 마친 임차인의 주민등록상의 주소 기재가 당시의 주택 현황과 일치하였으나 그 후 사정변경으로 등기부상 주택의 표시가 달라진 경우, 입찰절차에서의 이해관계인 등이 그러한 사정을 알고 있었던 때에는 그 주민등록이 공시방법으로서의 효력이 있는지의 여부(소극)

건축중인 주택에 대한 소유권보존등기가 경료되기 전에 그 일부를 임차하여 주민등록을 마친 임차인의 주민등록상의 주소 기재가 그 당시의 주택의 현황과 일치한다고 하더라도 그 후 사정변경으로 등기부 등의 주택의 표시가 달라졌다면 특별한 사정이 없는 한 달라진 주택의 표시를 전제로 등기부상 이해관계를 가지게 된 제3자로서는 당초의 주민등록에 의하여 당해 주택에 임차인이 주소 또는 거소를 가진 자로 등록되어 있다고 인식하기 어렵다고 할 것이므로 그 주민등록은 그 제3자에 대한 관계에서 유효한 임대차의 공시방법이 될 수 없다고 할 것이며, 이러한 이치는 입찰절차에서의 이해관계인 등이 잘못된 임차인의 주민등록상의 주소가 건축물관리대장 및 등기부상의 주소를 지칭하는 것을 알고 있었다고 하더라도 마찬가지이다(대판 2003. 5. 16. 선고 2003다10940).

② 다가구용 단독주택 (원룸)

다가구용 단독주택의 경우, 주택임대차보호법상의 대항요건을 갖추기 위해서 지번 외에 호수까지 기재해야 하는지 여부(소극) 및 임차인이 같은 건물 내에서 이사를 하면서 호수를 변경한 전입신고를 다시 한 경우에도 원래의 전입신고가 유효한 공시방법이 되는지 여부(적극)

다가구용 단독주택의 경우 건축법이나 주택건설촉진법상 이를 공동주택으로 볼 근거가 없어 단독주택으로 보아야 하는 이상 주민등록법시행령 제5조 제5항에 따라 임차인이 위 건물의 일부나 전부를 임차하여 전입신고를 하는 경우 지번만 기재하는 것으로 충분하고, 나아가 위 건물 거주자의 편의상 구분하여 놓은 호수까지 기재할 의무나 필요가 있다고 할 수 없으며, 임차인이 실제로 위 건물의 어느 부분을 임차하여 거주하고 있는지 여부의 조사는 단독주택의 경우와 마찬가지로 위 건물에 담보권 등을 설정하려는 이해관계인의 책임하에 이루어져야 하므로, 임차인이 위 건물의 지번으로 전입신고를 한 이상 일반 사회통념상 그 주민등록으로 위 건물에 위 임차인이 주소 또는 거소를 가진 자로 등록되어 있는지를 인식할 수 있어 임대차의 공시방법으로 유효하고, 그 임차인이 위 건물 중 종전에 임차하고 있던 부분에서 다른 부분으로 옮기면서 그 옮긴 부분으로 다시 전입신고를 하였다고 하더라도 이를 달리 볼 것은 아니다(대판 1998. 1. 23. 선고 97다47828).

③ 공동주택

다세대주택의 동·호수 표시 없이 그 부지 중 일부 지번으로만 주민등록을 한 경우, 주택임대차보호법상의 대항력이 있는지 여부(소극)

임차인들이 다세대주택의 동·호수 표시 없이 그 부지 중 일부 지번으로만 주민등록을 한 경우, 그 주민등록으로써는 일반의 사회통념상 그 임차인들이 그 다세대주택의 특정 동·호수에 주소를 가진 것으로 제3자가 인식할 수는 없는 것이므로, 임차인들은 그 임차 주택에 관한 임대차의 유효한 공시방법을 갖추었다고 볼 수 없다(대판 1996. 2. 23. 선고 95다48421).

④ 다가구에서 다세대로 변경된 경우

다가구용 단독주택으로 소유권보존등기된 건물의 일부를 임차한 사람이 그 지번을 기재하여 전입신고를 함으로써 대항력을 취득한 후에 위 건물이 다세대 주택으로 변경된 경우, 이미 취득한 대항력을 상실하는지 여부(소극)

처음에 다가구용 단독주택으로 소유권보존등기가 경료된 건물의 일부를 임차한 임차인은 이를 인도받고 임차 건물의 지번을 정확히 기재하여 전입신고를 하면 주택임대차보호법 소정의 대항력을 적법하게 취득하고, 나중에 다가구용 단독주택이 다세대주택으로 변경되었다는 사정만으로 임차인이 이미 취득한 대항력을 상실하게 되는 것은 아니다(대판 2007.2.8. 선고 2006다70516).

(2) 특수주소변경
정확하지 아니한 전입신고를 한 경우에는 대항력은 발생하지 아니한다.
이렇게 정확하지 아니한 전입신고를 한 후 나중에 이를 바로잡게 되는 경우에는 주민등록등본에 특수주소변경이라 기재한 후 주소를 정정하게 된다. 이러한 특수주소변경의 경우에는 정확한 전입신고 즉, 정정된 시점을 기준으로 대항력의 취득여부를 판단하여야 한다.
따라서 임차인이 잘못된 전입신고를 한후 근저당이 설정되고, 그 이후에 특수주소변경을 한 경우에는 당해 임차인은 근저당보다 후순위가 되어, 경락인에게 대항할 수 없으며 임차인입장에서는 큰 손해가 발생할 수 있는 것이다.
다만 이 경우에도 최초의 잘못된 전입신고가 임차인의 잘못이 아닌 경우에는 대항력을 취득할 수 있다.

(1) 임차인이 전입신고를 올바르게 하였는데 담당공무원의 착오로 주민등록표상에 신거주지 지번이 다소 틀리게 기재된 경우 임대차의 대항력이 생기는지 여부(적극)

임차인이 전입신고를 올바르게(즉 임차건물 소재지 지번으로) 하였다면 이로써 그 임대차의 대항력이 생기는 것이므로 설사 담당공무원의 착오로 주민등록표상에 신거주지 지번이 다소 틀리게(안양동 545의5가 안양동 545의2로)기재되었다 하여 그 대항력에 영향을 끼칠 수는 없다(대판 1991.8.13. 선고 91다18118).

[비교판례] 정확한 지번과 동, 호수로 주민등록 전입신고서를 작성·제출하였는데 담당공무원이 착오로 수정을 요구하여, 임차인이 잘못된 지번으로 수정하고 동, 호수 기재를 삭제한 주민등록 전입신고서를 다시 작성·제출하여 그대로 주민등록이 된 사안에서, 그 주민등록이 임대차의 공시방법으로서 유효하지 않고 대항력은 주장할 수 없다(대판 2009.1.30. 선고 2006다17850).

(2) 다세대주택 임차 당시 칭하여진 동호수로 주민등록은 이전하고 임대차계약서에 확정일자를 받았는데 준공검사 후 건축물관리대장이 작성되면서 동호수가 바뀌어 등기부 작성시에도 임대계약서와 다른 동호수가 등재된 경우, 그 주민등록이 임대차의 공시방법으로 유효한지 여부(소극)

다세대주택 임차 당시 칭하여진 동호수로 주민등록은 이전하고 임대차계약서에 확정일자를 받았는데 준공검사 후 건축물관리대장이 작성되면서 동호수가 바뀌어 등기부 작성시에도 임대계약서와 다른 동호수가 등재된 경우, 그 주택에 대하여 근저당권자의 신청에 의한 임의경매절차가 진행되던 중 임차인이 위 확정일자의 임대차계약서를 근거로 경매법원에 임차보증금반환채권이 대한 권리신고 및 배당요구를 하였다가 뒤늦게 그 주택의 표시가 위와 같이 다르게 되었다는 것을 알게 되어, 동장에게 그 주민등록 기재에 대하여 이의신청을 하여 주민등록표상의 주소를 등기부상 동호수로 정정하게 하였다면, 그 주택의 실제의 동표시와 불일치한 임차인의 주민등록은 임대차의 공시방법으로서 유효한 것이라고 할 수 없고, 임차인은 실제 동표시와 맞게 주민등록이 정리된 이후에야 비로소 대항력을 취득하였다고 볼 것이다(대판 1994.11.22. 선고 94다13176).

(3) 가족의 주민등록
대항력의 취득요건으로서의 주민등록은 임차인 본인의 주민등록에 한하지 않고, 그 배우자나 자녀 등 가족의 주민등록을 포함한다.

① 가족

(1) 제3조 제1항 소정의 주민등록에 배우자나 자녀의 주민등록도 포함되는지 여부(적극)

주택임대차보호법 제3조 제1항에서 규정하고 있는 주민등록이라는 대항요건은 임차인 본인뿐 아니라 그 배우자나 자녀 등 가족의 주민등록을 포함한다(대판 1988.06.14. 선고 87다카3093).

(2) 입주 및 주민등록을 마친 주택 임차인이 가족의 주민등록은 그대로 둔 채 임차인만 주민등록을 일시 다른 곳으로 옮긴 경우, 대항력 상실 여부(소극)

주택 임차인이 그 가족과 함께 그 주택에 대한 점유를 계속하고 있으면서 그 가족의 주민등록을 그대로 둔 채 임차인만 주민등록을 일시 다른 곳으로 옮긴 경우라면, 전체적으로나 종국적으로 주민등록의 이탈이라고 볼 수 없는 만큼, 임대차의 제3자에 대한 대항력을 상실하지 아니한다(대판 1996. 1. 26. 선고 95다30338).

② 세대합가의 경우

세대라 함은 현실적으로 주거 및 생계를 같이 하는 사람들의 단위를 말하며, 세대합가라 함은 각각 다른 세대가 합하여 하나의 세대로 구성하게 되는 것을 의미한다.
예컨대 X주택에 아들 갑이 2001년 10월 1일 전입신고가 되어 한 세대를 구성하고 살고 있다가, 2001년 11월 1일 갑의 아버지 을이 동 주택에 입주하는 경우에 2개의 세대를 구성하며 생활을 영위할 수도 있지만 두 세대를 합하여 하나의 세대로 신고하는 것을 세대합가하고 한다. 이경우에 세대합가를 하게 되면 갑이 2001년 10월 1일 전입신고를 했다 할지라도 전입신고는 합가한 날인 2001년 11월 1일로 공시되게 된다.
그러므로 만약에 이 경우에 2001년 10월 20일에 당해 주택에 근저당이 설정되고 당해 주택이 경매가 개시가 되면 임차인세대인 갑과 을의 주민등록 공시일은 11월 1일이 되므로 외관상 대항력이 없는 것처럼 인식될 수 있다.
그러나 위에서 언급하였듯이 대항력을 발생시키는 주민등록은 가족의 주민등록도 포함하므로 실질은 2001년 10월 1일의 갑이 전입신고한 날짜를 기준으로 대항력 여부를 판단하여야 하므로 이 경우의 임차인은 대항력을 취득하며 경락인은 위 임차권을 인수할 수밖에 없는 것이다.
따라서 이러한 세대합가의 경우에는 최초 전입한 세대원의 그 전입일자까지 반드시 확인하여야 하며 이에 대한 면밀한 검토후에 입찰에 참여하여야 할 것이다.

(4) 임차권을 공시하는 주민등록
임차인이 대항력을 취득하기 위하여 주택의 인도와 주민등록이 필요하지만, 주민등록이 되어 있다고 하여 무조건 대항력이 발생하는 것은 아니다.
당해 주민등록이 임차권을 공시하는 기능을 하고 있을 때에만 대항력을 취득할 수 있다. 따라서 주민등록이 되어 있다 할지라도 임차권을 공시하는 기능이 없는 경우에는 대항력은 주장할 수가 없는 것이다.

(1) 주택임대차보호법 제3조 제1항 소정의 주민등록이 대항력의 요건을 충족시키는 공시방법이 되기 위한 요건(= 주민등록에 의하여 표상되는 점유관계가 임차권을 매개로 하는 점유임을 제3자가 인식할 수 있는 정도는 되어야 함)

가. 주택임대차보호법 제3조 제1항에서 주택의 인도와 더불어 대항력의 요건으로 규정하고 있는 주민등록은 거래의 안전을 위하여 임차권의 존재를 제3자가 명백히 인식할 수 있게 하는 공시방법으로 마련된 것으로서, 주민등록이 어떤 임대차를 공시하는 효력이 있는가의 여부는 그 주민등록으로 제3자가 임차권의 존재를 인식할 수 있는가에 따라 결정된다고 할 것이므로, 주민등록이 대항력의 요건을 충족시킬 수 있는 공시방법이 되려면 단순히 형식적으로 주민등록이 되어 있다는 것만으로는 부족하고, 주민등록에 의하여 표상되는 점유관계가 임차권을 매개로 하는 점유임을 제3자가 인식할 수 있는 정도는 되어야 한다.
나. 경매절차에서 낙찰인이 주민등록은 되어 있으나 대항력은 없는 종전 임차인과의 사이에 새로이 임대차계약을 체결하고 낙찰대금을 납부한 경우, 종전 임차인의 주민등록은 낙찰인의 소유권취득 이전부터 낙찰인과 종전 임차인 사이의 임대차관계를 공시하는 기능을 수행하고 있었으므로, 종전 임차인은

당해 부동산에 관하여 낙찰인이 낙찰대금을 납부하여 소유권을 취득하는 즉시 임차권의 대항력을 취득한다(대판 2002. 11. 8. 선고 2002다38361).

(2) 주민등록 전입신고를 마친 주택의 소유자가 그 주택을 타인에게 매도한 후 매수인으로부터 그 주택을 다시 임차한 경우(=양수인 명의의 소유권이전등기일 익일부터)

가. 주택임대차보호법 제3조 제1항에서 주택의 인도와 더불어 대항력의 요건으로 규정하고 있는 주민등록은 거래의 안전을 위하여 임차권의 존재를 제3자가 명백히 인식할 수 있게 하는 공시방법으로 마련된 것으로서, 주민등록이 어떤 임대차를 공시하는 효력이 있는가의 여부는 그 주민등록으로 제3자가 임차권의 존재를 인식할 수 있는가에 따라 결정된다고 할 것이므로, 주민등록이 대항력의 요건을 충족시킬 수 있는 공시방법이 되려면 단순히 형식적으로 주민등록이 되어 있다는 것만으로는 부족하고, 주민등록에 의하여 표상되는 점유관계가 임차권을 매개로 하는 점유임을 제3자가 인식할 수 있는 정도는 되어야 한다.

나. 갑이 주택에 관하여 소유권이전등기를 경료하고 주민등록 전입신고까지 마친 다음 처와 함께 거주하다가 을에게 매도함과 동시에 그로부터 이를 다시 임차하여 계속 거주하기로 약정하고 임차인을 갑의 처로 하는 임대차계약을 체결한 후에야 을 명의의 소유권이전등기가 경료된 경우, 제3자로서는 주택에 관하여 갑으로부터 을 앞으로 소유권이전등기가 경료되기 전에는 갑의 처의 주민등록이 소유권 아닌 임차권을 매개로 하는 점유라는 것을 인식하기 어려웠다 할 것이므로, 갑의 처의 주민등록은 주택에 관하여 을 명의의 소유권이전등기가 경료되기 전에는 주택임대차의 대항력 인정의 요건이 되는 적법한 공시방법으로서의 효력이 없고 을 명의의 소유권이전등기가 경료된 날에야 비로소 갑의 처와 을 사이의 임대차를 공시하는 유효한 공시방법이 된다고 할 것이며, 주택임대차보호법 제3조 제1항에 의하여 유효한 공시방법을 갖춘 다음날인 을 명의의 소유권이전등기일 익일부터 임차인으로서 대항력을 갖는다(대판 2000. 2. 11. 선고 99다5930).

(3) 갑이 병 회사 소유 임대아파트의 임차인인 을로부터 아파트를 임차하여 전입신고를 마치고 거주하던 중, 을이 병 회사로부터 위 아파트를 분양받아 자기 명의로 소유권이전등기를 경료한 경우, 갑의 임차권 대항력의 취득시기(=을 명의의 소유권이전등기가 경료되는 즉시)

갑이 병 회사 소유 임대아파트의 임차인인 을로부터 아파트를 임차하여 전입신고를 마치고 거주하던 중, 을이 병 회사로부터 위 아파트를 분양받아 자기 명의로 소유권이전등기를 경료한 후 근저당권을 설정한 사안에서, 비록 임대인인 을이 갑과 위 임대차계약을 체결한 이후에, 그리고 갑이 위 전입신고를 한 이후에 위 아파트에 대한 소유권을 취득하였다고 하더라도, 주민등록상 전입신고를 한 날로부터 소유자 아닌 갑이 거주하는 것으로 나타나 있어서 제3자들이 보기에 갑의 주민등록이 소유권 아닌 임차권을 매개로 하는 점유라는 것을 인식할 수 있었으므로 위 주민등록은 갑이 전입신고를 마친 날로부터 임대차를 공시하는 기능을 수행하고 있었다고 할 것이고, 따라서 갑은 을 명의의 소유권이전등기가 경료되는 즉시 임차권의 대항력을 취득하였다고 보아야 한다(대판 2001. 1. 30. 선고 2000다58026).

(5) 주민등록은 계속되어야 한다
① 계속된 주민등록
주택임차권이 대항력을 유지하기 위하여는 대항요건인 주민등록이 임대기간중 계속 존속되어야 하는지 여부(적극)

주택임대차보호법 제3조 제1항에서 주택임차인에게 주택의 인도와 주민등록을 요건으로 명시하여 등기된 물권에 버금가는 강력한 대항력을 부여하고 있는 취지에 비추어볼 때 달리 공시방법이 없는 주택임대차에서는 주택의 인도 및 주민등록이라는 대항요건은 그 대항력 취득시에만 구비하면 족한 것이 아니고, 그 대항력을 유지하기 위하여서도 계속 존속하고 있어야 한다(대판 1987.2.24. 선고 86다카1695).

② 주민등록을 이전한 경우

(1) 임차인이 대항력 취득 후 가족과 함께 일시 다른 곳으로 주민등록을 이전했다가 재전입한 경우, 원래의 대항력의 소멸 여부(적극) 및 대항력의 소급 회복 여부(소극)

주택의 임차인이 그 주택의 소재지로 전입신고를 마치고 그 주택에 입주함으로써 일단 임차권의 대항력을 취득한 후 어떤 이유에서든지 그 가족과 함께 일시적이나마 다른 곳으로 주민등록을 이전하였다면 이는 전체적으로나 종국적으로 주민등록의 이탈이라고 볼 수 있으므로 그 대항력은 그 전출 당시 이미 대항요건의 상실로 소멸되는 것이고, 그 후 그 임차인이 얼마 있지 않아 다시 원래의 주소지로 주민등록을 재전입하였다 하더라도 이로써 소멸되었던 대항력이 당초에 소급하여 회복되는 것이 아니라 그 재전입한 때부터 그와는 동일성이 없는 새로운 대항력이 재차 발생하는 것이다(대판 1998. 1. 23. 선고 97다43468).

(2) 주민등록이 주택임차인의 의사에 의하지 않고 제3자에 의하여 임의로 이전되었고 그와 같이 주민등록이 잘못 이전된 데 대하여 주택임차인에게 책임을 물을 만한 사유도 없는 경우, 주택임차인이 이미 취득한 대항력은 주민등록의 이전에도 불구하고 그대로 유지되는지 여부(적극)

주민등록이 주택임차인의 의사에 의하지 않고 제3자에 의하여 임의로 이전되었고 그와 같이 주민등록이 잘못 이전된 데 대하여 주택임차인에게 책임을 물을 만한 사유도 없는 경우, 주택임차인이 이미 취득한 대항력은 주민등록의 이전에도 불구하고 그대로 유지된다(대판 2000. 9. 29. 선고 2000다3701).

③ 주민등록이 직권말소된 경우

주민등록이 주민등록법에 의해 직권말소된 경우, 주택임차인의 대항력이 상실되는지 여부(적극) 및 동법 소정의 이의절차에 따라 말소회복 또는 재등록된 경우 대항력이 소급해서 유지되는지 여부(적극)

주택임차인의 의사에 의하지 아니하고 주민등록법 및 동법시행령에 따라 시장 군수 또는 구청장에 의하여 직권조치로 주민등록이 말소된 경우에도 원칙적으로 그 대항력은 상실된다고 할 것이지만, 주민등록법상의 직권말소제도는 거주관계 등 인구의 동태를 상시로 명확히 파악하여 주민생활의 편익을 증진시키고 행정사무의 적정한 처리를 도모하기 위한 것이고, 주택임대차보호법에서 주민등록을 대항력의 요건으로 규정하고 있는 것은 거래의 안전을 위하여 임대차의 존재를 제3자가 명백히 인식할 수 있게 위한 것으로서 그 취지가 다르므로, 직권말소 후 동법 소정의 이의절차에 따라 그 말소된 주민등록이 회복되거나 동법시행령 제29조에 의하여 재등록이 이루어짐으로써 주택임차인에게 주민등록을 유지할 의사가 있었다는 것이 명백히 드러난 경우에는 소급하여 그 대항력이 유지된다고 할 것이고, 다만, 그 직권말소가 주민등록법 소정의 이의절차에 의하여 회복된 것이 아닌 경우에는 직권말소 후 재등록이 이루어지기 이전에 주민등록이 없는 것으로 믿고 임차주택에 관하여 새로운 이해관계를 맺은 선의의 제3자에 대하여는 임차인은 대항력의 유지를 주장할 수 없다고 봄이 상당하다(대판 2002. 10. 11. 선고 2002다20957).

[3] 보증금의 보호

보증금의 보호를 위해서 주택임대차보호법은 보증금의 회수와 소액보증금 중 일정액에 대한 우선변제에 관하여 규정하고 있다.

1. 우선변제권의 인정

우선변제권이라함은 후순위권리자 기타 일반채권자보다 자기 채권의 우선만족을 꾀할수 있는 권리를 말한다. 이러한 우선변제권은 원칙적으로 담보물권자에게만 있는 것이 원칙이다. 따라서 임차인은 채권자이기에 이러한 우선변제권이 없으며 결국 브증금의 보호를 받지 못하는 것이 원칙이다.
이러한 임차인의 지위를 보호하기 위하여 주택임대차보호법에서는 일정한 요건을 갖춘 임차인에게 우선변제권을 인정하고 있다.

> 제3조의 2
> ① 임차인(제3조제2항의 법인을 포함한다. 이하 같다)이 임차주택에 대하여 보증금반환청구소송의 확정판결이나 그 밖에 이에 준하는 집행권원(執行權原)에 따라서 경매를 신청하는 경우에는 집행개시(執行開始)요건에 관한 「민사집행법」 제41조에도 불구하고 반대의무(反對義務)의 이행이나 이행의 제공을 집행개시의 요건으로 하지 아니한다.
> ② <u>제3조제1항 또는 제2항의 대항요건(對抗要件)과 임대차계약증서</u>(제3조제2항의 경우에는 법인과 임대인 사이의 임대차계약증서를 말한다)<u>상의 확정일자(確定日字)를 갖춘 임차인</u>은 「민사집행법」에 따른 경매 또는 「국세징수법」에 따른 공매(公賣)를 할 때에 임차주택(대지를 포함한다)의 환가대금(換價代金)에서 <u>후순위권리자(後順位權利者)나 그 밖의 채권자보다 우선하여 보증금을 변제(辨濟)받을 권리가 있다.</u>
> ③ 임차인은 임차주택을 양수인에게 인도하지 아니하면 제2항에 따른 보증금을 받을 수 없다.
> ④ 제2항에 따른 우선변제의 순위와 보증금에 대하여 이의가 있는 이해관계인은 경매법원이나 체납처분청에 이의를 신청할 수 있다.
> ⑤ 제4항에 따라 경매법원에 이의를 신청하는 경우에는 「민사집행법」 제152조부터 제161조까지의 규정을 준용한다.
> ⑥ 제4항에 따라 이의신청을 받은 체납처분청은 이해관계인이 이의신청일부터 7일 이내에 임차인을 상대로 소(訴)를 제기한 것을 증명하면 해당 소송이 끝날 때까지 이의가 신청된 범위에서 임차인에 대한 보증금의 변제를 유보(留保)하고 남은 금액을 배분하여야 한다. 이 경우 유보된 보증금은 소송의 결과에 따라 배분한다.
> ⑦ 다음 각 호의 금융기관 등이 제2항, 제3조의3제5항, 제3조의4제1항에 따른 우선변제권을 취득한 임차인의 보증금반환채권을 계약으로 양수한 경우에는 양수한 금액의 범위에서 우선변제권을 승계한다. <신설 2013. 8. 13., 2015. 1. 6., 2016. 5. 29.>

(1) 대항요건의 구비
임차인이 우선변제권을 취득하기 위해서는 대항요건을 구비하고 있어야 한다. 즉 주택의 인도와 주민등록이라는 요건의 구비는 필수적인 것이다.

==주택임대차보호법상 우선변제의 요건인 주택의 인도와 주민등록의 존속기간의 종기(=민사집행법상 배당요구의 종기)==

주택임대차에 있어서 주택의 인도와 주민등록이라는 우선변제의 요건은 그 우선변제권 취득시에만 구비하면 족한 것이 아니고, 민사집행법상 배당요구의 종기까지 계속 존속하고 있어야 한다(대판 2007.06.14. 선고 2007다17475).

(2) 확정일자
임대차보증금의 우선변제를 받기 위해서는 해당 동사무소에 가서 당해 임대차계약서에 확정일자를 받아야 한다.

(1) 확정일자를 받은 임대차계약서에 임대차 목적물을 표시하면서 지번, 구조, 용도만 기재하고 아파트의 명칭과 그 전유 부분의 동·호수의 기재를 누락한 경우, 주택임대차보호법 제3조의2 제2항 소정의 확정일자의 요건을 갖추었다고 볼 수 있는지 여부(적극)

주택임대차보호법 제3조의2 제2항에 의하면, 주택임차인은 같은 법 제3조 제1항에 규정된 대항요건과 임대차계약서상에 확정일자를 갖춘 경우에는 경매절차 등에서 보증금을 우선하여 변제받을 수 있고, 여기서 확정일자의 요건을 규정한 것은 임대인과 임차인 사이의 담합으로 임차보증금의 액수를 사후에 변경하는 것을 방지하고자 하는 취지일 뿐, 대항요건으로 규정된 주민등록과 같이 당해 임대차의 존재 사실을 제3자에게 공시하고자 하는 것은 아니므로, 확정일자를 받은 임대차계약서가 당사자 사이에 체결된 당해 임대차계약에 관한 것으로서 진정하게 작성된 이상, 위와 같이 임대차계약서에 임대차 목적물을 표시하면서 아파트의 명칭과 그 전유 부분의 동·호수의 기재를 누락하였다는 사유만으로 주택임대차보호법 제3조의2 제2항에 규정된 확정일자의 요건을 갖추지 못하였다고 볼 수는 없다(대판 1999.06.11. 선고 99다7992).

(2) 주택의 임차인이 임차권의 대항력을 취득하고 임대차계약서상에 확정일자를 갖춘 후 다른 곳으로 주민등록을 이전하였다가 재전입한 경우, 보증금의 우선변제를 받기 위해서 확정일자를 다시 받아야 하는지 여부(소극)

주택의 임차인이 그 주택의 소재지로 전입신고를 마치고 입주함으로써 임차권의 대항력을 취득한 후 일시적이나마 다른 곳으로 주민등록을 이전하였다면 그 전출 당시 대항요건을 상실함으로써 대항력은 소멸하고, 그 후 임차인이 다시 그 주택의 소재지로 주민등록을 이전하였다면 대항력은 당초에 소급하여 회복되는 것이 아니라 재전입한 때로부터 새로운 대항력이 다시 발생하며, 이 경우 전출 이전에 이미 임대차계약서상에 확정일자를 갖추었고 임대차계약도 재전입 전후를 통하여 그 동일성을 유지한다면, 임차인은 재전입시 임대차계약서상에 다시 확정일자를 받을 필요 없이 재전입 이후에 그 주택에 관하여 담보물권을 취득한 자보다 우선하여 보증금을 변제받을 수 있다(대판 1998.12.11. 선고 98다34584).

(3) 배당요구
임차인이 우선변제권을 주장하기 위해서는 배당요구종기안에 배당요구를 하여야 한다. 임차인은 배당요구가 필요한 채권자이기에 배당요구를 하지 아니한 임차인에게는 배당이 이루어지지 아니한다.
단, 경매개시결정등기전에 임차권등기명령에 의하여 임차권등기를 한 경우라면 배당요구를 하지 아니한 경우라 할지라도 배당받을 수 있다.

가. 배당요구가 필요한 배당요구채권자가 실체법상 우선변제청구권이 있다 하더라도 적법한 배당요구를 하지 아니하여 배당에서 제외된 경우, 배당받은 후순위채권자를 상대로 부당이득의 반환을 청구할 수 있는지 여부(소극)
나. 주택임대차보호법상의 임대차보증금반환채권이 배당요구가 필요한 배당요구채권에 해당하는지 여부(적극)

가. 민사소송법 제605조 제1항에서 규정하는 배당요구가 필요한 배당요구채권자는, 압류의 효력발생 전에 등기한 가압류채권자, 경락으로 인하여 소멸하는 저당권자 및 전세권자로서 압류의 효력발생 전에 등기한 자 등 당연히 배당을 받을 수 있는 채권자의 경우와는 달리, 경락기일까지 배당요구를 한 경우에 한하여 비로소 배당을 받을 수 있고, 적법한 배당요구를 하지 아니한 경우에는 비록 실체법상 우선변제청구권이 있다 하더라도 경락대금으로부터 배당을 받을 수는 없을 것이므로, 이러한 배당요구채권자가 적법한 배당요구를 하지 아니하여 그를 배당에서 제외하는 것으로 배당표가 작성·확정되고 그 확정된 배당표에 따라 배당이 실시되었다면 그가 적법한 배당요구를 한 경우에 배당받을 수 있었던 금액 상당의 금원이 후순위채권자에게 배당되었다고 하여 이를 법률상 원인이 없는 것이라고 할 수 없다.

나. 주택임대차보호법에 의하여 우선변제청구권이 인정되는 임대차보증금반환채권은 현행법상 배당요구가 필요한 배당요구채권에 해당한다(대판 1998.10.13. 선고 98다12379).

(4) 임차주택의 인도
임차인은 임차주택을 양수인에게 인도하지 아니하면 제2항에 따른 보증금을 받을 수 없다.

==주택임대차보호법 제3조의2 제2항의 의미(=주택의 명도와 보증금의 반환은 동시이행관계)==

임차인의 보호를 위한 주택임대차보호법의 취지에 비추어 볼 때 우선변제권이 있는 임차인은 임차주택의 가액으로부터 다른 채권자보다 우선하여 보증금을 변제받음과 동시에 임차목적물을 명도할 수 있는 권리가 있으며, 따라서 주택임대차보호법 제3조의2 제2항에서 임차인은 임차주택을 양수인에게 인도하지 아니하면 경매 또는 공매시 임차주택의 환가대금에서 보증금을 수령할 수 없다고 한 것은 경매 또는 공매절차에서 임차인이 보증금을 수령하기 위하여는 임차주택을 명도한 증명을 하여야 한다는 것을 의미하는 것이고, 임차인의 주택명도의무가 보증금반환의무보다 선이행되어야 하는 것은 아니다(대판 1994.02.22. 선고 93다55241).

(5) 배당순위
==가. 주택임대차보호법 제3조의2 제1항의 규정취지 및 같은 규정에 의하여 우선변제권을 갖는 임차보증금채권자와 선순위의 가압류채권자와의 배당관계(=평등배당)
나. 가압류채권자가 주택임차인보다 선순위인지 여부의 판단기준(=확정일자 부여일)==

가. 주택임대차보호법 제3조의2 제1항은 대항요건(주택인도와 주민등록전입신고)과 임대차계약증서상의 확정일자를 갖춘 주택임차인은 후순위권리자 기타 일반채권자보다 우선하여 보증금을 변제받을 권리가 있음을 규정하고 있는바, 이는 임대차계약증서에 확정일자를 갖춘 경우에는 부동산 담보권에 유사한 권리를 인정한다는 취지이므로, 부동산 담보권자보다 선순위의 가압류채권자가 있는 경우에 그 담보권자가 선순위의 가압류채권자와 채권액에 비례한 평등배당을 받을 수 있는 것과 마찬가지로 위 규정에 의하여 우선변제권을 갖게 되는 임차보증금채권자도 선순위의 가압류채권자와는 평등배당의 관계에 있게 된다.

나. 가압류채권자가 주택임차인보다 선순위인지 여부는, 주택임대차보호법 제3조의2의 법문상 임차인이 확정일자 부여에 의하여 비로소 우선변제권을 가지는 것으로 규정하고 있음에 비추어, 임대차계약증서상의 확정일자 부여일을 기준으로 삼는 것으로 해석함이 타당하므로, 대항요건을 미리 갖추었다고 하더라도 확정일자를 부여받은 날짜가 가압류일자보다 늦은 경우에는 가압류채권자가 선순위라고 볼 수밖에 없다(대판 1992.10.13. 선고 92다30597).

(6) 대항력 있는 임차인에게 미배당보증금이 발생한 경우
선순위 대항력을 갖춘 임차인이 배당요구를 하였는데 미배당보증금이 발생한 경우에는 임차인은 보증금중 배당받을 수 있었던 금액을 공제한 잔액에 관하여 경락인에게 대항할 수 있다.

① 선순위 대항력 있는 임차인의 미배당보증금
가. 대항력과 우선변제권을 겸유하고 있는 임차인이 배당요구를 하였으나 보증금 전액을 배당받지 못한 경우, 그 잔액에 대하여 경락인에게 동시이행의 항변을 할 수 있는지 여부(적극)
나. 임대차 종료 후 임차보증금을 반환받지 못한 임차인이 동시이행의 항변권에 기하여 임차목적물을 계속 점유하는 경우, 손해배상의무의 존부(소극) 및 부당이득반환의무의 존부(한정 적극)
다. 대항력과 우선변제권을 겸유하고 있는 임차인이 배당요구를 하였으나 보증금 중 일부만을 배당받은 후 임차목적물 전부를 계속하여 사용·수익하는 경우, 배당받은 보증금에 해당하는 부분에 대한 부당이득반환의무의 존부(적극)

가. 주택임대차보호법상의 대항력과 우선변제권이라는 두 가지 권리를 겸유하고 있는 임차인이 먼저 우선변제권을 선택하여 임차주택에 대하여 진행되고 있는 경매절차에서 보증금 전액에 대하여 배당요구를 하였다고 하더라도, 그 순위에 따른 배당이 실시된 경우 보증금 전액을 배당받을 수 없었던 때에는 보증금 중 경매절차에서 배당받을 수 있었던 금액을 공제한 잔액에 관하여 경락인에게 대항하여 이를 반환받을 때까지 임대차관계의 존속을 주장할 수 있다고 봄이 상당하고, 이 경우 임차인의 배당요구에 의하여 임대차는 해지되어 종료되고, 다만 같은 법 제4조 제2항에 의하여 임차인이 보증금의 잔액을 반환받을 때까지 임대차관계가 존속하는 것으로 의제될 뿐이므로, 경락인은 같은 법 제3조 제2항에 의하여 임대차가 종료된 상태에서의 임대인의 지위를 승계한다.

나. 임대차 종료 후 임차인의 임차목적물 명도의무와 임대인의 연체임료 기타 손해배상금을 공제하고 남은 임차보증금 반환의무와는 동시이행의 관계에 있으므로, 임차인이 동시이행의 항변권에 기하여 임차목적물을 점유하고 사용·수익한 경우 그 점유는 불법점유라 할 수 없어 그로 인한 손해배상책임은 지지 아니하되, 다만 사용·수익으로 인하여 실질적으로 얻은 이익이 있으면 부당이득으로서 반환하여야 한다.

다. 주택임대차보호법상의 대항력과 우선변제권을 겸유하고 있는 임차인이 배당요구를 하였으나 보증금 전액을 배당받지 못하였다면 임차인은 임차보증금 중 배당받지 못한 금액을 반환받을 때까지 그 부분에 관하여는 임대차관계의 존속을 주장할 수 있으나 그 나머지 보증금 부분에 대하여는 이를 주장할 수 없으므로, 임차인이 그의 배당요구로 임대차계약이 해지되어 종료된 다음에도 계쟁 임대 부분 전부를 사용·수익하고 있어 그로 인한 실질적 이익을 얻고 있다면 그 임대 부분의 적정한 임료 상당액 중 임대차관계가 존속되는 것으로 보는 배당받지 못한 금액에 해당하는 부분을 제외한 나머지 보증금에 해당하는 부분에 대하여는 부당이득을 얻고 있다고 할 것이어서 이를 반환하여야 한다(대판 1998.07.10. 선고 98다15545).

[참고판례] 대항력과 우선변제권을 겸유하고 있는 임차인이 보증금 전액을 배당받지 못한 경우 경락인에게 대항할 수 있는 보증금 잔액의 범위(=보증금에서 올바른 배당순위에 따른 배당이 실시될 경우의 배당액을 공제한 나머지 금액)

주택임대차보호법상의 대항력과 우선변제권의 두 가지 권리를 겸유하고 있는 임차인이 먼저 우선변제권을 선택하여 임차주택에 대하여 진행되고 있는 경매절차에서 보증금 전액에 대하여 배당요구를 하였으나 그 순위에 따른 배당이 실시될 경우 보증금 전액을 배당받을 수 없었던 때에는 보증금 중 경매절차에서 배당받을 수 있었던 금액을 공제한 잔액에 관하여 경락인에게 대항하여 이를 반환받을 때까지 임대차관계의 존속을 주장할 수 있는바, 여기서 경락인에게 대항할 수 있는 보증금잔액은 보증금 중 경매

절차에서 올바른 배당순위에 따른 배당이 실시될 경우의 배당액을 공제한 나머지 금액을 의미하는 것이지 임차인이 배당절차에서 현실로 배당받은 금액을 공제한 나머지 금액을 의미하는 것은 아니라 할 것이고, 따라서 임차인이 배당받을 수 있었던 금액이 현실로 배당받은 금액보다 많은 경우에는 임차인이 그 차액에 관하여는 과다 배당받은 후순위 배당채권자를 상대로 부당이득의 반환을 구하는 것은 별론으로 하고 경락인을 상대로 그 반환을 구할 수는 없다고 할 것이다(대판 2001.03.23. 선고 2000다30165).

② 선순위 대항력 있는 임차인의 우선변제권

대항력과 우선변제권을 겸유하고 있는 임차인이 배당요구를 하였으나 보증금 전액을 배당받지 못한 경우, 후행 경매절차에서 우선변제권에 의한 배당을 받을 수 있는지 여부(소극)

주택임대차보호법상의 대항력과 우선변제권의 두 가지 권리를 겸유하고 있는 임차인이 우선변제권을 선택하여 제1경매절차에서 보증금 전액에 대하여 배당요구를 하였으나 보증금 전액을 배당받을 수 없었던 때에는 경락인에게 대항하여 이를 반환받을 때까지 임대차관계의 존속을 주장할 수 있을 뿐이고, 임차인의 우선변제권은 경락으로 인하여 소멸하는 것이므로 제2경매절차에서 우선변제권에 의한 배당을 받을 수 없다(대판 2001.03.27. 선고 98다4552).

③ 후순위 저당권 설정후 보증금 증액의 경우

대항력을 갖춘 임차인이 저당권설정등기 이후에 임차인과의 합의에 의하여 보증금을 증액한 경우 보증금중 증액부분에 관하여도 저당권에 기하여 건물을 경락받은 소유자에게 대항할 수 있는지 여부(소극)

대항력을 갖춘 임차인이 저당권설정등기 이후에 임대인과 보증금을 증액하기로 합의하고 초과부분을 지급한 경우 임차인이 저당권설정등기 이전에 취득하고 있던 임차권으로 선순위로서 저당권자에게 대항할 수 있음은 물론이나 저당권설정등기 후에 건물주와의 사이에 임차보증금을 증액하기로 한 합의는 건물주가 저당권자를 해치는 법률행위를 할 수 없게 된 결과 그 합의 당사자 사이에서만 효력이 있는 것이고 저당권자에게는 대항할 수 없다고 할 수 밖에 없으므로 임차인은 위 저당권에 기하여 건물을 경락받은 소유자의 건물명도 청구에 대하여 증액전 임차보증금을 상환받을 때까지 그 건물을 명도할 수 없다고 주장할 수 있을 뿐이고 저당권설정등기 이후에 증액한 임차보증금으로써는 소유자에게 대항할 수 없는 것이다(대판 1990.08.14. 선고 90다카11377).

3. 소액보증금의 보호

> 제8조
> ① 임차인은 보증금 중 일정액을 다른 담보물권자(擔保物權者)보다 우선하여 변제받을 권리가 있다. 이 경우 임차인은 주택에 대한 **경매신청의 등기 전에** 제3조제1항의 요건을 갖추어야 한다.
> ② 제1항의 경우에는 제3조의2제4항부터 제6항까지의 규정을 준용한다.
> ③ 제1항에 따라 우선변제를 받을 임차인 및 보증금 중 일정액의 범위와 기준은 제8조의2에 따른 주택임대차위원회의 심의를 거쳐 대통령령으로 정한다. 다만, 보증금 중 일정액의 범위와 기준은 주택가액(대지의 가액을 포함한다)의 2분의 1을 넘지 못한다.

(1) 보증금중 일정액의 범위와 기준

임차주택의 경매진행시 대항력을 갖춘 임차인은 보증금중 일정액에 대해서는 최 선순위저당권자보다도 먼저 배당을 받을 수 있으며 이를 최우선변제 또는 보증금중 일정액의 우선변제라고 한다. 최우선변제의 대상이 되는 임차보증금의 범위 및 그 금액은 다음과 같다.
다만, 이 경우에 최우선변제의 대상과 그 금액은 최선순위저당권이 설정된 날짜를 기준으로 한다는 점을 주의하여야 한다.

근저당설정일자	지역	최우선변제대상	최우선변제금액
1984. 1. 1 ~ 1987. 11. 30	직할시 이상	300 이하	보증금전액
	그밖의 지역	200이하	보증금전액
1987. 12. 1 ~ 1990. 2. 18	직할시 이상	500이하	보증금전액
	그밖의 지역	400이하	보증금전액
1990. 2. 19 ~ 1995. 10. 18	직할시 이상	2000이하	700이하
	그밖의 지역	1500이하	500이하
1995. 10. 19 ~ 2001. 9. 14	광역시 이상	3000이하	1200이하
	그밖의 지역	2000이하	800이하
2001. 9. 15 ~ 2008. 8. 20	수도권중 과밀억제권역	4000이하	1600이하
	광역시	3500이하	1400이하
	그밖의 지역	3000이하	1200이하
2008. 8. 21 ~ 2010. 7. 25	수도권중 과밀억제권역	6000이하	2000이하
	광역시	5000이하	1700이하
	그밖의 지역	4000이하	1400이하
2010. 7. 26 ~ 2013.12.31	서울특별시	7500이하	2500이하
	수도권중 과밀억제권역	6500이하	2200이하
	광역시	5500이하	1900이하
	그밖의 지역	4000이하	1400이하
2014. 1. 1 ~ 2023. 2. 20	서울특별시	9500이하	3200이하
	수도권중 과밀억제권역	8000이하	2700이하
	광역시	6000이하	2000이하
	그밖의 지역	4500이하	1500이하
2023. 2. 21 ~ 현재	서울특별시	1억 6500이하	5500이하
	수도권중 과밀억제권역	1억 4500이하	4800이하
	광역시	8500이하	2800이하
	그밖의 지역	7500이하	2500이하

최우선변제의 대상이 되는 임차보증금의 범위 및 그 금액은 외부적인 요소에 따라 변화하는 주택의 경제적 가치를 반영하여 보증금중 일정액을 최우선변제 하는 것의 실효성을 위하여 보증금의 범위를 늘리고 있고, 최우선으로 돌려주는 일정액의 금액도 소폭 상승하고 있는 추세이다. 대표적으로 2020년부터 본격적으로 알려진 전세보증금 미반환 사건으로 악의적으로 보증금을 돌려주지 않는 것이 아니라 외부요인에 따른 주택가치 하락에 따른 보증금 마련에 문제가 생긴 임대인의 경우 또는, 이를 악용하여 의도적으로 보증금을 반환하지 않고 잠적하는 등의 사회문제에서 구제받아야 할 임차인들을 위하여 그 범위를 조정하고 있다.

(2) 임차인의 보증금 중 일정액이 주택가액의 2분의 1을 초과하는 경우에는 그 각 보증금 중 일정액의 합산액에 대한 각 임차인의 보증금 중 일정액의 비율로 그 주택가액의 2분의 1에 해당하는 금액을 분할한 금액을 각 임차인의 보증금 중 일정액으로 본다(주택임대차보호법시행령 제3조 제2항 · 제3항).

(3) 하나의 주택에 임차인이 2인 이상이고 이들이 그 주택에서 가정공동생활을 하는 경우에는 이들을 1인의 임차인으로 보고 이들의 각 보증금을 합산한다.

(1) 임차인의 보증금관련 판례
가. 주택임대차 성립 당시 임대인의 소유였던 대지가 타인에게 양도되어 임차주택과 대지의 소유자가 서로 달라지게 된 경우, 임차인이 대지의 환가대금에 대하여 우선변제권을 행사할 수 있는지 여부(적극)
나. 미등기 또는 무허가 건물도 주택임대차보호법의 적용대상이 되는지 여부(적극)
다. 미등기 주택의 임차인이 임차주택 대지의 환가대금에 대하여 주택임대차보호법상 우선변제권을 행사할 수 있는지 여부(적극)

가. 대항요건 및 확정일자를 갖춘 임차인과 소액임차인은 임차주택과 그 대지가 함께 경매될 경우뿐만 아니라 임차주택과 별도로 그 대지만이 경매될 경우에도 그 대지의 환가대금에 대하여 우선변제권을 행사할 수 있고, 이와 같은 우선변제권은 이른바 법정담보물권의 성격을 갖는 것으로서 임대차 성립시의 임차 목적물인 임차주택 및 대지의 가액을 기초로 임차인을 보호하고자 인정되는 것이므로, 임대차 성립 당시 임대인의 소유였던 대지가 타인에게 양도되어 임차주택과 대지의 소유자가 서로 달라지게 된 경우에도 마찬가지이다.

나. 주택임대차보호법은 주택의 임대차에 관하여 민법에 대한 특례를 규정함으로써 국민의 주거생활의 안정을 보장함을 목적으로 하고 있고, 주택의 전부 또는 일부의 임대차에 관하여 적용된다고 규정하고 있을 뿐 임차주택이 관할관청의 허가를 받은 건물인지, 등기를 마친 건물인지 아닌지를 구별하고 있지 아니하므로, 어느 건물이 국민의 주거생활의 용도로 사용되는 주택에 해당하는 이상 비록 그 건물에 관하여 아직 등기를 마치지 아니하였거나 등기가 이루어질 수 없는 사정이 있다고 하더라도 다른 특별한 규정이 없는 한 같은 법의 적용대상이 된다.

다. 대항요건 및 확정일자를 갖춘 임차인과 소액임차인에게 우선변제권을 인정한 주택임대차보호법 제3조의2 및 제8조가 미등기 주택을 달리 취급하는 특별한 규정을 두고 있지 아니하므로, 대항요건 및 확정일자를 갖춘 임차인과 소액임차인의 임차주택 대지에 대한 우선변제권에 관한 법리는 임차주택이 미등기인 경우에도 그대로 적용된다. 이와 달리 임차주택의 등기 여부에 따라 그 우선변제권의 인정 여부를 달리 해석하는 것은 합리적 이유나 근거 없이 그 적용대상을 축소하거나 제한하는 것이 되어 부당하고, 민법과 달리 임차권의 등기 없이도 대항력과 우선변제권을 인정하는 같은 법의 취지에 비추어 타당하지 아니하다. 다만, 소액임차인의 우선변제권에 관한 같은 법 제8조 제1항이 그 후문에서 '이 경우 임차인은 주택에 대한 경매신청의 등기 전에' 대항요건을 갖추어야 한다고 규정하고 있으나, 이는 소액보증금을 배당받을 목적으로 배당절차에 임박하여 가장 임차인을 급조하는 등의 폐단을 방지하기 위하여 소액임차인의 대항요건의 구비시기를 제한하는 취지이지, 반드시 임차주택과 대지를 함께 경매하여 임차주택 자체에 경매신청의 등기가 되어야 한다거나 임차주택에 경매신청의 등기가 가능한 경우로 제한하는 취지는 아니라 할 것이다. 대지에 대한 경매신청의 등기 전에 위 대항요건을 갖추도록 하면 입법취지를 충분히 달성할 수 있으므로, 위 규정이 미등기 주택의 경우에 소액임차인의 대지에 관한 우선변제권을 배제하는 규정에 해당한다고 볼 수 없다.
따라서 종전에 미등기 주택 대지의 환가대금에 대한 소액임차인의 우선변제권에 관하여 이와 견해를 달리한 대법원 2001. 10. 30. 선고 2001다39657 판결은 이를 변경하기로 한다(대판 2007.06.21. 선고 2004다26133 전원합의체 판결).

(2) 대지 및 건물이 경매개시되었다가 대지 부분만 낙찰된 경우에도, 그 주택의 소액임차인은 대지 낙찰대금 중에서 보증금을 우선변제받을 수 있는지 여부(적극)

다가구용 단독주택의 대지 및 건물에 관한 근저당권자가 그 대지 및 건물에 관한 경매를 신청하였다가 그 중 건물에 대한 경매신청만을 취하함으로써 이를 제외한 대지 부분만이 낙찰되었다고 하더라도, 그 주택의 소액임차인은 그 대지에 관한 낙찰대금 중에서 소액보증금을 담보물권자보다 우선하여 변제받을 수 있다(대판 1996.06.14. 선고 96다7595).

(3) 임대차보증금의 감액으로 주택임대차보호법상 소액임차인에 해당하게 된 경우에 소액임차인으로서 보호받을 수 있는지 여부(원칙적 적극)

실제 임대차계약의 주된 목적이 주택을 사용·수익하려는 것인 이상, 처음 임대차계약을 체결할 당시에는 보증금액이 많아 주택임대차보호법상 소액임차인에 해당하지 않았지만 그 후 새로운 임대차계약에 의하여 정당하게 보증금을 감액하여 소액임차인에 해당하게 되었다면, 그 임대차계약이 통정허위표시에 의한 계약이어서 무효라는 등의 특별한 사정이 없는 한 그러한 임차인은 같은 법상 소액임차인으로 보호받을 수 있다(대판 2008.05.15. 선고 2007다23203).

[4] 존속기간

> 제4조
> ① 기간을 정하지 아니하거나 2년 미만으로 정한 임대차는 그 기간을 2년으로 본다. 다만, 임차인은 2년 미만으로 정한 기간이 유효함을 주장할 수 있다.
> ② 임대차기간이 끝난 경우에도 임차인이 보증금을 반환받을 때까지는 임대차관계가 존속되는 것으로 본다.

1. 최단기간의 제한

주택임대차보호법 제4조 제1항은 "기간의 정함이 없거나 기간을 2년 미만으로 정한 임대차는 그 기간을 2년으로 본다"고 규정함으로써 주택임대차의 최단기간을 2년으로 하고 있다. 주택임대차에 있어서 최단기간의 제한을 두고 있는 이유는 임차인의 주거생활안정에 그 목적이 있겠지만, 임차인이 2년 미만으로 주택의 임대차계약을 체결하고자 하는 경우에 있어서까지 최단기간을 2년으로 제한할 필요는 없다. 따라서 주택임대차의 최단기간 제한은 임대인에 한하여 적용되고 "임차인은 2년 미만으로 정한 기간이 유효함을 주장할 수 있다(주택임대차보호법 제4조 제1항)"고 하여 임차인에게는 최단기간 2년 또는 2년 미만의 기간에 대하여 유리한 쪽을 선택할 수 있도록 규정하고 있다.

2. 보증금반환과 임대차관계의 존속

주택임대차보호법 제4조 제2항 "임대차가 종료한 경우에도 임차인이 보증금을 반환받을 때까지는 임대차관계는 존속하는 것으로 본다"고 규정하고 있다.
이 규정에 의하여 임대인의 보증금반환의무와 임차인의 목적물반환의무는 동시이행관계에 서 있는 것이 되며, 임차인은 보증금을 반환받을 때까지 임차물을 적법하게 사용·수익할 수 있다. 즉 이 경우 임차인은 양수인이 보증금을 반환할 때까지 당해 주택에 계속 거주함으로써 보증금의 반환을 강제할 수 있다.

3. 임대차계약의 묵시적 갱신(법정갱신)

> 제6조
> ① 임대인이 임대차기간이 끝나기 6개월 전부터 1개월 전까지의 기간에 임차인에게 갱신거절(更新拒絶)의 통지를 하지 아니하거나 계약조건을 변경하지 아니하면 갱신하지 아니한다는 뜻의 통지를 하지 아니한 경우에는 그 기간이 끝난 때에 전 임대차와 동일한 조건으로 다시 임대차한 것으로 본다. 임차인이 임대차기간이 끝나기 1개월 전까지 통지하지 아니한 경우에도 또한 같다.
> ② 제1항의 경우 임대차의 존속기간은 2년으로 본다. [개정 2009.5.8] [[시행일 2009.8.9]]
> ③ 2기(期)의 차임액(借賃額)에 달하도록 연체하거나 그 밖에 임차인으로서의 의무를 현저히 위반한 임차인에 대하여는 제1항을 적용하지 아니한다.
> 제6조의 2
> ① 제6조제1항에 따라 계약이 갱신된 경우 같은 조 제2항에도 불구하고 임차인은 언제든지 임대인에게 계약해지(契約解止)를 통지할 수 있다. [개정 2009.5.8] [[시행일 2009.8.9]]
> ② 제1항에 따른 해지는 임대인이 그 통지를 받은 날부터 3개월이 지나면 그 효력이 발생한다.

(1) 주택임대차보호법 제6조 제1항은 "임대인이 임대차기간 만료 전 6월부터 1월까지에 임차인에 대하여 갱신거절의 통지 또는 조건을 변경하지 아니하면 갱신하지 아니한다는 뜻의 통지를 하지 아니한 경우에는 그 기간이 만료된 때에 전(前)임대차와 동일한 조건으로 다시 임대차한 것으로 본다. 임차인이 임대차기간 만료 1월까지 통지하지 아니한 때에도 또한 같다."라고 하여 임차인도 갱신거절 또는 주택임대차계약의 조건변경을 요구할 수 있는 기간을 약정기간 만료 전 1월로 명백히 하고 있다.

(2) 법정갱신의 경우에 임대차의 존속기간은 2년을 정한 것으로 본다. 그러나 최단기간 2년의 제한은 임대인에 한하여서만 적용되고 임차인에 대해서 다시 제6조의 2(묵시적 갱신의 경우의 계약의 해지) 조항에 의하여 임차인은 언제든지 임대인에 대하여 계약해지의 통지를 할 수 있다. 전항의 규정에 의한 해지는 임대인이 그 통지를 받은 날부터 3월이 경과하면 그 효력이 발생한다. 따라서 묵시적 갱신의 경우 임차인은 최단기간 2년 동안 거주할 수도 있고, 계약해지권을 행사하여, 임대인에게 계약해지 통지를 하면 통지를 받은 날로부터 3월이 경과 후 계약해지의 효력이 발생할 수 있는 선택적 행사를 규정하고 있다.

(3) 이러한 임대차계약의 법정갱신을 주장하기 위해서 임차인은 차임지급을 연체하지 않아야 하며 "2기의 차임액에 달하도록 차임을 연체하거나 기타 임차인으로서의 의무를 현저히 위반한 임차인에 대해서는 법정 갱신의 규정을 적용하지 아니한다(주택임대차보호법 제6조 제3항)."

[5] 임차권등기명령제도

> 제3조의 3
> ① 임대차가 끝난 후 보증금을 반환받지 못한 임차인은 임차주택의 소재지를 관할하는 지방법원·지방법원지원 또는 시·군 법원에 임차권등기명령을 신청할 수 있다.
> ② 임차권등기명령의 신청서에는 다음 각 호의 사항을 적어야 하며, 신청의 이유와 임차권등기의 원인이 된 사실을 소명(疎明)하여야 한다.
> 1. 신청의 취지 및 이유
> 2. 임대차의 목적인 주택(임대차의 목적이 주택의 일부분인 경우에는 해당 부분의 도면을 첨부한다)
> 3. 임차권등기의 원인이 된 사실(임차인이 제3조제1항 또는 제2항에 따른 대항력을 취득하였거나 제3조의2제2항에 따른 우선변제권을 취득한 경우에는 그 사실)
> 4. 그 밖에 대법원규칙으로 정하는 사항
> ③ 다음 각 호의 사항 등에 관하여는 「민사집행법」 제280조제1항, 제281조, 제283조, 제285조, 제286조, 제288조제1항, 같은 조 제2항 본문, 제289조, 제290조제2항 중 제288조제1항에 대한 부분, 제291조, 제292조제3항 및 제293조를 준용한다. 이 경우 "가압류"는 "임차권등기"로, "채권자"는 "임차인"으로, "채무자"는 "임대인"으로 본다. <개정 2023. 4. 18.>
> 1. 임차권등기명령의 신청에 대한 재판
> 2. 임차권등기명령의 결정에 대한 임대인의 이의신청 및 그에 대한 재판
> 3. 임차권등기명령의 취소신청 및 그에 대한 재판
> 4. 임차권등기명령의 집행
> ④ 임차권등기명령의 신청을 기각(棄却)하는 결정에 대하여 임차인은 항고(抗告)할 수 있다.
> ⑤ 임차인은 임차권등기명령의 집행에 따른 임차권등기를 마치면 제3조제1항 또는 제2항에 따른 대항력과 제3조의2제2항에 따른 우선변제권을 취득한다. 다만, 임차인이 임차권등기 이전에 이미 대항력이나 우선변제권을 취득한 경우에는 그 대항력이나 우선변제권은 그대로 유지되며, 임차권등기 이후에는 제3조제1항 또는 제2항의 대항요건을 상실하더라도 이미 취득한 대항력이나 우선변제권을 상실하지 아니한다.
> ⑥ 임차권등기명령의 집행에 따른 임차권등기가 끝난 주택(임대차의 목적이 주택의 일부분인 경우에는 해당 부분으로 한정한다)을 그 이후에 임차한 임차인은 제8조에 따른 우선변제를 받을 권리가 없다.
> ⑦ 임차권등기의 촉탁(囑託), 등기관의 임차권등기 기입(記入) 등 임차권등기명령을 시행하는 데에 필요한 사항은 대법원규칙으로 정한다.[개정 2011.4.12 제10580호(부동산등기법)][[시행일 2011.10.13]]
> ⑧ 임차인은 제1항에 따른 임차권등기명령의 신청과 그에 따른 임차권등기와 관련하여 든 비용을 임대인에게 청구할 수 있다.

1. 의의

임차권등기명령제도란 임대차가 종료된 후 주거이전을 하여야 할 필요가 있는 임차인에게 간이절차에 의해서 주택의 임대차등기를 함으로써 대항력과 우선변제권을 유지하면서 주거이전

을 할 수 있도록 한 제도이다.

종전의 법에 의하면 임대차가 종료되어 이사를 가고 싶어도 이사를 가게 되면 대항력과 우선변제권을 상실하게 되므로, 임대인으로부터 임차보증금을 반환받지 못하면 임차인은 부득이한 사유로 이사를 갈 수밖에 없는 사유가 있는 경우에도 이사를 할 수 없었다.

이러한 문제를 해결하기 위해 임대차가 종료된 후 임차보증금을 반환받지 못한 상태에서 임차인이 단독으로 임차권등기명령신청을 하고, 법원은 간단한 절차를 거쳐 임차권등기를 촉탁하며, 임차권등기가 경료된 경우 점유나 주민등록 전입신고 요건에 해당하지 않더라도 대항력과 우선변제권을 유지하도록 하기 위하여 이 제도를 신설한 것이다.

2. 임차권등기명령 신청절차

(1) 임대차가 종료된 후 보증금을 반환받지 못한 임차인은 임차주택의 소재지를 관할하는 지방법원, 지방법원지원 또는 시·군 법원에 임차권등기명령을 신청할 수 있다(주택임대차보호법 제3조의 3 제1항).

(2) 임차권등기명령의 신청에는 다음의 사항을 기재하여야 하며, 신청의 이유 및 임차권등기의 원인이 된 사실은 이를 소명하여야 한다(주택임대차보호법 제3조의 3 제2항).
① 신청의 취지 및 이유
② 임대차의 목적인 주택(임대차의 목적이 주택의 일부분인 경우에는 그 도면을 첨부한다).
③ 임차권등기의 원인이 된 사실(임차인이 제3조 제1항의 규정에 의한 대항력을 취득하였거나 제3조의 2 제2항의 규정에 의한 우선변제권을 취득한 경우에는 그 사실)
④ 기타 대법원규칙이 정하는 사항

(3) 임차권등기명령 신청을 기각하는 결정에 대하여 임차인은 항고할 수 있다(주택임대차보호법 제3조의 3 제4항).

(4) 임차인은 임차권등기명령의 신청 및 그에 따른 임차권등기와 관련하여 소요된 비용을 임대인에게 청구할 수 있다(주택임대차보호법 제3조의 3 제8항).

3. 임차권등기명령의 효력

(1) 임차권등기명령의 집행에 의한 임차권등기가 경료되면 임차인은 주택임대차보호법 제3조 제1항의 규정에 의한 대항력 및 주택임대차보호법 제3조의 2 제2항의 규정에 의한 우선변제권을 취득한다. 다만, 임차인이 임차권 등기 이전에 이미 대항력 또는 우선변제권을 취득한 경우에는 그 대항력 또는 우선변제권은 그대로 유지되며, 임차권 등기 이후에는 주택임대차보호법 제3조 제1항의 대항요건을 상실하더라도 이미 취득한 대항력 또는 우선변제권은 상실하지 아니한다(주택임대차보호법 제3조의 3 제5항).

(2) 임차권 등기명령의 집행에 의한 임차권 등기가 경료된 주택(임대차의 목적이 주택의 일부분인 경우에는 해당 부분에 한한다)을 그 이후에 임차한 임차인은 주택임대차보호법 제8조의 규정에 의한 우선변제를 받을 권리가 없다(주택임대차보호법 제3조의 3 제6항).

(1) 임차권등기명령에 의하여 임차권등기를 한 임차인이 민사집행법 제148조 제4호에 정한 채권자에 준하여 배당요구를 하지 않아도 배당을 받을 수 있는 채권자에 속하는지 여부(적극)

임차권등기명령에 의하여 임차권등기를 한 임차인은 우선변제권을 가지며, 위 임차권등기는 임차인으로 하여금 기왕의 대항력이나 우선변제권을 유지하도록 해 주는 담보적 기능을 주목적으로 하고 있으므로, 위 임차권등기가 첫 경매개시결정등기 전에 등기된 경우, 배당받을 채권자의 범위에 관하여 규정하고 있는 민사집행법 제148조 제4호의 "저당권·전세권, 그 밖의 우선변제청구권으로서 첫 경매개시결정 등기 전에 등기되었고 매각으로 소멸하는 것을 가진 채권자"에 준하여, 그 임차인은 별도로 배당요구를 하지 않아도 당연히 배당받을 채권자에 속하는 것으로 보아야 한다(대판 2005.09.15. 선고 2005다33039).

(2) 임대인의 임대차보증금 반환의무와 임차인의 주택임대차보호법 제3조의3에 의한 임차권등기 말소의무가 동시이행관계에 있는지 여부(소극)

주택임대차보호법 제3조의3 규정에 의한 임차권등기는 이미 임대차계약이 종료하였음에도 임대인이 그 보증금을 반환하지 않는 상태에서 경료되게 되므로, 이미 사실상 이행지체에 빠진 임대인의 임대차보증금의 반환의무와 그에 대응하는 임차인의 권리를 보전하기 위하여 새로이 경료하는 임차권등기에 대한 임차인의 말소의무를 동시이행관계에 있는 것으로 해석할 것은 아니고, 특히 위 임차권등기는 임차인으로 하여금 기왕의 대항력이나 우선변제권을 유지하도록 해 주는 담보적 기능만을 주목적으로 하는 점 등에 비추어 볼 때, 임대인의 임대차보증금의 반환의무가 임차인의 임차권등기 말소의무보다 먼저 이행되어야 할 의무이다(대판 2005.06.09. 선고 25005다4529).

4. 민법의 규정에 의한 주택임대차등기의 효력

> 제3조의 4
> ① 「민법」 제621조에 따른 주택임대차등기의 효력에 관하여는 제3조의3제5항 및 제6항을 준용한다.
> ② 임차인이 대항력이나 우선변제권을 갖추고 「민법」 제621조제1항에 따라 임대인의 협력을 얻어 임대차등기를 신청하는 경우에는 신청서에 「부동산등기법」 제74조제1호부터 제5호까지의 사항 외에 다음 각 호의 사항을 적어야 하며, 이를 증명할 수 있는 서면(임대차의 목적이 주택의 일부분인 경우에는 해당 부분의 도면을 포함한다)을 첨부하여야 한다.
> 1. 주민등록을 마친 날
> 2. 임차주택을 점유(占有)한 날
> 3. 임대차계약증서상의 확정일자를 받은 날

민법 제621조의 규정에 의한 주택임대차등기에 대하여도 임차권등기명령에 의한 등기와 같은 대항력 및 우선변제권이 인정된다(주택임대차보호법 제3조의 4 제1항).
이것은 임차권등기명령제도에 의하여 임대인의 협력 없이 단독으로 행한 임차권등기에는 대항력과 우선변제권이 인정되는 데 비하여, 임대인의 협력에 의한 민법 제621조의 임차권등기의 경우에는 그 효력이 제3자에 대한 대항력만 있고 우선변제권이 인정되지 않는다면 법의 형평상 모순이 아닐 수 없다.

제2절 상가건물임대차보호법

[1] 적용범위

> 제2조
> ① 이 법은 상가건물(제3조제1항에 따른 사업자등록의 대상이 되는 건물을 말한다)의 임대차(임대차 목적물의 주된 부분을 영업용으로 사용하는 경우를 포함한다)에 대하여 적용한다. 다만, 대통령령으로 정하는 보증금액을 초과하는 임대차에 대하여는 그러하지 아니하다.
> ② 제1항 단서에 따른 보증금액을 정할 때에는 해당 지역의 경제 여건 및 임대차 목적물의 규모 등을 고려하여 지역별로 구분하여 규정하되, 보증금 외에 차임이 있는 경우에는 그 차임액에 「은행법」에 따른 은행의 대출금리 등을 고려하여 대통령령으로 정하는 비율을 곱하여 환산한 금액을 포함하여야 한다.

1. 이 법은 상가건물(제3조제1항의 규정에 의한 사업자등록의 대상이 되는 건물을 말한다)의 임대차(임대차 목적물의 주된 부분을 영업용으로 사용하는 경우를 포함한다)에 대하여 적용한다. 다만, 아래 보증금액을 초과하는 임대차에 대하여는 적용되지 아니한다.

	2002.11.01~	2008.08.21~	2010.07.21~	2019.04.02.~ 현재
서울특별시	2억4천	2억6천	3억	9억
과밀억제권역	1억9천	2억1천	2억5천	6억9천
광역시	1억5천	1억6천	1억8천	5억4천
기타지역	1억4천	1억5천	1억5천	3억7천

2. 보증금액을 정함에 있어서는 당해 지역의 경제여건 및 임대차 목적물의 규모 등을 감안하여 지역별로 구분하여 규정하되, 보증금 외에 차임이 있는 경우어는 그 차임액에 은행법에 의한 금융기관의 대출금리 등을 감안하여 대통령령이 정하는 비율을 곱하여 환산한 금액을 포함하여야 한다. 위에서 "대통령령으로 정하는 비율"이라 함은 1분의 100(100/1)을 말한다.

[2] 대항력

> 제3조
> ① 임대차는 그 등기가 없는 경우에도 임차인이 건물의 인도와 「부가가치세법」 제5조, 「소득세법」 제168조 또는 「법인세법」 제111조에 따른 사업자등록을 신청하면 그 다음 날부터 제3자에 대하여 효력이 생긴다.
> ② 임차건물의 양수인(그 밖에 임대할 권리를 승계한 자를 포함한다)은 임대인의 지위를 승계한 것으로 본다.
> ③ 이 법에 따라 임대차의 목적이 된 건물이 매매 또는 경매의 독물물이 된 경우에는 「민법」 제575조제1항·제3항 및 제578조를 준용한다.
> ④ 제3항의 경우에는 「민법」 제536조를 준용한다

임대차는 그 등기가 없는 경우에도 임차인이 건물의 인도와 세법의 규정에 의한 사업자등록을 신청한 때에는 그 다음 날부터 제3자에 대하여 효력이 생긴다. 임차건물의 양수인(그 밖에 임대할 권리를 승계한 자를 포함한다)은 임대인의 지위를 승계한 것으로 본다.

(1) 상가건물의 임차인이 임대차보증금반환채권에 대하여 상가건물임대차보호법상 대항력 및 우선변제권을 가지기 위한 요건(=상가건물의 인도 및 사업자등록, 확정일자)

상가건물의 임차인이 임대차보증금반환채권에 대하여 상가건물임대차보호법 제3조 제1항 소정의 대항력 또는 같은 법 제5조 제2항 소정의 우선변제권을 가지려면 임대차의 목적인 상가건물의 인도 및 부가가치세법 등에 의한 사업자등록을 구비하고 관할세무서장으로부터 확정일자를 받아야 하며, 그 중 사업자등록은 대항력 또는 우선변제권의 취득요건일 뿐만 아니라 존속요건이기도 하므로 배당요구의 종기까지 존속하고 있어야 한다.

(2) 사업자등록 관련판례
가. 상가건물임대차보호법 제3조 제1항에서의 '사업자등록'이 임대차를 공시하는 효력이 있는지 여부의 판단 기준
나. 상가건물임대차보호법상 대항력을 인정받기 위하여 사업자등록이 갖추어야 할 요건

가. 상가건물임대차보호법 제3조 제1항에서 건물의 인도와 더불어 대항력의 요건으로 규정하고 있는 사업자등록은 거래의 안전을 위하여 임차권의 존재를 제3자가 명백히 인식할 수 있게 하는 공시방법으로서 마련된 것이므로, 사업자등록이 어떤 임대차를 공시하는 효력이 있는지 여부는 일반 사회통념상 그 사업자등록으로 당해 임대차건물에 사업장을 임차한 사업자가 존재하고 있다고 인식할 수 있는지 여부에 따라 판단하여야 한다.

나. 상가건물임대차보호법 제4조와 그 시행령 제3조 및 부가가치세법 제5조와 그 시행령 제7조(소득세법 및 법인세법상의 사업자등록에 준용)에 의하면, 건물의 임대차에 이해관계가 있는 자는 건물의 소재지 관할 세무서장에게 임대차와 사업자등록에 관한 사항의 열람 또는 제공을 요청할 수 있고, 사업자가 사업장을 임차한 경우에는 사업자등록신청서에 임대차계약서 사본을 첨부하도록 하여 임대차에 관한 사항의 열람 또는 제공은 첨부한 임대차계약서의 기재에 의하도록 하고 있으므로, 사업자등록신청서에 첨부한 임대차계약서상의 임대차목적물 소재지가 당해 상가건물에 대한 등기부상의 표시와 불일치하는 경우에는 특별한 사정이 없는 한 그 사업자등록은 제3자에 대한 관계에서 유효한 임대차의 공시방법이 될 수 없다. 또한 위 각 법령의 위 각 규정에 의하면, 사업자가 상가건물의 일부분을 임차하는 경우에는 사업자등록신청서에 해당 부분의 도면을 첨부하여야 하고, 이해관계인은 임대차의 목적이 건물의 일부분인 경우 그 부분 도면의 열람 또는 제공을 요청할 수 있도록 하고 있으므로, 건물의 일부분을 임차한 경우 그 사업자등록이 제3자에 대한 관계에서 유효한 임대차의 공시방법이 되기 위해서는 사업자등록신청시 그 임차 부분을 표시한 도면을 첨부하여야 한다(대판 2008.09.25. 선고 2008다44238)

(2) 존속요건

(1) 사업자등록을 마친 사업자가 폐업신고를 한 후에 다시 같은 상호 및 등록번호로 사업자등록을 한 경우, 상가건물 임대차보호법상의 대항력 및 우선변제권이 존속하는지 여부(소극)

상가건물을 임차하고 사업자등록을 마친 사업자가 폐업한 경우에는 그 사업자등록은 상가건물 임대차보호법이 상가임대차의 공시방법으로 요구하는 적법한 사업자등록이라고 볼 수 없으므로, 그 사업자가 폐업신고를 하였다가 다시 같은 상호 및 등록번호로 사업자등록을 하였다고 하더라도 상가건물 임대차보호법상의 대항력 및 우선변제권이 그대로 존속한다고 할 수 없다(대판 2006.10.13. 선고 2006다56299).

(2) 상가건물을 임차하고 사업자등록을 마친 사업자가 임차 건물의 전대차 등으로 당해 사업을 개시하지 않거나 사실상 폐업한 경우, 임차인이 상가건물 임대차보호법상의 대항력 및 우선변제권을 유지하기 위한 방법(=전차인 명의의 사업자등록)

가. 상가건물의 임차인이 임대차보증금 반환채권에 대하여 상가건물 임대차보호법 제3조 제1항 소정의 대항력 또는 같은 법 제5조 제2항 소정의 우선변제권을 가지려면 임대차의 목적인 상가건물의 인도 및 부가가치세법 등에 의한 사업자등록을 구비하고, 관할세무서장으로부터 확정일자를 받아야 하며, 그 중 사업자등록은 대항력 또는 우선변제권의 취득요건일 뿐만 아니라 존속요건이기도 하므로, 배당요구의 종기까지 존속하고 있어야 한다.

나. 부가가치세법 제5조 제4항, 제5항의 규정 취지에 비추어 보면, 상가건물을 임차하고 사업자등록을 마친 사업자가 임차 건물의 전대차 등으로 당해 사업을 개시하지 않거나 사실상 폐업한 경우에는 그 사업자등록은 부가가치세법 및 상가건물 임대차보호법이 상가임대차의 공시방법으로 요구하는 적법한 사업자등록이라고 볼 수 없고, 이 경우 임차인이 상가건물 임대차보호법상의 대항력 및 우선변제권을 유지하기 위해서는 건물을 직접 점유하면서 사업을 운영하는 전차인이 그 명의로 사업자등록을 하여야 한다(대판 2006.01.13. 선고 2005다64002).

[3] 보증금의 보호

1. 우선변제권의 인정
① 제3조제1항의 대항요건을 갖추고 관할 세무서장으로부터 임대차계약서상의 확정일자를 받은 임차인은 민사집행법에 의한 경매 또는 국세징수법에 의한 공매시 임차건물(임대인 소유의 대지를 포함한다)의 환가대금에서 후순위권리자 그 밖의 채권자보다 우선하여 보증금을 변제받을 권리가 있다.
② 임차인이 임차건물에 대하여 보증금반환청구소송의 확정판결 그 밖에 이에 준하는 집행권원에 기한 경매를 신청하는 경우에는 민사집행법 제41조의 규정에 불구하고 반대의무의 이행 또는 이행의 제공을 집행개시의 요건으로 하지 아니한다.
③ 임차인은 임차건물을 양수인에게 인도하지 아니하면 제2항의 규정에 의한 보증금을 수령할 수 없다.
④ 제2항의 규정에 의한 우선변제의 순위와 보증금에 대하여 이의가 있는 이해관계인은 경매법원 또는 체납처분청에 이의를 신청할 수 있다. 민사집행법 제152조 내지 제161조의 규정은 제4항의 규정에 의하여 경매법원에 이의를 신청하는 경우에 이를 준용한다.

2. 소액보증금의 보호
① 임차인은 보증금 중 일정액을 다른 담보물권자보다 우선하여 변제받을 권리가 있다. 이 경우 임차인은 건물에 대한 경매신청의 등기 전에 제3조제1항의 요건을 갖추어야 한다. 제5조 제4항 내지 제6항의 규정은 제1항의 경우에 이를 준용한다.
② 제1항의 규정에 의하여 우선변제를 받을 임차인의 범위는 다음과 같다.

단위(만원)	2002.11.01~	2010.07.21~	2013.12.30.~
서울특별시	4500 - 1350	5000 - 1500	6500 - 2200
과밀억제권역	3900 - 1170	4500 - 1350	5500 - 1900
광역시	3000 - 900	3000 - 900	3800 - 1300
기타지역	2500 - 750	2500 - 750	3000 - 1000

④ 임차인의 보증금 중 일정액이 상가건물의 가액의 3분의 1을 초과하는 경우에는 상가건물의 가액의 3분의 1에 해당하는 금액에 한하여 우선변제권이 있다.
⑤ 하나의 상가건물에 임차인이 2인 이상이고, 그 각 보증금 중 일정액의 합산액이 상가건물의 가액의 3분의 1을 초과하는 경우에는 그 각 보증금 중 일정액의 합산액에 대한 각 임차인의 보증금중 일정액의 비율로 그 상가건물의 가액의 3분의 1에 해당하는 금액을 분할한 금액을 각 임차인의 보증금 중 일정액으로 본다.

[5] 존속기간

(1) 기간의 정함이 없거나 기간을 1년 미만으로 정한 임대차는 그 기간을 1년으로 본다. 다만, 임차인은 1년 미만으로 정한 기간이 유효함을 주장할 수 있다.

(2) 계약갱신요구권
임대인은 임차인이 임대차기간 만료 전 6월부터 1월까지 사이에 행하는 계약갱신 요구에 대하여 정당한 사유없이 이를 거절하지 못한다.
다만, 다음 각호의 1의 경우에는 그러하지 아니하다.

① 임차인이 3기의 차임액에 달하도록 차임을 연체한 사실이 있는 경우
② 임차인이 허위 또는 기타 부정한 방법으로 임차한 경우
③ 쌍방 합의하에 임대인이 임차인에게 상당한 보상을 제공한 경우
④ 임차인이 임대인의 동의 없이 목적 건물의 일부 또는 전부를 전대한 경우
⑤ 임차인이 임차한 건물의 전부 또는 일부를 고의 또는 중대한 과실로 파손한 경우
⑥ 임차한 건물의 전부 또는 일부가 멸실되어 임대차의 목적을 달성하지 못할 경우
⑦ 임대인이 목적 건물의 전부 또는 대부분을 철거하거나 재건축하기 위해 목적 건물의 점유 회복이 필요한 경우
⑧ 기타 임차인이 임차인으로서의 의무를 현저히 위반하거나 임대차를 존속하기 어려운 중대한 사유가 있는 경우

(3) 임차인의 계약갱신요구권은 최초의 임대차 기간을 포함한 전체 임대차 기간이 5년을 초과하지 않는 범위 내에서만 행사할 수 있다.

(4) 갱신되는 임대차는 전 임대차와 동일한 조건으로 다시 계약된 것으로 본다. 다만, 차임과 보증금은 제11조의 규정에 의한 범위 내에서 증감할 수 있다.

(5) 임대인이 제1항의 기간 내에 임차인에 대하여 갱신거절의 통지 또는 조건의 변경에 대한 통지를 하지 아니한 경우에는 그 기간이 만료된 때에 전임대차와 동일한 조건으로 다시 임대차한 것으로 본다. 이 경우에 임대차의 존속기간은 정함이 없는 것으로 본다.

(6) 제4항의 경우 임차인은 언제든지 임대인에 대하여 계약해지의 통고를 할 수 있고, 임대인이 그 통고를 받은 날로부터 3월이 경과하면 그 효력이 발생한다.

제3절 가장임차인

가장임차인은 원칙적으로 법률용어가 아니다. 이는 그간 경매를 하던 숨어있는 고수들이 대항력을 갖춘 임차인인것처럼 외관은 갖추고 있지만 실제로는 경락인에게 대항할수 없는 이들을 지칭하며 도출된 개념이다.

원칙적으로 선순위대항력을 갖춘 임차인이 되려면 주택의 인도와 주민등록을 하여야 한다고 공부했었다. 그러나 형식적으로 주택의 인도와 주민등록이 되어 있다는 사실만 가지고는 부족하며, 당해 임대차가 주택임대차보호법 또는 상가임대차보호법의 적용을 받는 임대차인 경우에 한하여 대항력을 취득한다.

따라서 실질적으로 선순위 대항력을 갖춘 임차인이 되려면,
1. 주거용건물
2. 자연인
3. 적법한 임대차계약
4. 주택의 인도
5. 전입신고
이렇게 다섯 가지 요건을 구비하여야 대항력을 취득하게 된다.

따라서 대항력을 취득하기 위한 다섯 가지의 요건에 대한 검토를 통하여 가장임차인인지 여부를 판단하여야 할 것이다

1. 주거용건물

주택임대차보호법에 의하여 대항력을 부여받기 위해서는 주거용건물의 임대차이어야 한다고 공부했었다.
따라서 비주거용건물에 대한 임대차계약을 체결한 경우에는 아무리 전입신고가 빠르게 되어 있다 할지라도 즉, 외관상 대항력이 있는 것처럼 인식된다할지라도 주임법의 적용을 받지 않기 때문에 대항력은 발생할 수가 없는 것이다
당해 건물이 주거용 건물인지의 여부는 공부상의 표시를 기준으로 하는 것이 아니고 그 실제 용도에 따라 합목적적으로 평가하는 것이며, 따라서 실제용도에 있어서 주된 부분을 주거용도로 사용하고 있을때는 주임법의 적용대상이 될 수 있는 것이다.
임장을 할 때에는 이러한 점을 주의깊게 조사하여야 할 것이다.

2. 자연인

주택임대차보호법은 자연인을 보호하기 위하여 제정된 법이다.
따라서 법인이 임차인인 경우에는 주임법의 적용이 없다. 즉 법인이 임대차계약을 체결한 후 그 직원이 전입신고를 한 경우에 외관상 대항력이 인정되는 것처럼 보이지만 실제로는 처음부터 주택임대차보호법의 적용이 없으므로 대항력은 인정되지 아니한다.

3. 적법한 임대차계약

주택임대차보호법에 의하여 대항력을 취득하고 보호를 받기 위해서는 먼저 적법한 임대차계약이 있었어야 한다.
따라서 전입신고는 되어 있지만 적법한 임대차계약이 존재하지 아니하는 경우에는 처음부터 주임법의 적용은 없다 할 것이다.

(1) 부부
부부간에는 임대차가 성립할 수 없다.
따라서 남편소유부동산에 부인이 전입되어 있다할지라도 또는 부인소유 부동산에 남편이 전입되어 있다 할지라도 임대차계약이 존재할수 없으므로 대항력도 발생할수 없는 것이다

(2) 무상거주각서 (친인척간의 임대차)
금융기관에서 대출을 실행하는 경우에는 반드시 주민등록을 열람해보게 된다.
이 경우에 채무자의 세대구성원이 아닌자가 등재되어 있는 경우에는 이의 확인이 필수조건이며 이경우에 대부분 채무자 아닌자가 같이 거주하는 경우에는 무상거주각서를 받은후 대출을 실행하게 된다. 이러한 무상거주각서는 임대차계약이 없다는 사실에 대한 반증이므로 따라서 주택임대차보호법에 의한 보호를 받기는 어렵다 할 것이다.
따라서 선순위대항력을 갖춘 임차인이 존재함에도 불구하고 정상적인 대출이 실행된 경우에는 반드시 채권자를 찾아가 무상거주각서의 존부를 검토해보아야 할 것이다.

4. 주택의 인도

주택임대차보호법에 의하여 보호를 받으려면 주택의 인도와 더불어 전입신고를 하여야 한다.
주택의 인도라 함은 당해부동산에 대한 점유를 개시하는 것을 말한다.
따라서 적법한 임대차계약이 있다 할지라도 이러한 점유가 인정되지 아니하는 경우에는 대항력을 취득할수도 없으며 주장할 수도 없다 할 것이다.
따라서 실제 사용수익에 목적이 있는 것이 아니라 기존 채권을 회수하기 위한 목적으로 당해 목적부동산에 전입신고만 되어 있고 점유를 하지 않고 있는 경우에는 주택임대차보호법에 의한 보호를 받을수 없다

5. 주민등록

주택임대차보호법에 의하여 보호를 받으려면 주택의 인도와 더불어 전입신고 즉 주민등록의 이전이 있어야 한다. 이러한 주민등록요건이 갖추어지지 아니하면 대항력은 발생할 수가 없다.
단, 주민등록이 되어 있다고 하여서 무조건 대항력이 발생하는 것은 아니며 임차권을 공시하는 주민등록이 되어 있는 경우에만 대항력이 발생하게 된다.
임차권을 공시하는 주민등록이라 함은 주민등록을 보며 임차인이라는 사실을 제3자가 인식할 수 있는 주민등록을 의미하는 것이다.

(1) 종전 소유자
전소유자가 현소유자에게 목적부동산을 매도하고 다시 임대차계약을 체결한 후 임차인이 된

경우에는 전소유자가 취득한 임차권의 대항력은 소유권이전등기 그 익일 0시부터이다.
따라서 소유권이전등기를 하며 같은 날 근저당권설정등기가 경료가 된 경우에는 전소유자는 전입신고를 빠를지언정 대항력을 주장할 수는 없다할 것이다.

주민등록 전입신고를 마친 주택의 소유자가 그 주택을 타인에게 매도한 후 매수인으로부터 그 주택을 다시 임차한 경우(=양수인 명의의 소유권이전등기일 익일부터)

가. 주택임대차보호법 제3조 제1항에서 주택의 인도와 더불어 대항력의 요건으로 규정하고 있는 주민등록은 거래의 안전을 위하여 임차권의 존재를 제3자가 명백히 인식할 수 있게 하는 공시방법으로 마련된 것으로서, 주민등록이 어떤 임대차를 공시하는 효력이 있는가의 여부는 그 주민등록으로 제3자가 임차권의 존재를 인식할 수 있는가에 따라 결정된다고 할 것이므로, 주민등록이 대항력의 요건을 충족시킬 수 있는 공시방법이 되려면 단순히 형식적으로 주민등록이 되어 있다는 것만으로는 부족하고, 주민등록에 의하여 표상되는 점유관계가 임차권을 매개로 하는 점유임을 제3자가 인식할 수 있는 정도는 되어야 한다.

나. 갑이 주택에 관하여 소유권이전등기를 경료하고 주민등록 전입신고까지 마친 다음 처와 함께 거주하다가 을에게 매도함과 동시에 그로부터 이를 다시 임차하여 계속 거주하기로 약정하고 임차인을 갑의 처로 하는 임대차계약을 체결한 후에야 을 명의의 소유권이전등기가 경료된 경우, 제3자로서는 주택에 관하여 갑으로부터 을 앞으로 소유권이전등기가 경료되기 전에는 갑의 처의 주민등록이 소유권 아닌 임차권을 매개로 하는 점유라는 것을 인식하기 어려웠다 할 것이므로, 갑의 처의 주민등록은 주택에 관하여 을 명의의 소유권이전등기가 경료되기 전에는 주택임대차의 대항력 인정의 요건이 되는 적법한 공시방법으로서의 효력이 없고 을 명의의 소유권이전등기가 경료된 날에야 비로소 갑의 처와 을 사이의 임대차를 공시하는 유효한 공시방법이 된다고 할 것이며, 주택임대차보호법 제3조 제1항에 의하여 유효한 공시방법을 갖춘 다음날인 을 명의의 소유권이전등기일 익일부터 임차인으로서 대항력을 갖는다(대판 2000. 2. 11. 선고 99다5930).

(2) 종전임차인
경매가 진행되어 낙찰된 부동산이 시간이 흐른 후에 다시 또 경매가 개시가 되는 경우에 종전 경매에서의 임차인이 경락인(현재 소유자)와 다시 임대차계약을 체결하고 임차인신고가 되어 있는 경우를 종종 보게 된다.
이경우에 당해 임차인의 대항력은 기존부터 임차권을 공시하는 주민등록을 가지고 있었으므로 낙찰인이 소유권을 취득하는 즉시 대항력이 발생하게 된다.
다만 이러한 경우라 할지라도 종전임차인과 낙찰자가 새로운 임대차계약을 체결하는 시점이 낙찰자가 소유권을 취득한 이후라면 그러한 경우에는 근저당보다 후순위권리가 되어 새로 진행되는 경매절차에서 대항력을 주장할 수 없게 된다.

주택임대차보호법 제3조 제1항 소정의 주민등록이 대항력의 요건을 충족시키는 공시방법이 되기 위한 요건(=주민등록에 의하여 표상되는 점유관계가 임차권을 매개로 하는 점유임을 제3자가 인식할 수 있는 정도는 되어야 함)

가. 주택임대차보호법 제3조 제1항에서 주택의 인도와 더불어 대항력의 요건으로 규정하고 있는 주민등록은 거래의 안전을 위하여 임차권의 존재를 제3자가 명백히 인식할 수 있게 하는 공시방법으로 마련된 것으로서, 주민등록이 어떤 임대차를 공시하는 효력이 있는가의 여부는 그 주민등록으로 제3자가 임차권의 존재를 인식할 수 있는가에 따라 결정된다고 할 것이므로, 주민등록이 대항력의 요건을 충족시킬 수 있는 공시방법이 되려면 단순히 형식적으로 주민등록이 되어 있다는 것만으로는 부족하고, 주민등록

에 의하여 표상되는 점유관계가 임차권을 매개로 하는 점유임을 제3자가 인식할 수 있는 정도는 되어야 한다.

나. 경매절차에서 낙찰인이 주민등록은 되어 있으나 대항력은 없는 종전 임차인과의 사이에 새로이 임대차계약을 체결하고 낙찰대금을 납부한 경우, 종전 임차인의 주민등록은 낙찰인의 소유권취득 이전부터 낙찰인과 종전 임차인 사이의 임대차관계를 공시하는 기능을 수행하고 있었으므로, 종전 임차인은 당해 부동산에 관하여 낙찰인이 낙찰대금을 납부하여 소유권을 취득하는 즉시 임차권의 대항력을 취득한다(대판 2002. 11. 8. 선고 2002다38361).

6. 가장임차인에 대한 조치

허위임대차계약서를 작성하여 대항력 있는 주택임차인인 것처럼 경매법원에 권리신고를 한 경우, 경매방해죄의 성립 여부(적극)허위임대차계약서를 작성하여 대항력 있는 주택임차인인 것처럼 경매법원에 권리신고를 한 경우, 경매방해죄의 성립 여부(적극)

경매의 목적이 된 주택의 실질적 소유자인 피고인이 전처 명의로 허위임대차계약서를 작성하고 이를 첨부하여 경매법원에 전처가 주택임대차보호법상 대항력 있는 주택임차인인 것처럼 권리신고를 하였다면 대항력 있는 주택임차인의 외관을 갖추고 그 사실을 권리신고를 통하여 입찰참가인에게 나타내어 그 보증금액만큼 입찰가를 저감시킴으로써 공정한 경매를 방해한 것이므로, 형법 제315조의 위계의 방법에 의한 경매방해죄가 성립한다.

경매의 목적이 된 주택의 실질적 소유자인 피고인이 전처 명의로 허위임대차계약서를 작성하고 이를 첨부하여 경매법원에 전처가 주택임대차보호법상 대항력 있는 주택임차인인 것처럼 권리신고를 하였다면 대항력 있는 주택임차인의 외관을 갖추고 그 사실을 권리신고를 통하여 입찰참가인에게 나타내어 그 보증금액만큼 입찰가를 저감시킴으로써 공정한 경매를 방해한 것이므로, 형법 제315조의 위계의 방법에 의한 경매방해죄가 성립한다.(인천방법원부천지원 2001. 5.18. 선고 2001고단23 판결)

제2장 선순위 전세권

제1절 전세권

[1] 총 설

1. 전세권의 의의

전세권이란 전세금을 지급하고 타인의 부동산을 그 용도에 좇아 사용·수익하며 그 부동산 전부에 대하여 후순위권리자, 기타 채권자보다 전세금의 우선변제를 받을 수 있는 담보물권적 성격을 동시에 갖고 있는 용익물권이다.

2. 전세권의 법적 성질

(1) 타인의 부동산에 대한 권리
전세권은 타인의 부동산에 대한 권리로서 전세권의 목적물은 토지와 건물이다.
(2) 전세권은 사용·수익권이다.
전세권은 건물뿐만 아니라 토지도 그 목적으로 할 수 있는바 그렇다면 지상권에 의하여 달성되는 목적, 즉 토지에 건물 기타 공작물이나 수목의 소유를 위한 목적으로 전세권의 설정이 가능하다.
(3) 전세권은 전세금을 요소로 한다.
전세금은 전세권자가 설정자에게 교부하는 금전으로서 반드시 지급되어야 하며, 전세금의 지급 없이는 전세권이 성립하지 않는다.

[2] 전세권의 취득

전세권의 취득은 설정계약과 등기로 이루어지는 것이 보통이다. 그밖에 전세금의 지급이 있어야만 전세권이 성립한다.

[3] 전세권의 존속기간

1. 존속기간을 약정한 경우

(1) 최장기간
전세권의 존속기간은 당사자가 설정행위에 의하여 임의로 정할 수 있다. 그러나 전세권의 존속기간은 10년을 넘지 못하며, 당사자의 약정기간이 10년을 넘는 때에는 10년으로 단축된다(민법 제312조 제1항).

(2) 최단기간
건물에 대한 존속기간을 1년 미만으로 정한 때에는 이를 1년으로 한다(민법 제312조 제2항). 이 최단기간은 건물전세권에만 적용되고 토지전세권에는 적용되지 않는다.

(3) 기간의 갱신
약정한 존속기간이 만료한 때에는 계약을 갱신할 수 있으나, 그 기간은 갱신한 날로부터 10년을 넘지 못한다(민법 제312조 제3항). 건물의 전세권설정자가 전세권의 존속기간 만료 전 6월부터 1월까지 사이에 전세권자에게 대하여 갱신거절의 통지 또는 조건을 변경하지 않으면 갱신하지 않는다는 뜻의 통지를 하지 아니한 경우에는 그 기간이 만료된 때에 이전전세권과 동일한 조건으로 다시 전세권을 설정한 것으로 본다. 이 경우 전세권의 존속기간은 정함이 없는 것(존속기간을 약정하지 않은 경우)으로 본다(민법 제312조 제4항).

2. 존속기간을 약정하지 않은 경우

전세권의 존속기간을 약정하지 아니한 때에는 각 당사자는 언제든지 상대방에 대하여 전세권의 소멸을 통고할 수 있고 상대방이 이 통고를 받은 날로부터 6월이 경과하면 전세권은 소멸한다(민법 제313조).
그러나 건물전세권을 설정하면서 존속기간을 약정하지 않았다 하더라도 건물전세권에 관해 1년의 최단기간을 보장하려는 민법의 취지에 비추어 1년 이내에는 위 소멸통고의 방법으로 전세권을 소멸시키지 못한다

[4] 전세권의 효력

1. 전세권의 효력이 미치는 범위

(1) 건물전세권의 임차권·지상권에 대한 효력
타인의 토지상에 있는 건물에 전세권을 설정한 때에는 전세권의 효력은 그 건물의 소유를 목적으로 한 토지에 대한 지상권 또는 토지임차권에 미친다. 따라서 전세권설정자는 전세권자의 동의 없이 지상권 또는 토지임차권을 소멸하게 하는 행위를 하지 못한다(민법 제304조).

(2) 법정지상권
대지와 건물이 동일한 소유자에게 속한 경우에 건물에 전세권을 설정한 때에는 그 대지소유권의 특별승계인은 전세권설정자에 대하여 지상권을 설정한 것으로 본다. 그러나 지료는 당사자의 청구에 의하여 법원이 이를 정한다(민법 제305조).

2. 전세권자의 권리·의무

(1) 전세권자의 목적부동산 사용·수익권
전세권자는 목적부동산을 점유하여 사용·수익할 수 있다.
그 내용은 전세권설정계약이나 목적물의 성질에 의하여 정하여진다.

(2) 전세권자의 경매청구권 및 우선변제권
전세권설정자가 전세금의 반환을 지체한 때에는 전세권자는 민사소송법에 의하여 전세 목적물의 경매를 청구할 수 있다. 그리고 그 부동산 전부에 대하여 후순위권리자 기타 채권자보다 전세금의 우선변제를 받을 수 있다.

(3) 전세권자의 원상회복·손해배상의무
전세권자는 설정행위나 목적부동산의 성질에 의하여 정해진 용도에 좇아 목적물을 사용·수익할 의무가 있으며 이에 위반할 경우 전세권설정자는 전세권의 소멸을 청구할 수 있다. 이 경우 전세권자는 전세권설정자의 선택에 따라 원상회복 또는 손해배상의 의무를 진다(제311조).

(4) 전세권자의 현상유지·수선의무
전세권자는 목적물의 현상을 유지하고 그 통상의 관리에 속한 수선을 하여야 한다. 전세권자가 현상유지의무에 위반한 경우에는 결국 목적부동산의 용도에 따르지 않는 사용·수익이 될 것이고 수선의무를 부담하기 때문에 목적부동산에 필요비를 지출하였더라도 임대차에서와 같은 필요비상환청구권은 인정되지 않는다.

(5) 전세권자의 물권적 청구권
전세권의 내용의 실현이 방해되는 때에는 그 태양에 따라서 물권적 청구권이 인정된다. 점유에 기한 물권적 청구권도 행사할 수 있음은 물론이다.

3. 전세금 증감 청구권

(1) 전세금이 목적부동산에 관한 조세, 공과금 기타 부담의 증감이나 경제사정의 변동으로 인하여 상당하지 아니하게 된 때에는 당사자는 장래에 대하여 그 증감을 청구할 수 있다. 그러나 증액의 경우에는 대통령령이 정하는 기준에 따른 비율을 초과하지 못한다(민법 제312조의 2).

(2) 전세금의 증액청구의 비율은 약정한 전세금의 20분의 1을 초과하지 못하며 전세금의 증액청구는 전세권설정계약이 있은 날 또는 약정한 전세금의 증액이 있은 날로부터 1년 이내에는 이를 하지 못한다(민법 제312조의 2단서의 시행에 관한 규정).

[5] 전세권의 소멸

1. 전세권의 소멸사유
전세권은 다른 물권과 마찬가지로 존속기간의 만료, 혼동, 소멸시효의 완성, 전세권의 포기, 약정소멸사유의 발생, 전세권에 우선하는 저당권의 실행에 의한 경매, 토지수용 등으로 소멸하는 외에 특히 민법은 다음과 같은 소멸사유를 규정한다.

(1) 전세권설정자의 소멸청구
전세권자가 전세권설정계약 또는 목적부동산의 성질에 의하여 정하여진 용법으로 사용·수익하지 않은 경우에 전세권설정자는 전세권의 소멸을 청구할 수 있다(민법 제311조 제1항). 이 전세권설정자의 소멸청구는 형성권이므로 전세권의 말소등기 없이 당연히 소멸한다.
전세권자가 위와 같은 위반으로 목적부동산에 변경이 생겼거나 손해가 발생한 때에는 전세권설정자는 전세권자에 대하여 원상회복 또는 손해배상을 청구할 수 있다(민법 제311조 제2항).

(2) 전세권의 소멸통고
존속기간의 약정이 없는 전세권은 각 당사자는 언제든지 상대방에 대하여 전세권의 소멸을 통고할 수 있고 상대방이 이 통고를 받은 날로부터 6개월이 경과하면 전세권은 소멸한다.

2. 전세권소멸의 효과

(1) 동시이행
전세권이 소멸한 때에는 그 전세권설정자는 전세권자로부터 그 목적물의 인도 및 전세권설정등기의 말소등기에 필요한 서류의 교부를 받는 동시에 전세금을 반환하여야 한다(민법 제317조).

(2) 경매청구권
전세권설정자가 전세금의 반환을 지체한 때에는 전세권자는 민사소송법이 정한 바에 의하여 전세권의 목적물의 경매를 청구할 수 있다(민법 제318조).

(3) 부속물매수청구권
① 전세권설정자의 매수청구권 : 전세권의 목적부동산에 부속시킨 물건에 대하여 전세권설정자가 매수를 청구한 때에는 전세권자는 정당한 이유 없이 이를 거절하지 못한다(제316조 제1항 단서).
② 전세권자의 매수청구권 : 만일 그 부속물이 전세권설정자의 동의를 얻어 부속시킨 것인 때 또는 전세권설정자로부터 그 부속물을 매수하여 부속시킨 경우에는 전세권설정자에게 그 부속물을 매수할 것을 청구할 수 있다(민법 제316조 제2항).

제2절 선순위 전세권 관련쟁점

말소기준권리보다 먼저 성립한 전세권을 선순위전세권이라 부른다.
경매에 있어서 이러한 선순위전세권자가 있는 경우에 주의해야 할 점이 여러 가지가 있으며 이하에서는 이에 대하여 기술해보고자 한다

[1] 경매와 선순위 전세권(인수/소멸)

1. 선순위 전세권

말소기준권리보다 후순위전세권은 매각으로 소멸하기 때문에 문제될것이 없지만, 말소기준권리보다 선순위전세권이 존재하는 경우에는 이의 인수여부가 문제된다 할 것이다

구법사건	신법사건(2002년7월1일 이후)
경매개시결정등기일을 기준 6월 이상 잔존 : 인수 6월 미만 잔존 : 소멸	원 칙 : 인 수 예 외 : 소 멸 (배당요구한 경우)

현행법제하에서 선순위전세권은 매각으로 소멸하지 않고 매수인이 인수하는 것이 원칙이다. 다만, 선순위전세권자가 배당요구를 한 경우에는 당해 전세권은 매각으로 소멸하게 된다. 이 경우에 미배당전세금이 존재한다 하여도 당해 전세권은 소멸한다는점을 주의하여야 할 것이다.

2. 일부전세권자
선순위전세권자가 배당요구를 한 경우에 두 번째로 주의해야 할점이 바로 일부전세권자의 배당요구이다.
건물전세권자가 배당요구를 한 경우에는 당해전세권은 매각으로 소멸하며 이경우에 당해 전세권이 말소기준권리가 된다.
다만, 건물 일부전세권자가 배당요구를 한 경우에는 당해 전세권은 매각으로 소멸하지만, 이 경우에 당해 전세권이 말소기준권리가 될수는 없다는 점을 기억하여야 한다.
일부에 대하여 물권을 가지고 있는자가 건물 전부에 대한 말소기준권리는 될수 없음은 당연한 논리일진데 이를 간과하고 입찰후 손해가 발생하게 되는 경우를 자주 보게 된다.

[2] 건물의 전세권자

1. 일반주택
토지와 건물이 동시에 경매가 진행되는 경우에 건물만의 전세권자는 그 토지의 경락대금에 대해서는 우선변제권을 주장할 수가 없다.
전세권은 물권이기에 당해 전세목적물에 대해서만 그 권리를 주장할수 있는 것이다. 따라서 건물의 경락대금에 대해서 우선변제를 주장하는 것은 가능하지만, 토지에 대해서는 권리가 없기 때문에 토지의 경락대금에 대해서는 우선변제를 주장할수 없는 것이다.

2. 집합건물
다만 집합건물의 경우에는 위와같은 법리가 적용되지 아니한다.
왜냐하면, 집합건물이 만들어지게 되면, 건물의 구분소유권과 대지권은 처분의 일체성으로 인하여 하나의 물건인것처럼 다루어지기 때문이다.
또한 이경우에 당해 전유부분에 대한 전세권은 효력은 당연 대지권에도 미치게 되므로, 이경우에는 대지권의 경락대금에 대해서도 건물전세권자는 우선변제를 주장할수 있게 된다.

[3] 전세권과 임차인지위의 겸유

주택의 임차인이 자신의 지위를 강화하기 위한 방편으로 전세권설정등기를 한 경우에, 어떠한 법률관계가 전개되는지가 문제된다.
물권과 채권은 전혀 별개의 권리인지라 동일인이 물권과 채권을 동시에 갖을수 있음은 당연하다 할 것이다. 따라서 동일인이 물권인 전세권과 채권인 임차권을 동시에 갖을수 있으며 이는 서로 별개의 권리로 이해해야 할 것이다.
따라서 전세권자로서 배당요구를 하였다 하여 임차인의 배당요구로 볼수 없음은 당연하며, 임차인으로서 배당요구하였다 하여 전세권자로서의 배당요구로 볼수 없음은 당연한 법리인 것이다.

우리 판례도 이러한 법리를 취하고 있다.

(1) 선순위전세권과 임차권
가. 전세권과 임대차의 법적 성질
나. 주택임차인이 그 지위를 강화하고자 별도로 전세권설정등기를 마친 경우, 주택임차인이 주택임대차

보호법 제3조 제1항의 대항요건을 상실하면 이미 취득한 주택임대차보호법상의 대항력 및 우선변제권을 상실하는지 여부(적극)

가. 전세권은 전세금을 지급하고 타인의 부동산을 점유하여 그 부동산의 용도에 좇아 사용·수익하며 그 부동산 전부에 대하여 후순위권리자 기타 채권자보다 전세금의 우선변제를 받을 권리를 내용으로 하는 물권이지만, 임대차는 당사자 일방이 상대방에게 목적물을 사용·수익하게 할 것을 약정하고 상대방이 이에 대하여 차임을 지급할 것을 약정함으로써 그 효력이 발생하는 채권계약으로서, 주택임차인이 주택임대차보호법 제3조 제1항의 대항요건을 갖추거나 민법 제621조의 규정에 의한 주택임대차등기를 마치더라도 채권계약이라는 기본적인 성질에 변함이 없다.

나. 주택임차인이 그 지위를 강화하고자 별도로 전세권설정등기를 마치더라도 주택임대차보호법상 주택임차인으로서의 우선변제를 받을 수 있는 권리와 전세권자로서 우선변제를 받을 수 있는 권리는 근거규정 및 성립요건을 달리하는 별개의 것이라는 점, 주택임대차보호법 제3조의3 제1항에서 규정한 임차권등기명령에 의한 임차권등기와 동법 제3조의4 제2항에서 규정한 주택임대차등기는 공통적으로 주택임대차보호법상의 대항요건인 '주민등록일자', '점유개시일자' 및 '확정일자'를 등기사항으로 기재하여 이를 공시하지만 전세권설정등기에는 이러한 대항요건을 공시하는 기능이 없는 점, 주택임대차보호법 제3조의4 제1항에서 임차권등기명령에 의한 임차권등기의 효력에 관한 동법 제3조의3 제5항의 규정은 민법 제621조에 의한 주택임대차등기의 효력에 관하여 이를 준용한다고 규정하고 있을 뿐 주택임대차보호법 제3조의3 제5항의 규정을 전세권설정등기의 효력에 관하여 준용할 법적 근거가 없는 점 등을 종합하면, 주택임차인이 그 지위를 강화하고자 별도로 전세권설정등기를 마쳤더라도 주택임차인이 주택임대차보호법 제3조 제1항의 대항요건을 상실하면 이미 취득한 주택임대차보호법상의 대항력 및 우선변제권을 상실한다(대판 2007.6.28. 선고 2004다69741).

(2) 주택에 대한 전세계약을 체결하여 주택임대차보호법상의 대항력을 갖춘 임차인이 그 후 전세권설정등기까지 경료한 경우, 전세권보다 선순위인 근저당권의 실행으로 경락받은 경락인

갑이 주택소유자로서 1986.4.24. 주민등록전입신고를 하고 거주하여 오다가 을에게 주택을 매도하면서 1990.11.27. 을과 사이에 주택 1층에 관하여 전세계약을 체결하고 계속 거주하던 중 1991.7.6. 전세권설정등기를 경료하였는데, 을이 1991.4.13. 병에게 근저당권을 설정하였고 병의 임의경매신청으로 정이 1991.12.19. 경락을 받은 경우 갑이 전세권설정등기를 한 이유가, 주택임대차보호법 소정의 임차인의 대항력을 갖추었지만 그의 지위를 강화시키기 위한 것이었다면, 갑 명의의 전세권설정등기가 선순위의 근저당권의 실행에 따른 경락으로 인하여 말소된다 하더라도 그 때문에 갑이 위 전세권설정등기 전에 건물소유자와 전세계약을 맺고 주민등록을 함으로써 주택임대차보호법 제12조, 제3조 제1항에 의하여 확보된 대항력마저 상실하게 되는 것은 아니다(대판 1993.11.23. 선고 93다10552).

(3) 주택임대차보호법상 대항력을 갖춘 임차인이 전세권자로서 배당절차에 참가하여 전세금의 일부에 대하여 우선변제를 받은 경우 나머지 보증금에 기한 대항력 행사할 수 있는지 여부(적극)

주택임차인으로서의 우선변제를 받을 수 있는 권리와 전세권자로서 우선변제를 받을 수 있는 권리는 근거규정 및 성립요건을 달리하는 별개의 것이므로, 주택임대차보호법상 대항력을 갖춘 임차인이 임차주택에 관하여 전세권설정등기를 경료하였다거나 전세권자로서 배당절차에 참가하여 전세금의 일부에 대하여 우선변제를 받은 사유만으로는 변제받지 못한 나머지 보증금에 기한 대항력 행사에 어떤 장애가 있다고 볼 수 없다(대판 1993.12.24. 선고 93다39676).

제3장 선순위 가등기

1. 가등기의 의의

가등기란 현재 본등기를 할 수 있는 실체법적요건이 갖추어지지 아니한 경우에 장래에 할 본등기의 준비로서 하는 예비등기를 말한다.

2. 가등기의 종류

이러한 가등기에는 단순히 자신의 청구권을 보전하기 위한 가등기와 담보가등기 이렇게 두가지로 구별할 수 있다. 청구권보전을 위한 가등기의 경우에는 말소기준권리가 되지 않기에 매수인이 인수를 하여야 하는 경우도 있지만, 만약 가등기가 담보가등기이라면 그 자체가 말소기준권리가 되므로 매수인이 인수할 여지는 없게 된다.
법원은 가등기된 부동산이 경매진행되는 경우에 담보가등기인지 또는 소유권이전등기청구권을 보전하기 위한 가등기인지 여부를 법원에 신고할 것을 최고한다.
또한 담보가등기인 경우에는 담보가등기의 내용 및 채권의 존부 기타 채권액수 등을 기재한 채권계산서를 제출하여 배당신청을 할 수 있다. 따라서 채권계산서를 제출하여 배당신청을 하였다면 담보가등기로 보고 만약에 채권계산서를 제출하지 않았다면 소유권이전등기청구권을 보전하기 위한 가등기로 보면 된다. <u>이는 문건송달내역을 통하여 검토할수 있다.</u>

(1) 담보가등기

담보가등기는 채권담보를 위하여 채권자와 채무자가 대물변제의 예약 또는 매매의 예약을 하고, 채무자가 변제기에 채무를 변제하지 아니하는 경우에 채권자가 예약완결권을 행사하여 소유권을 취득하기 위하여 미리 경료해두는 가등기를 말한다.
<u>이러한 담보가등기권은 말그대로 담보물권이기 때문에 경매신청권도 행사할 수 있으며 배당절차에 참가하여 자기채권의 우선만족을 꾀할수 있다. 따라서 이 경우에는 담보가등기가 말소기준권리가 되며 매수인은 인수할 여지가 없다 할 것이다.</u>

(2) 청구권보전의 가등기

매매계약에 기한 소유권이전등기청구권을 보전하기위한 경우이거나 또는 매매예약에 의한 예약완결권을 보전하기 위한 가등기등을 들 수 있다.
만약이 이러한 가등기가 말소기준권리보다 선순위로 존재하는 경우에는 가등기의 순위보전의 효력에 의하여 매수인이 소유권을 잃은 염려가 있기 때문에 주의하여야 한다.

3. 청구권보전가등기의 경우

청구권을 보전하기 위한 가등기의 경우에는 만약 이 가등기가 말소기준권리보다 선순위인 경우에는 앞서 언급했듯이 매수인이 인수하여야 하기에 매수인에게 큰 손해를 야기시킬수 있는 권리이다. 다만 이러한 경우에도 주의해서 살펴보면 큰 수익을 낼 수 있는 해법이 있으며 이러한 해법을 이해하기 위해서는 소멸시효와 제척기간에 대한 이해가 전제되어야 한다.

(1) 매매계약에 기한 순위보전의 가등기가 선순위인 경우
매매계약을 통하여 매수인에게는 소유권이전등기청구권이 발생하게 되며, 이러한 소유권이전등기청구권은 일반채권으로서 10년의 소멸시효가 진행하게 된다. 따라서 가등기가 경료된 시점부터 10년 동안 시효의 중단사유없이 시간이 경과한 경우라면 당해 가등기는 원인무효의 가등기로서 말소등기의 대상이 될 수 있다. 따라서 이러한 경우에는 매각물건명세서에 인수되는 권리라고 기재는 되어 있지만 실제로는 인수할 여지가 없는 권리가 되므로 이를 통한 수익을 창출할 수 있는 것이다.

가등기에 기한 소유권이전등기청구권이 시효의 완성으로 소멸된 경우 그 가등기 이후에 부동산을 취득한 제3자가 그 소유권에 기한 방해배제청구로서 그 가등기권자에 대하여 본등기청구권의 소멸시효를 주장하여 그등기의 말소를 구할 수 있는지 여부(적극)

가. 토지를 매수하여 그 명의로 소유권이전청구권보전을 위한 가등기를 경료하고 그 토지 상에 타인이 건물 등을 축조하여 점유 사용하는 것을 방지하기 위하여 지상권을 설정하였다면 이는 위 가등기에 기한 본등기가 이루어질 경우 그 부동산의 실질적인 이용가치를 유지 확보할 목적으로 전소유자에 의한 이용을 제한하기 위한 것이라고 봄이 상당하다고 할 것이고 그 가등기에 기한 본등기청구권이 시효의 완성으로 소멸하였다면 그 가등기와 함께 경료된 위 지상권 또한 그 목적을 잃어 소멸되었다고 봄이 상당하다

나. 가등기에 기한 소유권이전등기청구권이 시효의 완성으로 소멸되었다면 그 가등기 이후에 그 부동산을 취득한 제3자는 그 소유권에 기한 방해배제청구로서 그 가등기권자에 대하여 본등기청구권의 소멸시효를 주장하여 그 등기의 말소를 구할 수 있다(대판 1991.03.12. 선고 90다카27570)

(2) 매매예약에 기한 순위보전의 가등기가 선순위인 경우에
매매예약을 통하여 예약권리자에게는 예약완결권이 발생하게 되며, 이러한 예약완결권은 형성권으로서 10년의 제척기간이 진행하게 된다. 제척기간은 소멸시효와 다르게 그 진행에 있어서 중단이나 정지제도가 없으므로 가등기가 경료된 시점부터 10년이 경과하면 당연 소멸하게 된다. 따라서 이 경우에도 매각물건명세서에는 인수되는 권리라고 기재되어 있지만 실제로는 인수할 여지가 없는 권리이므로 이를 통한 수익창출도 가능하다 할 것이다.

(3) 추가검토사항
다만 이러한 경우라 할지라도 시효기간 진행중에 시효중단의 사유가 발생한 경우라면 소멸시효는 완성되지 아니한다.
예컨대 청구나 압류/가압류 또는 가처분등기등이 시효기간 진행중에 이루어졌다면 소멸시효는 중단되며, 이 경우에는 당해 가등기에 의하여 보전하는 채권이 존재하므로 당해 가등기는 말소의 대상이 될 수 없다.
따라서 형식적으로 소멸시효기간이 도래한 경우라 할지라도, 당해 가등기권자를 만나서 권리관계의 존부를 확실히 살펴보아야 할 것이다.
또한 당해 가등기권자가 당해 부동산을 점유하고 있는 경우에도 소멸시효의 진행은 중단되므로 이경우에도 각별한 주의가 필요하다 할 것이다.

(4) 가등기권리자가 소유권을 취득하게 된 경우에

소유권이전등기청구권이나 예약완결권을 보전하기 위하여 가등기를 하였다가 그 가등기에 기한 권리를 행사하여 본등기를 경료하게 된 경우에는 당해가등기는 이미 목적달성을 하였으므로 이 경우에는 매수인이 인수할 여지가 없다.

다만 이러한 혼동의 법리와 관련하여 다음과 같은 예외적인 판례가 있으므로 주의하여야 할 것이다

명의신탁자가 장차 소유권이전등기청구권 보전을 위한 가등기를 경료한 후 가등기와는 상관없이 소유권이전등기를 넘겨받은 경우, 가등기에 기한 본등기청구권이 혼동으로 소멸되는지 여부(소극)

가. 채권은 채권과 채무가 동일한 주체에 귀속한 때에 한하여 혼동으로 소멸하는 것이 원칙이므로, <u>어느 특정의 물건에 관한 채권을 가지는 자가 그 물건의 소유자가 되었다는 사정만으로는 채권과 채무가 동일한 주체에 귀속한 경우에 해당한다고 할 수 없어 그 물건에 관한 채권이 혼동으로 소멸하는 것은 아닌바</u>, 토지를 을에게 명의신탁하고 장차의 소유권이전의 청구권 보전을 위하여 자신의 명의로 가등기를 경료한 갑이, 을에 대하여 가지는 가등기에 기한 본등기청구권은 채권으로서, 갑이 을을 상속하거나 을의 가등기에 기한 본등기 절차 이행의 의무를 인수하지 아니하는 이상, 갑이 가등기에 기한 본등기 절차에 의하지 아니하고 을로부터 별도의 소유권이전등기를 경료받았다고 하여 <u>혼동의 법리에 의하여 갑의 가등기에 기한 본등기청구권이 소멸하는 것은 아니다</u>

나. 부동산에 관한 소유권이전청구권 보전을 위한 **가등기 경료 이후에 다른 가압류등기가 경료되었다면**, 그 가등기에 기한 본등기 절차에 의하지 아니하고 별도로 가등기권자 명의의 소유권이전등기가 경료되었다고 하여 가등기 권리자와 의무자 사이의 가등기 약정상의 채무의 본지에 따른 이행이 완료되었다고 할 수는 없으니, 특별한 사정이 없는 한, 가등기권자는 가등기의무자에 대하여 그 가등기에 기한 본등기 절차의 이행을 구할 수도 있다(대판 1995. 12.26. 선고 95다29888)

제4장 선순위 가처분

가처분은 민사소송에서의 채권보전절차의 하나로서 자신의 청구권을 보전하기 위하여 당해부동산을 묶어놓는 것으로 이해하면 된다.

예를 들면, 이혼 후 재산분할을 위하여, 또는 소유권이전등기의 말소등기를 위하여 당해부동산을 제3자에게 처분하지 않도록 처분금지가처분등기를 경료하는 경우를 들 수 있다.

이러한 가처분등기가 선순위로 존재하는 경우에는 원칙적으로 매수인이 이를 인수하여야 하므로 매수인에게 큰 손해가 발생할 수 있으므로 주의하여야 한다.

다만 이러한 가처분이라 할지라도 멋진 수익모델을 창출할 수 있는 해법이 있다

<u>즉, 가처분의 경우에도 가처분권자가 일정기간동안 가처분의 전제가 되는 본안소송을 제기하지 아니하면 채무자 혹은 이해관계인이 그 취소를 법원에 청구할 수 있으며</u> 이 경우에는 오히려 위험이 아닌 수익으로 돌아오게 된다. 민사집행법이 개정되기 전에는 가처분의 경우에 등기부에 등재된 때로부터 10년이 경과하면 채무자 혹은 이해관계인의 청구에 의하여 그 취소를 신청할 수 있도록 되어 있었는데 2002년 민사집행법의 시행으로 기간이 5년으로 단축이 되었으며 2005년부터 다시 법이 개정되어 3년의 기간이 경과하면 선순위가처분의 취소를 신청할 수 있도록 하였다.

제5장 유치권

제1절 유치권

[1] 유치권의 의의

유치권은 피담보채권의 변제가 있을 때까지 목적물의 인도를 거절할 수 있는 담보물권으로서 절대권이며 대세권이므로 경락인에게도 대항할 수 있는 권리이다. 따라서 진정한 유치권이 인정되는 물건을 경락받은 경우에 매수인은 불측의 손해를 입게 되는 것이므로 이러한 물건의 경우에는 반복하여 유찰하는 예들이 많으며 따라서 투자자 입장에서 보았을 때는 이러한 유치권의 허점만 제대로 공략할 수 있다면 이는 수익으로 직결될 수 있는 물건이라 할 수 있다.

[2] 성립요건

유치권의 기본은 성립요건을 이해하여야 한다. 유치권은 법정담보물권이므로 법률에 규정된 요건이 충족되어야만 만들어지는 권리이다.
따라서, 반대로 생각하면 법률에서 요구하고 있는 요건이 충족되지 아니한 경우에는 적법한 유치권이라고 볼 수 없다.

1. 목적물

(1) 목적물이 존재와 점유

① 목적물이 존재하여야 한다.

독립성을 가진 독립된 물건이 존재하여야 하며, 그 독립된 물건에 대해서 유치권주장이 가능하다. 따라서 법적으로 독립성을 가진 독립된 물건이 존재하지 아니하면 유치권은 인정되지 아니한다. 우리 판례는 독립된 건물성의 인정여부와 관련하여 기둥과 지붕과 주벽이 있을 것을 요하며 이 요건을 결한 경우에는 독립물로서의 건물이라고 볼 수 없으며 이는 토지의 일부에 불과한 것으로 판단하여야 할 것이다.

독립된 부동산으로서의 건물이 되기 위한 요건(=기둥, 지붕, 주벽)

가. 독립된 부동산으로서의 건물이라고 하기 위하여는 최소한의 기둥과 지붕 그리고 주벽이 이루어지면 된다.
나. 신축 건물이 경락대금 납부 당시 이미 지하 1층부터 지하 3층까지 기둥, 주벽 및 천장 슬라브 공사가 완료된 상태이었을 뿐만 아니라 지하 1층의 일부 점포가 일반에 분양되기까지 하였다면, 비록 토지가 경락될 당시 신축 건물의 지상층 부분이 골조공사만 이루어진 채 벽이나 지붕 등이 설치된 바가 없다 하더라도, 지하층 부분만으로도 구분소유권의 대상이 될 수 있는 구조라는 점에서 신축 건물은 경락 당시 미완성 상태이기는 하지만 독립된 건물로서의 요건을 갖추었다고 본 사례.(대판 2003.05.30. 선고 2002다21592, 21608)

따라서 토지위에 미완성의 건물이 있는 상태에서 토지가 경매가 개시된 경우에

㉠ 토지위에 기둥과 지붕과 주벽이 없는 상태의 미완성의 건물이 있는 상태에서 토지가 경매가 개시된 경우에 그 건물의 공사대금채권에 대한 유치권주장은 이유없다 할 것이다.
왜냐하면, 기둥과 지붕과 주벽이 없다면 이는 독립한 물건이 아니므로 이에 대한 점유 또는 유치권이라는 단어가 법적으로는 성립될수 없는 것이다.
㉡ 또한 이 경우에 건물이 완성된 독립한 건물이라 할지라도 건물의 공사대금에 대해서는 유치권주장은 이유가 없다 할 것이다. 왜냐하면 토지가 경매가 개시가 된 것이지 건물이 경매가 개시된 것이 아니기 때문이다
㉢ 위 ㉡의 경우에는 유치권의 문제가 아니라 토지의 매수인과 건물소유자간의 법정지상권의 문제로 다루어야 할 것이다. 따라서 완성된 건물의 소유자에게 법정지상권이 인정된다면 지료의 문제로 다루어야 할 것이며, 법정지상권이 인정되지 않는다면 완성된 건물의 철거청구의 문제로 다루어져야 할 것이다.
㉣ 위와 같이 법정지상권이 인정되지 않는 경우에 토지의 매수인은 건물철거를 청구할 수 있으며, 이 경우 건물의 유치권자가 유치권으로서 건물철거청구에는 대항하지 못한다. (대판 87다카3073)

건물신축공사를 도급받을 수급인이 사회통념상 독립한 건물이 되지 못한 정착물을 토지에 설치한 상태여서 공사가 중단된 경우, 위 정착물 또는 토지에 대하여 유치권을 행사할 수 있는지 여부(소극)

건물의 신축공사를 한 수급인이 그 건물을 점유하고 있고 또 그 건물에 관하여 생긴 공사금 채권이 있다면, 수급인은 그 채권을 변제받을 때까지 건물을 유치할 권리가 있는 것이지만(대법원 1995. 9. 15. 선고 95다16202, 16219 판결 등 참조), 건물의 신축공사를 도급받은 수급인이 사회통념상 독립한 건물이라고 볼 수 없는 정착물을 토지에 설치한 상태에서 공사가 중단된 경우에 위 정착물은 토지의 부합물에 불과하여 이러한 정착물에 대하여 유치권을 행사할 수 없는 것이고, 또한 공사중단시까지 발생한 공사금 채권은 토지에 관하여 생긴 것이 아니므로 위 공사금 채권에 기하여 토지에 대하여 유치권을 행사할 수도 없는 것이다(대결 2008.05.30. 자 2007마98)

② 목적물을 점유하고 있어야 한다

점유는 계속된 점유이어야 하며 불법행위를 원인으로 하여 점유를 개시한 경우에는 유치권주장은 이유 없다.
이러한 점유에는 점유보조자나 간접점유의 방법에 의한 점유도 인정된다.
물론, 점유보조자가 간접점유방법에 의한 점유를 개시하는 경우에는 적법한 점유매개관계 또는 점유보조관계가 존재하여야 할 것이다.

(1) 유치권자의 점유가 반드시 직접점유에 한하는지 여부(소극)

유치권의 성립요건인 유치권자의 점유는 직접점유이든 간접점유이든 관계없지만, 유치권자는 채무자의 승낙이 없는 이상 그 목적물을 타에 임대할 수 있는 처분권한이 없으므로(민법 제324조 제2항 참조), 유치권자의 그러한 임대행위는 소유자의 처분권한을 침해하는 것으로서 소유자에게 그 임대의 효력을 주장할 수 없고, 따라서 소유자의 동의 없이 유치권자로부터 유치권의 목적물을 임차한 자의 점유는 구 민사소송법(2002. 1. 26. 법률 제6626호로 전문 개정되기 전의 것) 제647조 제1항 단서에서 규정하는 '경락인에게 대항할 수 있는 권원'에 기한 것이라고 볼 수 없다(대결 2002.11.27. 자 2002마3516).

(2) 채무자를 직접점유자로 하여 채권자가 간접점유하는 경우에도 유치권이 성립하는지 여부(소극)

유치권의 성립요건이자 존속요건인 유치권자의 점유는 직접점유이든 간접점유이든 관계가 없으나, 다만 유치권은 목적물을 유치함으로써 채무자의 변제를 간접적으로 강제하는 것을 본체적 효력으로 하는 권리인 점 등에 비추어, 그 직접점유자가 채무자인 경우에는 유치권의 요건으로서의 점유에 해당하지 않는다고 할 것이다(대판 2008.04.11. 선고 2007다27236).

따라서, 임차인이 점유하고 있는 건물에 수급인이 공사대금채권에 대하여 유치권주장을 하는 경우에
㉠ 당해 임차인이 건물소유자의 동의하에 건축업자와 임대차계약을 한 것이라면 건축업자의 유치권주장이 인정되나,
㉡ 당해 임차인이 건물의 소유자와 임대차계약을 한 것이라면 건축업자의 유치권주장은 이유 없다 할 것이다.(대결 2002마3516)
㉢ 또한 채무자를 직접점유자로 하는 간접점유방법에 의해서는 유치권주장은 인정되지 아니한다.(대판 2007다27236)

③ 점유의 시기
유치권자로서의 점유는 적어도 경매개시결정의 기입등기가 경료되기 전에 이루어져야 한다.

근저당권설정 후 경매로 인한 압류의 효력 발생 전에 취득한 유치권으로 경매절차의 매수인에게 대항할 수 있는지 여부(적극)

부동산 경매절차에서의 매수인은 민사집행법 제91조 제5항에 따라 유치권자에게 그 유치권으로 담보하는 채권을 변제할 책임이 있는 것이 원칙이나, 채무자 소유의 건물 등 부동산에 경매개시결정의 기입등기가 경료되어 압류의 효력이 발생한 후에 채무자가 위 부동산에 관한 공사대금 채권자에게 그 점유를 이전함으로써 그로 하여금 유치권을 취득하게 한 경우, 그와 같은 점유의 이전은 목적물의 교환가치를 감소시킬 우려가 있는 처분행위에 해당하여 민사집행법 제92조 제1항, 제83조 제4항에 따른 압류의 처분금지효에 저촉되므로 점유자로서는 위 유치권을 내세워 그 부동산에 관한 경매절차의 매수인에게 대항할 수 없다. 그러나 이러한 법리는 경매로 인한 압류의 효력이 발생하기 전에 유치권을 취득한 경우에는 적용되지 아니하고, 유치권 취득시기가 근저당권설정 후라거나 유치권 취득 전에 설정된 근저당권에 기하여 경매절차가 개시되었다고 하여 달리 볼 것은 아니다(대판 2009.01.15. 선고 2008다70763)

(2) 불법점유자에게는 유치권이 인정되지 아니한다.

2. 피담보채권

(1) 피담보채권의 존재
피담보채권이 존재하여야 한다. 따라서 피담보채권이 변제 또는 대물변제 또는 소멸시효의 완성 등으로 소멸한 경우에는 유치권은 성립하지 아니한다.

(2) 채권과 목적물과의 견련성
채권과 목적물과의 견련성이 인정되어야 한다.
즉, 목적물로부터 발생한 채권이어야 한다. 예컨대, 공사대금채권이나 필요비상환청구권 또는 유익비상환청구권, 또는 수선비지급청구권 등이 목적물과의 견련성이 인정되는 대표적인 채권

이라 할 수 있다.
그러나 임차인의 보증금반환청구권, 권리금상환청구권등은 견련성이 부정되어 유치권이 인정되지 아니한다.

① 공사대금채권

㉠ 건축공사도급계약에 의하여 발생한 공사대금채권은 당해 건물 때문에 채권이 발생하게 된 것이므로 채권과 목적물과의 견련성이 인정되므로 당연 당해 건물이 경매가 개시된 경우라면 이에 유치권이 인정된다.

신축건물과 공사금채권
주택건물의 신축공사를 한 수급인이 그 건물을 점유하고 있고 또 그 건물에 관하여 생긴 공사금 채권이 있다면, 수급인은 그 채권을 변제받을 때까지 건물을 유치할 권리가 있다고 할 것이고, 이러한 유치권은 수급인이 점유를 상실하거나 피담보채무가 변제되는 등 특단의 사정이 없는 한 소멸되지 않는다(대판 1995.09.15. 선고 95다16202).

＊ 다만, 이 경우에 건물이 경매에 나온 것이 아니고 토지만이 경매가 개시된 경우라면 토지의 매수인에게 건물유치권자는 대항할 수 없다.

㉡ 공사대금채권을 피담보채권으로 하여 유치권을 행사하는 경우에는 당해 건물에 대해서만 가능한 것이지, 도급인소유의 다른 건물에 대한 유치권주장은 불가하다.

② 필요비/ 유익비상환청구권
필요비나 유익비상환청구권도 목적물로부터 발생한 채권이기에 유치권행사가 가능하다. 반대로 필요비가 유익비가 아니라면 유치권주장은 불가할 것이다.
따라서 필요비와 유익의 개념이해가 전제되어야 할 것이다.

㉠ 개념
필요비라 함은, 목적물의 보존행위를 위하여 지출한 비용을 의미하는 것이며, 즉, 목적물의 현상유지 및 수선행위를 하면서 지출하게 된 비용을 말한다.
또한 유익비라 함은, 목적물의 이용 개량행위를 하며 지출하게 된 비용을 의미하며 즉, 목적물의 객관적 이용가치 또는 경제적가치의 증대에 이바지하기 위하여 지출하게 된 비용을 의미한다.

따라서 목적물 이용자의 주관적 편익이나 경영을 위하여 지출한 비용 등은 필요비/유익비에 해당하지 아니한다. 즉, 상가건물의 임차인이 경영을 위하여 설치한 시설비 또는 간판 설치비 또는 내부 인테리어 비용 등은 이러한 유익비에 해당하지 아니하며 따라서 유치권주장이 불가하다.(대판 94다20389,20396, 91다8029).

㉡ 원상회복특약
위에서 공부한 비용상환청구권에 관한 규정은 임의규정으로서 포기특약이 가능하다. 따라서, 임대차계약체결시에 임대차종료시의 원상회복에 관한 특약이 있는 경우에는 비용상환청구권을 포기한 것으로 하는 특약이므로(대판 94다20389), 이 경우에 임차인의 유치권주장은 이유 없다.

건물의 임차인이 임대차관계 종료시에는 건물을 원상으로 복구하여 임대인에게 명도하기로 약정한 것은 건물에 지출한 각종 유익비 또는 필요비의 상환청구권을 미리 포기하기로 한 취지의 특약이라고 볼 수 있어 임차인은 유치권을 주장을 할 수 있는지 여부(소극)

건물의 임차인이 임대차관계 종료시에는 건물을 원상으로 복구하여 임대인에게 명도하기로 약정한 것은 건물에 지출한 각종 유익비 또는 필요비의 상환청구권을 미리 포기하기로 한 취지의 특약이라고 볼 수 있어 임차인은 유치권을 주장을 할 수 없다(대판 1975.04.22. 선고 73다2010).

임대차계약에서 원상복구의 특약이 있는 경우, 유익비상환청구권의 존부(소극)

임대차계약에서 "임차인은 임대인의 승인하에 개축 또는 변조할 수 있으나 부동산의 반환기일 전에 임차인의 부담으로 원상복구키로 한다"라고 약정한 경우, 이는 임차인이 임차 목적물에 지출한 각종 유익비의 상환청구권을 미리 포기하기로 한 취지의 특약이라고 봄이상당하다(대판 1995.06.30. 선고 95다12927).

건물 임차인이 자신의 비용을 들여 증축한 부분의 소유권을 임대인에게 귀속시키기로 한 약정의 효력(유효)

건물 임차인이 자신의 비용을 들여 증축한 부분을 임대인 소유로 귀속시키기로 하는 약정은 임차인이 원상회복의무를 면하는 대신 투입비용의 변상이나 권리주장을 포기하는 내용이 포함된 것으로서 특별한 사정이 없는 한 유효하므로, 그 약정이 부속물매수청구권을 포기하는 약정으로서 강행규정에 반하여 무효라고 할 수 없고 또한 그 증축 부분의 원상회복이 불가능하다고 해서 유익비의 상환을 청구할 수도 없다(대판 1996.08.20. 선고 94다44705).

3. 변제기의 도래

4. 유치권배제특약의 부존재
유치권은 담보물권이지만 배제특약이 가능하다.
그러므로 유치권포기특약이 있는 경우에는 유치권은 인정되지 아니 한다.
따라서 유치권자가 피담보채권을 임차보증금으로 전환하여 당해 목적물에 임대차계약을 체결한 경우라면 자신의 유치권을 포기한 것이기에 이의 유치권주장은 이유 없다할것이다.

[3] 효력

1. 유치권자의 권리

(1) 목적물을 유치할 권리
유치권의 중심적인 효력은 채권의 변제를 받을 때까지 목적물을 유치하는 것이다. 유치한다는 것은 목적물의 점유를 계속하고 인도를 거절하는 것이다.

(2) 경매청구권
유치권자는 채권의 변제를 받기 위하여 유치물을 경매할 수 있다(민법 제322조 제1항). 그러나 유치권자에게 우선변제권은 인정하지 않으나 경매의 결과 경락인이 결정되어도 그 경락인이 유치권자에게 채권액 전액을 변제하지 않으면 목적물을 인도받을 수 없기 때문에 사실상으로는 우선변제를 받게 된다.

(3) 간이변제충당권
유치권은 흔히 소액의 채권을 담보하기 위하여 발생하는데 이 모든 경우에 경매로 실행하여야 한다고 하면, 그 실행의 비용이 오히려 피담보채권을 상회하여 유치권자는 물론 소유자를 해하는 경우가 많게 된다. 따라서 동산질권에서 인정되었던 간이변제충당의 편법을 유치권에까지 확대하게 되었다.
① 간이변제충당의 요건 : 정당한 이유가 있는 때(목적물의 가치가 적어서 경매에 부치는 것이 부적당한 때)에는 유치권자는 감정인의 평가에 의하여 유치물로 직접 변제에 충당할 것을 법원에 청구할 수 있다. 이 경우에는 유치권자는 채무자에게 통지하여야 한다(민법 제322조 제2항).
② 간이변제충당의 효과 : 법원이 간이변제충당을 허가하는 결정을 하면 유치권자는 유치물의 소유권을 취득한다. 그 취득은 승계취득이나 법률의 규정에 의한 물권변동이 있게 되는 것이다. 그 평가액이 채권액을 초과하는 경우에는 그 초과액은 유치권자가 채무자에게 상환하여야 하고, 반대로 평가액이 채권액에 미달하는 경우에는 채무자가 그 부족액을 채권자에게 변제하여야 한다.

(4) 별제권
채무자가 파산한 경우에는 유치권자는 별제권을 갖는다(파산법 제84조). 별제권은 파산절차에 의하지 아니하고 이를 행사한다(파산법 제86조).

(5) 과실수취권
유치권자는 유치물의 과실(천연과실·법정과실)을 수취하여 다른 채권보다 먼저 그 채권의 변제에 충당할 수 있다(민법 제323조 제1항).
수취한 과실은 먼저 채권의 이자에 충당하고, 나머지가 있으면 원본에 충당하여야 한다(민법 제323조 제2항). 과실이 금전이 아닌 경우에는 이를 경매하여 위와 같이 충당하여야 한다(민법 제323조 제1항 단서).

(6) 유치물사용권
유치권자는 보존에 필요한 범위 안에서 유치물을 사용할 수 있다(민법 제324조 제2항 단서).

(7) 비용상환청구권
① 필요비상환청구권 : 유치권자가 유치물에 관하여 필요비를 지출한 때에는 소유자에게 그 상환을 청구할 수 있다(민법 제325조 제1항).
② 유익비상환청구권 : 유치권자가 유치물에 관하여 유익비를 지출한 때에는 그 가액의 증가가 현존한 경우에 한하여 소유자의 선택에 좇아 그 지출한 금액이나 증가액의 상환을 청구할 수 있다(민법 제325조 제2항 본문). 그러나 법원은 소유자의 청구에 의하여 상당한 상환기간을 허여할 수 있다. 이때에는 유익비에 관하여 유치권을 잃게 된다.

2. 유치권자의 의무

(1) 선량한 관리자의 주의의무
유치권자는 선량한 관리자의 주의로 유치물을 점유하여야 한다(민법 제324조 제1항). 또 유치권자는 채무자의 승낙 없이 유치물의 사용, 대여, 담보제공을 하지 못한다.

(2) 유치권자의 주의의무 위반시의 효과

유치권자가 위 의무를 위반한 때에는 채무자는 유치권의 소멸을 청구할 수 있다(민법 제324조 제3항). 이 청구권은 형성권이며 채무자의 유치권자에 대한 일방적 의사표시로 유치권 소멸의 효과가 생긴다.

제2절 허위유치권자에 대한 대응

부동산에 대한 경매진행시 당해부동산을 저가에 유찰시켜 낙찰받을 의도로 허위유치권을 신고하거나 또는 경락인에게 이를 이유로 금전적인 대가의 지급을 요구하는 것을 목적으로 하며 허위유치권을 신고하는 경우를 많이 볼수 있다.
그러나 이는 형법상 엄연히 명백한 범죄행위에 해당하는 행위이므로 주의하여야 할 것이다

먼저 유치권이 성립될수 없는것임에도 허위로 유치권을 주장하는 것은 형법상 경매방해죄의 구성요건에 해당할 수 있다.

1. 경매방해죄

> 형법 제315조 (경매.입찰방해죄)
> 위계 또는 위력 기타 방법으로 경매 또는 입찰의 공정을 해한자는 2년이하의 징역 또는 700만원 이하의 벌금에 처한다.

대법원 2008. 2. 1.선고 2007도6062【경매방해】
원심은, ㅇㅇㅇ종합건설 주식회사는 김ㅇㅇ에 대하여 이 사건 건물에 관한 미지급 공사대금 5,500만 원의 채권을 보유하고 있던 중 이를 당초 약정에 따라 이 사건 건물 중 2층에 관한 임대차보증금 채권으로 갈음하였음에도, 허위의 유치권을 신고하려는 피고인 ㅇㅇㅇ의 요청에 따라 자신이 이 사건 공사도급계약서에 추가 기재를 하고 추가공사 확인서 등에 서명하였다는 취지의 김ㅇㅇ의 진술은, 그 판시와 같은 사정에 비추어 신빙성이 있고, 여기에 다른 채용증거들을 종합하여 보면, <u>피고인들이 공모하여 허위의 채권을 가장하여 유치권 신고를 함으로써 위계의 방법으로 경매의 공정을 해한 사실을 인정할 수 있다고 판단하였는바, 이는 정당하다.</u>

대구지방법원 2011. 6. 8.선고 2011노109【경매방해】
<u>피고인은 이 사건 공사미수금채권 10,720,000원을 훨씬 상회하는 63,720,000원의 공사미수금채권을 피담보채권으로 하는 허위내용의 유치권 신고를 함으로써 경매의 공정을 해하여 이 사건 범행에 이르렀는바</u> 그 죄질이 매우 불량한 점, 피고인의 위 범행으로 인하여 입찰가가 저감됨으로써 다른 채권자인 칠곡농협협동조합이 중대한 재산상 피해를 입을 위험에 처하였으며, 위 조합이 피고인에 대한 처벌을 원하고 있는 점, 기타 피고인의 연령, 성행, 가정환경 이 사건 기록과 변론에 나타난 제반 양형조건을 종합하여 보면, 원심의 형이 너무 무거워서 부당하다고는 인정되지 아니하므로, 피고인의 주장은 이유 없다.

2. 주거침입죄

대법원 2007. 4.12. 선고 2007도654 판결【폭력행위등처벌에관한법률위반(야간.공동주거침입)】
기록에 비추어 살펴보면, 원심이, 이 사건 건물이 그 소유자인 주식회사 .. 내지 근저당권자인 ..은행에 의하여 관리되어 왔음을 전제로 하여, 피고인의 행위는 관리자의 승낙 없이 이 사건 건물을 불법적으로 점거한 것으로서 건조물침입죄를 구성한다고 판단한 것은 정당하고, 거기에 상고이유로 주장하는 바와 같은 채증법칙 위배나 건조물침입죄에 관한 법리오해의 위법이 없다.

또한 피고인이 이 사건 건물에 관한 채권을 가지고 있었다고 하더라도 유치권을 취득하기 위하여 정당한 법적 절차가 아닌 불법적인 방법으로 이 사건 건물을 점거하는 것까지 허용될 수는 없는 것이므로, 피고인의 이 사건 행위가 형법상의 정당행위에 해당하는 것으로 볼 수 없다. 원심이 같은 취지로 판단한 것은 정당하고, 거기에 상고이유로 주장하는 바와 같은 정당행위에 관한 법리오해의 위법이 없다.

3. 업무방해죄

> 형법 제314조 (업무방해)
> ① 제313조의 방법 또는 위력으로써 사람의 업무를 방해한 자는 5년 이하의 징역 또는 1천500만원 이하의 벌금에 처한다.

대법원 2004. 8. 30.선고 2004도46판결【업무방해】

원심은 그 설시 증거들을 종합하여 주식회사 00건설의 직원인 피고인이 위 회사가 피해자로부터 수급한 건물신축공사의 추가공사대금 16억 원을 지급받지 못하였다는 이유로, 신축 건물 1층의 일부 출입문들을 쇠사슬로 채워 피해자가 보낸 작업 인부들이 출입하지 못하게 함으로써 위력으로 피해자의 내장공사를 방해하고, 그 외에도 7, 8명의 부하 직원들을 동원하여 총 7회에 걸쳐 위력으로 피해자의 내장공사나 하자보수공사를 방해한 사실을 인정한 다음, 위와 같은 행위가 유치권에 기한 정당행위로서 위법성이 조각된다는 피고인의 주장을 배척함으로써 피고인을 업무방해죄로 처단한 제1심판결을 유지하였다. 기록에 비추어 보면 이러한 원심의 조치는 정당한 것으로 수긍되고, 거기에 상고이유에서 주장하는 바와 같이 심리미진·채증법칙 위배로 인한 사실오인이나 공사수급인의 신축건물에 대한 유치권 또는 정당행위에 관한 법리오해 등으로 판결결과에 영향을 미친 위법이 없다.

제6장 법정지상권

제1절 지상권

[1] 총 설

타인의 토지에 건물을 건축하여 소유하기 위해서는 당해토지의 사용권, 즉 대지사용권을 득한 후에 건물을 건축하여야 한다.
이러한 대지사용권으로 많이 이용되는 것이 지상권과 토지 전세권 그리고 토지임차권이 있다. 따라서 지상권이 있다 또는 법정지상권이 인정된다는 문구는 결국 대지사용권이 있다는 의미로 이해하며 접근하여야 한다

1. 지상권의 의의

지상권이란 건물 기타 공작물 또는 수목을 소유하기 위하여 타인의 토지를 사용하는 권리를 말한다(민법 제279조). 일반적으로 타인의 토지를 사용하기 위해서는 주로 임대차관계를 형성하고 지상권의 설정은 그다지 행하고 있지는 않다. 다만, 저당권자가 담보가치의 하락을 막기 위하여 담보권설정자의 토지이용을 제한할 목적으로 나대지에 저당권을 설정하면서 동시에 지상권을 설정하기도 한다.

2. 지상권의 법적 성질

(1) 지상권은 타인의 토지 위에 건물 기타 공작물 등을 소유하기 위한 토지사용권이다. 그러므로 현재 건물 등이 존재하지 않는다 하더라도 지상권은 유효하게 성립하며, 기존의 공작물이나 수목이 멸실하더라도 지상권은 존속할 수 있다.
(2) 지상권의 목적물인 토지는 일필의 토지의 전부가 아니라 그 일부라도 무방하다.
(3) 토지사용의 대가인 지료(地料)의 지급은 지상권의 요소가 아니다.

[2] 지상권의 취득

1. 법률행위에 의한 취득(약정지상권)
지상권 설정계약과 더불어 지상권설정등기를 함으로서 취득한다.

2. 법률의 규정에 의한 취득(법정지상권)
법률의 규정에 의하여 등기없이도 취득한다. 법정지상권에 대해서는 후술하기로 한다

[3] 지상권의 존속기간

1. 최단기간
지상권의 존속기간을 약정한 경우에는 그 기간은 다음의 연한보다 단축하지 못한다(민법 제280

조 제1항).
(1) 석조·석회조·연와조 또는 이와 비슷한 견고한 건물이나 수목의 소유를 목적으로 하는 때에는 30년
(2) 그 밖의 건물의 소유를 목적으로 하는 때에는 15년
(3) 건물 이외의 공작물의 소유를 목적으로 하는 때에는 5년
설정행위로 위와 같은 기간보다 짧은 기간을 정한 때에는 그 존속기간을 위의 최단기간까지 연장한다.

2. 최장기간
지상권의 존속기간에 대하여 민법은 최단기간에 대하여서만 정하고 있을 뿐 최장기간에 대하여는 정하고 있지 않다. 따라서 영구무한의 지상권설정도 가능하다

3. 설정행위로 기간을 정하지 않은 경우

(1) 설정행위로 그 기간을 정하지 아니한 경우에는 민법 제280조에 따라 최단존속기간을 그 지상권의 존속기간으로 한다.
(2) 지상권설정 당시에 공작물의 종류와 구조를 정하지 아니한 경우에는 그 지상권의 존속기간은 15년이다(민법 제281조 제2항). 여기서 수목은 제외되고 있으므로 수목의 소유를 목적으로 하려는 지상권은 기간을 정하지 않은 경우 30년을 존속기간이라고 해석하여야 한다.

4. 지상권자의 갱신청구권

(1) 지상권의 존속기간이 만료한 경우에 계약으로써 지상권설정계약을 갱신할 수 있다. 그러나 갱신계약이 체결되지 않은 경우에도 일정한 요건하에 지상권자는 계약의 갱신을 청구할 수 있다.
(2) 지상권이 소멸한 경우에 건물 기타 공작물이나 수목이 현존하는 때에는 지상권자는 일방적으로 지상권설정계약의 갱신을 청구할 수 있다(민법 제283조 제1항). 여기서 지상권이 소멸한 경우란 존속기간의 만료로 소멸한 경우만을 말한다. 이러한 갱신청구권은 그 존속기간의 만료 후 지체 없이 행사하여야 하고 그렇지 않은 경우에는 갱신청구권은 소멸한다.
(3) 지상권자의 갱신청구가 있는 때에 지상권설정자가 지상권자의 갱신청구를 거절하는 경우에는 지상권자는 상당한 가액으로 현존하는 공작물이나 수목의 매수를 청구할 수 있다. 따라서 이를 통하여 계약갱신이 간접적으로 강제되게 되는 것이다.

[4] 지상권의 효력

1. 지상권자의 토지사용권

(1) 목적범위 내에서의 토지의 사용
지상권자는 지상권설정행위로 정하여진 목적의 범위 내에서 토지를 사용할 권리를 갖는다.

(2) 지상권자와 토지소유자와의 관계
토지소유자는 지상권자가 위와 같이 토지를 사용하는 것을 방해하여서는 안 될 의무를 진다.

그렇다고 해서 토지소유자는 지상권자가 토지를 사용하는데 적합한 상태로 유지되도록 보수할 의무를 지지 않는다. 따라서 지상권자는 유익비상환청구권만을 가지며 유지·보수에 소요된 필요비는 지상권자의 부담으로 된다.

2. 지상권의 처분

(1) 지상권자는 타인에게 그 권리를 양도하거나 그 권리의 존속기간 내에서 그 토지를 임대할 수 있다(민법 제282조).
(2) 지상권을 저당권의 목적으로 할 수도 있다(민법 제371조).
(3) 지상권의 양도·임대를 규정한 민법 제282조는 강행규정으로서 이에 위반하여 지상권자에게 불리한 특약을 하였다하더라도 그 특약은 효력이 없다. 또한, 지상권의 담보금지특약도 무효이다.

3. 지료지급의무

(1) 지료는 지상권의 요소가 아니므로 무상으로 설정될 수도 있고 지료에 관한 약정을 하고 있지 않으면 무상의 지상권으로 인정된다.
(2) 지료액 또는 지급시기 등의 지료에 관한 약정은 등기하여야간 제3자에게 대항할 수 있다.
(3) 지상권이 이전되면 지료채무도 이전되나 지료의 등기가 없으면 토지소유자는 신(新)지상권자에게 지료채권을 가지고 대항할 수 없다.
(4) 토지소유권이 이전등기되면 지료의 등기가 없어도 신소유자는 구소유자가 지상권자에게 징수하고 있던 지료를 지상권자에게 청구할 수 있다.

4. 지료증감청구권

(1) 지료가 토지에 관한 조세, 기타 부담의 증감이나 지가의 변동으로 인하여 상당하지 아니하게 된 때에는 당사자는 그 증감을 청구할 수 있다(민법 제286조). 이는 사정변경의 원칙이 반영된 규정이다.
(2) 지료증감청구권은 형성권이다. 따라서 토지소유자가 증액 또는 지상권자가 감액을 청구하면 상대방은 증액 또는 감액된 지료를 지급할 의무를 지게 된다. 다만 불응하는 경우 일방의 청구에 의하여 법원이 결정하게 된다.
(3) 2년 이상 지료를 지급하지 아니한 때에는 지상권설정자는 지상권의 소멸을 청구할 수 있다.

[5] 지상권의 소멸

1. 지상권의 소멸사유

(1) 일반적 소멸사유
목적토지의 멸실, 혼동, 소멸시효, 지상권에 우선하는 저당권의 실행으로 인한 경매, 토지의 수용 등에 의하여 소멸한다.
(2) 지상권설정자의 소멸청구
지상권자가 2년 이상의 지료를 지급하지 아니한 때에는 지상권설정자는 지상권의 소멸을 청구할 수 있다(민법 제287조). 이러한 소멸청구권은 형성권의 성질을 가지는 해지라고 해석된다. 한편 지상권이 저당권의 목적인 때에는 지상권소멸청구는 저당권자에게 통지한 후 상당한 기간이 경과함으로써 그 효력이 생긴다(민법 제288조).

(3) 지상권의 포기
무상의 지상권은 언제든지 포기할 수 있다. 그리고 유상의 지상권은 토지소유자에게 손해가 생긴 때에는 그 손해를 배상하고 포기할 수 있으며, 지상권이 저당권의 목적인 경우에는 저당권자의 동의가 있어야 포기할 수 있다.

2. 지상권 소멸의 효과

(1) 지상권자의 지상물수거의 권리 · 의무
건물, 기타 공작물이나 수목은 지상권자의 소유이므로 지상권의 소멸시 지상권자는 이를 수거할 권리를 갖는다.
한편 지상권이 소멸한 후에는 지상권자는 타인의 토지 위에 자기의 소유인 지상물을 존치할 권한을 잃으므로 공작물을 수거할 의무를 부담한다. 이는 지상권자의 권리이자 의무이며 강행규정이다. 지상권자에게 불리한 특약은 무효이다.

(2) 지상물매수청구권
① 지상권설정자의 지상물매수청구권 : 지상권자가 지상물을 수거하는 경우에 지상권설정자가 상당한 가액을 제공하여 그 공작물이나 수목의 매수를 청구한 때에는 지상권자는 정당한 이유 없이 이를 거절하지 못한다(민법 제285조 제2항). 이 규정은 강행규정으로 지상권자에게 불리한 특약은 무효이다.
② 지상권자의 지상물매수청구권 : 지상권설정자가 계약의 갱신을 원하지 않을 경우 지상권자는 상당한 가액으로 지상의 공작물이나 수목의 매수를 청구할 수 있다.

(3) 유익비상환청구권
지상권자가 토지의 객관적 가치를 증가시키는 유익비의 지출이 있은 경우 지상권자는 유익비상환청구권을 갖는다. 유익비상환청구는 지상권소멸시에 토지소유자의 선택에 따라 지상권자가 그 토지에 관하여 지출한 금액 또는 현존하는 증가액을 상환케 할 수 있다.
그리고 법원은 토지소유자의 청구에 의하여 상당한 상환기간을 허여할 수 있다.

제2절 민법 제366조의 법정지상권

1. 의 의

토지와 그 지상의 건물이 동일인에게 속하고 있는 경우에 토지와 건물이 동시에 또는 어느 한 쪽에만 저당권의 목적이 되었다가 저당물의 경매로 인하여 토지와 그 지상건물이 다른 소유자에 속한 경우에는 토지소유자는 건물소유자에 대하여 지상권을 설정한 것으로 본다. 그러나 지료는 당사자의 청구에 의하여 법원이 이를 정한다.

2. 성립요건

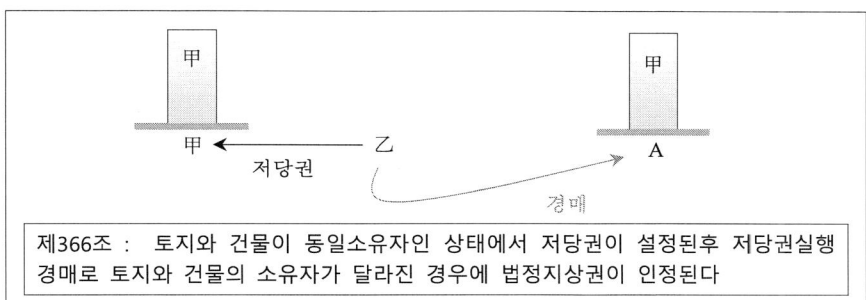

(1) 토지와 건물이 동일소유자인 상태에서
(2) (근)저당권이 설정된후 (단독저당이든 공동저당이든 상관없음)
(3) (근)저당권 실행경매로 인하여 토지와 건물의 소유자가 달라질것

3. 중요판례

(1) 나대지에 근저당 설정후 건물신축
민법 제366조의 법정지상권이 성립하기 위하여는 저당권설정 당시 건물이 건축되어 있어야 한다. 만일 저당권설정 당시에 건물 없는 토지의 교환가치를 파악하여 저당권을 설정하였으나 후에 건물이 건축되어 지상권의 제한을 받는다면, 그 토지가치는 크게 감소되어 저당권자에게 손해를 끼치게 되고 이렇게 되면 토지의 담보가치는 건물부담이 있다는 전제하에 평가되게 되어 그 가치가 부당히 저하되기 때문이다.

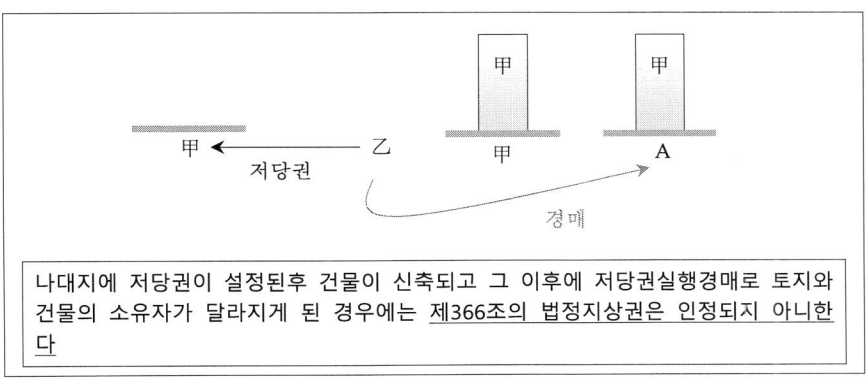

(1) 나대지에 저당권이 설정된 후 저당권설정자가 그 위에 건물을 건축하고 경매로 인하여 그 토지와 건물의 소유자가 달라진 경우, 법정지상권의 성립 여부(소극)

건물 없는 토지에 저당권이 설정된 후 저당권설정자가 그 위에 건물을 건축하였다가 담보권의 실행을 위한 경매절차에서 경매로 인하여 그 토지와 지상 건물이 소유자를 달리하였을 경우에는, 민법 제366조의 법정지상권이 인정되지 아니할 뿐만 아니라 관습상의 법정지상권도 인정되지 아니한다(대결 1995. 12. 11. 자 95마1262)

(2) 지상건물이 없는 토지에 관하여 근저당권 설정 당시 근저당권자가 건물의 건축에 동의하였다면 후에 근저당권의 실행으로 토지와 건물의 소유자가 달라진 경우 제366조의 법정지상권의 성립 여부(소극)

민법 제366조의 법정지상권은 저당권 설정 당시부터 저당권의 목적되는 토지 위에 건물이 존재할 경우에 한하여 인정되며, 토지에 관하여 저당권이 설정될 당시 그 지상에 토지소유자에 의한 건물의 건축이 개시되기 이전이었다면, 건물이 없는 토지에 관하여 저당권이 설정될 당시 근저당권자가 토지소유자에 의한 건물의 건축에 동의하였다고 하더라도 그러한 사정은 주관적 사항이고 공시할 수도 없는 것이어서 토지를 낙찰받는 제3자로서는 알 수 없는 것이므로 그와 같은 사정을 들어 법정지상권의 성립을 인정한다면 토지 소유권을 취득하려는 제3자의 법적 안정성을 해하는 등 법률관계가 매우 불명확하게 되므로 법정지상권이 성립되지 않는다(대판 2003. 09. 05. 선고 2003다26051).

(2) 단독저당 설정후 멸실후 신축

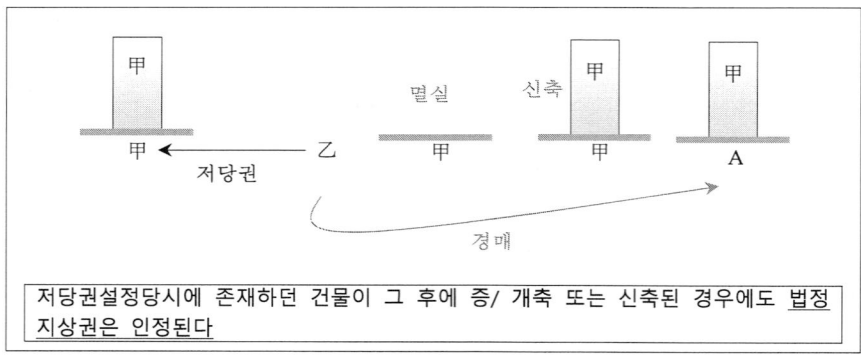

저당권설정당시에 존재하던 건물이 그 후에 증/ 개축 또는 신축된 경우에도 법정지상권은 인정된다

(3) 공동저당 설정후 멸실후 신축

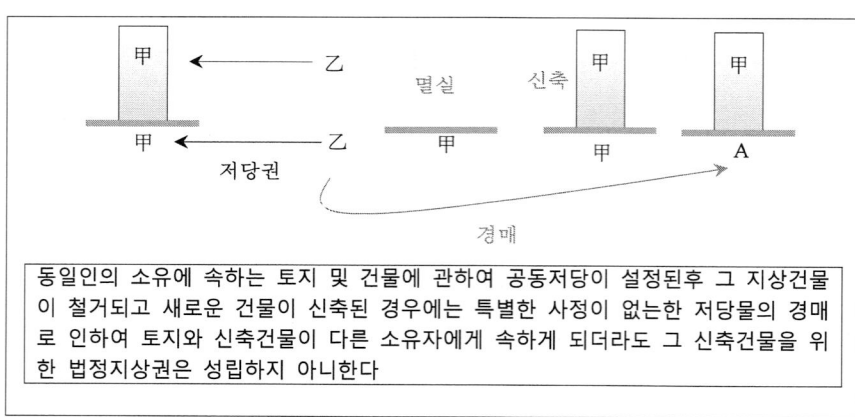

동일인의 소유에 속하는 토지 및 건물에 관하여 공동저당이 설정된후 그 지상건물이 철거되고 새로운 건물이 신축된 경우에는 특별한 사정이 없는한 저당물의 경매로 인하여 토지와 신축건물이 다른 소유자에게 속하게 되더라도 그 신축건물을 위한 법정지상권은 성립하지 아니한다

동일인 소유의 토지와 그 지상 건물에 관하여 공동저당권이 설정된 후 그 건물이 철거되고 다른 건물이 신축된 경우, 저당물의 경매로 인하여 토지와 신축건물이 서로 다른 소유자에게 속하게 되면 민법 제366조 소정의 법정지상권이 성립하는지 여부(소극)

동일인의 소유에 속하는 토지 및 그 지상 건물에 관하여 공동저당권이 설정된 후 그 지상 건물이 철거되고 새로 건물이 신축된 경우에는 그 신축건물의 소유자가 토지의 소유자와 동일하고 토지의 저당권자에게 신축건물에 관하여 토지의 저당권과 동일한 순위의 공동저당권을 설정해 주는 등 특별한 사정이 없는 한 저당물의 경매로 인하여 토지와 그 신축건물이 다른 소유자에 속하게 되더라도 그 신축건물을 위한 법정지상권은 성립하지 않는다고 해석하여야 하는바, 그 이유는 동일인의 소유에 속하는 토지 및 그 지상 건물에 관하여 공동저당권이 설정된 경우에는, 처음부터 지상 건물로 인하여 토지의 이용이 제한 받는 것을 용인하고 토지에 대하여만 저당권을 설정하여 법정지상권의 가치만큼 감소된 토지의 교환가치를 담보로 취득한 경우와는 달리, 공동저당권자는 토지 및 건물 각각의 교환가치 전부를 담보로 취득한 것으로서, 저당권의 목적이 된 건물이 그대로 존속하는 이상은 건물을 위한 법정지상권이 성립해도 그로 인하여 토지의 교환가치에서 제외된 법정지상권의 가액 상당 가치는 법정지상권이 성립하는 건물의 교환가치에서 되찾을 수 있어 궁극적으로 토지에 관하여 아무런 제한이 없는 나대지로서의 교환가치 전체를 실현시킬 수 있다고 기대하지만, 건물이 철거된 후 신축된 건물에 토지와 동순위의 공동저당권이 설정되지 아니 하였는데도 그 신축건물을 위한 법정지상권이 성립한다고 해석하게 되면, 공동저당권자가 법정지상권이 성립하는 신축건물의 교환가치를 취득할 수 없게 되는 결과 법정지상권의 가액 상당 가치를 되찾을 길이 막혀 위와 같이 당초 나대지로서의 토지의 교환가치 전체를 기대하여 담보를 취득한 공동저당권자에게 불측의 손해를 입게 하기 때문이다(대판 2003. 12. 18. 선고 98다43601)

(4) 근저당설정당시에 건물이 존재하는 경우

㉠ 저당권설정 후에 건물이 개축된 경우에도 법정지상권의 성립은 가능하지만 그 내용은 멸실 전의 건물을 표준으로 정해진다.
㉡ 저당권설정 당시 건물이 건축 중이었을 때에는 법정지상권의 성립이 가능할 것이다.
㉢ 저당권설정 후에 토지와 건물이 다른 소유자에게 속하게 되어도 무방하다. 즉, 저당권설정 후에 토지와 건물의 어느 하나를 소유자가 임의로 처분하여 토지와 건물의 소유자들 사이에 토지이용관계를 설정한다 하더라도 이 이용권은 저당권실행을 위한 경매로 그 효력을 상실하고 별도로 법정지상권이 성립하게 되는 것이다.
㉣ 저당권설정 당시에 그 지상의 건물이 미등기 상태에 있었다 하더라도 그 후에 보존등기를 갖추고 양도되면, 그 양수인은 법정지상권을 취득한다.

(1) 토지에 관한 저당권 설정 당시 그 지상에 건물이 토지 소유자에 의하여 건축중이었고, 그 건물의 규모, 종류가 외형상 예상할 수 있는 정도까지 건축이 진전되어 있는 경우 법정지상권의 성부(적극)

민법 제366조 소정의 법정지상권은 저당권 설정 당시 동일인의 소유에 속하던 토지와 건물이 경매로 인하여 양자의 소유자가 다르게 된 때에 건물의 소유자를 위하여 발생하는 것으로서, 토지에 관하여 저당권이 설정될 당시 그 지상에 건물이 위 토지 소유자에 의하여 건축중이었고, 그것이 사회관념상 독립된 건물로 볼 수 있는 정도에 이르지 않았다 하더라도 건물의 규모, 종류가 외형상 예상할 수 있는 정도까지 건축이 진전되어 있는 경우에는, 저당권자는 완성될 건물을 예상할 수 있으므로 법정지상권을 인정하여도 불측의 손해를 입는 것이 아니며 사회경제적으로도 건물을 유지할 필요가 인정되기 때문에 법정지상권의 성립을 인정함이 상당하다고 해석된다(대판 1992.06.12. 선고 92다7221)

(2) 토지에 저당권을 설정할 당시 그 지상에 건물이 존재하였고 그 양자가 동일인의 소유였다가 그 후 저당권의 실행으로 토지가 낙찰되기 전에 건물이 제3자에게 양도된 경우, 건물을 양수한 제3자가 법정지상권을 취득하는지 여부(적극)

토지에 저당권을 설정할 당시 토지의 지상에 건물이 존재하고 있었고 그 양자가 동일 소유자에게 속하였다가 그 후 저당권의 실행으로 토지가 낙찰되기 전에 건물이 제3자에게 양도된 경우, 민법 제366조 소정의 법정지상권을 인정하는 법의 취지가 저당물의 경매로 인하여 토지와 그 지상 건물이 각 다른 사람의 소유에 속하게 된 경우에 건물이 철거되는 것과 같은 사회경제적 손실을 방지하려는 공익상 이유에 근거하는 점, 저당권자로서는 저당권설정 당시에 법정지상권의 부담을 예상하였을 것이고 또 저당권설정자는 저당권설정 당시의 담보가치가 저당권이 실행될 때에도 최소한 그대로 유지되어 있으면 될 것이므로 위와 같은 경우 법정지상권을 인정하더라도 저당권자 또는 저당권설정자에게는 불측의 손해가 생기지 않는 반면, 법정지상권을 인정하지 않는다면 건물을 양수한 제3자는 건물을 철거하여야 하는 손해를 입게 되는 점 등에 비추어 위와 같은 경우 건물을 양수한 제3자는 민법 제366조 소정의 법정지상권을 취득한다(대판 1999. 11. 23. 선고 99다52602)

제3절 관습법상의 법정지상권

1. 의의
관습법상의 법정지상권이란 동일인의 소유에 속하였던 토지와 건물 중 어느 한 쪽이 매매 등의 원인으로 인하여 그 소유자를 각각 달리하게 될 경우에 특히 그 건물을 철거한다는 특약이 없는 이상 건물소유자가 당연히 취득하게 되는 지상권을 관습법상 법정지상권이라 한다.

2. 성립요건
(1) 토지와 건물의 소유자가 동일인이어야 한다. 따라서 처음부터 타인의 토지 위에 세워진 건물을 위한 관습법상의 법정지상권은 성립할 수 없다.
(2) 토지와 건물 중 어느 한 쪽이 매매 등의 원인으로 처분되어 그 소유자가 각각 다르게 되었어야 한다.
(3) 당사자 사이에 건물을 철거한다는 조건이 없어야 한다.
(4) 등기는 성립요건이 아니다. 그러나 취득한 관습법상의 법정지상권을 처분하려면 등기를 하여야 한다. 등기 없이 건물을 처분한 때에는 건물의 취득자는 토지소유자에게 관습법상의 지상권을 가지고 대항하지 못한다.

3. 관련판례

(1) 토지와 건물이 동일소유자이어야 한다

(1) 무허가 또는 미등기건물을 소유하기 위한 관습상의 법정지상권도 인정되는지 여부(적극)
동일인의 소유에 속하였던 토지와 건물이 매매, 증여, 강제경매, 국세징수법에 의한 공매 등으로 그 소유권자를 달리하게 된 경우에 그 건물을 철거한다는 특약이 없는 한 건물소유자는 그 건물의 소유를 위하여 그 부지에 관하여 관습상의 법정지상권을 취득하는 것이고 그 건물은 건물로서의 요건을 갖추고 있는 이상 무허가건물이거나 미등기건물이거나를 가리지 않는다(대판 1988.04.12. 선고 87다카2404)

(2) 토지와 건물이 원시적으로 동일인 소유였을 것을 요하는지 여부(소극)
관습법상의 법정지상권이 성립되기 위하여는 토지와 건물 중 어느 하나가 처분될 당시에 토지와 그 지상건물이 동일인의 소유에 속하였으면 족하고 원시적으로 동일인의 소유였을 필요는 없다(대판 1995.07.28. 선고 95다9075)

(3) 대지소유자의 승낙을 받고 건축된 건물만을 전전매수한 건물소유자가 관습법상의 법정지상권을 취득할 수 있는지 여부(소극)
대지소유자의 승낙을 받고 건축된 건물만을 전전매수한 건물소유자가 관습법상의 법정지상권이 있다고 할 수 없다(71다1561)

(4) 토지를 매수하여 사실상 처분권한을 가지는 자가 그 지상에 건물을 신축한 후 그 건물이 강제경매된 경우 관습상의 법정지상권의 성립 여부(소극)
토지를 매수하여 사실상 처분권한을 가지는 자가 그 지상에 건물을 신축하여 건물의 소유권을 취득하였다고 하더라도 토지에 관한 소유권을 취득하지 아니한 이상 토지와 건물이 동일한 소유자에게 속하였다고 할 수는 없는 것이므로 이러한 상태의 건물에 관하여 강제경매절차에 의하여 그 소유권자가 다르게 되었다고 하여 건물을 위한 관습상의 법정지상권이 성립하는 것은 아니다(대판 1994.04.12. 선고 93다56053)

(5) 건물이 장차 철거될 것임을 예상하면서 건축한 경우에도 관습상의 법정지상권이 생기는지 여부(소극)
토지와 건물이 동일인의 소유이었다가 매매 기타의 원인으로 그 소유자가 달라지게 된 경우에는 특히 그 건물을 철거한다는 특약이 없는 이상 건물소유자는 토지소유자에 대하여 관습상의 법정지상권을 취득하게 되는 것이나, 토지의 소유자가 건물을 건축할 당시 이미 토지를 타에 매도하여 소유권을 이전하여 줄 의무를 부담하고 있었다면 토지의 매수인이 그 건축행위를 승낙하지 않는 이상 그 건물은 장차 철거되어야 하는 운명에 처하게 될 것이고 토지소유자가 이를 예상하면서도 건물을 건축하였다면 그 건물을 위한 관습상의 법정지상권은 생기지 않는다고 보아야 할 것이다(대판 1994.12.22. 선고 94다41072)

(2) 매매등 기타사유로 토지와 건물의 소유자가 달라질 것

(1) 강제경매로 소유자가 달라지는 경우
강제경매로 인하여 관습상의 법정지상권이 성립되기 위하여는 경락당시에 토지와 그 지상건물이 소유자를 같이하고 있으면 족하고 강제경매를 위한 압류가 있은 때로부터 경락에 이르는 기간중 계속하여 그 소유자를 같이하고 있음을 요하는 것은 아니다(대판 1970.09.29. 선고 70다1454)

(2) 공매로 소유자가 달라지는 경우
동일인의 소유였던 대지와 지상건물이 공매에 의하여 다른 소유자에 속한 경우 건물소유자는 변경되었을 때 그 지상권의 등기 없이도 그 대지의 신소유자에 대하여 지상권을 주장할 수 있다 할 것이며 지상권의 등기가 없었다고 하여 건물의 양도가 있을 경우에 특별한 사정이 없는 한 곧 그 지상권이 소멸된 것이라 인정할 수 없다.(대판 1967.11.28. 선고 66다2111)

(3) 미등기 건물을 대지와 함께 양수한 자가 대지에 관하여서만 소유권이전등기를 경료한 상태에서 대지의 경매로 소유자가 달라지게 된 경우, 관습법상의 법정지상권 취득 여부(소극)
미등기 건물을 그 대지와 함께 양수한 사람이 그 대지에 관하여서만 소유권이전등기를 넘겨받고 건물에 대하여는 그 등기를 이전받지 못하고 있는 상태에서 그 대지가 경매되어 소유자가 달라지게 된 경우에는, 미등기 건물의 양수인은 미등기 건물을 처분할 수 있는 권리는 있을지언정 소유권은 가지고 있지 아니하므로 대지와 건물이 동일인의 소유에 속한 것이라고 볼 수 없어 법정지상권이 발생할 수 없다(대판 1998. 04. 24. 선고 98다4798)

(4) 대지와 건물이 한 사람에게 매도되었으나 대지에 관하여서만 소유권이전등기가 경료된 경우, 매매 당사자 사이의 관습법상의 법정지상권 인정 여부(소극)

원소유자로부터 대지와 건물이 한 사람에게 매도되었으나 대지에 관하여만 그 소유권이전등기가 경료되고 건물의 소유 명의가 매도인 명의로 남아 있게 되어 형식적으로 대지와 건물이 그 소유 명의자를 달리하게 된 경우에 있어서는, 그 대지의 점유·사용 문제는 매매계약 당사자 사이의 계약에 따라 해결할 수 있는 것이므로 양자 사이에 <u>관습에 의한 법정지상권을 인정할 필요는 없다</u>(대판 1998. 04. 24. 선고 98다4798)

(3) 건물철거특약의 부존재

가. 토지와 건물이 동일한 소유자에게 속하였다가 매매 기타 원인으로 인하여 양자의 소유자가 다르게 되었으나 당사자 사이에 건물 철거의 합의가 있는 경우, 건물 소유자의 관습상의 법정지상권 취득 여부(소극)
나. 토지와 건물의 소유자가 토지만을 타인에게 증여한 후 구 건물을 철거하되 그 지상에 자신의 이름으로 건물을 다시 신축하기로 합의한 경우 관습상의 법정지상권의 발생을 배제하는 효력이 인정되는지 여부(소극)

가. 토지와 건물이 동일한 소유자에게 속하였다가 건물 또는 토지가 매매 기타 원인으로 인하여 양자의 소유자가 다르게 되었더라도, 당사자 사이에 그 건물을 철거하기로 하는 합의가 있었던 경우에는 건물 소유자는 토지 소유자에 대하여 그 건물을 위한 관습상의 법정지상권을 취득할 수 없다. 건물 철거의 합의가 관습상의 법정지상권 발생의 소극적 요건이 되는 이유는 그러한 합의가 없을 때라야 토지와 건물의 소유자가 달라진 후에도 건물 소유자로 하여금 그 건물의 소유를 위하여 토지를 계속 사용케 하려는 묵시적 합의가 있는 것으로 볼 수 있다는 데 있고, 한편 관습상의 법정지상권은 타인의 토지 위에 건물을 소유하는 것을 본질적 내용으로 하는 권리가 아니라, 건물의 소유를 위하여 타인의 토지를 사용하는 것을 본질적 내용으로 하는 권리여서, 위에서 말하는 '묵시적 합의'라는 당사자의 추정 의사는 건물의 소유를 위하여 '토지를 계속 사용한다'는 데 중점이 있는 의사라 할 것이므로, 건물 철거의 합의에 위와 같은 묵시적 합의를 깨뜨리는 효력, 즉 관습상의 법정지상권의 발생을 배제하는 효력을 인정할 수 있기 위하여서는, 단지 형식적으로 건물을 철거한다는 내용만이 아니라 건물을 철거함으로써 토지의 계속 사용을 그만두고자 하는 당사자의 의사가 그 합의에 의하여 인정될 수 있어야 한다.

나. <u>토지와 건물의 소유자가 토지만을 타인에게 증여한 후 구 건물을 철거하되 **그 지상에 자신의 이름으로 건물을 다시 신축하기로 합의한 경우**, 그 건물 철거의 합의는 건물 소유자가 토지의 계속 사용을 그만두고자 하는 내용의 합의로 볼 수 없어 관습상의 법정지상권의 발생을 배제하는 효력이 인정되지 않는다</u>(대판 1999. 12. 10. 선고 98다58467)

(4) 공유와 관습법상의 법정지상권

토지가 공유이거나, 또는 건물이 공유인 상태에서 경매가 진행되어 토지와 건물의 소유자가 달라지는 경우에 법정지상권의 성립여부가 문제된다 할 것이다. 이에 이하에서는 아래와 같이 두 가지 경우의 수를 나눈 후 각 사례별로 우리 판례의 입장을 검토해보고자 한다

① 갑과 을의 공유토지위에 갑 단독소유 건물이 존재하는 경우

대법원 1993. 4.13. 선고 92다55756 판결【건물철거등】

토지공유자의 한 사람이 다른 공유자의 지분 과반수의 동의를 얻어 건물을 건축한 후 토지와 건물의 소유자가 달라진 경우 관습법상의 법정지상권의 성부(소극)

토지공유자의 한 사람이 다른 공유자의 지분 과반수의 동의를 얻어 건물을 건축한 후 토지와 건물의 소유자가 달라진 경우 토지에 관하여 관습법상의 법정지상권이 성립되는 것으로 보게 되면 이는 토지공유자의 1인으로 하여금 자신의 지분을 제외한 다른 공유자의 지분에 대하여서까지 지상권설정의 처분행위를 허용하는 셈이 되어 부당하다.

대법원 1987. 6.23. 자 86다카2188 결정
공유토지위에 건물을 소유하고 있는 토지공유자중 1인이 그 토지지분만을 전매한 경우 관습상의 법정지상권이 성립하는지 여부

토지의 공유자중의 1인이 공유토지 위에 건물을 소유하고 있다가 토지지분만을 전매함으로써 단순히 토지공유자의 1인에 대하여 관습상의 법정지상권이 성립된 것으로 볼 사유가 발생하였다고 하더라도 당해 토지 자체에 관하여 건물의 소유를 위한 관습상의 법정지상권이 성립된 것으로 보게 된다면 이는 마치 토지공유자의 1인으로 하여금 다른 공유자의 지분에 대하여서까지 지상권설정의 처분행위를 허용하는 셈이 되어 부당하다 할것이므로 위와 같은 경우에 있어서는 당해 토지에 관하여 건물의 소유를 위한 관습상의 법정지상권이 성립될 수 없다.

대법원 1988. 9.27. 선고 87다카140 판결
공유토지 위에 건물을 소유하고 있는 토지공유자 중 1인이 그 토지지분만을 전매한 경우 관습상의 법정지상권의 성립여부(소극)

토지공유자 중의 1인이 공유토지 위에 건물을 소유하고 있다가 토지분만을 전매함으로써 단순히 토지공유자의 1인에 대하여 관습상의 법정지상권이 성립된 것으로 볼 사유가 발생한 경우에 있어서는 당해 토지에 관하여 건물의 소유를 위한 관습상의 법정지상권이 성립될 수 없다.

② 갑 단독소유토지위에 갑과 을 공유건물이 존재하는 경우

대법원 1977. 7.26. 선고 76다388 판결【지상권설정등기】
대지소유자가 그 지상건물을 타인과 함께 공유하면서 그 단독소유의 대지만을 타에 매도한 경우에 관습상의 법정지상권을 취득할 수 있는자

대지소유자가 그 지상건물을 타인과 함께 공유하면서 그 단독소유의 대지만을 건물철거의 조건 없이 타에 매도한 경우에는 건물공유자들은 각기 건물을 위하여 대지 전부에 대하여 관습에 의한 법정지상권을 취득한다.

대법원 2011. 1.13. 선고 2010다67159 판결【건물철거등】
[1] 토지에 관한 저당권설정 당시 그 지상에 건물이 건축 중이었던 경우 법정지상권이 인정되기 위한 건물의 요건
[2] 건물공유자의 1인이 그 건물의 부지인 토지를 단독으로 소유하면서 그 토지에 관하여만 저당권을 설정하였다가 위 저당권에 의한 경매로 토지 소유자가 달라진 경우에도 민법 제366조의 법정지상권이 성립하는지 여부(적극)

[1] 법 제366조의 법정지상권은 저당권설정 당시 동일인의 소유에 속하던 토지와 건물이 경매로 인하여 양자의 소유자가 다르게 된 때에 건물의 소유자를 위하여 발생하는 것으로서, 토지에 관하여 저당권이

설정될 당시 토지 소유자에 의하여 그 지상에 건물이 건축 중이었던 경우 그것이 사회관념상 독립된 건물로 볼 수 있는 정도에 이르지 않았다 하더라도 건물의 규모,종류가 외형상 예상할 수 있는 정도까지 건축이 진전되어 있었고, 그 후 경매절차에서 매수인이 매각대금을 다 낸 때까지 최소한의 기둥과 지붕 그리고 주벽이 이루어지는 등 독립된 부동산으로서 건물의 요건을 갖춘 경우에는 법정지상권이 성립한다.

[2] 건물공유자의 1인이 그 건물의 부지인 토지를 단독으로 소유하면서 그 토지에 관하여만 저당권을 설정하였다가 위 저당권에 의한 경매로 인하여 토지의 소유자가 달라진 경우에도, 위 토지 소유자는 자기뿐만 아니라 다른 건물공유자들을 위하여도 위 토지의 이용을 인정하고 있었다고 할 것인 점,저당권자로서도 저당권 설정 당시 법정지상권의 부담을 예상할 수 있었으므로 불측의 손해를 입는 것이 아닌 점,건물의 철거로 인한 사회경제적 손실을 방지할 공익상의 필요성도 인정되는 점 등에 비추어 위 건물공유자들은 민법 제366조에 의하여 토지 전부에 관하여 건물의 존속을 위한 법정지상권을 취득한다고 보아야 한다.

(5) 구분소유적 공유와 관습법상의 법정지상권
구분소유적 공유라 함은 대내관계에서는 서로 구분소유하기로 약정한 후 대외적으로는 공유로 등기를 하는 경우를 말하며 상호명의신탁이라고 하기도 한다
즉 일필지의 토지의 특정부분을 각각 배타적으로 사용하기로 약정하며 분필을 하지 아니한 탓에 등기는 공유로 등기를 하게 되는 경우를 떠올리면 되겠다. 이렇게 구분소유적 공유관계에 있다가 경매로 인하여 토지 또는 건물의 소유자가 달라지게 되는 경우에 법정지상권의 성립여부가 문제되는바 이와 관련된 판례를 살펴보고자 한다

대법원 1990. 6.26. 선고 89다카24094 판결
원고와 피고가 1필지의 대지를 구분 소유적으로 공유하고 피고가 자기 몫의 대지 위에 건물을 신축하여 점유하던 중 위 대지의 피고지분만을 원고가 경락 취득한 경우 피고의 관습상의 법원지상권 취득여부 (적극)

원고와 피고가 1필지의 대지를 공동으로 매수하여 같은 평수로 사실상 분할한 다음 각자 자기의 돈으로 자기 몫의 대지 위에 건물을 신축하여 점유하여 왔다면 비록 위 대지가 등기부상으로는 원. 피고 사이의 공유로 되어 있다 하더라도 그 대지의 소유관계는 처음부터 구분소유적 공유관계에 있다 할 것이고, 따라서 피고 소유의 건물과 그 대지는 원고와의 내부관계에 있어서 피고의 단독소유로 되었다 할 것이므로 피고는 그후 이 사건 대지의 피고지분만을 경락 취득한 원고에 대하여 그 소유의 위 건물을 위한 관습상의 법정지상권을 취득하였다고 할 것이다(이 사건 대지에 관하여 이미 위 경락 전에 소외 갑 앞으로 소유권이전등기가 되어 있었다 하더라도 위 경락은 가압류에 의한 강제경매에 의하여 이루어 졌고 위 갑 명의의 등기는 위 가압류 후에 이루어진 것이 분명하므로 위 경락에 의하여 말소될 운명에 있는 갑의 등기를 들어 피고의 소유권을 부정할 수 없으므로 경락 당시에 대지와 그 지상건물의 소유자가 동일인이 아니라고 할 수 없다).

대법원 1994. 1.28. 선고 93다49871 판결
구분소유적 공유관계에 있는 자가 자신의 특정 소유가 아닌 부분에 건물을 신축한 경우 관습상 법정지상권의 성립 여부

갑과 을이 대지를 각자 특정하여 매수하여 배타적으로 점유하여 왔으나 분필이 되어 있지 아니한 탓으로 그 특정부분에 상응하는 지분소유권이전등기만을 경료하였다면 그 대지의 소유관계는 처음부터 구분소유적 공유관계에 있다 할 것이고, 또한 구분소유적 공유관계에 있어서는 통상적인 공유관계와는 달리 당사자 내부에 있어서는 각자가 특정매수한 부분은 각자의 단독 소유로 되었다 할 것이므로, 을은 위

대지 중 그가 매수하지 아니한 부분에 관하여는 갑에게 그 소유권을 주장할 수 없어 위 대지 중 을이 매수하지 아니한 부분지상에 있는 을 소유의 건물부분은 당초부터 건물과 토지의 소유자가 서로 다른 경우에 해당되어 그에 관하여는 관습상의 법정지상권이 성립될 여지가 없다.

대법원 2004. 6. 11. 선고 2004다13533 판결
[1] 구분소유적 공유관계에 있는 토지의 공유자들이 그 토지 위에 각자독자적으로 별개의 건물을 소유하면서 그 토지 전체에 대하여 저당권을설정하였다가 그 저당권의 실행으로 토지와 건물의 소유자가 달라지게 된 경우,법정지상권의 성립 여부(적극)
[2] 재판상 자백의 취소의 경우, 진실에 반한다는 사실에 대한 증명을자백사실이 진실에 반함을 추인할 수 있는 간접사실의 증명에 의하여도가능한지 여부(적극) 및 자백이 착오로 인한 것임을 변론 전체의 취지에 의하여인정할 수 있는지 여부(한정 적극)
[3] 토지에 관한 저당권 설정 당시 토지 소유자에 의하여 그 지상에 건물이건축중이었던 경우, 법정지상권이 인정되기 위한 건물의 요건 및 그 건물이미등기이더라도 법정지상권이 성립하는지 여부(적극)

[1] 공유로 등기된 토지의 소유관계가 구분소유적 공유관계에 있는 경우에는 공유자 중 1인이 소유하고 있는 건물과 그 대지는 다른 공유자와의 내부관계에 있어서는 그 공유자의 단독소유로 되었다 할 것이므로 건물을 소유하고 있는 공유자가 그 건물 또는 토지지분에 대하여 저당권을 설정하였다가 그 후 저당권의 실행으로 소유자가 달라지게 되면 건물 소유자는 그 건물의 소유를 위한 법정지상권을 취득하게 되며, 이는 구분소유적 공유관계에 있는 토지의 공유자들이 그 토지 위에 각자 독자적으로 별개의 건물을 소유하면서 그 토지 전체에 대하여 저당권을 설정하였다가 그 저당권의 실행으로 토지와 건물의 소유자가 달라지게 된 경우에도 마찬가지라 할 것이다.

[2] 재판상의 자백에 대하여 상대방의 동의가 없는 경우에는 자백을 한 당사자가 그 자백이 진실에 부합되지 않는다는 것과 자백이 착오에 기인한다는 사실을 증명한 경우에 한하여 이를 취소할 수 있으나, 이때 진실에 부합하지 않는다는 사실에 대한 증명은 그 반대되는 사실을 직접증거에 의하여 증명함으로써 할 수 있지만 자백사실이 진실에 부합하지 않음을 추인할 수 있는 간접사실의 증명에 의하여도 가능하다고 할 것이고, 또한 자백이 진실에 반한다는 증명이 있다고 하여 그 자백이 착오로 인한 것이라고 추정되는 것은 아니지만 그 자백이 진실과 부합되지 않는 사실이 증명된 경우라면 변론의 전취지에 의하여 그 자백이 착오로 인한 것이라는 점을 인정할 수 있다.

[3] 민법 제366조의 법정지상권은 저당권 설정 당시 동일인의 소유에 속하던 토지와 건물이 경매로 인하여 양자의 소유자가 다르게 될 때에 건물의 소유자를 위하여 발생하는 것으로서, 토지에 관하여 저당권이 설정될 당시 토지 소유자에 의하여 그 지상에 건물을 건축중이었던 경우 그것이 사회관념상 독립된 건물로 볼 수 있는 정도에 이르지 않았다 하더라도 건물의 규모·종류가 외형상 예상할 수 있는 정도까지 건축이 진전되어 있었고, 그 후 경매절차에서 매수인이 매각대금을 다 낸 때까지 최소한의 기둥과 지붕 그리고 주벽이 이루어지는 등 독립된 부동산으로서 건물의 요건을 갖추면 법정지상권이 성립하며, 그 건물이 미등기라 하더라도 법정지상권의 성립에는 아무런 지장이 없는 것이다

제4절 민법 제621조의 차지권과 비교

타인소유토지위에 건물을 소유하기 위해서는 토지의 사용권을 득한 후에 건물을 건축하여야 하며, 이를 대지사용권이라 지칭할 수 있다.
이러한 대지사용권에는 지상권과 토지전세권, 토지임차권 등이 있으며, 법정지상권은 지상권의 한 형태라 보면되고, 차지권은 토지임차권에서 도출되는 개념이다.

즉, 갑소유 토지위에 을이 건물을 건축하기 위하여 갑과 토지 임대차계약을 체결한 경우에 을은 대지사용권으로서 토지임차권을 취득하게 된다.
그러나 이러한 임차권은 채권이기에 토지의 양수인에게는 당해 임차권을 가지고 대항할 수가 없다. 즉 토지양수인의 건물철거청구에는 자신의 임차권을 주장할 수가 없는 것이다. 임차권이 채권이기에 당연한 귀결이다

이러한 임차인의 지위를 강화하기 위하여 우리 민법은 제621조와 622조의 두 개의 법조문을 완비해 놓고 있다.

> 제621조 (임대차의 등기)
> ① 부동산임차인은 당사자간에 반대 약정이 없으면 임대인에 대하여 그 임대차등기절차에 협력할 것을 청구할 수 있다.
> ② 부동산임대차를 등기한 때에는 그때부터 제삼자에 대하여 효력이 생긴다.
>
> 제622조 (건물등기 있는 차지권의 대항력)
> ① 건물의 소유를 목적으로 한 토지임대차는 이를 등기하지 아니한 경우에도 임차인이 그 지상건물을 등기한 때에는 제삼자에 대하여 임대차의 효력이 생긴다.
> ② 건물이 임대차기간 만료전에 멸실 또는 후폐한 때에는 전항의 효력을 잃는다.

따라서 토지 임차인이 건물을 건축한 후 건물 보존등기를 득하게 되면, 당해 토지임차권을 가지고 제3자에게도 대항할 수 있으므로, 지상권에 유사한 권리를 득한다고 이해하면 되겠다.
다만 이러한 차지권은 건물이 멸실 또는 후폐(썩어 없어짐)된 경우에는 대항력을 상실하게 된다.

제5절 분묘기지권

1. 의 의
분묘의 수호를 위하여 그 기지를 사용할 수 있는 지상권에 유사한 관습법상의 물권을 분묘기지권이라 한다.

2. 분묘기지권의 성립요건
㉠ 타인의 토지에 그 소유자의 승낙을 얻어 분묘를 설치한 경우에는 관습법상의 분묘기지권을 취득한다. 여기서 분묘라 함은 봉분 등 외부에서 분묘를 인식할 수 있는 형태를 갖추고 있어야

하고, 평장(平葬)되어 있거나 암장(暗葬)되어 객관적으로 인식할 수 있는 외형을 갖추고 있지 않는 경우나 가묘(假墓)상태인 경우에는 분묘기지권이 인정되지 않는다.
ⓒ 자기 소유의 토지에 분묘를 설치한 자가 후에 그 분묘기지에 대한 소유권을 유보(留保)하거나 또는 분묘도 함께 이전한다는 특약을 함이 없이 토지를 처분한 경우에 분묘기지권이 인정된다.
ⓒ 취득시효에 의하여 취득하는 경우, 즉 다른 사람 소유토지 위에 그 사람의 승낙 없이 분묘를 설치한 자가 20년간 평온·공연하게 분묘의 기지를 점유한 때에 그 점유자는 시효에 의하여 그 토지 위에 지상권과 유사한 이 분묘기지권을 취득하게 된다.

3. 분묘기지권의 내용
㉠ 분묘기지권은 지상권에 유사한 물권으로서 이미 설치되어 있는 분묘를 소유한다는 제한된 목적의 범위 내에서만 타인의 토지를 사용할 것을 내용으로 한다.
㉡ 분묘기지권은 분묘가 설치된 기지만이 아니라 분묘를 보호하고 봉사하는 데 필요한 주위의 빈 땅에도 미친다.
㉢ 지료에 관해서는 원칙적으로 무상인 것으로 본다. 다만, 자기 토지 내에 분묘를 가지고 있던 자가 그 토지를 처분하여 분묘기지권을 취득한 경우에는 지료를 지급하여야 한다.
㉣ 분묘기지권자가 분묘의 수호와 봉사를 계속하고 그 분묘가 존속하는 한 분묘기지권은 존속하는 것으로 보며, 분묘기지권은 관습법상 인정되는 물권이므로 등기를 요하지 않는다.

(1) 분묘기지권의 범위 및 기존의 분묘기지권이 미치는 지역적 범위 내에서 부부 합장을 위한 쌍분 형태의 분묘를 새로이 설치할 수 있는지 여부(소극)

가. 분묘기지권은 분묘의 기지 자체(봉분의 기저 부분)뿐만 아니라 그 분묘의 수호 및 제사에 필요한 범위 내에서 분묘의 기지 주위의 공지를 포함한 지역에까지 미치는 것이고 그 확실한 범위는 각 구체적인 경우에 개별적으로 정하여야 할 것인바, 사성(莎城, 무덤 뒤를 반달형으로 둘러쌓은 둔덕)이 조성되어 있다 하여 반드시 그 사성 부분을 포함한 지역에까지 분묘기지권이 미치는 것은 아니다

나. 분묘기지권은 분묘를 수호하고 봉제사하는 목적을 달성하는 데 필요한 범위 내에서 타인의 토지를 사용할 수 있는 권리를 의미하는 것으로서, 분묘기지권에는 그 효력이 미치는 지역의 범위 내라고 할지라도 기존의 분묘 외에 새로운 분묘를 신설할 권능은 포함되지 아니하는 것이므로, 부부 중 일방이 먼저 사망하여 이미 그 분묘가 설치되고 그 분묘기지권이 미치는 범위 내에서 그 후에 사망한 다른 일방의 합장을 위하여 쌍분(雙墳) 형태의 분묘를 설치하는 것도 허용되지 않는다(대판 1997. 05. 23. 선고 95다29086)

(2) 분묘기지권에 그 효력이 미치는 지역적 범위 내에서 기존의 분묘에 단분(단분)형태로 합장하여 새로운 분묘를 설치할 권능이 포함되어 있는지 여부(소극)

분묘기지권은 분묘를 수호하고 봉제사하는 목적을 달성하는 데 필요한 범위 내에서 타인의 토지를 사용할 수 있는 권리를 의미하는 것으로서, 이 분묘기지권에는 그 효력이 미치는 지역의 범위 내라고 할지라도 기존의 분묘 외에 새로운 분묘를 신설할 권능은 포함되지 아니하는 것이므로, 부부 중 일방이 먼저 사망하여 이미 그 분묘가 설치되고 그 분묘기지권이 미치는 범위 내에서 그 후에 사망한 다른 일방을 단분(단분)형태로 합장하여 분묘를 설치하는 것도 허용되지 않는다(대판 2001. 08. 21. 선고 2001다28367)

(3) 분묘기지권의 범위가 「매장 및 묘지 등에 관한 법률」이 정한 분묘의 점유면적 내로 한정되는지 여부(소극)

분묘기지권은 분묘를 수호하고 봉제사하는 목적을 달성하는 데 필요한 범위 내에서 타인의 토지를 사용할 수 있는 권리를 의미하는 것으로서, 분묘기지권은 분묘의 기지 자체 뿐만 아니라 그 분묘의 설치 목적인 분묘의 수호 및 제사에 필요한 범위 내에서 분묘의 기지 주위의 공지를 포함한 지역에까지 미치는 것이고, 그 확실한 범위는 각 구체적인 경우에 개별적으로 정하여야 할 것이며, 매장및묘지등에관한법률 제4조 제1항 후단 및 같은법시행령 제2조 제2항의 규정이 분묘의 점유면적을 1기당 20㎡로 제한하고 있으나, 여기서 말하는 분묘의 점유면적이라 함은 분묘의 기지면적만을 가리키며 분묘기지 외에 분묘의 수호 및 제사에 필요한 분묘기지 주위의 공지까지 포함한 묘지면적을 가리키는 것은 아니므로 분묘기지권의 범위가 위 법령이 규정한 제한면적 범위 내로 한정되는 것은 아니라 할 것이다(대판 1994.12.23. 선고 94다15530)

(4) 분묘기지권을 시효취득하는 경우 지료를 지급할 필요가 없는지 여부(소극)
지상권에 있어서 지료의 지급은 그 요소가 아니어서 지료에 관한 약정이없는 이상 지료의 지급을 구할 수 없는 점에 비추어 보면, 분묘기지권을 시효취득하는 경우에도 지료를 지급할 필요가 없다고 해석함이 상당하다(대판 1995.02.28. 선고 94다37912)

(5) 분묘기지권의 존속기간
분묘기지권의 존속기간에 관하여는 민법의 지상권에 관한 규정에 따를것이 아니라 당사자 사이에 약정이 있는 등 특별한 사정이 있으면 그에 따를 것이며, 그러한 사정이 없는 경우에는 권리자가 분묘의 수호와 봉사를 계속하며 그 분묘가 존속하고 있는 동안은 분묘기지권은 존속한다고 해석함이 타당하므로 민법 제281조에 따라 5년 간이라고 보아야 할 것은 아니다(대판 1994.8.26. 선고 94다28970)

(6) 분묘가 일시적으로 멸실된 경우에 분묘기지권의 존속 여부(적극)
토지소유자의 승낙을 얻어 분묘가 설치된 경우 분묘소유자는 분묘기지권을 취득하고, 분묘기지권의 존속기간에 관하여는 당사자 사이에 약정이 있는 등 특별한 사정이 있으면 그에 따를 것이나, 그러한 사정이 없는 경우에는 권리자가 분묘의 수호와 봉사를 계속하며 그 분묘가 존속하고 있는 동안 존속한다고 해석함이 타당하다. 또, 분묘가 멸실된 경우라고 하더라도 유골이 존재하여 분묘의 원상회복이 가능하여 일시적인 멸실에 불과하다면 분묘기지권은 소멸하지 않고 존속하고 있다고 해석함이 상당하다(대판 2007.06.28. 선고 2005다44114)

제6절 경매와 법정지상권

[1] 토지만 매각이 이루어지는 경우

토지위에 건물이 존재하는 경우에 토지만 매각이 이루어지는 경우에는 건물의 부담을 안고 토지를 소유하게 되는 셈이므로 법정지상권의 성립여부부터 검토해보아야 할것이다

1. 법정지상권이 인정되는 경우

법정지상권이 인정되는 경우에는 대지권이 있는 건물의 부담을 안고 토지를 소유하게 되는셈이므로 당해 건물이 견고한 건물이면 30년, 견고하지 아니한 건물이라면 15년동안 사용에 제한이 있다는 것을 알고 입찰하여야 한다. 따라서 이 경우에는 지료지급청구권을 행사하여 수익을 창출할 수밖에 없을 것이다. 지료는 당사자간에 합의가 있으면 합의에 의하여 정하여지지만, 이러한 합의가 이루어지지 않는 경우에는 당사자의 청구에 의하여 법원이 이를 정하게 된다. 낙찰가를 기준으로 하여 정하여지는 것이 아니라 당해토지의 시가를 기준으로 지료가 정해지는것이므로 토지를 저가에 낙찰받은 경우에는 지료지급청구권의 행사로도 수익창출은 가능하다 할 것이다.
이렇게 지료가 정해진 경우에는 건물소유자에게는 지료지급의무가 있으며 2년분이상의 지료지급을 연체한 경우에는 지상권소멸청구권의 행사도 가능하다. 이러한 지상권소멸청구권을 행사하는 경우에는 건물소유자의 채무불이행으로 인한 지상권소멸사유이기 때문에 건물소유자에게 지상물매수청구권을 인정하지 아니한다.

관습상의 법정지상권도 2년분 이상의 지료를 연체할 경우 민법 제237조에 따른 지상권소멸청구의 의사표시에 의하여 소멸하는지 여부(적극)

관습상의 법정지상권에 대하여는 다른 특별한 사정이 없는 한 민법의 지상권에 관한 규정을 준용하여야 할 것이므로 지상권자가 2년분 이상의 지료를 지급하지 아니하였다면 관습상의 법정지상권도 민법 제287조에 따른 지상권소멸청구의 의사표시에 의하여 소멸한다(대판 1993.06.29. 선고 93다10781)

2. 법정지상권이 인정되지 않는 경우

법정지상권이 인정되지 않는 것을 전제로 토지를 낙찰받은 경우에는, 건물소유자가 대지사용권이 없이 건물을 소유하고 있는셈이므로 건물소유자에게 건물철거청구권의 행사가 가능하다.
이러한 건물철거청구권을 무기로 하여 건물소유자에게 당해 토지를 매각할수 있다면 참으로 좋겠지만, 실무상으로 이러한 일은 발생하지 아니한다. 토지를 매수할 정도의 자금이 있다면, 토지가 경매되는 일은 발생하지 아니하였을 것이기 때문이다.
따라서 이 경우에는 건물철거청구권을 잘 활용하여 수익모델을 창출하여야 할 것이다.
먼저 건물철거청구권을 피보전권리로 하여 당해 건물에 처분금지가처분을 할수 있다. 이어 건물소유자에게 지료상당의 부당이득반환청구권 또는 불법행위를 원인으로 한 손해배상청구권의 행사여부를 검토해보고, 이러한 금전채권이 인정된다면 이를 피보전권리로 하여 당해 건물을 가압류한 후에 당해 건물을 경매신청할 수 있다.
이 경우에는 건물만이 경매가 개시될 것이며, 이 경우에 입찰에 참여할 사람은 아마도 아무도

없을 것이다.
건물철거청구권을 피보전권리로 하여 가처분등기를 먼저 경료해 놓았기 때문에 가처분은 인수할 수밖에 없으며 따라서 아무리 모른다 해도 철거될 건물의 입찰에 참여하는 바보는 없지 않을까?

[2] 건물만 매각이 이루어지는 경우

토지위에 건물이 존재하는 경우에 건물만이 매각이 이루어지는 경우에는 타인소유토지위에 건물을 소유하게 되는 셈이므로 법정지상권의 성립여부를 더더욱 검토해보아야 할 것이다. 통상적으로 법정지상권과 관련된 물건을 검색할 때 토지만 매각이 이루어지는 경우만을 살펴보는데, 건물만 매각이 이루어지는 경우도 잘 판단하면 좋은 수익모델을 창출할수 있다.

1. 법정지상권이 인정되는 경우
토지위에 건물이 존재하는 상태에서 건물만이 매각이 이루어지는 경우에 법정지상권이 인정되는 건물이라면 입찰에 참여하여도 무방하다 할 것이다.
왜냐하면 대지사용권이 있는 상태에서의 건물을 소유하게 되는 셈이므로 견고한 건물이라면 30년, 견고하지 아니한 건물이라면 15년동안 건물을 소유하며 사용할수 있기 때문이다.
혹시나 당해 건물이 근린시설이나 숙박시설 또는 다가구(원룸)와 같이 건물자체에서 수익을 창출시킬수 있는것이라면 이는 정말 좋은 수익모델이 될수 있을 것이다.
토지와 건물을 함께 매입할 필요없이 건물만 싸게 낙찰받은후에도 똑같은 수익을 창출시킬수 있기 때문이다.
또한 지상권의 존속기간이 만료한 경우에는 토지소유자에게 지상물매수청구권을 행사하여 당해건물을 낙찰받은 가격이 아닌 시가에 의하여 매도할수 있으므로 여기서 2차수익의 창출도 가능하다 할 것이다.

2. 법정지상권이 인정되지 않는 경우
건물만의 매각이 이루어지는 경우에 법정지상권이 성립하지 않는 경우라면 절대로 입찰을 피하여야 할 것이다.
대지사용권없이 건물만 소유하고 있는 셈이므로 결국 철거될 건물이기 때문이다.

[3] 지상권이 있는 건물만 매각이 이루어지는 경우

갑 소유 토지위에 을이 건물을 소유하고 있는 상태에서 을의 건물만이 경매가 진행되는 경우를 종종 보게 된다.
이 경우에는 경매당시에 토지와 건물의 동일소유자요건이 충족되지 못하기 때문에 경매로 인하여 법정지상권은 취득할 수 없다.
다만 이러한 경우라 할지라도 이미 을이 지상권 내지 대지사용권을 득하고 있는 경우라면 이야기가 달라진다

예컨데 갑소유 토지위에 을이 건물을 소유하기 위하여 지상권 (또는 법정지상권)을 이미 취득한 상태라 가정해보자.
이 경우에는 을의 건물이 경매로 인하여 여러분에게 낙찰되었다 할지라도, 여러분은 을의 지위

를 그대로 승계취득하게 되는것이므로 토지소유자는 여러분에게 건물철거청구권을 행사할수 없다 할 것이다.
이와 관련된 중요한 판례가 있으니 이를 참고하기 바란다.

(1) 관습상 법정지상권이 붙은 건물의 양수인이 건물의 소유권을 취득한 사실만으로 법정지상권을 취득하는지 여부(소극)

관습상 법정지상권이 붙은 건물의 소유자가 건물을 제3자에게 처분한 경우에는 법정지상권에 관한 등기를 경료하지 아니한 자로서는 건물의 소유권을 취득한 사실만 가지고는 법정지상권을 취득하였다고 할 수 없어 대지소유자에게 지상권을 주장할 수 없고 그 법정지상권은 여전히 당초의 법정지상권자에게 유보되어 있다고 보아야 한다(대판 1995.04.11. 선고 94다39925)

(2) 법정지상권부 건물의 경락인이 건물의 경락취득과 동시에 법정지상권도 당연히 취득하는지 여부(적극)

건물소유를 위하여 법정지상권을 취득한 자로부터 경매에 의하여 그 건물의 소유권을 이전받은 경락인은 경락후 건물을 철거한다는 등의 매각조건하에서 경매되는 경우등 특별한 사정이 없는 한 건물의 경락취득과 함께 위 지상권도 당연히 취득한다(대판 1985.02.26. 선고 84다카1578)

(3) 법정지상권을 취득할 지위에 있는 자에 대한 대지소유자의 소유권에 기한 건물철거청구와 신의성실의 원칙

법정지상권을 취득할 지위에 있는 건물양수인에 대하여 대지소유자가 건물의 철거를 구하는 것은 지상권의 부담을 용인하고 지상권설정등기절차를 이행할 의무가 있는 자가 그 권리자를 상대로 한 것이어서 신의성실의 원칙상 허용될 수 없다(1991.5.28. 선고 91다6658)

(4) 법정지상권이 있는 건물의 양수인이라도 그 대지를 점유·사용함으로 인해 얻은 이득을 대지 소유자에게 부당이득으로 반환해야 하는지 여부(적극)

법정지상권자라 할지라도 대지 소유자에게 지료를 지급할 의무는 있는 것이고, 법정지상권이 있는 건물의 양수인으로서 장차 법정지상권을 취득할 지위에 있어 대지 소유자의 건물 철거나 대지 인도 청구를 거부할 수 있다 하더라도 그 대지를 점유·사용함으로 인하여 얻은 이득은 부당이득으로서 대지 소유자에게 반환할 의무가 있다(1997. 12. 26. 선고 96다34665)

제7장 지분경매

제1절 공유의 법률관계

1. 공유 일반

공유는 물건이 지분에 의하여 수인의 소유로 되는 것이다. 이것은 1개의 소유권이 공유자간에 분량적으로 분할되어 소유되는 형태이므로 1물 1권 주의에 반하지 않는다.

2. 공유의 성립

(1) 법률행위에 의한 성립
하나의 물건을 수인이 공동으로 소유한다는 합의에 의하여 공유가 성립한다. 이때에 물건이 부동산인 때에는 공유자의 명의를 전부 기재하는 공유의 등기를 하여야 한다. 한편 공유등기 이외에 지분등기도 하여야 하나 지분등기를 하지 않은 경우 그 지분은 균등한 것으로 추정된다(민법 제262조 제2항).

(2) 법률의 규정에 의한 성립
① 타인의 물건 속에서의 매장물 발견
② 주종을 구별할 수 없는 동산소유권의 부합·혼화
③ 공유물의 과실
④ 건물의 구분소유에 있어서의 공용부분(분할금지)
⑤ 경계에 설치된 경계표·담·구거(분할금지)
⑥ 공동상속재산과 공동포괄수유재산

3. 공유자의 지분

(1) 공유자의 지분비율은 법률의 규정 또는 공유자의 의사표시에 의한다. 그러나 지분비율에 특별한 정함이 없는 경우에는 공유자의 지분은 균등한 것으로 추정된다.

(2) 지분의 처분
지분은 하나의 소유권과 같은 성질을 가지는 것이기 때문에 공유자는 그 지분을 자유로이 처분(양도·담보제공·포기)할 수 있다. 지분이 양도된 경우에는 종래 다른 공유자와의 공유관계는 그대로 양수인에게 승계된다. 다만, 이미 공유자간에 생긴 채권·채무는 각 공유자에게 전속하며 양수인에게 승계되지 않는 것이 원칙이다.

(3) 공유물의 사용·수익
공유자는 공유물 전부를 지분의 비율로 사용·수익할 수 있다.
공유자 각자는 공유물의 전부를 사용할 수 있는데, 다만 그것은 각자의 지분비율에 의해 제약된다. 예를 들어, 갑과 을이 자동차를 공유하는 경우에 갑은 그 지분비율에 따른 시간 내지 회수를 통해 자동차의 전부를 사용할 수 있다는 것이다.

(4) 지분의 탄력성
공유는 동일물 위에 독립한 소유권과 같은 성질을 가지는 지분이 서로 제한을 받으면서 존재하는 상태이므로 서로 제한하는 지분의 하나가 소멸하면 다른 지분은 그 범위에서 종래의 제한으로부터 벗어나 본래의 단독소유권으로 접근하게 된다. 이것을 지분의 탄력성이라 한다.
민법은 이러한 취지에서 공유자가 그 지분을 포기하거나 상속인 없이 사망한 때에는 그 지분은 다른 공유자에게 각 지분의 비율로 귀속하는 것으로 규정한다(민법 제267조).

4. 공유자간의 공유관계

공유물 위에 각 공유자의 지분이 존재하므로 공유물의 관리·처분 등은 공유자 전원의 이해(利害)에 관계된다. 그래서 민법은 이 점을 해결하기 위하여 다음과 같은 내용을 규정한다.

(1) 공유물의 처분·변경
공유자는 다른 공유자의 동의 없이 공유물을 처분하거나 변경하지 못한다(민법 제264조).

(2) 공유물의 관리
공유물의 관리라 함은 처분이나 변경에 이르지 않는 정도로 공유물을 이용·개량하는 행위가 이에 속한다. 이러한 관리행위는 공유자의 지분의 과반수로 결정하므로, 지분의 과반수를 가지는 공유자가 있는 경우에는 그는 단독으로 관리행위를 결정할 수 있다.

가. 과반수 지분권자가 공유물의 특정부분을 배타적으로 사용·수익할 것을 관리방법으로 정하는 것이 적법한지 여부(적극) 및 이 경우 과반수 지분권자는 다른 공유자에 대해 임료 상당액을 부당이득으로 반환해야 하는지 여부(적극) 및 과반수 지분권자로부터 사용·수익을 허락받은 점유자에 대하여 소수 지분의 공유자가 점유배제를 구할 수 있는지 여부(소극)
나. 과반수 지분의 공유자로부터 공유물의 특정 부분의 사용·수익을 허락받은 점유자는 소수지분권자에 대하여 그 점유로 인하여 법률상 원인 없이 이득을 얻고 있다고 볼 수 있는지 여부(소극)

가. 공유자 사이에 공유물을 사용·수익할 구체적인 방법을 정하는 것은 공유물의 관리에 관한 사항으로서 공유자의 지분의 과반수로써 결정하여야 할 것이고, 과반수 지분의 공유자는 다른 공유자와 사이에 미리 공유물의 관리방법에 관한 협의가 없었다 하더라도 공유물의 관리에 관한 사항을 단독으로 결정할 수 있으므로, 과반수 지분의 공유자가 그 공유물의 특정 부분을 배타적으로 사용·수익하기로 정하는 것은 공유물의 관리방법으로서 적법하다고 할 것이므로, 과반수 지분의 공유자로부터 사용·수익을 허락받은 점유자에 대하여 소수 지분의 공유자는 그 점유자가 사용·수익하는 건물의 철거나 퇴거 등 점유배제를 구할 수 없다.

나. 과반수 지분의 공유자는 공유자와 사이에 미리 공유물의 관리방법에 관하여 협의가 없었다 하더라도 공유물의 관리에 관한 사항을 단독으로 결정할 수 있으므로 과반수 지분의 공유자는 그 공유물의 관리방법으로서 그 공유토지의 특정된 한 부분을 배타적으로 사용·수익할 수 있으나, 그로 말미암아 지분은 있으되 그 특정 부분의 사용·수익을 전혀 하지 못하여 손해를 입고 있는 소수지분권자에 대하여 그 지분에 상응하는 임료 상당의 부당이득을 하고 있다 할 것이므로 이를 반환할 의무가 있다 할 것이나, 그 과반수 지분의 공유자로부터 다시 그 특정 부분의 사용·수익을 허락받은 제3자의 점유는 다수지분권자의 공유물관리권에 터잡은 적법한 점유이므로 그 제3자는 소수지분권자에 대하여도 그 점유로 인하여 법률상 원인 없이 이득을 얻고 있다고는 볼 수 없다(대판 2002. 05. 14. 선고 2002다9738).

(3) 공유물의 보존
공유물의 보존이란 물건이 멸실·훼손되는 것을 방지하고 그 현상을 유지하기 위하여 하는 행위로서 이러한 행위는 다른 공유자에게도 이익이 되고 또 긴급을 요하는 경우가 많기 때문에 공유자 각자가 단독으로 보존행위를 할 수 있는 것으로 규정하고 있다.

==공유물의 소수지분권자가 다른 공유자와의 협의 없이 자신의 지분 범위를 초과하여 공유물의 전부 또는 일부를 배타적으로 점유하고 있는 경우 다른 소수지분권자가 공유물의 보존행위로서 공유물의 인도나 명도를 청구할 수 있는지 여부(적극)==

지분을 소유하고 있는 공유자나 그 지분에 관한 소유권이전등기청구권을 가지고 있는 자라고 할지라도 다른 공유자와의 협의 없이는 공유물을 배타적으로 점유하여 사용 수익할 수 없는 것이므로, 다른 공유권자는 자신이 소유하고 있는 지분이 과반수에 미달되더라도 공유물을 점유하고 있는 자에 대하여 공유물의 보존행위로서 공유물의 인도나 명도를 청구할 수 있다(대판 1994.03.22. 선고 93다9392)

==토지의 1/2 지분권자가 나머지 1/2 지분권자와 협의 없이 토지를 배타적으로 독점사용하는 경우 나머지 지분권자가 공유물의 보존행위로서 그 배타적 사용의 배제를 청구할 수 있는지 여부(적극)==

물건을 공유자 양인이 각 1/2 지분씩 균분하여 공유하고 있는 경우 1/2 지분권자로서는 다른 1/2 지분권자와의 협의 없이는 이를 배타적으로 독점사용할 수 없고, 나머지 지분권자는 공유물보존행위로서 그 배타적 사용의 배제, 즉 그 지상 건물의 철거와 토지의 인도 등 점유배제를 구할 권리가 있다(대판 2003. 11. 13. 선고 2002다57935)

(4) 공유물의 비용부담
공유자는 그 지분의 비율로 공유물의 관리비용 기타 의무를 부담한다. 한편 공유자가 1년 이상 이러한 의무의 이행을 지체한 때에는 다른 공유자는 상당한 가액으로 그의 지분을 매수할 수 있다.

5. 공유의 대외관계
공유의 대외관계는 공유자 각자가 가지는 지분권에 기하여 대외적으로 주장하는 경우와 공유자 전원에 속하는 전체로서의 공유관계를 대외적으로 주장하는 경우로 나눌 수 있고, 또한 공유자가 제3자에 대해 대외적으로 주장하는 경우와 제3자가 공유자에 대해 주장하는 경우로 나눌 수 있다.

(1) 공유자가 제3자에 대하여 주장하는 경우

① 지분권에 의한 청구
㉠ 다른 공유자 또는 제3자가 공유물에 대하여 침해를 하는 때에는 각 공유자는 단독으로 공유물 전부에 대한 방해의 제거를 청구할 수 있다. 지분은 그 성질상 공유물 전체에 미치기 때문이다.
㉡ 공유물반환청구 : 제3자가 공유물의 점유를 침탈한 경우에 통설과 판례는 공유자는 단독으로 공유물 전부의 반환을 청구할 수 있다. 그 근거로서 보존행위라는 것이다.

② 공유자 전원에 의한 청구 : 공유물이 타인명의로 등기되어 있는 경우 각 공유자는 그 타인을 상대로 각자의 지분의 등기를 청구할 수 있다. 그러나 공유자 전원의 명의로 등기를 청

구하는 경우에는 공유자 전원에 의한 공동청구가 필요하다.

(2) 제3자가 공유자에게 청구하는 경우

① 소유권확인청구 또는 소유권이전청구 : 판례는 제3자가 공유자에 대한 소유권확인청구나 소유권이전등기청구소송을 함에 있어서 반드시 공유자 전원을 상대로 하는 것이 원칙이나 공유자 각자도 그 지분한도 내에서는 처분권이 있는 이상 공유자를 각각 피고로 삼을 수도 있다고 한다.

② 공유물의 인도청구 또는 철거청구 : 판례는 제3자가 공유물에 대한 인도청구 또는 철거청구를 할 경우에는 공유자 전원이 피고가 될 필요는 없고 공유자 각자에 대하여 그 지분권의 한도 내에서 인도 또는 철거를 구할 수 있다고 한다. 그러나 공유자 1인에 대해 청구하더라도 공유물 자체가 인도되거나 철거되지 않는다는 점이다. 공유자 각자의 지분이란 공유물의 어느 부분으로 특정된 것이 아니기 때문에 지분 한도 내에서의 인도 또는 철거도 현실적으로 실행될 수 없다. 결국 공유자 전원이 피고로 될 필요는 없다고 하더라도 공유자 모두에게 위 청구를 하여야만 비로소 그 청구의 목적을 달성할 수 있게 된다.

③ 공유물의 분할청구 : 공유물분할의 소송은 분할을 청구하는 공유자가 다른 공유자 전원을 공동피고로 하여야 하는 필요적 공동소송이다.

6. 공유물의 분할

(1) 공유물 분할의 자유

① 원 칙 : 공유는 합유나 총유와는 달라서 공유자 사이에 아무런 인적 결합관계가 없으므로 따라서 공유자는 언제든지 공유물의 분할을 청구할 수 있다. 공유물 분할청구의 자유는 지분처분의 자유와 함께 공유의 본질을 이루며, 이 점에서 합유 및 총유와 다르다.

② 제 한
㉠ 분할금지특약 : 공유자는 5년 내의 기간으로 분할하지 아니할 것을 약정할 수 있다. 이 기간은 갱신할 수 있으나 그 기간은 갱신한 날로부터 5년을 넘지 못한다. 한편 이 특약은 등기되어 있는 때에만 지분의 양수인에게 그 효력이 미친다.
㉡ 건물을 구분 소유하는 경우의 공용부분·경계선상의 경계표에 관하여는 분할이 인정되지 않는다.

(2) 분할의 방법
각 공유자가 다른 공유자 모두를 상대로 공유물의 분할을 청구하면 각 공유자 사이에는 구체적으로 분할을 실현할 법률관계가 생긴다. 따라서 분할청구권은 형성권이다. 그리고 그 법률효과로서 각 공유자는 분할의 방법에 관하여 협의할 의무를 부담하게 되며 그 협의가 이루어지지 않을 경우에는 분할청구권자는 다른 모든 공유자를 상대로 법원에 그 분할의 실현을 소구(訴求)할 수 있다.
① 협의에 의한 분할 : 공유물의 분할은 우선 협의에 의하여 이를 정한다. 분할방법으로는 현

물분할이 원칙이지만, 경우에 따라서는 공유물을 매각하여 그 대금을 나누는 대금분할이나, 공유자의 한 사람이 다른 공유자의 지분을 양수하여 그 가격을 지급하고 단독소유자가 되는 가격배상의 방법을 이용할 수도 있다.
② 재판에 의한 분할 : 분할의 방법에 관하여 협의가 성립되지 아니한 때에는 공유자는 법원에 그 분할을 청구할 수 있다.
㉠ 공유물 분할의 소(訴)는 형성의 소(訴)로서 그 판결의 확정으로 등기없이 물권변동의 효과가 생긴다.
㉡ 공유물 분할의 소는 분할의 효과가 공유자 전원에게 귀속되는 것이므로 이른바 필요적 공동소송이며, 공유자 전원이 당사자로 되어야 한다. 따라서 피고가 되는 자는 원고를 제외한 그 밖의 모든 공유자이다.
㉢ 재판에 의한 분할은 현물분할을 원칙으로 하며, 그것이 불가능하거나 현물분할을 하게 되면 현저히 그 가액이 감손될 염려가 있는 때에는 법원은 물건의 경매를 명하고 그 대금을 분할한다.

재판상 분할의 경우 현물분할의 원칙 및 대금분할의 요건

재판에 의한 공유물분할은 각 공유자의 지분에 따른 합리적인 분할을 할 수 있는 한 현물분할을 하는 것이 원칙이나, 대금분할에 있어 '현물로 분할할 수 없다'는 요건은 이를 물리적으로 엄격하게 해석할 것은 아니고, 공유물의 성질, 위치나 면적, 이용상황, 분할 후의 사용가치 등에 비추어 보아 현물분할을 하는 것이 곤란하거나 부적당한 경우를 포함한다 할 것이고, '현물로 분할을 하게 되면 현저히 그 가액이 감손될 염려가 있는 경우'라는 것도 공유자의 한 사람이라도 현물분할에 의하여 단독으로 소유하게 될 부분의 가액이 분할 전의 소유지분 가액보다 현저하게 감손될 염려가 있는 경우도 포함한다(대판 2001. 03. 09. 선고 98다51169)

현물분할할 수 있는 공유물에 대하여 대금분할을 명할 수 있는지 여부(소극)

재판에 의하여 공유물을 분할하는 경우에는 현물로 분할하는 것이 원칙이고, 현물로 분할할 수 없거나 현물로 분할하게 되면 그 가액이 현저히 감손될 염려가 있는 때에 비로소 물건의 경매를 명하여 대금분할을 할 수 있는 것이므로, 위와 같은 사유가 없음에도 경매를 명함은 위법하다(대판 1997. 04. 22. 선고 95다32662)

공유물을 공유자 중의 1인 단독소유 또는 수인의 공유로 하고 다른 공유자에 대하여는 가격배상만 하는 방법의 공유물분할이 가능한지 여부(적극)

공유관계의 발생원인과 공유지분의 비율 및 분할된 경우의 경제적 가치, 분할 방법에 관한 공유자의 희망 등의 사정을 종합적으로 고려하여 당해 공유물을 특정한 자에게 취득시키는 것이 상당하다고 인정되고, 다른 공유자에게는 그 지분의 가격을 취득시키는 것이 공유자 간의 실질적인 공평을 해치지 않는다고 인정되는 특별한 사정이 있는 때에는 공유물을 공유자 중의 1인의 단독소유 또는 수인의 공유로 하되 현물을 소유하게 되는 공유자로 하여금 다른 공유자에 대하여 그 지분의 적정하고도 합리적인 가격을 배상시키는 방법에 의한 분할도 현물분할의 하나로 허용된다(대판 2004. 10. 14. 선고 2004다30583)

(3) 분할의 효과
분할로 인한 담보책임
분할에 의하여 공유관계는 종료한다. 현물분할의 경우에는 공유자 각자가 종래 가지고 있었던 지분권의 교환이 있게 되고 가격배상의 경우에는 지분권의 매매가 있게 된다.

이와 같이 분할은 지분의 교환 또는 매매의 실질을 가지는 것이므로 분할의 효과는 소급하지 않을 뿐더러 각 공유자는 분할에 의하여 취득한 물건 또는 그 부분에 관하여 그 지분의 비율로 매도인과 동일한 담보책임이 있다.

제2절 지분취득후 활용방안

1. 지분권자의 법적지위

지분권자는 공유물 전부를 지분비율로 사용할 수 있으며, 보존행위는 단독으로 할 수 있고, 관리행위의 경우에는 과반수동의가 있어야 가능하다. 따라서 과반수지분을 취득한 경우에는 잔존공유자와 협의없이 단독으로 임대차계약을 할 수도 있다. 또한 이러한 지분은 자유로이 처분도 가능하며, 공유물분할청구도 자유로이 할 수 있다.

2. 지분의 처분
경매로 인하여 지분을 취득한 경우에 우선적으로 생각해볼 수 있는 수익모델은 지분을 처분하는 방법을 생각해볼 수 있다
아파트와 같은 경우에는 제3자에게 지분의 처분이 불가능하겠지만, 토지의 경우라면 지분만의 처분도 얼마든지 가능하다.

저가에 지분을 낙찰받은 후에 적정가격에 이를 다시 매수할 수 있다면 이는 아주 가장 기본적인 수익모델이 될 수는 있겠지만, 잔존공유자가 공유자우선매수신청을 포기하고 나중에 이를 그보다 높은 가격에 매수하게 되는 경우는 극히 제한적인 경우가 아닌가 생각한다.

3. 공유물분할청구권
지분권을 경매로 취득하게 된 매수인은 경락잔금의 입금과 동시에 당해부동산의 공유자로서의 지위를 득하게 된다.
공유자는 언제든지 자유롭게 분할청구권을 행사할 수 있으므로, 이를 활용하는 방법도 검토해 볼 수 있다.

(1) 형성권
공유물분할청구권의 법적성질은 형성권이다. 따라서 잔존공유자의 동의나 승낙없이도 이의 행사가 가능하며, 행사한 경우에는 즉시 분할을 위한 협의의무가 발생하게 된다.
이 경우 협의가 원만하게 이루어진 경우에는 협의분할의 방법으로, 협의가 원만하게 이루어지지 아니하는 경우에는 공유물분할청구의 소를 제기하여 재판상분할을 청구할수 있다.

(2) 협의분할
공유자간에 상호 협의하에 공유물을 분할하는 방법을 말한다.
이러한 협의분할에는 지분비율로 공유물을 현물로 분할하는 현물분할, 제3자에게 공유물을 매각하여 그 매각대금을 분할하게 되는 대금분할, 공유물을 공유자중의 1인의 단독소유로 하고 잔존공유자에게는 이를 가격으로 배상하는 가격배상의 방법 등이 있으며, 이는 협의에 의하여 자유로이 정할 수 있다.

(3) 재판상분할
잔존공유자가 협의의무를 이행하지 아니하는 경우에는 공유물분할청구의 소를 제기할 수 있으며 이를 재판상분할이라고 한다.
이러한 재판상분할은 법원이 직접 분할절차를 주관하는 것으로서 원칙은 현물분할을 하여야 하며, 현물 분할할 수 없는 것이거나 현물분할하게 되면 가액이 현저히 감손될 염려가 있을 때 대금분할을 명할 수 있다. 대금분할이라 함은 당해 공유물을 경매를 개시하여 그 매각대금의 분할을 의미하며 따라서 이를 매각분할이라고 하기도 한다.

(4) 공유물분할을 위한 경매
경매에는 채권의 변제를 목적으로 하는 실질적의미의 경매와, 단순한 현금화를 목적으로 하는 형식적의미의 경매로 나누어볼 수 있다.
공유물분할을 위한 경매는 현금화를 목적으로 하는 형식적의미의 경매에 속하는 것으로서 이러한 경매가 이루어진 경우에 당해부동산에 존재하는 제한물권이 매수인에게 인수되는지 여부가 문제된다 할 것이다.

이에 대해서는 소멸주의와 인수주의의 견해대립이 있으며 따라서 어떠한 조건하에서 경매가 개시가 되는지는 매수인에게 큰 영향을 미치게 되기에 이에 대한 면밀한 검토가 필요하다.
그러나 사실은 입찰자입장에서는 큰 고민을 할 필요가 없다. 우선은 소멸주의가 법정매각조건이므로 만약 당해 부동산에 대하여 인수주의를 택하는 경우에는 별도의 매각조건의 변경결정과 고지를 하여야 하기 때문에 매각물건명세서 상에 특별매각조건으로서 인수되는 권리에 대한 기재가 없다면 안심하고 입찰행위에 참가해도 무방할 것이다.

제8장 토지별도등기

1. 개념

토지별도등기라 함은 토지에 관하여 별도의 등기가 존재함을 의미한다.
왜 이런 용어가 생긴 것일까?
토지별도등기를 쉽게 이해하려면 일단 그 용어의 정리부터 필요하다 할 것이다.
토지위에 집합건물이 건축된 경우에는 집합건물의 구분소유자는 전유부분에 대한 소유권 즉, 구분소유권을 취득함과 동시에 대지에 대한 권리인 대지권도 같이 취득하게 된다.
이 경우에 구분소유권과 대지권은 처분의 일체성으로 묶여있기 때문에 그 이후부터는 사실 토지등기부는 따로이 존재의의를 상실하게 된다.
즉 전유부분에 설정한 저당권의 효력은 당연 대지권에도 미치므로 따로이 대지권에 대하여만 제한물권을 설정할 수 없기에 집합건물의 보존등기 후에는 토지등기부는 사실상의미가 없어지는 것이며 건물등기부만으로 제한물권의 공시가 가능한 것이다
그러나 집합건물이 만들어지기 전 단계에서 즉 대지권이 만들어지기 전 단계에서 토지에 대하여 제한물권을 취득한 자는 처분의 일체성에 영향을 받지 아니하므로 이를 표시하며 토지에 처분의 일체성의 영향을 받지 않는, 건물등기의 영향을 받지 않는 별도의 등기가 존재한다는 것을 공시하기 위하여 토지별도등기란 단어가 만들어지게 된 것이다.

2. 토지별도등기가 생기는 이유

나대지를 매입하여 집합건물을 건축하는 경우에 거의 대부분 토지담보로 대출을 일으킨 후 그 대출금으로 건물을 건축하며 이후 분양이 완료가 되면 토지의 근저당을 말소시켜주고 깨끗한 구분건물의 등기 상태로 분양을 받는 것이 통상적인 예이다.
그러나 나대지에 근저당을 설정한 후 집합건물을 건축한 후 으도한 목적대로 분양이 순조롭게 이루어지지 아니한 경우에는 근저당은 말소할 수가 없으며 따라서 이런 경우에 대지권 등기를 하게 되면 선순위근저당이 있는 상태에서 대지권등기가 이루어지게 되는 것이다.
따라서 이러한 선순위근저당(가압류, 가등기)은 토지의 별도등기가 되는 것이다.

3. 경매진행시

(1) 말소되는 토지별도등기

① 토지의 선순위 근저당권자나 선순위가압류채권자가 토지별도등기인 경우에는 그 경매대상이 된 구분건물의 대지권비율만큼 선순위근저당을 말소시켜주기 때문에 매수인의 추가부담이 발생하지 아니한다.

> 사례 1
> 갑소유 토지위에 2억의 저당권을 설정하고 그 대출자금으로 빌라 10채를 신축하였는데 건물의 미분양으로 인하여 대출금의 상환이 이루어지지 않게 되어 선순위근저당의 별도등기가 있는 상태에서 대지권등기를 하게 된 경우

> 에......
> 만약에 이 경우 빌라 401호가 최초 감정가 1억으로(감정평가 : 건물6천만원, 대지권4천만원) 경매가 진행되어 매수인이 8천만원에 낙찰을 받았다고 가정해볼 때...
> 8천만원의 대금 중에서 4800은 건물의 이해관계인에게 3200은 토지의 이해관계인에게 배당이 이루어지게 된다. 따라서 이경우에 토지의 선순위근저당권자는 2000(401호의 비율)의 배당을 받고 그 지분만큼의 근저당의 포기를 하게 되는 셈이므로 매수인이 인수할 여지가 없는 것이다.

② 다만, 이 경우에는 토지별도등기는 문제되지 않지만 만약에 당해건물에 배당요구를 한 선순위 임차인이 있는 경우에 이를 인수하여야 하는 문제가 발생할 수도 있으므로 이를 주의하여야 한다.

> 사례 2
> 위의 사례에서 만약에 401호에 대항력을 갖춘 보증금 7000의 임차인이 있다고 가정해보자.
> 이 경우에 토지별도등기가 없는 경우라면 선순위임차인은 자신의 보증금 전액을 배당받을 수 있으므로 매수인이 인수할여지가 없는 것이 맞다.
> 다만 위와 같이 토지별도등기가 있는 경우라면 건물에 배당된 금액 4800은 배당을 받지만 토지에 배당된 금액의 3200에서 토지별도등기를 가지고 있는 자가 먼저 배당을 받아가므로 임차인에게는 미배당보증금이 발생할 수 있으며 이 경우에 당해 보증금은 매수인이 인수하여야 하는 문제가 생기게 된다.

(2) 인수되는 토지별도등기
매수인이 인수하는 토지별도등기의 경우에는 매각물건명세서에 특별매각조건으로 이를 기재하여 공시하게 된다.
이러한 경우에는 토지별도등기를 가지고 있는 당사자를 만나서 당해권리에 대한 검토후에 입찰에 참여하여야 할 것이다.

제3편
배당 및 명도

제1장 배 당

제2장 명 도

제1장 배 당

제1절 총 설

부동산의 경매절차는 목적부동산을 경매 또는 입찰에 의하여 매각하여 그 매각대금으로서 채권자의 변제에 충당하려는 절차로서 압류, 현금화, 변제의 3단계의 절차로 이루어지며 배당은 이중 변제절차에 속하는 내용이다.

이 경우에 채권자의 경합이 없거나 경합이 있다할지라도 그 대금으로 집행비용 및 각 채권자의 채권을 만족시키기에 충분한 경우에는 각 채권자에게 그 채권액에 따라 교부하고 잔액은 채무자에게 교부한다.

다만 채권자의 경합이 있거나 그 대금으로 집행비용 및 모든채권자의 채권을 만족시키기에 충분하지 아니한 경우에는 각 채권자에게 민법, 상법 그밖의 법률에 의하여 그 우선순위에 따라 안분비례의 방법으로 매각대금을 배당하여야 한다.

따라서 이론상으로는 매각대금으로 각 채권자를 만족시킬 수 있는 경우에 실시하는 변제절차와 각 채권자를 만족시킬 수 없는 경우에 실시하는 변제절차가 서로 구별될 것이나, 어느 것이나 모두 넓은 의미에서는 배당절차라 할 것이고, 또 민사집행법도 양자를 엄격히 구별하고 있지 아니하므로 실제에 있어서는 전자의 경우에도 후자의 경우와 똑같이 배당기일을 지정하고 배당표를 작성하여 배당을 실시한다.

제2절 배당절차

매각대금에서의 채권자의 만족을 위한 배당은 ① 배당요구 ② 배당기일의 지정 및 통지 ③ 배당실시 이러한 3가지 절차를 밟아서 이루어지게 된다.
이에 이하에서는 이러한 내용을 중심으로 기술하고자 한다.

[1] 배당요구
배당요구는 우리가 경매법원의 매각을 위한 준비단계를 공부하며 한번 언급한적이 있는 개념이다. 경매법원이 매각을 위한 준비를 할 때 배당요구종기를 결정 및 공고를 한다하였고 이 기간안에 배당요구를 하여야 배당 받을수 있다고 공부하였다.

1. 배당요구의 의의

배당요구란 다른 채권자에 의하여 개시된 집행절차에 참가하여 동일한 재산의 매각대금에서 변제를 받으려는 집행법상의 행위로서 다른 채권자의 강제집행절차에 편승한다는 점에서 종속적인 것이다.
배당요구와 구별되는 행위로서 권리신고가 있는데, 권리신고는 배당요구와 달리 부동산 위의 권리자가 집행법원에 신고를 하고 그 권리를 증명하는 것이며, 권리신고를 함으로써 이해관계인이 되지만(민집 90조 4호), 권리신고를 한 것만으로 당연히 배당을 받게 되는 것은 아니며 별도로 배당요구를 하여야 한다는 점을 주의하여야 한다.(민집 148조 참조).

2. 채권자의 배당요구

(1) 배당요구를 하지 않아도 당연히 배당에 참여할수 있는자 (당연배당권자)

① 이중경매신청인
② 첫 경매개시결정등기 전에 등기된 가압류채권자
③ 첫 경매개시결정등기 전에 등기된 우선변제권자
   ㉠ 첫 경매개시결정등기 당시의 등기된 우선변제권자
   ㉡ 첫 경매개시결정등기 전의 체납처분에 의한 압류권자
④ 종전 등기부상의 권리자

① 이중경매신청인
선행사건의 배당요구의 종기까지 이중경매신청을 한 채권자는 별도의 배당요구를 하지 않아도 배당을 받는다.

② 첫 경매개시결정등기 전에 등기된 가압류채권자
첫 경매개시결정등기 전에 가압류집행을 한 채권자는 배당요구하지 않더라도 배당을 받는다(민집 148조 3호). 따라서 이에 해당하는 가압류채권자가 채권계산서를 제출하지 않았다 하여 배당에서 제외하여서는 안된다.
(대판 1995.7.28. 94다57718).

③ 첫 경매개시결정등기 전에 등기된 우선변제권자
㉠ 첫 경매개시결정등기 당시의 등기된 우선변제권자
우선변제청구권이 있는 채권자 중 첫 경매개시결정등기 전에 등기되었고 매각으로 소멸하는 것을 가진 채권자는 매각으로 인하여 각 그 권리가 소멸되는 대신 당연히 순위에 따라 배당받을 수 있다(민집 148조 4호).
단, 가등기담보권의 경우에는 채권신고의 최고기간까지 채권신고를 한 경우에 한하여 배당받을 수 있다.(가담법 16조 2항).
또한 선순위전세권은 실체법상 존속기간이 지났는지에 관계없이 그 권리자가 배당요구를 하여야만 매각으로 소멸하므로(민집 91조 4항 단서), 이에 해당하는 권리는 비록 첫 경매개시결정등기 전에 등기되어 있더라도 배당요구가 필요하다.
㉡ 첫 경매개시결정등기 전의 체납처분에 의한 압류권자
국가나 지방자치단체, 공공단체 등이 국세징수법상의 체납처분의 예에 의하여 징수할 수 있는 채권의 징수를 위하여 국세징수법 56조에 의하여 한 교부청구는 강제집행에 있어서의 배당요구와 같은 성질의 것인데(대판 2001.5.8. 2000다 21154 등), 경매부동산에 관하여 첫 경매개시결정이 등기되기 전에 체납처분의 절차로서 압류 또는 보전압류등기가 되어 있는 경우에는 교부청구를 한 효력이 있으므로(대판 1997.2.14. 96다51585 등) 이 경우에는 별도의 배당요구가 없어도 배당(교부)받게 된다.
반면에 첫 경매개시결정등기 후에 체납처분에 의한 압류등기(국세징수법 57조에 의한 참가압류등기도 마찬가지이다)가 된 경우에는 집행법원에 배당요구의 종기까지 배당요구로서 교부청구를 하여야만 배당을 받을 수 있다.

④ 종전 등기부상의 권리자
주의할 것은 재개발, 재건축사업시행결과 공급된 부동산에 대하여 경매할 때 종전 부동산등기부에 기입되어 있던 부담등기의 권리자이다.
위 두 사업의 시행결과 새로이 공급된 주택이나 대지가 매각부동산인 경우에는 그 등기부에 종전 부동산에 관한 부담내용이 이기되지 아니하였더라도 등기된 것과 동일하게 보아야 하므로(민법 187조), 종전부동산의 등기부에 위와 같은 등기가 있는 경우에는 그 등기된 권리자도 배당요구하지 않아도 당연히 배당에 참가할 수 있는 채권자에 해당하는 것으로 보아야 한다.

(2) 배당요구를 하여야 배당에 참여할 수 있는 자

> 위에 기술한 채권자들 이외의 채권자들은 배당요구의 종기까지 배당요구를 하여야 배당요구를 하여야 배당받을수 있다.
> ① 집행력 있는 정본을 가진 채권자
> ② 경매개시결정이 등기된 뒤에 가압류를 한 채권자
> ③ 민법·상법, 그 밖의 법률에 의하여 우선변제청구권이 있는 채권자

① 집행력 있는 정본을 가진 채권자
본조의 집행력 있는 정본과 민사집행법 28조 1항의 집행력 있는 정본은 개념상 일치하는 것은 아니다. 즉 민사집행법 28조 1항의 집행력 있는 정본은 '집행문이 부여된 판결정본'을 뜻하지만, 본조의 집행력있는 정본은 집행권원의 종류에 있어서 판결뿐만 아니라 민사집행법 56조 각호의 집행권원의 종류에 있어서 판결뿐만 아니라 민사집행법 56조 각호의 집행권원이 모두 포함되고, 또한 집행권원에 표시된 급부의 내용이 주된 청구이든 대상청구이든 금전의 지급을 내용으로 하는 것이어야 하며, 강제집행에 집행문이 필요한 것은 집행문을 부여받아야 하지만 집행문이 필요없는 지급명령(민집 58조 1항)이나 이행권고결정(소액 5조의 81항)은 집행문이 없어도 된다.

② 경매개시결정이 등기된 뒤에 가압류를 한 채권자
경매개시결정등기 후에 동일 부동산에 대하여 가압류를 한 채권자를 말한다.
가압류채권자 중 첫 경매개시결정등기 전에 가압류를 한 채권자는 배당요구를 하지 않더라도 당연히 배당받을 수 있으나(민집 148조 3호), 첫 경매개시결정등기 후에 가압류를 한 채권자는 경매신청인에게 대항할 수 없고 집행법원도 가압류사실을 알 수가 없으므로 배당요구의 종기까지 배당요구를 하여야만 배당받을 수 있다.

③ 민법·상법, 그 밖의 법률에 의하여 우선변제청구권이 있는 채권자
여기서 말하는 우선변제청구권이 있는 채권자는 등기 여부에 따라 두 가지가 있다.
하나는 등기 안 된 우선변제권자로서, 주택임대차보호법이나 상가건물임대차보호법이 적용되는 임차권 중 등기 안 된 임차권자의 임대차보증금채권(주택임대차보호법 3조의 2, 8조, 상가건물임대차보호법 5조, 14조), 임금채권(근로기준법 37조), 사용인의 우선변제권(상법 468조) 등을 말하며 이들 채권자들은 배당요구를 할 수 있을 뿐 아니라 반드시 배당요구를 하여야만 배당받을 수 있다. 특히 주택이나 상가건물의 임차인이 이해관계인으로서 권리신고를 한 경우에는 이를 배당요구로는 볼 수 없으므로 다시 배당요구하여야 한다.

다른 하나는 저당권, 전세권, 등기된 임차권 등 등기는 되었으나 그 등기가 첫 경매개시결정등기 후에 되었기 때문에 민사집행법 148조 4호에 따라 당연히 배당받을 수 있는 채권자에 해당되지 아니하는 채권자이다.

④ 조세 기타 공과금채권
조세 기타 체납처분의 예에 따라 징수할 수 있는 공과금채권(과태료중 법원의 과태료 재판을 거치지 아니하고 행정관청에 의하여 부과된 채 확정된 과태료 채권도 여기에 해당한다) 에는 징수순위가 일반채권보다 앞서는 것과 그렇지 아니한 것이 있고, 전자 중에도 납부기한에 따라 담보권과의 우선순위가 달리지는 것과 그렇지 아니한 것이 있는데, 어느 것이나 이들 징수금이 미납된 경우 배당요구의 종기까지 국세징수법상의 체납처분의 예에 의한 압류·참가압류 또는 교부청구를 하여야만 배당받을 수 있다.

⑤ 대위변제자
타인의 채권을 대위변제하였거나 또는 공동저당권자에 대한 이시배당의 결과 차순위 채권자가 대위하는 경우(민법 368조 2항)에 대위권자는 피대위자와는 별도로 배당요구를 하여야 하는가에 관하여는, 원칙적으로 피대위자가 배당받기 위하여 배당요구가 필요한 경우에는 대위할 범위에 관하여 대위권자만이 배당요구해도 되고(대판 2000.9.29.2000다32475 참조), 대위할 범위에 관하여 피대위자가 이미 배당요구하였거나 배당요구 없이도 당연히 배당받을 수 있는 경우에는 대위권자는 따로 배당요구하지 않아도 당연히 배당받을 수 있는 경우에는 대위권자는 따로 배당요구하지 않아도 배당기일까지 대위권자임을 소명하면 된다고 할 것이다.

3. 배당요구의 방식

① 서면신청
배당요구는 채권(이자, 비용, 그 밖의 부대채권을 포함한다)의 원인과 액수를 적은 서면으로 하여야 하고(민집규 48조 1항), 구두신청은 허용되지 않는다.

② 배당요구서의 제출시기
배당요구서는 법원이 정한 배당요구의 종기까지 제출되어야 한다.

③ 배당요구서에 적어야 할 사항
배당요구서에 적어야 할 사항은 채권의 원인 및 액수이다. 채권의 원인이라 함은 채권자가 채무자의 총재산으로부터 변제를 받을 수 있는 법률관계를 말하므로 그 원인채권을 특정할 정도로 적으면 족하다.

4. 배당요구의 통지

적법한 배당요구가 있는 때에는 법원은 그로부터 3일 이내에 직권으로 이해관계인에게 그 취지를 통지하여야 한다.

5. 배당요구의 효과

배당요구채권자는 매각대금으로부터 배당받을 권리가 있으며, 그 외에 집행법원으로부터 배당기일통지를 받을 권리(민집 146조), 배당기일에 출석하여 배당표에 대한 의견을 진술할 수 있는 권리(민집 151조) 가 있다. 또한 배당요구함으로써 경매절차의 이해관계인이 된 경우에는 (민집 90조) 다른 채권자로부터 배당요구가 있으면 법원으로부터 그 통지를 받고 (민집 89조, 88조1항), 매각기일에 출석할 수 있으며(민집 116조 2항), 배당요구의 종기까지 매각조건의 변경에 합의를 할 수 있고(민집 110조), 매각결정기일에 출석하여 매각허가에 관한 의견을 진술할 수 있으며(민집 120조), 또 매각허가여부의 결정에 대하여 손해를 볼 경우 즉시항고할 수 있는(민집 129조) 권리가 있다.

[2] 배당기일의 지정 및 통지

매각대금납부 후 3일안에 배당기일을 지정하되 4주일 이내의 날로 지정하여야 하며 이해관계인 및 배당요구채권자에게 통지하여야 한다.
또한, 법원은 배당기일 3일전까지는 배당표원안을 작성 비치하여 이해관계인이 열람할 수 있도록 하여야 한다.

[3] 배당의 실시 및 순위

1. 배당의 실시

출석한 이해관계인, 배당요구채권자에 대한 심문을 거친 뒤에 법원은 배당을 실시하며 배당표에 대한 이의가 있는 경우에는 채권자 및 채무자에 배당에 대한 이의를 제기할 수 있다. 배당할 금액은 다음 각호의 금액이 된다.
(1) 매각대금
(2) 매각대금의 지연이자
(3) 항고보증금
(4) 대금미납으로 인한 매수인의 입찰보증금

2. 배당의 순위
매각대금의 배당에는 일반적인 순위가 있으며, 배당은 이에따라 진행하여야 한다.
그러나 동순위의 채권자가 다수인경우에는 같은 순위로 안분배당을 하여야 한다.

(1) 일반적인 순위

① 물권상호간의 순위관계
저당권, 전세권, 가등기담보권 등 물권상호간에는 등기설정일의 선후에 의하여 우선순위를 정한다. 만일 등기설정일이 동일한 경우에는 접수번호의 선후에 의하여 우선순위를 정하게 된다.

② 채권상호간의 순위관계
채권자상호간에는 채권자평등주의가 적용된다. 따라서 채권액의 비율에 따라서 안분배당을 받

게 된다.

> 자신의 채권액/ 총채권액 × 배당할금액 = 자신의 배당금액

③ 물권과 채권 상호간의 관계
물권과 채권간에는 물권이 우선하는 것이 원칙이다.
다만 예외적으로 가압류가 최선순위인 경우에 선순위가압류와 후순위저당권을 동순위로 취급하여 안분배당이 이루어지게 된다.

> 예컨대 갑소유 1억부동산에 을이 선순위가압류 3천, 병이 6천의 저당채권을 가지고 있으며 당해 부동산이 6천에 낙찰이 되었다고 가정하면....
> 을은 3천/9천 × 6천 = 2천만원
> 병은 6천/9천 × 6천 = 4천만원의 배당을 받게 된다

④ 국세와 지방세
국세나 지방세 등의 조세와 저당권간의 순위관계는 국세의 경우에는 법정기일, 지방세의 경우에는 과세기준일과 저당권설정등기일로써 그 우선순위를 결정하는 것이 원칙이지만, 당해 목적물에 부과된 국세와 가산금은 최선순위저당권보다도 먼저 배당이 이루어지게 된다.

(2) 구체적인 순위

순위		구체적인 내용
0순위		경매집행비용, 제3취득자의 필요비와 유익비
1순위	최우선배당	주택(상가)의 소액보증금, 최종3개월분의 임금 / 재해보상금 당해세(당해목적물에 부과된 국세 및 지방세)
2순위	우선배당	담보권(저당권, 전세권등), 확정일자부 임차보증금, 임차권등기된 임차보증금, 일반적인 국세/지방세, 3개월이후의 임금
3순위	일반배당	가압류, 확정일자없는 일반 임차권, 집행력있는 채무권원

제3절 배당연습

1. 일반배당
배당할 금액 : 1500만원

A	근저당	2012.03.20	1000만원
B	가압류	2012.04.07	1000만원

2. 안분배당
배당할 금액 : 1500만원

A	가압류	2012.04.04	1000만원
B	근저당	2012.04.07	1000만원

3. 안분후 흡수배당 1
배당할 금액 : 2000만원

A	가압류	2012.05.04	500만원
B	1번저당권	2012.05.12	1500만원
C	2번저당권	2012.05.18	3000만원

4. 안분후 흡수배당 2
배당할 금액 : 6300만원

A	가압류	2010.03.20	2000만원
B	근저당	2010.05.21	2000만원
C	근저당	2011.03.11	1000만원
D	가압류	2011.06.11	1000만원
E	근저당	2012.03.04	1000만원
F	가압류	2012.04.11	1000만원
G	근저당	2012.05.06	1000만원

5. 소액임차인 최우선배당
배당할 금액 : 1억원

A	근저당	2010.10.17	3000만원
B	임대차	전입 : 2012.10.20 확정 : 2012.10.25	3000만원
C	임대차	전입 : 2012.10.23 확정 : 2012.10.23	5000만원

6. 실전배당 1

서울 주택		감정	380,510,000	낙찰	288,000,000
등기부	A	저당1	92.04.22	4800만	
	B	저당2	95.07.13	3억6천만	
	C	저당1이전	00.08.07		한국자산관리공사
	D	가압류	00.09.05	8562만	
	E	가압류	00.09.26	4억5521만	
	F	압류			
	C	임의경매	01.04.11		
임차인	이름		전입	확정	보증금
	G(배당요구)		91.05.25	98.03.23	2천
	H(배당요구)		95.07.05	95.07.10	6천
	I(배당요구)		95.05.15	없음	3천5백
	J(배당요구)		95.06.25	95.06.23	3천3백
	K(배당요구)		98.03.12	98.03.12	3천
	L(배당요구)		00.06.05	00.06.15	1천8백

▶ 92년도 서울특별시 2천이하보증금 중 700만원/ 경매비용 400

순번	권리관계	비고
1		
2		
3		
4		
5		
6		
7		
8		
9		
10		
11		

7. 실전배당 2

서울 주택	감정	380,510,000	낙찰	288,000,000
등기부	A 저당1	92.04.22	4800만	
	B 저당2	96.07.13	3억6천만	
	C 저당1이전	00.08.07		한국자산관리공사
	D 가압류	00.09.05	8562만	
	E 가압류	00.9.26	4억5521만	
	F 압류			
	C 임의경매	01.04.11		
임차인	이름	전입	확정	보증금
	G (배당요구)	91.05.25	98.03.23	2천
	H (배당요구)	95.07.05	95.07.10	6천
	I (배당요구)	95.05.15	없음	3천5백
	J (배당요구)	95.06.25	95.06.23	3천3백
	K (배당요구)	98.03.12	98.03.12	3천
	L (배당요구)	00.06.05	00.06.15	1천8백

▶ 경매비용 400
▶ 92년도 서울특별시 2천이하보증금 중 700만원
▶ 96년도 서울특별시 3천이하보증금 중 1200만원

순번	권리관계	비고
1		
2		
3		
4		
5		
6		
7		
8		
9		
10		
11		

8. 실전배당 3

서울 주택	감정	380,510,000	낙찰	283,000,000
등기부	A 저당1	96.04.22	4800만	
	B 저당2	96.07.13	3억6천만	
	C 저당1이전	00.08.07		한국자산관리공사
	D 가압류	00.09.05	8562만	
	E 가압류	00.09.26	4억5521만	
	F 압류			
	C 임의경매	01.04.11		
	이름	전입	확정	보증금
임차인	G (배당요구)	91.05.25	98.03.23	2천
	H (배당요구)	95.07.05	95.07.10	6천
	I (배당요구)	95.05.15	없음	3천5백
	J (배당요구)	95.06.25	95.06.23	3천3백
	K (배당요구)	98.03.12	98.03.12	3천
	L (배당요구)	00.06.05	00.06.15	1천8백

▶ 경매비용 400
▶ 96년도 서울특별시 3천이하보증금 중 1200만원

순번	권리관계	비고
1		
2		
3		
4		
5		
6		
7		
8		
9		
10		
11		

제2장 명 도

제1절 총 설

법원은 매수인이 대금을 낸 뒤 6월 이내에 신청하면 채무자, 소유자 또는 부동산 점유자에 대하여 부동산을 매수인에게 인도하도록 명할 수 있는바(민집 136조 1항) 이를 인도명령이라 한다.
인도명령은 즉시항고로서만 불복할 수 있는 재판(민집 136조 5항)으로 민사집행법 56조 1호에 해당하는 집행권원이다.

제2절 인도명령의 당사자

1. 신청인

인도명령을 신청할 수 있는 자는 매수인과 매수인의 상속인 등 일반승계인에 한한다. 매수인이나 그 승계인이 매각대금을 지급하였음을 요하며 매수인명의로 소유권이전등기가 되었음을 요하지는 않는다. 인도명령신청권은 매각대금을 모두 지급한 매수인에게 부여된 집행법상의 권리이므로 매수인이 매각부동산을 제3자에게 양도하였다 하더라도 매수인이 인도명령을 구할 수 있는 권리를 상실하지 아니한다(대결 1970.9.30. 70마539). 양수인 앞으로 소유권이전등기를 마친 경우에도 마찬가지이다.
인도명령이 발하여진 후의 일반승계인은 승계집행문의 부여를 받아 인도명령의 집행을 할 수 있다. 매수인으로부터 매각부동산을 양수한 양수인(특정승계인)은 매수인의 집행법상의 권리까지 승계하는 것은 아니기 때문에 그 양수인은 인도명령을 신청할 권리를 가지지 아니하며, 매수인을 대위하여 인도명령을 신청하는 것도 허용되지 아니한다.

2. 상대방

인도명령의 상대방은 채무자, 소유자 또는 부동산점유자이다(민집 136조 1항). 채무자나 소유자의 일반승계인도 인도명령의 상대방이 될 수 있음은 물론이다(대결 1973.11.30. 73마734).

(1) 채무자
채무자는 경매개시결정에 표시된 채무자를 말하고 그 일반승계인이 포함되며, 상속인이 여럿인 경우에는 각 공동상속인마다 개별적으로 인도명령의 상대방이 된다.

(2) 소유자
여기서 말하는 소유자는 경매개시결정 당시의 소유명의자로 보면 되고 (경매개시결정 후의 제3취득자도 포함시켜야 한다는 견해도 있다), 이렇게 볼 때 가압류에서 본압류로 이전된 경우에 본압류 당시의 소유명의자는 당연히 본조 소정의 소유자에 해당한다.

(3) 부동산점유자
구 민사소송법은 인도명령의 상대방 중 채무자, 소유자 이외의 자를 압류의 효력이 발생한 후에 점유를 시작한 부동산점유자로 한정하였으나 현행법은 단순히 부동산점유자로 규정함으로써 압류의 효력이 발생하기 전에 점유를 시작한 점유자에 대하여도 인도명령을 발령할 수 있도록 하였다.
따라서 점유를 시작한 때가 압류의 효력발생 전인지 여부와 관계없이, 심지어는 매각으로 인하여 소멸하는 최선순위의 담보권이나 가압류보다 먼저 점유를 시작한 점유자라도 <u>매수인에게 대항 할 수 있는 권원에 의하여 점유하고 있는 것으로 인정되는 경우가 아니면</u> 인도명령의 상대방이 된다.

점유자가 매수인에게 대항할 수 있는 권원에 의하여 점유하고 있는 것으로 인정되는 경우에는 상대방이 될 수 없다(민집 136조 1항 단서). 여기서 매수인에게 대항 할 수 있는 권원이란 점유자의 채무자에 대한 점유권원으로서 매각에 의하여 효력을 잃지 않고 매수인에게 대항할 수 있는 권원, 즉 ① 매수인에게 인수되는 권리와 ② 매각 후 매수인과의 사이에 새로이 성립한 점유권원의 두 가지로 구별된다. ①의 권원에는, 매각으로 인하여 소멸하는 저당권·압류·가압류 등에 우선하는 대항력 있는 용익권(임차권, 지상권)이라든가 유치권이 포함되고, ②의 권원에는 법정지상권이라든가 매수인과 점유자의 합의에 의하여 새로 성립한 용익권 등이 포함된다.

제3절 인도명령의 신청

1. 신청의 방법
인도명령의 신청은 집행법원에 서면 또는 말로 할 수 있다(민집 23조 1항, 민소 161조 1항). 집행절차의 부수적인 신청이므로 민사집행법 4조의 적용은 없으나 통상서면으로 한다. 신청서에는 1000원의 인지를 붙여야 한다(인지법 9조 4항 4호).

2. 신청의 시기
인도명령은 매각대금을 낸 뒤 6월 이내에 신청해야 한다. 6월이 지난 뒤에는 점유자를 상대방으로 하여 소유권에 기한 명도소송을 제기할 수밖에 없다.

3. 관할 법원
당해 부동산에 대한 경매사건이 현재 계속되어 있거나 또는 과거에 계속되어 있었던 집행법원이다(민집 136조 1항). 이는 전속관할이다.

제4절 인도명령의 재판

1. 심리
인도명령의 신청이 있는 경우에 한하여 집행법원은 그 적부를 판단할 수 있으며 인도명령을 발할 수 있는 요건의 구비가 기록상 명백하다 하더라도 그 신청이 없으면 집행법원이 직권으로 인도명령을 발할 수는 없다. 법원은 서면심리만으로 인도명령의 허부를 결정할 수도 있고 또 필요하다고 인정되면 상대방을 심문하거나 변론을 열 수도 있다(민집 23조 1항, 민소 134조).

그러나 법원이 채무자 및 소유자 외의 점유자에 대하여 인도명령을 하려면 그 점유자를 심문하여야 한다. 다만, 그 점유자가 매수인에게 대항할 수 있는 권원에 의하여 점유하고 있지 아니함이 명백한 때 또는 이미 그 점유자를 심문한 때에는 그러하지 아니하다(민집 136조 4항). 일단 심문기일을 정하여 진술할 기회를 주었음에도 그 점유자가 심문에 응하지 아니한 때에는 그의 진술을 듣지 않고서도 인도명령을 발할 수 있다.

2. 재판 및 집행

법원은 신청인이 제출한 주민등록표등·초본, 전에 발한 인도명령의 집행조서등본, 호적등본, 등기부등본 등의 자료와 집행기록(예컨대 현황조사보고서, 평가서 등) 및 상대방심문의 결과 등에 의하여 인도명령의 사유가 소명(단, 증명이 필요하다는 설도 있다)되면 인도명령을 발한다. 재판의 형식은 결정이지 소송법상 의미의 명령이 아니다(민집 136조 5항 참조).

제4편
경매 팁

1. 강제집행이란 무엇인가

강제집행이라 함은 국가의 집행기관이 채무명의에 표시된 사법상의 이행청구권을 강제적으로 실현하는 법적 절차이다.

1. 강제집행의 목적은 사법상의 청구권의 실현이다.
재산권으로서 사법상의 청구권에는 물권, 채권, 인격권, 신분권, 기타 권리침해에 기한 회복이나 예방 등을 구하는 청구권 등이 있다. 청구권의 내용은 작위·부작위를 가리지 않는다. 강제집행은 위와 같은 사법상의 청구권의 실현을 목적으로 하는 점에서 행정상의 강제집행과 다르고 채무명의를 요건으로 하는 점에서 담보의 실행을 위한 경매와 구별된다. 다만, 현행 민사소송법은 담보권의 실행를 위한 경매를 강제집행의 범주에 포함시키고 있다.

2. 강제집행의 대상은 이행청구권에 한한다.
확인판결이나 형성판결은 확정되면 기판력, 형성력이 발생하여 판결을 구하는 목적이 달성되므로 강제집행을 할 필요가 없기 때문이다.

3. 강제집행도 법률적 절차이다.
강제집행은 그 요건, 방법, 효과 등이 법규에 의하여 획일적으로 정하여지며 이를 임의로 변경하는 것은 명문으로 인정되는 것 이외에는 허용하지 않는다. 이는 집행의 적정·공평한 수행과 원활하고 신속한 처리를 위하여 요청되는 것이다. 임의집행의 금지라고 하는 구속은 당사자는 물론 집행기관에 대하여도 해당된다.

4. 강제집행은 채권자의 신청이 있어야 한다.
이행청구권의 사실적 형성을 현실적으로 실시하는 강제집행권은 국가에게 있다. 그러나 채권자가 권리의 실현을 바라지 않는데도 국가가 직권으로 채무자를 강제하여 그 의무를 이행하도록 할 수 없으며 채권자의 신청이 있을 때 비로소 개시된다. 이른바 사법(司法)의 소극성이 강제집행에도 적용된다.

5. 협의의 강제집행에는 강제력이 따른다.
강제집행은 국가가 권력작용의 일환으로서 강제력을 행사하여 의무내용을 실현시킨다. 이때 국가권력은 채무자의 의사에 구애받지 않는다.

6. 국가의 강제력을 사용하지 않고 재판에 의하여 그 내용에 적합한 일정상태를 실현하는 경우도 있다.
특별한 법률의 규정에 의하여 당해 재판의 반사적 효력으로 일정한 법적상태를 작출하는 경우가 있다. 이것은 국가의 강제력의 행사에 의한 이행청구권의 실현과는 관계가 없으므로 강제집행에는 해당하지 아니한다. 다만 재판에 기한 국가의 행위라는 점에서 유사한 점이 있기 때문에 광의의 강제집행이라고 한다. 이러한 예로서 강제집행과 관련된 것 중에 강제집행의 기초가 되는 재판을 취소하는 재판 또는 강제집행을 허가하지 아니하거나 그 정지를 명하는 재판에 의하여 집행기관이 집행의 정지·취소를 하는 것(제510조 제1호, 제511조) 등이 있다.

7. 형식적 강제집행은 편의상 강제집행제도를 이용하는데 불과하다.
벌금·과료·몰수·추징 등 재산형의 형벌이나 과태료는 검사의 명령에 의하여 집행한다. 검사의 집행명령은 채무명의와 동일한 효력이 있다. 이에 관하여는 민사소송법의 강제집행에 관한 규정이 준용된다(제523조, 비송사건절차법 제249조, 형사소송법 제477조). 이와 같이 공법상 청구권의 집행을 강제집행에 의하여 하게 하는 것은 편의상 강제집행제도를 이용하고 있는데 불과하므로 이를 형식적 강제집행이라 한다.

2. 강제집행절차와 판결절차는 어떻게 다른가
강제집행절차와 판결절차는 서로 독립된 절차이다.

1. 강제집행절차는 넓은 의미의 민사소송에 속한다.
일반적으로 강제집행절차는 판결절차와 함께 넓은 의미의 민사소송에 속하며 재판상의 권리보호절차로서 법질서의 유지를 궁극의 목적으로 한다.

2. 강제집행절차는 판결절차와 병행하여 진행될 수 있다.
가집행선고 있는 종국판결(제469조)에 의하여 그 확정전에 강제집행이 행하여지는 경우가 이에 해당한다. 그러나 가집행선고 있는 판결에 기한 강제집행도 확정판결에 기한 경우와 같이 본집행이므로 상소심의 판결에 의하여 가집행선고의 효력이 소멸되거나 집행채권의 존재가 부정된다 하더라도 그에 앞서 이미 완료된 집행절차나 이에 기한 경락인의 소유권취득의 효력에는 아무런 영향을 미치지 아니한다.[1] 다만 강제경매가 반사회적 법률행위의 수단으로 이용된 경우에는 그러한 강제경매의 결과를 용인할 수 없다.

3. 판결절차처럼 강제집행도 법률적 절차이다.
다만 강제집행절차에 있어서의 당사자의 대립은 판결절차에 있어서와 같은 대등한 관계는 아니고 채권자의 우위적 능동적 지위가 인정된다.

4. 강제집행절차는 청구권의 사실적 형성을 목적으로 하는 절차이다.
판결절차는 권리 또는 법률관계의 존부의 확정 즉, 청구권의 존부의 관념적 형성을 목적으로 하는 절차이고 강제집행절차는 권리의 강제적 실현 즉 청구권의 사실적 형성을 목적으로 하는 절차이다.

5. 강제집행절차와 판결절차는 서로 독립된 절차이다.
강제집행절차와 판결절차는 밀접한 관계에 있기는 하지만 후자는 그 성질상 심리의 공평·신중이 요청됨에 반하여 전자에 있어서는 신속·확실한 실현과 채무자의 이익보호가 요청되기 때문에 양자는 별개 독립된 기관이 관장하는 독립된 절차이며(제692조, 제693조) 전자가 후자의 속행도 그 일부도 아니다. 단, 수소법원이 집행기관으로 되는 것은 예외이다.

6. 모든 소송이 강제집행을 수반하는 것은 아니다.
확인판결이나 형성판결은 집행력이 없으므로 강제집행으로 이행하지 아니한다. 또 이행판결 중에서도 부부의 동거를 명하는 판결처럼 성질상 강제집행에 적합하지 아니한 것도 있고, 채무자가 임의로 의무를 이행하여 강제집행을 할 필요가 없는 것도 있다.

7. 강제집행은 다시 판결절차가 발생하는 경우가 있다.
강제집행은 판결절차 또는 이에 갈음하는 관념적 형성절차를 전제로 하나 청구이의의 소(제505조), 제3자이의의 소(제509조), 배당이의의 소 처럼 강제집행을 계기로 하여 다시 판결절차가 발생하는 경우가 있다.

8. 모든 강제집행에 판결절차가 반드시 선행하는 것은 아니다.
공정증서, 조정조서(민사조정법 제29조, 가사소송법 제59조 제2항), 과태료의 재판에 관한 검사의 명령(제523조) 등에 의하여도 강제집행을 할 수 있다.

---

[1] 대법원 1990. 12. 11. 선고, 90다카19098, 19104, 19111 판결 ; 대법원 1991. 2. 8. 선고, 90다16177 판결 ; 대법원 1993. 4. 23. 선고, 93다3165 판결 ; 대법원 2022. 8. 25. 선고 2018다205209 판결

3. 채무명의란 무엇인가

채무명의라 함은 일정한 사법상의 청구권의 존재 및 범위를 표시하고 그 청구권에 집행력을 인정한 공정의 문서를 말한다.

1. 채무명의의 의의
채무명의라 함은 일정한 사법(私法)상의 청구권의 존재 및 범위를 표시하고 그 청구권에 집행력을 인정한 공정의 문서를 말한다. 채무명의는 일정한 사법상의 청구권을 표시하여야 하므로 그러한 표시가 없는 형성판결이나 확인판결은 채무명의로 되지 않는다. 구체적으로 어떠한 증서가 채무명의로 되는가는 민사소송법 기타의 법률에 정하여져 있다. 주로 재판 및 이에 준하는 효력을 가지는 조서가 채무명의로 되나 그 외에 당사자의 진술에 기하여 공증인 또는 합동법률사무소 및 법무법인이 작성한 증서인 경우도 있다.

2. 채무명의의 내용
(1) 채무명의는 집행문의 부여와 결합하여 집행당사자, 내용, 범위가 정하여 진다.
채무명의에 의하여 한정된 이외의 집행행위는 위법하다. 이에 대하여 채무자 및 이해관계 있는 제3자는 이의신청 또는 소로써 그 집행의 배제를 구할 수 있다.
(2) 채무명의는 급부의무를 내용으로 한다.
급부는 가능·특정·적법하며 강제이행을 할 수 있어야 한다. 급부가 집행당시에 객관적으로 불능이면 집행불능으로 된다. 채무명의에는 급부 목적물의 종류, 범위, 급부의 시기 등이 구체적으로 표시되어야 한다. 급부의 내용자체가 부적법하거나 사회질서에 반하는 것일 때에는 설령 잘못하여 판결로 그러한 급부를 명하였다 하더라도 무효이므로 집행할 수 없다. 예를 들어 '살(筋肉) 1kg을 절단하여 인도하라'고 명한 판결은 있을 수도 없지만 설령 있다고 하더라도 어떻게 집행할 수 있겠는가! 이러한 판결은 집행할 수 없다. 그러나 급부내용 자체가 부적법한 것이 아니면 그 원인이 불법이라 하더라도 집행은 가능하다. 왜냐하면 집행기관은 급부의 원인의 당부를 판단할 수 없기 때문이다. 부부의 동거를 명한 경우처럼 급부의 성질이 강제이행에 적합하지 아니한 경우 집행은 불능이다.
(3) 채무명의에 표시된 바에 의하여 급부청구권의 범위의 최대한도가 정하여 진다.
실체상으로는 채무명의에 표시된 액수이상의 채권이 있다 하여도 그 초과부분은 집행할 수 없다. 또 형식상 채무명의에 표시된 액수를 항상 집행할 수 있는 것은 아니다. 예를 들어, 금1억원의 지급을 명한 1심판결에 대하여 패소한 피고가 항소하였는데 항소심에서 원고가 소를 일부 취하하여 청구를 금5천만원으로 감축하여 지급을 구하였다. 이때 항소가 기각된 경우에는 채무명의로 되는 것은 제1심 판결인데 그 판결에 형식상 표시되어 있는 것은 금1억원이라 하여도 집행할 수 있는 범위는 금5천만원에 한한다. 청구이의의 소에서 채무명의 표시의 일부에 대하여 집행불허의 판결이 있는 경우 집행할 수 있는 범위는 집행불허가 되지 않는 잔존부분이다.
(4) 집행대상물의 범위도 채무명의에 표시된 금전채권의 집행에 있어서는 특단의 규정이 없는 한 채무자의 전재산이 그 대상으로 된다.
구체적인 집행에 있어서 어떠한 물건이나 권리가 이른바 책임재산에 속하는가? 집행목적물에 대하여 집행기관이 일일이 그 물건 또는 권리가 책임재산에 속하는지 여부를 조사, 판단한다는 것은 집행기관의 성질상 적당하지 않을 뿐만 아니라 집행법의 이념에도 어긋난다. 따라서 집행절차에서는 실체법상의 권리의 귀속은 이를 따지지 않고 단지 그 권리의 귀속의 개연성을 인정할 수 있는 외형상의 징표를 법으로 정하여 그 구비여하에 따라 집행의 여부를 결정하도록 하고 있다. 즉, 부동산 경매에 있어서는 채무자의 소유로 등기된 등기부등본 또는 즉시 채무자의 명의로 등기할 수 있음을 증명하는 서류의 제출이 있으면 책임재산으로 인정하도록 되어 있다(제602조 제1호·제2호, 제678조, 제688조의 2).
(5) 집행기관은 채무명의의 내용을 해석, 인정할 직무상 책임이 있다.
집행기관은 집행력있는 정본에 표시된 채무명의의 문언을 해석하여 집행의 목적과 범위를 명백히 한 후에 집행을 하여야 한다. 집행기관은 집행력있는 정본 이외의 자료를 참조하여 채무명의를 해석할 수는 없다. 채무명의만의 해석에 의하여 채무명의 내용이 끝내 불명확할 때에는 집행기관은 집행을 할 수 없고 채권자는 다시 새로운 채무명의를 얻어야 할 것이다.

4. 급부의무의 모습과 채무명의
채무자가 이행하여야 할 급부의무의 모습은 채무명의에 표시된 바에 의하여 결정된다.

1. 예비적 급부의무의 경우
본래의 급부의무에 대하여 다른 급부의무가 예비적으로 정하여져 있는 경우에는 채권자는 먼저 본래의 의무의 집행을 하고 그것이 불능인 경우에 예비적 의무의 집행을 하여야 한다. 예비적 의무의 집행을 함에 있어서 본래적 의무의 집행불능이 집행문부여(제480조 제2항)의 조건으로 되는 것은 아니므로 다시 집행문을 부여받을 필요는 없다. 왜냐하면 본래적 의무의 집행불능은 집행절차에서 집행기관이 인식한 현저한 사실이기 때문이다.

2. 선택적 급부의무의 경우
채무명의의 급부의 목적물이 여러 가지인 경우에 채무자(민법 제380조)에게 선택권이 있는 때에는 채무자가 선택한 후에 집행할 수 있다. 채무자가 선택권을 행사하지 아니하면 채권자는 상당한 기간을 정하여 최고하여 그 기간 내에 선택하지 아니하면 선택권은 채권자에게 이전하므로 이러한 절차를 거친 후에 집행하여야 한다(민법 제381조). 이러한 경우는 민사소송법 제480조 제2항의 '조건붙인 경우'에 해당하므로 채권자는 증명서로서 조건을 이행한 것을 증명하여 집행문의 부여를 받아야 집행신청을 할 수 있다.

3. 기한부 또는 조건부 급부의무인 경우
기한부 또는 조건부 급부의무인 경우에는 기한이 도래하거나 조건이 성취되지 아니하면 집행할 수 없다. 다만 채무명의에 기한 또는 조건이 표시되어 있는 경우에 집행절차상 어떠한 취급을 하는가는 각각 차이가 있다. 즉 확정기한의 도래는 집행개시의 요건이고 불확정기한의 도래 및 정지조건의 성취는 집행문부여의 요건이다. 그러나 해제조건은 청구권의 소멸사유이므로 상대방이 입증책임을 지게 되며 집행문부여(제480조 제2항)의 조건에 해당하지 않는다.

4. 상환적 급부의무의 경우
채무명의가 채무자에 대하여 채권자의 채무자에 대한 반대급부와 상환으로 일정한 급부를 할 것을 표시한 경우, 예컨대 판결 주문에 "피고는 원고로부터 금 1억원을 수령함과 상환으로 별지목록 기재 건물을 명도하라"고 표시되어 있는 경우가 있다. 이러한 상환급부 있어서 채권자가 하여야 할 반대급부는 집행개시요건이므로 원고가 피고에게 금 1억원을 현실제공하지 않는 한 집행을 할 수 없다.

5. 채무명의의 경합과 소멸이 있는 경우
채무명의가 소멸된 경우에는 원칙적으로 채권자는 새로운 채무명의를 얻어야 한다.

1. 채무명의의 경합
동일한 청구권에 관하여 다수의 채무명의가 경합하는 수가 있다. 예컨대 집행증서가 작성된 후에 이행판결을 얻을 경우와 같다. 이러한 경우에는 모든 채무명의가 유효하므로 채권자는 어느 채무명의로도 집행할 수 있다. 채무명의 경합의 문제는 아니나 제1심판결과 이를 유지한 항소심의 항소기각판결의 관계에서는 전자가 채무명의로 된다.

2. 채무명의의 효력상실
채무명의가 효력을 상실하는 경우는 가집행선고있는 종국판결이 가집행선고 또는 본안판결을 변경하는 판결의 선고에 의하여 효력을 잃는 경우(제201조 제1항), 확정판결이 재심판결에 의하여 취소되어 효력을 잃는 경우 등이 있다. 이와 같이 효력이 상실된 판결에 의하여 집행하는 경우에는 채무자는 집행문부여에 대한 이의를 할 수 있다.

3. 채무명의의 소멸

화재(火災), 수재(水災) 등으로 소송기록이나 판결원본 기타 채무명의의 원본이 멸실된 경우를 들 수 있다. 이 경우에 원칙적으로는 채권자는 새로운 소송 기타의 방법에 의하여 새로운 채무명의를 얻어야 한다. 다만, 이 경우에도 채권자가 이미 집행정본을 가지고 있는 때에는 이에 의하여 집행을 개시, 속행하는데 아무런 지장이 없다.

6. 채무명의의 종류

강제집행의 기초가 되는 채무명의는 각종 법률에 규정되어 있다.

1. 민사소송법에 규정된 채무명의
(1) 판결
① 확정된 종국판결(제469조)
② 가집행선고 있는 종국판결(제469조)
③ 외국법원의 판결에 대한 집행판결(제476조)
(2) 판결이외의 채무명의
① 소송상의 화해조서 및 제소전화해조서(제520조)
② 청구의 인낙조서(제520조)
③ 항고로만 불복을 신청할 수 있는 재판(제519조 제1호)
④ 확정된 지급명령(제519조 제3호)
⑤ 가압류명령, 가처분명령(제707조, 제715조)
⑥ 공정증서(제519조 제4호)
⑦ 과태료의 재판에 대한 검사의 집행명령(제523조)

2. 민사소송법 이외의 법률에 규정된 채무명의
① 중재판정에 대한 집행판결(중재법 제14조)
② 파산채권표(파산법 제259조), 회사정리채권자표, 회사정리담보권자표(회사정리법 제245조, 제282조)
③ 회사정리절차에 있어서 주금납입청구권 또는 그 책임에 기한 손해배상 청구권의 사정(査定)의 재판(회사정리법 제72조, 제76조)
④ 조정조서(민사조정법 제29조), 조정에 갈음하는 결정(민사조정법 제34조 제4항, 제30조, 제32조 제2항, 제3항)
⑤ 가사소송법에 의한 심판(동법 41조) 및 조정 또는 조정에 갈음하는 결정(제59조)
⑥ 언론중재위원회의 중재화해조서 및 중재조서(정기간행물의등록등에관한법률 제18조 제6항)
⑦ 당사자가 예납하지 아니한 비용의 수봉결정, 소송상의 구조 및 구조의 취소에 의한 비용 추심의 결정(민사소송비용법 제12조)
⑧ 비송사건절차법상의 과태료의 재판에 대한 검사의 명령(비송사건절차법 제249조), 비송사건절차의 비용의 재판(비송사건절차법 제29조)
⑨ 벌금·과료·몰수·추징·과태료, 소송비용, 비용배상 또는 가납의 재판에 대한 검사의 명령(형사소송법 477조)
⑩ 국가배상심의회의 배상결정(국가배상법 제16조)
⑪ 중앙토지수용위원회의 보상금에 관한 재결(토지수용법 제75조의 2 제3항)
⑫ 특허권·실용신안권·의장권·상표권의 심판, 항소심판, 재심에 관한 비용 또는 이들 법률에 의한 보상금액과 대가에 대하여 확정된 심결 또는 결정(특허법 제166조, 실용신안법 제35조, 의장법 제72조, 상표법 제77조, 제82조)
⑬ 유죄판결의 선고와 동시에 하는 배상명령(소송촉진등에관한법률 제34조 제1항)
⑭ 변호사징계위원회의 과태료의 결정(변호사법 제73조 제2항), 소관지방법원장의 소속 법무사에 대한 과태료에 대한 검사의 명령(법무사법 제29조 제3항)

7. 집행증서란 무엇인가

공증인 등이 작성한 공정증서로도 강제경매 신청이 가능하다.

1. 집행증서의 의의
공증인, 합동법률사무소 또는 법무법인이 그 권한내에서 성규(成規)의 방식에 의하여 작성한 공정증서 중 일정한 금액의 지급이나 대체물 또는 유가증권의 일정한 수량의 급부를 목적으로 하는 청구에 관하여 작성한 것으로서 채무자가 강제집행을 승낙한 취지의 기재가 있는 증서(제519조 제4호, 간이절차에의한민사분쟁사건처리특례법 제11조, 변호사법 제39조 제1항, 제48조 제2항)와 공증인 등이 어음·수표에 부착하여 강제집행을 인낙하는 취지를 기재하여 작성한 공정증서(공증인법 제56조의 2)는 채무명의가 되는 바 이를 집행증서라 한다.

2. 집행증서는 공증인 등이 그 권한 내에서 성규(成規)의 방식에 의하여 작성한 것이어야 한다.
공증인법상 증서작성의 절차와 형식에 관한 규정(공증인법 제35조 내지 제39조)에 따라 국어를 사용하여(공증인법 제26조) 증서를 작성하여야 한다. 공증인 등이 스스로 작성한 증서이어야 하며 사문서의 진정성립 또는 그 내용이 진실하다는 것을 인증한 것만으로서는 집행증서가 되지 아니한다. 단, 사서증서를 인용하여 작성한 공정증서도 채무명의가 된다. 촉탁은 당사자의 쌍방으로부터 있어야 하며 일방 촉탁에 의한 공정증서는 채무명의로 될 수 없다. 어음·수표의 경우에는 발행인과 수취인, 양도인과 양수인 또는 각 대리인의 촉탁이 있는 경우에 한하여 작성할 수 있다(공증인법 제56조의 2 제2항). 어음·수표의 공증의 경우에는 그 어음·수표에 부착하여 공정증서를 작성할 수 있다(공증인법 제56조의 2 제1항).

3. 일정한 금액의 지급이나 대체물 또는 유가증권의 일정한 수량의 급부를 목적으로 하는 특정의 청구를 표시하여야 한다.
금전, 대체물에 관한 청구에 한하고 특정 유체동산의 인도라든가 건물명도청구 같은 특정물의 이행을 목적으로 하는 청구에 관하여는 집행증서가 있을 수 없다. 집행증서는 특정의 구체적인 청구일 것을 요한다. 또 다른 청구와 식별할 수 있을 정도의 표시가 필요하다. 나아가 증서상 금액 또는 수량이 명기되어 있든가 증서자체로부터 이를 산출할 수 있어야 한다. 예컨대 이자에 관하여 이율과 기간이 결정되어야 한다. 그것이 명확하게 되어 있으면 청구가 기한부, 조건부 또는 반대급부에 달려있는 경우라도 무방하다. 약속어음공정증서의 경우 어음상 지급기일이 백지인 경우에는 비록 집행문을 부여받았다고 하더라도 변제기가 도래하지 않았으므로 채권자는 먼저 백지의 보충을 하여 강제집행을 신청하여야 한다. 당좌대월계약에 의한 한도액의 기재내용은 일정한 금액의 지급을 정한 것이라 할 수 없다. 왜냐하면 당사자간에 장래 거래되는 금액의 최고한도를 표시한 것일 뿐 채무자가 실제로 부담한 채무의 금액은 아니기 때문이다.

4. 채무자가 강제집행을 승낙한 취지의 기재가 있어야 한다.
이러한 의사표시의 기재를 집행수락문언(약관) 또는 집행약관이라 한다. 집행수락의 의사표시는 집행력 발생의 기본이 되는 것이므로 공증인 등에 대한 채무자의 소송행위이다.[2] 따라서 소송능력, 소송대리권 등 소송행위의 일반요건에 흠결이 있으면 증서는 집행력이 생기지 아니한다. 또한 위 의사표시에는 사법(私法)상의 원칙인 표현대리(민법 제125조, 제126조)의 적용 내지 준용이 없다.[3] 쌍방대리금지에 관한 민법 제124조의 적용에 관하여 집행약관을 포함한 계약조항이 이미 당사자 사이에 결정되어 있고 공정증서작성의 대리인이 단지 위 계약조항을 공정증서로 작성하기 위한 대리인이고 새로이 계약조항을 결정하는 것이 아니라면 이러한 대리관계는 쌍방대리금지의 원칙에 저촉되지 아니한다.[4]

---

[2] 대법원 1983. 2. 8. 선고, 81다카621 판결 ; 대법원 1984. 6. 26. 선고, 82다카1758 판결 ; 대법원 1991. 4. 26. 선고, 90다20473 판결 ; 대법원 1994. 2. 22. 선고, 93다42047 판결 ; 대법원 2015. 4. 9. 선고 2014다87953 판결
[3] 대법원 1984. 6. 26. 선고, 82다카1758 판결 ; 대법원 2017. 5. 11. 선고 2015다28548 판결
[4] 대법원 1975. 5. 13. 선고, 72다1183 판결 ; 서울고등법원 2020. 12. 17. 선고 2020누30124 판결

8. 집행증서에는 어떠한 효력이 있는가
집행증서가 요건을 구비한 경우에는 채무명의로 되어 집행력이 있다.

1. 집행력·기판력
집행증서가 요건을 구비한 경우에는 채무명의로 되어 집행력이 있다. 다만 집행증서에는 기판력이 없으므로 증서에 기재된 청구가 처음부터 불성립 또는 무효인 경우에는 청구에 관한 이의의 소를 제기할 수 있다(제522조 제3항). 또한 채권자는 집행증서 있는 청구권에 대하여도 확인 또는 이행의 소를 제기할 수 있다.

2. 집행증서의 요건에 흠결이 있는 경우
집행증서의 요건 가운데 적어도 하나가 흠결된 경우에는 집행력이 없고 그 집행증서는 무효이다. 따라서 공증인 등은 이에 대하여 집행문을 부여할 수 없다. 만일 집행문이 부여된 경우에는 집행문부여에 대한 이의로써 다툴 수 있다(제484조, 제522조 제2항). 집행수락약관의 기재가 있으나 그것이 미성년자 또는 무권대리인에 의하여 이루어지고 법정대리인 또는 본인의 추인이 없는 경우에는 채무명의로서의 효력이 없다.

3. 집행증서의 무효를 주장하는 방법
집행증서의 무효의 원인이 되는 사유가 무권대리와 같이 실체법상의 사유에 기한 것인 경우에는 그 사유의 존부를 기록만으로 쉽게 판단할 수 없으므로 청구에 관한 이의의 소에 의하여 집행력의 배제를 구할 수 있다.

4. 집행증서의 성립원인과 내용의 하자
집행증서의 기재내용이 객관적 사실과 일치하지 아니하거나 증서에 기재된 청구의 성립원인인 법률행위가 무효 또는 취소될 수 있는 경우에도 그 집행증서는 채무명의로서 유효하다. 즉, 증서에 기재된 청구권이 실체법상 불성립 또는 무효라고 하더라도 청구이의의 소에 의하여 집행력을 배제하지 않는 한 그 집행증서는 유효하다.

9. 강제집행신청과 집행개시요건
강제집행은 채권자가 서면으로 신청을 하여야 비로소 개시된다.

1. 신청의 방식
강제집행은 채권자의 신청에 의하여 개시된다. 집행신청은 관할 집행기관에 대하여 서면으로(제491조의3) 일정한 집행절차 또는 집행행위를 구하는 취지를 진술함으로써 한다. 집행신청을 함에 있어서는 집행력 있는 정본을 집행기관에 제출하여야 한다(제495조, 제602조, 제667조 제1항, 제678조).

2. 신청의 요건
집행신청이 유효하기 위하여서는 (i) 집행기관이 관할권을 가질 것, (ii) 집행당사자의 능력이나 대리권에 흠결이 없을 것, (iii) 집행력있는 정본이 존재할 것 등이 필요하다.

3. 집행개시요건의 의의
집행신청에 있어서 구비할 필요는 없으나 집행기관이 현실로 집행을 개시함에 있어서는 그 존재 또는 부존재가 요구되는 각종을 요건을 집행개시의 요건이라 한다. 집행기관은 독립하여 또한 자기의 책임으로 집행개시의 요건을 조사하여 요건의 흠결이 있으면 보정을 명하고 만일 보정하지 아니하면 집행신청을 배척한다. 위 요건의 흠결을 간과하여 한 집행에 대하여는 채무자와 기타 이해관계인은 집행에 관한 이의(제504조)나 즉시항고(제517조)에 의하여 취소를 구할 수 있다. 경우에 따라서는 절대무효로 되는 것도 있다.

4. 집행개시요건의 종류
집행개시요건 중에는 그 요건이 존재하지 아니하면 집행에 착수할 수 없는 적극적 요건과 그 요건이 존재하면 집행에 착수할 수 없는 소극적 요건(집행장해)이 있다. 적극적 요건으로서는 각종의 집행에 공통되는 일반적 요건과 특정한 집행에만 필요한 특별요건이 있다. 집행강사자의 표시 및 채무명의의 송달(제490조 제1항)은 전자에 속하며 집행문 또는 증명서의 송달(제490조 제2항, 제3항), 이행일시의 도래(제491조 제1항), 담보제공증명서의 제출과 그 등본의 송달(제491조 제2항), 반대의무의 이행 또는 이행의 제공(제491조의 2 제1항), 집행불능의 증명(제491조의 2 제2항) 등은 후자에 속한다. 부동산 경매에 있어서 이와 같은 집행개시요건이 존재하지 않으면 경매개시결정을 할 수 없다.

5. 집행개시요건의 흠결
집행개시요건은 집행을 개시할 때 구비하여야 하지만 집행절차의 진행중에 그것이 흠결된 경우에는 그 속행을 위하여 다시 구비하지 않으면 않된다. 예를 들어, 집행절차의 진행중에 채권자가 교체된 때에는 신채권자가 승계집행문을 부여받아 이를 송달하여야 집행절차를 속행할 수 있다.

10. 적극적 집행개시요건
집행문이 부여된 채무명의의 정본에 채권자와 채무자의 성명이 표시되어 있고 채무명의가 채무자에게 송달되어야 집행을 개시할 수 있다.

1. 집행당사자의 표시
강제집행은 이를 청구하는 채권자 또는 집행을 받을 채무자의 성명이 집행문이 부여된 채무명의의 정본에 표시되어 있는 경우에 한하여 개시할 수 있다(제490조 제1항 전단). 집행당사자를 확정할 수 있는 것이면 성명뿐만 아니라 아호도 무방하다. 만일 집행당사자의 표시에 오류가 있거나 부정확한때에는 판결의 경정(제197조)에 준하여 채무명의 또는 집행문의 경정을 구할 수 있다. 집행기관은 채무명의나 집행문에 당사자의 표시가 없으면 집행을 할 수 없다. 현실로 집행을 청구한 자 또는 집행을 받을 자가 집행정본의 표시와 일치하는지 여부도 집행기관이 조사할 사항이나 집행개시의 요건은 아니다. 집행정본에 표시되어 있지 아니한 자를 위하여 또는 그 자에 대하여 한 집행은 채무명의 없이 한 집행과 다름이 없으므로 위법할 뿐만 아니라 무효이다.

2. 채무명의의 송달
집행의 기본인 채무명의의 존재와 내용을 채무자에게 미리 알림으로써 채무자로 하여금 적당한 방어방법을 강구할 기회를 주기위하여 원칙적으로 집행할 채무명의는 집행전 또는 늦어도 집행개시와 동시에 채무자에게 송달하여야 한다(제490조 제1항 후단). 판결이나 지급명령, 화해조서정본, 인낙조서정본과 같이 법원사무관 등이 미리 직권으로 송달한 것이라면(제196조, 제438조 제1항, 민사소송규칙 제48조) 다시 송달할 필요가 없다. 집행과 동시에 송달하는 경우는 집행을 행하는 집행관으로 하여금 집행증서를 지참시켜 채무자에게 송달하게 하는 것과 같이 집행관이 집행기관인 경우에 발생한다. 법원이 집행기관인 경우에는 동시송달이 있을 수 없다. 송달하여야 하는 것은 채무명의 그 자체이며 집행정본이 아니다. 한편, 강제집행개시를 할 수 있는 요건으로서의 채무명의의 송달은 등본이라도 무방하다(공증인법 제56조의 4). 그러나 판결의 송달은 정본에 의하도록 되어 있으므로(제196조 제2항) 등본에 의한 송달은 허용되지 않는다. 다만, 약속어음의 공정증서에 기한 집행에 있어서는 집행전에 집행증서를 채무자에게 송달하여야 할 법률상의 근거가 없으므로 이를 송달하지 않았다 하더라도 위법이 아니다.[5] 학설은 집행증서에 의한 강제집행에도 채무명의의 송달에 관한 민사소송법 제490조가 준용되므로(제520조) 집행증서 정본의 송달은 일반 채무명의와 마찬가지로 집행개시요건이라고 한다.

---

[5] 대법원 1980. 3. 12. 80마78 결정

3. 송달증명
채무명의의 송달 여부는 집행기관이 조사할 사항이므로 채권자는 송달증명원 등에 의하여 송달을 증명할 필요가 있다. 송달증명원은 송달사무처리자인 법원사무관 등에게 신청하여 교부받는다. 다만, 채권자의 위임에 따라 공정증서의 정본 등의 송달을 한 집행관은 그 송달한 증서를 위임인에게 교부하도록 되어 있으므로 이 경우에는 집행관으로부터 교부받은 송달증서를 직접 제출하면 된다(민사소송규칙 제101조의 2 제3항).

4. 송달증명의 신청
제3자가 송달증명을 신청할 경우에는 이해관계의 소명이 있어야 한다(제151조 제1항). 신청서에는 500원의 인지를 첨부하여야 한다(민사소송인지법 제12조, 재판기록의 열람·등사와 재판서의 정본, 등·초본 등의 청구에 관한 수수료규칙 제3조 제1항 제5호). 법원사무관 등은 증명문구와 증명연월일을 기재한 다음 담당사무관 등이 기명날인을 하고 법원의 인을 찍어 신청인에게 교부하여야 한다(민사소송법 제151조 제2항). 보통 송달증명신청서의 말미에「위 증명합니다. 1999. 5. 5. 서울지방법원 법원사무관 ○○○」이라 기재하고 직인(職印)을 찍는다. 집행기관이 직접 송달하여 집행기록상 송달사실이 명백한 때에는 송달증명이 필요없다. 한편, 확정판결에 의한 집행에도 송달증명서의 제출을 요한다.

5. 채무명의의 송달없이 한 집행행위의 효력
절대무효라는 설, 본래는 무효이나 압류후에 송달이 있으면 그 후에는 유효하다는 설, 채무자가 이의나 항고로서 취소를 구하지 않는 한 유효하며 취소되기까지 송달이 있으면 하자가 치유된다는 설이 있다. 판례는 무효설에 입각한 것도 있고[6] 취소설에 입각한 것도 있다.[7]

11. 집행장해란 무엇인가

적극적 집행개시의 요건이 구비되어 있지만 어떤 사유로 인하여 집행의 개시 또는 속행이 불가능한 경우를 집행장해라 한다.

1. 집행장해의 의의
집행개시의 적극적 요건이 구비되어 있다 하여도 일정한 사유의 존재로 인하여 집행의 개시 또는 속행에 장해가 되는 경우가 있다. 이를 집행개시의 소극적 요건 또는 집행장해라 한다. 이는 집행기관이 직권으로 조사하여야 하며 그것이 발견되면 집행을 개시할 수 없고 속행중인 집행절차는 정지된다. 집행장해는 어떤 채무명의에 기한 집행의 전체에 관한 것이므로 개별의 집행행위에 특별한 장해사유(제532조)인 압류금지와는 구별하여야 한다.

2. 집행장해 사유
(1) 집행채권의 압류
집행채권자의 채권자가 채무명의에 표시된 집행채권을 압류 또는 가압류한 경우에는 압류의 효력으로서 집행채권자는 채권의 처분과 영수가 금지되므로(제561조 제1항) 강제집행에 의한 만족을 받을 수가 없다. 이 경우에 제3채무자는 송달받은 채권압류명령을 집행기관에 제출하여 자기에 대한 집행의 배제를 구할 수 있다.
(2) 특수보전처분의 집행
파산법(제145조 제1항), 화의법(제20조 제1항), 회사정리법(제39조 제1항) 상의 보전처분으로서 개별적 또는 일반적 처분금지명령이 집행되면 채무자의 재산은 처분금지물이 되어 개별집행의 대상이 될 수 없으므로 이에 대한 개개의 채권자의 강제집행은 허용되지 않는다.

---

[6] 대법원 1973. 6. 12. 선고, 71다1252 판결 ; 대법원 1987. 5. 2. 선고, 86다카2070 판결 ; 대법원 2021. 7. 22. 선고 2020다248124 전원합의체 판결
[7] 대법원 1980. 5. 27. 선고, 80다438 판결 ; 대법원 2013. 12. 12. 선고 2011다112247,112254 판결

(3) 채무자의 파산
채무자가 파산선고를 받으면 파산채권은 파산절차에 의하여서만 그 권리를 행사할 수 있다(파산법 제15조). 파산채권에 관하여 파산재단에 속하는 재산에 대하여 한 강제집행 보전처분은 파산재단에 대하여 효력을 잃으며(파산법 제61조) 또한 새로운 집행을 개시할 수 없다. 따라서 이에 반한 강제집행은 무효로 된다. 그러나 채무자의 파산은 채무자의 재산에 대한 강제집행의 경우에는 집행장해로 되지만 그 외의 작위·부작위의 집행에는 집행장해로 되지 않는다. 채권자의 파산은 집행장해가 되지 않는다.
(4) 채무자를 위한 화의절차의 개시(화의법 제40조 제1항)
(5) 회사정리절차의 개시(회사정리법 제46조 제1항)
(6) 집행정지 또는 취소의 서면의 제출(제510조)

☞ 집행장해 사유

1. 집행채권의 압류
2. 특수보전처분의 집행
3. 채무자의 파산
4. 채무자를 위한 화의절차의 개시(화의법 제40조 제1항)
5. 회사정리절차의 개시(회사정리법 제46조 제1항)
6. 집행정지 또는 취소의 서면의 제출(제510조)

12. 즉시항고란 무엇인가

즉시항고는 민사소송법이 인정한 강제집행 절차에 관한 재판에 대한 불복방법이다.

1. 즉시항고의 의의
민사소송법은 강제집행절차에 관한 재판에 대한 불복방법으로 즉시항고를 인정하고 있다. 그러나 이 불복방법은 특별한 규정이 있는 경우에 한하여 허용되고 있으며(제517조), 그러한 규정이 경우에는 즉시항고에 의한 불복은 할 수 없고 민사소송법 제504조 제1항에 따라 집행에 관한 이의로써 다투어야 한다.

2. 항고제기의 방법과 심리
항고권자는 재판의 고지가 있는 날로부터 1주일의 불변기간 내에(제414조) 늦어도 집행종료전에 항고장을 원심법원에 제출하여야 한다(제415조). 항고장에는 민사소송등인지법 제11조 소정의 인지를 붙여야 한다. 항고제기 기간은 항고권자가 재판을 고지받아야 할 자가 아닌 때에는 그 재판고지를 받아야 할 자 전원에게 고지된 날로부터 집행한다(민사소송규칙 제103조의 3). 적법한 즉시항고가 제기되면 원심법원인 경매법원이 스스로 항고가 이유 있다고 인정하여 그 재판을 경정하면(제416조 제1항) 이로써 항고절차가 종료된다. 그러나 항고가 이유없다고 인정한 때에는 의견서를 첨부하여 경매기록을 항고법원에 송부한다(제416조 제2항).

3. 항고권자와 상대방
항고권자는 불복을 신청할 재판에 의하여 불이익을 받은 자이다. 채권자, 채무자는 물론 낙찰허부결정에 있어서의 낙찰인, 입찰신고인, 집행관(제504조 제4항)도 항고할 수 있다. 그러나 항고권자의 채권자가 항고권자를 대위하여 항고할 수는 없다. 항고절차는 편면적인 불복절차로서 판결절차에 있어서와 같은 대립되는 당사자를 예상하고 있지 않으므로 엄격한 의미에서 상대방은 없다. 따라서 항고장에 반드시 피항고인의 표시가 있어야 하는 것은 아니고 또 항고장을 반드시 상대방에게 송달하여야 하는 것도 아니다.[8] 실무에서는 부동산의 인도명령(제647조 제5항) 등과 같이 채권자의 이익을 위하여 행하여진 재판에 대하여 채무자나 제3채무자가 즉시항고를 하여 항고심에서 원재판이 변경된 경우에 있어서 재항고의 기

---
[8] 대법원 1966. 8. 12. 65마473 결정 ; 대법원 2021. 10. 28. 선고 2021다256269 판결

회를 주기 위하여 그 재판의 내용상 이해가 대립되는 채권자에게 결정문을 통지하고 심리도 상대방으로 정하여 관여시키고 결정문에도 이를 표시하는 예가 있다. 낙찰허부결정에 대한 항고에 있어서는 항고법원이 항고인의 상대방을 정할 수 있다(제643조 제1항).

4. 즉시항고와 집행정지

일반적으로 즉시항고가 제기되면 집행정지의 효력이 있으나(제417조) 강제집행절차에서 즉시항고는 집행정지의 효력이 없다(제517조 제2항). 물론 즉시항고를 할 수 있는 재판 중에는 확정되어야 효력이 발생하는 것으로 강제집행절차를 취소하거나 집행관에게 강제집행절차의 취소를 명하는 결정(제504의 2 제2항), 낙찰허부결정(제638조 제3항) 등이 있다. 이에 관하여는 즉시항고 자체가 확정을 차단시킴으로써 결정의 효력발생을 정지하는 효과를 갖게 되므로 따로 집행정지의 처분이 필요없다. 그러나 확정되어야 효력이 발생하는 재판이 아닌 재판에 대하여는 즉시항고를 제기하더라도 당연히 집행정지가 되지는 않는다. 따라서 이 경우 집행의 정지를 구하려면 그 취지가 기재된 재판의 정본(제510조 제2호)을 제출하여야 하므로 민사소송법 제418조의 집행정지 등의 재판을 얻을 수밖에 없다. 이러한 집행정지 재판은 신청[9] 또는 직권으로 할 수 있으며 이에 대하여는 불복신청을 할 수 없다(제473조 제3항 유추).

☞ 부동산경매절차에 관한 재판 중 즉시항고가 인정되는 것

① 집행에 관한 이의신청에 관한 재판(제504조 제4항)
② 강제집행절차를 취소하는 결정 또는 집행관에게 강제집행절차의 취소를 명하는 결정(제504조의 2 제1항)
③ 집행비용 미예납으로 인한 강제집행 신청각하 또는 집행절차 취소결정(제513조의 2 제3항)
④ 특별환가 방법으로서의 양도명령, 매각명령 또는 관리명령(제574조 제3항)
⑤ 강제경매신청을 각하하는 재판(제603조 제5항)
⑥ 경매개시결정에 대한 이의신청에 관한 재판(제603조의 3 제3항)
⑦ 멸실 등에 의한 부동산경매 절차의 취소결정(제613조 제2항)
⑧ 잉여의 가망이 없는 경우 부동산경매 절차의 취소결정(제616조 제3항)
⑨ 부동산훼손의 경우 낙찰허가결정의 취소신청에 관한 결정(제639조 제2항)
⑩ 낙찰허부결정(제641조 1 제2항)
⑪ 부동산의 인도 또는 관리명령 신청에 관한 재판(제647조 제5항)
⑫ 부동산 강제관리신청을 각하하는 재판(제668조 제4항)
⑬ 강제관리의 취소결정(제677조 제3항)
⑭ 보증의 제공에 의한 강제경매 절차의 취소신청을 기각한 재판(제684조의 2 제3항)

☞ 항고인이 비록 원심법원의 항고장각하결정정에 대하여 불복하면서 제출한 서면에 '재항고장'이라고 기재하였다고 하더라도 이는 즉시항고로 보아야한다는 이유로 대법원에 기록송부된 사건을 그 관할법원인 항고법원으로 이송한 사례[10]

1. 다수의견

(1) 민사소송법은 강제집행절차에 있어서 집행법원의 재판에 대한 불복방법으로서 즉시항고(제517조)와 집행에 관한 이의(제504조)를 마련하고 있는데 그중 즉시항고는 원칙적으로 특별한 규정이 있는 경우에 한하여 허용되는 것이나(제517조 제1항) 특별한 규정이 없는 경우에도 해석상 그와 동일하게 취급되어야 한다고 인정되는 때에는 허용된다고 할 것인바 강제집행절차에 있어서도 같은 법 제413조의 규정이 적

---

9) 대법원 1959. 3. 10. 4292민신4 결정 ; 대법원 2003. 11. 28. 선고 2003다30265 판결
10) 대법원 1995. 1. 20. 94마1961 결정 ; 대법원 1991. 5. 15. 91그7 결정(폐기) ; 대법원 2000. 11. 2.자 2000마3530 결정

용되므로 같은 규정에 의하여 소송절차상의 항소심에 관한 같은 법 제368조의 2 규정이 준용된다 할 것이다. 따라서 경매부동산의 소유자 등 이해관계인이 경락허부결정에 대하여 불복하여 즉시항고를 한 경우에 있어서 원심법원인 경매법원의 재판장은 그 항고장이 같은 법 제413조, 제367조 제2항의 규정에 위배된 경우 및 그 항고장에 법률의 규정에 의한 인지를 붙이지 아니한 경우에 상당한 기간을 정하여 보정을 명하였음에도 항고인이 흠결을 보정하지 아니한 때와 항고기간이 경과하였음이 명백한 때에는 명령으로 위 항고장을 각하하여야 하고(제368조의2 제1항, 제2항) 그 각하명령에 대하여는 즉시항고의 방법으로 불복할 수 있다고 할 것이고(제368조의 2 제3항) 강제집행절차상의 원심재판장의 항고장각하명령과 같은 법 제642조 제5항 소정의 원심법원의 항고장각하결정은 남항고의 방지와 절차의 촉진이라는 제도의 취지 및 각하됨으로 인한 이해관계인(특히 항고인)의 이해 등을 같이 하여 그 성질에 있어서 서로 다를 바가 없다. 따라서 항고인이 위 각하명령에 대하여 같은 법 제413조, 제368조의2 제3항에 의하여 즉시항고의 방법으로 불복할 수 있는 것과 마찬가지로 위 각하결정에 대하여도 같은 규정에 의하여 즉시항고의 방법으로 불복할 수 있다고 보아야 한다.

(2) 민사소송법 제642조 제5항 소정의 원심법원의 항고장각하결정에 대하여는 '확정되어야 효력이 있다'는 규정이 없으며 그 각하결정에 대한 즉시항고에는 집행정지의 효력이 없다(제517조 제2항). 따라서 그 즉시항고로 인하여 경락허가결정의 확정이 차단되지 아니하므로 강제집행절차는 정지되지 아니한다.

(3) 민사소송법 법 제642조 제5항 소정의 원심법원의 항고장각하결정은 경락허가결정을 1차적인 처분으로 한 원심법원이 그 경락허가결정의 당부에 관하여 항고법원의 재판을 대신하여 판단하는 2차적인 처분이 아니라 그 경락허가결정의 당부와는 무관하게 채무자 또는 소유자가 그 경락허가결정에 불복하여 제출한 즉시항고장에 보증의 제공이 있음을 증명하는 서류가 첨부되었는지 여부에 관하여 자기 몫으로 판단하는 1차적인 처분으로서 그에 대한 불복방법인 위 즉시항고는 성질상 최초의 항고라고 할 것이므로 위 각하결정에 대한 불복신청을 재항고로 보아야 한다는 대법원의 종전 견해(1991.5.15., 91그7 결정)는 이를 변경하기로 한다.

2. 반대의견

(1) 분쟁이 된 권리 또는 법률관계를 사법절차에 의하여 확정하는 협의의 소송절차와는 달리 이미 확정된 채무명의에 표시된 이행청구권을 국가의 집행기관이 강제력에 의하여 실현시키는 강제집행절차에 있어서는 절차의 신속과 집행의 확실성이 보다 중시되어야 하는 특성이 있기 때문에 결정·명령에 대한 불복방법에 관하여도 협의의 소송절차에 관한 민사소송법 제409조 및 제414조와는 다른 특별규정으로서 제504조 및 제517조를 규정한 것이어서 강제집행의 절차에 관하여 즉시항고를 할 수 있다는 '특별한 규정'이 있는 경우에는 제517조의 즉시항고를, '특별한 규정'이 없는 경우에는 집행에 관한 이의를 할 수 있을 뿐이다.

(2) 협의의 소송절차에 있어서의 항고에 관한 일반조항인 제409조나 즉시항고에 관한 제414조는 적용되지 아니한다고 보아야 할 것이므로 강제집행절차에 관한 집행법원의 재판에 대하여는 제409조의 항고나 제414조의 즉시항고의 방법으로 불복할 수는 없다고 할 것이다. 다만, 항고장의 기재요건 불비(제413조 제1항, 제367조 제2항)나 인지미첩 등을 이유로 한 원심재판장의 항고장각하명령은 강제집행법에 독특한 제도가 아니고 상소장이 일반적으로 갖추어야 할 공통의 적법요건(제368조의2 제1항)을 원심재판장이 심리할 수 있도록 함으로써 절차의 촉진을 꾀하려는 통상의 상소에 공통되는 제도의 일환으로서 입법취지나 목적, 재판기관(원심재판장), 재판의 형식(명령) 등에 있어서 제368조의 2 제2항의 원심재판장의 항소장각하명령과 동일한 것이기 때문에 낙찰허가결정에 대한 항고절차에 있어서 원심재판장의 항고장각하명령에 관하여 항소장각하명령, 상고장각하명령이나 다른 (재)항고장각하명령에 대한 공통의 불복방법인 즉시항고의 방법으로 불복할 수 있도록 하는 것은 민사소송법 제368조의 2 제3항이 유추적용되는 것이 아니라 제413조에 의하여 바로 준용되는 것이라서 인지미첩 등에 의한 항고장각하명령의 경우는 즉시항고를 허용하는 '특별한 규정'(제413조, 제368조의 2 제3항)이 있어 즉시항고가 허용되는 것으로 해석하여야 할 것이고 민사소송법 제642조 제5항의 보증의 제공이 없음을 이유로 한 항고장각하결정과 인지미첩 등을 이유로 한 항고장각하명령은 외형상으로는 유사하여 보이지만 성질상 전혀 다른 제도로서 다만 절차의 신속촉진이라는 공통의 이상을 추구하는 제도이기 때문에 원심이 상급심을 대신하여 재판하도록 규정한 점이 동일할 뿐이므로 민사소송법 제642조 제5항의 원심법원의 항고장각하결정에 대한 불복방법

에 관하여는 인지미첩 등에 의한 항고장각하명령에 대한 불복방법이 준용될 수 없고 유추적용도 불가능하여서 원심재판장의 상소장각하명령에 대한 불복방법을 규정한 제368조의 2 제3항이 준용될 수도 없고 유추적용될 수도 없으므로 즉시항고는 허용되지 아니하는 것이다. 또한 집행법원인 원심법원이 한 이 항고장각하결정은 집행법원의 집행절차에 관한 재판과는 전혀 다른 항고심을 대신하여 한 최종적 판단이기 때문에 집행법원이 스스로 한 집행처분에 대하여 다시 판정하여 스스로 시정할 기회를 줄 목적을 가진 집행에 관한 이의의 대상이 되기에는 부적합하다고 할 것이므로 위 항고장각하결정은 제504조의 집행에 관한 이의의 대상이 되는 '집행법원의 재판'에 해당한다고 할 수는 없다. 따라서 위 항고장각하결정에 대하여 집행에 관한 이의의 방법으로도 불복할 수 없다고 할 것이다. 결국 민사소송법 제642조 제5항의 항고장각하결정에 대하여는 제409조의 항고나 제414의 즉시항고를 할 수 없음은 물론 제504조의 집행에 관한 이의나 제517조의 즉시항고도 할 수 없어 불복절차가 없기 때문에 같은 민사소송법 제420조에 의한 특별항고만 가능하다고 할 것이다.

13. 이해관계인이란
부동산에 대한 강제(임의)경매절차와 관련하여 그 부동산에 이해관계를 가진 자이다.

1. 서언
부동산에 대한 강제(임의)경매절차와 관련하여 그 부동산에 이해관계를 가진 자는 강제(임의)경매가 적법하게 실시되는 것에 관하여 자기의 이해에 중대한 영향을 받게된다. 따라서 이러한 자의 권리를 보호하기 위하여 민사소송법은 이해관계를 가진 자 중에서 특히 보호할 필요가 있는 자를 이해관계인으로 규정하여(제607조) 강제경매절차의 전반에 걸쳐서 관여할 자격을 주고 있다.

2. 이해관계인의 권리
이해관계인은 자기의 권리에 관하여 보호를 받기 위하여 경매법원의 절차에 관하여 권리행사를 할 수 있다. 이러한 권리행사는 공익적 절차규정 위배 및 자기의 권리에 관한 절차위배에 관하여서만 행사할 수 있으므로 다른 이해관계인에 대한 관계에 있어서 절차위배가 있어도 이를 주장할 이익이 없으므로 허용되지 아니한다(제634조). 경매절차의 이해관계인이라 하여 법원이 그에게 경매개시결정정본까지 송달하여야 하는 것은 아니다.[11] 또 이해관계인이 사망하여 절차에 관여할 수 없게 되더라도 그것 때문에 경매절차가 중단되지는 아니한다.[12]

3. 경매절차에서 이해관계인에게 인정된 권리
① 집행에 관한 이의신청권(제504조)
② 배당요구신청이 있는 경우 경매법원으로부터 그 통지를 받을 권리(제606조 제1항)
③ 매각조건의 변경에 합의할 수 있는 권리(제622조)
④ 경매기일에 출석할 수 있는 권리(제628조 제2항)
⑤ 낙찰기일에 낙찰의 허부에 관하여 진술할 수 있는 권리(제632조)
⑥ 낙찰허부의 결정에 대하여 즉시항고할 수 있는 권리(제641조)
⑦ 배당기일에 출석하여 배당표에 관한 의견을 진술할 수 있는 권리(제656조)
⑧ 입찰을 신청할 수 있는 권리(제663조)
⑨ 낙찰 후의 경매신청취하에 동의할 권리[13]

---

11) 대법원 1986. 3. 28. 86마70 결정 ; 대법원 2023. 3. 10.자 2022마6559 결정
12) 대법원 1961. 10. 5. 4294민재항531 결정 ; 대법원 1998. 12. 23.자 98마2509,2510 결정
13) 대법원 1961. 5. 5. 4294민재항13 결정 ; 대법원 2011. 2. 15.자 2010마1793 결정

14. 이해관계인은

압류채권자, 집행력 있는 정본에 의한 배당을 요구한 채권자, 채무자, 소유자, 등기부에 기입된 부동산 위의 권리자는 이해관계인이다.

1. 압류채권자와 집행력있는 정본에 의한 배당을 요구한 채권자(제607조 제1호)
압류채권자라 함은 경매신청을 한 채권자를 말한다. 압류가 경합된 경우 뒤에 압류한 압류채권자도 이해관계인에 해당된다.[14] 가압류채권자는 이해관계인이 아니다.[15] 그러나 가압류등기 후 본압류에 의한 경매신청전에 소유권이전등기를 받은 자는 민사소송법 제607조 제2호에서 말하는 소유자로서 이해관계인에 해당한다. 국세 등의 체납처분에 의한 압류채권자는 압류가 경합된 경매신청채권자와 동일하게 취급되어야 하므로 이해관계인이 된다. 제1의 경매신청에 의한 강제경매절차가 집행정지되어 제2의 강제경매 또는 임의경매의 신청에 기하여 절차가 진행되는 경우에 제1의 경매신청채권자도 이해관계인에 해당된다.

2. 채무자 및 소유자(제607조 제2호)
채무자라 함은 집행채무자를 말한다. 소유자라 함은 경매개시결정기입등기 당시의 목적부동산의 소유자를 말한다. 따라서 경매개시결정기입등기 후에 소유권이전등기를 마친 자는 여기서 말하는 소유자에는 해당하지 않는다.[16] 다만 그 권리를 증명하면 민사소송법 제607조 4호의 이해관계인이 된다.[17] 이 경우 소유권을 양도한 전소유자는 경매목적물에 대한 소유권의 상실과 동시에 경매절차상 이해관계인의 지위도 상실한다.[18] 임의경매에 있어서 경매신청을 하지 아니한 저당권의 피담보채권의 채무자는 여기서 말하는 채무자에 해당하지 아니한다.[19] 또 저당권설정등기에 채무자로 표시되지 아니한 다른 공동채무자도 이에 포함되지 아니한다. 파산선고 후에 저당권자가 별제권자(파산법 제84조, 제86조)로서 파산재단에 속하는 부동산에 대하여 임의경매신청을 하여 경매절차를 개시한 때에는 파산관재인만이 이해관계인인 소유자로 된다.

3. 등기부에 기입된 부동산 위의 권리자(제607조 제3호)
등기부에 기입된 부동산 위의 권리자라 함은 경매신청기입등기 당시에 이미 등기가 되어 등기부에 나타난 자를 말한다. 전세권자, 지상권자, 지역권자, 임대차등기를 한 임차권자, 저당채권에 대한 질권자, 저당권자 등 용익물권자와 담보물권자가 이에 해당한다. 그러나 등기하지 아니한 임대차는 제3자에게 대항할 수 없으므로 그 임차인은 이해관계인이 아니다.[20] 처분금지가처분채권자,[21] 예고등기권리자,[22] 재경매를 실시하는 경우 전경매의 낙찰인[23] 등은 이해관계인에 해당하지 아니한다. 그러나 소유권이전에 관한 가등기권리자는 이해관계인으로 본다(가등기담보등에관한법률 제16조 제3항). 공유지분의 강제경매에 있어서 다른 공유자는 이해관계인이다.[24] 다만 아파트, 상가 또는 다세대주택 등 구분소유적 공유의 경우에는 누가 공유자가 되더라도 이해관계가 없다.

---

14) 대법원 1975. 10. 22. 75마332결정 ; 대법원 2005. 3. 29.자 2005마58 결정
15) 대법원 1967. 11. 19. 67마1087 결정 ; 대법원 1999. 4. 9. 선고 98다53240 판결 ; 대법원 2023. 2. 23. 선고 2022다285288 판결
16) 대법원 1962. 5. 31. 4294민재항610 결정 ; 대법원 2005. 5. 19. 자 2005마59 결정
17) 대법원 1964. 9. 30. 64마525 결정 ; 대법원 2007. 12. 27. 선고 2005다62747 판결
18) 대법원 1967. 8. 31. 67마615 결정 ; 대법원 2022. 12. 1. 선고 2022두42402 판결
19) 대법원 1968. 7. 31. 68마716 결정 ; 대법원 2000. 6. 28.자 99마7385 결정
20) 대법원 1961. 2. 6. 4293민재항410 결정 ; 대법원 2022. 3. 31. 선고 2017다263901 판결
21) 대법원 1967. 12. 29. 67마1156 결정 ; 대법원 1968. 3. 12. 68마137 결정 ; 대법원 2022. 1. 14.자 2019마71 결정
22) 대법원 1967. 10. 25. 67마947 결정 ; 대법원 1968. 1. 15. 67마1024 결정 ; 대법원 2003. 12. 12. 선고 2003다48037 판결
23) 대법원 1959. 8. 21. 4291민재항272 결정 ; 대법원 2009. 5. 28. 선고 2009두2733 판결
24) 대법원 1964. 3. 31. 63마83 결정 ; 대법원 1965. 7. 2. 65마520 결정 ; 대법원 1959. 6. 20. 4292민재항5 결정 ; 대법원 2022. 9. 29.자 2022마118 결정

15. 이해관계인은

부동산 위의 권리자로서 그 권리를 증명한 자도 이해관계인이다.

1. 부동산 위의 권리자

부동산 위의 권리자라 함은 경매신청기입등기 이전에 목적부동산에 대하여 등기없이도 제3자에게 대항할 수 있는 물권 또는 채권을 가진 자를 말한다. 이에 해당하는 자로서는 유치권자, 점유권자, 특수지역권자(입회권), 건물등기 있는 토지임차인(민법 제622조), 인도 및 주민등록을 마친 주택임차인(주택임대차보호법 제3조) 등이 있다. 그런데 민사소송법 제607조 제4호 소정의 이해관계인이 되는 임차인은 주택임대차보호법 제3조 제1항의 규정에 따라 주택의 인도 및 주민등록을 마친 임차인이면 족하다. 여기에 더하여 주택임대차보호법 제3조의2 제1항 소정의 확정일자를 받은 임차인이거나 제8조 소정의 소액임차인에 해당하여 우선변제권까지 있을 필요는 없다.[25] 그 밖에 경매신청등기 후에 목적부동산의 소유권을 취득한 자나 용익권, 담보권의 설정등기를 한 자도 이에 해당한다.[26] 그러나 원인무효의 등기가 되어 있기 때문에 등기명의를 가지지 못한 진정한 소유자나 중복등기가 된 부동산에 있어 다른 등기부상에 소유자로 등기되어 있는 자는 이해관계인이 아니다. 임차권의 등기를 하지 아니한 토지의 임차인은 이해관계인이라 볼 수 없다.[27]

2. 권리를 증명한 자

낙찰허가결정이 있은 후 항고를 제기하면서 그 권리를 증명한 자도 이해관계인이라 할 수 없다.[28] 부동산 위에 위와 같은 권리를 가지고 있다는 것만으로써 당연히 이해관계인으로 되는 것이 아니고 경매법원에 스스로 그 권리를 증명한 자만이 비로소 이해관계인으로 된다.[29] 따라서 권리증명 이외의 사유로 경매법원이 알게 된 경우 즉, 집행관의 현황조사의 결과 이해관계인으로 판명되었다는 사실 또는 압류가 경합된 후행의 경매기록에 이해관계인으로 표시되었다거나 다른 권리자가 제출한 등기부등본에 권리자로 등재되어 있다는 사실만으로써는 스스로 경매법원에 권리를 증명하여 신고한 것이라고는 볼 수 없으므로 이해관계인이 될 수 없다. 부동산의 제3취득자로서 경매기일전에 권리를 증명 하였어도 그것이 이미 3경매기일의 공고와 이해관계인에 대한 통지절차가 있은 후라면 그 제3자에게 경매기일을 통지하지 않았다 하더라도 위법이라 할 수 없다.[30]

3. 사실상의 이해관계를 가진자

경매절차에 관하여 사실상의 이해관계를 가진 자라 하더라도 민사소송법 제607조에서 열거한 자에 해당하지 아니한 경우에는 경매절차에 있어서의 이해관계인이라고 할 수 없다.[31] 배당을 요구하지 않은 집행력 있는 정본을 가진 채권자도 역시 이해관계인이 아님은 위 법조의 문언상 명백하다.

16. 경매비용예납표준액

경매비용은 종국적으로는 채무자가 부담하여야 하나 채무자로부터 추심되기 전에는 우선 채권자가 그 비용을 지출하여야 한다.

1. 경매비용예납의 의의

경매비용은 종국적으로는 채무자가 부담하나 나중에 채무자로부터 추심되기 전에는 우선 채권자가 그 비용을 지출하여야 한다. 즉, 당사자 비용은 채권자 스스로 지출하여야 함은 말할 것도 없고 재판상의

---

25) 대법원 1995. 6. 5. 94마2134 결정 ; 대법원 2007. 11. 29. 선고 2005다64255 판결
26) 대법원 1964. 9. 30. 64마525 결정 ; 대법원 1999. 8. 26.자 99마3792 결정
27) 대법원 1996. 6. 7. 96마548 결정 ; 대법원 2003. 2. 19.자 2001마785 결정
28) 대법원 1980. 10. 15. 80마157 결정 ; 대법원 1986. 9. 24. 86마608 결정 ; 대법원 1994. 8. 30.자 94마1245 결정
29) 대법원 1967. 1. 31. 66마1124 결정 ; 대법원 1973. 9. 9. 73마129 결정 ; 대법원 1985. 7. 23.자 85마269 결정
30) 대법원 1971. 1. 31. 70마878 결정 ; 대법원 1981. 12. 22.자 81마183 결정
31) 대법원 1999. 4. 9. 선고, 98다53240 판결 ; 대법원 2023. 4. 27. 선고 2021다207717 판결

비용도 원칙으로 채권자가 집행기관에 예납하여야 한다. 만약 경매신청채권자가 예납을 하지 않으면 경매법원은 신청을 각하하거나 이미 실시한 집행절차를 취소할 수 있다(제513조의 2 제2항). 다만 집행채권자가 소송구조를 받은 때(제119조) 또는 대체집행에 있어서 채권자의 신청에 의하여 법원이 미리 채무자에게 집행비용을 지급할 것을 명한 때(제692조 제2항)에는 예납을 할 필요가 없다.

2. 경매수수료(집행관수수료규칙 16조)
부동산 경매신청사건에 있어서 신청인이 예납하여야 할 경매수수료의 예납액은 경매신청서에 표시된 채권액을 기준으로 하여 산정하며 집행관수수료규칙 제17조 제2항의 사유로 경매되지 못할 때에는 지급할 수수료예납금은 동 조항에 정한 금액의 5회분으로 한다. 구체적인 계산은
5,000만원까지 ; 청구금액×0.02+3,000원
5,000만원~1억원까지 ; (청구금액-5천만원)×0.012+1,003,000원
1억원 이상 ; (청구금액-1억원)×0.005+1,603,000원
5억 이상 = 5억원으로 계산

3. 감정료
1,000만원~5,000만원까지 ; 채권액×0.0015+63,000원
5,000만원초과~1억원까지 ; 채권액×0.0008+98,000원
1억원초과~50억원까지 ; 채권액×0.0004+138,000원
50억원초과~100억원까지 ; 채권액×0.0002+1,138,000원
(단 최저기본액이 200,000원이고 최고상한액이 5,000,000원임)

4. 부동산 현황조사료(교통비, 조사료 포함)
5,000,000원 이상 63,260원
5,000,000원 이하 53,260원(단, 자동차, 중기는 20,500원)

5. 신문공고료(민사소송비용법 제10조, 제9조)
기본(2필지까지) : 200,000원
추가(2필지 초과되는 경우임) : 1필지당 100,000원 추가

6. 유찰수수료 : 6,000원 정액 (집행관수수료규칙 제17조 제2항)

7. 송달료 : (이해관계인수+3)×10×2,600원
서류의 송달 및 송부비용은 5회분을 기준으로 하여 당사자의 수를 곱한 액(1회분 특별송달 수수료 2,260원×5회×당사자수)에 상당하는 현금을 예납하여야 한다. 그러나 부동산 경매사건과 같이 송달료처리의 특례에 관한 규칙이 적용되는 사건에 관하여는 대법원장이 지정하는 송달료수납은행에 우표가 아닌 현금을 납부하도록 되어 있으며 신청서상의 이해관계인 수+3에 10회분을 곱하여 산출한 금액이 그 기준이 된다.

8. 등록세
채권액×0.002+교육세(등록세의 0.2)
(간이계산법 : 채권액×0.02×1.2) 자동차경매시는 대당 9,000원, 중기는 6,000원

주의 : 중복경매(2중경매) 신청시는 등록세와 송달료만 납부한다.

17. 강제경매절차

강제경매라 함은 채무자 소유의 부동산을 압류, 환가하여 채권자에게 변제하는 일련의 절차이다.

1. 강제경매의 의의
강제경매라 함은 채무자 소유의 부동산을 압류, 환가하여 그 매각대금을 가지고 채권자에게 변제하여 채권자가 금전채권의 만족을 얻음을 목적으로 하는 강제집행절차이다. 강제경매절차는 대제로 목적물 압류, 환가, 채권자에 대한 채권변제 등 3단계의 절차로 진행된다.

2. 강제경매절차의 개요
(1) 먼저 채권자의 경매신청이 있으면 법원은 경매개시결정을 하여 목적부동산을 압류하고 관할등기소에 강제경매신청의 기입등기를 촉탁하여 등기관으로 하여금 등기부에 기입등기를 하도록 한다. 경매개시결정 정본은 채무자에게 송달한다.
(2) 다음에 환가의 준비절차로서 집행관에게 부동산 현황에 관한 조사를 명하고 감정인에게 목적부동산을 평가하게 하여 그 평가액을 참작하여 최저경매가격을 정한다. 위 절차가 끝나면 법원은 경매 및 낙찰기일을 지정하여 이를 공고한다.
(3) 경매기일에는 집행관이 집행보조기관으로서 미리 지정된 장소에서 경매 또는 입찰을 실시하여 최고가매수신고인 또는 최고입찰자가 정하여 지면 법원은 낙찰기일에 이해관계인의 의견을 들은 후 낙찰의 허부를 결정한다. 허가할 매수가격의 신고 또는 입찰이 없는 경우에는 법원은 최저경매 또는 입찰가격을 저감하고 신경매 또는 입찰기일을 정하여 다시 경매 또는 입찰을 실시한다.
(4) 낙찰허부의 결정에 대하여 이해관계인은 즉시항고를 할 수 있다. 낙찰허가결정이 확정되었을 때에는 법원은 대금지급기일을 정하여 낙찰인에게 대금의 지급을 명한다.
(5) 낙찰인이 대금을 완납한 경우에 있어서 채권자의 경합이 없거나 그 대금으로써 각 채권자의 채권 및 비용을 변제하기에 충분한 때에는 각 채권자에게 이를 지급하고 각 채권자의 채권 및 비용을 변제하기에 부족한 경우에 배당절차를 행한다.
(6) 낙찰인이 대금을 완납한 경우에는 낙찰인이 취득한 권리의 등기를 촉탁한다. 낙찰인이 대금을 지정한 기일까지 완납하지 아니할 때에는 차순위 매수신고인에 대한 낙찰허부를 결정하고 차순위 매수신고인이 없는 때에는 재경매를 명한다. 낙찰인은 낙찰허가결정이 있은 후에는 낙찰부동산의 관리명령, 대금완납 후에는 인도명령을 각 신청할 수 있다.

18. 임의경매절차

임의경매는 담보권의 실행을 위한 실질적 경매와 민법, 상법 기타 법률의 규정에 의한 환가를 위한 형식적 경매가 있다.

1. 담보권 실행을 위한 경매
임의경매에는 담보물권의 실행을 위한 이른바 실질적 경매와 민법, 상법 기타 법률의 규정에 의한 환가를 위한 이른바 형식적 경매가 있다. 민사소송법 제7편 제5장 제724조에서 제735조까지 담보권의 실행 등을 위한 경매라는 이름으로 채무명의를 요하지 아니하는 경매에 관한 규정을 두고 있다. 강학상 이러한 경매를 통틀어 강제경매에 대응하여 임의경매라고 부른다.

2. 유치권에 의한 경매
민사소송법 제734조에서 환가를 위한 경매라는 이름으로 '유치권에 의한 경매와 민법, 상법, 기타 법률의 규정에 의한 경매는 담보권의 실행을 위한 경매의 예에 의하여 실시한다'고 규정함으로써 유치권에 의한 경매를 담보권의 실행을 위한 경매와 같은 취급을 하고 있다.

3. 임의경매의 분류
민사소송법은 임의경매를 담보권의 실행을 위한 경매(제724조 내지 제733조)와 환가를 위한 경매(제734조)로 크게 나누고, 담보권의 실행을 위한 경매를 다시 그 목적물에 따라 부동산에 대한 경매(제724조 내지 제728조), 선박에 대한 경매(제729조), 자동차, 중기, 항공기에 다한 경매(제730조), 유체동산에 대한 경매(제731조 및 제732조) 및 채권 기타 재산권에 대한 담보권의 실행(제733조)으로 구분하여 규정을 두고 있다.

4. 임의경매와 강제경매의 이동
담보권의 실행을 위한 경매는 담보권자에게 우선변제를 얻게 하기 위하여 담보의 목적물을 경매하는 것이므로 특정재산에 의한 특정책임(물적책임)의 실현을 구하는 것임에 대하여 강제경매는 채무자의 일반재산에 의한 일반책임(인적책임)의 실현을 구하는 것이라는 데에 그 차이가 있으나 양자는 모두 금전채권의 만족을 얻기 위하여 국가가 부동산을 강제적으로 경매하는 것이라는 점에서 공통점이 있다.

☞ 형식적 경매
형식적 경매에 속하는 것으로는 공유물 분할을 위한 경매(민법 제269조 제2항), 변제자의 변제공탁을 위한 경매(민법 제490조), 한정승인·재산분리의 경우에 상속채권자나 수증자에게 변제하기 위한 상속재산의 경매(민법 제1037조, 제1051조 제3항), 상인간의 매매목적물, 운송물, 임치물 등의 자조매각(自助賣却)을 위한 경매(상법 제67조, 제70조, 제109조, 제142조, 제143조, 제149조, 제165조), 선박의 국적상실을 방지하기 위한 선박지분의 경매(상법 제757조), 선적항외에서 수선불능이 된 선박의 경매(상법 제777조), 자본감소·회사합병을 위한 주식병합의 경우와 회사정리계획에 의한 신주발행의 경우의 주식의 경매(상법 제443조, 제530조 제3항, 회사정리법 제254조 제3항), 외국인의 토지에 대한 경매(외국인토지법 제8조) 등이 있다. 이와 같은 형식적 경매에 있어서는 국가기관인 집행기관의 임무는 원칙적으로 환가의 완료로써 끝나는 것이고 별도로 청구권의 만족 내지 실현이라는 단계의 작업으로 진전되지는 아니한다.

19. 임의경매와 강제경매의 차이
채무명의가 필요한지의 여부, 공신적 효과의 유무 등에서 임의경매와 강제경매의 차이점이 있다.

1. 채무명의가 필요한지의 여부
(1) 임의경매
임의경매는 담보권에 내재하는 환가권에 기하여 경매의 신청권이 인정되므로 채무명의의 존재를 요하지 아니한다. 또 경매신청서에 집행력 있는 정본은 요구하지 않지만 등기필증과 같은 담보권의 존재를 증명하는 서류를 첨부하여야 한다(제724조 제1항).
(2) 강제경매
강제경매에 있어서는 원칙적으로 채무명의가 있어야 한다. 그리고 강제경매신청서에는 집행할 수 있는 일정한 채무명의를 기재하여야 한다(제601조 제3호). 또 강제경매신청서에는 집행력있는 정본을 첨부하여야 한다(제602조 제1항). 왜냐하면 채무명의의 정본에 집행문을 부여한 집행력 있는 정본에 기하여 강제경매가 실시되기 때문이다.

2. 공신적 효과의 유무
(1) 임의경매에는 공신적 효과가 부정된다.
임의경매에 있어서는 담보권자의 담보권에 내재하는 환가권의 실행을 국가기관이 대행하는 것에 불과하므로 담보권에 이상이 있으면 그것이 낙찰의 효력에 영향을 미치게 되므로 경매의 공신적 효과는 부정된다. 즉 임의경매에 있어서는 강제경매의 경우와는 달리 경매법원은 담보권 및 피담보권채권의 존부를 심사하여 담보권의 부존재·무효, 피담보채권의 불발생·소멸 등과 같은 실체상의 하자가 있으면 경매개시 결정을 할 수 없다. 나아가 이러한 사유는 낙찰불허가사유에 해당하며 또 이를 간과하여 낙찰허가결정이 확정되고 낙찰인이 낙찰대금을 완납하고 소유권이전등기를 경료받았다 하더라도 낙찰인은 낙찰목적물의 소유권을 취득하지 못한다. 다만 임의경매에 있어서도 예외적으로 경매의 공신적 효과가 인정된다. 즉 실체상 존재하는 저당권에 기하여 경매개시결정이 있었다면 그 후 저당권설정계약이 해지되어 저당권이 소멸되었거나 변제 등에 의하여 피담보채권이 소멸되었다하더라도 경매개시결정에 대한 이의 또는 낙찰허가결정에 대한 항고에 의하여 경매절차가 취소되지 아니한 채 경매절차가 진행된 결과 낙찰허가결정이 확정되고 낙찰대금이 완납되었다면 낙찰인은 적법하게 낙찰부동산의 소유권을 취득한다(제727조).[32]

(2) 강제경매에는 공신적 효과가 있다.
강제경매는 집행력있는 정본이 존재하는 경우에 한하여 국가의 강제집행권의 실행으로서 실시된다. 따라서 일단 유효한 집행력 있는 정본에 기하여 경매절차가 완결된 때에는 후일 그 채무명의에 표상된 실체상의 청구권이 당초부터 존재하지 않거나 무효인 경우, 경매절차 완결시까지 변제 등의 사유로 인하여 소멸된 경우, 재심에 의하여 채무명의가 폐기된 경우라 하더라도 경매절차가 유효한 한 낙찰인은 유효하게 목적물의 소유권을 취득한다.

3. 실체상의 하자가 경매절차에 미치는 영향
(1) 임의경매
임의경매에 있어서는 담보권의 부존재·소멸, 피담보채권의 불발생·소멸·이행기의 연기 등 실체상의 하자도 경매절차에 영향을 미치므로 이해관계인은 절차상의 하자 외에 실체상의 하자를 이유로 경매개시결정에 대한 이의를 할 수 있다(제725조). 또한 낙찰허가에 대한 이의 및 낙찰허가결정에 대한 항고를 할 수 있다.[33]
(2) 강제경매
강제경매에 있어서는 집행채권의 부존재·소멸·이행기의 연기 등과 같은 실체상의 하자는 청구이의의 소로써만 이를 주장할 수 있다. 실체상의 하자는 경매개시결정에 대한 이의사유나 낙찰허가에 대한 이의사유 및 낙찰허가결정에 대한 항고사유가 되지 못한다.

20. 입찰이란
각 매수신청인이 입찰표로 매수가격을 신청하여 그 중 최고가격을 신청한 사람을 낙찰인으로 정하는 방법을 말한다.

1. 입찰의 의의
경매법원은 경매기일의 공고전에 직권 또는 이해관계인의 신청에 의하여 경매에 갈음하여 입찰을 명할 수 있다(제663조 제1항). 여기서 입찰이라 함은 각 매수신청인이 서면(입찰표)으로 매수가격을 신청하여 그 중 최고가격을 신청한 사람을 매수인으로 정하는 방법을 말한다. 이해관계인은 입찰매각으로 할 것을 신청할 수 있으나 법원이 이에 구속되는 것은 아니다. 다만 모든 이해관계인의 합의가 있으면 이를 존중하여 입찰을 명한다.

2. 강제경매절차의 준용
민사소송법 제663조 제2항은 "입찰을 명한 경우에는 전 수조의 규정을 준용한다"고 규정하고 있고 민사소송규칙 제159조도 민사소송법 "제663조 제1항의 규정에 의하여 입찰을 명한 경우의 입찰절차에는 그 성질에 반하지 아니하는 한 이 규칙의 강제경매절차에 관한 규정을 준용한다"고 규정하고 있으므로 경매기일의 지정, 공고, 진행에 관한 규정들이 입찰기일의 지정, 공고, 진행 등에 준용된다.

---

[32] 대법원 1971. 9. 28. 선고, 71다1310 판결
[33] 대법원 1964. 4. 13. 63마98 결정 ; 대법원 1981. 2. 10. 80마141 결정 ; 대법원 1991. 1. 21. 90마946 결정

3. 입찰기일

집행관은 입찰기일을 열어 입찰을 최고한다. 입찰을 하려고 하는 자는 입찰표를 집행관에게 제출하는 방법으로 입찰을 한다(제664조 제1항). 입찰표에는 입찰자의 성명과 주소, 부동산의 표시, 입찰가격을 기재하여야 한다(제664조 제2항). 입찰가격은 일정한 금액으로 표시하여야 하며 다른 입찰가격에 대한 비례로 표시하여서는 아니된다(제665조 제3항).

4. 최고입찰자의 결정

집행관은 입찰을 최고한 후 적어도 1시간이 경과한 후에 입찰인 등의 면전에서 입찰표를 하나 하나 개봉하여 낭독하여야 한다(제665조, 제663조, 제626조 제2항). 그 다음 입찰의 적부 및 입찰자의 적격을 조사하여 허가하여야 할 최고입찰자를 결정하여 호창한다. 2인 이상의 동가격입찰이 있을 때에는 집행관은 그들에게 다시 입찰하게 하여 최고입찰자를 정한다(제665조 제2항).

5. 보증의 제공

최고가입찰인으로 호창을 받은 자는 입찰가격의 10분의 1에 상당하는 현금 또는 유가증권을 보증으로 집행관에게 보관시켜야 한다. 최고가입찰인이 보증을 제공하지 아니한 때에는 그 차순위입찰자를 최고가입찰인으로 정한다(제666조 제1항). 이 경우 최초에 최고가입찰인으로 호창을 받은 자는 그 입찰가격과 차순위입찰가격과의 차액을 부담하여야 한다(제666조 제2항). 이 차액은 배당을 받을 채권자나 매각대금을 반환받을 채무자가 별도로 소송을 제기하여 청구할 수 있다.

6. 낙찰의 허부

최고가입찰자에게 낙찰을 허가할 것인가 여부는 낙찰기일을 열어 경매법원이 결정한다. 기타의 절차는 일반경매절차의 경우와 같다.

☞ 부동산 경매사건 진행 기간표

종 류	기산일	기 간	관련 법조
경매신청서접수		접수당일	601, 724①
경매개시결정 및 경매신청기입등기 촉탁	접수일로부터	2일이내	603, 611, 728
채무자에 대한 경매개시결정 송달	개시결정일로부터	3일 이내	603, 728
공과주관공무소에 대한 최고서 송달	개시결정일로부터	3일이내(최고기간은 2주이내)	614, 728
채권신고의 최고	개시결정일로부터	3일이내(최고기간은 낙찰일까지)	규칙 147
현황조사명령	개시결정일로부터	3일이내(조사기간은 2주 이내)	603의 2, 728
부동산 평가명령	개시결정기입등기 필증 접수일로부터	3일이내(평가기간은 2주이내)	612, 615, 728
경매물건명세서의 작성, 그 사본 및 현황조사보고서, 평가서사본의 비치		경매기일 1주일 이전까지	617의 2, 728, 150
최초경매기일의 지정, 게시 및 신문공고의뢰 이해관계인에 대한 통지	현황조사보고서 및 평가서의 접수일로부터	3일이내	621, 728, 617②, 728
최초경매기일		신문공고일로부터 14일 이후, 신문공고의뢰일로부터 20일이내	619
신경매 또는 재경매 기일의 지정 및 게시 (또는 게시 및 신문공고), 이해 관계인에 대한 통지	사유발생일로부터	3일이내	631②, 648③, 728

신경매 또는 재경매 기일	공고일로부터	7일 이후 20일 이내	631②, 648③, 728
낙찰기일	경매기일로부터	7일 이내	620①, 728
배당요구의 통지	배당요구일로부터	3일 이내	606①, 728
경매실시			
경매조서 및 보증금 등의 인도	경매기일로부터	1일 이내	629, 728
낙찰허부결정의 선고		낙찰기일	620②, 638①, 728
차순위매수신고인에 대한 낙찰기일의 지정, 이해관계인에 대한 통지	최초의 대금 지급기일 후	3일 이내	627①, 647의 2 ①, 728
차순위매수신고인에 대한 낙찰기일	최초의 대금 지급기일 후	14일 이내	620①
낙찰부동산 관리명령		신청 당일	647②, 728
대금지급기일의 지정 및 통지	낙찰허가결정 확정일 또는 상소법원으로부터 기록송부를 받은 날로부터	3일 이내	654①, 728, 규칙 156, 205
대금지급기일	낙찰허가결정 확정일 또는 상소법원으로부터 기록송부를 받은 날로부터	1개월 이내	규칙 156, 205
경매부동산 인도명령		신청 당일	647①, 728
배당기일의 지정, 소환, 채권계산서 제출의 최고	대금납부 후	3일 이내	654의 2, 586, 728
배당기일	대금납부 후	2주일 이내	654의 2, 728
배당표의 작성 및 비치		배당기일 3일 전까지	588②, 728
배당표의 확정		배당기일	656, 728
배당실시 배당 조서의 작성		배당기일	658, 589, 728
배당액의 공탁 또는 계좌입금	배당기일로부터	10일 이내	589③, 728
낙찰인에 대한 소유권 이전등기 등의 촉탁	배당기일 또는 등록세납부일로부터	2일 이내	661, 728
기록인계	낙찰인 대한 소유권 이전등기 완료 후	5일 이내	

21. 강제경매의 대상
강제경매의 대상인 부동산은 토지 및 그 정착물, 부동산과 동시되는 권리 등이 있다.

1. 토지
토지에 정착된 공작물 중에서 담장, 구거 등 독립된 부동산으로 취급할 수 없는 것과 수목은 토지와 일체로 되어 하나의 부동산으로 취급되며 독립하여 강제경매의 대상으로 되지 아니한다. 그러나 소유권보존등기된 입목은 부동산으로 취급되므로 강제경매의 대상으로 된다(입목에관한법률 제22조, 제3조 제1항). 미분리의 천연과실은 토지의 구성부분이므로 통상은 토지에 대한 압류의 효력이 이에 미친다. 그러나 천연과실은 원물로부터 분리하는 때에 이를 수취권자에게 귀속하게 되고(민법 제102조) 과실은 성숙전 1월 내에는 유체동산으로 압류할 수 있으므로(제527조 제2항 제2호) 과실에 관하여는 성숙기전 1개월 내부터는 과실수취권자를 채무자로하여 유체동산에 대한 강제집행으로 집행할 수 있다. 토지의 공유지분도 독립하여 강제경매의 대상으로 된다.

2. 건물
건물은 항상 토지로부터 독립된 부동산으로 취급되므로 강제경매의 대상으로 된다. 건물의 공유지분, 구분소유권도 독립하여 강제경매의 대상으로 된다. 건축 중에 있는 건물로서 사회통념상 아직 독립된 부동산으로 볼 수 없는 경우에는 개개의 건축자재나 공작물을 유체동산 압류방법에 따라 집행할 수밖에 없다. 만일 채무자가 이 집행을 무시하고 건축공사를 계속하여 경매할 시점에 이르러 건물이 성립되어 독립된 부동산이 되는 단계에 이르면 집행관은 유체동산집행으로서의 경매를 더 이상 속행하여서는 아니된다. 물론 채무자는 형법상 공무상비밀표시무효죄가 성립할 수 있다. 만일 경매대상 건물이 인접한 다른 건물과 합동됨으로 인하여 건물로서의 독립성을 상실하게 되었다면 경매대상 건물만을 독립하여 양도하거나 경매의 대상으로 삼을 수는 없고 이러한 경우 경매대상 건물에 대한 채권자의 근저당권은 위 합동으로 인하여 생겨난 새로운 건물 중에서 위 경매대상 건물이 차지하는 비율에 상응하는 공유지분 위에 존속하게 된다. 따라서 근저당권자인 채권자로서는 경매대상 건물 대신 위 공유지분에 관하여 경매신청을 할 수밖에 없다.[34] 그리고 경매대상 건물에 관하여 생긴 위와 같은 사유는 민사소송법 제728조에 의하여 준용되는 제635조 제2항 단서, 제633조 제1호 소정의 경매한 부동산이 양도할 수 없는 것으로서 강제집행을 허가할 수 없는 때에 해당하게 될 것이므로 경매법원으로서는 직권으로 위 건물에 대한 경락을 불허 하여야 한다.

3. 공장재단·광업재단
공장저당법에 의한 공장재단, 광업재단저당법에 의한 광업재단은 한 개의 부동산으로 취급되어 강제경매의 대상으로 된다(공장저당법 제10조, 제14조, 광업재단저당법 제5조). 즉 공장재단, 광업재단을 구성하는 기계·기구 등을 동산이라 하더라도 유체동산에 대한 집행방법으로 할 수 없고 저당권의 목적물인 토지, 건물, 광업권 등과 함께 부동산에 대한 강제집행의 방법에 의하여 경매를 할 수 있을 뿐이다. 그러나 공동광업권자의 지분은 다른 공동광업권자의 동의가 없으면 처분할 수 없으므로 그 지분은 강제경매의 대상이 되지 아니한다.

4. 지상권
지상권은 부동산을 목적으로 하는 권리이므로 강제경매의 대상으로 된다.

5. 자동차, 중기 및 항공기
자동차, 중기 및 항공기는 실체법상으로 동산임에는 틀림없으나 그 특수성에 비추어 등록된 자동차와 중기에 대한 강제집행은 민사소송규칙에 특히 규정한 경우를 제외하고는 부동산에 대한 강제경매의 예에 의하고(민사소송규칙 제173조, 제189조) 등록된 항공기에 대한 그것은 선박에 대한 강제집행에 예에

---
34) 대법원 1993. 10. 10. 93마929 결정

의하도록(민사소송규칙 제190조) 되어 있다.

6. 미등기부동산
미등기부동산이라 하더라도 채무자의 소유이면 강제경매를 할 수 있다. 미등기 부동산에 관하여 경매개시결정을 하면 경매법원의 촉탁에 의하여 등기관은 직권으로 소유권보존등기를 하고 경매개시결정 기입등기를 하게 된다. 이때 경매신청인은 미등기부동산이 채무자의 소유임을 증명할 수 있는 서류를 경매신청서에 첨부하여야 한다. 등기부가 멸실되고 아직 회복등기가 되어 있지 아니한 부동산도 위와 마찬가지이다.

7. 원인무효의 등기인 경우
채무자 소유의 부동산이 무효의 원인에 의하여 제3자 명의로 등기되어 있는 경우에는 그 등기명의를 채무자에게 회복한 후가 아니면 채무자에 대한 강제집행으로서의 강제경매의 대상이 되지 아니한다.

22. 경매사건의 관할법원
강제집행은 목적부동산 소재지의 지방법원이 관할한다.

1. 관할의 기준
강제집행은 목적부동산 소재지의 지방법원이 경매법원으로 관할한다(제600조 제1항, 제728조). 이 관할은 전속관할이므로(제524조) 당사자의 합의에 의하여 다른 법원을 관할법원으로 정할 수 없다. 또한 응소관할도 생길 수 없다(제28조 준용). 법원은 직권으로 관할의 유무를 조사한 후 관할권이 없다고 인정되면 관할지방법원에 이송하여야 한다(제31조 준용). 비록 채권자가 관할권없는 법원에 강제경매신청을 한 경우에도 신청을 각하하여서는 아니된다.

2. 관할의 경합과 이송
1개의 부동산이 수 개의 지방법원 관할구역에 걸쳐서 소재하고 있을 때에는 각 지방법원에 관할권이 있다. 이 경우에 법원은 필요하다고 인정한 때에는 사건을 다른 관할법원으로 이송할 수 있다(제600조 제2항, 제728조). 경매신청채권자에게 이송신청권은 없으나 법원의 직권발동을 촉구하는 뜻에서 이송신청을 하는 것은 무방하다. 법원의 이송결정에 대하여 당사자는 즉시항고할 수 있다(제35조). 이송결정을 한 법원의 법원사무관 등은 이송결정이 확정된 후에 이송결정의 정본에 경매사건 기록을 첨부하여 이송받을 법원의 법원사무관 등에게 송부하여야 한다(제36조 제2항). 이송결정이 확정되어 사건을 이송받은 법원은 이송결정에 구속된다.

3. 공동담보의 경우
공동담보의 목적이 되는 수 개의 부동산이 별개의 지방법원의 관할구역 내에 산재하고 있는 경우에는 각 부동산별로 관할이 생기며 동일절차에 의하여 경매할 수 없다. 따라서 채권자는 공동담보 목적부동산에 대한 경매신청을 동시에 또는 순차로 부동산 소재지 관할법원에 신청할 수 있다.

23. 강제경매신청서·임의경매신청서
강제경매신청 및 임의경매신청은 서면으로 하여야 한다.

1. 신청주의
강제경매신청 및 임의경매신청은 서면으로 하여야 한다(제491조의 3). 경매신청서에는 소정의 사항을 기재하여야 하고(제601조) 또 소정의 서류를 첨부하여야 한다(제602조). 또한 5,000원의 인지를 첨부하여야 한다(민사소송인지법 제9조 제2항). 수 개의 채무명의에 기하여 신청을 하는 경우에는 채무명의의 수에 따른 인지를 첨부하여야 한다. 동일 채권자가 동일 채무자 또는 수인의 채무자에 대한 각별 수 개의 채권에 관하여 저당권이 설정된 1개 또는 수 개의 부동산에 대하여 경매신청을 1건으로 1통의 신청서로써 한 경우에 이는 본래 수 개의 독립된 신청으로 할 것을 편의상 1건으로 신청한 것에 불과하므로 첩용인지는 저당권마다 소정의 인지를 첨부하여야 한다.

2. 신청서의 기재사항
강제경매신청에는 다음 사항을 기재하여야 한다(제601조).
(1) 채권자, 채무자와 법원의 표시
(2) 부동산의 표시
(3) 경매원인된 일정한 채권과 집행할 수 있는 일정한 채무명의
강제경매신청서에는 집행력있는 정본외에 다음 서류를 첨부하여야 한다(제602조 제1항).
(1) 등기부에 채무자의 소유로 등기된 부동산에 대하여는 등기부등본
(2) 등기부에 채무자의 소유로 등기되지 아니한 부동산에 대하여는 즉시 채무자의 명의로 등기할 수 있음을 증명할 서류
그러나 강제관리를 하기 위하여 이미 부동산을 압류한 경우에 그 집행기록에 제1항의 서류가 첨부된 때에는 다시 그 서류를 첨부하지 아니할 수 있다(제602조 제2항).

24. 강제경매신청서에는

강제경매신청서에는 채권자, 채무자, 법원 등을 표시하여야 한다.

1. 채권자, 채무자의 표시(제601조 제1호)
강제경매신청서에는 채권자와 채무자를 특정할 수 있도록 그 성명과 주소를 표시하여야 한다. 채권자라 함은 강제집행을 청구하는 자를 말하고 채무자라 함은 강제집행을 받을 자를 말한다. 채권자, 채무자의 성명, 주소는 경매신청서에 첨부된 집행력 있는 정본에 표시된 것과 일치되어야 한다. 또한 채무자의 성명, 주소는 경매신청서의 첨부서류인 등기부등본 또는 물건소유증명서에 기재된 소유자의 성명, 주소와 부합되어야 한다. 주소의 변경이 있는 경우에는 신구 주소를 병기하며 등기부상의 주소가 다를 경우에는 등기부상의 주소도 병기한다. 이 경우에는 이 사실을 증명하는 주민등록표등·초본 등을 첨부하여야 한다. 채권자 또는 채무자가 법인인 경우에는 그 명칭, 주된 사무소 또는 영업소 및 대표자를 표시한다.

2. 채권자·채무자의 승계가 있는 경우
주의할 것은 채무명의상의 채권자, 채무자의 표시와 반드시 일치하지 아니하는 경우도 있다. 왜냐하면 승계집행문을 부여받은 경우에는 채무명의상의 채권자, 채무자와 집행문상의 채권자, 채무자는 서로 다르기 때문이다. 권리의무의 주체가 변동된 것이 아닌 단순히 법인의 명칭의 변경이나 상호의 변경은 승계가 아니므로 이 경우에는 승계집행문은 필요없고 신구 명칭 또는 상호가 동일인의 것이라는 증명서로서 법인등기부등본 또는 상호등기부를 제출하면 된다.

3. 공유지분의 경매
공유부동산의 지분에 대한 강제경매신청에 있어서는 채무자인 공유자 이외의 공유자 전원의 성명, 주소 및 채무자가 가지는 지분의 비율을 기재하여야 한다. 왜냐 하면 다른 공유자에게 강제경매의 신청이 있음을 통지하여야 하고 또 최저경매가격은 채무자의 지분에 관하여 정하여 지기 때문이다(제649조 제1항, 제2항).

4. 가압류등기가 있는 경우
경매목적 부동산에 대하여 가압류등기를 한 후 채무자로부터 제3자에게 위 부동산의 소유권이전등기가 된 경료된 경우 가압류채권자가 본압류를 하는데 있어서는 가압류채무자인 전소유자를 그대로 채무자로

표시하면 족하다. 이때 가압류등기 후 소유권을 취득한 소유자는 강제경매신청서에 표시할 필요가 없다. 다만 경매신청채권자는 채무명의가 된 채권이 가압류의 기본인 채권과 동일하다는 사실을 증명하여야 한다.

5. 법원의 표시(제601조 제1호)
경매할 법원을 표시한다.

25. 강제경매신청서에는
강제경매신청서에는 경매할 부동산을 기재하여야 한다.

1. 부동산의 표시(제601조 제2호)
강제경매의 대상이 될 부동산을 특정하여 표시하여야 한다. 부동산의 표시는 반드시 모든 점에서 실제와 완전히 부합하여야 하는 것은 아니다. 객관적으로 당해 부동산의 동일성을 인식할 수 있는 정도이면 족하다. 그러나 경매신청서에 기재된 부동산의 표시가 경매부동산을 특정할 수 있는 정도가 되지 못하면 경매신청이 부적법한 것이 되므로 법원은 부동산표시를 특정하도록 보정을 명하고 채권자가 이에 불응하면 경매신청을 각하한다. 수 개의 부동산에 대하여도 경매법원이 동일하면 동시에 1건으로 경매신청을 할 수 있다.

2. 등기유무와 부동산의 표시
등기되어 있는 부동산인 경우에는 동일성이 인정되는 한 등기부의 표제부에 기재되어 있는 대로 표시하여야 한다. 미등기의 부속건물이 있거나 건물이 증·개축되어 실제 건평이나 구조가 등기부의 표시와 일치하지 아니할 때에는 미등기 부속건물 또는 실제건물의 구조와 건평을 아울러 표시하여야 한다. 구분소유권의 경우에는 1동의 건물 중 구분소유로 된 부동산을 특정할 수 있도록 표시하여야 한다. 도면을 첨부하여 특정하여도 좋다.

3. 환지예정인 경우
어느 토지에 대하여 토지구획정리사업법에 의하여 환지예정지가 지정되었다 하더라도 경매신청은 종전의 토지에 대하여 하여야 하므로 종전의 토지를 표시한다. 다만 최저경매가격의 결정에는 환지예정지의 위치, 지적 등이 참작되어야 하며 경매기일 공고를 함에 있어서도 환지예정지 지정의 내용을 표시하여야 하므로[35] 환지예정지도 아울러 표시하여야 한다.

4. 미등기 부동산의 경우
미등기의 부동산인 경우에는 그 부동산이 채무자의 소유임을 증명할 서류(부동산 소유증명서)의 표시와 부합되도록 기재하여야 한다. 미등기의 경우에는 경매법원의 경매신청기입등기의 촉탁이 있으면 등기관은 직권으로 그 부동산의 소유권보존등기를 하여야 하므로(부동산등기법 제134조) 경매신청서 중 부동산표시의 항에 미등기라는 취지를 부기하여야 한다.

5. 각종 재단의 경우
경매의 대상이 공장재단, 광업재단인 경우에는 그 재단을 구성하는 모든 물건을 표시하여야 한다. 통상 공장목록, 기계·기구목록으로 표시하여 첨부한다.

---

[35] 대법원 1974. 1. 8. 73마683 결정 ; 대법원 1981. 8. 29.자 81마158 결정

26. 강제경매신청서에는
강제경매신청서에는 경매원인이 된 일정한 채권과 집행할 수 있는 채무명의 등을 기재하여야 한다.

1. 경매원인이 된 일정한 채권(제601조 제3호)
강제경매에 의하여 변제를 받고자 하는 일정한 채권과 그 청구액을 말한다. 강제경매는 채무명의의 내용이 된 일정한 금전채권에 관하여 그 변제를 받기 위하여 실시되는 것이므로 채권자로서는 어떠한 채권에 관하여 어떠한 범위 내에서 변제를 받고자 하는가를 명백히 할 필요가 있다. 채권은 다른 채권과 구별할 수 있을 정도로 특정하여야 한다. 또 채권자는 그 채권의 일부만을 청구할 수 있기 때문에 청구금액은 명확히 기재하여야 한다. 청구금액은 채무명의에 표시된 채권액의 범위 내이어야 한다. 채권이 특정되어야 비로소 경매절차 진행의 여부(제616조), 경매의 범위(제636조 제1항)가 결정되므로 일정한 채권의 표시는 필요불가결한 것이다. 따라서 그 특정표시가 없으면 경매신청은 부적법 각하된다.

2. 채권의 표시방법
채권자는 수 개의 채무명의를 가지고 동시에 경매신청을 할 수 있다. 이 경우에는 각 채무명의의 내용이 된 채권을 모두 특정하여 표시하여야 한다. 청구액은 반드시 정액의 표시가 있어야 하는 것은 아니고 정기금채권, 이자채권 등의 경우와 같이 기간과 액수, 이율 등으로 계산 가능한 표시가 있으면 무방하다. 예컨대「1997. 5. 25.부터 1999. 5. 24.까지 매월 금 340,670원의 비율에 의한 금원」이라고 표시하면 특정된 것이다. 일부청구의 경우에 강제경매절차개시 후에는 청구금액의 확장은 허용되지 않고 그 후에 청구금액을 확장하여 잔액의 청구를 하였다 하여도 배당요구의 효력밖에 없다.36) 채무명의에 원본(元本) 외에 이자채권이 포함되어 있는 경우에는 경매신청시에 이자채권에 관하여 표시가 없었다 하더라도 배당시에 채권계산서에 기재하면 변제를 받을 수 있다.

3. 집행할 수 있는 일정한 채무명의(제601조 제3호)
경매원인이 된 채권에 관한 채무명의를 표시한다. 구체적으로 어떠한 채무명의에 의한 강제집행인가를 알아볼 수 있도록 표시하여야 한다. 1개의 화해 또는 조정조서 등에 수 개의 채무명의가 존재하는 경우에는 어느 채무명의에 기하여 강제집행을 구하는 것인가를 명백히 하여야 한다. 예컨대,「―화해조서 중 화해조항 제1항」과 같이 기재한다. 집행할 수 있는 채무명의라 함은 즉시 집행할 수 있는 것이어야 하므로 기한부 채권인 경우에는 기한이 도래하고 조건부 채권인 경우에는 조건이 성취된 것이어야 한다. 기한미도래나 조건불성취의 채무명의에 기하여 경매신청을 한 경우에는 그 신청은 부적법하다.

---

36) 대법원 1964. 4. 23. 선고 63마136 판결 ; 대법원 1983. 10. 15. 83마393 결정 ; 대법원 2007. 4. 2.자 2006마717 결정

27. 강제경매신청서에는
대리인에 의하여 강제경매신청을 하는 경우에는 대리인도 기재하여야 한다.

1. 대리인에 의한 신청
대리인에 의하여 강제경매의 신청을 하는 경우에는 신청서에 대리인의 성명, 주소를 표시하여야 한다.

2. 소송무능력자의 경우
채권자, 채무자가 소송무능력자인 경우에는 법정대리인을 표시하여야 한다. 소송무능력자에 대한 송달은 법정대리인에게 하게 되어 있으므로(제166조) 채무자도 소송능력을 구비할 필요가 있다. 채무자에게 법정대리인이 없는 경우에는 특별대리인을 선임하여 특별대리인으로 선임된 자를 표시하여야 한다(제58조).

3. 법률상대리인의 경우
지배인(상법 제11조), 선박관리인(상법 제761조), 선장(상법 제773조). 농업협동조합중앙회장에 의하여 선임된 대리인(농업협동조합법 제151조) 등은 법률에 의하여 재판상의 행위를 할 수 있는 대리인이므로 이들에 의한 경매신청이 가능하다. 이러한 경우에는 대리인의 자격도 표시하여야 한다.

4. 임의대리인
변호사가 아니면 임의대리인이 될 수 없다. 다만, 당사자와 친족, 고용 기타 특별한 관계에 있는 자는 법원의 허가를 얻어 대리인이 될 수 있다(제80조 제1항). 따라서 소송대리허가신청서에는 본인과 대리인으로 될 자와의 관계를 기재하고 이를 증명하는 재직증명서, 주민등록등·초본 등과 같은 문서를 첨부하여야 한다. 변호사가 아닌 자가 법원의 허가없이 채권자의 대리인으로 경매신청을 하는 경우에는 그 경매신청은 부적법한 것이므로 법원은 채권자 본인에게 보정을 촉구하고 이에 불응하면 신청을 각하한다. 다만 법원이 추후에 그 자를 대리인으로 허가하면 하자가 치유된다. 또 허가는 반드시 명시적임을 요하지 않는다. 법원이 소송대리허가를 명백히 표시하지 않은 경우에도 소송대리허가신청서를 제출한 사람에게 경매관계서류를 송달한 경우에는 그 대리를 허가한 것으로 본다.[37]

5. 본안소송의 대리인
판결절차의 각 심급의 소송대리인은 그 판결에 기한 강제집행에 관하여도 당연히 대리권을 가지고 있다(제82조). 그러므로 강제집행에 관한 별도의 위임을 받지 않고도 강제경매를 신청할 수 있다. 이 경우 대리인의 대리권의 존재는 집행력있는 정본에 나타나 있기 때문에 새로이 위임장을 제출할 필요는 없다. 대리인의 대리권의 존재는 집행력있는 정본에 나타나 있기 때문이다.

---

[37] 대법원 1967. 1. 18. 66마1106 결정 ; 대법원 2005. 3. 29.자 2005마58 결정

28. 임의경매신청서에는
임의경매신청서에는 채권자와 대리인을 기재하여야 한다.

1. 채권자의 성명, 주소
채권자를 특정할 수 있도록 그 성명과 주소를 기재하여야 한다. 담보권 실행을 위한 경매에 있어서 경매를 신청할 수 있는 자는 저당권자 및 전세권자 등 담보권자이다. 저당권설정 계약만을 체결하고 아직 저당권설정등기를 마치지 못한 자는 경매신청을 할 수 없다.

2. 채권자의 법정대리인의 성명·주소
채권자가 경매신청을 함에 있어서는 당사자능력, 소송능력을 구비하고 있어야 한다. 따라서 미성년자(민법 제5조), 한정치산자(민법 제10조), 금치산자(민법 제12조, 제13조) 등 소송무능력자는 법정대리인에 의하여 경매신청을 하여야 한다(제51조). 이 경우에는 법정대리인의 성명·주소를 기재하여야 한다.

3. 저당권이전의 경우
저당권부채권의 양도를 받았으나 아직 저당권이전의 부기등기를 마치지 못한 자도 비록 채권양도의 대항요건(민법 제450조)을 구비하였다 하더라도 저당권을 취득한 것이 아니므로 경매신청을 할 수 없다. 그러나 예외적으로 저당권부채권이 상속, 포괄유증, 회사의 합병 등에 의하여 포괄승계된 경우 또는 전부명령에 의하여 전부된 경우에는 포괄승계인 또는 전부채권자는 저당권이전의 부기등기를 하지 않아도 경매신청을 할 수 있다. 다만 이러한 경우에는 경매신청서에 호적등본, 전부명령, 법인등기부등본 등 포괄승계나 전부사실을 증명하는 서면을 첨부하여야 한다.

4. 저당권이 질권의 목적이 된 경우
저당권부채권이 질권의 목적으로 된 경우에는 질권자는 질권의 행사로서 저당권의 실행을 위하여 경매신청을 할 수 있다. 물론 이 경우에도 저당권등기에 질권의 부기등기가 경료되어 있어야 한다(민법 348조).

5. 동순위 다수 저당권자·저당권의 공유자
동순위의 다수 저당권자, 저당권의 공유자도 피담보채권이 가분채권인 한 자기의 지분에 비례한 권리를 가지고 있으므로 각자 단독으로 경매신청을 할 수 있다. 그러나 조합재산인 저당권에 기하여 경매신청을 하는 경우에는 조합원 전원이 공동으로 신청을 하여야 한다. 왜냐하면 조합재산은 조합원의 합유이므로 경매신청은 공동하여서만 신청적격이 인정되기 때문이다.

6. 저당권자의 채권자
저당권자의 채권자는 저당권자를 대위하여 경매신청을 할 수 있다.

7. 대위변제자
대위변제자도 채권자를 대위하여 경매신청을 할 수 있다. 다만, 변제할 정당한 이익이 없는 자가 변제한 경우에는 채권자를 대위함에 있어서 채권자의 승낙을 필요로 하며 채권양도와 똑같은 대항요건을 갖추지 않으면 안된다(민법 제480조 제1항·제2항). 이 경우 경매신청에 변제의 사실, 채권자의 승낙 등 대위원인 사실을 증명하면 족하다. 대위변제로 인한 저당권의 이전등기를 거쳐야 하는 것은 아니다. 실무상으로는 저당권의 이전의 부기등기(부동산등기법 제148조, 제156조의 2)를 하여 등기부등본을 제출함이 통례이다.

29. 임의경매신청서에는
채권자가 법인인 때에는 그 명칭, 주된 사무소나 영업소 및 대표자를 경매신청서에 기재한다.

1. 채권자의 법인격
채권자가 법인인 때에는 그 명칭, 주된 사무소나 영업소 및 대표자를 경매신청서에 기재한다. 권리능력 없는 사단이나 재단도 대표자 또는 관리인이 있으면 그 이름으로 당사자가 될 수 있으므로(제48조)) 임의경매신청 능력이 있다. 회사·은행 등의 지점은 독립한 법인격을 갖지 못하므로 지점의 거래에 관한 것도 경매신청서에는 반드시 그 본점을 표시하여야 한다. 국가가 저당권자인 경우에는 경매신청인은 국가이며 그 대표자는 법무부장관으로 하여야 한다(국가를당사자로하는소송에 관한법률 제2조).

2. 법률상대리인
법률에 의하여 재판상의 행위를 할 수 있는 대리인 즉, 지배인(상법 제11조), 국가소송수행자(국가를당사자로하는소송에관한법률 제7조) 등은 본인을 대리하여 경매신청을 할 수 있다(제80조, 제83조). 법률의 규정에 의한 소송대리인에 의하여 경매신청을 하는 경우에는 법률상대리인의 성명·주소를 신청서에 표시하여야 한다. 특히 지배인·대리인의 성명, 주소는 등기사항이고 대리권의 증명을 위하여 법인등기부등본을 제출하여야 한다. 소송위임에 의한 임의대리인에 의하여 경매신청을 하는 경우에는 대리인의 성명·주소를 기재하여야 한다. 소송위임에 의한 경매신청의 임의대리에 관하여는 변호사가 아니면 대리인이 될 수 없고 변호사가 아닌 자는 당사자와 친족, 고용기타 특별한 관계에 있는 자로서 법원의 허가를 얻은 경우에 한하여 대리인이 될 수 있다(제80조).

3. 신청연월일
채권자가 경매법원에 경매신청서를 제출한 연월일을 기재한다. 이는 채권자의 권리행사의 시기를 명백히 하기 위한 것이다.

4. 경매할 법원
관할 경매법원(제728조, 제600조)을 표시한다.

5. 신청인 또는 대리인의 기명날인
서명날인을 요하지 아니하며 기명날인으로 족하다.

30. 임의경매신청서에는
임의경매신청서에는 채무자 및 경매목적 부동산의 소유자를 기재하여야 한다.

1. 채무자·소유자(민사소송규칙 제204조 제1호)
경매신청서에는 채무자, 소유자를 특정할 수 있도록 그 성명과 주소를 기재하여야 한다. 채무자는 경매신청의 기본이 되는 저당권의 피담보채권의 채무자를 말하고 소유자는 저당부동산의 소유자를 말한다. 채무자와 소유자가 동일인인 경우에는 채무자 겸 소유자로 표시하고 저당권을 설정한 소유자로부터 저당부동산의 소유권을 취득한 자(제3취득자)가 있으면 그 자를 소유자로 표시한다. 채무자·소유자가 법인인 때에는 대표자도 표시한다. 채무자·소유자의 현주소와 등기부상의 주소가 다른 때에는 양자를 병기하여야 한다. 특히 금융기관이 경매신청인인 경우에는 채무자·소유자의 등기부상 주소의 기재는 필요적이다.

2. 연대채무자
연대채무자 중의 1인의 소유에 속한 부동산에 저당권이 설정되어 있는 경우 각 채무가 저당권에 의하여 담보되어 있는 때에는 연대채무자 전원을 채무자로 표시하여야 한다. 연대채무에 있어서는 각 채무자는 각각 별개의 채무를 부담하고 있으므로 그 중 1인의 채무에 관하여서만 저당권이 설정되어 있고 나머지 연대채무자의 채무에 관하여서는 저당권이 설정되어 있지 아니한 경우에는 나머지 연대채무자는 여기서 말하는 채무자가 아니다.

3. 보증인·연대보증인
보증인·연대보증인은 저당권에 의하여 담보된 채무자는 아니므로 여기서 말하는 채무자에 해당하지 아니한다. 그러나 보증인이나 연대보증인이 보증과 동시에 자기소유의 부동산에 저당권을 설정하여 준 경우에는 보증인이 주채무자를 위하여 물상보증을 한 것인가 그렇지 않으면 보증인이 자기의 보증채무 자체의 이행을 확보하기 위하여 저당권을 설정한 것인가에 따라 채무자로 되는 자가 달라진다. 즉 전자의 경우에는 주채무자를 채무자로 표시하여야 할 것이나 후자의 경우에는 저당권자가 하는 저당권의 실행은 보증채무의 실현을 위하여 하는 것이므로 보증인을 채무자로 표시하여야 한다.

4. 소송무능력자
채무자·소유자가 미성년자, 한정치산자, 금치산자 등 소송무능력자인 경우에는 채권자가 소송무능력자인 경우와 같이 그 법정대리인을 기재하여야 한다. 법정대리인이 없는 경우에는 특별대리인의 선임을 신청하여 그 선임된 자를 기재하여야 한다(제58조).

5. 상속인
저당권설정등기 후 경매신청 전에 채무자·소유자가 사망한 경우에는 그 상속인을 채무자·소유자로 표시하여야 한다. 다만 소유자의 상속인이 상속으로 인한 소유권이전등기를 하지 아니한 경우에는 경매신청인은 경매신청전에 현재의 소유자인 상속인을 대위하여 상속등기를 하고 그 상속인을 소유자로 표시하여 경매신청을 하여야 한다. 판례[38]는 채무자·소유자가 이미 사망하였어도 경매신청인이 위 사실을 알지 못하여 사망자를 그대로 채무자·소유자로 표시하여 경매신청을 하고 이에 의하여 경매개시결정을 하였더라도 이것이 당연무효로 되지 아니하고 후에 경매개시결정경정결정에 의하여 채무자나 소유자의 표시를 고칠 수 있을 뿐이라고 한다. 실무에 있어서는 위와 같이 대위상속등기를 한 다음 경매신청을 하는 경우는 드물고 보통 사망자를 그대로 채무자·소유자로 표시하여 신청을 하였다가 경매개시결정 후에 경정신청을 하고 있다. 상속인 불분명의 부동산에 대하여는 민법 제1053조에 의하여 상속재산관리인의 선임을 신청하여 그 선임된 상속재산관리인을 특별대리인으로 표시하여 경매신청을 할 수 있다.

---

[38] 대법원 1964. 5. 16. 64마258 결정 ; 대법원 1966. 9. 7. 66마676 결정 ; 대법원 1975. 11. 12.자 75마338 결정

31. 임의경매신청서에는
임의경매신청서에는 담보권의 표시를 기재하여야 한다.

1. 담보권의 표시(민사소송규칙 제204조 제2호)
담보권을 실행하기 위하여는 담보권과 피담보채권이 존재하고 그 피담보채권이 이행지체에 빠져 있음을 요한다. 다만, 이 가운데 담보권과 피담보채권의 표시에 관하여는 민사소송규칙이 이를 명문으로 요구하고 있다(민사소송규칙 제204조 제2호). 피담보채권이 이행지체에 빠져 있다는 사실에 관하여는 그 기재를 요구하는 규정이 없기 때문에 경매신청서에 이를 기재할 필요가 있느냐에 관하여는 견해의 대립이 있다. 실무는 기재하고 있다.

2. 담보권
경매신청서에는 경매신청의 기본이 되는 담보권을 특정할 수 있을 정도로 기재하여야 한다. 담보권을 실행하기 위하여는 유효한 담보권의 존재가 필요하며 경매신청서에 이를 증명하는 서류를 첨부하여야 한다(제724조 제1항). 형식적으로 저당권이 존재하는 것처럼 등기부상 기재되어 있더라도 실제상 저당권설정 계약이 부존재 또는 무효이거나 일단 저당권설정 계약이 성립하였으나 경매신청시 이미 소멸한 경우에는 경매절차의 개시는 허용되지 아니한다.

3. 저당권설정 등기의 유용
피담보채권이 소멸하였음에도 불구하고 그 저당권설정등기를 말소하지 아니하고 있다가 당사자간에 이를 다른 채권의 담보를 위하여 유용하기로 약정한 경우에는 위 유용약정 이전에 등기부상 이해관계있는 제3자가 나타나 있지 않는 한 위 저당권설정등기는 유효이므로 채권자는 그 저당권에 기하여 경매신청을 할 수 있다.[39]

4. 담보권의 순위
임의경매신청을 함에 있어서는 담보권이 존재하면 족하고 그 순위의 전후는 묻지 아니한다. 즉 선순위저당권자가 경매신청을 하지 않고 있는 경우에도 후순위저당권자는 스스로 경매신청을 할 수 있다. 이 경우에 후순위저당권자의 저당권실행으로 목적부동산이 낙찰되면 그 선순위저당권도 함께 소멸하므로 비록 후순위저당권에 대하여는 대항할 수 있는 임차권이라 하더라도 소멸되는 선순위저당권보다 뒤에 등기되었거나 뒤에 대항력을 갖춘 경우에는 그 임차권도 함께 소멸한다.[40]

5. 담보권의 이전
저당권의 양수인은 저당권이전의 부기등기를 하여야 경매신청을 할 수 있다. 다만 저당권부채권이 법률의 규정에 의하여 이전하는 경우에는 저당권도 이에 따라 등기없이도 이전되므로 이와 같이 저당권을 취득한 자는 저당권이전의 부기등기가 없어도 경매신청을 할 수 있다.

6. 자기저당의 경우
저당권자가 저당목적부동산의 소유권을 취득한 경우에는 혼동에 의하여 저당권이 소멸하나 후순위저당권자가 있어 그 선순위저당권이 소멸하지 아니하는 경우(민법 제191조 제1항)에는 그 선순위저당권자는 자기 소유의 부동산에 대하여 경매신청을 할 수 있다.

---

[39] 대법원 1963. 10. 10. 선고, 63다583 판결 ; 대법원 1974. 9. 10. 선고, 74다482 판결 ; 대법원 2016. 2. 18. 선고 2015다51920 판결

[40] 대법원 1987. 2. 24. 선고, 86다카1936 판결 ; 대법원 2000. 2. 11. 선고 99다59306 판결

32. 임의경매신청서에는
임의경매신청서에는 피담보채권의 표시를 기재하여야 한다.

1. 피담보채권의 존재의 증명(민사소송규칙 제204조 제2호)
실체법상으로는 담보권의 실행에는 피담보채권이 현실로 존재하여야 하나 경매신청시에 이에 대하여 증명할 필요는 없다. 경매법원은 담보권의 존재를 증명하는 서류만 첨부되어 있으면 피담보채권의 존재에 관한 판단을 하지 않고 일단 경매개시결정을 하고 이해관계인이 경매개시결정에 대한 이의나 낙찰허가결정에 대한 항고로 다툴 때 피담보채권의 존부에 관한 판단을 한다.

2. 피담보채권의 소멸과 저당권실행
저당권은 장래의 채권을 위하여 성립될 수 있지만 구체적으로 채권이 발생하지 않는 한 저당권 실행은 할 수 없다. 저당권설정당시에 존재하고 있던 피담보채권이 변제, 상계, 갱개, 면제 등에 의하여 소멸한 때에는 동시에 저당권도 소멸하므로 그 경매는 무효이고 낙찰인은 그 소유권을 취득할 수 없다.[41] 다만, 경매진행 중에 피담보채권을 변제하여 피담보채권이 소멸하였다 하더라도 위 사유만으로는 경매절차는 효력을 잃지 않는다. 채무자 등이 위 사유를 이의나 항고절차에서 주장하여 경매절차를 취소하지 않는 한 낙찰인이 대금을 납부하고 나면 누구도 낙찰인의 소유권취득을 다툴 수 없다(제727조).[42]

3. 저당권의 불가분성
피담보채권의 일부가 소멸되어도 나머지가 있으면 담보권은 소멸되지 않는다. 이것을 담보물권의 불가분성이라고 하는바 위와 같은 담보물권의 불가분성으로 인하여 저당권이 소멸되지 않고 있는 경우 저당목적물 전체에 대하여 경매신청을 할 수 있다. 다만, 이 경우에는 민사소송법 제636조의 과잉경매의 규정이 적용될 수 있다. 저당권으로 담보한 채권을 질권의 목적으로 하고 그 저당권등기에 질권을 부기등기를 한 경우에는 그 효력이 저당권에도 미치므로 저당권자는 채권의 추심을 위한 경매신청도 할 수 없다.

4. 피담보채권의 표시(청구금액의 표시)
임의경매신청서에는 피담보채권을 표시하여야 한다(민사소송규칙 제240조 제2호). 만일 피담보채권의 일부에 대하여 담보권을 실행하는 경우에는 그 취지와 범위를 기재하여야 한다(민사소송규칙 제204조 제4호). 피담보채권의 표시는 그 채권이 어떠한 채권인가를 명백히 하기 위하여 채권의 종류와 청구금액을 표시하여야 한다.

---

[41] 대법원 1972. 3. 28. 선고, 72다199 판결 ; 대법원 1985. 5. 28. 선고 85다110 판결
[42] 대법원 1971. 9. 28. 선고, 71다1310 판결 ; 대법원 1990. 12. 7., 자, 90마701, 결정 ; 대법원 2018. 5. 1.자 2018마5370 결정

33. 임의경매신청서에는
피담보채권은 근저당권의 경우에는 원금·이자·지연손해금을 표시하면 된다.

1. 피담보채권의 표시방법
청구금액의 표시방법은 원금 및 신청시까지 발생한 이자, 지연손해금(지연이자)의 합계액을 표시하거나 또는 원금만을 금액으로 기재하고 이자, 지연손해금에 관하여는 그 발생일과 이율만을 기재하고 완제시까지라고 표시하는 두 가지 방법이 있다. 이자, 지연손해금에 관하여 변제를 받을 의사가 없으면 이를 기재할 필요가 없다.

2. 피담보채권의 범위
근저당권의 경우에는 원금 및 이자, 지연손해금의 전부에 관하여 채권최고액의 한도내에서 근저당권을 실행할 수 있다. 따라서 그 채권최고액 범위 내의 원금·이자·지연손해금을 표시하면 된다. 민법 제360조 단서는 "지연이자는 원본의 이행기일을 경과한 후의 1년 분에 한하여 저당권을 행사할 수 있다"고 규정하고 있으나 이러한 제한은 후순위저당권자·전세권자 기타 배당요구채권자 등과의 관계에 있어서는 이러한 제한을 받지 아니하므로 채권자는 경매신청에 있어서 이러한 제한을 고려할 필요없이 원금과 이자·지연이자의 전액을 기재하여도 된다.

3. 피담보채권의 표시정도
경매신청서에 청구금액을 표시하는 것은 피담보채권이 어떠한 채권인가를 특정시키기 위한 것이므로 그 표시의 정도는 이를 특정할 수 있을 정도면 족하다. 현존채권액을 청구하거나 변제로 일부가 소멸하였음에도 불구하고 그대로 전액을 청구채권으로 표시하였더라도 채권액의 일부가 현존하는 한 경매신청을 각하하지 않는다.[43]

4. 피담보채권의 일부만을 청구금액으로 하여 경매신청을 한 경우에 경매절차 진행도중에 청구금액을 확장할 수 있는가?
(1) 긍정설
긍정설은 경매신청채권액을 확장할 수 있는 시기를 낙찰허가결정이 있을 때까지[44] 또는 배당기일까지[45] 채권계산서에 의하여 청구금액을 확장할 수 있다 한다.
(2) 부정설
청구금액의 확장을 부정하는 견해에 의하면[46] 남은 채권에 관하여는 새로 경매를 신청하여 2중개시결정을 받거나 또는 배당요구를 할 것이라고 하나 이자, 손해금 등에 관하여는 도중에 채권계산서에 의하여 청구금액을 확장할 수 있다고 하는 견해도 있다.

5. 피담보채권이 금전 이외의 대체물의 일정수량의 지급을 목적으로 하는 경우
피담보채권이 일정한 금액을 목적으로 하지 아니하고 대체물의 일정수량의 지급을 목적으로 하는 경우에 있어서 채권의 표시는 본래의 채권을 표시하는 이외에 당사자 사이에 약정한 위 채권의 변제기 당시의 시가상당액을 채권액으로 표시하여야 한다.

---

43) 대법원 1969. 3. 31. 68마998 결정 ; 대법원 2018. 7. 20.자 2017마1565 결정
44) 대법원 1972. 10. 18. 72마1029 결정 ; 대법원 2006. 3. 2.자 2005마9C2 결정
45) 대법원 1974. 11. 12. 선고, 74다1445 판결 ; 대법원 2019. 5. 17.자 2018마1006 결정
46) 대법원 1998. 7. 10. 선고, 96다39479 판결 ; 대법원 2023. 1. 12. 선고 2020다296840 판결

34. 임의경매신청서에는
이행기가 도래하기 전에 한 경매신청은 부적법하므로 피담보채권이 이행지체의 상태에 있다는 표시를 하여야 한다.

1. 피담보채권의 이행지체
담보권을 실행하기 위하여는 피담보채권이 이행지체의 상태에 있어야 한다. 그런데 피담보채권이 이행지체에 빠져 있다는 사실을 경매신청서에 기재하여야 하는가? 민사소송규칙 제204조 제2호에 경매신청서에 기재하여야 할 사항으로 담보권과 피담보채권의 표시만을 들고 있으나 실무상으로는 이를 기재한다. 채권자 입장에서는 실제문제로서 피담보채권을 특정하기 위하여는 당연히 이행기가 언제라는 것을 기재하게 되고 또 지연손해금의 시기를 명백히 하기 위하여도 이를 기재하는 것이 좋다. 그러나 피담보채권의 존재에 관한 입증이 요구되지 않는 이상 이행지체에 관한 입증도 요구되지 않는다. 이행기의 정함이 있는 때에는 그 기한의 경과에 의하여, 이행기의 정함이 없는 때에는 최고 즉, 이행의 청구에 의하여 채무자는 이행지체에 빠지므로(민법 제387조 제2항) 기한이 경과된 사실 또는 이행의 최고를 하였다는 사실을 경매신청서에 기재하여야 한다.

2. 기한의 이익을 상실한 경우
특약에 의하여 기한의 이익을 상실하여 이행기전에 저당권을 실행함에 있어서는 경매신청서에 그 사유를 기재한다. 그러나 금전소비대차에 있어서 변제기의 약정이 없는 때에는 대주(貸主)는 상당한 기간을 정하여 반환을 최고하여야만 채무자가 이행지체에 빠지게 되므로(민법 제603조 제2항) 이행의 최고후 상당한 기간이 경과한 후에 저당권을 실행할 수 있다.

3. 분할채무
분할지급의 채무는 매회의 이행기에 할부금을 지급할 의무가 있으므로 각 이행기에 그 지급을 해태하면 그 부분에 대하여 이행지체에 빠지므로 이행지체된 부분에 관하여 즉시 저당권을 실행 할 수 있다. 또 할부금계약에 있어서는 통상 1회의 이행지체로 기한의 이익을 상실하고 잔액을 일시에 지급한다는 취지의 특약이 되어 있는 경우가 많다. 이때에는 채권자가 채무자에 대하여 기한의 이익을 상실하였다는 의사표시를 한 취지를 경매신청서에 기재하여야 한다.

4. 동시이행관계에 있는 경우
전세권자의 전세목적물 인도의무 및 전세권설정등기말소의무와 전세권 설정자의 전세금반환의무는 서로 동시이행의 관계에 있다. 따라서 전세권자인 채권자가 전세목적물에 대한 경매신청을 하려면 우선 전세목적물의 인도의무 및 전세권설정등기말소의무의 이행제공을 완료하여 전세권설정자를 이행지체에 빠뜨려야 한다.[47] 그러나 주택임대차의 경우 임차인이 임차주택에 대하여 보증금반환청구소송의 확정판결 기타 이에 준하는 채무명의에 기한 경매를 신청하는 경우에는 민사소송법 제491조의 2의 규정에도 불구하고 반대의무의 이행 또는 이행의 제공을 집행개시의 요건으로 하지 아니한다(주택임대차보호법 제3조의 2 제1항).

5. 이행기전의 경매신청
이행기가 도래하기 전에 한 경매신청은 부적법하다. 경매법원은 경매신청시 채권자가 제출한 자료에 의하여 이행기 도래전 이라는 사실이 밝혀진 경우에는 경매신청을 각하하여야 한다.[48] 그러나 경매법원이 이를 간과하여 경매개시결정을 하고 낙찰허가결정을 한 때에는 채무자 등은 이의 또는 항고로써 다툴 수 있다. 그러나 이의 또는 항고의 재판이 있을 때까지 이행기가 도래한 경우에는 그 하자는 치유된다. 이행기 도래전의 상태에서 낙찰허가결정이 확정되어 대금을 납부하면 낙찰인은 낙찰부동산의 소유권을 유효하게 취득한다.

---
47) 대법원 1977. 4. 13. 77마90 결정 ; 서울고등법원 2006. 3. 30. 선고 2004나70323 판결
48) 대법원 1968. 4. 10. 68마301 결정 ; 대법원 1968. 4. 24. 68마300 결정 ; 대법원 1980. 10. 17.자 79마381 결정

35. 임의경매신청서에는
채권자의 의사표시로 기본계약을 해지하였을 때에는 위 해지의 사실을 경매신청서에 기재하여야 한다.

1. 근저당권실행의 요건
근저당권은 원래 당좌대월계약, 어음할인계약 등의 계속적 거래계약에서 생기는 다수의 채권의 일정한 최고액을 담보하는 저당권이다. 채권이 현존하지 아니하더라도 기본계약인 계속적 거래계약으로부터 장래발생할 기초관계가 있으면 성립하나 근저당권을 실행하기 위하여는 근저당권에 의하여 담보되는 채권이 확정되고 또 채권의 변제기가 도래할 것을 요한다.

2. 채권의 확정과 변제기의 도래
근저당권의 피담보채권은 기본계약의 존속기간이나 결산기, 근저당권의 존속기간 등의 정함이 있으면 그 시기의 도래에 의하여 확정된다. 기본계약에 그 존속기간의 정함이 없고 또 근저당권의 존속기간의 정함도 없는 경우에는 그 기본계약을 해지하였을 때에 채권액이 확정된다. 또, 다른 채권자의 경매신청에 의하여 저당목적물이 경매되었을 때에도 결산기(변제기)가 도래한다고 본다. 또 개개의 채무에 관하여 불이행에 의하여 당연히 기본계약이 종료한다는 특약이 있으면 그 불이행시에 피담보채권이 확정된다.

3. 계약의 해지
채권자의 의사표시로 기본계약을 해지하였을 때에는 위 해지의 사실을 경매신청서에 기재하여야 한다. 존속기간이나 결산기의 정함이 없는 경우 및 그 정함이 있어도 그 기한도래 전에 거래를 계속하면서 개개의 채무에 관한 이행지체를 이유로 기본계약을 해지함이 없이 바로 근저당권을 실행할 수 있는가? 통설은 기본계약의 해지 없이는 채권액이 확정되지 아니하므로 근저당권을 실행할 수 없다고 본다.

4. 근저당권의 피담보채권액
근저당권은 채권최고액을 한도로 하여 그 기본계약의 존속기간의 만료시 또는 결산기에 현실로 존재하는 채권액 전액을 담보한다. 이 경우 약정이자나 지연이자는 채권최고액에 산입한 것으로 본다(민법 제357조 제2항). 따라서 원금과 이자를 합한 액이 채권최고액을 초과하지는 못한다. 동일 부분에 관하여 동일한 기본계약으로 수 개의 근저당권을 설정한 경우에 기본계약의 종료로 인하여 각 근저당권에 의하여 담보된 채권액이 확정되므로 수 개의 근저당권을 실행하는 때에는 각 근저당권의 피담보채권액을 경매신청서에 기재하여야 한다.

36. 임의경매신청서에는
임의경매신청서에는 담보권의 실행의 대상이 될 재산을 특정하여 기재하여야 한다.

1. 담보권의 실행의 대상이 될 재산의 표시방법(민사소송규칙 제204조 제3호)
임의경매신청서에는 담보권의 실행의 대상이 될 재산을 특정하여 기재하지 않으면 안된다. 등기가 되어 있는 부동산의 경우에는 등기부의 표제부에 기재되어 있는 대로 표시하여야 한다. 공동저당물건 중 그 일부에 대하여만 경매신청을 하고자 하는 경우에는 그 일부 부동산만이 경매할 부동산으로 된다. 부동산의 표시에 관한 나머지 점은 강제경매신청에 있어서의 부동산의 표시방법과 같다.

2. 공유지분에 저당권이 설정되어 있는 경우
부동산의 공유자는 자기의 지분에 관하여 저당권을 설정할 수 있으므로 저당권자가 그 지분에 관하여 저당권을 실행하는 경우에는 부동산의 표시로서 그 공유부동산 전부를 기재하여야 할뿐 아니라 공유자 전원의 성명·주소 및 지분의 비율도 표시하여야 한다. 지분비율의 기재는 경매부동산의 특정 및 최저경매가격의 결정에 필요하고 공유자의 성명·주소는 공유자에 대한 경매신청의 통지 및 경매기일의 통지를 함에 필요하기 때문이다.

3. 저당지상의 건물에 대한 경매신청의 경우
토지를 목적으로 저당권을 설정한 후 저당권설정자가 그 토지상에 건물을 축조한 때에는 저당권자는 토지와 함께 그 건물에 대하여도 경매신청을 할 수 있으므로(민법 제365조) 그 건물에 대하여 경매신청을 하는 경우에는 그 건물도 표시하여야 한다. 이 경우 그 건물이 미등기건물인 때에는 그 건물의 표시는 경매신청서에 첨부한 부동산 소유증명서의 표시와 부합하도록 표시하여야 한다.

4. 부합물 및 종물
저당권의 효력은 목적부동산에 부합되어 이와 일체를 이루는 물건 및 종물에 미치므로(민법 제358조) 이러한 물건도 목적부동산과 함께 경매의 대상이 된다. 그러나 부합물, 종물은 채권자가 미리 조사하여 경매신청서에 일일이 기재하는 것은 곤란하므로 경매신청서에는 등기부의 기재대로만 표시하면 족하고 존재하는 모든 부합물, 종물을 표시할 필요는 없다. 한편 구분건물의 대지사용권은 전유부분 및 공용부분과 분리처분이 가능한 규약이나 공정증서가 없는 때에는 전유부분과 종속적 일체불가분성이 인정되어 전유부분에 대한 경매개시결정과 압류의 효력이 당연히 종물 내지 종된 권리인 대지사용권에도 미치며 그와 같은 내용의 규약이나 공정증서가 있는 때에는 종속적 일체불가분성이 배제되어 전유부분에 대한 경매개시결정과 압류의 효력이 대지사용권에는 미치지 아니한다.[49]

5. 전세권부저당권
전세권에 대하여 설정된 저당권은 민사소송법 제724조 소정의 부동산경매절차에 의하여 실행하는 것이나 전세권의 존속기간이 만료되면 전세권의 용익물권적 권능이 소멸하기 때문에 더 이상 전세권 자체에 대하여 저당권을 실행할 수 없게 된다. 이러한 경우는 민법 제370조, 제342조 및 민사소송법 제733조에 의하여 저당권의 목적물인 전세권에 갈음하여 존속하는 것으로 볼 수 있는 전세금반환채권에 대하여 추심명령 또는 전부명령을 받거나(이 경우 저당권의 존재를 증명하는 등기부등본을 집행법원에 제출하면 되고 별도의 채무명의가 필요한 것이 아니다) 제3자가 전세금반환채권에 대하여 실시한 강제집행 절차에서 배당요구를 하는 등의 방법으로 자신의 권리를 행사할 수 있을 뿐이다.[50]

---
49) 대법원 1997. 6. 10. 97마814 결정 ; 대법원 2021. 1. 14. 선고 2017다291319 판결
50) 대법원 1990. 12. 26. 선고, 90다카24816 판결 ; 대법원 1992. 7. 10. 92마380 결정 ; 대법원 1994. 11. 12. 선고, 94다25728 판결 ; 대법원 1995. 9. 18. 95마684 결정 ; 대법원 2008. 3. 13. 선고 2006다29372,29389 판결

☞ 1개의 부동산 일부에 대한 경매신청의 허부

저당권의 목적인 토지가 다른 토지와 합병되어 일필의 토지로 될 경우에도 그로 인하여 저당권은 소멸되지 아니하므로 저당권자는 그 저당권의 실행을 위하여 경매신청을 할 수 있다. 또 1동의 건물 중 일부에 대하여 전세권이 설정되었거나 건물의 일부에 대한 점유자가 필요비 등에 관하여 유치권을 가진 경우에는 전세권자나 유치권자는 경매신청을 할 수 있다. 그러나 위와 같이 일필의 토지의 일부 또는 1동의 건물의 일부에 관하여 경매신청을 하면 현행 부동산등기법상 경매신청의 기입등기를 할 방법이 없으므로 문제가 된다.

판례51)는 경매법상 압류의 효력발생시기는 경매개시결정의 송달 또는 경매신청기입등기가 된 때이고 단일소유자의 1개의 부동산에 대하여 압류의 효력이 미치는 범위는 그 목적물인 부동산 전체에 대하여 그 효력이 미친다는 이유로 1개의 부동산의 일부분에 대하여 경매신청을 하고자 할 때에는 그 부분에 대한 분할등기를 한 연후에 저당권등의 목적이 된 부분에 관하여만 경매신청을 하여야 하며 분할등기하지 않은 채 전체에 관하여 한 경매신청은 각하하여야 한다고 보고 있다.

그러나 구조상, 이용상 독립성이 없어 분할이 불가능 한 경우에는 목적물 전체에 대한 경매신청을 허용하여야 한다. 즉, 경매신청인은 저당권이나 전세권 등의 목적이 된 부분을 포함하여 일필의 토지, 1동의 건물 전부를 표시하여 경매신청을 할 수 있다고 본다. 이때 경매법원이 저당권이나 전세권 등의 목적이 된 부분에 관하여서만 경매개시결정을 하면 경매신청인은 이를 대위원인으로 하여 그 부분에 대한 분할등기를 한 후에 경매법원이 경매신청기입등기를 촉탁하여야 한다.

37. 임의경매신청서에는

공장저당권에 기한 경매신청서에는 목적부동산 뿐만 아니라 기계·기구 등의 목록도 함께 표시하여야 한다.

1. 공장저당권의 의의
공장저당법은 공장저당이라하여 공장재단저당과는 별도로 재단을 구성하지 않은 채로 공장에 속하는 토지 또는 건물 상에 저당권을 설정함으로써 그 저당권의 목적물에 부가되어 일체를 이루는 물건(부가물), 목적물에 설치된 기계·기구(설치물), 기타 공장의 공용물에 그 저당권의 효력을 미치게 하는 제도를 인정하고 있다(공장저당법 제4조, 제5조).

2. 공장저당과 공장재단저당의 구별
공장저당은 개개의 부동산에 대하여 저당권을 설정하는 것으로 모든 일체로서의 공장을 담보로 제공하는 것이 아니고 또 공업소유권 등의 권리나 다른 부동산에 부가된 기계·기구에는 저당권의 효력이 미치지 않는 점에서 공장재단저당과 구별된다.

3. 공장저당권의 실행을 위한 경매
공장저당법 제4조, 제5조에 의하여 저당권의 목적이 된 기계·기구 등의 공장설치물, 공장공용물 등은 법률적으로 부동산의 일부로 간주되므로 공장저당권의 목적이 된 부동산은 위 공장설치물, 공장공용물 등 동산과 분리하여 경매할 수 없다. 그러나 공장저당권의 효력이 미치는 기계·기구 중 외자도입법 제13조에 의한 외국투자기업이 도입한 자본재로서 그 처분에 주무장관의 허가가 필요함에도 그 허가가 없는 경우 또는 멸실되었다거나 분리매각되어 제3자가 선의취득한 경우 등과 같이 법률상 또는 사실상의 이유로 저당권을 실행할 수 없는 물건이 있는 때에는 이를 제외하고 나머지 물건에 대하여서만 경매신청을 할 수 있다.52) 또 최저경매가격도 일괄하여 결정하고 일괄경매하여야 하는 결과 저당권자가 임의로

---

51) 대법원 1973. 5. 31. 73마283 결정 ; 대법원 1990. 10. 11.자 90마679 결정
52) 대법원 1965. 12. 29. 65마950 결정 ; 대법원 1966. 7. 27. 66마714 결정 ; 대법원 2000. 11. 2.자 2000마3530

일부만을 선택하여 경매신청을 하는 것은 허용되지 아니한다.[53]

4. 기계·기구목록의 기재
공장저당권에 기한 경매신청서에는 목적부동산 뿐만 아니라 공장저당권의 효력이 미치는 기계·기구 등의 목록도 함께 표시하여야 한다. 공장저당의 목적인 토지 또는 건물에 관하여 선순위 또는 보통저당권이 설정되어 있는 경우에 이 보통의 저당권자가 경매신청을 하는 경우에도 위 목적부동산은 위 기계·기구 등과 일괄하여 경매되어야 하므로 신청서에는 위 기계·기구 등의 목록도 함께 기재하여야 한다. 공장저당권의 실행을 위한 경매신청서에 표시된 기계·기구 등의 목록은 원칙적으로 공장저당 설정 또는 변경등기시에 제출한 목록과 일치되어야 한다.

38. 임의경매신청서에는
공장저당의 경우 저당권설정 후에 부가·설치된 물건도 경매신청서에 기재하여야 한다.

1. 공장저당에 대한 일부경매 신청의 가부
공장저당권자가 목적부동산과 기계·기구 등의 일부만으로 채권의 만족이 가능하여 나머지 부분에 대하여서는 저당권을 실행할 의사가 없는 때에는 공장저당법 제8조의 규정에 의하여 기계·기구의 일부를 분리한 다음 목적 부동산과 나머지 기계·기구에 대하여서만 경매신청을 할 수 있다.

2. 공장저당권설정 후 기계·기구가 추가로 설치된 경우
공장저당권의 설정후에 그 목적부동산에 설치된 기계·기구 기타 공장의 공용물도 경매신청서에 표시하여야 하는가? 저당권설정후에 설치 공용된 물건 즉 공장저당법 제7조의 목록에 기재되지 아니한 물건에도 공장저당권의 효력이 미치는가 여부에 따라 달라진다.

(1) 판례[54]
판례는 공장에 속하는 토지나 건물의 부가물, 설치물 또는 공장공용물의 설치가 공장저당권설정의 전후를 묻지 않고 공장저당권의 효력이 미친다고 하고 있으므로 위 판례에 의하면 저당권설정 후에 부가·설치된 물건도 경매신청서에 기재하여야 한다.

(2) 기재불요설
공장저당법 제7조의 목록에 기재되지 아니한 물건에 대하여는 공장저당권의 효력이 미치지 않는다는 부정설에 따르면 저당권설정후에 설치된 기계·기구는 그것이 위 목록에 기재된 기계·기구에 부합된 것이거나 종물인 경우 외에는 경매의 대상이 되지 아니하므로 경매신청서에 이를 표시할 필요가 없다.

3. 공장저당의 목적 토지 또는 건물의 부가물·설치물
공장저당의 목적인 토지 또는 건물에 대한 경매개시결정을 함에 있어서는 통상 토지 또는 건물과 함께 그 부가물이나 설치물도 포함하여 경매개시결정을 하고 있다. 만일 이를 빠뜨리고 토지 또는 건물에 관하여서만 경매개시결정을 한 경우에도 그 토지 또는 건물의 부가물이나 설치물 등에도 경매개시결정에 의한 압류의 효력은 당연히 미치므로(공장저당법 제10조 제1항)[55] 그 부가물이나 설치물 등에 대하여 따로 경매개시결정을 할 필요는 없고 이를 함께 평가하여 경매를 하면 족하다.

결정
53) 대법원 1965. 7. 21. 65마635 결정 ; 대법원 2006. 10. 27. 선고 2005다14502 판결
54) 대법원 1968. 7. 24. 68마610 결정 ; 대법원 1972. 6. 16.자 71마546 결정 ; 대법원 2002. 12. 9.자 2001재마14 결정
55) 대법원 1969. 11. 26. 69마1086 결정 ; 대법원 1992. 8. 29.자 92마576 결정 ; 대법원 2003. 9. 26. 선고 2001다52773 판결

4. 공장재단저당권, 광업재단저당권의 경우

공장재단, 광업재단은 1개의 부동산으로 간주되며(공장저당법 제14조 제1항, 광업재단저당법 제5조) 그 재단을 구성하는 부동산·유체동산·지상권 및 전세권·임차권·공업소유권 등은 일괄하여 경매신청을 하고 일괄경매되어야 한다(공장저당법 제15조, 제18조). 따라서 경매신청서에는 그 재단에 속하는 물건목록을 표시하여야 하고 목록은 원칙적으로 공장재단·광업재단의 소유권보존등기신청시 또는 재단목록 기재의 변경등기시에 제출한 공장(광업)재단목록(공장저당법 제39조, 제55조)에 기재되어 있는 대로 작성하여야 한다. 공장재단이 수 개의 공장으로 구성되어 있는 경우에도 각별로 경매신청을 할 수 없다. 만일 저당권자의 개별 경매신청이 있으면 경매법원은 공장재단을 구성하는 각 공장을 개별적으로 경매 또는 입찰에 부할 것을 명령할 수 있다(공장저당법 제30조).

5. 신청연월일

채권자가 경매법원에 경매신청서를 제출한 연월일을 기재한다. 이는 채권자의 권리행사의 시기를 명백히 하기 위한 것이다.

6. 경매할 법원

관할 경매법원(제728조, 제600조)을 표시한다.

7. 신청인 또는 대리인의 기명날인

서명날인을 요하지 아니하며 기명날인으로 족하다.

39. 강제경매신청서에는

강제경매신청서에는 집행력 있는 정본과 강제집행 개시요건이 구비되었음을 증명하는 서류를 첨부하여야 한다.

1. 서언

강제경매신청서에는 집행력 있는 정본과 강제집행개시의 요건이 구비되었음을 증명하는 서류 즉, 채무명의 송달증명서(제490조 제1항) 집행문 및 증명서의 송달증명서(제490조 제2항, 제3항), 담보제공증명서 및 그 등본의 송달증명서(제491조 제2항), 반대의무의 이행 또는 제공을 증명하는 서면(제491조의 2 제1항), 집행불능증명서(제491조의 2 제2항)를 제출하여야 한다.

2. 집행력 있는 정본

집행력 있는 정본의 제출은 강제집행신청의 일반적 요건이다. 따라서 경매신청을 하려면 당연히 채무명의의 집행력 있는 정본을 법원에 제출하여야 한다. 경매법원은 집행력 있는 정본의 사본을 근거로 하여 강제경매절차를 개시할 수 없다.[56] 또한 집행력 있는 정본은 강제집행속행의 요건이므로 경매신청채권자의 반환요청이 있다 하더라도 법원은 집행의 종료시까지 이를 반환하지 않는다.

3. 채무명의의 송달증명서

강제집행은 채무명의를 집행개시전 또는 집행개시와 동시에 채무자에게 송달한 때에 한하여 개시할 수 있다(제490조 제1항). 강제경매의 경우에는 법원이 집행기관이므로 동시송달이란 있을 수 없다. 따라서 채권자는 채무명의가 채무자에게 송달되었다는 것을 증명하는 서면을 경매법원에 제출하여야 한다. 송달사무 처리기관인 법원사무관 등 또는 송달 실시기관인 집행관의 송달증명서를 제출하여야 한다.

4. 집행문 및 증명서의 송달증명서

집행에 조건이 붙어 있는 경우에는 집행문 및 조건성취를 증명하는 증명서의 등본, 승계집행문이 부여

---

[56] 대법원 1968. 12. 30. 68마912 결정 ; 대법원 2009. 3. 12.자 2008마1855 결정

된 경우에는 승계집행문 및 승계사실을 증명하는 증명서의 등본(호적등본, 법인등기부등본)을 채무자에게 송달하여야 하므로 경매신청서에 그 송달사실을 증명하는 서면을 첨부하여 경매법원에 제출하여야 한다. 왜냐하면 강제경매의 경우에는 집행개시와 동시에 송달된다는 것은 있을 수 없기 때문이다.

5. 담보제공증명서와 그 등본의 송달증명서
담보제공을 조건으로 한 가집행선고와 같이 집행이 채권자의 담보제공에 달린 때에는 채권자는 담보제공증명서를 제출하고 그 등본을 채무자에게 송달하여야 집행을 개시할 수 있으므로(제491조 제2항) 강제경매신청인은 담보제공증명서 및 그 등본의 송달증명서를 경매법원에 제출하여야 한다. 다만 채권자는 경매법원에 담보제공증명서 등본의 송달신청을 할 수 있다. 담보제공을 조건으로 한 가집행선고부 판결이 이미 확정된 때에는 담보제공증명서 대신에 판결확정증명서를 제출하면 된다.

6. 반대의무의 이행 또는 이행의 제공을 증명하는 서면
반대의무의 이행과 상환으로 급부를 명하는 재판을 채무명의로 하는 강제경매에 있어서는 반대의무의 이행이 완료되었거나 이를 제공하였음을 증명하는 서면을 경매법원에 제출하여야 한다(제491조의 2 제1항).

7. 집행불능증명서
다른 의무의 집행불능시에 그에 갈음하여 집행할 수 있음을 내용으로 하는 채무명의의 집행은 채권자가 그 집행불능을 증명한 때에 한하여 개시할 수 있으므로(제491조의 2 제2항) 경매신청서에 그 집행불능증명서를 첨부하여 제출하여야 한다.

40. 강제경매신청서에는

강제경매신청서에는 등기부등본, 즉시 채무자의 명의로 등기할 수 있음을 증명할 서류 등을 첨부하여야 한다.

1. 등기부등본(제602조 제1항 제1호)
최근의 권리관계가 나타나야 하기 때문에 채무자의 소유로 등기된 경매신청 전 1개월 이내에 발부된 등기부등본을 첨부하여야 한다. 최근의 권리관계가 나타나야 하기 때문이다.

2. 즉시 채무자의 명의로 등기할 수 있음을 증명할 서류(제602조 제1항 제2호, 제728조)
등기부에 채무자의 소유로 등기되지 아니한 부동산에 대하여는 즉시 채무자의 명의로 등기할 수 있음을 증명하는 서류를 첨부하여야 한다. 즉시 채무자의 소유로 등기할 수 있음을 증명할 서류란 부동산등기법 제130조 및 제131조 제1호 내지 제3호 소정의 서류를 말한다. 이러한 서류로서는 토지(임야)대장등본, 가옥대장등본, 판결[57], 기타 시구읍면장이 발행한 서면에 의하여 자기의 소유권을 증명하는 재산세과세증명서(부동산의 표시가 나타나 있어야 한다), 수용으로 인하여 소유권을 취득하였음을 증명하는 서면[58] 등이 있다. 사실조회회보, 건축허가서, 공사시방서, 도면[59] 또는 사업계획변경승인서, 건축허가대장, 질의회신 및 감정도면[60] 등은 위 법조 소정의 서면이라 할 수 없다.

3. 판결·지적공부
부동산등기법 제130조 제2호 및 제131조 제2호 소정의 판결(화해조서, 인낙조서 포함)은 토지(임야)대장,

---

57) 대법원 1995. 12. 11. 95마1262 결정 ; 대법원 1994. 11. 22. 선고, 94다5488 판결 ; 대법원 1993. 6. 25. 선고, 92다20330 판결 ; 대법원 1992. 6. 12. 선고, 92다7221 판결 ; 대법원 2013. 7. 12. 선고 2011프1116 판결
58) 대법원 1995. 12. 11. 95마1262 결정 ; 대구지방법원 2019. 12. 12. 선고 2019나305234 판결
59) 대법원 1985. 4. 1. 85마105 결정 ; 대법원 1999. 10. 8. 선고 97다45266 판결
60) 대법원 1984. 11. 3. 84마81 결정 ; 대법원 2010. 4. 15.자 2007마327 결정

가옥대장상의 소유자로 등재되어 있는 자, 대장상 소유자표시란이 공란으로 되어 있거나 소유자 표시에 일부 누락이 있어 대장상의 소유자를 특정 할 수 없는 경우 국가를 상대로 한 소송에서 당해 부동산이 채무자의 소유임을 확정하는 내용의 것이어야 한다.61) 지적공부상 소유자로 등록되어 있는 자로서 소유권보존등기를 신청할 수 있는 자는 ①지적공부상 최초의 소유자로 등록된 자 ②등기부가 멸실되었으나 회복기간 내에 회복등기를 하지 못하여 소유권보존등기를 신청하는 경우 멸실등기 전에 대장상 이전등록을 받은 자 ③미등기토지의 지적공부상 국(國)으로부터 이전등록을 받은 자에 한한다.62)

4. 미등기건물에 대하여 강제경매신청을 하는 경우
1동의 건물에 속하는 구분건물 중의 일부만에 관하여 경매신청기입등기를 촉탁함에 있어서는 1동의 건물의 소재도, 각 층의 평면도와 구분한 건물의 평면도를(부동산등기법 제132조 제3항), 또 건물대지상에 수개의 건물이 있는 경우에 경매신청기입등기를 촉탁함에 있어서는 그 대지상의 건물의 소재도를(부동산등기법 제132조 제4항) 첨부하여야 하므로 이 도면도 함께 제출하여야 한다. 그 밖에 채무자의 주소를 증명하는 서면(부동산등기법 제40조 제1항 제6호)과 법인이 채무자인 경우에는 법인등기부등본·초본, 법인이 아닌 사단이나 재단 또는 외국인이 채무자인 경우에는 부동산등기법 제41조의 2에서 규정하는 부동산등기용등록번호를 증명하는 서면도 함께 제출하여야 한다(부동산등기법 제40조 제1항 제7호).

41. 강제경매신청서에는

강제경매신청서에는 승계집행문, 자격증명서, 위임장, 등록세영수필통지서 및 영수필확인서, 부동산목록 30통, 경매예납금납입증명, 송달료납부증명, 대법원등기수입증지를 첨부하여야 한다.

1. 채무자가 상속인인 경우
채무자가 상속을 하였으나 아직 상속등기를 마치지 않은 경우에는 대위에 의한(민법 404조, 부동산 등기법 29조, 52조) 상속등기를 한 다음 상속인에 대하여 강제경매신청을 할 수 있다. 이 경우 대위원인을 증명하는 서면은 금전소비대차계약증서라든가 채권자가 채무명의로 부여받은 승계집행문 등이다.

2. 채무자가 소유권이전등기청구권을 가지고 있는 경우
채무자가 아직 소유권을 취득하지 못하고 소유권이전등기청구권만 가지고 있는 부동산에 대하여도 채무자의 명의로 등기를 하기 전에는 부동산 자체에 대한 강제집행은 신청할 수 없다.

3. 자격증명서
채권자, 채무자가 행위무능력자인 경우에는 무능력자의 법정대리인의 자격을 증명할 수 있는 호적등초본, 법인인 경우에는 법인의 대표자의 자격을 증명하는 서면 법인등기부등초본을 첨부하여야 한다.

4. 위임장
소송대리인에 의한 경매신청의 경우에는 그 대리권을 증명하기 위하여 소송위임장을 첨부하여야 한다. 채무명의가 판결인 경우에 그 판결의 소송대리인으로 표시된 자가 강제경매신청을 하는 경우는 위임장을 첨부할 필요가 없다.

5. 경매신청기입등기 등록세 영수필통지서 및 영수필 확인서
경매신청인은 청구채권 금액의 1,000분의 2에 해당하는 등록세(지방세법 제131조 제1항 제7호) 및 등록세액의 100분의 20에 해당하는 교육세(교육세법 제5조 제1항)를 납부하여야 한다. 경매법원이 경매신청기입등기 촉탁을 함에 있어서는 경매신청인으로 하여금 등록세 영수필통지서 1통과 영수필확인서 1통을 제출하게 하여 이를 등기촉탁서에 첨부하여 등기소에 송부하여야 한다(지방세법 시행령 제91조). 그러므

---

61) 대법원 1990. 3. 20. 89마389 결정 ; 대법원 2015. 7. 9. 선고 2013두3658 판결
62) 대법원 1990. 3. 20. 89마389 결정 ; 대법원 2016. 10. 27. 선고 2015다230815 판결

로 경매신청인은 적어도 경매법원의 등기촉탁 전까지는 위 영수필통지서와 영수필확인서를 법원에 제출하여야 한다. 실무상으로는 통상 경매신청서 제출시 위 영수필통지서 등을 함께 제출하고 있다. 그러나 경매신청시 이를 제출하지 아니하였다 하여 경매신청서를 접수하지 아니하거나 경매신청을 각하할 수는 없다.

6. 부동산목록 30통
경매개시결정과 그 후의 각종 촉탁 등에 필요한 부동산목록은 본래는 경매법원이 이를 작성하여야 할 것이나 법원의 사무처리의 편의를 위하여 실무상 신청인에게 위 목록 약 30통을 제출하도록 하고 있다.

7. 증명서의 첨부를 요하지 아니하는 경우
이미 강제관리절차가 개시된 부동산에 대하여 경매신청을 하는 경우에 그 기록에 민사소송법 제602조 제1항 제1호 또는 제2호의 서류가 첨부되어 있을 때에는 다시 이를 첨부할 필요가 없다(제602조 제2항). 그러나 강제관리개시 후에 소유자가 달라진 경우에는 전소유자인 강제관리사건의 채무자에 대한 채무명의를 가지고는 강제경매신청을 할 수 없다. 그러므로 실제로는 민사소송법 제602조 제1항의 서류를 항상 첨부하여야 한다.

8. 경매예납금납입증명

9. 송달료납부증명

10. 대법원등기수입증지

42. 임의경매신청서에는

임의경매신청서에는 담보권의 존재를 증명하는 서류를 첨부하여야 한다.

1. 담보권의 존재를 증명하는 서류
부동산에 대한 담보권의 실행을 위한 경매신청을 함에는 담보권의 존재를 증명하는 서류를 첨부하여야 한다(제724조 제1항). 담보권의 등기가 되어 있는 등기부등본이 주로 이용될 것이다. 등기부등본은 경매신청당시에 교부받은 것이거나 적어도 경매신청 전 1개월 이내에 교부받은 등본이어야 한다. 강제경매의 경우와는 달리 등기부등본을 첨부하여야 하며 초본을 제출하여서는 아니된다. 담보권설정계약서를 제출할 필요는 없다. 담보권의 존재를 증명하는 서류의 첨부는 임의경매신청의 형식적 요건이므로 이를 흠결한 경매신청은 법원이 보정명령을 발한 후 이에 응하지 않으면 부적법한 것으로 각하한다.

2. 담보권의 승계를 증명하는 서류
담보권에 관하여 승계가 있는 경우에는 승계를 증명하는 서류를 첨부하여야 한다(제724조 제2항). 상속, 회사합병 등 일반승계 있어서는 호적등본과 제적등본, 법인등기부등본을 첨부하여야 한다. 다만, 이미 담보권 이전의 등기가 되어 있는 경우에는 등기부등본을 제출하는 것만으로 족하다. 그러나 저당권부채권의 양도와 같은 법률행위로 인한 특정승계의 경우에는 저당권이전의 부기등기를 하지 않고서는 경매신청을 할 수 없다. 이 경우 양수인 앞으로 담보권 이전의 등기가 된 등기부등본을 첨부하여야 한다. 따로 승계의 원인을 증명하는 서류를 첨부하여야 하는 것은 아니다. 다만, 실무에서는 저당권부채권양도증서와 양도승낙서 등도 함께 첨부함이 통례이다. 그러나 등기없이 법률의 규정에 의하여 당연히 담보권이 이전되는 변제자의 대위로 인한 이전(제480조, 제481조)이라든가 공동저당에 있어서 차순위자의 대위로 인한 이전(제368조 제2항)의 경우에는 담보권이전의 부기등기 없이도 경매를 신청할 수 있으므로 반드시 승계인 앞으로 담보권 이전의 부기등기가 된 등기부등본을 제출하여야 하는 것은 아니다. 대위변제 사실을 증명하는 공정증서 또는 차순위 저당권자로 기입된 등기부등본과 배당표등본을 첨부하여 경매신청을 할 수도 있다. 다만, 위와 같은 경우에도 실무상으로는 통상 담보권이전의 부기등기를 거쳐 경매를 신청하는 것이 관례로 되어 있다.

3. 채무자 또는 담보권설정자의 소유임을 증명할 서류
담보권의 존재를 증명할 서류로서 등기부등본을 제출할 경우에는 따르 목적물이 담보권설정자의 소유임을 증명할 서류를 첨부할 필요는 없다. 민법 제356조에 의하여 지상건물을 저당목적물인 토지와 함께 경매를 신청하는 경우에는 지상건물이 채무자 또는 저당권설정자의 소유임을 증명하는 서류를 첨부하여야 한다(제728조, 제602조 제1항). 한편 저당목적건물이 증축으로 인하여 그 건물의 현상과 등기부의 표시가 현저히 상위하여 그 동일성에 의문이 있는 때에도 그 동일성을 확인하기 위하여 등기부 이외에 현존하는 건물의 소유증명서를 제출하여야 한다. 경매목적물에 대하여 채무자 또는 담보권설정자의 명의가 등기부에 기입되어 있으면 그 등기부등본을 제출하면 되지만 그렇지 않은 경우에는 즉시 채무자 등의 명의로 등기할 수 있음을 증명할 서류를 제출하여야 한다(제602조 제1항).

4. 채권증서, 저당권설정계약서의 제출요부
담보권의 실행을 위하여는 피담보채권이 존재하여야 하는 것은 말할 것도 없다. 그러나 임의경매신청서에 채권증서의 첨부는 반드시 필요한 것은 아니다. 민사소송법 제724조도 담보권의 존재를 증명하는 서류의 첨부에 관하여만 규정을 두고 있다. 따라서 피담보채권의 존재에 관하여 증명이 없다 하더라도 신청을 각하 할 수는 없다.

5. 자격증명서
6. 위임장
7. 등록세영수필통지서 및 영수필확인서
8. 부동산 목록 30통
9. 경매예납금납입증명
10. 송달료납부증명
11. 대법원등기수입증지
경매신청기입등기는 1,000원의 등기신청수수료를 납부하여야 한다. 그런데 경매신청부동산이 여러 개인 경우에는 1,000원에 부동산의 개수를 곱한 금액을 등기신청수수료로 납부하여야 한다. 등기신청수수료는 대법원등기수입증지로 납부하여야 한다.

43. 강제경매개시결정
강제경매개시결정을 하기 위하여 법원은 심리를 한다.

1. 형식적 서면심리
강제경매신청서가 접수된 후에 사건을 배당받은 경매법원은 경매신청서의 기재 및 첨부서류에 의하여 강제집행의 일반요건 및 강제경매에 특히 필요한 요건 등에 관하여 형식적 심사를 한다. 판결절차와 같은 실질적 심사는 거치지 않는다. 심리는 심문기일이나 변론기일을 열어 할 수도 있지만 변론이나 심문은 하지 않고 서면에 의하여 심리하는 것이 통상적 방법이다. 강제경매의 요건이 구비되어 있는지 여부는 경매개시결정을 할 때를 기준으로 하여 판단한다. 강제경매신청을 각하하는 재판에 대하여는 즉시항고할 수 있다(제603조 제5항).

2. 보정명령
심리의 결과 경매신청이 적법하면 강제경매개시결정을 하고 만약 집행개시요건에 흠결이 있고 그 하자가 보정될 수 없는 것인 때에는 결정으로 신청을 각하한다. 보정할 수 있는 것이면 그 보정을 명한다. 경매신청을 허용하여야 할 때에는 경매신청인으로 하여금 경매비용을 예납하게 한 후에 경매개시결정을 한다. 비용을 예납하지 아니한 때에는 경매신청을 각하할 수 있다(제513조의 2 제2항).

3. 신청방식의 조사
법원은 경매신청이 적절한 방식을 구비하였는지 여부를 조사한다. 경매신청이 적법한 방식을 구비하지 아니하였을 때에는 그 경매신청을 각하한다.

4. 관할권의 조사
경매법원의 관할은 전속관할이므로 법원은 관할권의 유무를 조사하여 관할권이 없는 경우에는 관할법원에 이송한다. 이 이송결정에 대하여는 즉시항고할 수 있다(제35조). 경매절차 진행 중 관할권이 없음이 밝혀진 경우에도 마찬가지로 관할법원에 이송한다. 이 경우 이송을 받은 법원은 처음부터 다시 경매개시결정을 하여 경매절차를 진행하여야 하는 것은 아니고 이송전의 법원이 한 경매절차를 승계하여 속행할 수 있다. 토지관할 위반의 하자는 경매절차가 종료되면 치유되고 경매는 완전히 유효하게 된다.

5. 집행력 있는 정본의 조사
집행력 있는 정본의 제출은 강제집행의 요건이므로 만일 그 제출이 없으면 경매신청을 각하한다. 그러나 집행력 있는 정본이 제출된 경우에도 채무명의가 집행력이 없으면 경매신청을 각하한다. 즉 채무명의가 유효기간을 도과하였을 때, 집행증서가 요건을 구비하지 아니하였을 때, 가집행선고가 없는 미확정의 종국판결일 때, 배상명령이 확정되지 아니한 것일 때, 채무명의에 청구권의 금액을 확정할 만한 기재가 없을 때 등이다. 채무명의에 부여된 집행문이 당해 집행에 적합한 집행문 부여인가의 여부, 집행문이 집행문부여의 권한을 가진 자에 의하여 부여된 것인지 여부, 집행문에 집행문부여의 권한을 가진 자의 기명날인이 있는지 여부, 채권자·채무자의 표시가 집행문의 표시와 일치하는지 여부 등을 심사하여 부적법한 집행문이면 경매신청을 각하한다. 다만 재판장의 명령이 있어야만 집행문을 부여할 수 있는 것 인데도 불구하고 재판장의 명령없이 법원사무관 등이 단독으로 부여한 것이라든지, 집행문부여의 조건이 아직 성취되지 아니하였는데 집행문을 부여하여 실질적으로 부적법한 경우에는 경매법원은 이를 심사할 권한이 없으므로 이를 이유로 신청을 각하할 수는 없다.

6. 강제집행개시의 요건의 조사
강제집행개시의 요건(제490조, 제419조)은 경매신청채권자가 이를 증명하는 서류를 제출하여 증명하여야 하므로 이러한 서류들이 제출되지 아니하면 경매신청을 각하한다.

44. 강제경매개시결정
강제경매개시결정을 하기 위하여 경매법원은 경매대상 부동산을 조사한다.

1. 압류금지부동산
목적부동산이 법률의 규정에 의하여 압류가 금지되어 있으면 경매할 수 없다. 학교법인이 학교교육에 직접 사용하는 교지, 교사 등 재산은 매도하거나 담보제공할 수 없으므로(사립학교법 제28조 제2항, 동 시행령 제12조) 이러한 재산은 강제집행의 대상이 되지 아니한다.[63] 국가유공자예우등에관한법률에 의한 대부금으로 취득한 부동산도 같다(국가유공자예우등에관한법률 제58조).따라서 이러한 재산에 대한 강제경매신청은 각하하여야 한다. 그러나 단순히 주무관청의 허가가 없으면 처분할 수 없는 재산 예컨대, 학교법인의 기본재산(사립학교법 제28조 제1항), 사찰소유의 부동산(전통사찰보존법 제6조)에 대한 주무관청의 허가는 경매개시의 요건이 아니고 낙찰인의 소유권취득의 요건에 불과하므로 경매신청시 부동산처분허가서를 제출하지 아니하였다 하더라도 경매신청을 각하 수 없다. 목적부동산이 공장재단, 광업재단을 구성하고 있는 때에는 개별집행이 금지되므로(공장저당법 제18조, 광업재단저당법 제5조) 이에 대한 개별적인 경매신청은 각하한다.

---

[63] 대법원 1972. 4. 14. 72마330 결정 ; 대법원 1972. 4. 27. 72마328 결정 ; 대법원 1966. 8. 12.자 66마425 결정

2. 경매개시결정이 있는 부동산
이미 강제경매개시결정이나 임의경매개시결정이 있는 부동산에 대하여도 다른 채권자는 강제경매신청을 할 수 있다. 이 경우에 법원은 다시 경매개시결정을 하고 경매는 먼저 개시결정한 집행절차에 따라 진행한다(제604조 제1항).

3. 가압류등기, 가등기 또는 환매특약의 등기가 있는 부동산
채무자 소유의 부동산에 관하여 제3자를 위하여 가압류등기, 소유권이전청구권보전의 가등기 또는 환매특약의 등기가 되어 있는 경우라도 경매신청이 가능하다. 이러한 등기가 있다는 사실만으로 경매의 개시나 진행을 방해할 사유가 될 수 없다. 가압류채권자가 채무자 소유의 부동산에 대하여 가압류집행을 한 후 채무자가 그 부동산을 제3자에게 양도하여 소유권이전등기가 경료된 경우에는 가압류의 효력에 의하여 가압류채권자는 피보전채권에 관하여 채무명의를 얻어 경매신청을 할 수 있다. 채무자가 제3자에게 소유권을 이전한 후에는 가압류채권자 이외의 채권자는 가압류의 효력의 이익을 받을 수 없으므로 경매신청을 할 수 없다.

4. 처분금지가처분등기가 있는 부동산
처분금지가처분등기가 있는 부동산에 대하여도 강제경매의 신청을 할 수 있다. 다만, 처분금지가처분등기가 되어 있는 부동산에 대한 경매신청을 인정하는 견해에 있어서도 압류절차 즉, 강제경매개시결정 및 경매신청기입등기 촉탁만을 할 수 있고 더 나아가 환가절차까지는 할 수 없다는 견해와 환가절차까지도 할 수 있다는 견해가 대립되고 있다. 환가절차까지 진행할 수 있다 하더라도 실제상 이러한 부동산에 대하여는 매수신청이 없을 것이므로 경매신청기입등기만을 촉탁하고 그 이후의 절차는 가처분이 취소될 때까지 사실상 정지시켜 둔다.

5. 체납처분에 의한 압류등기가 있는 부동산
국세징수법에 의한 체납처분에 의하여 압류된 부동산에 대하여도 경매법원이 별도로 경매절차를 진행할 수 있으므로 이러한 부동산에 대하여 강제경매신청이 있으면 경매개시결정을 하여야 한다.[64]

☞ 파산·화의·회사정리절차 개시결정의 등기가 된 부동산의 강제집행

파산, 화의, 회사정리절차의 개시의 등기가 된 부동산(파산법 제110조, 화의법 제8조, 회사정리법 제18조 제1항)에 대하여는 개별적인 강제집행이 금지되므로(파산법 제15조, 제61조, 화의법 제40조 제1항, 회사정리법 제67조 제1항) 법원은 이에 대한 경매신청을 각하한다. 파산선고나 화의개시결정 또는 회사정리절차개시결정 전에 재산보전처분으로서 가압류, 가처분이 행해져(파산법 제145조 제1항, 화의법 제20조 제1항, 회사정리법 제39조 제1항) 그 등기가 되어 있는 부동산에 대하여는 강제경매가 허용되지 아니한다는 견해와 압류는 할 수 있으나 환가절차에는 나아갈 수 없다는 견해가 서로 맞서 있다. 그러나 별제권을 가지는 저당권자의 임의경매신청은 파산절차나 화의절차의 개시에 의하여 방해받지 않으므로 경매개시결정의 장애사유가 되지 않는다(파산법 제86조, 화의법 제44조). 다만 회사정리절차에서는 담보권에 의한 임의경매도 금지되고 있으므로(회사정리법 제67조 제1항) 회사정리절차개시결정의 등기는 임의경매의 경우에도 경매개시결정의 장애사유에 해당된다.

---

64) 대법원 1961. 2. 9. 선고, 4293민상124 판결 ; 대법원 2014. 3. 20. 선고 2009다60336 전원합의체 판결

45. 임의경매개시결정

저당권을 실행하기 위하여는 저당권과 피담보채권이 존재하고 피담보채무가 이행지체의 상태에 있어야 한다.

1. 경매개시요건의 심사

경매의 신청이 있으면 경매법원은 경매신청서의 기재와 첨부서류에 의하여 당사자능력, 대리권의 흠결, 인지의 불첩용·첩용부족, 신청서 기재사항의 흠결, 첨부서류의 미비 등 경매신청의 형식적요건 및 실질적 요건에 대하여 직권으로 심사한다.

2. 부동산의 소유권

목적부동산은 채무자의 소유이어야 한다. 채무자의 소유인지 여부는 등기부에 채무자의 소유로 등기된 부동산에 있어서는 등기부등본(제602조 제1항 제1호), 등기부에 채무자의 소유로 등기되어 있지 아니한 부동산에 있어서는 즉시채무자의 명의로 등기할 수 있음을 증명할 서류(제602조 제1항 제2호)에 의하여 증명되어야 한다. 이러한 서류가 제출되지 아니하면 목적부동산이 채무자의 소유인 점에 대한 증명이 없는 것으로서 경매신청을 각하한다. 제3자의 소유명의로 등기되어 있는 부동산에 관하여는 사실상 그 부동산이 채무자의 소유라 하더라도 채무자 명의로 등기가 회복되지 않는 한 경매신청을 할 수 없다. 채무자가 상속을 하였으나 상속등기를 마치지 않은 경우에도 대위에 의하여 상속등기를 한 후에 경매신청을 할 수 있다. 경매법원은 경매신청서와 첨부서류에 의하여 경매목적부동산이 채무자의 소유인가를 서류상 조사할 뿐이고 부동산의 현황을 직접 조사하여야 할 의무는 없다. 따라서 경매부동산이 서류상으로만 존재하고 실제 있어서는 멸실되어 존재하지 않는데도 경매개시결정이 내려지는 경우도 있을 수 있다. 경매절차진행 중에 이러한 사실이 발견되면 부동산의 멸실로 인하여 권리의 이전이 불가능하게 되므로(제613조) 경매절차를 취소한다.

3. 실질적 요건

경매신청의 실질적 요건이라 함은 임의경매의 경우 저당권실행의 요건을 말한다. 저당권을 실행하기 위하여는 저당권과 피담보채권이 존재하고 피담보채무가 이행지체의 상태에 있어야 한다. 그러나 경매신청의 단계에 있어서는 저당권의 존재만 증명되면 법원은 경매절차를 개시한다. 강제경매의 경우 경매법원은 경매신청의 요건이 구비되었다고 판단하면 강제경매개시결정을 한다. 경매개시결정은 경매신청서 접수일로부터 2일 이내에 한다.

4. 경매신청의 각하

경매신청의 형식적·실질적 요건의 심사는 경매신청서 및 첨부서류심사로써 족하다. 당사자의 심문이나 변론을 열어서 심리할 필요는 없다(제735조, 제503조). 심사결과 신청의 형식적·실질적 요건이 흠결된 때에는 결정으로 신청을 각하한다. 다만, 법원은 흠결 요건의 보정(추완)이 가능한 것이면 즉시 각하할 것이 아니라 보정을 명하여야 한다. 경매신청의 단계에 있어서는 피담보채권의 존재라든가 채무가 이행지체 빠져있다는 사실을 입증할 필요는 없으나 제출된 문서에 의하여 이행기가 아직 도래하지 않았음이 밝혀진 경우에는 채무자나 소유자의 이의를 기다릴 것 없이 신청을 각하하여야 한다. 경매신청의 각하 결정에 대하여는 즉시항고할 수 있다(제728조, 제603조 제5항).

☞ 경매개시결정에 기재할 사항

(1) 채권자, 채무자의 성명·주소

채권자가 목적부동산을 가압류한 후 채무자가 타에 소유권을 이전하여 현재 채무자의 소유가 아닌 경우에는 채무자 외에 소유자도 "제3취득자 홍길동"이라 표시한다.

(2) 대리인이 있는 경우에는 대리인의 표시

(3) 부동산의 표시(별지로 첨부한다)

(4) 청구금액
경매신청서에 청구금액으로서 원리금의 기재가 있는데 경매개시결정에는 원금만이 기재되어 있는 경우라도 채권자는 매득금에서 원리금의 변제를 받을 수 있다.[65]
(5) 집행력있는 채무명의
(6) 부동산에 대하여 강제경매절차를 개시한다는 문구
(7) 채권자를 위하여 부동산을 압류한다는 취지의 선언
(8) 결정 연월일

46. 경매신청기입등기의 촉탁
경매법원이 경매개시결정을 하였을 때에는 직권으로 그 사유를 등기부에 기입할 것을 등기관에게 촉탁한다.

1. 경매신청기입등기의 의의
경매법원이 경매개시결정을 하였을 때에는 직권으로 그 사유를 등기부에 기입할 것을 등기관에게 촉탁한다. 등기관은 위 촉탁에 의하여 경매신청의 기입등기를 하여야 한다(제611조, 제728조). 부동산의 공유지분에 대하여 경매개시결정을 하였을 때에도 경매신청의 기입등기를 촉탁하여야 한다(제649조 제1항). 이 등기의 목적은 채무자에게 부동산경매개시결정이 송달되기 전에 기입등기가 이루어진 경우에는 압류의 효력발생시기의 기준이 되며 또 제3자에 대하여 그 부동산에 관하여 압류가 되었다는 것을 공시함으로써 제3자로 하여금 그 공시 이후에 권리를 취득하더라도 경매신청인이나 낙찰인에게 대항할 수 없도록 하기 위한 것이다. 경매개시결정기입등기 후에 등기된 담보권자에게는 압류에 있어서의 처분금지의 효력이 미치므로 담보권자는 압류채권자에게 우선권의 주장을 할 수 없어 배당요구를 할 자격에 있어서 제한을 받는다(제605조 제1항).

2. 등기촉탁의 시기
경매신청기입등기의 촉탁은 법원이 경매신청이 적법하다고 인정하여 경매개시결정을 하는 경우에 한다. 경매신청을 각하하는 경우에는 등기촉탁을 하지 않는다. 통상 경매법원은 경매개시결정과 동시에 또는 경매개시결정 직후에 등기를 촉탁한다. 경매개시결정에 대한 기입등기가 이루어지기 전에 경매개시결정 정본을 채무자에게 송달하면 채무자가 즉시 목적부동산을 타에 처분할 염려가 있기 때문에 실무에서는 경매개시결정에 대한 등기촉탁부터 하고 그 이후 등기관으로부터 민사소송법 제612조 소정의 등기부등본 또는 이에 갈음할 통지서를 송부받거나 또는 경매개시결정기입등기를 촉탁하고 그로부터 상당한 기간(보통 7일정도)이 도과한 후에 경매개시결정정본을 채무자에게 송달한다. 이 경매개시결정등기 기입촉탁은 경매신청을 각하한 결정에 대하여 항고가 제기되어 상급심에서 원결정을 취소하고 경매개시결정을 하는 경우에는 급속을 요하므로 상급심이라도 경매개시결정을 한 법원이 스스로 지체없이 경매개시결정기입등기를 촉탁할 수 있다.

47. 경매신청기입등기의 촉탁
등기촉탁은 경매법원이 촉탁서에 소정사항을 기재하여 첨부서류를 첨부하여 촉탁서 원본을 등기소에 우편으로 송부한다.

1. 촉탁서의 기재사항 및 첨부서류
등기촉탁서에는 경매신청사건번호, 부동산의 표시, 등기권리자, 등기의무자, 등기원인과 그 년월일, 등기목적, 과세표준액, 등록세액, 첨부서류, 등기소의 표시, 촉탁 년월일 등을 기재하고 판사가 서명 또는 기

---

[65] 대법원 1968. 6. 3. 68마378 결정 ; 대법원 2022. 8. 11. 선고 2017다225619 판결

명날인 하여야 한다(부동산등기법 제27조 제2항, 제41조). 목적부동산이 수 개인 경우에 관할등기소가 각각 다른 때에는 각 등기소별로 촉탁을 한다.

2. 등기촉탁의 방법
등기촉탁은 경매법원이 촉탁서에 소정사항을 기재하여 첨부서류를 첨부하여 촉탁서 원본을 등기소에 우편으로 송부한다. 이미 경매개시결정이 된 부동산에 대하여 다른 채권자의 경매신청이 있어도 법원은 제2의 경매신청에 관하여 다시 경매개시결정을 하고 이때 경매신청의 기입등기의 촉탁을 하여야 한다. 이는 제1의 경매신청이 강제경매신청이고 제2의 경매신청이 임의경매신청인 경우이거나 그 반대인 경우에도 동일하다.

3. 촉탁서의 부동산의 표시
부동산의 표시는 등기된 부동산에 있어서는 등기부상의 표시와 합치되어야 한다. 또한 촉탁서에 첨부할 경매개시결정정본의 부동산 표시와도 일치되어야 한다. 공유지분에 대하여 경매개시결정이 있는 경우에는 채무자 소유 지분비율 등 지분내용을 표시하여야 한다. 미등기 부동산의 경우에는 등기관은 직권으로 소유권보존등기를 한 다음 기입등기를 하게 되므로 부동산의 표시외에 미등기 부동산이라는 취지를 표시하여야 한다. 수 개의 부동산에 관하여 동시에 경매개시결정이 되어 동일한 촉탁서에 의하여 촉탁을 하는 경우에는 별지로 부동산을 표시한다.

4. 등기권리자·등기의무자
등기권리자, 등기의무자의 기재는 경매개시결정상의 채권자, 채무자의 표시와 부합되어야 한다. 등기권리자는 경매신청채권자를, 등기의무자는 부동산 소유자 즉, 채무자를 기재한다. 성명뿐만 아니라 주소도 기재한다. 목적부동산이 수 개이고 등기의무자가 수인인 경우에는 각 부동산과 각 등기의무자 간의 관계를 명확히 할 필요가 있다. 가압류등기 후 가압류채권자가 채무명의를 얻어 경매신청을 하여 그에 대한 경매개시결정기입등기 촉탁을 하는 경우에는 가압류등기 후에 제3자에게 소유권이 이전되었다 하더라도 가압류 당시의 소유권의 등기명의인을 등기의무자로 기재한다. 왜냐하면 제3자는 가압류채권자에게 대항할 수 없기 때문이다.

48. 경매신청기입등기의 촉탁
등기원인은 '경매개시결정'이며 그 년월일은 경매개시결정을 한 일자이다.

1. 등기원인 및 그 연월일
등기원인은 '경매개시결정'이며 그 년월일은 경매개시결정을 한 일자이다. 예를 들면 「1999년 2월 1일 부동산 강제경매개시결정」이라고 기재한다.

2. 등기목적
등기목적은「부동산 강제(임의)경매의 기입등기」라고 기재한다.

3. 과세표준액
경매신청서에 청구금액으로 기재된 액이 과세표준으로 된다. 원금과 이자를 기재한 경우에는 원금만이 과세표준이 된다.

4. 등록세액
경매신청인은 경매신청기입등기를 하기 위하여 채권금액의 1000분의 2에 해당되는 등록세와 그 등록세액의 100분의 20에 해당하는 교육세를 납부하여야 하므로(지방세법 제131조 제1항 제7호, 교육세법 제5조 제1항), 등기촉탁서에 위 등록세 및 교육세액을 계산해서 그 합산액을 기재하여야 한다. 등록세액이

금 3,000원 미만인 때에는 금 3,000원으로 한다(지방세법 제131조 제3항). 경매법원이 등기촉탁을 함에 있어서는 등록세를 납부할 경매신청인에게 등록세 영수필통지서 1통과 영수필확인서 1통을 제출하게 하여 이를 등기촉탁서에 첨부하여 등기소에 송부하여야 하므로(지방세법시행령 제92조), 경매신청인은 원칙적으로 경매법원의 등기촉탁 전까지는 등록세를 납부하고 그 영수필통지서와 영수필확인서를 경매법원에 제출하여야 한다. 등록세를 납부하지 않으면 등기관이 등기촉탁을 각하하도록 되어 있다(부동산등기법 제27조 제2항, 제55조 제9호). 채권자가 등록세 영수필통지서를 제출하지 않을 때에는 법원은 등기촉탁을 아니할 수 있고 경우에 따라서는 이미 이루어진 집행절차를 취소할 수 있다(민사소송규칙 제106조 제2항, 제513조의 2 제2항). 동일한 채권을 위하여 관할등기소가 다른 수 개의 부동산에 대하여 경매개시결정을 하고 관할등기소에 각별로 등기촉탁을 하는 경우에도 신청인은 임의 선택한 1개의 등기소에만 등록세 영수필통지서와 영수필확인서를 제출하면 된다. 이때 법원은 원본을 등기촉탁서에 첨부하여 송부하고 나머지 등기소에는 사본을 등기촉탁서에 첨부하여 송부한다. 이때 영수필통지서 및 확인서를 사본하여 원본대조필의 인인을 날인하고 그 사본에 「사본은 ○○등기소에 등기촉탁함에 있어서 첨부하였다」는 취지의 부기를 하여 송부한다.

49. 경매신청기입등기의 촉탁

경매신청기입등기는 언제 어느 법원의 경매개시결정에 의하여 채권자 누구를 위하여 등기가 되었다는 표시이다.

1. 촉탁서의 첨부서류
강제경매개시결정이 등기원인증서로 되므로 이 결정정본을 첨부하고 첨부서류란에는 부동산강제경매개시결정정본 1통이라고 기재한다. 미등기 부동산에 관하여 경매신청기입등기를 촉탁하는 경우에는 채무자의 소유임을 증명하는 서류, 주소를 증명하는 서류를 첨부하여야 한다. 채무자가 법인이 아닌 사단이나 재단인 경우에는 부동산등기법 제41조의 2의 규정에 따라 부여된 부동산등기용등록번호를 증명하는 서류를 첨부하여야 한다. 미등기건물에 있어서는 도면을 첨부하여야 할 경우가 있다. 경매신청인이 등록세영수필통지서 및 영수필확인서를 미리 제출한 때에는 등기촉탁서에 이를 첨부한다.

2. 등기관의 심사
촉탁에 의한 등기절차에 관하여서도 부동산등기법 제55조가 준용된다(부동산등기법 제27조 제2항). 등기관은 위 등기의 촉탁이 있으면 직권으로 부동산등기법 제55조 소정의 사유가 있는지 여부를 심사하여 이에 해당하는 사유가 있는 경우에는 이유를 기재한 결정으로 등기촉탁을 각하하고 각하결정의 등본을 경매법원에 송부한다. 예를 들어 촉탁서에 기재된 부동산의 표시가 등기부의 기재와 일치하지 않는다거나 1필의 토지의 일부에 관하여 경매개시결정을 하고 그 부분에 관하여 등기촉탁을 한 경우에는 부동산등기법 제55조 제5호에 의하여, 촉탁서에 표시된 등기의무자의 기재가 등기부상의 소유명의인의 기재와 다를 경우에는 동조 제6호에 의하여 촉탁을 각하한다. 그러나 민사소송법 제609조 제2항의 적용에 의하여 압류후 소유권을 취득한 제3자가 있더라도 경매절차를 속행하여야 하는 경우에는 등기의무자가 다르더라도 등기관은 기입등기를 하여야 한다.

3. 촉탁서와 등기부의 불일치
부동산등기법 제56조에는 등기부에 게기된 부동산의 표시 또는 등기명의인이 토지대장 또는 가옥대장의 기재와 부합하지 아니하는 경우에 그 변경등기를 하여 표시를 일치시키지 아니하고는 등기신청을 할 수 없다고 규정하고 있다. 그러나 이 규정은 등기명의인이 등기신청을 하는 경우에 적용되는 규정이므로 국가기관이 등기촉탁을 하는 경우에는 그 적용이 없다. 따라서 토지대장, 가옥대장 등의 소유명의인의 표시가 등기부와 부합되지 아니한다 할지라도 촉탁서 기재의 소유명의인과 등기부상의 소유명의인의 표시가 부합할 때에는 등기관은 기입등기를 하여야 한다.

4. 등기의 방법
이미 등기가 된 부동산에 대하여 적법한 촉탁이 있으면 등기부의 갑구사항란에 강제(임의)경매신청의 등기를 기입한다. 이 등기는 그 부동산이 압류의 목적이 되었다는 사실을 공시하는데 그 목적이 있다. 따라서 언제 어느 법원의 경매개시결정에 의하여 채권자 누구를 위하여 등기가 되었다는 표시를 한다. 등기부에 경매신청채권자의 청구금액을 표시하지는 않는다. 미등기 부동산에 대하여 적법한 촉탁이 있으면 등기관은 부동산등기법 제134조의 규정에 의하여 직권으로 소유권보존등기를 하고 그 등기부의 갑구사항란에 경매신청등기를 기입한다.

50. 경매신청기입등기의 촉탁
등기관이 등기부등본을 송부하지 않아도 경매절차를 속행할 수 있고 이 경우 경매의 효력에는 아무런 영향이 없다.

1. 등기관의 등기부등본의 송부
등기관은 경매신청기입등기를 한 후에 등기부등본을 작성하여 이를 경매법원에 송부하여야 한다(제612조). 이는 경매법원으로 하여금 경매신청의 등기가 오류없이 기입되었음을 확인할 수 있도록 하는 외에 등기부상 경매절차의 진행에 장애가 되는 사항의 존부, 이해관계인의 범위 등을 확인할 수 있도록 하려는데 그 목적이 있다. 경매개시결정등기 후에 등기부상 변동이 있는 경우에도 그 중에서 원인무효로 인한 말소 등과 같이 강제경매개시결정에 장애가 될 사실이 있는 때에는 민사소송법 제612조를 유추하여 그 변동된 등기부등본을 경매법원에 송부한다. 민사소송법 제612조는 훈시규정으로서 등기관이 등기부등본을 송부하지 아니하면 경매절차를 속행할 수 없는 것은 아니고 등기부등본의 송부없이 경매를 진행하였다 하더라도 경매의 효력에는 아무런 영향이 없다.[66] 등기관은 등기원인을 증명하는 서면으로서 촉탁서에 첨부된 경매개시결정정본에 등기필의 취지를 기재하고 등기소인을 찍어 이를 등기부등본이나 이에 갈음하는 통지서와 함께 경매법원에 송부하여야 한다(부동산등기법 제27조 제2항, 제67조 제1항).

2. 등기관의 등기부등본에 갈음할 통지서의 송부
등기관은 등기촉탁서에 기재된 등기부등본 작성년월일 이후에 등기부에 변동사항이 없으면 등기필증에 그 취지의 고무인을 찍어 등기관이 날인하여 송부함으로써 등기부등본의 송부에 갈음할 수 있다.

51. 경매절차는 승계되기도 한다.
경매절차가 개시된 후 일반승계 또는 특정승계가 있는 경우에도 경매절차는 중단되지 않고 그대로 속행된다.

1. 채권자의 승계
경매절차가 개시된 후 저당권자의 사망, 저당권자인 법인의 합병 등 일반승계 또는 피담보채권과 함께 저당권이 양도되거나 전부명령에 의하여 전부된 경우, 대위변제(민법 제481조)에 의하여 대위변제자가 저당권을 취득한 경우 등 특정승계가 있는 경우에도 경매절차는 중단되지 않고 그대로 속행된다. 판례[67]는 경매절차 진행중에 채권자가 사망할지라도 그 후에 이루어진 경매절차는 망인(亡人)의 상속인들을 위하여 진행된 유효한 것 이라고 한다. 경매절차는 저당부동산에 대한 환가권을 가지는 저당권자가 이를 환가하여 저당채권의 만족을 얻으려는 제도이므로 경매절차개시 후의 압류채권자인 경매신청인의 변동은 절차에 아무런 영향이 없다. 왜냐하면 신청에 의하여 경매절차가 개시된 이상 그 이후의 절차는 직권으로 진행하여야 하기 때문이다. 즉 경매법원은 승계사실이 법원에 명백하게 되지 아니하는 동안은

---
66) 대법원 1967. 5. 16. 67마116 결정 ; 대법원 2010. 2. 11. 선고, 2008다16899 소유권 이전등기
67) 대법원 1972. 11. 7. 72마1266 결정 ; 대법원 1979. 8. 24.자 79마99 결정 ; 대법원 2010. 6. 24. 선고 2010다14599 판결

종전의 채권자명의로 경매절차를 그대로 진행하여야 한다. 그러나 승계인이 승계사실을 증명하여 경매법원이 승계사실을 인정한 때에는 별다른 결정절차를 밟지 않고 이후 승계인을 경매신청인으로 취급하여 승계인에게 경매기일을 통지하는 등 승계인을 위하여 절차를 속행한다.

2. 채무자·소유자의 승계

경매개시결정 후에 채무자 또는 소유자가 사망하여도 경매절차는 중단되지 않고 속행된다. 즉 채무자, 소유자가 경매개시 전 또는 진행 중에 사망한 경우에 상속인들이 그와 같은 사실을 증명하고 자기를 이해관계인으로 취급하여 절차를 속행하여 줄 것을 신청함으로써 경매절차에 관여할 수 있다. 그러나 그렇게 하지 않는 이상 경매절차는 사망한 등기부상의 채무자, 소유자와의 관계에서 그대로 속행되며 이에 의하여 낙찰허가결정을 하여도 위법이 아니다.[68] 소유자에 관하여 경매신청 전에 상속이 개시되었으나 상속등기가 되지 아니한 경우에는 대위에 의한 상속등기를 하고 그 상속인을 소유자로 하여 경매신청을 하여야 함이 원칙이다. 이를 간과하고 경매개시결정을 한 때에는 소유자의 표시를 경정하면 족하고 경매개시결정을 취소하고 경매신청을 각하할 필요는 없다. 채무자 또는 소유자가 법인인 경우에 합병에 의하여 일반승계가 된 경우에도 마찬가지다. 법인의 대표자가 사망한 경우에는 경매절차의 중단은 생기지 아니하며 경매절차의 효력에는 아무런 영향이 없다. 그러나 경매절차를 진행함에 있어서는 경매법원으로부터 각종 통지나 서류의 송달이 필요하므로 새로운 대표자의 성명을 법원에 신고할 필요가 있다. 이 경우 새로취임한 대표자에 대한 변경등기가 기재된 법인등기부등본을 제출하면 된다.

52. 경매절차의 취소

부동산의 멸실 기타 매각으로 인하여 권리의 이전을 불가능하게 하는 사정이 명백하게 된 때에는 법원은 강제경매절차를 취소하여야 한다.

1. 서언

부동산의 멸실 기타 매각으로 인하여 권리의 이전을 불가능하게 하는 사정이 명백하게 된 때에는 법원은 강제경매절차를 취소하여야 한다(제613조 제1항). 취소사유의 발생원인이 무엇인가는 이를 묻지 않는다. 소유자가 고의로 이를 멸실시켰더라도 상관없으며 또 취소사유를 알게 된 경위도 불문한다.

2. 법원의 경매절차취소 결정의 재량성

경매법원은 경매절차를 취소할 사유가 명백하게 된 때에는 직권으로 결정으로써 경매절차를 취소한다. 위 취소결정은 확정되어야 효력이 있다(제504조 2 제2항). 당사자에게 신청권은 없다. 취소는 즉시 행하는 것이 원칙이지만 장애로 되는 사유가 상당한 기간 내에 제거될 여지가 있는 것인 때에는 바로 경매절차를 취소하지 않고 압류채권자에게 취소사유를 제거할 기회를 주고 그 동안 사실상 경매절차를 정지하였다가 그 결과를 기다려 취소여부를 결정한다.

3. 경매절차의 취소와 부수절차

경매절차를 취소하는 결정이 확정된 경우 집행관, 감정인에게 각 부동산의 현황조사 및 부동산의 평가를 중지할 것을 명하고 만일 이미 경매·입찰물건명세서 등이 비치되어 있는 경우에는 이를 회수한다. 경매기일의 실시 후에도 취소결정을 해야 할 사유가 있으면 취소결정을 할 수 있다. 이 취소결정이 확정되면 경매신청등기의 말소촉탁을 한다(제651조).

4. 취소결정에 대한 불복방법

경매절차의 취소결정은 채권자, 채무자에게 고지하여야 한다(민사소송규칙 제103조의 2 제1항 제2호). 그러나 이 취소결정에 이해관계가 있는 최고가매수인 또는 낙찰인이 있을 때에는 이들에 대하여도 고지하여야 한다. 이 결정에 대하여 불복이 있는 사람은 즉시항고를 할 수 있다(제613조 제2항). 경매절차를 취

---

[68] 대법원 1966. 2. 14. 66마6 결정 ; 대법원 1969. 9. 23. 69마581 결정 ; 대법원 1988. 3. 2. 88마45 결정

소하여야 할 사유가 명백함에도 불구하고 경매법원이 취소결정을 하지 않을 때에는 채권자 기타 이해관계인은 민사소송법 제504조의 집행에 관한 이의로써 불복을 신청할 수 있다.[69]

5. 경매신청기입등기의 말소
경매절차의 취소결정이 확정된 때에는 경매법원은 경매신청기입등기 말소를 등기관에게 촉탁하여야 한다. 이 말소등기의 촉탁에 관한 비용은 경매를 신청한 채권자의 부담으로 한다(민사소송규칙 제155조의 4).

53. 경매절차는
부동산이 멸실된 때, 채무자가 소유권을 상실한 때 경매절차는 취소된다.

1. 부동산의 멸실
경매부동산이 멸실되면 경매를 진행할 수 없게 된다. 다만 경매개시결정 후 목적부동산의 구조, 면적 등에 다소 차이가 있는 경우에도 경매절차의 진행을 방해할 사유로는 되지 않는다. 다만 그 정도가 심하여 부동산의 동일성을 잃게 할 정도이면 경매절차를 취소하지 않으면 안된다. 대금납부 후에 부동산이 멸실된 경우에는 배당실시 전이라도 경매절차에 아무런 영향을 미칠 수 없다는 견해와 위 경우에도 목적물 인도의무가 이행되지 아니한 이상 위험부담이론을 적용하여 배당실시 전이면 경매절차를 취소할 수 있다는 견해가 대립되어 있다.

2. 채무자의 소유권상실
경매부동산이 제3자의 소유인 경우에는 경매개시결정을 할 수 없게 되므로 경매개시결정 후에 경매부동산이 채무자의 소유가 아님이 판명되면 경매절차를 취소하여야 한다. 예를 들면 경매신청시 제출된 등기부등본의 작성일 이후에 제3자에게 소유권이전등기가 경료된 경우가 있다. 그 중 제3자가 소유권을 취득할 당시에 이미 경매신청이 있었다는 사실이나 압류의 효력이 발생하였다는 사실을 알았을 경우에는 실체상으로는 제3자는 소유권취득으로써 압류채권자에게 대항할 수 없다(제609조 제1항). 절차적인 면에서는 경매신청기입등기의 촉탁전에 소유권이전등기가 되어 버렸다면 등기관은 등기불능을 이유로 (부동산등기법 제55조 제6호) 등기촉탁을 각하 할 수밖에 없다. 이 경우 경매법원은 등기관으로부터 경매신청기입등기촉탁 각하결정등본을 송부 받으면 경매절차를 취소할 수밖에 없다. 다만 등기관이 경매신청기입등기의 촉탁을 각하한 후라도 부동산이 압류채권을 위하여 의무를 부담한 때에는 압류후 소유권을 취득한 제3자가 취득할 때에 경매신청 또는 압류있음을 알지 못한 경우에도 경매절차를 속행하여야 하므로(제609조 제2항) 다시 기입등기촉탁을 할 수 있다.

3. 가등기가 경료된 부동산의 경우
제3자를 위하여 가등기가 되어 있는 부동산에 관하여 경매개시결정을 한 후 가등기권리자가 본등기를 하면 본등기의 효력은 가등기시에 소급하게 되므로 이는 경매절차개시에 장애가 되는 사실에 해당한다. 가등기에 기한 본등기가 있으면 등기관은 가등기 이후의 경매신청기입등기를 직권말소 할 수 있다. 이 경우 경매법원에 대하여 가등기에 기하여 본등기가 경료되었다는 취지 및 일정기간 내에 이의가 없으면 경매신청기입등기를 직권말소 하겠다는 취지를 통지하여야 한다(부동산등기법 제175조 제1항). 경매법원은 그 통지를 받으면 경매절차를 취소한다.

4. 법령에 의하여 강제집행이 금지된 부동산의 경우
목적부동산이 공장재단의 일부를 구성하고 있을 때, 목적부동산에 대하여 파산, 화의, 회사정리절차개시의 등기(파산법 제110조, 화의법 제8조, 회사정리법 제18조 제1항)가 되어 있는 것이 판명된 경우 경매절

---
[69] 대법원 1997. 11. 11. 96그64 결정 ; 대법원 2017. 4. 19.자 2016그172 결정

차를 취소하여야 한다. 그러나 별제권을 가지는 저당권자의 임의경매신청은 파산절차나 화의절차의 개시에 의하여 방해받지 않는다(파산법 제86조, 화의법 제44조). 강제경매가 개시된 후에 위와 같은 파산 등의 등기가 된 경우에는 파산재단에 대하여 효력을 잃게 되거나(파산법 제61조), 강제경매가 중지(화의법 제40조, 회사정리법 제67조 제1항)됨으로써 더 이상의 절차를 속행할 수 없게 될 뿐 민사소송법 제613조의 취소사유에는 해당하지 않는다.

5. 처분금지가처분등기가 되어 있는 경우
가처분채권자가 아직 승소판결을 받지 못하고 가처분의 등기만 되어 있는 상태에서는 가처분채권자도 낙찰인의 소유권취득을 부정하거나 다른 채권자가 강제집행을 하는 것을 배제할 수 없다. 즉, 처분금지가처분등기가 되어 있는 것 만으로는 경매절차의 취소사유에 해당하지 않는다. 그러나 실무에서는 처분금지가처분등기가 되어 있는 부동산에 대하여 경매신청서가 접수되면 경매개시결정을 하고 경매개시결정기입등기를 마친 단계에서 경매절차를 사실상 중지하고 가처분 또는 본안소송의 결과를 기다려 그 결과에 따라 처리한다.

54. 강제경매개시결정은
강제경매개시결정은 채무자, 채권자에게 송달하여야 한다.

1. 채무자에 대한 송달
부동산의 압류는 채무자에게 강제경매개시결정이 송달된 때 또는 경매신청기입등기가 완료된 때에 그 효력이 생기므로(제603조 제4항) 직권으로 경매개시결정정본을 채무자에게 송달하여야 한다(제603조 제4항, 제161조). 실무에서는 경매개시결정에 대한 기입등기가 이루어지기 전에 경매개시결정정본을 채무자에게 송달하면 채무자가 즉시 목적부동산을 타에 처분할 염려가 있기 때문에 경매개시결정에 대한 등기촉탁부터 하고 그 이후 등기관으로부터 민사소송법 제612조 소정의 등기부등본 또는 이에 갈음할 통지서를 송부받거나 또는 경매개시결정의 기입등기를 촉탁하고 상당한 기간(보통 7일) 도과 후에 경매개시결정정본을 채무자에게 송달한다. 그러나 이미 경매개시결정기입등기가 되어 있는 부동산에 대하여 다른 채권자로부터 경매신청이 있는 경우에는 당사자에 대한 경매개시결정의 송달과 기입등기의 촉탁을 동시에 하기도 한다.

2. 채무자의 사망
경매개시결정 전에 이미 채무자가 사망한 때에는 상속인에 대하여 강제집행의 요건을 구비한 후에 강제집행을 하여야 하므로 경매개시결정을 취소하고 강제경매신청을 각하한다. 사망자를 집행채무자로 하여 강제경매가 진행되어 사망자에게 개시결정이 송달된 것으로 되었다면 그 송달은 무효이다. 따라서 따로 압류의 효력이 발생하였는지 여부에 관계없이 경매개시결정의 고지 없이는 유효하게 경매절차를 속행할 수 없다.[70] 경매개시결정 후에 채무자가 사망한 때에는 강제집행은 상속재산에 대하여 속행된다(제512조 제1항). 따라서 경매개시결정은 상속인에게 송달하며 이 경우 상속인에 대한 승계집행문을 요하지 아니한다. 상속인이 없거나 상속인의 소재가 불분명하면 특별대리인을 선임하여 그 자에게 송달하여야 한다(제512조 제2항). 그리고 부동산에 대한 근저당권의 실행을 위한 경매는 그 근저당권 설정등기에 표시된 채무자 및 저당부동산의 소유자와의 관계에서 그 절차가 진행되는 것이므로 그 절차의 개시 전 또는 진행중에 채무자나 소유자가 사망하였다고 하더라도 그 재산상속인들이 경매법원에 대하여 그 사망 사실을 밝히고 자신을 이해관계인으로 취급하여 줄 것을 신청하지 아니한 이상 그 절차를 속행하여 저당부동산의 낙찰을 허가하였다고 하더라도 그 허가결정에 위법이 있다고할 수 없다.[71]

---

70) 대법원 1991. 12. 16. 91마239 결정 ; 대법원 1998. 8. 21. 자 98마1569 결정
71) 대법원 1966. 2. 14. 65마6 결정 ; 대법원 1969. 9. 23. 69마581 결정 ; 대법원 1988. 3. 2. 88마45 결정 ; 대법원 1998. 10. 27. 선고, 97다39131 판결 ; 대법원 1998. 12. 23. 98마2509, 2510 결정

3. 채권자에 대한 송달
경매개시결정은 일반의 결정, 명령의 경우와 마찬가지로 당사자에게 고지하여야 하므로 채권자에 대하여도 고지의 방법으로 경매개시결정정본을 송달한다. 그러나 실무에서는 송달에 의하지 아니하고 적당한 방법으로 고지하기도 한다. 다만 채권자에게 경매개시결정을 송달하지 않고 절차를 진행하여도 낙찰의 효력에 아무런 영향이 없다.[72]

4. 송달방법은 법원이 임의로 선택할 수 있다.
민사소송법 제617조 제3항 규정은 경매절차의 신속한 진행을 위하여 경매기일과 경락기일의 통지의 송달에 관하여 보통의 송달방법과는 다른 특례를 인정하고 있음에 불과하다. 법원으로서는 경매기일과 경락기일을 통지함에 있어 위 규정의 우편송달의 방법 외에도 적절하다고 인정되는 송달방법을 택하여 그 통지를 송달하면 족한 것이다. 위 규정과 달리 보통의 송달방법에 의하여 교부송달을 실시하거나 요건을 갖추어 공시송달을 실시하였다고 하여 그 송달의 효력을 부인할 수는 없는 것이다. 따라서 법원이 이해관계인에 대한 경매기일의 통지를 처음부터 위 규정에 의한 우편송달의 방법에 의하지 아니하고 교부송달이나 공시송달의 방법에 의하여 송달하였다가 이후의 경매기일과 경락기일의 통지를 다시 위 규정에 의한 우편송달의 방법에 의하여 송달하였다고 하더라도 그 송달은 적법하다.[73]

55. 강제경매개시결정은
강제경매개시결정은 공유자에게도 송달하여야 한다.

1. 공유자에 대한 통지
공유부동산의 지분에 관하여 경매개시결정을 하였을 때에는 다른 공유자에게 경매신청이 있음을 통지하여야 한다(제649조 제1항). 각 공유자는 누가 공유자의 1인으로 되는가에 관하여 이해관계를 가지기 때문이다. 그러나 상당한 이유가 있는 때에는 통지를 아니할 수 있다(제649조 제1항 단서). 따라서 누가 공유자가 되더라도 이해관계가 없다고 판단되는 공유관계 예를 들어 아파트, 상가, 다세대주택 등 구분소유적 공유의 경우에는 통지를 하지 않아도 된다. 공유자에 대한 통지는 채무자에 대한 경매개시결정의 송달과는 성질을 달리하는 것이므로 비록 통지가 없었다 하더라도 경매개시결정의 효력에 영향을 주지는 아니한다. 그러나 공유자에 대한 통지를 하지 아니하고 경매를 진행하여 낙찰을 허가한 경우에는 다른 공유자는 이를 이유로 낙찰허가에 관한 이의 또는 낙찰허가결정에 대한 항고를 할 수 있다.[74] 공유자에 대한 통지는 실무상 채무자에 대한 송달과 마찬가지로 경매신청기입등기 완료 후에 실시한다.

2. 송달불능과 주소보정
경매개시결정은 압류의 효력을 발생시키는 것일 뿐만 아니라 경매절차의 기초가 되는 재판이어서 그것이 채무자에게 고지되지 않으면 효력이 없다. 따라서 따로 압류의 효력이 발생하였는지 여부에 관계없이 경매개시결정의 고지없이는 유효하게 경매절차를 속행할 수 없다.[75] 강제경매개시결정이 송달불능된 경우에는 일단 경매신청채권자에게 주소보정을 명한다. 경매개시결정이 채무자에게 송달되지 아니하여 채권자에게 주소보정을 명하였으나 채권자가 이에 불응하는 경우 경매개시결정을 취소하고 경매신청을 각하한다. 보정된 주소로도 송달이 안되고 달리 송달할 장소를 알 수 없는 경우에는 당사자의 신청 또는 직권으로 공시송달의 방법에 의하여 송달한다. 민사소송법 제502조는 채무자의 주소지가 분명하지 아니하거나 외국에 있는 때에는 집행행위에 속한 송달이나 통지를 요하지 아니한다고 규정하고 있다. 그러나 경매개시결정의 송달은 경매법원의 집행행위인 재판의 고지방법으로 행해지는 것으로서 민사소

---

72) 대법원 1969. 6. 10. 69마231 결정 ; 대법원 1990. 11. 22.자 90마755 결정 [경락허가결정]
73) 대법원 1995. 4. 25. 95마35 결정 ; 대법원 2003. 6. 24. 선고 2003다13116 판결
74) 대법원 1964. 3. 31. 63마83 결정 ; 대법원 1965. 7. 2. 65마520 결정 ; 대법원 1995. 4. 25. 95마35 결정 ; 대법원 1998. 3. 4. 97마962 결정 ; 대법원 2002. 12. 24.자 2001마1047 전원합의체 결정
75) 대법원 1991. 12. 16. 91마239 결정 ; 대법원 1997. 6. 10.자 97마814 결정

송법 제502조에서 말하는 집행행위에 속한 송달이라고 할 수 없으므로 민사소송법 제502조는 적용되지 아니한다. 경매기일과 낙찰기일의 통지에 관하여 경매기록에 표시된 이해관계인의 주소에 등기우편으로 발송할 수 있다는 민사소송법 제617조 제3항의 규정도 그 적용이 없다.

3. 경매신청의 각하
경매사건에 재판장의 소장심사권에 관한 민사소송법 제231조, 제232조의 규정을 준용한다는 명문의 규정은 없으나 채권자가 주소보정에 성의가 없는 경우 사건이 오랫동안 방치되는 경우가 있고 특히 압류가 경합된 경우 채무자가 다른 채권자와 결탁하여 절차진행을 방해하는 수단으로 악용될 우려가 있으므로 위 채권자가 주소보정에 불응하는 경우에는 재판장의 소장심사권에 관한 규정을 유추적용하여 신청을 각하하기도 한다.

56. 경매진행중 부동산의 침해방지를 위하여
경매법원은 직권 또는 이해관계인의 신청에 의하여 필요한 보전처분을 명할 수 있다.

1. 민사소송법 제603조 제3항
경매절차의 개시결정을 한 후에는 법원은 직권 또는 이해관계인의 신청에 의하여 부동산에 대한 침해행위를 방지하기 위하여 필요한 조치를 명할 수 있다(제603조 제3항).

2. 침해행위
부동산에 대한 침해행위라 함은 목적물의 교환가치를 현저하게 감소시키거나 또는 감소시킬 우려가 있는 행위로서 주로 목적물에 물리적인 손상을 가하는 행위를 말한다. 예컨대 목적물인 건물을 손상시키거나 토지의 경우에 토사를 채취하기 위하여 심굴(深掘)하여 토지를 침수시키는 것 등이다. 그러나 임차권설정행위는 침해행위에 해당하지 않는다.

3. 금지명령·작위명령·인도명령
침해행위를 방지하기 위한 필요한 조치로서는 낙찰대금이 완납될 때까지 채무자에 대하여 위와 같은 행위를 금지하거나 또는 일정한 행위를 명할 수 있고 나아가 이들 명령을 위반한 때에는 낙찰대금완납시까지 채무자에 대하여 부동산을 집행관에게 인도할 것을 명할 수 있다(민사소송규칙 제147조의 2 제1항 제2항). 위 조치는 법원이 직권 또는 이해관계인의 신청에 의하여 결정의 형식으로 발한다. 신청의 상대방은 채무자뿐만 아니라 점유보조자 및 채무자로부터 점유를 승계한 자도 포함된다. 그러나 불법점유자나 압류전의 점유자는 이에 포함되지 않는다.

4. 보전처분에 대한 담보제공과 사정변경
이해관계인의 신청에 의하여 작위 또는 금지명령을 하거나 인도명령을 하는 경우에는 신청인에게 담보를 제공하게 할 수 있다(민사소송규칙 제147조의 2 제3항). 또 사정변경이 있는 때에는 경매법원은 위 인도명령을 취소하거나 또는 변경할 수 있다(민사소송규칙 제147조의 2 제4항). 위 결정에 대하여는 집행에 관한 이의(제504조 제1항)에 의하여 불복할 수 있고 이의의 재판에 대하여는 즉시항고할 수 있다(제504조 제4항).

5. 대체집행·간접강제
금지명령이나 작위명령에 대하여는 대체집행 또는 간접강제의 방법에 의하여 집행할 수 있다. 집행관에게 부동산을 인도하라는 명령에 대하여는 위 결정의 송달을 받은 집행관에게 위임하여 집행관으로 하여금 민사소송법 제690조 제1항에 의하여 인도집행을 하도록 한다. 인도명령의 집행은 그 결정이 상대방에게 송달되기 전에도 할 수 있으나 고지일로부터 2주일이 경과한 때에는 집행할 수 없다(민사소송규칙 제147조의 2 제5항, 제6항).

57. 강제경매개시결정에 대하여
강제경매개시결정에 대하여 '경매개시결정에 대한 이의'로 불복신청을 할 수 있다.

1. 서언
강제경매개시결정에 대하여는 경매개시결정에 대한 이의로 불복신청을 할 수 있다(제603조의 3). 경매개시결정에 대한 이의는 민사소송법 제504조의 집행에 관한 이의신청의 성질을 가진다.[76]

2. 경매개시결정에 대한 이의사유
강제경매개시결정에 대한 이의신청은 경매신청요건의 흠결, 경매개시요건의 흠결 등 개시결정에 관한 절차상의 하자를 이유로 하는 경우에만 할 수 있다. 실체상의 이유를 가지고는 경매개시결정에 대한 이의사유로 할 수 없다.[77] 즉 경매신청방식의 적부, 경매신청서의 적격여부, 대리권의 존부, 목적부동산 표시의 불일치, 집행력있는 정본의 불일치, 집행채권의 기한 미도래 등은 이의사유로 되지만 집행채권의 소멸 등은 이의사유가 되지 못한다.

3. 경매개시결정 후의 사유로 이의할 수는 없다.
경매개시결정 후에 발생한 경매절차상의 하자는 원칙적으로 경매개시결정에 대한 이의사유로 할 수 없다. 그러나 강제경매의 기초가 되는 채무명의가 청구이의의 소송 등의 절차에서 실효되었을 때에는 비록 경매개시결정 후에 실효되었다 하더라도 경매개시결정에 대한 이의사유로 할 수 있다.

4. 이의신청방법
경매개시결정에 대한 이의는 경매개시결정을 한 경매법원에 하여야 한다(제603조의 3 제1항). 낙찰허부에 관한 항고로 인하여 기록이 항고심에 있는 경우에도 이의신청은 경매개시결정을 한 경매법원에 제기하여야 한다. 이의신청은 서면 또는 구술로 할 수 있으나 1,000원의 인지를 첨부하여야 한다(민사소송인지법 제9조 제4항 제4호).

5. 이의신청 시기
경매개시결정에 대한 이의는 낙찰인이 낙찰대금을 완납할 때까지 할 수 있다(제603조의 3 제1항).

6. 이의신청권자
경매개시결정에 대하여 이의신청을 할 수 있는 자는 경매절차의 이해관계인에 한한다. 부동산 위의 권리자(제607조 제4호)는 그 권리를 증명함과 동시에 개시결정에 대한 이의를 제기할 수 있다. 이의신청권자의 채권자가 신청권자를 대위하여 이의를 할 수 없다.

7. 이의신청 사건에 대한 재판
경매개시결정에 대한 이의의 재판은 변론을 열거나 열지 아니하고 결정으로 한다(제503조 제3항). 변론을 열지 아니하는 경우에도 당사자, 이해관계인 기타 참고인을 심문할 수 있다(제124조 제2항, 민사소송규칙 제104조). 실무에서는 변론을 여는 예는 없으나 정식으로 증거조사를 하여야 할 경우에는 반대의 이해관계인을 상대방으로 정하여 변론을 연다.
심리의 결과 경매개시결정에 대한 이의가 이유있다고 인정하면 경매개시결정을 취소하고 경매신청을 기각한다. 이의신청이 부적법하거나 이유없다고 인정되면 이의신청을 각하 또는 기각한다. 실무상으로는 이의신청인의 항고로 인한 경매절차의 지연을 방지하기 위하여 이의신청이 부적법하거나 이유없는 경우에도 신청각하 또는 기각의 결정을 낙찰허가결정 선고시까지 보류하여 두었다가 낙찰허가결정과 동시에 하고 있다. 위 재판은 상당한 방법에 의하여 당사자에게 고지한다(제207조). 통상 결정정본을 송달하는

---

[76] 대법원 1968. 6. 25. 68마588 결정 ; 대법원 1978. 9. 30. 77마263 결정 ; 대법원 1990. 12. 7.자 90마701 결정
[77] 대법원 1978. 9. 30. 77마263 결정 ; 대법원 1991. 2. 6. 90그66 결정 ; 대법원 1994. 8. 27.자 94마147 결정 ; 대법원 2016. 6. 21.자 2016마5082 결정

방법으로 하고 있다. 이의신청을 각하 또는 기각하는 경우에는 신청인에게만 고지하지만 인용하여 경매개시결정을 취소하는 경우에는 반대의 이해관계인에게도 고지한다(민사소송규칙 제103조의 2 제1항).

58. 강제경매개시결정에 대하여
강제경매개시결정에 대한 이의신청에는 집행정지의 효력이 없다.

1. 경매개시결정에 대한 이의와 집행정지
경매개시결정에 대한 이의신청에는 집행정지의 효력이 없다. 따라서 경매법원은 채권자에게는 담보를 제공하게하고 경매절차의 속행을 명할 수 있다. 채무자에게는 정지의 담보로 청구금액 또는 최저경매가격의 1/3 정도의 금원을 공탁하게 하거나 제공하게 하지 아니하고 경매절차의 일시정지를 명할 수 있다(제603조의 3 제2항, 제484조 제2항). 경매법원의 담보제공에 의한 집행의 일시정지 명령과 속행명령에 대하여는 불복할 수 없다. 법원이 집행의 일시정지를 명하는 결정을 한 경우에는 그와 동시에 직권으로 집행정지에 필요한 조치를 취하여야 한다. 경매개시결정에 대한 이의신청인은 집행정지신청을 할 수 있을 뿐 이나 이는 법원의 직권발동을 촉구하는 의미밖에 없다. 집행정지신청을 하는 경우에는 인지를 첨부할 필요는 없다.

2. 경매개시결정에 대한 이의와 즉시항고
이의신청에 대한 재판에 대하여는 이해관계인은 즉시항고를 할 수 있다(제603조의 3 제3항). 항고는 이의신청에 대한 재판의 고지일로부터 1주일 이내에 제기하여야 한다(제414조). 항고는 경매법원에 대하여 항고장을 제출함으로써 제기한다(제415조). 경매법원은 항고를 이유있다고 인정한 때에는 그 재판을 경정하여야 하고 항고가 이유 없다고 인정하는 때에는 의견서를 첨부하여 기록을 항고법원에 송부한다(제416조). 이의신청에 대한 재판 중 경매개시결정을 취소하는 결정은 확정되어야 효력이 있으므로(제504조의 2 제2항) 이에 대하여 항고가 있으면 그 취소결정이 확정될 때까지는 이론상 경매절차의 속행이 가능하다. 실무상으로는 항고법원이 취소결정을 하기에 앞서 경매법원은 민사소송법 제603조의 3 제2항에 의한 집행정지결정을 한다. 이의신청을 각하한 결정에 대하여는 그에 대한 항고유무에 관계없이 경매절차를 속행할 수 있다.
낙찰허가결정이 선고된 후에 경매개시결정에 대한 이의가 인용되어 경매개시결정이 취소되고 경매신청이 각하된 경우에 낙찰인도 이해관계인으로서 항고를 할 수 있는가? 실무는 낙찰인에게도 취소결정을 고지해 준다.

3. 경매개시결정 취소결정 확정후의 법원의 처리
경매개시결정에 대한 이의신청이 이유 있다고 인정되어 경매개시결정이 취소되고 위 취소결정이 확정되면 경매법원은 등기관에 대하여 위 취소결정을 등기원인으로 하여 경매신청기입등기 말소촉탁을 한다(제651조). 촉탁서에는 위 경매개시결정 취소결정 정본을 첨부하여야 한다. 이 경우에 등록세 3,000원(지방세법 제131조 제1항 제8호) 및 교육세 600원(교육세법 제5조 제1항)을 납부하여야 하므로 이의신청인은 위 등록세 영수필통지서 및 영수필확인서를 제출하여야 한다. 위 말소등기의 촉탁에 관한 비용은 경매를 신청한 채권자의 부담으로 한다(민사소송규칙 제155조의 제4).

59. 임의경매개시결정에 대하여
임의경매개시결정에 대하여도 이해관계인은 불복이 있으면 경매법원에 이의신청을 할 수 있다.

1. 서언
임의경매개시결정에 대한 이의에도 강제경매개시결정에 대한 이의에 관한 민사소송법 제603조의 3의 규정이 준용된다. 그러나 임의경매개시결정에 대한 이의는 강제경매개시결정에 대한 이의와는 달리 절차상의 하자뿐만 아니라 실체상의 하자도 이의사유로 주장할 수 있다(제725조). 즉, 임의경매개시결정에 대한 특별한 규정으로는 이의사유로서 절차상의 하자외에 저당권의 부존재 또는 소멸을 주장할 수 있다.

2. 이의사유의 존부가 불명한 경우
임의경매개시결정에 대한 이의는 강제경매의 경우와는 달리 실체상의 사유를 주장할 수 있도록 되어 있으나 법원이 이를 심리함에 있어서는 통상 변론에 의하지 않고 심문 등 간이한 심리방식을 취하고 있으므로 이의사유의 존부가 불명한 경우가 많다.
(1) 경매개시결정에 대한 이의 또는 담보권부존재 확인의 소의 제기
심리방식과의 관계상 실무상으로는 증명이 용이한 경우에는 경매개시결정에 대한 이의를, 증명이 용이하지 않은 경우에는 담보권부존재확인의 소를 단독으로 또는 병행하여 제기하는 것이 통례로 되어 있다.
(2) 취소설
이의사유의 존부가 불명일 때에는 담보권 실행의 요건의 존재가 명백하지 않은 것이므로 이의를 받아들여 경매개시결정을 취소할 것이라는 견해
(3) 각하설
실체요건의 존부가 명백하지 않더라도 민사소송법 제724조 제1항 소정의 담보권의 존재를 증명하는 서류가 첨부되어 있는 이상 이의를 각하할 것이라는 견해
(4) 2분설
경우를 나누어 실체요건의 존부가 명백하지 않은 경우에는 경매개시결정을 취소하고 소멸원인의 존부가 불명일 때에는 이의를 각하하고 절차를 속행할 것이라는 견해가 있다.

3. 경매개시결정에 대한 이의와 집행정지
경매개시결정에 대한 이의신청은 집행정지의 효력이 없다. 다만, 경매법원은 그 이의에 대한 재판전에 민사소송법 제484조 제2항에 준하는 명령을 할 수 있다(제728조, 제603조의 3 제2항). 즉 경매법원은 이해관계인에게 담보를 제공하게 하거나 제공하게 하지 아니하고 경매절차의 일시정지를 명할 수 있고 채권자에게 담보를 제공하게 하고 경매절차의 속행을 명할 수 있다.

4. 경매개시결정에 대한 이의와 대금지급기일의 변경
경매법원이 위 집행정지결정을 하여 그 결정이 성립되었다면 그 결정이 아직 당사자에게 고지되지 아니하였다 하더라도 경매법원은 낙찰대금을 지급받을 수 없으므로 위 결정에는 경매법원이 낙찰대금지급기일을 변경한다는 의사가 포함되었다 할 것이므로 위 낙찰대금지급기일은 변경되었다고 보아야 한다.[78]

---

78) 대법원 1971. 5. 27. 70마4 결정 ; 대법원 1972. 5. 15.자 72마401 결정 ; 대법원 1995. 2. 16.자 94마1871 결정

60. 임의경매개시결정에 대하여

임의경매를 신청할 수 있는 권리의 존부를 다투는 자는 경매개시결정에 대한 이의신청을 할 수 있다.

1. 경매개시결정에 대한 이의와 가처분

경매개시결정에 대한 이의신청이 제기되었다 하더라도 경매절차가 정지되지 않고 그대로 진행되어 낙찰인이 대금지급기일에 대금을 납부하면 그 이후는 이해관계인에게 이의사유가 존재함에도 불구하고 경매개시결정을 취소할 수 없게 되며 그 이의신청은 부적법하게 된다.[79] 따라서 낙찰인의 대금지급을 저지하기 위하여는 민사소송법 제603조의 3 제2항에 의한 경매절차의 일시정지를 명하는 가처분결정을 받아야 한다.

2. 경매개시결정에 대한 이의와 경매절차 정지명령

임의경매를 신청할 수 있는 권리의 존부를 다투는 자는 경매개시결정에 대한 이의신청을 하고 민사소송법 제603조의 3 제2항에 의한 경매절차정지명령을 받거나 청구이의의 소에 준하는 채무부존재확인이나 저당권부존재확인 또는 저당설정등기말소 청구의 소를 본안으로 제기하고 민사소송법 제507조에 의한 가처분으로서 경매절차 정지명령을 받아 그 경매절차를 정지시킬수 있을 뿐이다. 민사소송법 제714조의 일반 가처분절차에 의하여 임의경매절차를 정지할 수는 없다.[80] 별개의 소로써 경매의 불허를 구하는 청구도 허용하지 않는다.[81]

3. 낙찰허가결정에 대한 즉시항고와의 관계

담보권의 부존재, 소멸이라는 실체상의 이유를 들어 낙찰허가결정에 대한 항고사유로 삼을 수 있는가? 담보권의 부존재, 소멸이라는 실체상의 이유가 민사소송법 제633조 제1호의 강제집행(여기서는 담보권의 실행을 위한 경매)을 허가할 수 없거나 속행할 수 없을 때에 해당하는가? 판례는 이를 긍정한다.[82] 그러나 낙찰허가결정에 대한 항고기각의 결정후에 저당채무 및 경매비용을 변제하였다는 사유는 경매법원에 하는 경매개시결정에 대한 이의사유가 되는 것은 별문제로 하고 법률심인 상고심에 대한 적법한 재항고 이유는 되지 못한다.[83]

---

79) 대법원 1965. 12. 7. 65마955 결정 ; 대법원 1979. 9. 12. 79마246 결정 ; 대법원 1971. 6. 30.자 71마422 결정 ; 대법원 1983. 2. 3.자 82마869 결정
80) 대법원 1970. 3. 2. 69그23 결정 ; 대법원 1971. 3. 16. 70그24 결정 ; 대법원 1971. 11. 25. 71그17 결정 ; 대법원 1976. 3. 15. 74그7 결정 ; 대법원 1983. 2. 3. 82마869 결정 ; 대법원 2003. 4. 11. 선고 2003다3850 판결
81) 대법원 1987. 3. 10. 선고, 86다152 판결 ; 대법원 2004. 8. 17.자 2004카기93 결정
82) 대법원 1973. 3. 13. 73마140 결정 ; 대법원 1980. 9. 14. 80마166 결정 ; 대법원 1991. 1. 21. 90마946 결정 ; 대법원 2004. 5. 17.자 2004마246 결정
83) 대법원 1966. 5. 31. 66마343 결정 ; 대법원 1979. 7. 25.자 79마156 결정 ; 대법원 1991. 2. 9. 90마898 결정

61. 임의경매개시결정에 대하여

이해관계인은 절차상, 실체상의 이유로 임의경매개시결정에 대하여 이의신청을 할 수 있다.

1. 절차상의 이의사유

절차상의 이의사유라 함은 경매신청방식의 적부, 신청인 적격의 유무, 대리권의 존부, 목적부동산 표시의 불일치 등 경매신청의 형식적 요건과 경매개시결정 자체의 형식적 효력이 흠결 되었음을 주장하는 것을 말한다. 그러나 경매개시결정후의 절차상의 위법 즉, 경매부동산의 가격평가절차나 최저경매가격결정절차 또는 경매준비단계에 있어서의 경매기일공고·통지 등에 관한 위법사유는 경매개시결정에 대한 이의사유로 삼을 수 없다.[84]

2. 실체상의 이의사유

실체상의 이의사유로는 경매의 기본이 되는 저당권의 부존재·저당권설정등기의 원인무효, 피담보채권의 불성립·무효 또는 변제·변제공탁 등에 의한 소멸, 피담보채권의 이행기 미도래[85] 또는 이행기의 유예(연기)등이 있다. 경매개시결정전의 담보권의 소멸은 물론 경매개시결정후의 담보권의 소멸도 이의사유로 된다. 또한 채무자가 피담보채무에 관하여 이행제공을 하였음에도 불구하고 채권자의 수령거절로 채권자지체에 빠진 경우도 이의할 수 있다.[86] 위와 같은 실체상의 이의사유 중 저당권이 당초부터 부존재 또는 원인무효인 경우 또는 경매개시결정 이전에 피담보채권이 소멸됨에 따라 저당권이 소멸된 경우[87]에는 낙찰인은 적법하게 낙찰부동산의 소유권을 취득할 수 없다. 따라서 경매개시결정에 대한 이의로써 다투지 아니하더라도 경매절차 종료후에 낙찰인을 상대로 소유권에 관한 별소를 제기하여 그 권리의 구제를 받을 수 있다. 그 이외에 변제, 변제기 미도래, 변제기 유예 등의 사유는 반드시 낙찰인이 낙찰대금을 납부하기 전까지 경매개시결정에 대한 이의로써 그 권리를 구제받아야 한다. 낙찰인이 낙찰대금을 지급하고 난 이후에는 위와 같은 실체상의 이의사유를 들어 별개의 소로써 낙찰인의 소유권취득을 다툴 수 없다.[88] 피담보채권의 일부가 부존재 또는 소멸하여도 나머지 일부가 잔존하고 있는 한 경매법원은 저당목적물 전부에 대하여 경매개시결정을 하여야 한다. 따라서 경매개시결정에 표시된 피담보채권액이 실제의 채권액과 상이하다하더라도 채권의 동일성이 인정되는 한 이를 이유로 경매개시결정에 대한 이의를 할 수 없다.[89] 왜냐하면 경매개시결정에 표시된 피담보채권액의 과다는 청구이의의 소나 배당이의의 소에 의하여 그 시정을 구할 수는 있어도 경매개시결정에 대한 이의사유는 되지 않기 때문이다.[90] 환가를 위한 경매에 있어서도 유치권 또는 형식적 경매의 신청권의 부존재 또는 소멸을 이유로 하여 경매개시결정에 대한 이의를 할 수 있다(제734조 제1항).

---

84) 대법원 1971. 7. 14. 71마467 결정 ; 대법원 1987. 3. 24.자 86마카51 결정
85) 대법원 1968. 4. 24. 68마300 결정 ; 대법원 2008. 8. 12.자 2008마807 결정
86) 대법원 1973. 2. 26. 72마991 결정 ; 대법원 1987. 8. 18. 선고 87다카671 판결
87) 대법원 1977. 9. 28. 선고, 77다2799 판결 ; 대법원 2022. 1. 14.자 2019마71 결정
88) 대법원 1965. 12. 7. 선고, 65다1960 판결 ; 대법원 1969. 9. 29.자 69마555 결정 ; 대법원 1970. 8. 31. 선고, 70다1352 판결
89) 대법원 1964. 4. 1. 63마181 결정 ; 대법원 1964. 4. 17. 63마224 결정 ; 대법원 1971. 3. 31. 71마96 결정 ; 대법원 2012. 4. 20.자 2012모459 결정
90) 대법원 1960. 7. 21. 4293민재항176 결정 ; 대법원 1969. 3. 18. 69마88 결정 ; 대법원 1973. 2. 26. 72마991 결정 ; 대법원 1987. 8. 18. 선고 87다카671 판결

62. 경매개시결정을 한 후

법원은 조세 기타 공과를 주관하는 공무소에 그 부동산에 관한 채권의 유무와 한도를 일정한 기간 내에 통지할 것을 최고하여야 한다.

1. 최고(催告)의 의의
경매법원은 경매개시결정을 한 때에는 조세 기타 공과를 주관하는 공무소에 대하여 그 부동산에 관한 채권의 유무와 한도를 일정한 기간 내에 통지할 것을 최고하여야 한다(제614조). 이는 우선채권인 조세채권 등의 유무와 금액에 관하여 공무소로부터 통지를 받아 경매법원이 잉여의 가망(제608조, 제616조)이 있는지 여부를 확인함과 동시에 조세 등을 경매절차에서 교부청구할 수 있는 기회를 주어 그 징수를 용이하게 하려는데 그 목적이 있다. 이 규정은 훈시규정이므로 이에 위반하였다 하여 경매절차가 무효로 되는 것은 아니다.[91]

2. 최고를 하여야 할 공무소의 범위
최고를 할 공무소는 경매할 부동산의 소유자의 주소지를 관할하는 세무서와 부동산 소재지의 시구읍면이다. 경매사건이 공장저당법상 저당권자의 신청에 의한 것이거나 채무자(임의경매에 있어서는 소유자)가 회사인 경우에는 관세청장에게도 최고를 하여야 한다.

3. 최고기간
최고는 경매법원이 직권으로 하여야 한다. 최고를 하여야 할 시기와 통지기간에 관하여는 법에 따로 정함이 없다. 대법원 예규에 의하면 경매개시결정일로부터 3일 이내에 2주일 이내의 기간을 정하여 최고하도록 되어 있다. 관세청장에 대한 최고에 있어서는 특단의 사정이 없는 한 20일 이상의 기간을 두어야 한다.

4. 최고방법
최고의 방법도 법에 특별하게 정한 바가 없다. 통상은 송달의 방법에 의하지만 반드시 그렇게 하여야 하는 것은 아니다. 경매법원의 재량에 따라 상당한 방법으로 하면 된다. 따라서 서면 외에 구술 또는 전화에 의한 최고도 가능하다. 최고는 직권으로 하며 경매개시결정과 동시에 한다.

5. 교부청구
최고를 받은 공과주관 공무소는 법원이 정한 기간 내에 교부청구를 하여야 하나 기간 내에 교부청구를 하지 않았다 하여 실권효가 인정되는 것은 아니다. 즉, 국세의 교부청구도 배당요구와 마찬가지로 경락기일까지만 할 수 있으나 만일 국세체납처분의 절차로서 압류등기가 되어 있으면 세무서장이 경락기일까지 세액을 계산할 수 있는 증빙서류를 제출하지 아니한 때에는 경매법원으로서는 압류등기촉탁서에 의한 체납세액을 조사하여 배당하여야 한다.[92] 그러나 경락기일 이후 배당할 때까지의 사이에 비로소 교부청구된 세액은 그 국세가 실체법상 다른 채권에 우선하는 것인지의 여부와 관계없이 배당할 수 없다.[93]

6. 교부청구권 행사는 한계가 있는가?
이른바 당해세의 우선권은 지방세의 확보라는 공공복리를 위하여 법률로 규정되었을 따름이므로 그것만으로 곧 과세관청이 납세의무자 소유의 다른 재산에 관한 이해관계인을 배려하여야 할 조리 내지 신의칙상의 의무를 부담한다고는 보기 어렵다. 조세채권의 공익성으로 말미암아 조세우선의 원칙이 납세

---

[91] 대법원 1959. 5. 19. 4292민재항2 결정 ; 대법원 1979. 8. 14.자 79마158 결정
[92] 대법원 1997. 2. 14. 선고, 96다51585 판결 ; 대법원 2002. 1. 25. 선고 2001다11055 판결
[93] 대법원 1993. 9. 14. 선고, 93다22210 판결 ; 대법원 1992. 4. 28. 선고, 91다44834 판결 ; 대법원 1992. 12. 11. 선고, 92다35431 판결 ; 대법원 1993. 3. 26. 선고, 92다52733 판결 ; 대법원 1993. 9. 14. 선고 93다22210 판결 ; 대법원 1994. 3. 22. 선고, 93다19276 판결

자의 특정재산이 아니라 그의 총재산을 목적물로 하여 법률상 당연히 발생하는 점에 비추어 보면 납세의무자가 소유하는 여러 재산 중 우선권이 인정되는 특정재산에 대한 환가대금의 수액이 확정될 때까지 다른 재산에 대한 일반채권자 등의 환가추심을 봉쇄할 방도가 없는 과세 관청에서 그 교부청구권을 행사하는 데 있어 과세관청이 특정 부동산에 대하여 부과된 세금을 당해 부동산의 환가대금에서 먼저 충당해야만 하는 내재적 한계가 있다고 볼 수 없다.[94]

세무서, 관세청, 시구읍면 : 교부청구→ ←최고 : 경매법원

63. 채권신고의 최고

채권신고 최고의 목적은 우선변제청구권의 유무, 잉여여부의 확인, 매각조건 결정, 배당요구의 기회를 주자는 데 있다.

1. 채권신고 최고의 취지
우선변제청구권이 있는 채권의 유무와 그 금액에 관하여 이해관계인들로부터 채권신고를 받아 잉여의 가망이 있는지 여부를 확인함과 동시에 매각조건을 결정하고 그들에게 경매절차내에서 배당요구를 할 수 있는 기회를 주자는 데 채권신고 최고의 주목적이 있다. 그러나 채권과 무관한 이해관계인에게도 최고를 하도록 하고 있으므로 강제경매가 개시된 사실을 통지하여 주는 의미도 지니고 있다.

2. 최고할 채권자
법원은 경매개시결정을 한 때에는 경매개시결정일로부터 3일 이내에 압류채권자와 집행력 있는 정본에 의하여 배당을 요구한 채권자(제607조 제1호), 등기부에 기입된 부동산 위의 권리자(제607조 제3호) 및 부동산 위의 권리자로서 그 권리를 증명한 자(제607조 제4호)에 대하여 제653조 제1항이 규정한 채권계산서를 낙찰기일 전까지 제출할 것을 최고하여야 한다(민사소송규칙 제147조).

3. 채권신고 기간
채권신고 기간은 법문에 따르면 낙찰기일 전까지로 되어 있으나 실무에서는 경매기일을 정하기 전에 채권계산서를 제출받아 잉여의 유무를 판단하기 위하여 최고서가 상대방에 도달하는데 소요되는 일수를 참작하여 그 예상도달일로부터 약 2주 뒤의 일자를 제출시한으로 특정하여 최고를 하고 있다.

4. 최고의 상대방
채권신고 최고의 상대방은 민사소송법 제607조 제1호, 제3호, 제4호에 규정된 자로 명시되어 있다. 그러나 민사소송법 제607조 제1호 소정의 압류채권자는 주로 잉여의 유무를 판단하기 위한 것이므로 경매법원의 최고는 큰 의미는 없다. 압류채권자는 경매절차의 당사자로서 배당요구의 종기인 낙찰기일까지 채권계산서를 제출하면 된다. 마찬가지로 집행력 있는 정본에 의한 배당요구채권자도 마찬가지로 2주일 내에 다시 채권계산서를 제출하라고 할 필요는 없다고 본다. 나아가 민사소송법 제607조 제4호 소정의 부동산 위의 권리자로서 그 권리를 증명한 자는 경매개시결정 당시의 등기부의 기재로는 그 존재를 알 수 없으므로 그 증명전에 최고를 한다는 것은 원칙적으로 불가능하다. 따라서 실제로는 민사소송법 제607조 제1호, 제3호, 제4호 소정의 이해관계인 중 제3호 소정의 등기부에 기입된 부동산 위의 권리자에게 주로 본조 소정의 최고가 행해지고 있다.

5. 채권신고와 배당요구는 별개의 절차이다.
최고를 받고 경매법원이 정한 기간 내에 채권의 신고를 하지 않았다고 하여 배당요구를 할 수 없다고는 볼 수 없다. 임의경매에도 이 규정이 준용된다(민사소송규칙 제205조, 제147조).

---

[94] 대법원 1997. 12. 12. 선고, 97다38763 판결

64. 채권신고의 최고
가등기권리자에게도 채권신고 최고를 하여야 한다.

1. 가등기와 채권신고의 최고
소유권이전에 관한 가등기가 되어 있는 부동산에 대하여 경매개시결정이 있는 경우에는 경매법원은 가등기권리자에 대하여 그 가등기가 담보가등기인 때에는 그 내용 및 이자 기타의 부수채권을 포함한 채권의 존부, 원인 및 수액을, 담보가등기가 아닌 경우에는 그 내용을 경매법원에 신고할 것을 상당한 기간을 정하여 최고하여야 한다(가등기담보등에관한법률 제16조 제1항). 담보가등기가 경료된 부동산에 대하여 경매가 개시된 경우에 담보가등기권리자는 다른 채권자보다 자기채권의 우선변제를 받을 권리가 있다(가등기담보등에관한법률 제13조). 그러나 등기부상 소유권이전에 관한 가등기가 되어 있는 경우에 경매법원으로서는 그 등기부의 기재만으로는 그것이 담보가등기인지 아니면 순수한 소유권이전청구권보전을 위한 가등기인지, 또 담보가등기인 경우에는 피담보채권의 유무와 그 수액을 알 수 없으므로 위 최고제도를 특별히 둔 것이다. 현재 실무에서는 경매개시결정과 동시에 최고를 하며 통상 통지를 받은 날로부터 1주일 내에 신고하도록 하고 있다.

2. 가등기가 특별매각조건이 되는 경우
가등기의 내용이 밝혀지지 않고서는 잉여의 유무를 판단할 수 없고 또 이 최고가 가등기권리자에게 미치는 영향이 크므로 서면에 의하여 최고를 한다. 실무에서는 가등기권리자로부터 채권신고가 없는 경우에는 그 가등기를 순수한 소유권이전청구권보전을 위한 가등기로 보고 이를 낙찰인에게 인수시키는 조건으로 경매절차를 속행하고 있다. 그러나 매수를 원하는 사람이 없어 사실상 경매가 이루어지지 않고 있다. 먼저 경매개시결정을 한 사건이 취하 등에 의하여 종료되고 뒤에 경매개시결정을 한 사건으로 경매가 속행되는 경우에 앞의 압류와 뒤의 압류의 중간에 등기된 가등기권리자에 대하여도 채권신고 최고를 해야 한다.

3. 담보가등기권리의 소멸
담보가등기가 경료된 부동산에 대하여 경매 등이 행해진 때에는 담보가등기권리는 그 부동산의 매각에 의하여 소멸한다(가등기담보등에관한법률 제15조). 그러나 이것은 담보가등기임이 판명된 경우에 한하고 담보가등기인지 여부가 밝혀지지 않은 경우까지 담보가등기권리가 소멸된 것으로 볼 수는 없다. 따라서 권리신고가 되지 않아 담보가등기인지 일반가등기인지 알 수 없는 경우에는 그 가등기를 말소할 수 없다.

4. 가등기담보권자에 대한 배당
채권신고 최고를 받은 가등기권리자는 법원이 정한 상당한 기간 내에 채권신고를 한 경우에 한하여 매각대금에서 배당을 받을 수 있다(가등기담보등에관한법률 제16조 제2항). 그러나 가등기에 의하여 담보되는 채권과 마찬가지로 우선변제청구권이 있으면서 채권자의 채권신고가 없으면 그 채권의 존부나 액수를 알 수 없는 조세 기타 공과금채권이나 임금채권 등은 낙찰기일 또는 배당기일까지만 배당요구 또는 교부청구를 하면 배당을 받을 수 있도록 허용하면서(제605조 제1항)[95] 가등기담보권자에 대하여만 법원이 정한 기간 내에 채권신고를 하지 않으면 배당을 받을 수 없도록 제한을 한 것은 다른 채권자들과 형평이 맞지 않는다. 그러나 그렇다고 하여 위 채권신고 기간을 민사소송법상의 배당요구의 종기인 낙찰기일이나 조세채권의 교부청구의 시한인 배당기일까지로 정하여 최고를 하면 다른 채권자들과의 배당요구 신청을 할 수 있는 시기의 불균형 문제나 기간의 상당성 문제는 해소되나 경매기일을 정하기 전에 잉여의 유무를 판단하는 자료를 수집하여 경매절차의 속행 여부를 결정짓기 위하여 위 최고제도를 둔 본래의 취지에 어긋난다. 따라서 실무에서는 경매개시결정과 동시에 채권신고 최고를 하면서 통상 통지를 받은 날로부터 1주일 내에 신고를 하도록 하여 경매기일전에 권리신고가 될 수 있도록 신고기간을

---
95) 대법원 1972. 6. 13. 선고 72다503 판결 ; 대법원 2022. 3. 31. 선고 2021다203760 판결

짧게 잡아 최고를 하고 있다. 그 대신 위 기간 내에 채권신고를 하지 않더라도 실권효는 없다. 따라서 배당기일까지 배당요구가 들어오면 경매법원은 배당을 하여야 한다.

65. 부동산 현황조사명령

부동산의 현황과 권리관계를 공시함으로써 매수희망자가 필요한 정보를 쉽게 얻을 수 있도록 하기 위하여 현황조사를 한다.

1. 현황조사의 의의

경매법원은 경매개시결정을 한 후 지체없이 집행관에게 부동산의 현상, 점유관계, 차임 또는 보증금의 수액, 기타 현황에 관하여 조사할 것을 명하여야 한다(제603조의 2 제1항). 실무에서는 경매신청기입등기 촉탁과 동시에 현황조사명령을 내리고 있다. 현황조사보고서의 제출기간은 2주간으로 하고 있다. 이와 같은 경매목적 부동산의 현황조사는 부동산의 현황을 되도록 정확히 파악하여 일반인에게 그 현황과 권리관계를 공시함으로써 매수희망자가 입찰대상 물건에 필요한 정보를 쉽게 얻을 수 있게하여 예측하지 못한 손해를 입는 것을 방지하고자 함에 있다.[96]

2. 2중경매개시결정의 경우

2중개시결정을 한 경우 먼저 개시결정한 경매신청이 취하되거나 그 절차가 취소되어 법원이 민사소송법 제608조 제1항의 우선권을 해하지 아니하는 한도안에서 뒤의 경매개시결정에 의하여 절차를 속행하는 경우에는 낙찰로 인한 권리의 소멸에 관한 민사소송법 제608조 제2항, 인도명령에 대한 민사소송법 제647조 등의 적용에 관하여는 후행사건의 압류가 기준이 된다. 따라서 앞의 압류와 뒤의 압류 사이에 임차권 기타 용익권의 설정 또는 가처분의 집행이 있으면 경매물건명세서의 기재사항이 달라지게 된다. 이때에는 선행사건에 의한 현황조사가 뒤의 압류후에 행해진 경우 등을 제외하고는 법원은 다시 현황조사를 명할 필요가 있다.

3. 선행절차가 정지된 경우

선행의 경매절차가 정지된 경우에는 그 경매절차가 취소되더라도 경매물건명세서의 기재사항 중 민사소송법 제617조의 2 제3호의 기재사항이 변경되지 않을 때에만 뒤의 경매개시결정에 의하여 경매절차를 속행할 수 있다(민사소송규칙 제146조의 2). 이경우 앞의 경매개시결정과 뒤의 경매개시결정과의 사이에 용익권이 설정되어 있는지의 여부 등을 확인하기 위하여 다시 현황조사를 명할 필요가 있다. 이러한 경우에 있어서는 집행관은 원칙적으로 전회의 현황조사후의 변동사항만을 조사하면 족하다.

4. 추가조사·재조사

집행관이 일단 부동산의 현황을 조사하여 경매법원에 현황조사보고서가 제출되었으나 새로운 사항에 관하여 다시 현황조사를 할 필요가 생기거나 또는 이미 제출된 현황조사보고서상의 조사결과에 관하여 다시 보충조사를 할 필요가 있을 때에는 경매법원은 추가현황조사명령을 하거나 재조사명령을 발할 수 있다.

5. 법원사무관 등의 조사

부동산현황조사는 집행관에게 명하여야 하며 집행관 이외의 자에 대하여는 이를 명할 수 없다(제603조의 2 제1항). 다만 경매법원의 소재지에 집행관이 없는 때에는 지방법원장이 미리 정한바에 따라 법원사무관등으로 하여금 집행관의 직무를 대행하게 할 수 있으므로(집행관법 제8조) 집행관이 없는 경매법원에서는 법원사무관등에게 부동산의 현황조사를 명할 수 있다.

---

96) 대법원 1995. 11. 22. 95마1197 결정 ; 대법원 2010. 4. 29. 선고 2009다40615 판결

6. 현황조사명령에 대한 불복
부동산현황조사의 목적물이 틀렸다든가, 압류가 경합된 경우에 있어서 후행사건으로 절차를 속행하는 것이 아닌데도 다시 현황조사명령을 발한 경우 등 현황조사명령의 발령이 위법한 경우 이에 대하여 불복이 있는 자는 집행에 관한 이의를 신청할 수 있다(제504조 제1항). 그러나 집행관의 현황조사 자체는 집행관이 집행기관으로서 행하는 직무집행이 아니라 경매법원의 보조기관으로서 행하는 직무집행이므로 집행에 관한 이의의 대상이 될 수 없다. 따라서 그에 대하여 불복이 있는 이해관계인으로서는 집행관에게 현황조사를 명한 경매법원에 대하여 그 지시감독권의 발동을 촉구하거나 집행관이 소속한 지방법원에 대하여 사법행정상의 감독권(집행관법 제6조)의 발동을 촉구할 수밖에 없다.

66. 집행관이 현황조사 할 사항은
집행관은 부동산의 현상, 점유관계, 차임 또는 보증금의 수액 기타 현황을 조사하여야 한다.

1. 현황조사 사항
현황조사에 있어서 조사할 사항은 부동산의 현상, 점유관계, 차임 또는 보증금의 수액 기타 현황이다(제603조의 2 제1항). 그러나 여기서 부동산의 현상, 점유관계, 차임 등은 현황예시에 불과하다. 경매법원이 매각조건의 인정, 최저경매가격의 결정 및 인도명령의 허부의 판단 등을 함에 필요한 부동산에 관한 사실관계 및 권리관계 전반에 걸친 것 모두 조사할 사항에 속한다. 부동산에 대한 기타 현황도 법원이 구체적으로 특정하여 조사를 명할 수 있다. 예를 들어 경매목적물이 공장재단인 경우 공장에 설치된 기계, 기구 등의 부속물의 설치상황 등을 구체적으로 적시하여 발령을 한다. 이 경우 점유자의 점유권원의 유무 또는 점유자가 낙찰인에게 대항할 수 있는 여부는 가리지 않는다. 법에서 금지하고 있는 임대차(농지법 제22조)도 조사대상이 된다. 강제집행의 목적물이 부동산의 공유지분인 경우 그 조사의 목적물은 공유지분 그 자체가 아니라 공유지분의 대상인 본래의 부동산인 토지 또는 건물이다.

2. 실무
경매목적 부동산에 대한 현황조사사항을 이와 같이 개괄적으로 기재하여 현황조사명령을 발하게 되면 구체적으로 어떠한 항목에 관하여 조사할 것인지 명확하지 않다. 따라서 실무에서는 현황조사사항을 부동산의 현상 및 점유관계, 임대차관계, 기타 현황 등 크게 셋으로 나누고 전자에 속한 사항으로서는 부동산의 위치 및 현상, 부동산의 내부구조 및 사용용도, 부동산의 점유자와 점유권원, 그리고 임대차에 속하는 사항으로서 임차목적물, 임차인, 임차내용(보증금, 전세금, 임대차기간 등), 주민등록전입 여부 및 그 일자, 확정일자여부 및 그 일자 등을 조사하도록 조사사항을 구체적으로 세분하여 조사명령을 발하고 있다.

3. 집행관의 조사권한
집행관은 위 현황조사를 위하여 부동산을 출입할 수 있고 채무자 또는 부동산을 점유하는 제3자에게 질문하거나 또는 문서의 제시를 요구할 수 있다(제603조의 2 제2항). 또 필요한 때에는 부동산에 출입하기 위하여 잠긴 문을 여는 등 적절한 처분을 취할 수 있다(제603조의 2 제3항). 관할구역 외에서도 그 직무를 행할 수 있으며 저항을 받은 때에는 경찰 또는 국군의 원조를 청구할 수 있다(민사소송규칙 제148조, 법 제496조 제2항). 집행관이 잠긴 문을 여는 등의 처분을 한 경우에는 현황조사보고서에 그 조사방법을 구체적으로 기재하여야 한다(민사소송규칙 제148조의 2 제1항 제3호).

☞ 현황조사명령·현황조사보고서

67. 현황조사보고서에는

부동산의 현상, 점유관계, 차임 또는 보증금의 액수 및 기타 경매법원이 조사를 명한 사항 등을 기재하여야 한다.

1. 현황조사보고서의 제출
집행관은 현황을 조사한 때에는 민사소송규칙 제148조의 2 제1항 각 호의 사항을 기재한 현황조사보고서를 소정의 기일까지 경매법원에 제출하여야 한다(민사소송규칙 제148조의 2 제1항). 또 현황조사보고서에는 조사의 목적이 된 부동산의 현황을 알 수 있도록 도면, 사진을 첨부하여야 한다(민사소송규칙 제148조의 2 제2항).

2. 조사자료의 첨부
경매목적 부동산이 임대되어 임차인이 임대차목적물 소재지에 주민등록전입신고를 마쳤으면 집행관은 현황조사보고서에 전입신고가 된 주민등록등본을 첨부하여야 한다. 그 밖에 임대차계약서 등 객관적 자료의 복사가 가능하면 사본도 현황조사보고서에 첨부한다. 경매법원은 이 현황조사보고서 사본도 경매물건명세서와 함께 일반인이 열람할 수 있도록 비치하고 있다(민사소송규칙 제150조 제2항).

3. 현황조사보고서의 기재사항
현황조사보고서의 기재사항은 (ⅰ)사건의 표시 (ⅱ)부동산의 표시 (ⅲ)조사의 일시, 장소 및 방법 (ⅳ)민사소송법 제603조의 2 제1항에 규정된 부동산의 현상, 점유관계, 차임 또는 보증금의 액수 및 기타 법원이 명한 사항 등에 대하여 조사한 내용 등으로 되어 있다(민사소송규칙 제148의 2 제1항).

4. 임대차관계
집행관의 현황조사보고는 경매목적 부동산에 현실로 존재하는 임대차의 실체를 있는 그대로를 보고하면 된다. 따라서 그 임대차가 제3자에게 대항할 수 있는 것인가 여부의 법률판단까지 할 필요는 없다. 만약 조사하여 보아도 임대차의 존부가 불명일 때에는 그 이유를 설명하여야 한다.

5. 점유관계
현재 소유자 이외의 자가 점유하고 있으나 그 점유의 근거가 판명되지 아니한 때에는 점유의 사실과 점유권원의 조사경과를 구체적으로 기재한다.

6. 목적물의 멸실과 불일치
목적물이 멸실된 경우에는 멸실원인을 조사하여 그 결과를 기재하여야 하며 목적물의 동일성이 인정되지 않는 경우에는 그렇게 된 원인과 상위의 정도 등을 조사하여 그 결과를 기재한다.

7. 현황조사보고서에 대한 불복
현황조사보고서의 내용이 사실과 다르다 할지라도 이에 관하여는 독립하여 불복을 신청할 수 없다. 다만 이에 터잡아 이루어진 그 이후의 최저경매가격의 결정이나 일괄경매결정 등에 대하여 불복을 함으로써 구제를 받을 수밖에 없다. 다만 그 후에 이루어진 최저경매가격의 결정 등에 대하여도 독립한 불복신청을 인정하지 않는 입장에서는 민사소송법 제633조 제6호를 들어 낙찰에 관한 이의를 하거나 낙찰허가결정에 대한 항고를 하는 방법밖에 없다.

8. 보충조사와 경매법원의 심문
집행관의 현황조사보고가 충분하지 못할 때에는 법원은 다시 보충적으로 조사를 명할 수 있다. 그러나 이에 의하더라도 점유관계에 관한 사실을 확정할 수 없는 경우에는 경매법원이 심문기일을 지정하여 채무자, 부동산을 점유하는 제3자 기타 참고인을 심문할 수 있다(민사소송규칙 제104조). 또 집행관의 현황조사보고서의 기재만으로는 목적물의 동일성을 판단할 수 없어 경매절차의 취소결정을 할 것인지의 여부를 가릴 수 없을 때에는 심문기일을 지정하여 당사자, 이해관계인 기타 참고인을 심문할 수 있다.

9. 경매법원의 증거조사
필요에 따라서는 변론을 열어 변론기일에 압류채권자로부터 증거신청을 받아 그에 따른 증거조사(검증)를 할 수도 있다(제124조 제1항 단서). 실무에서는 집행관의 현황조사보고서의 기재만으로 부합물인지의 여부가 분명하지 아니하거나 목적물의 동일성에 의심이 가는 경우에 심문기일을 지정하여 그 심문절차에서 검증 등을 시행하고 있는 예도 있다.

68. 임차인에 대한 통지

경매법원은 임차인이 예측하지 못한 손해를 입는 것을 방지하고자 통지를 한다.

경매법원은 현황조사보고서 등에 의하여 소액임차권자로 나타나거나 소액임차권인지 여부가 명백하지 아니한 자 또는 권리신고를 한 자에 대하여는 통지서를 송부하여 배당요구를 하여야만 우선배당을 받을 수 있음을 고지하여야 한다.

서울지방법원
통 지 서

이○순 귀하
사　　건　　　98타경70598 부동산임의경매
채 권 자　　　주식회사 한국주택은행
채 무 자　　　유○숙
소 유 자　　　채무자와 같음
부동산의 표시　별지와 같음

1. 별지기재 부동산에 관하여 위와 같이 경매절차가 진행중임을 알려드립니다.
2. 귀하가 소액임차인 또는 확정일자부 임차인인 때에는 다음 사항을 유의하시기 바랍니다
　가. 귀하의 임차보증금이 특별시 및 광역시(군지역은 제외)에서는 3,000만원 이하, 기타의 지역에서는 2,000원 이하이고, 주택임대차보호법 제8조 제1항 소정의 소액임차인으로서의 요건을 구비하고 있는 경우에는 이 법원에 배당요구를 하여야만 낙찰대금으로부터 보증금 중 일정액을 우선변제 받을 수 있습니다. 다만 최선순위 담보물권이 1995. 10. 18. 이전에 설정된 경우에는 위 임차보증금의 범위가 특별시 및 광역시(군지역은 제외)에서는 2,000만원 이하, 기타의 지역에서는 1,500만원 이하로 됩니다.
　나. 귀하가 주택임대차보호법 제3조의 2 제1항 소정의 대항요건과 임대차계약서상의 확정일자를 구비한 확정일자부 임차인인 경우에는 이 법원에 배당요구를 하여야만 낙찰대금으로부터 후순위권리자 기타 채권자에 우선하여 보증금을 변제받을 수 있습니다.
　다. 배당요구는 임대차계약서(확정일자부 임차인의 경우에는 임대차계약서가 공정증서로 작성되거나 임대차계약서에 확정일자가 찍혀 있어야 한다) 사본, 주민등록표등본(임차인 본인의 전입일자 및 임차인의 동거가족이 표시된 것이어야 한다) 및 연체된 차임 등이 있을 때에는 이를 공제한 잔여 보증금에 관한 계산서를 첨부하여 위 경매사건의 낙찰기일까지 이 법원에 제출하여야 하고, 만일 배당요구를 하지 아니하거나 배당요구를 하더라도 낙찰기일 이전에 임차주택에서 다른 곳으로 이사가거나 주민등록을 전출하여 대항요건을 상실한 경우에는 우선변제를 받을 수 없습니다. 다만 낙찰인이 대금지급 의무를 이행하지 아니하여 재경매가 실시되는 경우에는 재경매 절차의 낙찰기일까지 대항요건을 계속 구비하여야 합니다.
3. 귀하가 소액임차인 또는 확정일자부 임차인에 해당하지 않는 때에는 일반채권자와 마찬가지로 경매신청기입등기 후의 가압류채권자 또는 집행력있는 정본을 가진 채권자로서 가압류등기된 등기부등본 또는 집행력있는 정본을 첨부하여 배당요구를 하거나 경매신청기입등기 전에 가압류집행을 한 경우에 한하여 배당을 받을 수 있습니다.

　　　　　　　　　　1998. 10. 20.
　　　　　　　　　　법원주사 이○준　(인)

☞ **권리신고·배당요구신청서**

69. 경매목적 부동산의 평가
경매법원은 최저경매가격을 결정하기 위하여 적당한 자를 감정인으로 선임하여 부동산을 평가한다.

1. 감정인의 선임
경매법원은 최저경매가격을 결정하기 위하여 적당한 자를 감정인으로 선임하여 부동산을 평가한다. 감정인의 자격 및 선임에 관하여는 아무런 제한이 없다. 법원이 부동산의 평가에 전문적인 지식 또는 경험이 있고 목적부동산의 평가를 함에 있어서 적당하다고 인정하면 누구라도 감정인으로 선임할 수 있다. 감정평가사, 한국감정원 또는 금융기관의 감정계원, 법원직원,[97] 집행관[98]도 감정인이 될 수 있다. 그러나 지가공시 및 토지등의 평가에 관한 법률의 입법취지나 부동산 경매절차에 있어 목적물 가액의 적정한 평가의 중요성에 비추어 볼 때 최저경매가격의 결정을 위하여 감정인을 선정함에 있어서는 감정평가사를 감정인으로 선정함이 원칙이다. 다만, 실정법상 경매절차에 있어서의 감정인 자격에 아무런 제한이 없다. 법원의 실정상 부득이하다고 인정되는 때에는 집행관이 감정인으로 선정되기도 한다. 대법원 판례도 감정능력이 있다고 인정되는 이상 집행관을 감정인으로 선정하여도 위법이 아니라고 판시하고 있다.

2. 평가명령
부동산의 평가는 감정인이 경매법원의 평가명령에 따라 행하므로 법원은 감정인에 대하여 직권으로 평가명령을 하여야 한다. 경매법원은 목적부동산을 특정하여 평가를 명하고 감정평가서의 제출기간을 정하여야 한다. 또 이외에 부동산을 평가함에 있어서 유의할 사항이 있으면 이를 지시한다. 특히 임차권의 존부, 대항력의 유무, 법정지상권의 발생 여부 등 법률적 판단을 요하는 사항이 있는 경우에는 법원은 미리 그 판단을 내려 이를 전제로 평가할 것을 지시한다. 이러한 지시는 반드시 평가명령 자체에 기재하는 것은 아니고 구술로 또는 별지로 감정인에게 지시하기도 한다. 감정인이 평가를 하다가 의문이 생겨 경매법원에 문의를 한 경우에 지시를 하는 경우도 있다. 감정평가서 제출기간은 2주 이내로 정하도록 되어 있다. 평가명령 정본은 감정인에게 송부한다.

3. 평가명령의 시기
대법원예규에 의하면 부동산평가명령은 등기관으로부터 등기필증을 송부받은 날로부터 3일 이내에 하도록 되어 있다. 실무상으로는 경매절차의 신속처리와 사무처리의 간이화를 위하여 경매신청기입등기의 촉탁과 동시에 공과주관공무소에 대한 통지, 현황조사명령 및 평가명령을 발하고 있다. 평가명령 후 집행장애사유가 발견된 때에는 즉시 감정인에게 연락하여 평가에 착수하지 않도록 명한다. 또한 목적부동산에 관한 법률관계가 복잡하여 평가명령을 함에 있어서 감정인에 대하여 특별한 지시를 할 필요가 있다고 인정되는 경우에는 등기관의 통지 및 현황조사보고서가 도착한 후에 평가명령을 발한다.

4. 위법한 평가의 예[99]
감정인이 경매부동산 중 창고의 가액을 평가함에 있어서 그 면적을 실제의 면적인 1,449㎡로 사정하여야 할 것을 등기부상의 면적인 1,403.96㎡로 사정하여 이를 기준으로 산정함으로써 결과적으로 실제보다 금 11,034,800원이 낮은 가격으로 평가하고 이를 기초로 경매부동산의 전체가액을 평가한 보고서를 경매법원에 제출하였고 경매법원은 감정인의 이러한 평가상의 잘못을 발견하지 못한 채 감정인이 평가한 가액을 그대로 최저경매가격으로 결정하여 경매를 진행시켰다면 경매법원의 조처에는 민사소송법 제728조, 제633조 제6호 소정의 위법사유가 있다.

☞ **평가명령**

---

[97] 대법원 1960. 11. 20. 4293민재항240 결정 ; 대법원 2005. 7. 22. 선고 2005다7795 판결
[98] 대법원 1980. 1. 14. 79마334 결정 ; 대법원 1981. 2. 27. 81마46 결정 ; 대법원 1981. 7. 29. 81마262 결정 ; 대법원 1994. 5. 26. 94마83 결정
[99] 대법원 1993. 9. 15. 93마1065 결정 ; 대법원 1994. 8. 30.자 94마1245 결정

70. 평가명령의 대상은
평가명령은 경매목적부동산 및 낙찰인이 그 부동산과 함께 취득할 모든 물건 및 권리에 미친다.

1. 서언
평가의 대상은 경매목적부동산 및 낙찰인이 그 부동산과 함께 취득할 모든 물건 및 권리에 미친다. 낙찰인이 취득한 물적 범위는 압류의 효력이 미치는 물적 범위와 일치한다. 따라서 경매목적부동산의 구성부분, 천연과실, 종물 등도 평가의 대상이 된다. 경매목적부동산은 평가명령에 특정하여 표시하여야 한다.

2. 부동산의 구성부분
부동산의 구성부분은 부동산의 일부가 되어 당연히 압류의 효력이 미치므로 이를 평가의 대상으로 삼아야 한다. 압류후에 구성부분으로 된 물건도 평가하여야 한다. 다만 타인의 권원에 의하여 부합시킨 경우에 그것이 독립의 존재를 가지는 경우에는 그 타인에게 소유권이 있으므로 그것에는 압류의 효력이 미치지 아니한다. 따라서 평가명령의 대상이 되지 아니한다. 지하 굴착공사에 의한 콘크리이트 구조물은 토지의 구성부분으로서 토지의 일부로 간주될 뿐 아니라 부동산에 건축공사를 시행할 경우에 이를 활용할 수 있는 것으로서 객관적으로 부동산의 가액을 현저히 증가시키는 것이므로 부동산을 평가함에 있어서는 이를 고려하여야 한다.100)

3. 입목
경매목적이 된 토지상에 입목이 있는 경우에 입목에관한법률에 의한 입목등기가 되어 있지 아니하거나 입목등기의 대상이 아닌 것 및 명인방법을 실시하지 아니한 것은 독립한 부동산으로 취급하지 않는다. 따라서 이러한 입목은 경매목적이 된 토지의 구성부동산으로서 토지와 일체로 되어 평가의 대상이 된다.101)

4. 증축건물·부속건물
건물의 증축부분도 독립의 구분소유의 대상으로 되지 않는 한 종전건물에 부합되어 그 구성부분으로 된다. 그런데 압류의 효력은 부속건물에 대하여도 미치므로 평가의 대상이 된다. 그러나 건물이 경매목적 건물과 동일 지번위에 있다는 사실이나 가옥대장상에 경매목적건물의 부속건물이라고 기재되어 있다는 사실만으로 그것이 곧 종물인 부속건물이라 단정할 수는 없다.102)

5. 종물
압류의 효력은 종물에도 미치므로 종물도 평가의 대상이 된다. 압류후의 종물에 관하여도 압류의 효력이 미친다. 다만, 제3자의 소유에 속하는 종물에는 압류의 효력이 미치지 아니한다. 종물이 평가의 대상으로 된다 하더라도 반드시 목적부동산과 별도로 평가액을 산출할 필요는 없다. 그러나 고가의 종물은 독립하여 평가하여야 한다.

6. 종된권리
강제경매의 압류의 효력은 종된 권리에도 미치므로 종된 권리도 평가의 대상이 된다. 예를 들어 건물을 경매할 경우 건물을 소유하기 위하여 설정한 부지의 지상권은 평가의 대상으로 된다. 낙찰의 결과 낙찰인이 법정지상권을 취득하게 될 경우에는 그와 같은 장래의 법정지상권은 평가의 대상으로 된다. 지상권자가 소유하고 있던 지상건물이 경매되는 경우 경매절차에서 지상권이 유보되었다는 등의 특별한 사정이 없는 한 낙찰인은 건물과 함께 지상권도 당연히 취득한다.103) 토지의 경매에 있어서 경매목적토지

---
100) 대법원 1994. 4. 22. 93마719 결정 ; 대법원 1997. 5. 29.자 96마1212 결정
101) 대법원 1976. 11. 24. 76마275 결정 ; 대법원 1999. 9. 3. 선고 97누2245 판결
102) 대법원 1966. 10. 5. 66마222 결정 ; 대법원 1994. 6. 10. 선고 94다11606 판결
103) 대법원 1992. 7. 14. 선고, 92다4925 판결 ; 대법원 1996. 4. 26. 선고 95다52864 판결

가 요역지인 경우 지역권도 평가의 대상이 된다.

7. 임차권
임차권은 임대인의 승낙이 없으면 양도할 수 없으므로 이를 부동산의 평가에서 참작할 필요는 없다. 다만 임대인의 승낙이 있으면 평가의 대상이 된다. 그러나 임차권에 관한 등기가 있거나 임차인의 건물등기가 있는 경우에는 양도성이 있으므로 증액 평가되어야 한다.

8. 미분리 천연과실·법정과실
미분리의 천연과실은 원래 토지의 구성부분이므로 명인방법을 구비하여 제3자에게 양도된 경우가 아니면 원칙으로 평가의 대상으로 된다. 그러나낙찰시까지 성숙기에 달하여 채무자에 의하여 수취될 것이 예상되는 경우에는 평가의 대상에서 제외된다. 왜냐하면 압류는 채무자에 의한 부동산의 이용 및 관리를 방해하지 아니하기 때문이다(제603조 제2항). 그러나 임의경매의 경우 저당권의 효력은 저당부동산에 대한 압류가 있은 후에 저당권설정자가 그 부동산으로부터 취득한 과실 또는 수취할 수 있는 과실에 미치므로(민법 제359조) 천연과실까지 고려하여 평가를 하여야 한다. 차임(借賃)과 같은 법정과실은 평가의 대상이 되지 아니한다. 압류의 효력이 미치지 아니하기 때문이다.

71. 부동산의 평가는

감정인은 부동산의 위치, 형상, 주위의 상황, 건물의 구조, 자재 등 모든 사정을 참작하여 평가하여야 한다.

1. 평가방법
어떠한 기술적 방법으로 경매목적 부동산을 평가하여야 하는가는 감정인의 판단에 맡겨야 한다. 감정인은 경매목적 부동산의 위치, 형상, 주위의 상황, 건물의 구조, 자재 등 모든 사정을 참작하여 객관적으로 공정하고 타당성있는 방법으로 감정 평가하여야 한다. 경매부동산을 보지도 아니하고 등기부등본이나 토지대장 또는 가옥대장등본만을 보고 탁상감정을 하는 것은 위법이다.[104]

2. 부동산평가의 기준시
감정인은 평가시를 기준으로 하여 그 시점의 부동산가격을 평가하면 족하다. 다만 낙찰에 의하여 법정지상권이 발생하게 된다거나 낙찰시까지 경매부동산에 존재하는 단기임대차의 기간이 만료한다든가 하는 사정이 있을 수 있다. 이 경우는 평가의 대상 또는 평가에 참작하여야 할 권리상태가 낙찰시와 평가시에 각각 다를 것이 명백히 예상되는 경우이므로 낙찰시의 상태가 이미 존재한다고 가정하여 평가하여야 한다.

3. 공유부동산의 지분의 경우
경매의 목적이 지분인 경우에는 공유물 전체에 관하여 평가한 다음 그 지분비율에 따른 가격을 산출한다.

4. 경매부동산이 수 개 있는 경우
경매부동산이 수 개 있는 경우에는 원칙으로 부동산마다 개별적으로 평가하여야 한다. 수 개의 부동산을 일괄경매하는 것이 명백한 경우에는 경매법원은 개별평가에 겸하여 일괄평가도 아울러 명하여야 한다. 이 경우 어느 것을 기준으로 삼아 최저경매가격을 결정하는가는 법원의 재량에 속한다. 다만 수 개의 부동산을 일괄경매함에 있어서 각 부동산의 대금액을 특정할 필요가 있는 때에는 각 부동산을 개별적으로 평가하여 각 부동산마다 최저경매가격을 정하여 놓아야 한다(제655조 제2항). 1개의 건물인데 몸채, 사랑채, 행랑채 등으로 수동의 건물로 구성되어 있더라도 그것을 동별로 평가할 필요는 없고 법률상 1개의 건물마다 평가액을 산출하면 족하다.

---

104) 대법원 1968. 8. 26. 68마798 결정

5. 집행관의 보조
감정인이 직무를 수행함에 있어 저항을 받아 집행관에 대하여 원조를 구할 때에는 경매법원의 허가를 받아야 한다(민사소송규칙 제102조 제2항, 제149조 제2항).

72. 부동산의 평가는
감정인은 객관적으로 공정하고 타당성있는 방법으로 부동산을 평가하여야 한다.

1. 담보물권이 있는 부동산의 평가
경매부동산 위에 낙찰인이 인수하여야 할 유치권 등 담보권이 존재하고 있는 경우에는 그 부담이 있는 부동산가격을 평가하여야 한다. 왜냐하면 낙찰인은 유치권의 피담보채권을 변제할 책임이 있기 때문이다(제608조 제3항).

2. 용익물권이 있는 부동산의 평가
부동산 위에 존재하는 저당권은 낙찰에 의하여 소멸되므로(제608조 제2항) 평가에 있어서 이를 고려할 필요가 없다. 경매부동산 위에 낙찰인에 대하여 대항할 수 있는 용익물권이 존재하는 경우에는 그 부담이 있는 부동산가격을 평가하여야 한다. 따라서 낙찰로 인하여 소멸하는 민사소송법 제608조 제2항에 규정된 전세권을 제외한 그 이외의 전세권, 법정 또는 약정지상권, 경매목적토지가 승역지인 경우 지역권, 대항력 있는 임차권이 존재하고 있는 경우에는 그 부담이 있는 가격을 평가하여야 한다. 낙찰에 의하여 비로소 법정지상권이 생기는 경우에도 평가시에 고려하여야 한다.

3. 대항력있는 임차권이 있는 부동산의 평가
대항력 있는 임차권으로서는 등기된 임차권(민법 제621조 제2항), 지상건물의 등기가 된 토지임차권(민법 제622조), 주민등록전입을 마친 주택임차권(주택임대차보호법 제3조) 등이 있다.

4. 가등기·가처분등기가 있는 부동산의 평가
경매부동산에 가처분등기 또는 가등기가 되어 있는 경우에도 평가시 이를 고려하여야 한다.

5. 인도명령·명도소송을 하여야 하는 경우
낙찰인이 인도명령을 받을 수 없는 경우에는 목적부동산의 인도를 받기 위하여 때로는 점유자를 상대로 소송을 하여야 하므로 이러한 사정을 고려하여 감액 평가하여야 한다.

6. 환지예정지의 지정이 있는 경우
환지예정지가 지정되어 있는 경우에 환지예정지의 지정에 의한 토지의 사용관계는 그 예정지 위에 이전하는 것이므로 환지예정지의 위치, 평수, 형상 기타의 사정도 종전의 토지의 평가시에 참작하여야 한다.[105]

7. 공법상의 제한이 있는 경우
경매목적토지 중의 일부가 도시계획선에 저촉되는 경우에는 이러한 사정을 참작하여 평가하여야 한다. 또 경매부동산의 사용수익에 관하여 공법상의 제한이 있는 경우(건축법 제32조 이하, 도시계획법 제19조 이하)에는 이러한 사정도 고려하여야 한다.

8. 과수원에 대한 평가
지목이 답(畓)으로 되어 있다 하더라도 현황이 택지이면 택지로서 평가한다. 과수원에 대한 평가에 있어

---

[105] 대법원 1973. 9. 3. 73마762 결정 ; 대법원 1983. 9. 26. 83마카33 결정 ; 대법원 2020. 5. 28. 선고 2016다233729 판결

지상 과목(果木)에 대한 수종(樹種), 수령(樹齡), 본수(本數), 시설물 등을 실상대로 개별적으로 감정평가하여 그 지가(地價)에 대한 산출기초를 명확히 하여야 한다.

73. 감정평가서와 재평가
감정평가서에는 부동산의 형상 및 그 소재지 주변의 개황을 알 수 있도록 도면을 첨부하여야 한다.

1. 감정평가서
감정인은 부동산평가의 결과를 기재한 서면 즉, 민사소송규칙 제149조의 2 제1항 각호의 사항을 기재한 감정평가서를 소정의 기일까지 경매법원에 제출하여야 한다. 이 감정평가서는 부동산의 형상 및 그 소재지 주변의 개황을 알 수 있도록 도면을 첨부하여야 한다(민사소송규칙 제149조의2 제2항). 법원은 이 감정평가서 사본도 경매·입찰물건명세서 사본과 함께 일반인이 열람할 수 있도록 비치하고 있다.

2. 재평가
경매목적 부동산에 대한 감정인의 평가가 합리적 근거가 없거나 감정평가시에 당연히 고려하여야 할 사정을 고려하지 않고 평가하여 이를 최저경매가격으로 삼을 수 없다고 인정되는 경우 법원은 재평가를 명할 수 있다. 그러나 경매절차 진행 중 상당한 기간이 경과하였고[106] 부동산 가격에 변동이 있다[107]는 사실만으로는 재평가를 명할 사유가 되지 못한다. 다만, 최초의 경매 이후 강제집행의 정지결정으로 인하여 장기간 경매절차가 정지된 후 다시 속행하는 경우에 그 동안 경제사정의 급격한 변동이 생겨 당초의 평가액이 정당한 최저경매가격이라고 보기 어려울 때에는 법원은 경매의 공정을 기하기 위하여 재평가를 명할 수 있다. 예를 들어 감정평가후에 환지처분이 있는 경우처럼 평가의 전제가 되었던 중요한 사항이 변동된 경우에도 재평가를 명해야 한다.

☞ 재평가신청서

74. 최저경매가격은
최저경매가격은 경매에 있어 낙찰을 허가하는 최저의 가격이다.

1. 최저경매가격의 의의
민사소송법이 최저경매가격을 규정하고 있는 것은 부동산의 공정 타당한 가격을 유지하고 부당하게 염가로 매각되는 것을 방지하려는데 그 목적이 있다. 경매법원은 감정인에게 경매부동산을 평가하게 하고 그 평가액을 참작하여 최저경매가격을 정하여야 한다(제615조). 최저경매가격은 경매에 있어 낙찰을 허가하는 최저의 가격으로 그 액에 미달하는 매수신고에 대하여는 낙찰이 허가되지 아니한다.[108] 이는 법정매각조건이며 모든 이해관계인의 합의로써도 변경할 수 없다(제622조 제1항).

2. 최저경매가격의 결정
경매법원은 감정인의 평가액을 참작하여 최저경매가격을 정한다(제615조). 감정인의 평가액을 그대로 최저경매가격으로 정하여야 하는 것은 아니다. 그러나 감정인의 평가액을 증감하여 최저경매가격을 정함에는 합리적인 이유가 있어야 한다. 실무에서는 원칙적으로 감정인의 평가액을 그대로 최저경매가격으로 정하고 있다. 그러나 감정인의 평가액과 다른 액을 최저경매가격으로 정할 수 있다. 경매법원은 최저경매가격을 정함에 있어서 별도로 결정문을 작성하지 않고 경매기일공고에 최저경매가격을 기재하고 있

---
106) 대법원 1969. 6. 3. 69마104 결정 ; 대법원 1971. 9. 2. 71마533 결정 ; 대법원 1994. 12. 2.자 94마1720 결정
107) 대법원 1994. 12. 2. 94마1720 결정 ; 대법원 1998. 10. 28.자 98마1817 결정
108) 대법원 1967. 9. 26. 67마796 결정 ; 대법원 2008. 7. 11.자 2007마911 결정

다. 그런데 최저경매가격의 결정에 중대한 하자가 있다고 하려면 그 결정이 법에 정한 절차에 위반하여 이루어지거나 감정인의 자격 또는 평가방법에 위법사유가 있어 이에 기초한 결정이 위법한 것으로 되는 등의 사정이 있어야 한다. 단순히 감정인의 평가액과 이에 의하여 결정한 최저경매가격이 매우 저렴하다는 사유는 이의사유가 될 수 없다. 감정에 의하여 산정한 평가액이 감정평가의 일반적 기준에 현저하게 반한다거나 사회통념상 현저하게 부당하다고 인정되는 경우에는 그러한 사유만으로도 최저경매가격의 결정에 중대한 하자가 있는 것으로 보아야 한다.109)

3. 사례
근저당권의 채권최고액은 그 목적 부동산의 시가에 미치지 못함이 일반적이라 할 것임에도 그 평가 기준일로부터 5년여 전에 설정된 근저당권의 채권최고액이 이미 감정평가액을 초과하고 있고 그 이후에도 수차에 걸쳐 그 평가액을 넘는 금액을 채권최고액으로 하는 근저당권이 추가로 설정되었으며 개별공시지가에 따라 계산한 토지의 가격이 감정평가액의 수 배에 달할 뿐 아니라 실제 매매 사례 또한 그 감정평가액을 훨씬 초과하는 점에 비추어 그 감정평가는 객관적으로 보아 현저히 부당한 것으로서 이를 그대로 최저경매가격으로 결정한 경매법원의 결정에는 중대한 하자가 있다고 한 사례가 있다.110)

4. 최저경매가격의 변경
최저경매가격은 한번 결정된 이상 함부로 변경할 것은 아니다. 그러나 경제사정 등의 변동으로 처음의 최저경매가격을 그대로 유지함이 사회통념상 부당하거나 감정평가의 전제로 된 중요한 사정에 관하여 변경이 생긴 경우 또는 최저경매가격의 결정후에 그 기초가 된 감정평가에 잘못이 있음이 판명된 경우에는 재평가를 하여 이를 다시 정하기도 한다. 감정평가에는 잘못이 없으나 평가의 취지를 오인하여 최저경매가격의 결정을 잘못 한 경우에도 최저경매가격을 다시 정하여야 한다. 신경매의 경우에는 민사소송법 제631조 제1항에 의하여 최저경매가격을 저감할 필요가 있으나 그것은 당초의 최저경매가격결정이 잘못 됐기 때문은 아니다.

5. 최저경매가격결정에 대한 불복
최저경매가격의 결정에는 집행에 관한 이의를 신청할 수 있다(제504조 제1항). 다만 이에 대한 집행에 관한 이의는 경매기일까지로 한정하고 경매기일 이후에는 낙찰허가에 대한 이의 또는 낙찰허가결정에 대한 항고로 다투어야 한다.

75. 최저경매가격은
최저경매가격에 미달하는 매수신고에 대하여는 낙찰이 허가되지 아니한다.

1. 입법취지
민사소송법 제615조, 제728조가 부동산에 대한 집행에 있어서 최저입찰(경매)가격제도를 채용하고 있는 것은 재산으로서의 중요성이 인정되는 부동산이 그 실시세보다 훨씬 저가로 매각되게 되면 채무자 또는 소유자의 이익을 해치게 될 뿐만 아니라 채권자에게도 불이익하게 되므로 부동산의 공정 타당한 가격을 유지하여 부당하게 염가로 매각되는 것을 방지함과 동시에 목적부동산의 적정한 가격을 표시하여 입찰신고를 하려는 사람에게 기준을 제시함으로써 입찰이 공정하게 이루어지도록 하고자 함에 있다.

2. 공고와 변경
위와 같은 최저입찰가격의 의미 및 이를 입찰기일의 공고내용에 포함시켜 둔 민사소송법 제618조 제5호, 제621조 제2항, 민사소송규칙 제159조, 제153조의2 규정의 취지 등에 비추어 볼 때 입찰기일을 공고

---

109) 대법원 1991. 12. 16. 91마239 결정 ; 대법원 1994. 2. 24. 93마1934 결정 ; 대법원 1995. 7. 12. 95마453 결정 ; 대법원 2004. 11. 9.자 2004마94 결정
110) 대법원 1995. 7. 12. 95마453 결정 ; 대법원 2004. 11. 9.자 2004마94 결정

함에 있어서 최저입찰가격을 누락한 경우는 물론 착오로 잘못 기재한 경우에도 그것이 사소한 것이 아니라면 그 입찰기일의 공고는 적법한 공고가 되지 못한다고 보아야 한다.[111] 또 최저입찰가격은 입찰법원이 직권으로 변경할 수 있지만 그 변경은 수긍할 만한 합리적인 이유가 있는 경우에 한하여 허용된다.

3. 저감
한편 입찰기일에 허가할 입찰신고가 없으면 입찰법원은 신기일을 정하면서 최저입찰가격을 상당히 저감할 수 있으나 이는 어디까지나 그 입찰기일이 적법하게 열린 입찰기일이어야 하는 것이므로 입찰기일의 공고내용에 흠결사항이 있는 등 입찰기일이 적법하게 열릴 수 없는 경우라면 그 입찰기일에 허가할 입찰신고가 없더라도 최저입찰가격을 저감할 수는 없다. 따라서 입찰기일공고 등의 위법으로 낙찰을 불허하고 다시 입찰을 하는 경우에 있어서 최저입찰가격은 당초의 최저가격에 의하여야 하고 위법한 절차에 의하여 저감된 가격에 의할 수는 없다.[112]

76. 경매물건명세서
경매법원은 경매할 부동산에 대한 경매물건명세서를 작성하고 그 사본을 비치하여 일반인이 열람할 수 있도록 하고 있다.

1. 경매·입찰물건명세서의 의의
경매·입찰물건명세서 제도는 원래 경매기록을 보지 않고 경매·입찰물건명세서의 기재만으로 부동산상의 권리관계를 쉽게 알아볼 수 있도록 하자는 데 그 취지가 있다. 경매법원은 ① 부동산의 표시 ② 부동산의 점유자와 점유의 권원, 점유할 수 있는 기간, 차임 또는 보증금에 관한 관계인의 진술 ③ 등기된 부동산에 관한 권리 또는 가처분으로서 낙찰에 의하여 그 효력이 소멸되지 아니하는 것 ④ 낙찰에 의하여 설정된 것으로 보게 되는 지상권의 개요 등을 기재한 경매·입찰물건명세서를 작성하고 그 사본을 법원에 비치하여 일반인이 열람할 수 있도록 하여야 한다(제617조의 2).

2. 경매·입찰물건명세서의 작성
경매·입찰물건명세서는 경매법원의 인식을 기재한 서면에 불과하다. 한편 경매·입찰물건명세서 작성행위는 재판이 아니고 일종의 사실행위에 속한다. 따라서 법관의 서명 드는 기명날인(제210조, 제193조 제1항)은 필요하지 않다. 다만, 법원이 작성하였음을 명백히 하기 위하여 그 서면의 우측 상단에 법관이 날인을 하며 간인도 법관이 한다. 경매물건명세서 사본의 비치는 경매기일의 1주일 전까지 하여야 하므로(민사소송규칙 제150조 제1항) 적어도 그 이전에 작성되어야 한다. 법원은 이를 작성함에 있어서 필요한 경우에는 이해관계인 기타 참고인을 심문할 수 있다(민사소송규칙 제104조).

3. 경매·입찰물건명세서의 기재사항(제617조의 2 제1호 내지 제4호)
(1) 부동산의 표시(1호)
경매목적물인 부동산을 기재한다. 등기부등본상의 표시와 현황이 다를 경우에는 현황도 함께 기재한다.
(2) 점유관계와 관계인 진술(2호)
집행관의 현황조사보고서 등에 의하여 경매목적 부동산의 점유자와 점유의 권원, 점유할 수 있는 기간(임대차기간 등), 차임 또는 보증금에 관한 관계인의 진술(그 액수, 선급 유무 등)을 기재한다. 채무자가 목적물을 전부 점유하고 있는 경우에는 점유의 권원이라든가 점유기간 등은 기재할 필요가 없으나 채무자가 점유자란 사실만은 이를 그대로 기재한다.
(3) 낙찰로 소멸되지 않는 부동산 위의 권리 또는 가처분(3호)
경매물건명세서에는 "등기된 부동산에 관한 권리 또는 가처분으로서 낙찰에 의하여 그 효력이 소멸되지

---
[111] 대법원 1994. 11. 30. 94마1673 결정 ; 대법원 1995. 7. 29.자 95마540 결정
[112] 대법원 1994. 11. 30. 94마1673 결정 ; 대법원 1999. 10. 12.자 99마4157 결정

아니하는 것"을 기재하여야 한다. 기재방법은 전세권일 경우에는 그 권리의 범위·전세권자·전세기간·전세보증금·기타 특약사항을 기재한다. 가처분의 경우에는 가처분의 내용과 집행 연월일을 기재하면 되고 피보전권리까지 기재할 필요는 없다. 유치권은 낙찰인에게 인수되나(제608조 제3항) 등기된 부동산에 관한 권리가 아니므로 경매·입찰물건명세서의 기재사항이 아니다. 등기된 부동산상의 부담이 낙찰로 소멸되지 않고 낙찰인에게 인수될 것인지 여부가 불명인 경우 소멸여부가 불명하다고 기재한다. 다만 이 경우에는 최저경매가격의 결정경위(예컨대 "최저경매가격은 인수되는 것으로 보고 결정했음")를 부기한다.

(4) 지상권의 개요(4호)
경매·입찰물건명세서에는 낙찰에 의하여 설정된 것으로 보게 되는 지상권의 개요를 기재한다. 토지가 집행목적물이 되어 지상권을 부담하게 되는 경우는 물론, 건물이 집행목적물이 되어 지상권을 취득하게 되는 경우에도 모두 기재대상이 된다. 경매·입찰물건명세서에는 지상권의 "개요"가 "이 사건 물건을 위하여 그 대지에 법정지상권이 성립한다" 또는 "지상건물을 위하여 이 사건 토지의 대지 부분에 법정지상권이 성립한다"는 식으로 간결하게 기재되어 있다. 토지의 일부에 대해서만 법정지상권이 성립하는 경우에는 그 뜻을 기재하고 구체적으로 그 범위를 특정해서 표시하지는 않는다. 지상권이 설정된 것으로 보게 될 가능성은 있으나 확실히 밝혀지지 않는 경우에는 "별지도면 표시 미등기건물을 위하여 이 사건 토지의 대지부분에 지상권이 설정된 것으로 보게 될 여지가 있다"는 식으로 그 취지가 기재되어 있다.

☞ 경매물건명세서

77. 경매물건명세서는

경매물건명세서는 누구라도, 언제라도, 무료로, 자유로이 열람할 수 있다.

1. 경매·입찰물건명세서의 열람을 위한 비치
경매·입찰물건명세서의 원본은 경매기록에 순서에 따라 편철되어 있다. 경매법원에서는 집행관의 부동산현황조사보고서와 감정인의 감정평가서의 각 사본 1부를 사건별로 분철한 후 경매계 사무실 등 적당한 곳에 일반인의 열람에 지장이 없도록 비치하고 있다. 경매·입찰물건명세서의 비치장소임을 표시하는 안내와 함께 경매기일별로 구분하여 비치하고 있다. 경매·입찰물건명세서의 사본은 매 경매기일마다 각 1주일 전까지 위 장소에 비치한다(민사소송규칙 제150조). 한편 법원은 각 경매기일까지 계속 경매·입찰물건명세서를 비치하여야 하며 낙찰인이 낙찰대금을 납부하면 이를 폐기한다.

2. 경매·입찰물건명세서의 열람·등사
경매·입찰물건명세서는 비치기간 중 누구라도 그리고 언제라도 무료로 자유로이 열람할 수 있다. 물론 법원의 집무시간 내에 한한다. 그러나 비치된 문서를 등사할 권리는 인정되지 않는다. 비치기간 중에는 경매기록의 열람은 꼭 필요하다고 인정되는 이해관계인에 한하여서만 허용된다. 이해관계인은 그 자격을 소명하고 먼저 열람신청을 하여야 한다.

3. 위반의 효과
경매·입찰물건명세서의 작성에 중대한 하자가 있는 때에는 낙찰허가에 대한 이의사유가 되며 나아가 직권에 의한 낙찰불허가사유가 된다(제633조 제6호, 제635조 제2항).

4. 경매·입찰물건명세서의 정정
경매·입찰물건명세서의 기재에 오류가 있으면 열람을 개시한 후라도 직권으로 정정할 수 있다. 정정이 경매기일 1주일 이전에 행해졌다면 그대로 경매절차를 진행할 수 있다. 다만 이 경우에도 정정 이전에 경매·입찰물건명세서를 열람한 자 등에게 불이익을 줄 염려가 있으므로 경매기일에 경매(입찰)법정에서 집행관이 경매·입찰물건명세서에 어떠한 내용의 정정이 있었음을 고지하고 있다. 경매·입찰물건명세서의 정정이 경매·입찰기일을 1주일 이상 남겨놓지 않은 상황에서 행해졌다면 정정한 경매·입찰물건명세서 비치일부터 1일주 이후로 경매기일을 변경하는 절차를 밟아야 한다. 다만 매수신청액에 영향을 줄 염려가 없는 사소한 사항에 대한 정정에 불과한 경우에는 경매기일을 변경하지 않는다. 예를 들어 공장저당권에 의한 경매에 있어서 경매물건명세서에 기계, 기구 등의 일부가 소재불명인 사실을 표시하지 아니한 하자가 경락불허가 사유가 되지 않는다고 한 사례가 있다.[113]

78. 우선채권이란

압류채권자의 채권에 우선하는 부동산상의 모든 부담과 경매비용을 우선채권이라 한다.

1. 우선채권의 의의
압류채권자의 채권에 우선하는 부동산상의 모든 부담과 경매비용을 포함하여 우선채권이라 한다. 경매법원은 법원이 정한 최저경매가격으로 우선채권을 변제하면 남는 것이 없다고 인정한 때에는 이를 압류채권자에게 통지하여 압류채권자가 우선채권을 넘는 가격으로 매수하는 자가 없을 경우에는 스스로 매수할 것을 신청하고 충분한 보증을 제공하지 않는 한 경매절차를 취소하여야 한다(제616조). 이는 압류채권자의 무익, 무용한 집행을 방지하기 위한 규정이다.

2. 경매절차의 취소
압류채권자가 목적부동산을 취득할 자격이 없는 경우에는 민사소송법 제616조 소정의 절차를 생략하고 바로 경매절차를 취소할 수 있다. 왜냐하면 민사소송법 제616조 제1항의 통지를 하더라도 동조 제2항에 의한 매수신청을 할 수 없기 때문이다. 다만 경매법원은 그 자격취득에 관하여 추완이 가능한 경우에는 민사소송법 제616조 소정의 절차를 밟아 매수신고를 받고 낙찰기일까지 그 자격을 추완할 수 있도록 기회를 주어야 한다. 그러나 압류채권자와 우선채권자가 동일인인 경우, 피담보채권에 대하여 채무명의를 따로 가지고 있는 경우, 적어도 압류 채무명의상의 채권과 우선채권이 동일한 것인 때에는 그 적용이 배제되는 것으로 보아 경매절차를 취소할 수 없다.

3. 신경매의 경우
민사소송법 제616조는 경매절차의 시초부터 최저경매가격이 우선채권 총액에 미달하는 경우에는 당연히 적용된다. 뿐만 아니라 경매기일에 매수신고가 없어 신경매에서 최저경매가격을 저감한 결과 우선채권 총액에 미달하는 경우, 압류가 경합된 경우 먼저 개시결정한 경매신청이 취하되거나 경매절차가 취소되어 뒤의 경매개시결정에 의하여 경매가 진행되는 경우에 뒤의 경매신청인에 대한 우선채권 총액이 최저경매가격에 미달하는 경우에도 적용된다.

4. 재경매의 경우
낙찰인이 대금지급기일에 대금을 납부하지 아니하여 재경매를 하게 되는 경우에도 최저경매가액과 전낙찰인이 제공한 보증금의 합계액이 우선채권 총액을 넘지 않으면 민사소송법 제616조 소정의 경매취소절차를 밟아야 한다.

5. 별제권을 행사하는 경우
파산관재인이 파산법 제193조 제1항에 의하여 별제권의 목적이 된 부동산을 환가하기 위하여 강제경매를 신청하는 경우에는 위 파산법의 규정이 파산관재인으로 하여금 파산절차를 조속히 완결시키고자 하는 데 그 목적이 있으므로 본조의 적용이 없다. 즉, 별제권자가 그 권리의 만족을 얻을 수 없다 하더라도 경매절차는 취소되지 않는다.

---

113) 대법원 1994. 1. 15. 93마1601 결정 ; 대법원 2000. 11. 2.자 2000마3530 결정

79. 우선채권의 범위

우선채권이란 경매부동산의 매득금에서 압류채권자에 우선하여 변제받을 수 있는 채권으로서 당해 경매절차에서 밝혀진 것을 말한다.

1. 부동산상의 부담
민사소송법 제616조에서 말하는 압류채권자의 채권에 우선하는 부동산상의 모든 부담이라 함은 경매부동산의 매득금에서 압류채권자에 우선하여 변제받을 수 있는 채권으로서 당해 경매절차에서 밝혀진 것을 말한다.

2. 절차비용
경매절차비용은 항상 낙찰대금으로부터 우선변제 받으므로 이것도 우선채권에 해당한다. 경매절차비용은 이미 지출되었음이 경매기록상 명백하게 나타난 경매신청기입등기 등록세·교육세, 감정료, 현황조사비용, 각종 증명서 작성비용 뿐만 아니라 장차 경매절차를 완결할 때까지 지출될 것이 예상되는 경매수수료 등 제반비용도 포함시켜 법원이 산정한다.

3. 분할경매의 경우
수 개의 부동산을 동시에 경매하는 경우에는 각개의 부동산에 대하여 잉여의 가망이 있는지 여부를 심사한다. 그러므로 예컨데 A, B부동산을 동시에 경매하는 경우, A부동산에만 저당권의 설정이 있고 A부동산의 최저경매가격이 그 저당권의 피담보채권액 이하라면 A부동산에 대하여 민사소송법 제616조의 절차를 취하여 경매절차를 취소하고 B부동산에 대하여는 경매절차를 속행한다.

4. 일괄경매의 경우
일괄경매의 경우에는 일괄경매되는 부동산에 공통적으로 존재하는 공동저당권의 피담보채권액이나 수 개의 부동산을 공동의 책임재산으로 하는 조세 기타 공과금 또는 수 개의 부동산에 관하여 공통으로 생기는 절차비용은 우선 채권액의 산정에 있어서 한번만 산입한다. 따라서 각개의 부동산에 특유한 우선채권 총액이 그 부동산의 최저경매가격에 미달하는 경우에는 각 부동산에 관한 우선채권 총액의 합계가 일괄경매되는 부동산 전부에 관한 우선채권 총액으로 된다. 그러므로 이 경우는 부동산 전부에 대한 우선채권 총액이 각 부동산의 최저경매가격의 합산액 이하라면 민사소송법 제616조의 경매취소 절차를 실시할 필요가 없다.

5. 압류채권자가 우선채권액을 다투는 방법
경매법원의 우선채권 인정이 부당한 경우 경매신청채권자는 민사소송법 제616조 제2항의 취소결정을 받은 후 그 결정에 대한 항고로 다툴 수 있을 뿐 그 이전에는 불복방법이 없다. 그러나 압류채권자는 당해 우선채권이 이미 변제되었다거나 감소되었다는 사실 등을 증명하는 자료를 제출하여 경매법원 스스로 다시 판단할 수 있도록 촉구할 수 있다.

우선채권 〈 매득금   우선채권 〉 매득금

80. 우선채권의 종류

조세, 임차보증금, 임금채권, 선순위의 저당권·가등기담보권·전세권 및 제3자의 비용상환청구권 등은 우선채권이다.

1. 저당권
부동산상의 저당권은 낙찰에 의하여 소멸하고 매득금으로부터 배당을 받을 수 있다(제608조 제2항). 따라서 선순위의 저당권에 의한 피담보채권은 우선채권에 해당한다. 우선채권이 되는 범위는 원칙으로 피담보채권 원본과 이자 및 원본의 이행기를 경과한 후의 1년 분의 지연손해금이다(민법 제360조). 원본채권액은 원칙으로 등기된 금액이다. 그러나 경매기록상 등기된 채권액 이하의 금액이 실제의 채권액으로 밝혀진 경우에는 이에 의한다. 이자나 지연손해금에 관하여 우선권을 인정받기 위하여는 그에 관한 약정을 등기하여야 한다(부동산등기법 제140조).

2. 근저당권·공동저당
근저당권의 경우에는 실제의 채권액이 밝혀지지 아니하는 한 등기된 채권최고액을 우선채권액으로 한다. 공동저당권의 목적이 된 수 개의 부동산 중 1개만이 경매되는 경우 또는 수 개의 부동산이 분할경매되는 경우에도 피담보채권 전액이 우선채권으로 된다. 이에 반하여 공동저당권의 목적이 된 수개의 부동산이 일괄경매되는 경우에는 피담보채권 전액이 한번만 우선채권의 범위에 산입될 뿐이고 각 부동산마다 피담보채권액을 합산한 액이 우선채권으로 되는 것은 아니다.

3. 전세권
전세권자는 부동산 전부에 대하여 전세금의 우선변제를 받을 권리가 있다(민법 제303조). 따라서 목적부동산에 관하여 선순위의 전세권등기가 있는 경우 그것이 기간만료 6월 이내의 것이어서 민사소송법 제608조 제2항의 적용을 받아 낙찰로 인하여 소멸하게 될 전세권인 경우에는 그 전세보증금반환채권도 우선채권에 해당한다.

4. 가등기담보권
선순위 가등기담보권에 의하여 담보되는 채권은 우선채권의 범위에 들어간다. 그러나 그 권리자가 채권을 증명하여 경매법원에 신고하지 않으면 순수한 순위보전을 위한 가등기인지 또는 담보가등기인지 알 수 없으므로 채권자의 신고가 있어야 우선채권의 범위에 들어간다.

5. 조세 등
국세, 지방세, 산업재해보험료, 지방자치단체의 사용료, 수수료 등 공과금은 실제적 우선권이 인정되므로(국세기본법 제35조, 지방세법 제31조 제1항, 산업재해보상보험법 제27조의 4, 지방자치법 제130조 제1항) 그 실제적 순위가 압류채권자의 권리에 우선하는 때에는 우선채권에 해당한다. 당해세인가 여부를 묻지 아니한다. 그러나 조세 기타 공과금채권이 강제집행절차에서 배당에 참가하기 위하여는 교부청구 또는 참가압류를 하여야 하므로(국세징수법 제56조, 제57조, 지방세법 제65조) 교부청구 또는 참가압류를 하지 아니한 것은 우선채권에 포함되지 아니한다. 우선채권으로 되는 금액은 교부청구서(국세징수법시행령 제61조) 또는 참가압류통지서(국세징수법시행령 제63조)에 기재된 금액이다.

6. 임금채권 등 노무관계로 인한 채권
임금, 퇴직금, 재해보상금 기타 근로관계로 인한 채권도 우선채권의 범위에 속한다(근로기준법 제30조의 2 제1항, 제2항). 이 채권도 경매법원으로서는 당연히 알 수 있는 사항이 아니므로 채권자가 배당요구신청을 하였을 때 우선채권으로 인정받게 된다.

7. 임차보증금
주택 또는 주택겸용 건물의 임차인(미등기 전세권자 포함)은 임차보증금(또는 전세금) 중 일정액(서울특별시 및 직할시에서는 3,000만원 이하의 보증금 중 1,200만원 이하, 기타 지역에서는 2,000만원 이하의 보증금 중 700만원 이하)에 관하여는 주택에 관한 경매신청기입등기 전에 주택임대차보호법 제3조 제1항의 대항요건(주택의 인도와 주민등록)을 갖춘 때에는 다른 담보권자보다 우선하여 변제받을 권리가 있다(주택임대차보호법 제8조 제1항, 제12조, 주택임대차보호법 시행령 제3조 제1항, 제4조). 한편 주택임대차보호법 제3조 제1항의 대항요건과 임대차계약증서상의 확정일자를 갖춘 임차인은 대지를 포함한 임차주택의 환가대금에서 후순위권리자 기타 채권자보다 우선하여 보증금을 변제받을 권리가 있다(주택임대차보호법 제3조의 2 제1항 본문). 따라서 주택임대차보호법 제8조 제1항의 요건을 갖춘 임차보증금 중 일정액 및 같은 법 제3조의 2 제1항 본문의 요건을 갖춘 임차보증금은 여기의 우선채권에 해당된다. 다만 임차인이 당해 주택의 양수인에게 대항할 수 있는 경우에는 임대차가 종료된 경우에 한하여 우선채권의 범위에 속한다(주택임대차보호법 제3조의 2 제1항 단서). 물론 이들 채권도 배당요구가 없으면 우선배당을 받는다. 그러나 현황조사보고서의 기재에 의하여 그 보증금의 액수가 판명된 경우에는 아직 이들 채권자로부터 배당요구가 없더라도 잉여의 유무를 판단함에 있어서는 압류채권자의 채권에 우선하는 부동산위의 부담에 포함시켜 계산한다.

8. 제3취득자의 비용상환청구권
민법 제367조는 저당권이 설정된 부동산을 강제경매하는 경우에도 적용된다. 따라서 필요비, 유익비를 지출한 제3취득자는 그 상환청구권에 관하여 우선권이 있고 그에 의하여 우선배당을 받을 수 있다. 즉, 제3취득자의 그러한 비용상환청구권도 민사소송법 제616조의 우선채권에 해당한다. 다만 제3취득자가 실제로 배당을 받으려면 배당요구의 신청을 하여야 하므로 우선채권의 인정도 제3취득자의 신고(제607조 제4호)나 배당요구신청이 있어야 가능하다.

81. 무잉여경매취소

최저경매가격이 압류채권자의 채권에 우선하는 채권과 절차비용에 미달하는 경우 원칙적으로 경매절차는 취소된다.

1. 잉여의 가망이 없다는 취지의 통지시기
경매법원은 최저경매가격을 정한 후 경매기일을 공고하기 전에 우선채권 총액을 인정하여 최저경매가격으로 우선채권 총액을 변제하고 잉여가 없다고 인정되는 때에는 압류채권자에게 그 취지를 통지하여야 한다. 경매기일의 공고 후 우선채권의 신고가 있어 우선채권 총액이 최저경매가격을 초과하게 되더라도 일단 공고한 기일을 취소하거나 경매기일까지 사이에 위 통지를 할 필요는 없다.

2. 낙찰불허가결정과 경매취소
경매기일의 공고를 마친 후에는 우선채권 총액을 넘는 매수신고가 있는지의 여부를 보고 만일 최고가의 매수신고가격이 우선채권 총액에 미치지 못하고 이해관계인인 압류채권자와 우선채권자의 승인(제635조 제2항)도 받지 못하게 되면 낙찰불허가의 결정을 한다. 그러나 우선채권 총액이 최저경매가격을 초과하는 정도가 심하여 기일을 실시할 필요가 없음이 명백한 경우에는 이미 공고한 경매기일을 취소한다. 또 다른 이유로 경매기일이 취소되거나 신경매, 재경매를 하게 되는 경우에도 위 무잉여경매취소 통지를 하여야 한다.

3. 통지의 방법
압류채권자에 대한 통지는 통지서의 송달로써 한다. 이 통지서에는 사건번호, 당사자 등 형식적 사항과 최저경매가격으로 우선채권 총액을 변제하고 그 잉여가 없다는 취지 및 최저경매가격, 우선채권 총액을 기재하여야 한다.

4. 무잉여경매취소에 대한 위반은 치유될 수 있는가?
최저경매가격이 압류채권자의 채권에 우선하는 채권과 절차비용에 미달하는데도 불구하고 경매법원이 이를 간과하고 민사소송법 제616조 소정의 조치를 취하지 아니한채 경매절차를 진행한 경우 최고가 매수신고인의 매수가격이 우선채권 총액과 절차비용을 초과하는 한 그 절차 위반의 하자는 치유된다. 만일 그 매수가액이 우선채권 총액과 절차비용에 미달하는 때에는 경매법원은 낙찰을 불허하는 결정을 하여야 한다. 경매법원이 절차를 그대로 진행하였다고 하여 매수가액이 우선채권 총액과 절차비용에 미달함에도 불구하고 민사소송법 제616조 위반의 하자가 치유된다고는 할 수 없다.[114]

82. 경매절차의 속행신청
압류채권자는 무잉여로 경매가 취소되는 경우에도 상당한 보증을 제공하고 경매절차의 속행신청을 할 수 있다.

1. 압류채권자의 매수신청
압류채권자가 경매법원으로부터 잉여의 가망이 없어 경매를 취소한다는 취지의 통지(제616조 제1항)를 받은 날로부터 7일 내에 우선채권 총액을 변제하고 잉여가 있을 가격을 정하여 그 가격에 응하는 매수신고가 없는 때에는 그 가격으로 매수할 것을 신청하고 충분한 보증을 제공한 경우에 한하여 법원은 경매절차를 속행하며 위 매수신청 및 보증제공이 없는 때에는 경매절차를 취소하여야 한다(제616조 제2항).

2. 우선채권의 범위를 정하는 기준
만일 2중경매개시결정이 되어 있는 경우라면 최저경매가격과 비교해야할 우선채권의 범위를 정하는 기준이 되는 권리는 경매개시결정을 받은자 중에서 최우선권리자의 권리를 기준으로 정해야 한다.[115]

3. 매수신청 기간과 즉시항고
압류채권자가 매수신청을 해야 할 위 7일의 기간은 법정기간이므로 경매법원은 그 기간을 신장(伸張)하거나 단축할 수 있다(제159조 제1항). 또 위 기간 경과후에도 경매절차 취소결정이 있기 전에 매수신청 및 보증제공이 되면 경매절차를 취소하지 않고 속행한다.[116] 경매법원이 7일의 기간경과를 이유로 경매절차를 취소하는 결정을 한 이후에도 압류채권자가 이 결정에 대하여 즉시항고를 제기하고(제616조 제3항) 매수신청과 보증을 제공하면 항고법원은 경매절차를 속행하게 하기 위하여 원결정을 다시 취소한다.

4. 매수신청서의 제출과 철회
채권자가 매수신청서를 제출하는 경우 인지는 첩부를 요하지 아니한다. 매수신청을 함에 있어서는 우선채권 총액을 넘은 일정한 액을 매수신청금액으로 명시하여야 한다. 압류채권자는 매수신청 및 보증제공을 하더라도 경매기일까지는 이를 철회할 수 있다. 철회를 한 경우에는 제공한 보증의 반환을 청구할 수 있다.

5. 보증의 기준
압류채권자가 매수신청을 함에 있어서는 충분한 보증을 제공하여야 한다(제616조 제2항). 어느 정도의 금액이 충분한 보증으로 되는가에 관하여 법문에 구체적인 정함이 없다. 보증액에 관한 기준으로 최저경매가격과 압류채권자의 매수신청금액과의 차액이 보증액으로 된다. 보증제공이 충분한 경우에는 경매절차를 속행한다. 원칙으로는 경매법원이 압류채권자의 신용, 자산정도, 성실성 등 제반 사정을 고려하여 충분한 보증인가 여부를 결정한다.

---
114) 대법원 1995. 12. 1. 95마1143 결정 ; 대법원 2010. 11. 26.자 2010마1650 결정
115) 대법원 1998. 1. 14. 97마1653 결정 ; 대법원 2001. 12. 28.자 2001마2094 결정
116) 대법원 1975. 3. 28. 75마64 결정

6. 보증제공의 방법
보증제공의 방법에 관하여는 민사소송법 제475조가 적용된다. 현금이나 경매법원이 인정하는 유가증권을 공탁하고 공탁서 원본을 매수신청서와 함께 경매법원에 제출하면 된다. 다만 성질상 지급보증위탁계약을 체결한 문서의 제출에 의한 보증은 허용되지 아니한다. 법원은 압류채권자가 제공한 보증이 충분하지 못하다고 인정하면 압류채권자에게 추가보증의 제공을 명할 수 있다. 만일 압류채권자가 이에 응하지 않으면 경매절차를 취소한다.

83. 압류채권자가 매수신청을 한 경우

압류채권자가 매수신청을 한 경우에는 그 매수신청금액 이상의 가격이 아니면 최저경매가격을 초과하더라도 낙찰이 불허된다.

1. 매수신청취지의 공고
압류채권자가 매수신청을 한 경우에 그 매수신청금액 이상의 가격이 아니면 낙찰허가가 되지 않는다. 따라서 압류채권자의 매수신청금액은 최저경매가격과 비슷한 의미를 가지고 있다. 경매법원은 압류채권자로부터 매수신청이 있었다는 취지 및 그 매수신청금액을 경매기일의 공고에 기재하여야 한다. 다만 경매기일 공고에 그 기재가 없더라도 낙찰허가에 대한 이의사유(제633조)로는 되지 않는다.

2. 압류채권자가 낙찰인으로 지정되는 경우
경매기일에서 압류채권자의 매수신청금액 이상의 액으로 매수가격의 신고가 없으면 그 신고가격이 최저경매가격을 초과하더라도 낙찰이 불허된다. 그러므로 이 경우에 집행관은 특별매각조건이 있는 경우에 준하여 매수신청금액을 고지하고 매수가격신고를 최고하여야 한다(제624조). 위 금액 이상의 매수가격의 신고가 없는 경우에는 압류채권자가 경매기일에 출석하였는지 여부를 불문하고 압류채권자를 최고가매수신고인으로 하여 그 성명과 가격을 호창한 후 경매의 종결을 고지하여야 한다(제627조 제1항).

3. 추가보증의 제공
압류채권자는 매수가격의 10분의 1에 해당하는 현금이나 유가증권으로 매수신청의 보증(제625조)을 제공할 필요가 없다. 다만 압류채권자도 경매기일에 출석하여 매수신청액보다 고가로 매수가격을 신고할 수 있으므로 이와 같이 하여 최고가매수신고인이 된 경우에 앞서 제공한 보증액이 그 매수신고가격의 10분의 1이 되지 아니하면 10분의 1에 달할 만큼의 보증을 추가로 제공하여야 한다. 압류채권자의 보증제공액이 낙찰대금에 미달하는 경우에 낙찰인으로 된 압류채권자가 대금지급기일에 그 차액을 낙찰대금으로 납부하지 아니하고 차순위매수신고인이 없는 경우에는 재경매를 할 것이 아니라 경매절차를 취소하여야 한다. 경매절차의 취소결정이 확정되면 압류채권자는 앞서 제공한 보증금의 반환을 받을 수 있다.

4. 낙찰허부의 결정
압류채권자가 최고가매수신고인으로 된 경우에도 낙찰기일에 경매법원은 출석한 이해관계인의 진술이 있은 후에 낙찰허부의 결정을 하여야 한다. 최고가매수신고가격이 압류채권자의 매수신청금액과 동액인 경우에는 그 매수신청인이 최고가매수신고인으로 된다.

5. 낙찰인이 낙찰대금을 지급하지 않은 경우
압류채권자 이외의 자가 낙찰인과 차순위매수신고인이 되었으나 낙찰인이 대금지급기일에 낙찰대금을 납부하지 아니하고 차순위매수신고인도 이를 납부하지 않은 경우
(1) 낙찰허가 결정이 확정되더라도 낙찰인이 대금을 납부할 때까지는 압류채권자의 매수신청의 효력이 유지되므로 낙찰인 및 차순위 매수신고인이 낙찰대금을 납부하지 않을 때에는 재경매를 할 것이 아니라 압류채권자에게 낙찰을 허가하여야 한다는 설
(2) 일단 압류채권자가 신청한 채권액을 넘는 매수신청이 있고 그 자에 대하여 낙찰허가결정이 되어 확

정된 경우에는 압류채권자의 매수신청은 이로써 그 효력을 잃게 되므로 낙찰인 및 차순위매수신고인이 대금을 납부하지 않을 때에는 재경매를 하여야 하며 이때에는 전낙찰인 및 차순위매수신고인의 보증금을 최저경매가격에 합산하여 잉여의 유무를 판단하되 그렇게 하여도 잉여가 없다고 인정될 때에는 민사소송법 제616조 소정의 절차를 다시 밟아야 한다는 견해가 있다.

84. 어떤 경우 강제집행은 정지되는가

법정서류의 제출이 있을 때에만 강제집행은 정지되며 통상의 가처분으로 집행을 정지할 수 없다.

1. 강제집행의 정지

집행의 정지라 함은 집행기관이 법률상 1개의 채무명의에 기한 전체로서의 강제집행의 개시, 속행 또는 이미 개시된 개개의 집행절차의 속행을 할 수 없는 상태를 말한다. 집행의 정지는 통상 집행이 개시된 후에 하는 것이지만 집행이 착수되지 아니한 경우 장래의 집행개시를 저지하는 것도 포함된다. 집행정지를 다른 법률에서는 집행의 중지라고도 한다(화의법 제40조 제2항. 제62조, 회사정리법 제37조, 제67조). 강제집행절차가 집행기관이 직무를 태만하여 집행에 착수하지 않는 경우 또는 채권자가 집행을 취하하거나 연기신청을 한 경우는 여기서 말하는 정지가 아니다. 집행정지는 현실의 강제집행행위에 관한 것이며 그 준비행위와는 관계가 없다. 따라서 정지의 원인이 있다 하더라도 집행의 준비로서의 법원사무관 또는 공증인은 집행문을 부여할 수 있다.

2. 법정서류의 제출에 의한 강제집행정지

다음과 같은 법정서류의 제출이 있을 때에만 강제집행은 정지가 가능하며 그 외에 통상의 가처분의 방법으로 집행을 정지할 수 없다.[117]
① 집행할 판결 또는 그 가집행을 취소하는 취지나 강제집행을 허가하지 아니하거나 그 정지를 명하는 취지 또는 집행처분의 취소를 명한 취지를 기재한 집행력있는 재판의 정본(제510조 제1호)
② 강제집행의 일시정지를 명한 취지를 기재한 재판의 정본(제510조 제2호)
③ 집행을 면하기 위하여 담보를 제공한 증명서류(제510조 제3호)
④ 집행할 판결후에 채권자가 변제를 받았거나 의무이행의 유예를 승낙한 취지를 기재한 증서(제510조 제4호)
⑤ 집행할 판결 기타의 재판이 소의 취하 기타 사유에 의하여 실효되었음을 증명하는 조서등본 기타 법원사무관 작성의 증서(제510조 제5호).
⑥ 강제집행을 하지 않는다는 취지 또는 강제집행의 신청이나 위임을 취하한다는 취지의 화해조서의 정본 또는 공정증서의 정본(제510조 제6호)

3. 법정사실의 발생으로 강제집행이 정지되는 경우

집행기관이 집행을 당연무효로 하는 집행요건의 흠결 또는 집행장애사유의 존재를 발견한 때 예를 들어, 집행정본의 무효, 채무자의 파산선고, 화의절차의 개시, 회사정리절차의 개시 등이 있는 때에는 직권으로 집행을 정지하여야 한다.

---

117) 대법원 1969. 3. 5. 68그7 결정 ; 대법원 2004. 8. 17.자 2004카기93 결정

85. 강제집행의 정지원인

집행력 있는 재판의 정본, 집행할 판결을 취소하는 재판, 가집행을 취소하는 재판 등이 제출되면 집행은 정지된다.

1. 집행력 있는 재판의 정본(제510조 제1호)의 제출
집행력 있는 재판의 정본이라 함은 집행할 수 있는 재판의 정본을 의미하며 집행문이 부여된 이른바 집행력 있는 정본을 의미하는 것이 아니므로 집행문의 부여가 있어야 하는 것은 아니다. 집행할 수 있는 확정판결 또는 가집행선고부 정지결정인가의 재판(제508조), 기타 광의의 집행력이 있는 재판의 정본이면 족하다.

2. 집행할 판결을 취소하는 재판(제510조 제1호)의 제출
집행할 판결을 취소하는 재판이라 함은 가집행선고있는 판결을 상소심에서 취소하는 판결이나 재심에 의하여 확정판결을 취소하는 판결을 말한다. 준재심에 의하여 화해조서를 취소하는 재판처럼 판결 이외의 채무명의를 취소하는 재판도 이에 속한다(제520조).

3. 가집행을 취소하는 재판(제510조 제1호)의 제출
가집행을 취소하는 재판이라 함은 본안판결의 당부를 심판하기 전에 가집행선고만을 취소하는 판결(제201조)을 말한다.

4. 강제집행을 허가하지 아니하는 재판(제510조 제1호)의 제출
강제집행을 허가하지 아니하는 재판이라 함은 집행문부여의 이의를 인용한 결정(제484조), 집행에 관한 이의 또는 즉시항고를 인용한 결정(제504조, 제517조), 청구에 관한 이의의 소(제505조), 집행문부여에 대한 이의의 소(제506조), 제3자이의의 소를 인용한 종국결정(제509조)과 같이 집행 또는 집행행위의 위법을 확정하고 그 종국적불허를 선언하는 취지의 재판을 말한다.

5. 강제집행의 정지를 명하는 재판(제510조 제1호)의 제출
강제집행의 정지를 명하는 재판이라 함은 강제집행을 허가하지 아니하는 재판중에서 집행의 일시적 불허를 선언한 재판을 말하며 변제기한의 일시적 유예를 이유로 한 청구에 관한 이의의 소를 인용한 판결, 기한도래 전의 집행개시를 이유로 한 집행에 관한 이의를 인용한 결정 등이 이에 속한다.

6. 집행처분의 취소를 명한 재판(제510조 제1호)의 제출
집행처분의 취소를 명한 재판이란 청구에 관한 이의의 소(제507조 제2항, 제4항), 집행문부여에 관한 이의의 소(제508조 제1항, 제2항), 제3자 이의의 소에 부수하여 행하여지는 잠정처분(제509조 제3항)이나 재심 또는 상소의 추완신청이나 상소제기에 부수하여 행해지는 집행정지에 관한 재판중 이미 실시한 집행처분의 취소를 명하는 재판(제473조 제1항, 제474조)을 가리킨다. 집행에 관한 이의나 집행문부여에 대한 이의신청의 경우에는 잠정처분으로서 집행의 저지만을 명할 수 있을 뿐 이미 실시 한 집행처분의 취소를 명하는 재판은 허용되지 아니한다(제504조 제2항, 제484조 제2항). 민사소송법 제418조의 '기타 필요한 처분'에는 이미 실시한 집행처분의 취소를 명하는 재판도 포함된다.

86. 강제집행의 정지원인

강제집행의 일시정지를 명한 재판의 정본, 집행을 면하기 위하여 담보를 제공한 증명서류가 제출되면 집행은 정지된다.

1. 강제집행의 일시정지를 명한 취지를 기재한 재판의 정본(제510조 제2호)의 제출
잠정처분 또는 집행정지에 관한 재판중 집행의 일시적 정지를 명한 취지를 기재한 재판을 말한다. 이에 해당하는 것으로서는 항고에 대한 결정이 있을 때까지의 집행의 일시정지명령(제418조), 재심 또는 상소추완신청에 인한 집행의 일시정지명령(제473조), 가집행선고 있는 판결에 대한 상소의 제기로 인한 집행의 일시정지명령(제474조, 제473조), 집행문부여에 대한 이의신청에 의한 집행의 일시정지명령(제484조 제2항), 집행에 관한 이의신청에 의한 집행의 일시정지(제504조 제2항, 제484조 제2항), 청구에 관한 이의의 소·집행문부여에 대한 이의의 소제기에 의한 집행의 일시정지의 선언(제507조 제2항), 수소법원이 이의의 소의 판결에서 한 집행의 일시정지의 선언(제508조 제1항, 제2항), 제3자이의의 소에 의한 집행의 일시정지명령이나 그 판결에서 한 집행의 일시정지선언(제509조 제3항), 압류금지물의 확장부분에 대한 집행의 일시정지 명령(제533조 제3항, 제484조 제2항) 등이 있다. 만약 담보제공을 조건으로 정지를 명한 때에는 그 재판을 받은 자는 담보제공증명서(제475조 제2항)를 동시에 제출하여야 한다.

2. 강제집행정지결정과 대금납부
경락허가결정이 된 후 경락대금이 납부되기 이전에 민사소송법 제510조 제2호 서면인 강제집행정지결정이 제출되어 강제경매절차를 필요적으로 정지하여야 함에도 경매법원이 대금납부기일을 지정하고 이에 따라 경락인들이 경락대금을 완납하였다면 이러한 대금납부기일 지정 조치 등은 위법하다. 그러나 민사소송법 제646조의 2, 민사소송규칙 제146조의3 제1항, 제3항의 각 규정취지에 비추어 경락대금이 완납된 이후에는 이해관계인이 이러한 위법한 처분들에 관하여 민사소송법 제504조 소정의 집행에 관한 이의, 나아가 즉시항고에 의하여 그 시정을 구할 수 없으며 또한 민사소송법 제511조에 의한 집행처분의 취소 신청도 할 수 없다.[118]

3. 집행을 면하기 위하여 담보를 제공한 증명서류(제510조 제3호)의 제출
채무자에 대하여 담보를 제공하면 가집행을 면할 수 있음을 가집행선고 중에 허용한 경우(제199조 제2항, 제3항)에 담보를 제공하였다는 증명서(제475조 제2항)가 이에 해당한다. 가압류를 면하기 위하여 채무자가 공탁할 금액(제702조)의 공탁증명서도 이에 해당한다.

---

[118] 대법원 1995. 2. 16. 94마1871 결정 ; 대법원 1997. 1. 16.자 96마231 결정

87. 강제집행의 정지원인

채권자가 변제를 받았거나 의무이행의 유예를 승낙한 취지를 기재한 증서 기타 법정서류가 제출되면 집행은 정지된다.

1. 집행할 판결후에 채권자가 변제를 받았다는 취지를 기재한 증서(제510조 제4호)의 제출
채권자가 스스로 작성한 서면으로서 변제의 사실을 기재한 것 또는 이에 준하는 채권자의 채무면제, 채권포기 또는 상계의 의사표시를 기재한 서면, 채권양도의 통지서 등 이어야 한다. 집행신청서에 압날된 인감이 사용되었거나 인감증명서가 첨부된 경우에는 진정한 것으로 인정된다. 변제의 사실을 기재한 것으로는 영수증서, 변제증서, 대물변제증서 등을 예로 들 수 있다. 채권자 이외의 자가 작성한 서면도 이와 동시할 수 있는 것이면 좋다. 다만 이 경우에 법원은 채권자, 채무자를 심문하여 그 진실성을 확인하는 경우도 있다. 채권전액을 면제받았음을 이유로 한 경매신청 취하서도 여기서 말하는 변제수령문서로 볼 수 있다.[119]

2. 집행할 판결후에 채권자가 의무이행의 유예를 승낙한 취지를 기재한 증서(제510조 제4호)의 제출
의무이행의 유예를 승낙한 취지의 기재가 있는 것이어야 한다. 화해가 진행중임을 이유로 하는 경매연기신청서가 의무이행의 유예문서에 해당하는가? 실무에서는 소극적으로 해석하지만 1~2회 정도 경매기일을 연기해 주고 있다. 변제 기타 위와 같은 사실이 존재하는데도 불구하고 채무자가 이를 입증할 증서가 없거나 아니면 급히 제출할 수 없는 사정이 있는 경우에는 채무자는 그 존재를 이유로 하여 청구이의의 소를 제기하고 집행정지의 가처분을 받아 이를 제출하여 정지를 받을 수밖에 없다. 변제를 받았다는 취지의 증서의 제출에 의한 강제집행의 정지기간은 2월로 하고(제511조의 2 제1항), 의무이행의 유예를 승낙하였다는 취지를 기재한 증서의 제출에 의한 강제집행의 정지는 2회에 한하며 통산하여 6월을 초과할 수 없다(제511조의 2 제2항). 통산하여 6월이란 당해 경매절차에 있어서 통산하여 6월이라는 뜻이고 그 기간이 연속함을 요하지 아니한다.

3. 집행할 판결 기타의 재판이 소의 취하 기타 사유에 의하여 실효되었음을 증명하는 조서등본 기타 법원사무관 작성의 증서(제510조 제5호)의 제출
가집행선고 있는 판결선고 후에 상소심에서 소의 취하가 있는 때에는 그 가집행선고 있는 판결은 실효된다. 이 경우 구술로 소를 취하한 경우에는 소취하 사실이 기재된 변론조서나 소취하증명서를 제출하면 집행을 정지하여야 한다. 가집행선고 있는 판결의 상소심에서 화해가 성립되거나 청구의 포기가 이루어진 경우 화해조서와 청구의 포기조서도 본호의 문서에 해당된다. 그러나 사인(私人)이 작성한 문서는 본호의 문서에 해당하지 않는다. 가집행선고 있는 판결 이외에 확정 전에 집행력을 발휘하는 결정에 관하여도 취하에 의하여 효력이 소멸되므로 판결뿐만 아니라 기타의 재판이라고 한 것이다.

4. 강제집행을 하지 않는다는 취지의 화해조서의 정본 또는 공정증서의 정본(제510조 제6호)의 제출
화해조서나 공정증서에 강제집행을 하지 않겠다는 합의가 명백히 되어 있을 경우에는 청구에 관한 이의의 소를 제기하거나 또는 집행에 관한 이의를 신청할 것도 없이 바로 집행정지신청을 할 수 있다.

5. 강제집행의 신청이나 위임을 취하한다는 취지의 화해조서의 정본 또는 공정증서의 정본(제510조 제6호)의 제출
강제집행신청을 취하하기로 한 합의가 있으면 역시 집행정지신청을 할 수 있다. 위 사유를 증명할 서류는 화해조서, 조정조서, 공정증서이다. 공증인 또는 합동법률사무소 및 법무법인이 사문서를 인증한 것은 이에 포함되지 않는다.

---

119) 대법원 1979. 10. 3. 1. 79마132 결정 ; 대법원 2023. 5. 18. 선고 2021다304533 판결

88. 집행정지의 방법
강제집행은 원칙으로 채권자, 채무자 또는 제3자의 신청에 의하여 정지된다.

1. 집행정지기관
집행을 정지할 수 있는 기관은 실제로 강제집행을 실시하고 있는 집행기관이다. 집행기관이 아닌 경매법원이나 수소법원은 집행정지명령을 발하여 집행기관으로 하여금 집행을 정지하게 할 수 있으나 스스로 집행을 정지할 수는 없다.

2. 신청에 의한 집행정지
강제집행은 원칙으로 채권자, 채무자 또는 제3자의 신청에 의하여 정지된다. 즉 집행기관으로서 실제로 집행을 실시하는 집행관, 경매법원 또는 수소법원에 민사소송법 제510조에 소정의 서류를 제출하여 정지를 구한 경우에만 비로소 정지가 되는 것이다. 집행정지명령 또는 정지의 효과가 수반되는 재판의 성립이나 그 확정과 동시에 당연히 정지되는 것은 아니다.[120] 민사소송법 제510조의 법문에는 소정서류만 제출하면 정지하도록 되어 있으므로 반드시 정지를 구하는 취지의 서면을 함께 제출하여야 되는 것은 아니다. 실무에서는 집행정지신청서를 제출하는 것이 통례이다. 그러나 신청서가 제출되었다 하더라도 강제집행의 필요적 정지를 촉구하는 의미 이상은 없다. 민사소송법 제510조 소정의 집행정지서류는 이를 집행기관에 제출할 것이나 낙찰허가결정에 대한 항고가 제기되어 경매기록이 항고법원에 있는 동안에는 기록이 있는 항고법원에 이를 제출하여야 한다.

3. 직권에 의한 정지
집행을 당연무효로 할 집행요건의 흠결이나 집행장해 사유의 존재는 집행기관의 조사사항이므로 이를 발견한 때에는 집행기관은 직권으로 집행을 정지하여야 한다. 그러나 집행요건의 흠결이 있더라도 단지 취소할 수 있는 것에 불과한 때에는 취소의 재판정본이 제출되지 않는 한 직권으로 정지할 수 없다. 그러나 민사소송법 제510조 제2호의 집행정지의 재판을 한 법원이 동시에 집행기관인 경우 직권으로 강제집행을 정지할 수 있는가? 그 재판정본이 제출되지 않더라도 직권으로 강제집행을 정지할 수 있다는 견해와 사실상 집행을 중단하는 것은 별론으로 하고 당연히는 직권으로 절차를 정지하여야 하는 것은 아니라고 하는 견해가 대립되어 있다.

---

120) 1963. 9. 12. 선고, 63다213 판결 ; 대법원 1966. 8. 12. 65마1059 결정 ; 대법원 2010. 1. 28.자 2009마1918 결정 ; 대법원 2013. 3. 22.자 2013마270 결정

89. 집행정지 서류의 제출시기
부동산경매에 있어서 집행정지 서류의 제출시한은 정지서류의 종류에 따라 다르다.

1. 집행신청전의 집행정지서류의 제출
집행정지의 서류는 집행신청후이면 집행개시 전후를 불문하고 집행기관에 제출하여 당해 집행의 정지를 구할 수 있다. 예컨대 강제경매신청 전에 미리 위 서류를 제출할 수는 없으므로 경매신청전에는 이러한 서류가 제출되더라도 경매법원은 이를 접수하지 않는다.

2. 집행정지 서류의 제출시기
(1) 민사소송법 제510조 제1호, 제2호, 제5호의 서류
낙찰인이 낙찰대금을 납부하기 전까지만 제출하면 집행이 정지 또는 취소된다(민사소송규칙 제146조의 3 제1항).
(2) 민사소송법 제510조 제4호의 서류
경매기일에서 입찰신고가 있기 전에 제출하여야 하고 그 신고가 있은 후에 제출된 경우에는 낙찰을 허가하는 결정이 취소되거나 효력을 잃게 된 때 또는 낙찰을 허가하지 아니하는 결정이 확정된 때에 한하여 집행이 정지된다(동조 제2항).
(3) 민사소송법 제510조 제3호 또는 제6호의 서류
낙찰인이 낙찰대금을 완납할 때까지만 제출하면 집행이 정지 또는 취소된다. 단, 입찰의 신고가 있은 후에 위 서류를 제출함에는 최고가매수신고인과 차순위매수신고인의 동의가 있어야 한다(제610조 제2항, 제3항).
(4) 낙찰인이 낙찰대금을 완납한 후에는 민사소송법 제510조 제1호, 제2호, 제3호, 제5호, 제6호의 서류가 제출되더라도 집행정지 또는 취소가 되지 않고 그 이후의 절차가 그대로 진행된다. 따라서 경매법원은 집행서류가 제출된 당해 채권자외에 배당을 받을 채권자가 있을 경우에는 그 자에 대하여 배당을 실시한다(민사소송규칙 제146조의 3 제3항). 이 경우 제출된 서류가 민사소송법 제510조 제2호의 집행정지 서류일 때에는 당해 채권자에게 배당할 액을 공탁한다(제658조, 제589조). 이에 대하여 집행정지서류 중 민사소송법 제510조 제4호의 서류가 이 단계에서 제출된 경우에는 이를 무시하고 당해 채권자에 대하여도 배당을 실시할 수밖에 없다.

90. 집행정지신청이 있는 경우
집행정지 신청이 있는 경우 집행기관이 사실상 집행을 정지한다.

1. 경매법원이 집행기관인 경우
경매법원이 집행기관인 경우 집행정지신청이 있으면 그 후의 채권자의 집행신청을 각하하거나 또는 집행을 완결시키는 조치를 취한다. 즉, 강제경매의 경우에는 개시결정전이면 경매신청을 각하하고, 개시결정후 경매기일이 지정된 경우에는 그 기일의 지정을 취소하여 경매기일의 개시를 하지 않는다. 민사소송법 제510조 제1호, 제3호, 제5호, 제6호의 서류가 제출된 경우에는 나아가 경매절차의 취소결정을 한다.

2. 경매기일후 낙찰허가결정 선고전에 집행정지신청이 있는 경우
(1) 민사소송법 제510조 제1호, 제3호, 제5호, 제6호의 서류가 제출된 경우
민사소송법 제511조 제1항에 따라 경매절차 취소결정을 한다. 다만 이 경우에는 최고가매수신고인과 차순위매수신고인에 대하여도 이를 통지한다. 한편 제3호, 제6호의 서류는 최고가매수신고인과 차순위매수신고인의 동의가 있어야 한다. 집행취소 서류가 제출된 경우 민사소송법 제511조 제1항에 의하여 집행처분을 취소하는 결정에 대하여 즉시항고를 할 수 없으므로 낙찰불허가결정을 거칠 필요없이 경매절차를 취소하는 결정을 하여 바로 민사소송법 제651조에 의한 경매신청등기의 말소촉탁을 한다. 그러나 낙

찰불허가결정을 하게 되면 즉시항고에 의한 불복이 가능하게 되고 또 낙찰불허가결정은 확정되어야 효력이 있으므로 그 결정이 확정될 때까지는 경매신청등기의 말소 절차를 밟을 수 없다.
(2) 민사소송법 제510조 제2호의 서류가 제출된 경우
이 때에는 낙찰기일을 연 다음에 민사소송법 제635조 제2항, 제633조 제1호 후단의 규정에 따라 낙찰불허가 결정을 한다.[121]
(3) 민사소송법 제510조 제4호의 서류가 제출된 경우
이 단계에서는 집행정지의 효력이 없으므로 이를 무시하고 낙찰허부결정을 한다. 다만, 낙찰허가결정이 취소되거나 효력을 잃게 된 때 또는 낙찰불허가결정이 확정된 때에는 집행정지의 효력이 있게 되므로 이 경우에는 신경매기일 또는 재경매기일을 지정하지 않는다(민사소송규칙 제146조의 3 제1항 제2항). 이처럼 재경매를 명할 수 없게 된 경우에도 재경매기일 3일 전까지 대금·지연이자 및 절차비용을 지급하고 목적부동산의 소유권을 취득할 수 있는 낙찰인의 권리(제648조 제4항)는 추후 집행정지사유가 해소되어 재경매를 실시할 때까지 그대로 이를 보유하고 있다고 본다.

3. 낙찰허가결정 선고후에 집행정지신청이 있는 경우
(1) 민사소송법 제510조 제1호, 제3호, 제5호, 제6호의 서류
위 서류는 낙찰대금을 지급하기 전까지만 이를 제출하면 되므로(민사소송규칙 제146조의 3 제1항 및 제3항) 위 서류 중 집행취소서류에 해당하는 민사소송법 제510조 제1호. 제3호, 제5호, 제6호 서류(다만 제3호, 제6호의 서류는 낙찰인과 차순위매수신고인의 동의를 요한다)가 제출된 경우에는 경매법원이 민사소송법 제511조 제1항에 따라 경매절차의 취소결정을 할 수 있다. 당사자로서는 이를 이유로 낙찰허가결정에 대한 즉시항고를 제기할 수 있다.
(2) 민사소송법 제510조 제2호의 서류
집행정지서류인 민사소송법 제510조 제2호의 서류를 제출하면서 즉시항고를 제기하거나 항고심에서 위 서류를 제출한 경우에 항고심으로서 어떤 조치를 취할 것인가?
제1설은 낙찰허가결정을 취소하고 낙찰불허가를 선언한다.
제2설은 낙찰허가결정을 취소하되 낙찰허부에 대하여는 판단하지 않는다.
제3설은 다른 이유로 낙찰허가결정이 취소되는 경우를 제외하고 항고에 관한 재판을 정지하여야 한다.
제4설은 다른 항고이유가 없으면 항고기각의 결정을 하여야 하고 다만 확정후의 다른 절차의 진행이 정지될 뿐이라고 한다.
(3) 민사소송법 제510조 제4호의 서류
민사소송법 제510조 제4호의 서류는 매수의 신고가 있는 후에는 민사소송규칙 제146조의 3 제2항에 해당하는 경우에 한하여 집행정지의 효력이 있으므로 이와 같은 문제가 생기지 아니한다.

5. 낙찰허가결정이 확정된 후
민사소송법 제510조 제1호, 제2호, 제3호, 제5호, 제6호의 서류가 제출된 경우에는 대금지급기일의 지정 등 그 이후의 절차의 진행을 정지하고 그 중에서도 집행취소서류가 제출된 경우에는 나아가 경매절차 취소결정을 한다(제511조 제1항, 민사소송규칙 제146조의 3 제1항, 제3항). 그러나 위 각 서류가 낙찰인이 낙찰대금을 지급한 후에 제출된 경우에는 당해 채권자 이외에 배당을 받을 자가 있는 때에는 그 자에 대하여 배당을 실시한다(민사소송규칙 제146조의 3 제3항).

6. 담보권실행을 위한 경매
담보권실행을 위한 경매절차에 있어서 민사소송법 제726조 제1항 제1호 내지 제6호의 문서가 제출된 때에는 위에서 본 각 경우에 준하여 처리한다(제735조).

---

[121] 대법원 1960. 11. 30. 4293민재항298 결정 ; 대법원 1979. 10. 31. 79마132 결정 ; 대법원 1983. 8. 30.자 83마197 결정

91. 집행정지의 효력은
집행이 정지되면 집행기관은 새로운 집행을 개시할 수가 없고 이미 개시된 집행을 속행할 수 없다.

1. 집행개시·속행의 금지
집행이 정지되면 집행기관은 새로운 집행을 개시할 수가 없고 이미 개시된 집행을 속행할 수 없다. 그러나 이미 행하여진 집행처분은 특히 취소되는 경우를 제외하고는 그 효력이 그대로 존속한다(제511조 제1항). 다만 제2의 강제경매신청인(제604조 제2항)을 위하여 속행할 수는 있다.

2. 집행개시·속행의 금지의 예외
집행정지중이라 하더라도 모든 집행처분이 허용되지 않는 것이 아니고 집행정지의 취지에 반하지 않는 부동산의 멸실 등에 의한 경매절차의 취소(제613조)등 집행처분은 이를 할 수 있다. 부동산에 대한 침해방지조치(제603조 제3항), 관리명령(제647조 제2항)도 할 수 있다고 본다.

3. 집행정지 중의 집행처분의 효력
집행정지사유가 있음에도 불구하고 집행기관이 집행을 정지하지 아니하고 집행처분을 한 경우에는 이해관계인은 집행에 관한 이의[122] 또는 즉시항고에 의하여 취소를 구할 수 있다.

4. 집행정지의 효력범위
집행정지의 효력이 미치는 범위는 정지 사유에 따라 다르다. 청구에 관한 이의의 소의 승소 확정판결(제505조)이나 위 소의 제기에 의한 집행정지 명령(제507조)은 하나의 채무명의에 기한 전체로서의 집행을 정지한다. 이 경우에는 집행개시의 전후를 불문하고 집행이 정지되나 채권자가 완전한 만족을 얻어 집행이 종료된 후에는 정지의 여지가 없다. 집행에 관한 이의의 인용결정(제504조), 제3자이의의 소의 승소 확정판결(제509조) 및 위 소의 제기에 의한 집행정지 명령(제507조)은 개개의 구체적 집행절차를 정지할 뿐이다. 이 경우에는 집행절차가 개시된 후가 아니면 정지할 수 없다.

5. 채권자의 집행속행신청
집행정지서류의 제출에 의하여 집행이 정지되어 있는 경우에 채권자가 그 정지사유의 소멸을 증명한 때에는 정지된 절차를 속행하여야 한다. 예컨대, 상소심의 판결선고시까지 집행을 정지한다는 집행정지결정에 의하여 집행이 정지되어 있는 경우에 채권자가 상소가 취하되었거나 상소심의 판결선고가 있었음을 증명한 때에는 절차를 속행하여야 할 것이다. 집행정지의 재판에 '채권자가 담보를 제공하면 집행을 속행할 수 있다'고 되어 있는 경우에는 담보를 제공한 증명서(제475조 제2항)를 제출하여 속행을 구할 수 있다. 이와 같은 경우에 집행기관이 우연히 상소심의 판결선고가 있었든가 채권자의 담보제공이 있었음을 알게 되었다 하더라도 채권자로부터의 증명이 없는 한 절차를 속행할 수 없다. 한편 민사소송법 제510조 제1호, 제3호, 제5호, 제6호의 집행취소 서류가 제출된 경우에는 민사소송법 제511조 제1항에 의하여 이미 실시한 집행처분도 취소되므로 그 후 이들 서류에 관계된 재판이 취소되거나 소취하 등의 사유로 효력이 없게 된 것이 증명되더라도 이미 종료된 집행절차를 재개하여 속행할 수 없다. 채권자는 다시 집행신청을 하는 수밖에 없다.

6. 직권에 의한 집행의 속행
변제 영수증서의 제출에 의한 집행정지의 경우에는 2월을 경과한 때에, 이미 이행의 유예증서의 제출에 의한 집행정지의 경우에는 그 이행유예기간이 경과하거나 또는 통산하여 6월의 집행정지기간이 경과한 때에는 채권자의 신청의 유·무에 불구하고 집행을 속행한다. 그러나 예컨대, 채무자의 파산선고 또는 화의절차의 개시로 집행이 정지된 경우에는 그 정지사유가 소멸되면 직권으로 또는 채권자의 신청에 의하여 집행을 개시 또는 속행한다.

---

122) 대법원 1986. 3. 26. 85그130 결정 ; 대법원 2000. 3. 17.자 99마3754 결정

92. 임의경매절차의 정지

민사소송법 제726조 제1항의 문서가 제출되면 경매법원은 경매절차를 정지하여야 한다.

법조문	민사소송법 규정	문서의 종류
제726조 제1항 제1호	담보권의 등기가 말소된 등기부의 등본	
제726조 제1항 제2호	담보권 등기의 말소를 명한 확정판결의 정본	화해, 포기, 인낙 및 조정조서 포함
제726조 제1항 제3호	담보권이 없거나 소멸되었다는 취지의 확정판결의 정본	저당권부존재의 확인판결, 채권존재확인청구의 기각판결, 제3자 이의의 소의 청구인용의 확정판결(확정판결과 동일한 효력이 있는 것을 포함)
제726조 제1항 제4호	채권자가 담보권의 실행을 하지 아니하기로 하거나 경매신청을 취하하겠다는 취지 또는 피담보채권의 변제를 받았거나 그 변제의 유예를 승낙한 취지를 기재한 서류	민사소송법 제510조 제4호와 제6호에 대응하는 서류 (사문서라도 무방) 단, 피담보채권의 변제를 받았거나 변제의 유예를 승낙한 취지를 기재한 서류가 화해조서 정본 또는 공정증서 정본이 아닌 경우에는 정지기간의 제한을 받는다(제735조).
제726조 제1항 제5호	담보권 실행의 일시정지를 명한 재판의 정본	채무에 관한 이의의 소에 따른 경매절차의 일시정지 결정(제735조, 제507조 제2항), 경매개시결정에 대한 이의신청에 따른 경매절차의 일시정지 결정(제728조, 제603조의3 제2항), 제3자 이의의 소에 따른 집행의 일시정지 결정(제735조, 제509조 제3항)

민사소송법 제726조 제5호의 경우 경매법원이 재판기관이 되어 정지결정을 한 경우에는 그 결정이 당사자에게 고지되기 전이라도 이후의 절차를 진행할 수 없다.[123] 채무자가 근저당권자를 상대로 손해배상청구의 소를 제기하고 위 채권으로 근저당권의 피담보채권과 상계하면 위 피담보채권이 소멸한다고 주장하는 경우 위 손해배상청구의 소를 민사소송법 제505조를 준용한 채무에 관한이의의 소로 볼 수 없다.[124]

---
123) 대법원 1971. 5. 27. 70마34 결정 ; 대법원 1999. 7. 2.자 99마1970 결정
124) 대법원 1994. 1. 17. 93그26 결정

93. 임의경매절차의 취소

민사소송법 제726조 제1항 제1호 내지 제4호의 서류가 화해조서 또는 공정증서의 정본인 경우 경매법원은 이미 실시한 경매절차를 취소하여야 한다.

1. 경매절차의 취소
담보권의 등기가 말소된 등기부의 등본(제726조 제1항 제1호), 담보권 등기의 말소를 명한 확정판결의 정본(제726조 제1항 제2호), 담보권이 없거나 소멸되었다는 취지의 확정판결의 정본(제726조 제1항 제3호), 채권자가 담보권의 실행을 하지 아니하기로 하거나 경매신청을 취하하겠다는 취지 또는 피담보채권의 변제를 받았거나 그 변제의 유예를 승낙한 취지를 기재한 서류(제726조 제1항 제4호)가 화해조서의 정본 또는 공정증서의 정본의 형태로 경매법원에 제출되면 경매법원은 이미 실시한 경매절차를 취소하여야 한다(제726조 제2항). 경매법원은 민사소송법 제726조 제1항 제4호의 서류가 화해조서의 정본 또는 공정증서의 정본이 아닌 경우에는 경매절차를 취소하지 아니하고 정지만 하고 기다리게 될 것이다. 그런데 그 중 피담보채권의 변제를 받았거나 변제의 유예를 승낙한 취지를 기재한 서류를 제출한 경우에는 정지기간의 제한을 받게 된다(제511조의 2). 압류채권자가 잉여의 가망이 없다는 통지를 받고 7일내 또는 신장된 기간 내에 적법한 매수신청 및 보증제공을 하지 않은 때에는 경매법원은 결정으로 경매절차를 취소한다(제616조 제2항). 다만 경매법원은 위 기간 경과후라 할지라도 취소결정전에 압류채권자로부터 적법한 매수신청 및 보증제공이 있으면 경매절차를 속행하여야 한다.

2. 경매절차 취소후의 절차
경매법원의 경매취소 결정은 압류채권자, 채무자, 소유자에게 고지한다(민사소송규칙 제212조, 제103조의 2 제3호). 통상 송달의 방법을 취한다. 압류채권자는 위 취소결정에 대하여 즉시항고할 수 있다(제616즈 제3항, 제726조 제3항). 경매취소결정이 확정되면 경매법원은 직권으로 위 취소결정을 등기원인으로 하여 경매신청기입등기의 말소촉탁을 한다(제728조, 제651조). 이 경우 말소등기에 필요한 비용(등록세 3,000원+교육세 600원)은 압류채권자가 납입하여야 한다. 압류채권자가 비용을 납부하지 아니하는 경우에는 그대로 말소촉탁을 하고 미납등록세는 추징조치를 취하게 된다.

3. 착오에 의한 경매종결
잉여의 가망이 없는 경우인데 법원이 이를 간과하고 경매절차를 진행하여 최저경매가격으로 매수신고를 하는 사람이 있어서 집행관이 최고가매수신고인으로 호창을 하고 경매를 종결하였다 하더라도 낙찰기일이 되기전에 경매법원이 그 과오를 발견하였으면 낙찰기일에 낙찰을 불허하는 결정을 한다. 이때에는 민사소송법 제633조 제4호, 제635조 제2항이 적용된다.

4. 압류채권자와 우선채권자의 항고
낙찰불허가결정을 하여야 할 것임에도 이를 간과하여 낙찰허가결정을 한 경우 즉시항고를 할 수 있는 자는 압류채권자와 우선채권자에 한하고 채무자와 소유자는 이에 대하여 항고할 수 없다.[125] 경매의 실시결과 압류채권자의 채권에 우선하는 채권에 관한 부동산의 부담을 경락인이 인수하거나 매각대금으로 그 부담을 변제함에 부족없음이 인정된 경우에는 민사소송법 제616조 위반의 하자는 치유된다.

5. 가등기에 기한 본등기가 경료된 경우 경매절차를 취소할 수 있는가?
제1, 2순위의 근저당권사이에 소유권이전청구권 보전의 가등기가 경료된 부동산에 대하여 제2순위 근저당권 실행을 위하여 실시된 경매절차에서 낙찰허가결정이 선고되기 전에 그 근저당권자보다 선순위인 가등기에 기한 소유권이전의 본등기가 경료되었다고 하더라도 경매절차가 그대로 진행되어 낙찰허가결정이 확정되고 낙찰자가 낙찰대금을 완납한 이상 낙찰의 효력은 더 이상 다툴 수 없다. 따라서 우선순위로 그 때까지 유효하게 존재하고 있던 제1순위 근저당권이 낙찰로 인하여 소멸하고 그보다 후순위인

---

125) 대법원 1979. 5. 22. 79마67 결정 ; 대법원 1981. 8. 29. 81마158 결정 ; 대법원 1986. 11. 29.자 86마761 결정 ; 대법원 1987. 10. 30.자 87마861 결정

가등기 및 그에 기한 본등기의 효력도 상실되었으므로 낙찰대금의 완납후에는 가등기 및 그에 기하여 본등기를 경료한 소유권이전등기 명의인의 경매취소 신청은 불가능하다.[126]

94. 경매절차의 정지·취소문서는
경매절차의 정지·취소문서는 낙찰인이 대금을 납부하기 전까지 제출하여야 한다.

1. 정지·취소문서는 대금납부 전까지 제출하여야 한다.
대금의 납부에 의하여 낙찰인은 부동산의 소유권을 취득한다(제728조, 제646조의 2). 따라서 대금납부 후에는 정지, 취소문서가 제출된다 하더라도 낙찰인의 소유권취득에 아무런 영향을 주지 못하며 배당절차도 그대로 실시된다. 다만, 당해 정지, 취소문서가 제출된 채권자만 배당을 받을 수 없게 되거나 또는 그에게 배당될 금액이 공탁되는데 그친다. 그러나 대금납부전이라 하더라도 정지문서의 종류에 따라 그 제출시한이 다르다.

2. 매수신고 전까지 제출한 경우
피담보채권의 변제를 받았거나 그 변제의 유예를 승낙한 취지를 기재한 서류가 경매기일에서 매수의 신고가 있은 후에 제출된 경우에는 낙찰을 허가하는 결정이 취소되거나 효력을 잃게된 때 또는 낙찰을 허가하지 아니한다는 결정이 확정된 때에 한하여 경매절차가 정지된다(민사소송규칙 제205조, 제146조의 3 제2항). 그 외의 경우에는 정지의 효과가 생기지 않으므로 원칙적으로 위 문서는 경매기일에서 매수의 신고가 있기 전에 제출되어야 경매절차가 정지된다. 다만, 변제수령 또는 변제유예의 문서가 화해조서의 정본 또는 공정증서의 정본에 해당하는 경우에는 민사소송규칙 제146의 3 제2항이 준용되지 않는다. 왜냐하면 위 규정은 사문서를 염두에 둔 것이기 때문이다. 그러나 경매기일에서 매수의 신고가 있은 후에는 신청취하의 경우에 준하여 최고가매수신고인 등의 동의를 요한다.

3. 매수신고후에 제출한 경우
경매기일에서 매수의 신고가 있은 후에 '담보권실행을 하지 아니하기로 하거나 경매신청을 취하하겠다는 취지를 기재한 서류'를 제출하여 경매절차의 정지 또는 취소를 받기 위하여는 최고가매수신고인과 차순위매수신고인의 동의를 받아야 한다(제728조, 제610조 제3항, 제510조 제6호). 그러나 위 서류가 화해조서의 정본이나 공정증서의 정본이 아닌 경우에는 단순한 정지문서에 불과하다. 여기서 이러한 문서는 경매기일에서 매수의 신고가 있기 전에 제출되어야 경매절차가 정지된다는 견해와 위 경우에도 최고가매수신고인 등의 동의만 있으면 경매기일에서 매수의 신고가 있은 후에도 경매절차의 정지가 가능하다는 견해가 서로 대립되어 있다. 그러나 민사소송법 제726조 제1항 제1호 내지 제3호 및 제5호의 문서는 대금납부시까지만 제출되면 정지의 효과가 생긴다. 그 이전에는 시간적 제약이 없다.

95. 경매기일은
경매법원이 경매부동산에 대한 경매를 실시하는 시기를 말한다.

1. 경매기일의 지정
대법원예규에 의하면 최초경매기일의 지정·게시 및 공고는 현황조사보고서 및 감정평가서의 접수일로부터 3일 이내에 하도록 되어 있다. 그런데 경매기일이라 함은 경매법원이 경매부동산에 대한 경매를 실시하는 시기를 말한다. 경매법원은 공과주관공무소에 대한 최고, 부동산현황조사, 최저경매가격결정 등의 절차가 끝나고 경매절차를 취소할 사유가 없는 경우에는 직권으로 경매기일을 지정하여 공고한다(제617조). 이해관계인이 경매기일의 지정에 관하여 합의를 하더라도 법원은 이에 구속되지 아니한다. 경매

---
126) 대법원 1997. 1. 16. 96마231 결정

기일의 지정은 연월일 및 시각을 정하여야 한다. 만일 경매기일의 시각의 지정이 없으면 법원의 일상 업무개시시간 이후의 적당한 시간에 개정하는 취지라고 보면 된다.

2. 최초의 경매기일
최초의 경매기일은 공고일로부터 14일 이후로 정하여야 한다(제619조 제1항). 대법원예규에 의하면 신문공고의뢰일로부터 20일 이내에 지정하도록 되어 있다. 즉, 최초의 경매기일은 공고일 익일부터 14일에 해당하는 날을 포함하여 그 이후로 지정하면 되므로 공고일과 경매기일간의 중간기간이 13일이면 족하다.[127] 이와 같은 최소한 13일의 중간기간은 공고사항에 변경이 있는 때에도 변경공고일로부터 계산한다. 따라서 경매법원은 위 기간이 준수되도록 신기일을 정하여야 한다. 신경매기일과 재경매기일은 공고일로부터 7일 이후 20일 이내로 정한다(제631조 제2항, 제648조 제3항).

3. 경매기일의 공고
경매기일의 공고는 공고사항을 기재한 서면을 법원의 게시판에 게시하는 방법으로 행한다(제612조 제1항). 최초의 경매기일에 관한 공고는 그 요지를 신문에 게재하도록 되어 있다(제612조 제2항). 최초의 경매기일에 관한 한 공고일과 경매기일간에 두어야 할 법정기간은 신문공고에도 지켜져야 한다.

4. 경매기일의 변경
경매법원은 일단 정하여진 경매기일을 자유재량에 의하여 변경할 수 있다. 이해관계인은 기일지정·변경 신청권이 없으므로 이해관계인간에 기일변경에 관하여 합의가 있었다 하더라도 법원은 이에 구속되지 아니한다. 이해관계인은 인지를 첨부하지 않고 경매기일변경신청을 할 수 있다. 그런데 민사소송법 제152조 제4항의 변론기일의 변경에 관한 규정은 경매기일이나 낙찰기일에는 적용되지 않는다. 경매법원이 경매기일을 변경하지 않는 경우에도 기일변경 신청의 각하결정을 하지 않는다. 변경후의 경매기일도 최초의 경매기일은 그 공고일로부터 14일 이후로 정하여야 한다. 변경된 경매기일의 공고는 게시판에만 하는 것이 실무이다.

5. 경매기일의 취소
민사소송법 제510조의 집행 정시서류가 제출된 때에는 법원은 경매기일의 지정을 취소하여야 한다. 특히 경매법원은 경매절차 과정에 위법이 있음을 발견한 경우나 불가피한 사정이 발생하여 경매기일에 경매를 실시할 수 없는 경우에는 경매기일을 취소하거나 변경하여 적법한 경매절차가 이루어지도록 하여야 한다.

6. 경매명령
법원이 경매기일을 지정하면 경매명령을 발한다. 이 경매명령은 집행관에게 별도로 송부하지 아니하고 경매기일 공고가 끝난 후에 경매사건 기록과 함께 집행관에게 교부하여 경매를 실시한다.

☞ 기일변경신청서

96. 경매기일은
경매법원의 게시판과 일간신문에 게재하여야 한다.

1. 게시판 공고
경매기일 및 낙찰기일을 지정한 때에는 법원은 경매 및 낙찰기일을 공고하여야 한다(제617조). 경매기일의 공고는 경매법원이 공고사항을 기재한 서면을 경매법원의 게시판에 게시한다(제621조 제1항). 실무는

---

[127] 대법원 1979. 3. 20. 79마79 결정 ; 대법원 2003. 2. 19.자 2001마785 결정

게시판이 없어지는 것을 막기 위하여 법원의 게시판에 철창문을 만들어 달고 시정하여 그 안에 게시문을 여러 개 겹쳐서 매달아 놓는다. 위와 같은 공고방법이 부적법하다는 것은 두말할 나위가 없다. 그런데 판례는[128] 경매법원이 경매기일 공고 서류를 게시하는 경우 공고 내용을 게시판에서 읽을 수 있는 한 법원게시판이 철창문으로 잠겨져 있다 해서 위법하다고 할 수 없다고 판시한 적이 있다.

2. 신문공고
최초의 경매기일에 관한 공고는 그 요지를 신문에 게재하여야 한다(621조 2항 전단). 법원이 필요하다고 인정할 때에는 그 외의 경매기일에 관하여도 신문에 게재할 수 있다(제621조 제2항 후단). 그러나 대법원 예규상으로는 최초의 경매기일외의 경매기일에 관한 공고는 법원이 특히 필요하다고 인정하는 경우를 제외하고는 법원게시판에 공고사항을 기재한 서면을 게시하는 방법으로 하도록 되어 있다. 따라서 이해관계인은 경매법원의 공고에 주의를 기울여야 할 것이다.

3. 공고기간
경매기일을 공고하는 목적은 경매목적물의 특정과 그 목적물의 실질적 가치를 매수희망자에게 알림으로써 그들에게 판단자료를 제공해주자는데 있다. 따라서 공고는 일정기간 지속되어야 한다. 경매기일의 공고는 최초의 경매기일은 적어도 14일 이상, 신경매기일 등은 7일 이상 계속하여 게시판에 게시하여야 한다.

4. 경매기일의 통지
경매법원은 경매기일과 낙찰기일을 이해관계인에게 통지하여야 한다(제617조 제2항). 이 통지는 경매기록에 표시된 이해관계인의 주소(등기부등본 또는 권리신고서나 배당요구신청서상의 주소)에 등기우편으로 발송할 수 있다(제617조 제3항). 이와 같은 송달방법은 소송절차상의 우편송달에 해당하므로 발송시에 송달의 효력이 있다. 따라서 이해관계인은 주소의 변경이 있는 경우 즉시 경매법원에 서면으로 주소변경신고를 하여야 불이익을 받지 않는다. 경매기일 통지일과 경매기일 사이에 14일 또는 7일의 기간이 있어야 하는 것은 아니다.[129] 한편 민사소송법 제633조 제1호는 '집행할 수 없을 때'를 경락에 관한 이의사유의 하나로 들고 있고 제617조 제2항은 법원이 경매기일과 경락기일을 이해관계인에게 통지하도록 규정하고 있으므로 특별한 사유가 없는 한 위와 같은 기일통지가 없이는 강제집행을 적법하게 속행할 수 없다. 그러나 이러한 기일통지의 누락은 이해관계인의 이의가 없는 한 경매법원이 직권으로 경락을 불허할 사유는 되지 못한다. 항고심으로서도 민사소송법 제643조 제3항, 제635조의 규정에 의하여 이해관계인이 경락에 관하여 이의하거나 항고이유로 명시적으로 주장하지 아니하는 한 직권으로 판단하여야 할 사유는 아니다. 이 점은 입찰의 경우에 있어서도 마찬가지이다.[130]
입찰기일의 공고 및 다른 이해관계인에 대한 입찰기일 및 낙찰기일에 대한 통지절차가 완료된 후에 비로소 권리신고가 있는 경우에는 비록 그 신고가 입찰기일 전에 행하여졌다고 할지라도 당해 이해관계인에게 입찰기일 및 낙찰기일을 통지하지 않았다고 하여 위법하다고 할 수 없으므로 이를 낙찰에 대한 이의 내지 항고사유로 삼을 수 없다.[131]

---

128) 대법원 1995. 9. 6. 95마596 결정
129) 대법원 1970. 1. 20. 69마1104 결정
130) 대법원 1998. 8. 21. 98마1569 결정 ; 대법원 1991. 12. 16. 91마239 결정 ; 대법원 1994. 9. 22. 94마759 결정 ; 대법원 1995. 3. 30. 94마1716 결정 ; 대법원 1995. 7. 26. 95마488 결정 ; 대법원 1995. 12. 5. 95마1053 결정 ; 대법원 2001. 7. 10. 선고 2000다66010 판결
131) 대법원 1971. 1. 13. 70마878 결정 ; 대법원 1993. 3. 4. 93마178 결정 ; 대법원 1995. 4. 22. 95마320 결정 ; 대법원 1998. 3. 12. 98마206 결정 ; 대법원 2000. 1. 31.자 99마7663 결정

97. 낙찰기일은

경매법원이 경매절차의 적법여부를 심사하여 낙찰허부의 결정을 선고하는 기일이다.

1. 낙찰기일의 의의
경매가 실시되어 최고가매수신고인이 있을 때 법원이 출석한 이해관계인의 진술을 듣고 경매절차의 적법여부를 심사하여 낙찰허가 또는 불허가의 결정을 선고하는 기일을 낙찰기일이라 한다.

2. 낙찰기일의 지정
법원은 경매기일을 지정함과 동시에 직권으로 낙찰기일을 정하여 공고하여야 한다(제617조). 낙찰기일은 경매기일로부터 7일내로 정하여야 한다(제620조 제1항) 이 규정은 훈시규정이다.[132] 새로 지정된 낙찰기일도 경매기일로부터 7일 이내이어야 한다. 그러나 이는 훈시규정이므로 7일 이후라도 위법은 아니다.

3. 낙찰기일의 변경의 재량성
법원은 자유재량에 의하여 경매기일전에 경매기일과 함께 낙찰기일을 변경하거나 또는 경매실시후에 낙찰기일만을 변경할 수도 있고 또 낙찰기일을 개시한 후에 이를 연기할 수도 있다. 경매기일의 종료후에 낙찰기일을 변경한 때에는 이해관계인, 최고가매수신고인 및 차순위매수신고인에게 변경된 기일을 통지하여야 한다(민사소송규칙 제154조 제1항). 이해관계인에게 낙찰기일을 알려 그 기일에 출석하여 낙찰에 관한 의견을 진술하게 하기 위한 것이다. 변경된 낙찰기일을 우편송달 기타의 방법으로 각 이해관계인에게 통지하여 이를 알림으로써 족하고 변경된 낙찰기일을 공고하지 아니하였다 하여 위법이라 할 수 없다.[133] 경매실시후 낙찰기일까지의 사이에 강제집행의 일시정지를 명하는 재판의 정본이 제출된 때(제510조 제2호)에는 일단 낙찰기일을 연 다음에 낙찰불허가결정을 한다. 왜냐하면 이 경우는 민사소송법 제633조 제1호 후단, 제635조 제2항에 해당되어 집행을 계속할 수 없는 때에 해당되기 때문이다.

98. 경매기일공고에 기재할 사항

부동산의 표시, 점유자, 점유권원, 점유사용할 수 있는 기간, 차임 또는 보증금의 약정유무와 그 수액 등을 기재하여 공고하여야 한다.

1. 부동산의 표시(제618조 제1호)
경매기일의 공고에는 경매부동산의 동일성을 인식할 수 있을 정도로 특정하여 표시하여야 한다. 또한 매수희망자로 하여금 목적물의 실질적 가치를 알 수 있도록 구체적으로 부동산의 현황을 표시하여야 한다.[134] 따라서 경매부동산의 표시가 특정되지 않은 경매기일공고는 부적법하다.[135] 또 공부상의 표시와 실제의 면적, 구조 등이 상이한 때에는 공부상의 표시뿐만 아니라 감정평가서, 집행관의 현황조사보고서 등의 내용에 의한 실제의 지번, 지목, 면적, 구조, 종물, 부가물 등도 아울러 표시하여야 한다. 증축에 의하여 실제 건평이 증가된 경우에는 실측평수도 기재하여야 한다. 또 등기부에 표시되지 아니한 부속건물, 종물 등도 표시한다. 토지에 대하여 환지예정지로 지정되어 있는 경우에는 종전토지의 지번, 지적뿐만 아니라 환지예정지로 지정된 구체적 내용도 함께 기재하여야 한다.[136] 위와 같은 부동산의 실제에 관한 표시를 누락하면 공고에 부동산의 표시를 하지 아니한 것으로 되어 낙찰불허의 사유로 된다(제635조 제2항). 이처럼 민사소송법이 입찰기일을 공고함에 있어서 부동산의 표시를 요구하고 있는 것은 입찰목적물의 특정과 입찰목적물에 대한 객관적 실가를 평가할 자료를 이해관계인에게 주지시키자는 데 그 뜻이 있다. 따라서 입찰공고에 부동산의 표시가 위법하고 중대한 하자가 있는데도 낙찰허가결정을 취소하

---

132) 대법원 1961. 1. 18. 4293민재항405 결정 ; 대법원 1984. 8. 23.자 84마454 결정
133) 대법원 1966. 7. 29. 66마125 결정 ; 대법원 1981. 1. 19.자 80마96 결정
134) 대법원 1964. 10. 28. 64마595 결정 ; 대법원 1984. 8. 23.자 84마454 결정
135) 대법원 1973. 5. 23. 73마888 결정 ; 대법원 1999. 10. 12.자 99마4157 결정
136) 대법원 1974. 1. 8. 73마683 결정 ; 대법원 1983. 9. 26.자 83마카33 결정

지 않았다면 이는 부당하다할 것이다.137) 경매법원이 당초 경매의 대상에 포함시키지 아니하였고 감정평가에서도 포함되지 아니하였던 부동산이 경매기일의 공고를 함에 있어서 착오로 경매의 대상에 포함되는 것으로 된 채 절차가 진행되어 경매까지 되었다가 경매법원이 그 잘못을 발견하고 경락불허가결정을 한 후 위 부동산을 경매의 대상에서 제외하여 다시 경매명령과 경매기일공고를 한 후 경매절차를 진행하여 경락허가결정을 하였다면 위 부동산은 경매의 대상이 되지 않았다 할 것이고 비록 경매법원이 경락허가결정을 하면서 착오로 경매의 대상이 되는 부동산목록에 위 부동산을 포함시켰다 하더라도 이는 명백한 오기로서 결정의 경정사유가 될 뿐 경락의 효력이 그 부동산에 미치지 아니한다.138)

2. 강제집행에 의하여 경매하는 취지(제618조 제2호)
경매에 갈음하여 입찰을 명한 때에는 입찰을 하는 취지를 기재한다.

3. 부동산의 점유자, 점유권원, 점유사용할 수 있는 기간, 차임 또는 보증금의 약정유무와 그 수액(제618조 제3호)
점유자란 부동산을 현실로 직접 지배하고 있는 자를 말한다. 간접점유자는 이에 포함되지 아니한다. 점유자가 누구인지 밝혀지지 않을 때에는 점유자불명으로 기재한다. 점유의 권원이란 점유자의 점유를 정당하게 할 법률상의 원인을 말한다. 그것이 낙찰인에 대항할 수 있는가의 여부를 묻지 아니한다. 점유사용할 수 있는 기간은 시기와 종기를 ○○년 ○○월 ○○일부터 ○○년 ○○월 ○○일까지 기재한다. 조사결과 점유권원의 존부 자체가 불명하거나 차임 또는 보증금의 액이 불명인 때에도 그 취지를 기재한다. 경매법원은 집행관의 현황조사보고서, 경매기록 중의 등기부등본, 감정인의 감정평가서 등에 의하여 점유에 관한 사항을 조사하여야 한다. 스스로 검증 기타 증거조사를 하는 것은 허용되지 아니한다. 공고에 본호의 사항에 대한 기재가 누락된 경우에는 낙찰허가에 대한 이의사유(제633조 제5호)가 되나 그로 인하여 손해를 받은 경우가 아니면 이의로써 그 주장을 할 수 없다. 따라서 채무자는 공고의 누락으로 인하여 이의를 할 수 없다.139) 임차권자는 임차권에 관한 사항이 공고에서 빠졌다 하여 불이익하게 될 것이 없으므로 이의를 할 수 없다.

99. 경매기일공고에 기재할 사항
경매의 일시·장소 및 경매할 집행관의 성명, 최저경매가격, 낙찰일시·장소 등을 공고하여야 한다.

1. 경매의 일시, 장소 및 경매할 집행관의 성명(제618조 제4호)
경매기일의 일자만을 표시하고 시각을 표시하지 아니한 경우에는 법원이 통상 집무를 개시하는 시각에 개시할 수 있다는 취지이다. 경매기일의 변경이 있으면 새로 공고한다. 다만 변경전 공고가 그대로 게시되어 있는 경우에는 기일변경 공고만을 하기도 한다. 경매장소는 당해 경매사건에 관하여 현실로 경매를 실시할 장소를 말한다. 경매는 원칙으로 경매법원 내에서 실시하여야 하나 집행관은 법원의 허가를 얻어 법원이외의 장소에서 할 수도 있다(제619조 제2항). 따라서 경매법원의 경매법정뿐만 아니라 집행관사무소 또는 부동산소재지의 시구읍면사무소나 부동산소재지 현장에서 실시할 수도 있다. 경매법원의 허가가 있더라도 경매기일의 공고에 기재하지 아니한 장소에서 경매를 실시하는 것은 허용되지 아니한다. 집행관사무소가 법원구내에 없다 하여 민사소송법 제619조 제2항의 규정을 무시하고 미리 경매장소를 법원구내가 아닌 다른 장소로 정할 수 없다. 경매기일공고에 경매할 자로 표시된 집행관이 사망, 질병 기타의 사유로 경매를 실시할 수 없게 되면 같은 소속의 다른 집행관이 대신 그 경매절차를 주재하기도 한다.140) 따라서 경매기일공고에 게시되지 아니한 다른 집행관에 의하여 경매실시가 되었더라도 경

---

137) 대법원 1994. 11. 11. 94마1453 결정 ; 대법원 1994. 11. 30. 94마1673 결정 ; 대법원 1995. 7. 29. 95마540 결정 ; 대법원 2003. 12. 30.자 2002마1208 결정
138) 대법원 1983. 1. 14. 82그35 결정 ; 대법원 1993. 7. 6. 93마720 결정
139) 대법원 1959. 12. 21. 4292민재항287 결정 ; 대법원 2001. 8. 30.자 99마7372 결정
140) 대법원 1961. 2. 24. 4293민재항473 결정

락허가결정에 대한 항고사유가 되지 않는다.[141]

2. 최저경매가격(제618조 제5호)

경매기일의 공고에는 경매부동산의 최저경매가격을 기재하여야 한다. 경매기일의 공고가 잘못되어 새로 경매기일을 정하든가 전낙찰인이 대금을 지급하지 아니하여 재경매기일을 정한 경우에는 전경매기일에 있어서의 최저경매가격이 그대로 유지된다. 경매부동산이 수 개인 경우에는 각 부동산별로 최저경매가격을 표시하여 공고하여야 한다. 일괄경매하는 경우에 한하여 모든 부동산의 평가액을 합산하여 최저경매가격을 표시하여도 된다. 경매기일의 공고에 최저경매가격의 기재가 없으면 낙찰불허가사유가 된다. 그러나 최저경매가격을 정정하고 정정관인을 찍지 않은 사실만으로는 그 공고를 위법이다고 할 수 없다.[142] 또한 최저경매가격에 오기가 있어서 그것이 실제의 최저경매가격보다 저액으로 기재된 경우에 매수신고된 가격이 실제의 최저경매가격을 상회하는 액이라면 그대로 낙찰을 허가한다. 다만 실제의 최저경매가격에 미달하는 가격의 매수신고가 있는 경우에만 낙찰불허가사유가 된다.

3. 낙찰일시, 장소(제618조 제6호)

낙찰기일도 그 일자와 시각을 기재하여야 한다. 만약 일자만을 기재하였을 때에는 경매법원의 집무시간 내에 낙찰기일을 열 것이라는 취지로 보아야 한다. 낙찰장소는 경매법원 내로 정하여야 한다(제620조 제2항).

100. 경매기일공고에 기재할 사항

등기부에 기입을 요하지 아니하는 부동산위에 권리있는 자의 채권을 신고할 것, 이해관계인은 경매기일에 출석할 것 등을 공고하여야 한다.

1. 경매기록을 열람할 장소(제618조 제7호)

집행관은 경매기일에 경매기록을 매수희망자 각인에게 열람하게 하여야 한다(제624조). 경매기록을 열람할 장소라 함은 집행관주재하에 열람하게 하는 장소를 말한다. 따라서 경매기일공고에 기재할 기록열람장소는 경매기일의 실시장소와 동일한 장소가 된다. 통상은 경매법정의 집행관 면전이다. 경매기일전에도 이해관계인이나 매수희망자는 민사소송법 제151조의 소송기록의 열람에 관한 규정에 따라 경매법원에서 기록을 열람할 수 있으나 그것은 경매기일 공고에 기재하지 않는다. 경매기일공고 전에는 경매절차의 이해관계인(제607조, 제728조) 또는 이해관계인이 될 수 있는 자격이 있음을 증명하는 서면을 소지한 자나 민사소송법 제151조 제1항에 해당하는 당사자나 이해관계를 소명한 제3자에 한하여 경매기록의 열람을 허용하고 그 밖의 사람에 대하여는 열람을 허용하지 않는다. 기록의 열람을 허용할 때에는 이해관계의 증명을 엄격히 요구한다. 그리고 기록열람시에는 열람자의 신분증에 의하여 본인여부를 확인하고 주소, 성명, 주민등록번호를 명기하므로 열람을 신청한자는 반드시 신분증을 소지하여야 한다.

2. 등기부에 기입을 요하지 아니하는 부동산위에 권리있는 자의 채권을 신고할 취지(제618조 제8호)

등기부에 기입을 요하지 아니하는 부동산상의 권리자가 이해관계인으로 되기 위하여는 권리를 증명하여 경매법원에 신고하여야 하므로(제607조 제4호) 그 권리자에 대하여 경매실시사실을 알리고 권리의 증명과 신고를 최고하기 위하여 공고에 기재하도록 한 것이다.

3. 이해관계인이 경매기일에 출석할 취지(제618조 제9호)

4. 일괄경매의 결정을 한 때에는 그 취지(제615조의 2)

---

141) 대법원 1996. 8. 19. 96마1174 결정
142) 대법원 1964. 3. 24. 63마48 결정 ; 대법원 1981. 1. 28.자 80마600 결정

5. 매수신청인의 자격을 제한한 때에는 그 제한의 내용(민사소송규칙 제151조)

6. 경매물건명세서, 현황조사보고서 및 감정평가서의 사본이 경매기일의 1주일 전까지 경매법원에 비치되어 일반인의 열람을 위하여 제공된다는 취지를 기재하여야 한다.

101. 입찰에 참가하는 방법
입찰표에 사건번호, 입찰자의 성명, 주소, 응찰가액, 보증금액을 기재하고 날인하여 보증금과 함께 입찰봉투에 넣어 입찰함에 투입하면 된다.

1. 입찰표의 기재
입찰표에 사건번호, 입찰자의 성명, 주소, 응찰가액, 보증금액을 기재하고 날인하여 보증금과 함께 입찰봉투에 넣어 입찰함에 투입하면 된다. 한 사건에서 여러 개의 물건이 개별적으로 입찰에 부쳐지는 경우에는 그 중 응찰하고자 하는 물건의 번호도 반드시 기재하여야 한다. 입찰표는 입찰기일에 각급법원의 민사집행과 또는 입찰법정에 비치하여 놓는다.

2. 입찰보증금의 준비
입찰보증금액은 특별매각조건으로 달리 정한 경우가 아닌 한 응찰가액의 1할에 해당하는 금액이어야 하며, 금융기관 발행의 자기앞수표 또는 현금으로 준비하여야 한다.

3. 여러명이 공동으로 입찰하는 경우
2인 이상이 공동으로 입찰하려고 하는 경우에는 상호관계 및 각자의 지분을 명확히 하여 미리 집행관의 허가를 받아야 한다. 공동입찰허가원도 입찰기일에 각급법원의 민사집행과 또는 입찰법정에 비치하여 놓는다.

4. 최고가입찰자·차순위입찰자의 결정
입찰봉투의 투입이 완료되면 곧 개찰을 실시하여 최고가입찰자를 정한다. 최고의 가격으로 응찰한 사람이 2인 이상이면 그들만을 상대로 곧바로 추가입찰을 실시한다. 추가입찰에서도 또다시 2인 이상이 최고의 가격으로 응찰한 경우에는 추첨에 의하여 최고가입찰자를 정한다. 최고가입찰자 이외의 입찰자 중 최고가입찰금액에서 보증금을 공제한 금액보다 높은 가격으로 응찰한 사람은 차순위입찰신고를 할 수 있다. 최고가입찰자 및 차순위입찰신고인 이외의 입찰자가 제출한 보증금은 절차가 종결되는 즉시 반환받을 수 있다.

5. 낙찰허가결정과 대금의 지급
최고의 가격으로 응찰한 사람에 대하여 낙찰기일에 낙찰허가여부를 최종적으로 결정한다. 낙찰허가결정이 확정되면 법원이 정하여 통지하는 대금지급기일에 낙찰대금(보증금을 공제한 잔액)을 납부하여야 한다. 대금지급기일은 통상 낙찰허가결정이 확정된 날로부터 1개월 이내로 지정된다.

6. 재입찰
낙찰자가 지정된 대금지급기일에 대금을 납부하지 아니하면 차순위입찰신고인에게 낙찰을 허가하고, 차순위입찰신고인이 없는 경우에는 재입찰을 실시한다. 다만, 재입찰기일로 지정된 날의 3일 전까지 종전 낙찰자가 낙찰대금 및 그 동안의 이자, 비용을 납부하면 대금납부로서 유효하며 따라서 재입찰은 실시하지 않는다.

7. 입찰물건명세서의 열람
매수희망자들의 열람에 제공하기 위하여 입찰기일 1주일 전부터 입찰물건에 관한 명세서, 시가감정서,

임대차 등의 현황조사서를 각급법원 민사집행과에 비치하여 놓으며 입찰기일에는 입찰법정의 입구에도 5군데 비치하여 놓고 있다. 입찰기일에는 많은 사람이 한꺼번에 몰려 혼잡하므로 가능한 한 사전에 미리 열람하여 필요한 정보를 얻은 후에 응찰여부를 판단하여야 할 것이다. 특별매각조건의 내용은 입찰물건에 관한 명세서의 열람을 통하여 확인할 수 있다.

8. 도장, 주민등록증, 위임장(인감증명서)의 지참
입찰법정에 출석할 때는 입찰표의 기재 및 입찰보증금의 반환에 필요하므로 도장과 주민등록증을 반드시 지참하여야 한다. 타인을 대리하여 응찰하려는 사람은 인감증명을 첨부한 위임장을 반드시 입찰표와 함께 제출하여야 한다. 공동입찰의 허가를 받고자 할 때는 공동입찰자간의 상호관계를 소명할 수 있는 자료(주민등록등본, 등기부등본 등)를 첨부하여야 한다.

9. 농지입찰의 경우
소유권의 이전에 농지취득자격증명이 요구되는 농지의 경우는 최고가입찰자로 결정된 후 농지취득자격증명을 제출하여야 낙찰이 허가된다.

10. 입찰이 취소되는 경우
공고된 물건 중 입찰기일전에 강제집행신청이 취하되거나 정지된 경우에는 별도의 공고없이 입찰에서 제외된다. 낙찰대금을 납부하기 전까지 채무자가 채무를 전부 변제하면 입찰이 취소될 수 있다. 이 때는 낙찰자가 제출한 보증금을 반환받는다.

102. 신문게재 입찰공고사항 읽는법

신문공고를 통하여 매수희망자는 입찰대상 부동산, 물건번호, 소재지, 용도, 면적, 가격 등 정보를 얻을 수 있다.

1. 게재순서
(1) 입찰대상 부동산을 용도별로 (아파트), (단독주택), (연립주택, 빌라, 다세대주택), (근린생활시설, 상가, 사무실, 오피스텔), (대지, 임야, 농지) 5가지로 구분하여 같은 용도에서는 사건번호순으로 게재되어 있다.
(2) "근린생활시설 및 주택"과 같이 복합건물인 경우에는 그 중 주된 용도를 기준으로 한다.
(3) 한 사건에서 수 개의 물건을 입찰하는 경우에는 그 중 최저입찰가액이 큰 것을 기준으로 게재되어 있다.

2. 물건번호
물건번호는 한 사건에서 수 개의 부동산을 개별적으로 입찰할 경우에만 게재되어 있다.

3. 소재지
(1) 주소는 서울의 경우 이를 생략하고 구(區)부터 시작한다. 번지수의 표기는 가운데 줄이 그어져 있다.
    (예) : 150-1 (○) 150의 1 (×)
(2) 번지수가 여러개인 경우는 아파트, 빌라, 연립주택은 대표번지 외 몇 필지라고 게재되어 있다. 단독주택의 경우는 모든 번지가 게재되어 있다. 다만, 단독주택의 경우도 면적이나 비고의 기재가 아닌 번지수의 기재만으로 인하여 공고의 칸을 더 늘려야 할 경우에는 아파트 등에 준하여 게재되어 있다.
(예) : (아파트) 강남구 압구정동 200 외 5필지 현대아파트 5동 705호
       (빌라, 연립주택, 다세대주택) 서초구 서초동 300-2 외 1필지 서초빌라 가동 102호
       (단독주택) 관악구 상도동 112-1, 동 소 113-1
(3) 여러 필지의 대지를 일괄입찰하는 경우에는 지번이 연달아 게재되어 있고, 면적란에 총 필지수가 게재되어 있다. 다만, 지목이 각각 다를 경우에는 구분하여 게재되어 있다.

(예) : 소재지란 : 강남구 반포동 123, 123-1, 123-5, 124
       면적란 : 총 4필지 500평
(4) 물건번호로 오인될 염려가 있는 경우에는 필지가 여러 개 일지라도 소재지란에는 물건별 번호를 게재하지 않는다.

4. 용도
(1) 용도란에는 아파트, 연립주택, 다세대주택, 빌라, (단독)주택, 대지, 전, 답, 임야, 근린생활시설, 상가, 점포 등이 게재되어 있다. 전, 답, 대지, 임야 등은 등기부상의 지목이 게재되어 있고 기록상 확인되는 실제현황은 비고란에 게재되어 있다.
(2) 입찰에 부쳐진 부동산이 여러 층의 건물인 경우 층수가 게재되어 있다. 다만 주택은 1층이라도 층수가 게재되어 있다
(예) : 1층주택, 3층주택, 2층점포, 2층주택 및 근린생활시설, 7층병원

5. 면적
(1) 면적의 기재는 원칙적으로 평수가 게재되어 있다. 아파트, 연립주택, 빌라, 다세대주택은 평방미터를 기재한 후 괄호속에 일반적으로 거래되고 있는 평형이 게재되어 있다. (예) : 35평형
(2) 단독주택의 경우는 대지, 건물, 제시외 미등기건물이 각 게재되어 있다. 건물은 연건평(총면적)이 게재되어 있다. 대지가 여러 필지이더라도 일괄입찰인 경우에는 총면적만 게재되어 있다.
(예) : 대지 50평, 건물 70평, 미등기 5평
(3) 부동산의 일정지분을 입찰하는 경우에는 그 지분이 게재되어 있다. 지분권자의 이름은 게재되어 있지 않다.
(예) : 대지 345평 중 123.5/345 지분, 건물 120평 중 1/4 지분, 대지·건물의 지분이 같은 경우에는 다음과 같이 표시한다.

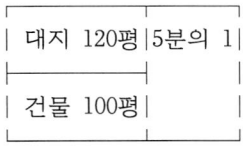

6. 가격
최저입찰가격이 게재되어 있다.

7. 비고
(1) 대지, 건물을 일괄하여 입찰하는 경우에는 그 사실이 게재되어 있다.(예) : 대지건물 일괄입찰, 대지건물 일괄입찰(미등기포함)
(2) 재경매사건으로 보증금을 2할로 하는 경우에는 그 사실이 게재되어 있다. (예) : 대지건물 일괄입찰, 보증금 2할
(3) 지목이 농지(전, 답)로서 소유권이전에 농지매매증명이 필요한 경우에는 "농지매매증명 필요"라고 게재되어 있다.
(4) 전, 답, 대지, 임야의 경우 기록상 확인되는 실제현황이 다른 경우에는 그 사실도 게재되어 있다. (예) 현황 : 대지, 현황 : 주차장
(5) 대지 등의 지상에 건물이 소재할 경우에는 그 사실도 게재되어 있다.(예) : 지상에 3층 건물이 소재함
(6) 보증금 2할이나 일괄입찰 이외의 특별매각조건이 있는 경우(예컨대, 저당권인수 등)에는 "특별매각조건 있음"이라고 게재되어 있다.
(7) 연립주택, 빌라, 아파트의 경우에 대지권이 없는 경우에는 "대지권 없음"이라고 게재되어 있다.
(8) 단독주택의 경우에 건물만 입찰하는 경우에는 "건물만 입찰함"이라고 게재되어 있다.

103. 입찰매각조건이란
법원이 경매부동산을 매각하여 그 소유권을 낙찰인에게 이전시키는 조건을 말한다.

1. 서언
매각조건이라 함은 법원이 경매부동산을 매각하여 그 소유권을 낙찰인에게 이전시키는 조건을 말한다. 다시 말하면 경매의 성립과 효력에 관한 조건을 말한다.

2. 매각조건의 종류
매각조건은 법정매각조건과 특별매각조건으로 구별된다. 법정매각조건은 모든 경매절차에 공통하여 법이 미리 정한 매각조건을 말한다. 특별매각조건은 각개의 경매절차에 있어서 특별히 정한 매각조건을 말한다. 어느 특정경매절차가 법정매각조건에 의하여 실시되는 경우에는 경매기일에 그 매각조건의 내용을 관계인에게 알릴 필요가 있으나 특별매각조건이 있는 경우에는 그 내용을 집행관이 경매기일에 고지하여야 한다(제624조). 특별매각조건으로 낙찰한 때에는 낙찰허가결정에 그 조건을 기재하여야 한다(제640조 제1항).

3. 법정매각조건
(1) 최저경매가격미만의 매각불허(제631조)
(2) 부동산위의 담보권, 용익권의 소멸, 인수(제608조)
(3) 매수신청인의 의무(제625조, 제626조 제1항)
(4) 잉여가 없는 경우의 경매불허(제608조, 제616조)
(5) 낙찰인의 소유권 취득시기(제646조의 2)
(6) 낙찰인의 대금지급의무와 그 지급시기(제654조, 제648조)
(7) 소유권 취득 등기의 시기, 방법(제661조 제1항)
(8) 낙찰인의 소유권이전등기 및 불인수 부담말소에 관한 비용의 부담(제661조 제2항)
(9) 낙찰인의 추탈담보에 기한 청구권(민법 제578조, 제580조)

4. 매각조건이 아닌 사항
매각조건이라고 할 수 없는 것으로서는 경매의 장소, 경매기일, 낙찰기일, 기일의 공고, 낙찰허부결정의 방법 등을 들 수 있다. 낙찰허부에 관한 이의의 진술, 낙찰허부결정에 대한 항고권 등도 각 이해관계인이 가지는 강제집행법상의 권리이지 매각조건은 아니다.

104. 특별매각조건도 변경할 수 있다.
이해관계인은 전원의 합의에 의하여 법원이 정한 매각조건에 대하여 변경할 수 있다.

1. 이해관계인의 합의에 의한 특별매각조건
최저경매가격 이외의 법정매각조건은 이해관계인 전원의 합의에 의하여 변경할 수 있다(제622조 제1항). 최저경매가격에 미달하는 가격으로 할 수 없다고 한 것은 최저경매가격은 공익에 관계되는 매각조건이므로 이해관계인의 합의로서도 변경할 수 없다. 그러나 경매법원이 결정한 최저경매가격을 인상하기로 하는 합의는 유효하다. 이해관계인은 합의에 따른 매각조건변경신청을 인지를 첨부하지 않고 할 수 있다. 경매법원은 이해관계인이 법정매각조건 변경의 합의를 하여 매각조건변경신청을 한 때에는 그 변경이 적합한 것인가를 심사하여 그것이 적법하다고 인정하면 이에 구속되어 매각조건변경의 결정을 한다.

2. 변경가능한 매각조건
이해관계인의 합의로 변경할 수 있는 매각조건은 낙찰대금의 지급방법과 시기, 경매에 의하여 소멸할 저당권을 존속시키기로 하는 조건 등이 있다. 주의할 것은 이해관계인이라 함은 매각조건의 변경에 의하여 자기의 권리에 영향을 받을 이해관계인에 한한다. 그러므로 부동산상의 저당권을 존속시키기로 하는 합의는 그 저당권자만이 이해관계인이고 그 보다 후순위 저당권자는 이해관계인이 아니다.

3. 변경된 매각조건에 위반한 경매
경매법원은 이해관계인으로부터 합의에 따른 매각조건변경 신청이 있으면 그 합의가 유효하게 성립된 이상 이에 구속되고 매각조건 변경결정을 해야 한다. 만일 매각조건변경 결정을 하지 않고 기왕의 매각조건대로 경매를 명하였을 경우에는 이의사유(제633조 제4호)가 된다. 모든 이해관계인의 유효한 합의없이 매각조건을 변경하여 경매를 실시한 경우에도 이의사유에 해당된다. 왜냐하면 위와 같은 경우는 매각조건의 정함이 위법하기 때문이다.

4. 직권에 의한 특별매각조건
경매법원은 필요하다고 인정할 때에는 직권으로 법정매각조건을 변경할 수 있다(제623조 제1항). 이때는 매각조건변경결정을 하고 결정정본을 송달한다. 이해관계인의 합의가 있어도 변경할 수 없는 최저경매가격이라도 직권으로 변경할 수도 있다(제623조 제2항 단서).143) 다만 이러한 경매법원의 최저경매가격의 변경에 대하여는 즉시항고할 수 있다. 그러나 그 밖의 변경재판에 대하여는 불복을 하지 못한다(제623조 제2항). 경매법원은 직권으로 매각조건을 변경하고자 하는 경우에 필요하다면 집행관에게 그 부동산에 대한 필요한 조사를 명할 수 있다(제623조 제3항).

5. 특별매각조건의 고지
매각조건변경결정은 합의에 참가한 각 이해관계인에게 고지해야 한다. 그 방법은 경매법원이 상당하다고 인정하는 방법에 의하면 된다. 통상 경매기일의 공고에 기재하든가 결정정본을 송달하는 방법에 의한다. 특별매각조건은 경매기일 공고에 기재할 필요적 기재사항은 아니다(제618조). 그러나 경매기일의 공고 전에 변경하였으면 공고에 기재하여야 하고 경매기일에 집행관이 매수가격의 신고를 최고하기 전에 고지하여야 한다(제624조). 이에 위반한 경매절차는 낙찰불허가의 사유가 된다.

6. 매각조건 변경의 시적 범위
매각조건의 변경의 효력이 생기려면 단지 절차 외에서 또는 특별기일에서 합의가 성립된 것만으로는 부족하고 그 합의가 경매법원에 신고되고 그에 기하여 경매법원이 매각조건을 변경한다는 뜻의 결정을 함이 필요하다. 이해관계인의 합의에 의한 매각조건변경신청은 경매기일까지 할 수 있다(제622조 제2항). 여기서 경매기일까지라고 한 것은 실제로는 경매기일이 열릴 때까지를 의미한다. 신경매, 재경매의 경우에도 마찬가지로 각 그 기일이 열릴 때까지이다. 필요한 경우에는 경매법원이 경매기일전에 특별기일을 열어 이해관계인으로 하여금 합의가 성립되도록 협의하게 할 수도 있다.

105. 분할경매와 일괄경매
수 개의 부동산을 각 부동산별로 경매하는 방법과 수 개의 부동산 전부에 관하여 일괄하여 경매하는 방법이 있다.

1. 분할경매의 원칙
1개의 경매절차에서 수 개의 부동산을 경매하는 경우에 최저경매가격의 결정과 경매를 각 부동산별로 하는 방법과 수 개의 부동산 전부에 관하여 일괄하여 하는 방법이 있다. 전자를 분할경매, 후자를 일괄경매라 한다. 수 개의 부동산을 경매하는 경우에 1개의 부동산의 대득금으로 각 채권자에게 변제하고 그 집행비용에 충분한 때에는 다른 부동산에 대한 낙찰을 허가하지 아니한다(제636조 제1항). 민사소송법은 분할경매를 원칙으로 하고 있다.

---
143) 대법원 1959. 5. 5. 4291민재항206 결정 ; 대법원 2014. 1. 23. 선고 2011다83691 판결

2. 법원의 재량

법원이 수 개의 부동산의 위치, 형태, 이용관계 등을 고려하여 이를 동일인에게 일괄매수시킴이 상당하다고 인정한 때에는 일괄경매 할 것을 정할 수 있다(제615조의 2). 경매부동산을 분할경매하는 것은 법정매각조건이 아니며 법원은 자유재량에 의하여 분할경매 할 것인지 일괄경매 할 것인지를 결정할 수 있다.144) 따라서 법원은 이해관계인의 합의가 없어도 일괄경매를 명할 수 있다. 또 일단 일괄경매로 정한 것을 분할경매로, 분할경매로 정한 것을 일괄경매로 변경할 수도 있다.

3. 일괄경매를 할 수 있는 경우

(1) 수 개의 부동산이 그 상호간의 위치, 형태, 이용관계 등 여러면에서 객관적, 경제적으로 관찰하여 유기적 일체성이 인정되는 경우에는 일괄하여 경매함이 오히려 고가로 매각될 수도 있고 또 예컨대 토지와 그 지상건물처럼 사회경제적 관점에서도 유리한 경우가 있을 수 있으므로 경매법원은 재량에 의하여 일괄경매를 명할 수 있다. 또한 이해관계인 전원이 합의하여 일괄경매의 신청을 하면 법원은 이를 존중한다. 일괄경매신청은 인지를 첨부하지 않고 신청할 수 있다.

(2) 토지와 지상건물이 동시에 경매되거나 토지와 건물이 하나의 기업시설을 구성하고 있는 경우145) 또는 2필지 이상의 토지의 경매로서 분할경매에 의하여 일부의 토지만이 낙찰되게 되면 나머지 토지가 현저히 값이 내려가게 될 경우에는 과잉경매의 여부를 가릴 것이 없이 일괄경매를 하여야 한다.

(3) 압류채권자가 다르거나 소유자가 다르더라도 일괄경매를 하는데 아무런 지장이 없다. 따라서 남편소유의 토지와 그 지상의 처 소유의 건물, 법인대표자 소유의 토지와 그 지상의 법인소유의 건물 등에 관하여도 그들이 각 채무자인 한 일괄경매가 가능하다.

(4) 각 부동산마다 저당권자가 다르다거나 저당권의 순위가 다른 때에도 일괄경매를 할 수 있다. 다만, 위와 같은 경우에는 각 부동산별로 매각대금과 집행비용을 확정할 필요가 있다. 따라서 이 경우는 일괄하여 최저경매가격을 정하고 또 각 부동산별로 최저경매가격을 정한다(제655조 제2항)

(5) 토지와 그 지상 건물의 소유자가 공동저당권을 설정한 후 건물을 철거하고 그 토지 상에 새로이 건물을 축조하여 소유하고 있는 경우에는 건물이 없는 나대지 상에 저당권을 설정한 후 저당권설정자가 건물을 축조한 경우와 마찬가지로 저당권자는 민법 제365조에 의하여 토지와 신축건물의 일괄경매를 청구할 수 있다.146)

4. 일괄경매가 허용되지 않는 경우

분할경매를 하는 편이 일괄경매를 하는 것보다 고가로 매각할 수 있으리라고 예측되는 경우에는 일괄경매를 할 수 없다. 그러나 이와 반대로 일괄경매를 하는 편이 분할경매를 하는 것보다 현저히 고가로 매각할 수 있음이 명백한 경우에는 분할경매를 할 수 없고 일괄경매를 하여야 한다. 과잉경매로 되는 경우에도 일괄경매가 허용되지 않는다. 즉, 매득금으로 각 채권자의 채권과 집행비용을 상환함에 충분한 경우(제636조 제1항)에는 동일 경매절차의 대상으로 되는 수 개의 부동산 전부를 일괄경매하는 것은 허용되지 아니한다. 그러나 토지와 그 지상건물을 동시에 경매하는 경우에는 설사 과잉경매에 해당하더라도 토지와 건물의 경제적, 사회적인 용도와 효용으로 보아 예외적으로 일괄경매를 인정한다.147)

---

144) 대법원 1962. 2. 8. 4294민재항626 결정 ; 대법원 1964. 6. 24. 64마444 결정 ; 대법원 1991. 2. 27.자 91마18 결정 ; 대법원 2003. 8. 19.자 2003마803 결정
145) 대법원 1968. 12. 30. 68마1406 결정 ; 대법원 2004. 11. 9.자 2004마94 결정
146) 대법원 1998. 4. 28. 97마2935 결정 ; 서울지방법원 1995. 8. 11.자 95라771 결정
147) 대법원 1967. 8. 31. 67마781 결정 ; 대법원 1987. 3. 26.자 86마341,86마카22 결정

106. 일괄경매의 절차

일괄경매를 하는 경우에는 반드시 경매기일에서 매수신고의 최고를 하기 전에 그 취지를 고지하여야 한다.

1. 최저경매가격의 결정
일괄경매를 하는 경우 각 부동산별로 매각대금과 집행비용을 확정할 필요가 있다. 따라서 법원은 일괄하여 최저경매가격을 결정하는 외에 각 부동산별로 최저경매가격을 결정하여야 한다. 그러나 각 부동산의 소유자가 동일하여 각 부동산별로 매각대금을 확정할 필요가 없는 경우에는 일괄경매하는 부동산전체에 대한 최저경매가격만을 정하여도 된다. 다만, 이 경우에도 과잉경매에 해당하는지 여부를 판단하기 위하여 감정평가만은 일괄평가외에 각 부동산마다 개별적으로 그 가액을 산출하여야 한다.

2. 최저경매가격의 결정방법
일괄경매를 하는 경우 각 부동산마다 최저경매가격을 결정함에 있어서 이를 어떻게 결정할 것인가?
(1)각 부동산을 분할매각하는 것을 전제로 그 가액을 평가하여 이를 기준으로 최저경매가격을 정하면 족하다는 견해
(2)일괄경매로 인하여 부동산의 이용가치가 증가된 정도로 하여서는 안되고 각 부동산별로 따로 그 가액을 평가하여 이를 기준으로 각 최저경매가격을 정하여야 한다는 견해가 있다.

3. 일괄경매와 병합결정
수인의 채권자가 각각 경매신청을 하거나 또는 소유자 별로 따로 따르 경매신청이 된 수 개의 부동산을 일괄경매함에 있어서는 각 사건의 병합결정을 한다.

4. 일괄경매의 고지
일괄경매를 하는 경우에는 반드시 경매기일에서 매수신고의 최고를 하기 전에 그 취지를 고지하여야 한다.

5. 낙찰의 불허가
일괄경매한 수 개의 부동산중 일부에 대하여 낙찰불허가 사유가 있는 경우에는 전체에 대하여 낙찰이 불허된다.[148]

6. 일괄경매결정에 대한 불복
경매법원이 일괄경매하기로 정한 때에는 일괄경매를 한다는 결정을 하여야 한다. 이에 대하여 불복이 있는 자는 집행에 관한 이의를 신청할 수 있다(제504조 제1항) 일괄경매의 결정이 없는 때에는 집행관은 분할경매를 하여야 한다.

---

[148] 대법원 1984. 2. 8. 84마카31 결정 ; 대법원 2006. 3. 13.자 2005마1078 결정

107. 일괄경매의 절차
대지권이 존재한다면 전유부분 및 공용부분과 일괄경매를 하는 것이 원칙이다.

1. 구분건물의 경매절차
구분건물에 대한 경매에 있어서 비록 경매신청서에 대지사용권에 대한 아무런 표시가 없는 경우에도 경매법원으로서는 대지사용권이 있는지, 그 전유부분 및 공용부분과 분리처분이 가능한 규약이나 공정증서가 있는지 등에 관하여 집행관에게 현황조사명령을 하는 때에 이를 조사하도록 지시하여야 한다. 한편 법원 스스로도 관련자를 심문하는 등 가능한 방법으로 필요한 자료를 수집하여야 한다. 또 그 결과 전유부분과 불가분적인 일체로서 경매의 대상이 되어야 할 대지사용권의 존재가 밝혀진 때에는 이를 경매목적물의 일부로서 평가에 포함시켜 최저입찰가격을 정하여야 할 뿐만 아니라 입찰기일의 공고와 입찰물건명세서의 작성에 있어서도 그 존재를 표시하여야 할 것이다. 그러나 그렇지 않고 대지사용권이 존재하지 아니하거나 존재하더라도 규약이나 공정증서로써 전유부분에 대한 처분상의 일체성이 배제되어 있는 경우에는 특별한 사정이 없는 한 전유부분 및 공용부분에 대하여만 경매절차를 진행하여야 한다.[149]

2. 구분건물의 일괄경매
대지사용권이 존재함에도 그에 대한 경매신청이 없다는 이유로 경매법원이 대지사용권의 존부 등에 관하여 조사를 함이 없이 전유부분 및 공용부분에 대하여만 경매절차를 진행한 경우에 있어서도 대지사용권에 대하여 분리처분이 가능한 규약이나 공정증서가 없는 때에는 전유부분에 대한 경매개시결정 및 압류의 효력이 그 대지사용권에도 미치므로 일괄경매를 할 필요가 없다. 다만 이 경우 이해관계인으로서는 입찰기일의 공고가 법률의 규정에 위반하거나 최저입찰가격의 결정 또는 입찰물건명세서 작성에 중대한 하자가 있음을 이유로 민사소송법 제632조, 제642조 제2항, 제633조 제6호 등에 의하여 입찰허가에 대한 이의를 하거나 입찰허가결정에 대한 항고를 함으로써 구제받을 수 있다고 할 것이다. 그리고 그와 같은 내용의 규약이나 공정증서가 있는 때에는 전유부분에 대한 경매개시결정 및 압류의 효력이 대지사용권에는 미치지 아니하고 그 대지사용권이 경매 목적물에서 제외되어 일괄경매의 요건을 충족하지 아니하므로 일괄경매를 할 수가 없다. 그러므로 구분건물의 대지사용권이 존재한다고 하더라도 그에 대한 경매신청이 없었던 이상 집행법원이 이를 그 전유부분 및 공용부분과 일괄경매를 하지 아니하였다 하여 그러한 사유만으로 경매절차에 하자가 있다고 할 수 없다.[150]

---

149) 대법원 1997. 6. 10. 97마814 결정
150) 대법원 1997. 6. 10. 97마814 결정

108. 경매기일은

집행관이 출석한 이해관계인과 일반매수희망자에 대하여 경매를 개시한다는 취지를 선언하면 경매는 개시된다.

1. 경매기록의 교부
경매법원의 법원사무관 등은 집행관으로 하여금 경매를 실시하게 하기 위하여 경매기일 전에 경매명령이 가철된 경매기록을 집행관에게 교부한다. 집행관은 경매법원으로부터 인계받은 기록에 경매명령이 첨부되어 있지 않은 때에는 경매절차를 진행할 수 없다. 또 경매기일이 지정된 경매사건의 기록인계가 경매기일공고에 기재된 시각보다 지연되는 경우 당해사건의 기일을 변경 또는 연기한다는 적법한 통지를 받지 아니하고는 함부로 기일이 변경 또는 연기되었다는 취지를 게시하거나 관계인들에게 고지할 수 없다.

2. 경매개시선언
집행관은 경매기일공고에 기재된 일시와 장소에서 경매기일을 열어야 한다. 집행관이 출석한 이해관계인과 일반매수희망자에 대하여 적당한 방법으로 경매를 개시한다는 취지를 선언하면 경매기일은 개시된다. 경매기일의 개시시각은 경매기일 공고에 기재된 시각을 준수하여야 한다. 통상은 오전 10시에 개시하여 오전 11시에 종결한다.

3. 경매기록의 열람
집행관은 경매기일에 법원사무관 등으로부터 인계받은 경매기록을 출석한 각 이해관계인과 매수희망자에게 열람할 기회를 주어야 한다(제624조). 통상 위와 같은 열람은 경매법정내의 집행관 면전에서 이루어 지고 있다.

4. 특별매각조건의 고지
집행관은 특별매각조건이 있으면 매수신청의 최고전에 입찰희망자들에게 그 내용을 명확하게 고지하여야 한다(제624조). 특별매각조건이 경매기일의 공고에 기재되어 있더라도 집행관은 고지를 생략할 수 없다.

5. 매수의 최고
매수의 최고방법에 관하여는 특별한 규정이 없다. 구술로 출석한 매수희망자 전원이 알 수 있는 방법으로 하여야 한다. 경매기록의 공람에 의한 묵시의 최고는 허용되지 아니한다. 집행관은 개정후 경매에 참여한 매수희망자로 하여금 경매기록을 열람하게 하고 사건번호의 순서에 따라 사건번호, 사건명, 채권자, 채무자, 소유자, 경매목적물의 개요 및 최저경매가격을 호창하고 특별매각조건의 고지 등의 절차가 끝나면 매수가격의 신고를 최고하여야 한다(624조). 일괄경매결정이 있는 사건의 경우에는 매수가격신고의 최고에 앞서 일괄경매한다는 취지와 각 경매목적물의 평가액을 합산한 최저경매가격을 함께 호창하여야 한다.

109. 매수신청자격
경매부동산에 대한 매수신청인은 권리능력, 행위능력이 필요하다.

1. 매수신청인의 능력
매수신청인은 권리능력, 행위능력이 필요하다(제633조 제2호). 행위무능력자는 단독으로 유효한 매수신청을 할 수 없고 법정대리인에 의하여서만 매수신청을 할 수 있다.[151] 따라서 집행관은 매수신청인의 주민등록증 기타 신분을 증명하는 서면을 제시하게 하여 매수신청인이 본인인지의 여부 및 행위능력의 유무를 확인하여야 한다. 법인이 매수신청을 하는 때에도 매수신청을 하는 자의 신분을 확인하는 한편 그 자격도 서면에 의하여 확인한다.

2. 매수신청인의 자격
경매법원은 법령의 규정에 의하여 그 취득이 제한되는 부동산에 관하여는 매수신청인을 소정의 자격있는 자로 제한할 수 있다(민사소송규칙 제151조). 따라서 경매목적물이 일정한 자격을 가진 자만이 취득할 수 있는 때에는 그 자격이 있어야 한다. 그러나 경매목적물을 취득하는데 있어서 관청의 증명이나 허가를 필요로 하는 경우(농지취득자격증명)에 그 증명이나 허가는 낙찰허가시까지 보완하면 되므로 매수신청시에 그 증명이나 허가가 있음을 증명할 필요는 없다. 도시계획구역내의 녹지지역안의 농지중 도시계획사업에 필요하지 아니한 농지에 대하여는 농지법 제8조가 적용되어 농지취득자격증명을 요한다(도시계획법 제87조 제3호). 경매목적인 토지의 지목이 전(田)으로 되어 있지만 사실상 대지화되어 농경지로 사용되지 아니하고 있어 객관적인 형상으로 보아 농지개혁법의 적용대상인 농지가 아니라면 토지의 최고가경낙인이 농지개혁법 소정의 농지매매 증명을 제출하지 아니하였다는 이유만으로 경락을 불허할 수 없다는 판례[152]가 있다. 또 구농지개혁법 시행이후 개간된 농지는 구 농지개혁법상 농지매매증명이 필요없으므로 주의를 요한다(동법 제25조의 2).

3. 매수신고의 제한
실무는 농지매매에 있어서 농지취득자격증명을 받을 자격이 없는 자가 최고가로 매수신고를 하여 경매를 지연시키는 예가 적지 않으므로 이를 막기 위하여 매수신청인의 자격을 농민이 아닌 경우에는 농지법상의 요건을 갖춘 자로 제한하는 예가 많다.

4. 매수신청의 제한을 받는자
(1) 집행관, 감정인, 경매법원을 구성하는 법관, 법원직원
집행관 또는 그 친족은 그 집행관 또는 다른 집행관이 경매하는 물건에 관하여(집행관법 제11조의 2 제1항), 경매부동산을 평가한 감정인 또는 그 친족은 그 부동산에 관하여(집행관법 제11조의 2 제2항) 매수신청을 할 수 없다. 경매법원을 구성하는 법관, 법원사무관 등도 매수신청을 할 수 없다(제37조 제1호, 제46조).
(2) 재경매에 있어서 전낙찰인
재경매에 있어서 전낙찰인은 매수신청을 할 수 없다(제648조 제5항).
(3) 채무자
채무자는 매수신청할 수 없다(민사소송규칙 제153조, 제119조). 집행관은 채무자와 재경매에 있어서의 전낙찰인은 매수의 신청을 할 수 없음을 미리 알려야 한다. 채권자는 매수신청인이 될 수 있다(제660조 제2항). 경매신청채권자의 대리인, 담보권자, 제3취득자, 임의경매에 있어서 물상보증인도 매수신청인이 될 수 있다.

---
151) 대법원 1967. 7. 12. 67마507 결정 ; 대법원 1969. 11. 19.자 69마989 결정
152) 대법원 1987. 1. 15. 86마1095 결정 ; 대법원 1999. 2. 23.자 98마2604 결정

110. 매수(입찰)신청은
임의대리인에 의하여서도 할 수 있고 수인이 공유 또는 합유를 목적으로 공동하여 할 수도 있다.

1. 대리인에 의한 매수신청
매수신청은 임의대리인에 의하여서도 할 수 있다. 매수신청은 민사소송법 제80조에서 말하는 재판상의 행위라고는 할 수 없으므로 매수신청의 대리인은 변호사가 아니더라도 무방하며 법원의 허가를 얻을 필요도 없다.[153] 다만, 대리인은 그 대리권을 증명할 서면을 집행관에게 제출하여야 한다. 집행관은 대리인이 매수신청을 하는 때에는 대리권이 있는 지의 여부를 확인하여야 한다.

2. 공동입찰신청
수인이 공유 또는 합유를 목적으로 공동하여 매수신청을 할 수 있다. 이 경우 소유권이전등기를 함에 있어서 각자의 지분을 표시하여야 하므로 각자가 취득할 지분을 표시하여 매수신청을 하여야 하며 만약 매수신청시 지분의 표시가 없으면 평등한 비율로 취득하는 것으로 추급한다. 공동매수신청인은 각자 낙찰대금전액을 지급할 의무가 있다.

111. 입찰보증금이란
매수신청인이 보증으로 집행관에게 보관하게 하는 매수신고가액의 10분의 1에 해당하는 금원을 말한다.

1. 입찰신청의 보증
매수가격을 신고한 매수신청인은 보증으로 매수신고가액의 10분의 1에 해당하는 현금이나 법원이 인정한 유가증권을 즉시 집행관에게 보관하게 하지 아니하면 매수를 허가하지 아니한다(제625조). 보증비율이 위와 달리 2할로 정하여진 경우에는 그에 상응한 보증을 제공하게 하여야 한다. 금융기관이 발행하는 자기앞수표는 현금에 준한다. 여기서 법원이 인정하는 유가증권이라 함은 구체적으로 경매법원이 경매기일전에 매수보증으로 제공할 수 있음을 허용하는 재판을 한 유가증권을 말한다. 실제로는 경매사건의 진행과정상 1차적으로 집행관이 보증으로 적절한 유가증권인지의 여부를 판단하여 받고 낙찰허가시에 경매법원의 심사를 받는다. 지급보증위탁계약을 체결한 문서의 제출에 의한 보증은 그 성질상 허용되지 아니한다. 우선변제청구권이 있는 저당권자가 매수신청을 하는 경우에도 매수신청의 보증을 제공하여야 한다.[154]

2. 입찰보증금의 반환
경매종결에 의하여 최고가매수신고인과 차순위매수신고인 이외의 머수신고인은 매수의 책임을 면하고 즉시 보증금의 반환을 청구할 수 있다(제627조 제3항). 차순위매수신고인은 낙찰인이 대금을 지급함으로써 매수의 책임을 면하고 즉시 보증금의 반환을 청구할 수 있다(제654조 제3항). 매수신청의 보증으로 보관한 금전이나 유가증권을 반환한 때에는 집행관은 영수증을 받아 경매조서에 첨부하여야 한다(제628조 제3항). 매수신청인은 경매의 종결이 고지된 때에 비로소 보증금의 반환을 청구할 수 있다. 자기보다 고가의 매수가격신고가 있더라도 경매종결 전에는 보증금의 반환을 청구할 수 없다. 보증금의 반환청구가 없는 경우 집행관은 경매조서와 함께 3일 내에 경매법원의 법원사무관 등에게 인도하여야 한다(제629조). 경매법원에 인도된 후에는 법원사무관 등에 대하여 그 반환을 청구할 수 있다.

3. 입찰보증의 제공이 부족한 경우
입찰자가 입찰표와 함께 집행관에게 제출한 보증이 법정매각조건인 입찰가액의 10분의 1에 미달하는 경우에는 민사소송법 제625조 및 민사소송규칙 제159조의 7의 각 규정에 따라 그 입찰가액으로서의 매수

---

153) 대법원 1985. 10. 12. 85마613 결정
154) 대법원 1959. 5. 6. 4291민재항189 결정 ; 대법원 1996. 3. 22. 선고 94다54702 판결

를 허가할 수 없다. 그리고 일단 제출된 입찰표는 민사소송규칙 제159조의 6의 규정에 의하여 취소·변경 또는 교환할 수 없어 그 보증의 10배의 가액을 입찰가액으로 하는 입찰로 변경시킬 수도 없으므로 집행관으로서는 그 입찰표를 무효로 처리하고 차순위자를 최고가입찰자로 결정하여야 한다.155)

112. 매수·입찰신청의 효력
집행관은 매수신청이 적법하면 매수를 허가하지만 부적법하거나 무효인 때, 보증을 제공하지 아니한 때에는 매수를 허가하지 아니한다.

1. 매수·입찰의 허부
적법한 매수신청이 있는 때에는 집행관은 매수를 허가한다. 매수의 허가를 받은 매수신청인은 다시 고가의 매수허가가 있을 때까지 그 신고한 가격에 구속을 받는다(제626조 제1항). 만약 고가의 신고가 없으면 신고한 그 가격에 구속을 받아 최고가 매수신고인으로 호창을 받으며 낙찰불허가결정이 확정될 때까지는 그 구속을 면할 수 없다(제645조). 매수신청이 부적법하거나 무효인 때 또는 매수신청의 보증을 제공하지 아니한 때에는 집행관은 매수를 허가하지 아니한다. 이 경우에는 그 매수신청을 무시하고 경매절차를 진행한다. 다만 능력 또는 자격의 흠결이 제거될 가망이 있는 때에는 민사소송법 제635조 제2항 단서의 취지에 따라 낙찰기일 이내의 한도에서 상당한 기간을 정하여 보정을 명하고 그 매수신청을 잠정적으로 허가할 수도 있다.

2. 실무
입찰을 마감한 후 즉시 입찰봉투를 개봉한다. 보증금봉투는 최고가입찰자의 것만 개봉하여 액수를 확인한다. 보증금액이 입찰표에 기재한 액수에 미달하면 그 입찰표는 무효로 처리하고 차순위자의 것을 개봉한다. 입찰표에 입찰가격만 기재하고 보증금의 기재를 누락하였으나 보증금봉투에 들어 있는 보증금이 법원이 요구하는 액수(입찰가격의 1/10 또는 2/10)에 달하는 경우에는 그 자리에서 보정하게 하여 유효한 것으로 처리한다. 그러나 반대의 경우 즉, 입찰표에 보증금을 기재하고 보증금봉투에 현실로 그 상당액이 들어 있으나 입찰가격을 기재하지 아니한 경우에는 입찰가격을 알 수 없으므로 무효로 처리한다. 최고가입찰자가 보증금을 법원이 요구하는 액수 이상으로 기재하고 보증금봉투에 넣은 경우에는 초과부분을 반환하고 그 사실을 입찰표에 붉은 고무인으로 찍은 후 영수자의 날인을 받는다. 대리인이 입찰을 하면서 입찰표에 위임장을 첨부하지 아니한 경우에 현장에서 즉시 제출하는 것이 가능하면 유효한 것으로 처리하고 즉시 제출이 불가능하면 무효로 처리한다.

3. 낙찰불허가신청·낙찰허가결정 취소신청
매수가격의 신고후에 천재지변 기타 자기가 책임질 수 없는 사유로 부동산이 훼손된 때에는 최고가매수인은 낙찰불허가신청을, 낙찰인은 대금을 납부할 때까지 낙찰허가결정의 취소신청을 할 수 있다(제639조 제1항). 다만 부동산의 훼손이 경미한 때에는 그러하지 아니하다(제639조 제1항 단서). 민사소송법 제639조 제1항에 의하여 낙찰불허가 결정이 되거나 낙찰허가결정이 취소된 경우 또는 경매신청이 취하된 경우에는 매수신청의 구속력이 소멸된다.

4. 매수신청의 허가·각하에 대한 불복
집행관의 매수신청의 허가 또는 각하에 대하여는 집행에 관한 이의(제504조)에 의하여 불복할 수 없고 낙찰허가에 대한 이의(제632조, 제633조), 낙찰허가결정에 대한 즉시항고(제641조 제1항, 제642조 제2항)에 의하여서만 불복할 수 있다.

---

155) 대법원 1998. 6. 5. 98마626 결정 ; 대법원 2008. 7. 11.자 2007마911 결정

113. 최고가매수인·차순위매수신고인의 결정

경매는 매수가격신고의 최고 후 만 1시간이 경과된 때에 최고가매수인·차순위매수신고인을 결정하고 종결한다.

1. 최고가매수신고인의 결정
경매는 매수가격신고의 최고 후 만 1시간이 경과된 때에 집행관이 "최고가매수신고인은 매수가격 ○○원을 신고한 ○○에 사는 ○○○입니다"라는 식으로 최고가매수신고인의 성명과 그 가격을 호창한다. 그 후 "차순위매수신고인은 매수가격 ○○원을 신고한 ○○에 사는 ○○○입니다"라고 그 성명과 가격을 호창한 다음 "이로써 경매가 종결되었습니다"라고 고지함으로써 경매가 종결된다(제626조 제2항, 제627조 제1항).

2. 차순위매수신고인의 결정
최고가매수신고인 이외의 매수신고인은 그 신고액이 최고가매수신고액에서 그 보증을 공제한 금액을 넘을 때에는 경매의 종결시까지 집행관에게 최고가매수신고인이 대금지급기일에 그 의무를 이행하지 아니하는 경우에 자기의 매수신고에 대하여 경낙을 허가하여 달라는 취지의 신고(차순위매수신고)를 할 수 있다(제626조의 2). 동일한 가격을 신고한 자가 수명 있는 경우에는 먼저 신고한 자를 최고가매수인으로 정한다. 그 신고가 동시일 경우에는 집행관은 추첨의 방법으로 최고가매수신고인을 정할 수 있다. 차순위매수신고를 한 자가 2명 이상인 때에는 신고한 매수가격이 높은 사람을 차순위매수신고인으로 정하고 신고한 가격이 같은 때에는 추첨에 의하여 차순위 매수신고인을 정한다(제627조 제2항). 추첨은 은행알 추첨방식 기타 공정성을 보장할 수 있는 방식에 의한다. 그런데 차순위 매수신고인의 성명과 입찰가격은 입찰의 종결시까지 적법한 차순위 매수신고를 한 자가 있는 경우에 한하여 호창 된다. 따라서 그 때까지 적법한 차순위 매수신고를 한 자가 없는 경우에는 집행관이 최그가 매수신고인의 성명과 입찰가격만을 호창하였다고 하여 낙찰허가결정이 위법하다 할 수 없다.[156]

3. 경매종결의 고지
만 1시간이 경과하기 전에 경매를 종결한 때에는 낙찰허가에 대한 이의사유가 된다(제633조 제7호, 제626조 제2항). 그러나 1시간이 경과되더라도 집행관의 자유로운 판단에 의하여 경매의 종결을 늦출 수 있다. 또 최고하였으나 매수가격의 신고가 없는 때에는 경매를 종결하지 아니하고 매수가격의 신고를 기다릴 수도 있다. 최고가매수신고인의 성명과 그 가격의 호창은 1회로써 족하며 유체동산경매의 경우(제540조 제1항)처럼 3회를 호창할 필요는 없다.[157] 이 호창은 매수신고인이 1인 밖에 없을 경우에도 하여야 한다. 경락인의 주소를 호창하지 아니하였다고 하여도 위법하다고 할수는 없다.[158] 경매기일에 매수신청이 전혀 없는 경우에는 만 1시간의 경과후 적당한 시기에 "매수신청이 없으므로 경매를 종결합니다"라고 호창함으로써 경매를 종결한다.

4. 경매의 속행
집행관은 경매의 종결을 고지하고 경매조서에 그 취지를 기재하고 경매법원의 신경매기일 지정을 기다려야 한다. 매수신청은 있었으나 경매할 부동산이 다수이기 때문에 그 경매기일에 경매를 할 수 없었던 경우에는 집행관은 경매의 종결을 고지하지 않고 일시경매를 중지하고 경매법원에 그 사유를 보고하여 속행기일을 지정하여야 한다. 자기의 판단하에 경매를 익일로 속행할 수는 없다. 경매종결의 고지후에는 매수신청을 허용하지 아니한다. 다만 최고가 매수신고인 및 차순위대수신고인과 이해관계인 전원의 동의가 있으면 경매종결의 고지를 취소하고 매수신청을 허용할 수도 있다.

---

156) 대법원 1996. 8. 19. 96마1174 결정 ; 대법원 2022. 3. 17.자 2021마162 결정
157) 대법원 1992. 1. 30. 91마728 결정 ; 대법원 1997. 6. 10.자 97마814 결정
158) 대법원 1992. 1. 30. 91마728 결정 ; 대법원 1996. 8. 19.자 96마1174 결정

114. 경매부동산의 공유자는

공유물의 지분경매에 있어서 채무자가 아닌 다른 공유자는 채무자의 지분에 관하여 우선매수신청권이 있다.

1. 공유자의 우선매수 신청권
공유물지분의 강제경매에 있어서 채무자가 아닌 다른 공유자는 채무자의 지분에 관하여 우선매수신청권이 있다. 즉 그 공유자는 경매기일까지 최고 매수신고가격의 10분의 1에 해당하는 현금이나 경매법원이 인정한 유가증권을 집행관에게 보관하게 하고 최고매수신고가격과 동일한 가격으로 매수할 것을 신고할 수 있다(제650조 제1항). 이 경우 경매법원은 최고가매수신고에도 불구하고 그 공유자에게 낙찰을 허가하여야 한다(제650조 제2항). 공유자가 우선매수신고서를 제출함에는 인지를 첨부하지 아니한다.

2. 우선매수권의 행사시기
공유자가 우선매수권을 행사할 수 있는 시한은 경매기일까지이다. 공유자는 경매기일전에 미리 경매를 실시할 집행관 또는 경매법원에 보증을 제공하고 그 보증에 상응하는 가격이내라면 우선매수권을 행사하겠다는 신고를 하는 방법으로도 우선매수권을 행사할 수 있다. 경매의 종결후에는 우선매수권을 행사할 수 없다. 여기서 경매기일까지라 함은 집행관이 경매기일을 종결시키기 전까지라는 의미이다. 그러므로 우선매수권을 행사하려고 하는 공유자는 집행관이 최고가매수신고인의 성명과 가격을 호창하고 경매종결을 선언하기 전에 최고매수신고가격과 동일가격으로 매수할 것을 신고하고 즉시 그 가격의 10분의 1에 해당하는 보증을 제공하면 적법한 우선매수권의 행사가 된다.

3. 일반매수신고인이 공유자의 우선매수권을 배척하려면
공유자가 우선매수권을 행사한 경우라도 최고가매수신고인은 다시 더 고가의 매수신고를 할 수 있다. 이에 대하여 공유자가 다시 최고가매수신고인의 매수신고가격으로 매수할 것을 신고하지 아니하면 일반매수신고인이 낙찰을 받는다. 일반매수신고인으로부터 공유자의 매수신고가격 이상으로 매수신청이 없는 경우, 공유자가 최고매수신고가격과 동일한 가격으로 매수할 것을 신고하고 보증을 제공한 경우에는 공유자가 최고가매수신고인으로 되므로 집행관은 다시 공유자를 최고가매수신고인으로 호창하고 경매를 종결하여야 한다.

4. 공유자가 수인인 경우
수인의 공유자가 우선 매수할 것을 신고하고 보증을 제공한 때에는 그 공유자간에 매수할 지분에 관하여 특별한 협의가 없는 한 공유지분의 비율에 의하여 채무자의 지분을 매수하게 된다(제650조 제3항). 공유자가 매수신고를 한 경우에는 최고가매수신고인을 차순위매수신고인으로 본다(제650조 제4항).

115. 최고가매수신고인 등의 주소신고

최고가매수신고인은 경매법원 소재지에 주거와 사무소가 없는 때에는 그 소재지에 가주소를 선정하여 법원에 신고하여야 한다.

1. 주소신고 의무

최고가매수신고인은 경매법원소재지에 주거와 사무소가 없는 때에는 그 소재지에 가주소를 선정하여 법원에 신고하여야 한다. 이를 게을리하면 그에게 송달할 서류는 그의 주소, 거소, 영업소 또는 사무소에 등기우편으로 발송하며 그 발송시에 송달된 것으로 본다(제630조 제1항, 제171조 제2항, 제174조). 경매법원 소재지라 함은 경매법원이 소재하는 최소행정구역으로서 시구읍면의 구역을 말한다. 가주소의 신고는 집행관에 대하여 하거나 경매법원에 대하여 직접하거나 상관이 없다. 경매기일에 경매장소에서는 물론 경매기일 후라도 집행관이 아직 경매조서를 경매법원의 담당 법원사무관 등에게 인도하기 전까지는 집행관에 대하여 가주소를 신고할 수 있다. 가주소의 신고는 구술로도 가능하다(제630조 제2항 전문). 경매기일에 구술로 가주소를 신고한 경우에는 경매조서에 기재하고(제630조 제2항 후문) 그 후에 구술신고를 하는 경우에는 그 취지의 조서를 작성하여 경매조서에 첨부한다. 서면신고가 있는 경우에는 그 서면을 경매조서에 첨부한다. 이 가주소 신고절차는 차순위매수신고인어 대하여도 이를 적용한다(민사소송규칙 제153조의 3). 그리고 민사소송법 제630조 제1항의 입법취지가 경락에 관한 통지나 송달을 신속하고 편리하게 하고자 함에 있다는 점으로 미루어 볼 때 최고가매수신고인이 그 송달장소를 경매법원의 소재지가 아닌, 그것도 송달절차가 복잡하고 시간이 많이 걸리는 국외로 변경하여 신고한 것은 허용될 수 없는 것이다.159)

2. 발송송달과 송달효과의 의제

민사소송법 제617조 제2항은 법원은 이해관계인에게 경매기일을 통지하여야 한다고 규정함과 아울러 같은 조 제3항은 이해관계인에 대한 경매기일의 통지는 집행기록에 표시된 이해관계인의 주소에 등기우편으로 발송할 수 있다고 규정하고 있다. 이는 이해관계인에 대한 경매기일 통지를 의무화하여 이해관계인으로 하여금 경매절차에 참가할 수 있는 권리를 보장해 줌과 동시에 이해관계인에 대한 경매기일 통지 절차의 지연으로 인하여 경매절차의 진행이 늦어지는 것을 방지하기 위하여 이해관계인에 대한 경매기일의 통지는 집행기록에 나타난 주소에 등기우편으로 발송한 때에 송달의 효력이 생기도록 규정한 것이다.160)

3. 주소변경 해태의 효과

민사소송법 제617조 제3항이 규정하는 송달은 같은 법 제173조가 규정하는 우편송달과는 그 효력발생시기만 같이할 뿐 그 요건이나 효과를 달리하는 부동산경매절차에 특유한 제도이다. 따라서 통상의 송달방법에 의한 송달을 시도함이 없이 처음부터 등기우편으로 발송하였다 하더라도 그 발송시에 송달의 효력이 발생하고 또 근저당권자와 같이 등기부에 기입된 부동산의 권리자가 등기부상 주소변경 등기를 게을리하여 종전의 등기부상 주소에 등기우편으로 송달된 경매기일 통지를 받지 못하였다 하더라도 그 발송시에 송달의 효력이 발생하고 그로 인하여 경매절차에 참가할 권리가 박탈되는 불이익은 주소변경 등기를 게을리한 이해관계인이 감수하여야 한다.161)

4. 판례

등기부에 기입된 부동산의 권리자가 사망하여 이해관계인의 지위를 승계한 상속인들이 등기부상 상속등기를 게을리하여 경매기일 통지가 이미 사망한 등기부상 권리자의 주소에 등기우편으로 송달된 경우 가령 그 상속인들이 송달된 주소에 아무도 살고 있지 아니하여 그 경매기일 통지를 받지 못하였다 하더라

---

159) 대법원 1993. 12. 17. 93재마8 결정
160) 대법원 1995. 9. 6. 95마372, 95마373 결정 ; 대법원 1994. 7. 30. 94마1107 결정 ; 대법원 1995. 4. 25. 95마35 결정
161) 대법원 1995. 9. 6. 95마372, 95마373 결정

도 그 송달은 발송시에 상속인들에 대한 송달로서 효력을 발생하고 그로 인하여 상속인들이 경매절차에 참가할 권리가 박탈되었다 하더라도 그 경매절차가 위법하다고 볼 수 없다.[162]

116. 경매조서란
집행관이 경매기일을 실시한 후에 작성하는 경매조서에는 경매기일의 경과가 기재되어 있다.

1. 경매조서의 작성
집행관은 경매를 실시한 때에는 각 경매기일마다 경매조서를 작성하여야 한다(제500조 제1항). 각 경매기일을 일괄하여 하나의 조서로 작성하여서는 아니된다. 경매조서에는 작성자인 집행관이 서명날인하여야 한다(제500조 제2항 제6호). 그 밖에 최고가매수신고인, 차순위매수신고인과 출석한 이해관계인도 기명날인하여야 한다(제628조 제2항). 그들이 기명날인 할 수 없는 때에는 그 사유를 부기하여야 한다(제628조 제2항). 집행관은 위 사람들에게 기명날인에 앞서 조서를 읽어 들리거나 열람하게 하고 그 승인과 기명날인한 사실을 조서에 기재하여야 한다(제500조 제2항 제5호). 경매조서의 기재가 사실과 다르다는 이의를 하면 그 사유도 조서에 기재하여야 한다(제146조 제2항 유추).

2. 경매조서에 기재할 사항(제628조 제1항).
(1) 부동산의 표시(별지목록으로 부동산의 표시를 하여도 된다.)
(2) 압류채권자의 표시(경매신청채권자의 성명을 기재한다.)
(3) 경매기록을 열람하게 한일
(4) 특별매각조건이 있는 때에는 이를 고지한 일
(5) 매수가격의 신고를 최고한 일
(6) 모든 매수신고가격과 그 신고인의 성명, 주소 또는 허가할 매수가격의 신고가 없는 일(보증을 제공하지 아니한 부적법한 매수가격의 신고인도 모두 기재하여야 한다.)
(7) 경매의 종결을 고지한 일시
(8) 매수하기 위하여 보증을 제공한 일 또는 보증을 제공하지 아니하므로 그 매수를 허가하지 아니한 일(보증의 제공이 있는 때에는 그 액수와 현금인지 유가증권인지의 구별을 기재하여야 한다.)
(9) 최고가매수신고인과 차순위매수신고인의 성명과 그 가격을 호창한 일
(10) 공유자의 우선매수신고가 있는 경우에는 그 취지 및 그 공유자의 성명과 주소(민사소송규칙 제155조의 2)
(11) 최고가 매수신고인이나 차순위매수신고인이 경매기일에 구술로 가주소 신고를 하면 이것도 경매조서에 기재하여야 한다(제630조 제2항, 민사소송규규칙 제153조의 3).

3. 경매조서의 정정
집행관은 경매조서를 법원사무관등에게 인도할 때까지는 조서상의 오기가 있거나 누락된 것이 있으면 이를 경정할 수 있다. 경매조서의 경정방법은 별도의 경정조서를 작성하여 하거나 경매조서에 직접 삽입하거나 삭제하는 방법으로 정정을 하고 경정연월일을 부기하는 방법이 있다. 경정의 내용과 정도에 따라 집행관이 선택한다. 이해관계인이나 최고가매수신고인등의 동의를 요하지 않으면 이로 인하여 불이익을 받는 이해관계인이나 최고가매수신고인 등은 낙찰허부의 단계에서 다른 증거에 의하여 경매조서의 경정이 진실에 부합되지 않음을 주장·입증할 수 있다.

4. 경매조서에 첨부할 사항
매수의 보증으로 보관한 금전이나 유가증권을 반환한 때에는 집행관은 영수증을 받아 조서에 첨부하여야 한다(제628조 제3항).

---
162) 대법원 1995. 9. 6. 95마372, 95마373 결정 ; 대법원 1989. 10. 31. 89마237 결정

5. 경매조서와 보관금의 인도
집행관은 경매조서 및 매수의 보증으로 보관한 금전이나 유가증권으로 반환하지 아니한 것이 있으면 경매기일 후 3일 내에 법원사무관 등에게 경매기록과 함께 인도하여야 한다(제629조). 여기서 반환하지 아니한 것이라 함은 최고가매수신고인이나 차순위매수신고인으로부터 제공받은 보증 뿐 아니라 최고가매수신고인 등이 아닌 매수신고인으로부터 제공받은 보증으로서 그 매수신고인이 반환을 청구하지 아니한 것도 포함한다. 3일 내에 인도하라는 것은 훈시규정이므로 경매조서·보증을 3일 내에 인도하지 아니하였다하여 경매가 무효료되는 것은 아니다. 만일 인도가 지연되어 낙찰기일을 실시할 수 없는 때에는 경매법원은 낙찰기일을 변경하여야 한다. 매수신청이 없이 경매를 종결한 때에는 경매불능조서와 경매기록만 인도한다.

117. 농지경매와 농지취득자격증명

농지경매에 있어서는 최고가매수신고인 등은 낙찰기일에 농지취득자격증명을 경매법원에 제출하여야 낙찰허가를 받을 수 있다.

1. 농지의 경매
농지경매에 있어서는 최고가매수신고인 등은 낙찰기일에 농지취득자격증명(농지법 제8조 제1항)을 경매법원에 제출하여야 낙찰허가를 받을 수 있다. 경매전에는 위 증명의 발급이 불가능하므로 집행관은 경매실시 후 최고가매수신고인 또는 차순위매수신고인의 신청이 있는 대에는 최고가매수신고인 등을 위하여 그들이 최고가매수신고인 또는 차순위매수신고인임을 증명하는 서면을 교부하여 주어야 한다.

2. 농지취득자격증명이 필요한 경우
농지여부는 토지대장상의 지목여하에 불구하고 실제 사용하는 토지 현상에 의하도록 되어 있으므로 공부상 지목이 농지라하더라도 관할 행정관청이 발급하는 서면에 의하여 실제로 농지가 아니라는 것이 증명되는 경우에는 농지취득자격증명을 첨부할 필요가 없다. 그러나 경매절차에서 감정인이 법원에 제출한 감정평가서에 경매부동산의 현황이 축사·잡종지 등으로 평가되어 있다는 사정만으로 농지취득자격증명의 첨부없이 부동산을 낙찰받을 수는 없다.

3. 농지 여부의 판단기준
어떤 토지가 농지법 소정의 농지인지의 여부는 공부상의 지목 여하에 불구하고 당해 토지의 사실상의 현상에 따라 가려져야 할 것이다. 공부상 지목이 답인 토지의 경우 농지로서의 현상이 변경되었다고 하더라도 그 변경상태가 일시적인 것에 불과하고 농지로서의 원상회복이 용이하게 이루어질 수 있다면 그 토지는 여전히 농지법에서 말하는 농지에 해당한다.[163] 지목이 답으로 되어 있는 토지에 대하여 제3자 명의로 주택부지로의 농지전용허가가 되었다는 점만으로는 이미 농지로서의 성질을 상실하고 사실상 대지화되었다고 보기 어렵다. 여름철에 야영장 등으로 이용되면서 사실상 잡종지로 활용될 뿐 농작물의 경작에 이용되지 않고 있다고 하여도 그 토지에 별다른 견고한 구조물이 축조되어 있지 아니하고 터파기작업 등이 이루어져 현상이 크게 변동된 것도 아니어서 원상회복이 비교적 용이해 보이는점 등에 비추어 그 현상변경이 일시적인 것에 불과하다면 그 토지는 농지법상의 농지로서 그 취득에 소재지관서의 농지취득자격증명이 필요하다.[164]

☞ 농지취득자격증명

---

163) 대법원 1999. 2. 23. 98마2604 결정 ; 대법원 2018. 7. 11. 선고 2014두36518 판결
164) 대법원 1999. 2. 23. 98마2604 결정 ; 대법원 1987. 1. 15. 86마1095 결정 ; 대법원 1997. 12. 23. 선고, 97다42991 판결 ; 대법원 1998. 4. 10. 선고, 97누256 판결 ; 대법원 2018. 7. 11. 선고 2014두36518 판결

118. 신경매란
경매를 실시하였으나 낙찰인이 결정되지 않았기 때문에 다시 기일을 지정하여 실시하는 경매를 말한다.

1. 신경매의 의의
신경매라 함은 경매를 실시하였으나 낙찰인이 결정되지 않았기 때문에 다시 기일을 지정하여 실시하는 경매를 말한다. 신경매는 낙찰허가결정이 확정되어 낙찰인이 결정되었음에도 불구하고 그 자가 대금을 지급하지 아니하였기 때문에 실시되는 재경매와는 구별된다.

2. 신경매를 실시하여야 할 경우
경매기일에 허가할 매수가격의 신고가 없는 경우(제631조), 낙찰기일에 경매법원이 최고가매수신고인에 대하여 낙찰을 허가할 수 없는 사유가 있어 낙찰을 불허하거나 낙찰허가결정이 항고심에서 취소된 경우(제637조) 또는 매수가격의 신고후에 천재지변 기타 자기가 책임질 수 없는 사유로 인하여 부동산이 훼손되어 최고가매수신고인 또는 낙찰인의 신청에 의하여 낙찰불허가결정을 하거나 낙찰허가결정을 취소한 경우(제639조) 신경매를 실시해야 한다.

3. 낙찰불허가를 한 경우의 신경매
경매법원이 낙찰기일에 낙찰허가에 대한 이의사유(제633조)가 있음을 이유로 이해관계인의 이의신청 또는 직권으로 낙찰불허가결정을 한 경우에 그 사유가 종국적으로 경매를 불허하거나 일시정지하여야 할 사유가 아니고 다시 경매를 허용할 수 있는 때에는 직권으로 신경매기일을 정하여야 한다(제637조 제1항). 경매의 일시적 정지사유가 있어서 낙찰이 불허된 경우에는 그 사유가 해소되어야 신경매기일을 정할 수 있다. 신경매기일은 공고일로부터 7일 이후로 정하여야 한다(제637조 제2항).

4. 항고·추완항고가 있는 경우의 신경매
낙찰허가결정이 있었으나 항고에 의하여 낙찰허가결정이 취소되고 다시 경매를 실시할 경우 뿐만 아니라[165] 낙찰허가결정이 확정되어 대금지급까지 마친 후에 추완항고에 의하여 낙찰허가결정이 취소된 경우에도 신경매를 명하여야 한다. 이와 같이 신경매를 하는 경우에는 최저경매가격을 저감할 수 없다.

5. 부동산이 훼손되어 낙찰불허가 등을 한 경우의 신경매
매수가격의 신고후에 천재지변 기타 자기가 책임질 수 없는 사유로 인하여 부동산이 훼손된 때에는 그 훼손이 경미한 것이 아니면 최고가매수인은 낙찰불허가신청을, 낙찰인은 대금을 납부할 때까지 낙찰허가결정의 취소신청을 할 수 있다(제639조 제1항). 이에 따라 경매법원이 낙찰불허가 결정을 하거나 낙찰허가결정을 취소한 때에는 다시 감정인으로 하여금 부동산평가를 하게 하여 최저경매가격결정부터 새로 한 후 신경매기일을 지정한다(제646조).

---

[165] 대법원 1962. 12. 26. 62마17 결정 ; 대법원 2000. 10. 28.자 2000마5732 결정

119. 신경매의 절차

신경매를 할 경우에는 경매법원은 우선채권을 해하지 아니하는 한도에서 최저경매가격을 상당히 저감할 수 있다.

1. 최저경매가격의 저감
신경매를 할 경우에는 경매법원은 우선채권(제608조 제1항)을 해하지 아니하는 한도에서 최저경매가격을 상당히 저감할 수 있다. 경매법원은 경매절차의 진척과 각 이해관계인의 이해를 비교교량하여 자유재량에 의하여 최저경매가격 저감의 정도를 정할 수 있다.[166] 저감할 필요가 없다고 인정한 때에는 저감하지 않을 수도 있다. 저감을 함에 있어서 다시 부동산의 평가를 할 필요는 없다. 경매법원이 그 저감가격을 산출한 근거를 명시할 필요도 없다.[167] 또한 저감을 함에 있어서 별도로 결정서를 작성할 필요도 없다.[168]

2. 판례와 실무
대법원판례[169]는 저감의 정도가 심하여 기록상 합리적이고 객관적인 타당성이 발견되지 않는 한 위법이라 하고 있으나 1회 저감액이 3할 정도라 하여도 위법은 아니라고 하고 있다.[170] 현재 서울지방법원에서는 1회 2할 정도까지 저감하고 있다.

3. 저감의 최저한도
최저경매가격은 우선채권을 해하지 아니하는 한도에서 저감할 수 있다(제631조 제1항)고 규정하고 있으므로 결국 저감할 수 있는 최저경매가격의 최저한도는 경매신청채권에 우선하는 부동산 상의 모든 부담과 절차비용의 합산액보다 많은 액수이어야 한다. 그러나 이에 어긋난 경매절차를 다툴 수 있는 이해관계인은 압류채권자나 우선채권자에 한하며 채무자는 이를 다툴 수 없다.[171]

4. 위법한 저감
신경매 기일에서도 매수가격의 신고가 없으면 매수가격의 신고가 있을 때까지 순차로 최저경매가격의 저감 및 신경매기일 지정의 절차를 되풀이할 수 있다. 이와 같이 순차로 열렸던 신경매기일 중 어느 하나가 부적법한 것인 경우에 그 부적법한 기일의 직후에 열린 신경매기일에서 저감된 최저경매가격 이상 저감전의 최저경매가격 이하의 가격으로 매수가 허가되었다면 그것은 최저경매가격 저감의 위법이 직접적으로 그 경매에 영향을 주었던 것이 명백하므로 그 경매는 위법한 것으로 된다.

5. 위법한 저감의 치유
부적법한 기일 직후의 신경매기일에서 매수허가된 가격이 저감전의 최저경매가격 이상이었다 하더라도 부적법하게 저감된 최저경매가격을 전제로 한 경매절차이므로 위법이다.[172] 그러나 부적법한 기일의 직후에 열린 신경매기일에 저감한 최저경매가격으로 경매를 실시하였으나 역시 매수가격의 신고가 없어서 다시 지정한 신경매기일이나 그 후의 기일에 매수가격의 신고가 있어 경매를 허가하였다면 부적법한 기일에서의 저감절차의 하자는 치유되므로 낙찰을 허가할 수 있다.[173]

---

166) 대법원 1969. 1. 9. 68마982 결정 ; 대법원 1971. 7. 19.자 71마215 결정
167) 대법원 1958. 12. 1. 4291민재항 67 결정
168) 대법원 1968. 3. 30. 68마186 결정 ; 대법원 2000. 8. 16.자 99마5148 결정
169) 대법원 1961. 11. 3. 4294민재항 506 결정
170) 대법원 1966. 12. 17. 66마1027 결정 ; 대법원 1970. 2. 24.자 70마21 결정
171) 대법원 1987. 10. 30. 87마861 결정
172) 대법원 1969. 9. 23. 69마544 결정
173) 대법원 1968. 2. 6.자 67마1280 제1부 결정 ; 대법원 1970. 10. 13. 70마618 결정

120. 신경매의 절차

적법한 경매를 실시하였으나 허가할 매수가격의 신고가 없는 때에 최저경매가격을 상당히 저감하고 신경매를 실시하여야 한다.

1. 신경매의 요건
경매기일에 적법한 경매를 실시하였으나 허가할 매수가격의 신고가 없는 때에는 경매법원은 최저경매가격을 상당히 저감하고 신경매기일을 정하여 신경매를 실시하여야 한다(제631조 제1항). 경매기일이 적법하게 열린 경우에 한하므로 적법한 경매기일의 공고가 없었던 경우나 경매기일이 변경된 경우에는 최저경매가격을 저감할 수 없다. 허가할 매수가격의 신고가 없었다 함은 매수가격신고인이 전혀 없었던 경우는 물론이고 매수가격신고가 있었으나 그 가격이 최저경매가격에 미달되었다거나 신고가격의 10분의 1에 해당하는 보증을 제공하지 아니하여 적법한 매수가격의 신고라고 볼 수 없는 경우도 포함한다.

2. 수 개의 부동산을 동시에 경매하는 경우의 신경매
수 개의 부동산을 동시에 경매하는 경우에 일괄경매하는 경우를 제외하고는 일부의 부동산에 대하여서만 매수가격의 신고가 없는 경우에는 그 부동산에 대하여서만 신경매를 실시하고 모든 부동산에 대하여 신경매를 실시할 것은 아니다.

3. 신경매기일·낙찰기일 지정, 공고, 실시
경매법원은 사유 발생일로부터 3일 이내에 직권으로 신경매기일과 낙찰기일을 지정·공고하여야 한다. 이에 관하여도 최초의 경매기일·낙찰기일의 지정·공고에 관한 규정이 전부 적용된다. 다만 신경매기일은 공고일로부터 7일 이후로 정하면 족하다(제631조 제2항). 또 최초의 경매기일과는 달리 반드시 신문에 기재하여야 하는 것은 아니고 경매법원이 필요하다고 인정할 때에만 할 수 있다(제621조 제2항).

4. 신경매기일의 실시
신경매기일에서의 경매의 실시도 일반의 경우와 같다. 신경매기일에서 허가할 매수가격의 신고가 없을 때에는 거듭 최저경매가격을 저감하고 신경매기일을 지정하여 경매를 속행할 수 있다. 단 계속 최저경매가격을 저감한 결과 압류채권자에 우선하는 부동산상의 부담과 절차비용을 변제하고 잉여가 생길 가망이 없게 된 경우에 경매법원은 민사소송법 제616조의 절차를 취하여야 한다.

121. 낙찰기일이란

경매기일의 종결 후 이해관계인의 진술을 듣고 이의사유가 있는지 여부를 조사한 후 낙찰허부결정을 하는 기일이다.

1. 낙찰기일의 의의
낙찰기일이라 함은 경매법원이 경매기일의 종결 후 경매법원 내에서 낙찰의 허부에 관하여 이해관계인의 진술을 듣고 직권으로 법정의 이의사유가 없는지 여부를 조사한 후 낙찰의 허가 또는 불허가결정을 하는 기일이다.

2. 낙찰기일의 통지와 개시
낙찰기일은 미리 지정된 기일에 경매법원 내에서 연다(제620조 제2항). 낙찰기일은 경매기일과 함께 공고된다. 낙찰기일은 경매기일로부터 7일 이내로 정하여야 한다(제620조 제1항). 이것은 훈시규정이다. 경매법원은 낙찰기일을 이해관계인에게 통지하여야 한다(제617조 제2항). 이 통지는 경매기록에 표시된 이해관계인의 주소에 등기우편으로 발송할 수 있다(제617조 제3항).

3. 낙찰기일의 변경
경매법원은 직권으로 낙찰기일을 변경할 수 있다. 낙찰기일을 변경한 때에는 이해관계인에게 통지하고 변경된 기일을 공고하지는 않는다.174) 경매기일의 종료후에 낙찰기일을 변경한 경우에는 이해관계인외에 최고가매수신고인 및 차순위매수신고인에게도 변경된 기일을 통지하여야 한다(민사소송규칙 제154조 제1항).

4. 낙찰에 관한 재판
경매법원은 낙찰기일에 출석한 이해관계인으로 하여금 낙찰에 관한 의견을 진술하게 하여(제632조 제1항) 이를 참고로 하고 또 직권으로 낙찰불허가사유(제635조 제2항)의 유무를 경매기록에 의하여 조사한 다음 낙찰허부의 재판을 한다. 낙찰허부에 대하여서는 결정으로 재판하고 낙찰기일에 선고하여야 한다(제638조 제1항).

122. 낙찰기일에서 이해관계인은

이해관계인은 구술이나 서면으로 낙찰의 허부에 관한 의견을 진술할 수 있다.

1. 진술할 수 있는 이해관계인의 범위
경매법원은 낙찰기일에 출석한 이해관계인에게 낙찰에 관한 의견을 진술하게 하여야 한다(제632조 제1항). 여기서 이해관계인이라 함은 민사소송법 제617조의 이해관계인보다 넓은 개념이다. 그러므로 최고가매수신고인 또는 자기에게 낙찰을 허가할 것을 구하는 그 외의 매수신고인도 포함한다. 다만, 자기가 최고가매수신고인으로서 낙찰을 받아야 한다고 주장하는 자는 매수신고시에 제공한 보증을 회수하지 않아야 한다. 만일 이를 회수한 경우에는 낙찰기일에 출석하여 의견진술을 할 자격을 상실한다.

2. 진술의 방법
이해관계인의 진술은 원칙적으로 낙찰기일에 구술로 하여야 하나 서면으로 제출하여도 된다. 이해관계인이 낙찰에 관한 의견을 진술할 수 있는 시기는 낙찰허가가 있기까지 즉, 낙찰허부결정을 선고할 때까지이다(제632조 제2항). 낙찰기일이 열렸으나 속행기일이 정하여진 경우에는 속행기일에서도 진술할 수 있다.

---

174) 대법원 1966. 7. 29. 66마125 결정 ; 대법원 1981. 1. 19. 80마96 결정 ; 대법원 1983. 8. 30.자 83마197 결정

3. 진술의 내용
이해관계인은 최고가매수신고인에 대하여 낙찰을 허가하여야 한다는 진술을 할 수 있다. 법정매각조건에 위반하여 매수하거나 모든 이해관계인의 합의없이 법정매각조건을 변경한 때(제633조 제4호)에도 이해관계인은 경매절차의 속행을 승인하는 진술 즉, 낙찰을 허가할 것을 승인하는 진술을 할 수 있다. 이 경우 경매법원은 낙찰허가에 대한 이의사유의 존재에도 불구하고 낙찰을 허가하여야 한다(제635조 제2항). 이와 같은 낙찰허가의 승인은 이의사유를 제거하여 법원이 직권으로 낙찰불허가결정을 하는 것을 방지하는 효과가 있다.

4. 이의에 대한 법원의 판단
민사소송법 제633조 제4호 이외의 이의 사유가 있는 때에는 낙찰기일에 이해관계인의 출석여부, 이의의 진술여부, 낙찰허가의 승인여부를 불문하고 직권으로 낙찰의 허부를 결정하여야 한다. 왜냐하면 이에 대한 낙찰허가의 승인은 경매법원을 구속하지 않기 때문이다. 낙찰허가의 승인은 승인한 자에 대하여서만 효력이 있으므로 다른 이해관계인은 이로 인하여 이의권을 상실하는 것은 아니다.

123. 낙찰허가에 대한 이의란
이의란 이해관계인이 법정의 이의사유를 들어 낙찰을 허가하여서는 아니된다는 소송법상의 진술을 말한다.

1. 낙찰허가에 대한 이의의 의의
낙찰허가에 대한 이의라 함은 이해관계인이 이의사유에 기하여 낙찰을 허가하여서는 아니된다는 소송법상의 진술을 말한다. 이의신청은 서면으로 제출할 수도 있다.

2. 낙찰허가에 대한 이의사유
이의사유는 이해관계인 개인의 권리와 관계없는 공익적 규정 위배인 경우와 이해관계인 개인의 권리에 관계되는 사익적 규정위배인 경우로 나눌 수 있다. 공익적 규정 위배의 경우에는 이의가 없더라도 경매법원이 직권으로 참작하여 낙찰불허의 결정을 하여야 하므로 이의의 제한은 특별한 의미가 없다. 사익적 규정 위배인 경우에 다른 이해관계인의 권리에 관한 위법을 가지고 이의사유를 주장하는 것은 이의 진술자에게는 아무런 이익이 없으므로 다른 이해관계인의 권리에 관한 사유로 이의를 진술하는 것을 금지하고 있다. 민사소송법 제608조 제1항, 제2항의 규정에 의하면 존속기간의 정함이 없거나 경매개시결정의 등기 후 6개월 이내에 그 기간이 만료되는 전세권은 낙찰로 인하여 소멸하지만 그 전세권에 기한 전세금반환채권이 압류채권자의 채권에 우선하는 경우에는 매각대금으로 이를 변제함에 부족 없음이 인정된 경우가 아니면 매각을 하지 못하도록 되어 있다. 따라서 경매법원이 이 규정에 위배하여 낙찰을 허가하였다면 이는 민사소송법 제633조에서 규정한 낙찰허가에 대한 이의사유가 된다.[175]

3. 낙찰허가에 대한 이의의 제한
낙찰허가에 대한 이의는 이의진술자인 이해관계인 자신의 권리에 관한 이유에 의하여야 하고 다른 이해관계인의 권리에 관한 이유에 의하여 할 수는 없다(제634조). 잉여의 가망이 없는 경우에 민사소송법 제616조의 경매취소절차를 밟도록 한 것은 압류채권자나 우선채권자의 보호를 위한 것이므로 채무자는 위 절차를 거치지 아니하였다는 이유로 이의를 할 수 없다.[176] 또한 다른 이해관계인에게 경매기일의 통지가 없었음을 이유로 이의신청할 수 없다.[177] 법정매각조건의 변경에 합의한 이해관계인이 다른 이해관계인의 합의가 없다는 것을 이유로 이의를 할 수 없다.

---
175) 대법원 1998. 4. 28. 97마2935 결정 ; 대법원 1981. 8. 29.자 81마158 결정
176) 대법원 1979. 5. 22. 79마67 ; 대법원 1984. 6. 19. 84마238 결정 ; 대법원 1987. 10. 30.자 87마861 결정
177) 대법원 1969. 7. 3. 69마261 결정

4. 낙찰허가의 이의에 대한 재판
낙찰허가에 대한 이의가 정당하다고 인정한 때에는 낙찰불허가의 결정을 한다(제635조 제1항). 이의는 독립한 신청사건이 아니므로 이의가 정당하지 않다고 인정한 때에는 이의진술이 있었음을 ○○에 기재함으로써 족하다. 경매법원은 이의신청자체에 대하여 응답을 하지 않고 낙찰허가의 결정을 선고하면 된다. 이의를 진술한 이해관계인도 이의가 받아들여지지 아니한 경우에 낙찰허가결정에 대한 즉시항고를 할 수 있을 뿐 별도로 낙찰에 관한 이의가 받아들여지지 아니한데 대한 불복항고를 할 수 없다.[178]

124. 낙찰허가에 대한 이의사유는
강제집행을 허가할 수 없거나 집행을 속행할 수 없을 때, 최고가매수신고인이 부동산을 매수할 능력이나 자격이 없는 때 이의할 수 있다.

1. 강제집행을 허가할 수 없거나 집행을 속행할 수 없을 때(제633조 제1호)
강제집행을 허가할 수 없을 때라 함은 강제집행의 요건, 강제집행개시의 요건, 강제경매신청의 요건이 흠결된 경우를 말한다. 집행을 속행할 수 없을 때라 함은 집행의 정지 또는 취소사유가 있을 때(제510조, 제511조), 경매신청의 취하가 있을 때(제610조)와 같이 집행절차 중에 집행법상 절차의 진행을 방해하는 사유가 발생한 경우를 말한다. 판례는 경매기일을 이해관계인에게 통지하지 아니한 것도 이에 해당한다고 한다.[179] 그러나 경매법원의 통지를 받지 못하였음에도 낙찰인이 입찰 및 낙찰기일을 스스로 알고 입찰에 참가하였고 낙찰기일에 낙찰불허신청서까지 제출하였다면 위 통지의 누락이 이의사유에 해당하지 않는다.[180]

2. 최고가매수신고인이 부동산을 매수할 능력이나 자격이 없는 때(제533조 제2호)
부동산을 매수할 능력이 없는 때라 함은 미성년자, 금치산자, 한정치산자와 같이 독립하여 법률행위를 할 수 있는 능력이 없는 경우를 말한다. 부동산을 매수할 자격이 없는 때라 함은 법률의 규정에 의하여 경매부동산을 취득할 자격이 없거나 그 부동산을 취득하려면 관청의 증명이나 허가를 받아야 할 경우를 말한다. 재경매에 있어서의 전낙찰인(제648조 제1항), 집행관과 감정인 및 그 친족(집행관법 제11조의 2), 농지경매에 있어서 농지법 제8조의 농지취득자격증명을 받지 아니한 자, 외국인토지법에 의한 시장·군수 또는 구청장에게 신고를 하지 않은 외국인(외국인토지법 제5조) 등이 이에 속한다. 다만 이러한 증명 또는 허가는 낙찰허부결정시까지 추완하면 이의사유가 되지 아니한다.[181]

125. 낙찰허가에 대한 이의사유는
매각조건에 위반하여 매수하거나 모든 이해관계인의 합의없이 매각조건을 변경한 때, 경매기일공고가 법률의 규정에 위반한 때 이의할 수 있다.

1. 최고가매수신고인이나 그 대리인이 경매장소의 질서유지에 위반하여 처벌을 받은 때에 해당되는 때 (제633조 제3호)
집행관은 민사소송법 제539조의 2 각호의 1에 해당된다고 인정되는 자에 대하여는 경매장소에의 입장을 금하거나 경매장소에서 퇴장시키거나 매수의 신청을 금할 수 있다(제539조의 2). 그럼에도 불구하고 이러한 자가 최고가매수신고인이 되거나 또는 그 대리인이 위 각호의 1에 해당되는 때에는 낙찰허가에 대

---
178) 대법원 1983. 7. 1. 83그18 결정
179) 대법원 1984. 9. 27. 84마266, 84마카39 결정 ; 대법원 1995. 3. 30. 94마1716 결정 ; 대법원 1995. 4. 22. 95마320 결정 ; 대법원 1994. 7. 27. 94마1031 결정 ; 대법원 1995. 12. 5. 95마1053 결정 ; 대법원 2000. 1. 31.자 99마7663 결정
180) 대법원 1995. 12. 5. 95마1053 결정 ; 대법원 1995. 12. 5. 95마1053 결정
181) 대법원 1968. 2. 22. 67마169 결정 ; 대법원 1978. 8. 30.자 78마215 결정

한 이의사유가 된다.

2. 법률상의 매각조건에 위반하여 매수하거나 모든 이해관계인의 합의없이 법률상의 매각조건을 변경한 때(제633조 제4호)

3. 경매기일공고가 법률의 규정에 위반한 때(제633조 제5호)
민사소송법 제618조 소정의 공고사항의 기재가 누락되거나 기재가 잘못되어 결과적으로 그 기재가 없는 것과 동일시되는 경우에는 낙찰허가에 대한 이의사유가 된다. 그러나 하자가 사소한 경우 예를 들어 경매기일의 공고사항에 경매기일이나 낙찰기일의 사건의 기재가 빠졌다거나 부동산의 표시에 있어서 다소 다른 점이 있더라도 경매부동산의 동일성을 식별할 수 있는 정도라면 이의사유가 되지 못한다. 대법원 판례[182]에 의하면 입찰기일을 신문에 공고함에 있어서 입찰부동산의 표시부분에서 입찰목적부동산중 건물부분에 관하여 실제면적보다 0.002㎡가 많은 것으로 잘못 기재되었다 하더라도 그 평수의 차이가 극히 미미한 것일 뿐이라면 이해관계인에게 목적물을 오인하게 하거나 평가를 그르치게 할 정도의 위법한 표시는 아니라고 한다. 경매기일의 공고를 법률상 규정한 방법에 의하지 아니하거나 민사소송법 제619조에 규정한 14일의 기간을 두지 아니한 때에도 이의사유가 된다.

126. 낙찰허가에 대한 이의사유는
최저경매가격의 결정, 일괄경매의 결정 또는 물건명세서의 작성에 중대한 하자가 있는 때 이의할 수 있다.

1. 최저경매가격의 결정, 일괄경매의 결정 또는 물건명세서의 작성에 중대한 하자가 있는 때(제633조 제6호)
열람을 위한 경매·입찰물건명세서의 사본을 비치하지 아니한 경우에도 낙찰허가에 대한 이의사유가 된다. 판례[183]는 선순위 임차인의 주민등록에 대한 기재가 누락된 집행관의 임대차보고서 및 입찰물건명세서의 하자는 낙찰인의 매수의사와 매수신고가격의 결정에 영향을 미쳤다고 봄이 상당하므로 낙찰불허가 사유가 된다고 한다.
판례[184]는 감정평가에서 제외한 기계기구 중 일부가 부동산 위에 존재하고 있는데도 감정인이 이를 소재불명이라고 하여 평가대상에서 제외하였고 경매법원도 이들을 제외한 채 그 평가액을 기초로 경매절차를 진행한 경우 경매법원의 결정에는 경매목적물에 대한 최저경매가격의 결정 또는 물건명세서의 작성에 중대한 하자가 있다고 인정하였다. 이때 경매법원으로서는 우선 당사자나 이해관계인 또는 감정평가인 등을 심문하거나 기타 상당한 방법으로 기계기구 일부가 실재로 존재하고 있는지 여부를 밝혀 보아야 할 것이다. 나아가 그것이 존재하는데도 불구하고 감정평가에서 제외된 경우에는 감정인의 총평가액과 후순위 근저당권자의 배당가능성 등을 고려하여 그 누락 부분이 최저경매가격의 결정이나 경매·입찰물건명세서 작성에 중대한 하자가 되는 것인지의 여부를 심리·판단하였어야 할 것이라고 한다.
민사소송법 제633조 제6호의 판단기준에 관한 판례[185]는 민사소송법 제635조 제2항, 제633조 제6호에 의하여 직권에 의한 경락불허가 사유가 되는 '물건명세서의 작성에 중대한 하자가 있는 때'에 해당하는지 여부는 그 하자가 일반 매수 희망자가 매수의사나 매수신고가격을 결정함에 있어 어떠한 영향을 받을 정도의 것이었는지를 중심으로 하여 부동산경매와 경매물건명세서 제도의 취지에 비추어 구체적인 사안에 따라 합리적으로 판단하여야 한다. 이러한 법리는 경매에 갈음하는 입찰의 경우에도 마찬가지이다고

---

182) 대법원 1994. 11. 11. 94마1453 결정 ; 대법원 2003. 12. 30.자 2002마1208 결정
183) 대법원 1995. 11. 22. 95마1197 결정 ; 대법원 2017. 4. 7. 선고 2016다248431 판결
184) 대법원 1993. 9. 15. 93마1065 결정 ; 대법원 1994. 4. 22. 93마719 결정 ; 대법원 1995. 7. 29. 95마540 결정 ; 대법원 1997. 5. 29. 96마1212 결정
185) 대법원 1994. 1. 15. 93마1601 결정 ; 대법원 1995. 11. 22. 95마1197 결정, 대법원 1997. 10. 13. 97마1612 결정 ; 대법원 1999. 11. 15.자 99마4498 결정

판시하고 있다.

2. 경매종결의 시간(제626조 제2항)과 경매의 종결(제627조)의 규정을 위반한 때(제633조 제7호)
경매의 종결을 고지함에 있어서 집행관이 이에 앞서 최고가매수신고인의 성명과 가격을 호창하는 절차를 밟지 아니하면 이의사유에 해당된다.186) 이에 대하여 경매기일에 있어서 집행관이 경락가격을 3회 호창하지 아니하고 경락인의 주소를 호창하지 아니하였다고 하여 위법하다고 할 수 없다.187)

3. 매수신청의 보증(제625조)의 규정에 위반하여 최고가매수신고인으로 호창한 때(제633조 제8호)

127. 낙찰불허가결정을 하는 경우

이해관계인의 이의가 정당하다고 인정할 때, 직권으로 낙찰을 불허가 할 사유가 있을 때 낙찰불허가결정을 한다.

1. 이해관계인의 이의가 정당하다고 인정할 때
경매법원은 낙찰기일에 출석한 이해관계인의 낙찰허가에 대한 이의가 정당하다고 인정한 경우에는 낙찰불허가결정을 하여야 한다(제635조 제1항).

2. 직권으로 낙찰을 불허가 할 사유가 있을 때(제635조 제2항)
낙찰기일에 이해관계인의 낙찰허가에 대한 이의가 없더라도 경매법원이 직권조사의 결과 이의사유(제633조 제1호 내지 제8호)가 있다고 인정된 때에는 직권으로 낙찰불허가결정을 하여야 한다(제635조 제2항 본문). 다만 민사소송법 제633조 제1호, 제2호 및 제4호의 사유가 있을 때에는 민사소송법 제635조 제2항 단서의 경우에 한하여 직권으로 낙찰불허가결정을 한다. 즉 민사소송법 제633조 제1호의 경우에는 경매한 부동산이 양도할 수 없는 것이거나 집행정지사유가 발생하여 경매절차를 정지한 때에 한하여 직권으로 낙찰불허가결정을 한다. 그러나 민사소송법 제635조 제2항 단서에 의하면 직권으로 낙찰을 허가하지 아니할 경우를 제한하고 있으므로 그 단서에 정한 경우가 아니면 설사 이해관계인에게 입찰기일과 낙찰기일의 통지를 하지 아니한 절차상의 위배가 있다고 하더라도 당해 이해관계인으로부터의 이의신청이 없는 한 직권으로 이를 이유로 하여 경락을 허가하지 아니하는 결정을 할 수 없다.188)

3. 경매절차 취소사유가 있는 경우
경매한 부동산이 양도할 수 없어 민사소송법 제613조 제1항에 해당하는 경우에는 낙찰기일을 열 필요없이 경매절차를 취소하는 결정으로 족하다. 경매절차를 취소해야 할 서류(제510조 제1호, 제3호, 제5호, 제6호)가 제출된 경우에도 낙찰불허가 결정을 할 것이 아니라 경매절차를 취소하는 결정(제511조 제1항)을 하는 것으로 족하다.

4. 최고가매수신고인이 부동산을 매수할 능력이나 자격이 없는 때(제633조 제2호)
경매기일 당시에는 최고가매수신고인의 행위능력 또는 부동산취득자격의 흠결이 있었으나 그 후 낙찰허부 재판시까지 법정대리인의 추인이나 법령이 정한 관청의 증명 또는 허가로 말미암아 추완된 경우에는 낙찰불허가결정을 하여서는 아니된다. 즉, 민사소송법 제633조 제2호의 경우에는 능력 또는 자격의 흠결이 제거되지 아니한 때에 한하여 직권으로 낙찰불허가결정을 하여야 한다.

---

186) 대법원 1964. 12. 9. 64마888 결정 ; 대법원 2000. 3. 28.자 2000마724 결정
187) 대법원 1992. 1. 30. 91마728 결정
188) 대법원 1970. 10. 16. 70마553 결정 ; 대법원 1994. 9. 22. 94마752 결정 ; 대법원 1995. 3. 30. 94마1716 결정 ; 대법원 1999. 11. 15.자 99마5256 결정

5. 법률상의 매각조건에 위반하여 매수하거나 모든 이해관계인의 합의없이 법률상의 매각조건을 변경한 때(제633조 제4호)
민사소송법 제633조 제4호의 경우에는 이해관계인이 절차의 속행을 승인하지 아니하는 경우에 한하여 직권으로 낙찰불허가결정을 한다. 따라서 이해관계인이 낙찰기일에 출석하여 명시적으로 절차의 속행을 승인한 경우는 물론 낙찰기일에 출석하지 아니하였거나 출석하여도 아무런 이의를 진술하지 아니한 경우에는 직권으로 고려할 필요가 없다. 결국 법정매각조건에 위반하거나 이해관계인의 합의없이 매각조건을 변경한 경우에는 이해관계인이 이의진술 등의 방법으로 절차의 속행에 대한 불승인의 의사를 표시하지 아니하는 한 경매법원은 낙찰허가결정을 하여야 한다.189) 다만 최저경매가격을 무시한 매수허가는 이해관계인의 이의가 없더라도 직권으로 낙찰을 불허하여야 한다.

128. 낙찰불허가결정을 하는 경우
과잉경매로 되는 때 낙찰불허가결정을 한다.

1. 민사소송법 제636조 제1항의 채권의 개념
수 개의 부동산을 동시에 경매한 경우에 1개의 부동산의 매득금으로 각 채권자의 채권을 변제하고 집행비용의 충당에 충분한 때에는 다른 부동산에 대한 낙찰을 허가하여서는 아니된다(제636조 제1항). 여기서 각 채권자의 채권이라 함은 경매신청채권자와 그에 우선하는 선순위채권자는 물론 배당요구채권자 중 경매신청인과 동순위로 배당을 받을 자의 채권도 포함한다. 압류가 경합된 경우 뒤의 압류채권자의 채권도 포함된다. 그러나 경매신청채권자보다 후순위의 채권은 포함되지 않는다. 그러므로 경매신청채권자가 우선권이 없는 일반채권자인 때에는 배당요구를 한 모든 채권자의 채권이 포함된다.

2. 채권액의 산정
채권액은 민사소송법 제653조 제1항에 의하여 각 채권자가 낙찰기일까지 경매법원에 제출한 채권계산서와 증빙서류에 의하여 산정한다. 채권계산서가 제출되지 아니하였으면 경매기록에 있는 증빙서류만으로 계산한다. 우선채권자가 근저당권자인 경우에 현존 채권액이 기록상 밝혀지지 않으면 채권최고액을 그 채권액으로 본다.

3. 과잉경매의 적용범위
민사소송법 제636조 제1항은 수 개의 부동산을 개별경매하는 경우에만 적용되고 일괄경매하는 경우에는 적용되지 아니한다. 뿐만 아니라 토지와 그 지상건물은 동일인에게 귀속시키는 것이 부동산의 경제적 효용을 발휘시키는데 유리하므로 토지와 지상건물을 동시에 경매하여 동일인이 그 전부에 관하여 최고가매수신고인으로 정하여진 경우에 일괄경매의 결정이 없었다 하더라도 일괄경매의 경우에 준하여 판단한다. 따라서 그중 어느 하나의 매득금만으로 채권액과 집행비용을 변제할 수 있는 경우라도 나머지 부동산에 대하여 과잉경매를 이유로 낙찰을 불허할 것은 아니다.190)

4. 채무자의 부동산매각 지정권
과잉경매의 경우에는 채무자는 그 부동산 중 매각할 것을 지정할 수 있다(제636조 제2항). 채무자는 그 지정권을 낙찰기일에 출석하여 구술로 행사할 수 있을 뿐만 아니라 서면으로 지정할 수도 있다. 지정의 방식에 관하여는 특별한 규정이 없다. 매각할 부동산을 지정할 수도 있고 또 매각을 원하지 아니하는 부동산을 지정할 수도 있다. 채무자가 지정권을 행사하지 아니한 때에는 법원은 자유재량에 의하여 낙찰허가를 할 부동산을 선택할 수 있다. 채무자에 대하여 지정권의 행사를 최고할 의무가 있는 것은 아니다. 채무자가 낙찰기일에 출석한 경우에는 그의 의견을 묻기도 한다.

---
189) 대법원 1969. 7. 7. 69사42 결정 ; 대법원 1993. 8. 18.자 93마896 결정
190) 대법원 1961. 9. 29. 4294민재항450 결정 ; 대법원 1968. 7. 29.자 68마774 결정 ; 대법원 1969. 8. 1. 69마88 결정

5. 과잉경매금지의 법적성격
민사소송법 제636조 제1항은 경매가 실시되어 신고가 있음을 전제로 한 규정이다. 그러나 경매실시 전 단계에 있어서도 부동산의 최저경매가격과 각 채권자의 채권 및 집행비용을 비교하여 그 중 일부부동산만 경매하여도 그 채권 등의 변제에 충분하다고 인정되는 경우에는 그 부동산에 대하여만 경매를 명하고 나머지 부동산에 대하여는 경매명령을 하지 않는다. 다만 실제로는 당초의 최저경매가격대로 경매가 되지 아니하고 최저경매가격이 저감된 후에야 비로소 경매가 이루어지는 예가 많다. 또 과잉경매에 의한 채무자의 불이익은 낙찰단계에서 낙찰을 허가하지 아니함으로써 각을 수 있는 길이 있다. 따라서 위와 같은 경우에 일부 부동산에 대하여만 경매를 실시할 것인가 아니면 모든 부동산에 대하여 경매를 실시할 것인가는 경매법원의 재량에 속한다.

6. 과잉경매금지에 위반한 경우
과잉경매의 금지에 위반하여 낙찰허가결정을 한 경우에는 이 결정에 의하여 불이익을 받는 이해관계인은 이에 대하여 즉시항고를 할 수 있다. 채무자의 적법한 지정권행사가 있었는데 경매법원이 이를 무시하고 낙찰허가를 한 경우에는 채무자가 또는 과잉경매의 금지를 부당하게 적용하여 낙찰을 허가하지 아니한 경우에는 채권자 및 매수신고인 등이 각 그 결정에 대하여 즉시항고할 수 있다.

129. 낙찰불허가결정을 하는 경우
경매목적 부동산이 훼손된 경우 낙찰불허가신청이 있으면 낙찰불허가결정을 한다.

1. 부동산이 훼손된 경우
매수가격의 신고후에 천재지변 기타 자기가 책임질 수 없는 사유로 인하여 부동산이 훼손된 때에는 최고가매수신고인은 낙찰불허가신청을, 낙찰인은 대금을 납부할 때까지 낙찰허가결정의 취소신청을 할 수 있다. 다만 부동산의 훼손이 경미한 때에는 그러하지 아니하다(제639조 제1항). 그 방식에 관하여는 특별한 규정이 없으므로 구술 또는 서면으로 할 수 있다(제150조). 민사소송법 제639조는 매수가격의 신고후에 부동산이 훼손됨으로 말미암아 최고가매수신고인 또는 낙찰인이 매수할 의사가 없게 된 경우에 있어서 그 구제방법에 관한 규정이다. 잔존부분이라도 매수할 의사가 있는 경우에 관하여는 민사소송법상 따로 규정이 없다.

2. 낙찰허가의 취소와 낙찰불허가결정
우선 매수가격을 신고하기 전에 부동산에 경미하지 않은 손상이 생긴 경우에는 경매법원은 다시 부동산의 평가를 실시한 다음 최저경매가격을 변경하여 경매를 실시한다. 만일 이와 같은 절차를 다시 밟지 않은 채 경매를 실시한 경우에는 낙찰불허가사유(제633조 제6호)에 해당한다. 그러나 이를 간과하여 낙찰허가결정이 되고 낙찰인도 이를 모르고 즉시항고를 제기하지 않아 낙찰허가결정이 확정된 경우에는 낙찰허가결정 취소신청을 할 수 있다. 또 낙찰허가결정 후라도 아직 확정전이면 낙찰인은 즉시항고를 제기하여 경매법원 스스로 낙찰허가결정 경정결정을 하거나(제416조 제1항) 또는 항고법원의 결정에 의하여 낙찰불허가결정을 받을 수 있다. 그러나 낙찰인이 대금을 납부한 후에는 부동산의 훼손이 대금납부전에 생긴 것이라 하더라도 감액신청을 하는 것은 별론으로 하고 낙찰허가결정의 취소신청을 할 수 없다.

3. 추완항고 인용과 낙찰허가결정의 취소
경락허가결정에 대하여 이해관계인이 추완에 의한 항고를 제기한 경우 항고법원에서 추완신청이 허용되었다면 비록 다른 이유로 항고가 이유 없는
경우에도 경락허가결정은 확정되지 않는다. 따라서 그 이전에 이미 경락허가결정이 확정된 것으로 알고 경매법원이 경락대금 납부기일을 정하여 경락인으로 하여금 경락대금을 납부하게 하였다고 하더라도 이는 적법한 경락대금의 납부라고 할 수 없다. 공유물 지분의 경매절차상의 경락허가결정에 대한 다른 공

유자의 추완항고 신청을 허용하고 그 경매절차에서 다른 공유자에 대하여 입찰기일 및 낙찰기일의 통지를 하지 아니한 하자가 있는 경우에는 그 추완항고를 받아들여 그 낙찰허가결정을 취소하여야 한다.191)

☞ 낙찰불허가신청서

130. 낙찰불허가결정을 하는 경우
낙찰불허가결정을 하는 경우 경매법원은 사실조사를 할 수 있다.

1. 낙찰불허가결정의 재판
최고가매수신고인 등으로부터 낙찰불허가신청이 있으면 경매법원은 사실을 조사하여 신청이 정당하다고 인정되면 신청내용에 따라 낙찰불허가결정 또는 낙찰허가결정을 취소하는 결정을 하고 신청이 이유없는 때에는 이를 기각하는 결정을 한다. 다만 낙찰불허가신청을 기각하는 경우에는 낙찰허가결정으로 족하고 별도로 기각하는 재판을 하지 않는다. 조사결과 부동산의 훼손의 정도가 심하여 경매가 불가능하다고 인정되면 직권으로 경매절차를 취소한다(제613조 제1항).

2. 경매법원의 사실조사
경매법원은 사실조사를 함에 있어서 당사자를 심문하거나 변론을 열 수도 있다. 낙찰을 허가하지 아니하거나 낙찰허가결정을 취소한 때에는 법원은 최저경매가격결정부터 새로 하여 경매를 속행한다(제646조). 훼손이 경미한가의 여부는 사회적, 경제적관점에서 평가한다. 따라서 경매절차의 진행이 정지된후 경매기일과 낙찰기일 사이에 오랜 기간이 경과되어 그 사이에 경매목적 부동산의 가격이 현저히 하락한 경우에도 최고가매수신고인은 낙찰불허가신청을 할 수 있다(제639조).

3. 낙찰불허가결정에 대한 불복
낙찰허가결정의 취소신청에 대한 결정에 대하여는 즉시항고를 할 수 있다(제639조 제2항). 그러나 낙찰불허가신청을 기각한 결정에 대하여는 독립하여 불복할 수 없다.

4. 낙찰대금 감액신청
낙찰대금이 지급된 후에도 아직 배당이 실시되기 전이라면 낙찰허가결정의 취소신청은 할 수 없으나 낙찰대금의 감액신청은 이를 허용한다. 또 낙찰허가결정이 확정되기 전에는 낙찰인은 낙찰가격에 불복하여 항고를 제기할 수 있다. 이때 낙찰인은 그 절차에서 경매법원이 스스로 낙찰허가결정에 대한 경정결정을 하거나 항고법원의 결정을 통하여 낙찰대금의 감액을 받을 수도 있다.

131. 경매와 매도인의 담보책임
낙찰허가결정이 확정 후 낙찰대금 완납전에 낙찰인이 책임질 수 없는 사유로 부동산의 일부가 멸실 경우 낙찰인은 감액신청을 할 수 있다.

1. 위험부담과 하자담보책임
부동산이 최고가매수신고인의 귀책사유로 인하여 훼손된 때에는 달리 불허가사유가 없는 한 경매법원은 낙찰허가결정을 하여야 한다. 이 경우에 낙찰인이 대금을 납부하지 않으면 훼손된 상태에서 다시 부동산을 평가하여 재경매를 실시한다. 다만 전낙찰인은 경매절차외에서 부동산의 훼손으로 인한 손해배상 채무를 지게 된다. 이러한 손해배상책임은 불법행위 일반이론에 의한다. 자기가 책임질 수 없는 사유로

---

191) 대법원 1967. 2. 7. 65마729 결정 ; 대법원 1967. 7. 14. 67마498 결정 ; 대법원 1968. 11. 5. 68마1090 결정 ; 대법원 1969. 11. 25. 선고, 69다1583 판결 ; 대법원 2002. 12. 24.자 2001마1047 전원합의체 결정

부동산의 일부가 멸실된 경우에 나머지 부분이라도 매수할 의사가 있으면 낙찰대금의 감액신청도 할 수 있다. 판례[192]는 낙찰허가결정이 확정된 후 낙찰대금 완납전에 낙찰인이 책임질 수 없는 사유로 낙찰목적물의 일부가 멸실된 사안에서 경매법원은 민법상의 위험부담 내지 하자담보책임의 이론을 적용하여 낙찰인의 감액신청을 허용함이 상당하다고 한다.

2. 담보책임 추급방법
소유권에 관한 가등기의 목적이 된 부동산을 낙찰받아 낙찰대금까지 납부하여 소유권을 취득한 낙찰인이 그 뒤 가등기에 기한 본등기가 경료됨으로써 일단 취득한 소유권을 상실하게 된 때에는 매각으로 인하여 소유권의 이전이 불가능하였던 것이 아니므로, 민사소송법 제513조에 따라 경매법원으로부터 그 경매절차의 취소결정을 받아 납부한 낙찰대금을 반환받을 수는 없다. 이는 매매의 목적 부동산에 설정된 저당권 또는 전세권의 행사로 인하여 매수인이 취득한 소유권을 상실한 경우와 유사하다. 따라서 민법 제578조, 제576조를 유추적용하여 담보책임을 추급할 수는 있다. 그런데 이러한 담보책임은 낙찰인이 경매절차 밖에서 별소에 의하여 채무자 또는 채권자를 상대로 추급하는 것이 원칙이다. 만일 아직 배당이 실시되기 전이라면 이러한 때에도 낙찰인으로 하여금 배당이 실시되는 것을 기다렸다가 경매절차 밖에서 별소에 의하여 담보책임을 추급하게 하는 것은 가혹하므로 이 경우 낙찰인은 민사소송법 제613조를 유추적용하여 경매법원에 대하여 경매에 의한 매매계약을 해제하고 납부한 낙찰대금의 반환을 청구하는 방법으로 담보책임을 추급할 수 있다.[193]

132. 낙찰불허가결정

낙찰불허가결정은 낙찰기일에 선고하여야 한다. 이 결정은 선고한 때에 고지의 효력이 발생한다.

1. 낙찰불허가결정에 기재할 사항
민사소송법은 낙찰허가결정에 기재할 사항은 규정하고 있으나(제640조 제1항) 낙찰불허가결정의 기재사항에 관하여는 아무런 규정이 없다. 법원공문서규칙에도 낙찰불허가결정의 서식에 관하여는 정한 바가 없으나 결정문을 작성하여 선고하는 것이 통례이다. 낙찰불허가결정에는 경매부동산, 최고가매수신고인의 성명을 표시하고 낙찰을 허가하지 아니한다는 취지를 선언하고 불허가의 이유도 기재하고 있다.

2. 낙찰불허가결정에는 이유를 설시한다.
결정문을 작성하는 이유는 항고심의 심리를 위하여 이유를 기재하여야 할 필요가 있기 때문이다. 나아가 낙찰불허가결정은 이유에 따라서 어떤 것은 목적물의 멸실, 집행취소사유의 발생과 같이 절대적 종국적으로 경매절차를 실시할 수 없어 경매사건 자체를 완결시키는 경우가 있고 또 어떤 것은 최고가매수신고인의 행위무능력이나 경매기일 공고절차의 위법 등 순수한 절차상의 하자로 인하여 낙찰이 불허되는 경우 또는 집행정지결정이 제출된 경우와 같이 상대적 일시적으로 당해 낙찰은 불허하지만 경매절차를 다시 진행하여야 하는 경우도 있으므로 낙찰불허가결정에는 반드시 불허의 이유를 설시할 필요가 있기 때문이다.

3. 낙찰불허가결정의 선고
낙찰불허가결정은 낙찰기일에 선고하여야 한다(제638조 제1항). 이 결정은 선고한 때에 고지의 효력이 발생한다(민사소송규칙 제155조의 3). 낙찰불허가결정의 정본이나 등본을 이해관계인에게 송달하거나 공고할 필요는 없다. 실무는 이해관계인에게 송달은 하지 아니하나 낙찰허가결정과 마찬가지로 법원게시판에 공고는 하고 있다. 낙찰불허가결정의 선고사실은 낙찰기일조서에 기재하여야 한다(제638조 제2항, 제143조 제6호).

---

192) 대법원 1973. 12. 12. 73마913 결정 ; 대법원 1979. 7. 24. 78마248 결정 ; 대법원 2005. 3. 29.자 2005마58 결정
193) 대법원 1997. 11. 11. 96그64 결정

133. 낙찰불허가결정
낙찰불허가결정이 확정되면 매수신고인은 매수신청 보증금의 반환을 경매법원에 청구할 수 있다.

1. 낙찰불허가 후의 신경매
민사소송법 제635조에 의하여 낙찰을 불허하는 경우에 그 불허가 민사소송법 제633조 제2호 내지 제8호의 이의사유가 있는 경우 또는 집행정지결정이 제출되었다가 그 정지결정이 실효된 경우처럼 종국적으로 낙찰을 불허할 사유에 기한 것이 아니고 다시 경매를 명하여야 할 경우에는 낙찰불허가결정이 확정된 후 직권으로 신경매기일을 정한다(제637조 제1항). 신경매기일은 공고일로부터 7일 이후로 정하여야 한다(제637조 제2항).

2. 낙찰불허가후의 경매절차의 종결
경매부동산이 멸실되거나 집행취소사유(제511조, 제510조 제1호, 제3호)가 있어 낙찰불허가결정이 선고된 경우 종국적으로 경매를 불허할 사유에 기한 것이어서 다시 경매를 명할 것이 아닌 경우에는 낙찰불허가결정이 확정되면 경매신청 자체를 포함한 이후의 경매절차는 모두 소멸하고 경매절차는 이로써 종결한다. 이 경우에는 별도로 경매개시결정의 취소, 경매신청각하결정을 할 필요없이 경매신청기입등기의 말소촉탁을 한다(제651조). 이때 등기원인을 "○○년 ○○월 ○○일자 낙찰불허가결정"이라고 기재하고 낙찰불허가결정정본을 등기원인증서로 첨부하여 촉탁한다.

3. 과잉경매를 이유로 경매부동산 일부를 낙찰불허한 경우
과잉경매를 이유로 수 개의 부동산중 일부에 대하여 낙찰불허가결정을 한 경우에는 그 불허가결정이 확정되더라도 낙찰이 허가된 부동산에 대한 낙찰대금이 완납될 때까지 그대로 두었다가 대금이 완납된 후 낙찰불허된 부동산에 대하여 경매신청기입등기의 말소촉탁을 하여야 한다(제651조). 왜냐 하면 낙찰허가된 부동산의 낙찰대금이 완납되지 아니하는 경우에는 그 부동산을 재경매하여야 하고 경매신청채권 및 배당요구채권에 대한 변제액과의 관계상 필요가 있다고 인정되는 때에는 낙찰불허가된 부동산도 함께 경매에 부칠 수 있기 때문이다.

4. 부동산이 훼손되어 낙찰을 불허가한 경우 낙찰불허가 후의 절차
민사소송법 제639조의 규정에 의하여 낙찰을 허가하지 아니하거나 낙찰허가결정을 취소한 때에는 재평가를 명하여 최저경매가격부터 새로 정하여 경매를 속행한다(제646조). 다만 경매부동산의 훼손이 심하여 부동산으로서의 존재를 상실한 때에는 경매절차를 취소한다. 이 취소결정이 확정되면 경매신청기입등기의 말소촉탁을 한다. 말소촉탁시에는 경매절차취소결정을 등기원인으로 한다.

5. 매수신청보증금의 반환
낙찰불허가결정이 확정되면 낙찰인 또는 낙찰허가를 주장한 매수신고인은 경매기일에 매수신청의 보증으로 제공한 금전 또는 유가증권의 반환을 경매법원에 청구할 수 있다(제645조).

134. 낙찰허가결정은

낙찰허가에 대한 이의가 이유없다고 인정되고 기타 낙찰불허가사유가 없다고 인정되는 때 최고가매수신고인에게 낙찰을 허가한다.

1. 낙찰허가결정을 하여야 할 경우
경매법원은 이해관계인의 낙찰허가에 대한 이의가 이유없다고 인정되고 기타 직권으로 낙찰불허가할 사유가 없다고 인정되는 때에는 최고가매수신고인에게 낙찰을 허가한다는 취지의 결정을 한다.

2. 낙찰허가결정의 선고
낙찰허가결정은 낙찰기일에 법정에서 반드시 선고하여야 한다(제638조 제1항). 그러나 반드시 낙찰인이 출석하여야 선고를 하는 것은 아니다. 이 낙찰허가결정은 선고한 때에 그 효력이 발생한다(민사소송규칙 제155조의 3). 낙찰허가결정을 선고하지 아니하고 일반결정의 경우와 같이 결정정본이나 등본의 송달에 의하여 고지하는 것은 위법하다.

3. 낙찰허가결정의 공고
낙찰허가결정은 법정에서 선고하고 법원게시판에 공고하여야 한다(제640조 제2항). 결정정본을 이해관계인에게 송달할 필요는 없다.194) 낙찰허가결정의 공고는 법원사무관 등이 낙찰허가결정 등본을 1통 작성하여 이를 법원게시판에 게시하는 방법으로 행한다. 법원사무관 등은 그 공고를 한 다음 낙찰허가결정 공고보고서를 작성하여 기록에 첨부한다. 그러나 낙찰허가결정에 대한 경정결정의 고지방법에 관하여는 특별히 규정한 바가 없으므로 민사소송법 제207조 제1항에 의하여 상당한 방법으로 고지한다. 이해관계인에게 경정결정의 정본을 송달하는 것이 유일한 고지방법은 아니라고 하더라도 단지 법원게시판에 공고하거나195) 배당기일소환장을 송달196)한 것만으로는 결정을 상당한 방법으로 고지한 것으로 볼 수 없다.

4. 경매신청서에 피담보채권의 표시를 잘못한 경우 낙찰허가결정의 효력
부동산의 공유자 3인 중 2인인 갑과 을이 각 그들 소유의 지분 전부를 그들의 병에 대한 채무의 공동담보로 제공하여 근저당권설정등기를 경료하였다. 그후 병이 갑과 을 소유의 지분 전부에 관하여 근저당권의 실행을 위한 경매신청을 하면서 갑과 을을 채무자 겸 소유자로 기재하면서도 피담보채권은 을에 대한 채권만을 표시하였을 뿐 갑에 대한 채권은 표시하지 아니하였다. 경매법원도 을에 대한 채권만을 청구금액으로 하여 경매개시결정을 하였다. 병이 그 후 경매기일에 경매목적물을 경락받게 되자 대금지급기일에 을에 대한 채권과 갑에 대한 채권을 합하여 채권계산서를 제출하였다면 경매개시결정이 될 당시 갑에 대한 채권이 청구금액으로 표시되지 아니하였고 그에 관한 채권증서가 제출되지 아니하였다는 사유만으로 경락허가결정이 무효라고 할 수 있는가? 이 경우 판례는197) 유효라고 한다.

---

194) 대법원 1968. 9. 27. 68마1528 결정 ; 대법원 1984. 4. 4.자 84마127 결정
195) 대법원 1969. 2. 28. 69마77 결정 ; 대법원 1984. 4. 4.자 84마127 결정
196) 대법원 1985. 3. 28. 84마카31 결정 ; 대법원 1994. 1. 25. 선고 92다50270 판결
197) 대법원 1993. 10. 12. 선고, 93다34145 판결

135. 낙찰허가결정에는

낙찰허가결정에는 경매한 부동산, 낙찰인, 경매가격, 특별매각조건 등을 기재하여야 한다.

1. 경매한 부동산의 표시

경매한 부동산이라 함은 낙찰을 허가한 부동산을 말한다. 그 표시는 부동산을 특정할 수 있을 정도로 기재하면 된다. 경매부동산의 소유자를 표시할 필요는 없다.[198] 토지의 경우에는 소재지, 지번, 지목, 지적을 기재하고, 건물의 경우에는 소재지, 건물번호, 종류, 구조, 건평 등을 기재한다. 등기부의 표시와 실측이 다른 경우에는 양자를 함께 기재한다. 부동산의 종물에는 당연히 낙찰허가결정의 효력이 미치므로 종물은 표시 하지 아니하여도 관계없다. 특별매각조건으로 종물을 제외한 경우에는 그 취지를 기재한다. 통상 위와 같은 사항들은 별지목록으로 기재하고 있다.

2. 낙찰인

낙찰허가결정은 낙찰인에 대하여 낙찰을 허가하는 것이므로 그 결정에는 낙찰을 받게 되는 낙찰인을 표시하여야 한다. 원칙적으로 경매기일에 최고가매수신고인으로 호창되어 경매조서에 그 취지가 기재되고 기명날인을 한 자(제628조 제1항 제9호, 제2항)의 주소, 성명을 표시한다. 공동낙찰의 경우에는 전원을 낙찰인으로 표시하고 만일 지분이 정하여져 있으면 각자의 지분도 표시하여야 한다. 낙찰인이 미성년자나 금치산자, 한정치산자인 경우에는 법정대리인도 아울러 표시한다. 또 낙찰인이 법인인 경우에는 대표자도 표시한다. 그러나 경매기일과 낙찰기일 사이에 최고가매수신고인의 사망에 의한 상속, 법인의 합병 등에 의한 일반승계가 있는 경우에는 승계인으로부터 승계를 증명하는 자료를 첨부한 신고가 있으면 그 승계인을 낙찰인으로 표시한다. 경매법원이 승계사실을 모르고 피승계인에 대하여 낙찰허가결정을 하였더라도 그 결정의 효력은 승계인에게 미친다.

3. 최고가매수인의 지위를 양도한 경우

낙찰기일전에 최고가매수신고인의 지위를 타인에게 양도한 경우에 양수인에 대하여 낙찰허가를 할 수 있는가?

(1) 긍정설

최고가매수신고인의 권리는 일신전속권이 아닐 뿐만 아니라 그 양수인이 최고가매수신고인의 권리의 양수와 함께 의무도 인수하는 한 이해관계인의 이익을 해하는 것도 없고 또한 최고가매수신고인이 낙찰대금의 지급능력이 없는 경우에 낙찰대금지급의무를 이행시키는 것이 재경매를 방지하여 경매의 목적을 신속히 달성할 수 있는 이점도 있다는 점 등을 이유로 최고가매수신고인의 지위도 양도를 인정한다. 이 경우에는 낙찰허가결정에 있어서 낙찰인을 「○○○(최고가매수신고인)의 승계인 ○○○」라고 표시한다.

(2) 부정설

최고가매수신고인의 지위의 양도를 인정하는 명문의 규정이 없을 뿐만 아니라 경매법원으로 하여금 양도계약의 유무효 등 실체법상의 심사를 하게 하는 것은 오히려 집행절차의 신속을 해한다는 이유로 그 지위의 양도를 인정하지 아니한다.

4. 경매가격의 표시

경매가격이란 최고가매수신고인이 신고한 매수가격을 말한다. 수 개의 부동산을 일괄경매하는 경우에는 일괄하여 1개의 매매가격을 표시하고 분할경매의 경우에는 각 부동산별로 경매가격을 명시하여야 한다. 다만 동시에 경매되는 수 개의 부동산이 성질상 일괄경매할 수 없는 경우에는 별론으로 하고 일괄경매가 가능한 경우라면 경매가격을 표시함에 있어서 동시에 동일인에게 낙찰하는 수개의 부동산의 경매가격을 합산하여 일괄표시하여도 위법은 아니다.[199] 저당토지위에 과수가 있는 경우 토지에 대한 저당권은 별단의 사유가 없는 한 과수에도 미치므로 위 토지에 대한 낙찰허가결정에 낙찰가액을 표시함에 있어서는 그 토지자체 뿐만 아니라 그 저당과수까지를 포함한 경매가격으로 합산하여 표시함이 마땅하며 위

---

198) 대법원 1968. 9. 6. 68마539 결정
199) 대법원 1961. 3. 20. 4294민재항50 결정 ; 대법원 1978. 4. 20.자 78마45 전원합의체 결정

토지만의 가격으로 표시하는 것은 잘못이라는 판례[200]가 있다.

5. 특별매각조건
이해관계인의 합의로 채권자에 우선하는 저당권을 낙찰인이 인수하기로 하고 낙찰한 때에는 그 특별매각조건을 기재하여야 한다.

136. 낙찰기일조서에는

낙찰기일조서에는 이해관계인의 진술의 내용, 절차의 속행에 대한 이해관계인의 승인, 낙찰허부 결정의 선고를 기재하여야 한다.

1. 낙찰기일조서의 작성의무
경매법원의 법원사무관 등은 낙찰기일에 참여하여 낙찰기일의 조서를 작성하여야 한다(제141조 준용). 낙찰기일이 연기되거나 속행된 경우에는 기일마다 조서를 작성한다. 이해관계인의 진술 등에 의하여 서류의 인용 또는 첨부를 요하는 경우에는 낙찰기일조서에 이를 인용하거나 첨부하여 조서의 일부로 할 수 있다(제145조 준용).

2. 낙찰기일조서의 변론조서의 준용
낙찰기일에는 출석한 이해관계인이 낙찰허가에 관한 진술을 하고 법원이 낙찰허가 또는 불허가결정을 선고하는 점에서 변론과 유사하므로 민사소송법은 변론조서에 관한 규정(제141조 내지 제143조, 제145조 내지 제147조)을 낙찰기일조서에 준용하도록 하고 있다(제638조 제2항). 낙찰조서를 작성함에 있어서 경매절차의 특수성에 반하지 않는 한 민사소송법상의 변론조서에 관한 규정이 준용되고 따라서 낙찰기일에 출석한 이해관계인이 있다면 그에게 낙찰에 관한 의견을 진술할 기회를 주고 이의가 있을 때에는 그 이의요지를 낙찰조서에 기재하여야 한다고 하더라도 이는 이해관계인이 출석하여 이의하는 경우 그와 같은 사실을 기재함으로써 족하고 이해관계인에게 적법하게 통지한 이상 이해관계인의 출석이 없거나 출석하였더라도 이의를 제기한 사실이 없다면 굳이 그 불출석이나 이의 없음을 기재하지 않았다 하더라도 그와 같은 기재가 없는 이해관계인은 출석하지 않은 것이고 또 이의가 없었던 것이라고 못 볼 바도 아니므로 그와 같은 사실은 경매의 효력에 영향을 미치는 절차상의 위법이라고 할 수 없다.[201]

3. 낙찰기일조서의 기재사항
(1) 낙찰기일조서의 형식적 기재사항
낙찰기일조서에는 사건의 표시, 법관과 법원사무관 등의 성명, 이해관계인, 최고가매수신고인 및 차순위매수신고인과 대리인의 출석상황, 낙찰기일의 장소와 연월일 등을 기재하고 법관과 법원사무관 등이 서명 또는 기명날인하여야 한다. 법관의 지장이 있을 때에는 법원사무관 등이 그 사유를 기재한다(제142조의 준용).
(2) 낙찰기일조서의 실질적 기재사항
낙찰기일조서에는 출석한 이해관계인의 진술의 내용, 특히 낙찰허가에 대한 이의 및 이에 대한 다른 이해관계인의 진술의 요지(제632조), 절차의 속행에 대한 이해관계인의 승인(제635조 제2항), 과잉경매에 있어서의 채무자에 의한 매각부동산의 지정(제636조 제2항)과 낙찰허가결정 또는 불허가결정의 선고를 기재하여야 한다(제143조 준용).

4. 낙찰기일조서의 적법성 확보
이해관계의 신청이 있으면 낙찰기일조서를 낭독하여 주거나 열람하게 하고 조서에 그 사유를 기재하여야 하며 조서의 기재에 관하여 이해관계인의 이의가 있으면 조서에 그 사유를 기재하여야 한다(제146조

---
200) 대법원 1975. 2. 27. 74마154 결정
201) 대법원 1995. 9. 6. 95마596 결정

의 준용).

5. 낙찰기일조서의 증명력
낙찰기일실시의 방식에 관한 규정의 준수는 낙찰기일조서에 의하여서만 증명할 수 있다(제147조의 준용). 낙찰기일조서에 법관 또는 법원사무관 등의 날인이 결여된 때에는 그 조서로서는 적식의 낙찰허가결정선고의 사실을 증명할 수 없으므로 낙찰허가결정은 위법하다.[202]

137. 낙찰허부결정에 대한 즉시항고
이해관계인은 낙찰허가 또는 불허가결정에 의하여 손해를 받은 경우에 그 결정에 대하여 즉시항고를 할 수 있다.

1. 낙찰허부결정에 대한 불복방법
이해관계인은 낙찰허가 또는 불허가결정에 의하여 손해를 받은 경우에 그 결정에 대하여 즉시항고를 할 수 있다(제641조 제1항). 또 낙찰허가의 이유가 없거나 낙찰허가결정에 기재한 이외의 조건으로 낙찰을 허가할 것임을 주장하는 낙찰인 또는 낙찰허가를 주장하는 매수신고인도 즉시항고를 할 수 있다(제641조 제2항). 따라서 낙찰허부결정은 불복을 신청할 수 없는 결정에 해당하지 아니하여 특별항고의 대상이 될 수 없다.[203] 이와 같이 낙찰허부의 결정에 대한 불복방법으로서는 즉시항고만이 인정되고 그 외에 통상항고(제409조)나 비송사건절차법에 의한 항고는 허용되지 아니한다. 또 낙찰불허사유가 존재하는 때에도 집행에 관한 이의(제504조)로 시정을 구하는 것은 허용되지 아니한다. 판례는 "부동산낙찰허가에 대한 이의신청"이라는 제목으로 제출된 불복은 이를 항고로 본다.[204]

2. 낙찰허부결정에 대한 항고기간
즉시항고는 원결정을 고지한 날로부터 1주일 내에 제기하여야 한다(제414조 제1항). 낙찰허부의 결정은 이해관계인이 낙찰기일에 출석하였는지 여부를 묻지 않고 이를 선고한 때에 고지의 효력이 발생한다(민사소송규칙 제155조의 3). 위 1주일의 기간은 불변기간(제414조 제2항)으로서 낙찰허부결정 선고일로부터 일률적으로 진행된다. 그리고 위 기간은 낙찰허부의 결정이 적법하게 선고된 것을 전제로 하여 진행되므로 선고가 없이 공고만 된 경우에는 위 기간은 진행되지 아니한다. 낙찰허부결정 선고전에 미리 그 결정을 예상하여 제기한 즉시항고는 부적법하고 그 항고가 부적법하다는 이유로 각하되지 않고 있는 동안에 항고인에게 불이익한 결정이 선고되었다 하더라도 그 항고는 적법한 것으로 되지는 아니한다.[205]

3. 항고의 제기방식
즉시항고는 낙찰허부결정을 선고한 경매법원에 대하여 항고장을 제출하여야 한다(제415조). 항고장에는 항고인, 원결정의 표시, 그 결정에 대하여 즉시항고를 한다는 취지, 항고의 취지를 기재하고 법원을 표시한 후 항고인 또는 대리인이 기명날인한다(제413조, 제367조, 제368조). 항고장에 항고이유를 반드시 기재할 필요는 없다. 또 즉시항고는 편면적 불복절차이고 판결절차와 같이 두 당사자의 대립을 예상하는 것은 아니므로 설사 항고인과 이해가 상반되는 자가 있더라도 항고장에 피항고인을 표시하여야 하는 것이 아니다. 또한 항고법원은 항고장을 상대방에게 송달하지도 않는다.[206] 항고장에는 2,000원의 인지를 첨부하여야 한다.

---

202) 대법원 1961. 6. 22. 4294민재항12 결정 ; 대법원 1965. 4. 28. 65마205 결정
203) 대법원 1981. 12. 22. 81그15 결정 ; 대법원 1984. 5. 31.자 84그25 결정
204) 대법원 1972. 8. 23. 72마763 결정
205) 대법원 1970. 10. 6. 70마559 결정 ; 대법원 1972. 11. 9. 72마1140 결정
206) 대법원 1966. 8. 12. 65마473 결정 ; 대법원 2008. 2. 28. 자 2007마274 결정

138. 낙찰허부결정에 대한 즉시항고

낙찰허가결정에 대하여 항고를 할 때에는 보증으로 낙찰대금의 10분의 1에 해당하는 현금 또는 법원이 인정한 유가증권을 공탁하여야 한다.

1. 낙찰허가결정에 대한 항고에 있어서 보증의 제공
채무자 또는 소유자가 낙찰허가결정에 대하여 항고를 할 때에는 보증으로 낙찰대금의 10분의 1에 해당하는 현금 또는 법원이 인정한 유가증권을 공탁하여야 한다(제642조 제4항). 법원이 인정한 유가증권이라 함은 항고하고자 하는 자가 미리 법원에 유가증권의 지정신청을 하여 법원으로부터 지정을 받은 유가증권을 말한다. 그러나 지급보증위탁계약체결문서인 공탁보증보험증권의 제출에 의한 보증의 제공은 허용되지 아니한다.
민사소송법 제663조 제2항에 의하여 준용되는 제642조 제4항에 의하여 낙찰인이 낙찰허가결정에 대하여 항고를 할 때에는 보증으로 낙찰대금의 10분의1에 해당하는 현금 또는 법원이 인정하는 유가증권을 공탁하여야 하지만 낙찰인이 당해 경매절차에 있어서 채무자 또는 소유자 이외의 이해관계인의 지위를 겸유하고 있고 그러한 이해관계인의 지위에서 항고하는 경우에는 이러한 보증의 제공이 요구되지 않는다.[207]

2. 보증의 제공이 없는 경우 항고장 각하
항고장에 민사소송법 제642조 제4항의 규정에 의한 보증의 제공이 있음을 증명하는 서류를 첨부하지 아니한 때에는 원심법원은 그 항고장을 접수한 날로부터 7일 이내에 결정으로 이를 각하하여야 한다(제642조 제5항). 보증의 제공이 없는 경우에도 법원이 보정명령을 하여야 하는 것은 아니다.[208] 이 각하결정에 대하여 불복이 있는 자는 즉시항고를 제기할 수 있다. 위 각하결정은 경매법원이 법률의 특별한 규정에 의하여 항고법원이 할 재판을 한 것이므로 그 결정에 대한 항고는 성질상 재항고가 된다.[209] 한편 보증제공 증명서류의 불첨부를 이유로 한 항고장 각하결정에 대한 불복신청은 즉시항고이고 재항고로 볼 것이므로 항고기록은 대법원으로 송부된다. 이 경우에 경매법원은 위 낙찰허가결정이 항고심 또는 재항고심에서 확정될 때까지는 대금지급 및 배당기일을 지정 실시할 수 없다(제638조 제3항, 제654조 제1항). 보증의 제공이 있음을 증명하는 서류를 항고장에 첨부하지 아니하였다 하더라도 항고장 각하결정 전에 이를 제출하였다면 항고장을 각하하지는 않는다. 민사소송법 제642조 제5항의 7일 이내에 각하하여야 한다는 규정은 훈시규정이다. 그 기간이 경과한 후에 한 각하결정도 적법하다.[210]

3. 보증의 제공이 있는 경우 및 보증의 제공이 불필요한 경우 원결정의 취소·변경
민사소송법 제642조 제4항 소정의 보증의 제공이 있거나 보증의 제공이 불필요한 경우에 경매법원은 항고를 이유있다고 인정하는 때에는 낙찰허부의 원결정을 취소하거나 변경할 수 있다(제416조 제1항). 따라서 경매법원이 원결정을 경정한 때에는 그 한도에 있어서 즉시항고는 그 목적을 달성하였으므로 항고절차는 종료한다. 법원이 항고를 이유없다고 인정하는 때에는 의견서를 첨부하여 경매기록을 항고법원에 송부하여야 한다(제416조 제2항). 항고에 의하여 원결정의 일부만을 경정한 때에는 나머지 부분에 관하여서만 의견서를 첨부하여 경매기록을 항고법원에 송부한다.

4. 즉시항고가 기각되면 보증금은 반환받지 못한다.
항고장에는 보증의 제공이 있음을 증명하는 서류(공탁서)를 첨부하지 아니한 때에는 원심법원은 그 항고장을 접수한 날부터 7일 이내에 결정으로 이를 각하하여야 한다(642조 5항). 채무자 또는 소유자가 한 항고가 기각된 때에는 항고인은 보증으로 제공한 금전이나 유가증권의 반환을 청구하지 못한다(제642조 제6항). 그리고 위 보증금은 나중에 배당할 금액에 산입된다(제655조 제1항 제3호).

---

[207] 대법원 1999. 2. 10. 98마3771 결정 ; 대법원 2000. 10. 12.자 2000다287 결정
[208] 대법원 1991. 2. 13. 90그71 결정 ; 대법원 2006. 11. 23.자 2006마513 결정
[209] 대법원 1991. 5. 15. 91그7 결정 ; 대법원 1995. 1. 20.자 94마1961 전원합의체 결정
[210] 대법원 1982. 1. 15. 81그19 결정 ; 대법원 1989. 9. 7.자 89그29 결정

139. 낙찰허부결정에 대한 즉시항고
항고가 인용된 경우에는 확정증명을 제출하여 바로 보증금을 회수할 수 있으며 담보취소절차를 밟을 필요는 없다.

1. 보증금의 출급절차
(1) 보증금이 현금으로 공탁되어 있는 경우
보증금이 현금으로 공탁되어 있는 경우에는 경매법원은 보증으로 공탁된 금액을 포함하여 배당을 한 후 공탁금에 관하여 공탁사무처리규칙 제39조의 규정에 따라 지급위탁서를 공탁공무원에게 송부하고 배당받은 집행채권자에게는 증명서 3통을 교부한다. 이를 받은 공탁공무원은 수령권자에게 공탁금출급을 인가한다.
(2) 보증금이 유가증권으로 공탁되어 있는 경우
보증금이 유가증권으로 공탁되어 있는 경우에는 경매법원은 항고기각 또는 각하의 재판이 확정되었음을 증명하는 서면과 보증금이 배당할 금액에 포함되게 되었음을 증명하는 서면을 첨부하여 공탁유가증권출급청구를 하고 그 청구를 받은 공탁공무원은 경매법원에게 공탁유가증권출급을 인가함으로써 그 출급이 이루어진다(법정행정예규 제71호 제2항). 출급받은 유가증권의 환가절차는 민사소송규칙 제157조에 규정된 절차에 따른다.

2. 항고가 인용된 경우 보증금의 회수
항고가 인용된 경우에는 확정증명을 제출하여 바로 보증금을 회수할 수 있으며 담보취소절차를 밟을 필요는 없다. 항고가 기각되었다하더라도 경매신청이 취하되거나 경매절차가 취소된 때에는 항고인이 보증금을 반환받을 수 있다. 항고인이 공탁물을 회수할 경우에는 공탁서와 항고인용의 재판이 확정되었음을 증명하는 서면 또는 당해 보증금이 배당할 금액에 포함될 필요가 없게 되었음을 증명하는 서면(경매법원의 법원사무관 등이 발급한 것에 한한다)을 첨부하여 공탁금회수청구를 한다(법정행정예규 제71호 제1항).

140. 경매사건의 항고심 절차
항고장접수→항고장심사→보정명령→항고장각하→상대방지정→심리→인용·각하→고지·공고→재항고

1. 즉시항고에 대한 항고장심사와 보정명령
항고장에 기재사항의 흠결이 있거나 법률의 규정에 의한 인지를 붙이지 아니한 경우에는 경매법원은 항고인에게 상당한 기간을 정하여 그 기간 내에 흠결을 보정할 것을 명한다. 항고인이 위 보정명령에도 불구하고 흠결을 보정하지 아니한 때와 항고기간을 도과한 것임이 명백한 때에는 항고장을 각하하여야 한다(제413조, 제368조의 2 제1항, 제2항).

2. 심리의 병합
1개의 결정에 관한 수 개의 항고는 병합한다(제643조 제2항). 그러나 소송행위의 추완의 방법에 의하여 항고를 제기하는 경우와 같이 병합심리가 사실상 불가능한 때에는 병합하지 않는다.

3. 재판의 내용
낙찰불허가결정에 대한 항고가 이유 있을 때에는 원결정을 취소하고 낙찰을 허가하는 결정을 한다. 원결정의 낙찰불허가 원인이 부당하더라도 달리 불허가 원인이 있는 경우에는 항고를 기각하여야 한다(제642조 제1항). 그러나 재심의 소의 요건을 이유로 하는 항고의 경우에는 다른 불허가 원인이 있더라도 항고를 인용하여야 한다(제642조 제3항). 한편 낙찰허가결정에 대한 항고가 이유 있는 경우 항고법원은 원결정을 취소하고 그 사건에서 원심법원이 하였어야 할 결정을 새로이 하여야 한다. 즉, 원결정을 취소하고 낙찰불허가결정을 한다든가 다른 매수신고인에게 낙찰을 허가하는 결정을 하여야 한다. 대법원에

서도 낙찰허가결정을 취소하고 스스로 낙찰불허가결정을 한 예가 있다.[211] 또 가령 낙찰인이 책임질 수 없는 사유로 목적물의 일부가 멸실되어 낙찰인이 낙찰가격에 불복하여 항고한 경우에 잔존부분이라도 매수할 의사가 있을 때에는 감정인의 의견을 들어 감액의 비율을 정하거나 잔존부분에 대한 재평가를 거쳐 낙찰허가결정을 변경하여 낙찰대금을 감액할 수 있다. 또 경매목적부동산이 수용되거나 멸실된 부분을 제외한 부분의 상황 등에 비추어 낙찰인이 잔존부분만을 매수할 의사가 있다고 인정되지 아니하는 경우에는 그 부동산 전부에 대하여 낙찰을 불허해야 한다.[212]

4. 항고재판의 고지
항고법원이 원결정을 취소하고 낙찰허부결정을 하는 경우에는 낙찰허부결정의 선고(제638조 제1항)의 적용이 없다. 따라서 상당한 방법으로 고지하면 족하다(제207조 제1항). 그 대상은 항고기각의 경우에는 당사자인 항고인에게만 고지하면 되지만 원결정을 취소하고 새로운 종결을 하는 경우에는 항고인 외에도 그 결정에 대하여 불복할 수 있는 이해관계인 전원에 대하여 고지한다.

5. 항고인용의 재판의 공고
항고법원이 항고를 이유있다고 인용하여 경매법원의 결정을 변경하거나 파기한 때에는 경매법원의 게시판에 게시하여 공고하게 하여야 한다(제644조). 항고법원은 경매법원의 법원사무관 등에게 항고인용 재판의 결정정본을 송부하여야 한다. 항고법원이 항고를 이유있다고 인정하여 원결정을 취소하고 낙찰불허가결정을 한 경우의 효력은 일반의 낙찰불허가결정의 경우와 같다.

141. 경매사건의 항고심 절차
낙찰허부결정에 대한 항고심의 심리절차에도 원칙적으로 일반항고에 관한 규정이 그대로 적용된다.

1. 민사소송법 소송절차의 준용
낙찰허부결정에 대한 항고심의 심리절차에도 일반항고에 관한 규정이 그대로 적용된다. 단, 강제집행편에 따로 규정을 둔 몇 가지 특칙은 제외한다. 따라서 낙찰허부결정에 대한 항고사건의 심리에 있어서 변론의 여부와 항고인 기타 이해관계인의 심문여부는 항고법원의 자유재량에 속한다. 반드시 변론이나 심문의 방법에 의한 사실심리를 하여야 하는 것은 아니다.[213]

2. 항고심의 상대방
항고법원은 필요한 경우에는 반대 진술을 하게 하기 위하여 항고인의 상대방을 지정할 수 있다(제643조 1항). 누구를 상대방으로 정할 것인가는 항고법원의 재량에 속한다. 가장 이해관계가 절실한 자를 상대방으로 정하면 될 것이나 복수로 지정할 수도 있다. 그러나 상대방으로 지정되었다 하여 이에 의하여 항고심에 있어서의 당사자로 되는 것은 아니다. 따라서 상대방이 사망하더라도 항고심절차에 소송중단(제211조 제1항)이 생기지 않는다. 채무자가 한 낙찰허가결정에 대한 항고사건에서 채권자와 낙찰인을 모두 그 상대방으로 지정할 수 있다. 상대방으로 지정된 자는 자기의 이익을 방어하기 위하여 사실과 법률에 관한 의견을 진술하고 증거자료를 제출할 수 있다. 또 항고가 인용되더라도 항고심절차에 중단이 생기지 않으며 상대방에게 소송비용의 부담을 명할 수 없다. 또한 상대방을 지정하더라도 반드시 변론을 열어야 하는 것은 아니다.

3. 즉시항고와 집행정지
낙찰허부결정은 확정되어야 효력이 있다(제638조 제3항). 즉시항고가 있으면 경매법원은 대금지급 및 배당기일이나 신경매기일을 지정·실시할 수 없다(제654조 제1항).

---

211) 대법원 1966. 11. 7. 66마896 결정 ; 대법원 1988. 2. 23. 선고 87다카600 판결
212) 대법원 1993. 9. 27. 93마480 결정
213) 대법원 1964. 5. 26. 64마369 결정 ; 대법원 1994. 7. 30.자 94마1107 결정

142. 경매사건의 항고심 절차
경매사건의 항고심절차에서 항고인은 자기의 이해관계만을 주장해야 한다.

1. 항고이유
항고인은 다른 이해관계인의 권리에 관한 사유를 자기의 항고이유로 삼을 수 없다(제634조). 왜냐하면 낙찰허부결정에 대한 항고심의 심리에는 민사소송법 제643조, 제635조의 규정이 준용되기 때문이다(제643조 제3항). 판례214)는 다른 이해관계인에 대한 경매기일통지의 송달에 하자가 있음을 이유로 하여 자신의 재항고 이유로 삼을 수 없다고 한 것이 있다. 또 항고심은 항고인이 내세우는 항고이유 외에 낙찰허가에 대한 이의사유(제633조)를 직권으로 고려하여 낙찰허가결정이 부당하다고 판단될 때에는 원결정을 취소하고 낙찰불허가결정을 하여야 한다.215) 그러나 이 직권조사 의무는 경매사건기록에 의하여 조사할 뿐 기록에 없는 것까지 탐지할 의무가 있는 것은 아니다. 다만, 판례216)는 과잉경매는 항고이유가 될 수 있을 뿐 항고심의 직권조사사항은 아니라고 한다.

2. 권리신고를 입찰기일전에 미리한 경우
입찰기일의 공고 및 다른 이해관계인에 대한 입찰기일 및 낙찰기일에 대한 통지절차가 완료된 후에 비로소 권리신고가 있는 경우에는 비록 그 신고가 입찰기일 전에 행하여졌다고 할지라도 당해 이해관계인에게 입찰기일 및 낙찰기일을 통지하지 않았다고 하여 위법하다고 할 수 없으므로 이를 낙찰에 대한 이의 내지 항고사유로 삼을 수 없다.217) 이해관계인의 권리신고가 입찰기일의 공고 및 다른 이해관계인들에 대한 통지절차가 완료되기 전에 행해졌는데 경매법원이 그 이해관계인에 대한 통지가 이루어지지 아니한 채 입찰기일의 경매절차를 속행하여 낙찰이 이루어지게 한 것은 낙찰허가결정에 대한 적법한 항고사유가 된다.218)

3. 존재하지 않은 낙찰허가결정에 대한 항고가 가능한가?
낙찰허가결정이 선고되기 전에 존재하지도 아니한 낙찰허가결정을 대상으로하여 제기된 항고는 부적법하다고 할 것이고 그 항고가 부적법하다는 이유로 각하되지 않고 있는 동안에 항고인에게 불이익한 낙찰허가결정이 선고되었다고 하여도 당해 항고는 적법한 것으로 되지 아니한다.219)

4. 판례220)
경매개시결정은 비단 압류의 효력을 발생시키는 것일 뿐만 아니라 경매절차의 기초가 되는 재판이어서 그것이 당사자에게 고지되지 않으면 효력이있다고 할 수 없다. 따라서 따로 압류의 효력이 발생하였는지의 여부와 관계없이 채무자에 대한 경매개시결정의 고지 없이는 유효하게 경매절차를 속행할 수 없다. 그러므로 채무자가 아닌 이해관계인으로서도 채무자에 대한 경매개시결정 송달의 흠결을 민사소송법 제642조 제2항, 제633조 제1호의 규정에 의하여 낙찰허가결정에 대한 항고사유로 삼을 수 있는 반면 민사소송법 제634조의 규정에 의하여 낙찰허가에 대한 이의는 다른 이해관계인의 권리에 관한 이유에 의하여는 하지 못한다. 설사 채무자에 대한 입찰기일의 송달에 하자가 있다고 할지라도 다른 이해관계인이 이를 낙찰허가결정에 대한 항고사유로 주장할 수 는 없다.

---

214) 대법원 1992. 1. 30. 91마728 결정 ; 대법원 1997. 6. 10.자 97마814 결정
215) 대법원 1993. 9. 27. 93마480 결정
216) 대법원 1978. 4. 20. 78마45 결정 ; 대법원 1998. 10. 28.자 98마1817 결정
217) 대법원 1971. 1. 13. 70마878 결정 ; 대법원 1993. 3. 4. 93마178 결정 ; 대법원 1995. 4. 22. 95마320 결정 ; 대법원 1998. 3. 12. 98마206 결정 ; 대법원 2000. 1. 31.자 99마7663 결정
218) 대법원 1971. 1. 13. 70마878 결정 ; 대법원 1984. 9. 27. 84마266, 84마카39 결정 ; 대법원 1995. 4. 22. 95마320 결정 ; 대법원 2002. 12. 24.자 2001마1047 전원합의체 결정
219) 대법원 1968. 11. 15. 68마1336 결정 ; 대법원 1981. 8. 8. 81마185 결정 ; 대법원 1983. 3. 29. 83스5 결정 ; 대법원 1983. 4. 12. 83마119 결정 ; 대법원 1994. 8. 30. 94마1245 결정 ; 대법원 1998. 3. 9. 98마12 결정
220) 대법원 1997. 6. 10. 97마814 결정

143. 낙찰인이 대금지급의무를 불이행하면
낙찰인이 대금을 지급하지 않으면 차순위매수신고인이 있을 때에는 그에 대한 낙찰허부를 결정하여야 한다.

1. 차순위매수신고인에 대한 낙찰허가결정
낙찰인이 대금지급기일에 그 의무를 이행하지 않을 경우 경매법원이 어떠한 절차를 취할 것인가는 차순위매수신고인이 있고 없음에 따라 다르다. 낙찰인이 대금지급기일에 그 의무를 이행하지 아니할 경우에 차순위매수신고인이 있을 때에는 차순위매수신고인에 대한 낙찰허부를 결정하여야 한다(제647조의 2 제1항). 따라서 경매법원은 낙찰기일을 새로 지정하여 차순위매수신고인에 대한 낙찰허부결정을 하고 낙찰허가결정이 확정되면 대금지급기일을 지정하여 이후의 경매절차를 진행한다. 차순위매수신고인에 대한 낙찰허가결정이 있는 때에는 낙찰인은 매수의 보증으로 보관하게 한 금전이나 유가증권의 반환을 청구하지 못한다(제647조의 2 제2항).

2. 낙찰기일
법원은 차순위매수신고인에 대한 낙찰기일은 최초의 대금지급기일로부터 3일 이내에 그 대금지급기일로부터 14일 이내의 날을 지정하여야 한다. 차순위매수신고인에 대한 낙찰허부결정에 관한 절차도 일반의 낙찰허부결정에 관한 그것과 똑같다. 따라서 차순위매수신고인에 대한 낙찰허부결정도 반드시 이를 낙찰기일에 선고하여야 한다.

3. 신경매절차
최고가매수신고인에 대한 낙찰허가결정이 항고심이나 재항고심에서 취소된 경우에는 차순위매수신고인이 있더라도 경매법원은 신경매기일을 정하여 경매절차를 진행한다.

144. 재경매는
재경매는 낙찰인이 대금지급기일에 그 의무를 완전히 이행하지 아니하고 차순위매수신고인이 없는 때에 한하여 실시된다.

1. 재경매의 의의
낙찰인이 대금지급기일에 대금지급의무를 완전히 이행하지 아니하고 차순위매수신고인이 없을 때에는 경매법원이 직권으로 재경매를 명하여야 한다(제648조 제1항). 재경매는 경매절차를 다시 실시하는 점에서 신경매와 같다. 그러나 재경매는 낙찰허가결정확정 후 낙찰인의 대금지급의무 불이행을 원인으로 함에 반하여 신경매는 낙찰허가결정에 이르지 아니하였거나 낙찰허가결정의 확정에 이르지 아니한 경우에만 실시하는 점에서 양자는 다르다.

2. 재경매의 대상
재경매의 대상으로 되는 목적물은 원칙적으로는 낙찰인이 대금지급의무를 완전히 이행하지 아니한 낙찰부동산이다. 다만, 당초 수 개의 부동산을 경매하였으나 과잉경매(제636조)로 되어 일부 부동산에 대하여서만 낙찰허가를 하고 나머지 부동산에 대하여서는 낙찰불허가를 하였다가 낙찰인이 대금을 지급하지 아니하여 위 낙찰부동산에 대하여 재경매를 실시하게 된 경우에 경매법원는 필요하다고 인정하면 과잉경매로 낙찰을 허가하지 아니하였던 부동산도 함께 경매에 부칠 수 있다. 이 경우에 낙찰불허된 부동산의 경매는 재경매가 아니므로 예외적(제648조 제5항)으로 전낙찰인도 매수에 참가할 수 있다.

3. 재경매명령
경매법원은 재경매의 조건이 구비되었으면 그 사유발생 일로부터 3일 이내에 직권으로 재경매를 명하여야 한다. 경매법원이 재경매를 명하는 경우 다시 경매개시결정을 하지는 않는다. 또 재경매명령서를 전

낙찰인 기타 이해관계인에게 고지하지도 않는다. 그러나 적어도 경매신청채권자와 채무자 및 전낙찰인에게는 고지하여야 한다.

145. 재경매는
낙찰인이 재경매명령 전에 대금을 완납한 때에는 재경매의 요건을 구비하지 못한 것으로 된다.

1. 낙찰인이 대금지급의무를 완전히 이행하지 아니하였을 것.
민사소송법 제648조 제1항에서 '그 의무'라 함은 낙찰대금지급의무를 말한다. 의무를 완전히 이행하지 아니하면 재경매가 실시되므로 일괄경매된 수 개의 부동산중 일부부동산의 낙찰대금에 상당하는 대금지급만이 있을 때에는 의무를 완전히 이행한 것이라고 볼 수 없다. 또 수인이 동일 부동산을 낙찰한 경우에 공동낙찰인 내부관계에서는 부담부분이 정하여져 있더라도 그 중 1인 만이 자기의 부담액만을 납부하고 나머지는 납부하지 아니하는 경우에는 공동낙찰인들은 의무를 완전히 이행한 것이라고 볼 수 없다. 왜냐하면 공동낙찰인은 경매법원에 대하여는 각자 전액을 지급할 의무가 있기 때문이다.

2. 낙찰인이 대금지급기일에 이행하지 아니하였을 것.
경매법원이 지정한 대금지급기일에 낙찰인에 의하여 대금이 납부되지 아니하였을 것을 요한다. 대금지급기일 전에 대금을 납부하여도 이는 대금납부로서의 효력이 없다.[221] 다만, 대금지급기일 전에 납부하면 그 대금납부가 무효가 되는 것이 아니라 경매법원이 지정한 지급기일의 경과와 더불어 대금납부의 효력이 발생한다.[222] 결국 낙찰인이 대금지급기일까지 대금지급의무를 불이행한 때에만 재경매를 명할 수 있다.

3. 차순위매수신고인이 없을 것
낙찰인이 대금지급기일에 그 의무를 이행하지 아니하고 차순위매수신고인도 없을때 재경매를 명할 수 있다. 차순위매수신고인이 있는 경우에는 바로 재경매를 명할 수 없고 그에 앞서 먼저 차순위매수신고인에 대한 낙찰허부를 결정하여야 한다. 따라서 차순위매수신고인이 있는 경우에는 그에 대한 낙찰불허가결정이 확정되거나 차순위매수신고인에 대하여 낙찰허가결정이 확정되었지만 차순위매수신고인도 대금지급기일까지 대금을 지급하지 않은 때에 비로소 재경매를 실시 할 수 있다.

4. 의무불이행이 재경매명령시까지 존속할 것
낙찰인이 대금지급기일 후 재경매기일의 3일 전까지도 대금지급을 할 수 있기 때문에 재경매명령 전에 대금을 완납한 때에는 재경매의 요건을 구비하지 못한 것으로 된다. 경매법원은 대금지급기일을 연기할 수 있다.[223]

---

221) 대법원 1964. 7. 30. 64마467 결정 ; 대법원 1966. 6. 28. 선고, 66다833 판결
222) 대법원 1970. 3. 31. 선고, 70다32 판결 ; 대법원 1966. 6. 28. 선고 66다833 판결
223) 대법원 1946. 11. 15. 선고, 4279민상57 판결

146. 재경매절차
재경매는 전낙찰인이 최고가매수신고인으로 호창받은 경매기일부터 재개하여 속행한다.

1. 매각조건
부동산에 대한 경매를 실시하기 위하여 정한 최저경매가격 기타 매각조건은 재경매절차에도 적용된다(제648조 제2항). 재경매는 전낙찰인이 최고가매수신고인으로 호창받은 경매기일부터 재개하여 속행한다. 따라서 재경매명령 후 최초의 재경매기일의 최저경매가격 기타 매각조건에 대하여는 전낙찰인이 최고가매수신고인으로 호창받은 경매기일에서 정하였던 최저경매가격 기타 매각조건이 그대로 적용되어 재경매기일에서는 그 매각조건에 따라 경매를 실시하여야 한다. 따라서 감정인이 평가한 금액이나 전낙찰인이 매수신고한 가격을 최저경매가격으로 하여 재경매를 실시하여서는 아니된다.[224] 또한 재경매 직전 경매기일의 최저경매가격을 저감하여 이를 재경매의 최저경매가격으로 하여서도 아니된다.

2. 매각조건의 변경
재경매 절차에서도 이해관계인 사이에 매각조건의 변경에 관하여 합의가 있으면 일반의 원칙에 따라서 종전의 매각조건을 변경할 수 있고 또 경매법원도 직권으로 매각기간을 변경할 수 있다.

3. 실무
서울지방법원의 실무에서는 재경매의 경우 직권으로 매수신청의 보증에 관한 매각조건을 변경하여 매수신고가격의 10분의 2를 보증으로 보관하게 하고 있다.

4. 재경매기일의 지정·공고
경매법원이 재경매를 명한 때에는 즉시 재경매기일을 지정하여 일반의 경매절차와 같은 방법으로 이를 공고하여야 한다. 재경매기일은 그 공고일로부터 7일 이후로 정하여야 한다(제648조 제3항).

5. 재경매기일의 통지
재경매기일도 일반의 경매기일의 경우와 마찬가지로 이해관계인에게 통지를 하여야 한다(제617조 제2항). 전낙찰인은 이해관계인이 아니므로 통지할 필요가 없다.

6. 재경매기일의 실시
재경매기일의 절차는 모두 일반의 경매기일의 절차와 마찬가지로 실시한다. 다만 재경매에서는 전낙찰인은 경매에 참가하지 못한다(제648조 제5항). 재경매기일에 매수신고가 없거나 최저경매가격에 미달하여 허가할 매수가격의 신고가 없는 때에는 일반경매절차의 경우와 마찬가지로 민사소송법 제613조의 규정에 따라 신경매기일을 지정한다.

---

[224] 대법원 1975. 5. 31. 75마172 결정 ; 대법원 1998. 10. 28.자 98마1817 결정

147. 재경매도 취소될 수 있다.

낙찰인이 재경매기일의 3일 이전까지 대금, 지연이자, 절차비용을 지급한 때에는 재경매절차를 취소하여야 한다.

1. 재경매절차취소의 의의
낙찰인이 재경매기일의 3일 이전까지 대금, 지연이자, 절차비용을 지급한 때에는 재경매절차를 취소하여야 한다(제648조 제4항). 재경매취소를 인정하는 입법 취지는 신속히 경매절차를 완결시키자는데 있다. 재경매취소결정이 있으면 일단 효력이 상실된 낙찰허가결정이 부활하고 낙찰인은 확정적으로 소유권을 취득하게 된다.

2. 차순위매수신고인이 낙찰허가결정을 받았던 경우
차순위매수신고인이 낙찰허가결정을 받아 낙찰인이 되었으나 차순위매수신고인도 대금을 지급하지 아니하여 재경매를 하는 경우에는 최고가로 낙찰인이 된 자와 차순위로 낙찰인이 된 자 중 먼저 대금을 지급한 낙찰인이 경매목적물의 권리를 취득한다(제648조 제4항 후단).

3. 낙찰인이 대금, 지연이자와 절차비용을 지급하였을 것
대금이라 함은 낙찰허가결정에 기재되어 있는 매수보증금을 공제한 낙찰대금을 말한다. 지연이자라 함은 대금지급기일로부터 기산하여 현실로 대금을 지급한 날까지의 낙찰대금에 대한 민사법정이율인 연 5푼의 비율에 의한 이자를 말한다. 절차비용이라 함은 재경매기일공고·통지비용, 재경매절차 취소결정 고지비용 등이다. 낙찰인은 경매법원으로부터 납부명령서를 받아 낙찰대금 등을 은행에 납부하고 영수증을 첨부하여 그 취지를 경매법원에 신고하면 된다.

4. 재경매기일의 3일 이전까지 대금, 지연이자, 절차비용을 지급할 것
재경매기일의 3일 이전까지라 함은 재경매기일의 전일로부터 소급하여 3일이 되는 날까지(3일째 되는 날 포함)를 의미한다.[225] 즉, 재경매기일의 전일로부터 소급하여 3일이 되는 날의 전일까지를 의미하는 것이 아니다. 예를 들어 재경매기일이 1999.6.9.이면 1999.6.8.부터 역산하여 3일이 되는 1999. 6. 6.까지 대금 등을 납부한 때에는 재경매절차를 취소한다. 그런데 3일이 되는 1999. 6. 6.이 일요일 기타 공휴일이면 그 다음날인 1999. 6. 7.이 취소를 구할 수 있는 날의 말일이 된다.

5. 재경매 후 신경매절차에서 대금을 지급한 경우
재경매기일이 변경되어 신기일이 지정된 경우 및 재경매기일에 허가할 매수가격의 신고가 없어 신경매기일(제631조)이 정해진 경우에 그 신경매기일도 종전의 경매절차에 대한 관계에 있어서는 재경매기일이다. 따라서 낙찰인이 그 기일의 3일 이전까지 대금 등을 지급하면 재경매절차를 취소하여야 한다. 3일 이전의 요건을 갖추지 못하였기 때문에 법원이 대금수령을 거부하고 재경매명령을 하였지만 매수신청이 없어서 신경매기일을 지정한 경우라면 비록 전낙찰인이 대금을 지급하였다 하더라도 적법한 것으로 되지는 않는다. 전낙찰인은 속행된 신경매기일의 3일 이전까지 다시 대금 등을 지급하지 않으면 재경매절차의 취소를 구할 수 없다.

6. 재경매의 취소절차
경매법원은 재경매절차취소의 요건이 구비되었다고 판단하면 재경매절차를 취소하는 결정을 한다. 당사자의 취소신청은 법원의 직권발동을 촉구하는 의미를 갖는다. 재경매절차의 취소결정은 그 효과와 영향이 크고 또 불복신청의 기회를 주기 위하여 적어도 경매신청채권자, 채무자 및 전낙찰인에게는 이를 고지할 필요가 있다. 그 밖의 이해관계인까지 고지할 필요는 없다. 다만, 이미 재경매기일의 공고를 한 경우에는 재경매취소결정에 따라 그 기일도 취소하여야 한다. 또 재경매기일을 각 이해관계인에게 통지한

---

[225] 대법원 1992. 6. 9. 91마500 결정 ; 대법원 1999. 5. 31.자 99마468 결정

경우에는 재경매기일의 취소도 이를 통지하여야 한다. 재경매절차 취소결정에 대한 불복방법은 집행에 관한 이의이다(제504조 제1항).

7. 재경매 취소후의 조치
경매법원은 재경매절차를 취소한 경우에는 즉시 배당기일을 지정하고 배당기일소환장을 송달한다. 낙찰대금은 이미 완납되었으므로 대금지급기일을 다시 지정할 필요는 없다. 낙찰인이 납부한 대금 등은 배당재단으로 된다. 또한 경매법원은 낙찰인의 소유권이전등기, 낙찰인이 인수하지 아니한 부동산위의 부담의 기입의 말소등기, 경매신청기입등기의 말소등기를 촉탁한다(제661조).

148. 재경매에서 전낙찰인은
재경매에서 전낙찰인은 그 후의 경매에 참하지 못하고 매수의 보증으로 보관하게 한 금전이나 유가증권의 반환을 청구할 수도 없다.

1. 경매참가의 불허
재경매가 실시된 때에는 전낙찰인은 그 후의 경매에 참하지 못한다(제648조 5항). 전낙찰인은 재경매기일뿐만 아니라 그 사건의 경매가 완료될 때까지 일체 경매에 참가하여 매수신고인이 될 수 없다.

2. 매수신청보증의 불반환
전낙찰인은 매수의 보증으로 보관하게 한 금전이나 유가증권의 반환을 청구할 수 없다(제648조 제5항). 재경매의 결과 낙찰대금이 재경매 전의 낙찰대금보다 다액인 경우에도 역시 반환청구를 하지 못한다. 이 매수신청보증은 후에 경매법원이 배당할 금액에 산입되어 채권자에게 배당된다(제655조 제1항 제5호). 보증이 유가증권인 경우에는 법원은 집행관으로 하여금 환가하게 하여 환가대금에서 환가비용을 공제한 금액을 배당할 금액에 산입하여야 한다(민사소송규칙 제157조 제1항).

3. 매수신청보증금을 반환받을 수 있는 경우
재경매명령 후 경매절차가 취소되거나 경매신청이 적법하게 취하된 때에는 경매절차의 속행이 없었다 할 것이므로 전낙찰인은 매수보증금의 반환을 청구할 수 있다. 다만, 재경매로 들어간 후에 경매목적물이 멸실되었다거나 또는 최저경매가격을 저감한 결과 과잉경매(제616조)에 해당되어 경매절차를 취소한 경우에는 전낙찰인은 보증금을 무조건으로 반환받을 수 없고 담보권자의 동의(제115조 제2항) 또는 권리행사최고(제115조 제3항) 등 요건을 갖추어 담보취소결정을 받아야 한다.

149. 공동경매란
수인의 채권자가 동시에 경매신청을 하거나 경매신청 후 경매개시결정전에 동일 부동산에 다른 채권자가 경매신청을 한 경우를 말한다.

1. 서언
사법상 채무자의 총재산은 각 채권자의 공동담보이다. 다시말해 채권자평 등의 원칙이 지켜진다. 따라서 각 채권자는 자기의 채권을 변제받기 위하여 채무자 소유의 동일 부동산에 관하여 동시에 또는 순차로 또는 공동하여 경매신청을 할 수 있다. 이미 경매절차가 진행중이면 배당요구 신청을 할 수 있다.

2. 공동경매
수인의 채권자가 동시에 경매신청을 하거나 이미 경매신청은 되었으나 아직 경매개시결정을 하지 아니한 동안에 동일 부동산에 대하여 다른 채권자로부터 경매신청이 있는 경우 이에 기하여 경매절차를 실시하기 위하여는 1개의 경매개시결정을 하여야 한다. 이때 그 수인의 채권자는 공동의 압류채권자로 되며 그 집행절차는 단독으로 경매신청을 한 경우에 준하여 실시한다(제662조). 이 경우 경매절차는 각 채권자를 위하여 각별로 진행되므로 어느 한 채권자에 관하여 집행정지·취소사유가 발생하였다거나 경매신청이 취하되더라도 다른 채권자는 아무런 영향을 받지 아니한다.

3. 공매절차와의 경합
국세체납처분에 의한 공매절차가 진행 중에 있는 경우에도 법원은 그 부동산에 대하여 강제경매나 임의경매 절차를 별도로 진행할 수 있다.[226] 이 경우 양 낙찰자중 선순위로 소유권을 취득한 자가 진정한 소유자로 확정된다.[227]

150. 2중경매
이미 경매개시결정이 되어 있고 부동산이 동일한 채무의 소유이어야 2중경매가 허용된다.

1. 이미 경매개시결정이 되어 있을 것
이미 경매개시결정이 되어 있음을 요하나 그 개시결정의 효력이 발생하였는지 여부를 묻지 않는다. 먼저 한 경매개시결정이 강제경매개시결정이든 임의경매개시결정이든 불문한다. 다른 채권자에 의하여 가압류가 되어 있는 부동산에 대하여 한 경매개시결정은 2중개시결정이 아니다. 아직 경매개시결정을 하지 아니한 경우에는 먼저 한 경매신청과 뒤에 한 경매신청을 병합하여 1개의 경매개시결정을 한다. 이미 경매개시결정이 되어있다는 것은 경매개시결정이 유효하게 존속하고 있다는 의미이다. 만일 경매개시결정이 취소되었다면 그 경매개시결정에 의한 경매신청기입등기가 아직 말소되지 않고있다 하더라도 뒤에 한 경매신청에 기하여 한 경매개시결정은 2중개시결정이 아니다.

2. 경매신청의 요건을 구비할 것
뒤에 한 경매신청도 독립하여 강제집행의 요건, 강제집행개시의 요건 등을 구비하여야 한다. 뒤에 한 경매신청이 임의경매신청인 경우에는 임의경매신청의 제 요건을 구비하여야 한다.
뒤에 한 경매신청이 경매신청의 요건을 갖추지 못한 경우에 관하여는 신청각하설과 배당요구의 요건을 갖추고 있으면 배당요구를 한 것으로 볼 것이라는 배당요구간주설이 있다.

3. 부동산이 동일한 채무자의 소유일 것
2중경매신청은 동일한 소유자에 대한 경매신청을 전제로 한다. 그러나 앞에 한 경매신청과 뒤에 한 경매신청은 별개 독립의 것이다. 가압류후에 채무자가 목적물을 제3자에게 양도한 경우에 있어서 제3자에 대한 채권자가 경매절차를 개시한 후에 가압류채권자가 본집행으로서 경매를 신청한 경우에는 선행의 경매절차는 사실상 정지되고 가압류채권자의 신청에 기한 집행절차에 따라 경매가 진행된다. 즉 낙찰인 앞으로 소유권이 이전되면 선행의 경매절차는 취소되고 후행의 경매절차가 취소 등으로 실효되면 선행의 절차가 다시 진행된다.

4. 매각절차 진행중에 경매부동산의 소유자가 변경된 경우
압류효력발생후 매각절차 진행중에 경매부동산의 소유자가 변경되고 새로운 소유자의 채권자가 그 부동산에 관하여 경매신청을 한 경우 뒤에 한 경매신청에 대하여는 별도로 새로운 소유자를 채무자로 하여 경매개시결정을 하여 경매신청기입등기까지 만을 하고 선행경매사건이 완료될 때 까지 절차의 진행을 유보하여 두었다가 선행사건이 취소 또는 취하에 의하여 경매없이 종결된 때에는 신 사건의 절차를 진행하고 선행사건의 절차가 진행되어 낙찰인이 소유권을 취득하면 매각으로 인하여 권리의 이전을 불가능하게 하는 사정이 명백하므로(제613조 제1항) 후행의 경매절차를 취소한다.

---

226) 대법원 1961. 2. 9. 선고, 4293민상124 판결 ; 대법원 2014. 3. 20. 선고 2009다60336 전원합의체 판결
227) 대법원 1959. 5. 19. 4292민재항2 결정; 대법원 2014. 3. 20. 선고 2009다60336 전원합의체 판결

151. 2중경매

경매개시결정을 한 부동산에 대하여 다른 강제경매의 신청이 있는 때에는 2중개시결정을 하고 먼저 개시결정한 집행절차에 따라 경매한다.

1. 2중경매
강제경매 또는 담보권실행을 위한 경매절차의 개시를 결정한 부동산에 대하여 다른 강제경매의 신청이 있는 때에는 경매법원은 2중개시결정을 하고 먼저 개시결정한 집행절차에 따라 경매한다(제604조 제1항). 따라서 이미 경매개시결정을 한 부동산에 대하여도 2중의 경매개시결정은 허용된다. 다만, 환가절차는 먼저 개시결정한 경매절차에 따라 실시한다.

2. 2중경매신청을 할 수 있는 시기
이미 경매개시결정이 된 부동산에 대하여 언제까지 다른 경매신청을 할 수 있는가? 낙찰인이 대금을 완납하여 그 부동산의 소유권이 채무자로부터 낙찰인에게 이전될 때까지는 2중경매신청을 할 수 있다.[228] 다만, 낙찰기일후에 한 경매신청에 기하여 2중개시결정이 된 경우에는 선행의 경매사건으로 절차가 진행되는 한 뒤의 압류채권자는 매각대금의 배당에 참가할 수 없다.

3. 2중개시결정 절차
2중경매신청에 대한 경매개시결정의 형식과 내용은 본래의 경매개시결정의 그것과 똑같다. 따라서 압류도 다시 명하여야 한다(제603조 제1항). 또 2중개시결정을 한 때에는 직권으로 그 경매개시결정의 기입등기를 촉탁하여야 하며(제611조 제1항) 신청채권자는 등록세 및 교육세를 납부하여야 한다. 2중개시결정은 이를 채무자에게 송달하고(제603조 제4항) 뒤의 경매신청채권자에게 고지하는 외에 이해관계인에게 2중경매신청이 있음을 통지하여야 한다(제606조 제1항). 통지하여야 할 이해관계인은 선행의 경매신청사건의 경매신청채권자, 집행력있는 정본에 의한 배당요구채권자에 한한다. 이 통지는 2중개시결정의 효력발생요건은 아니다.[229]

3. 2중개시결정의 비용
2중경매신청인도 경매신청시에 압류등기에 필요한 비용과 송달료를 예납하여야 한다. 그 외의 비용은 후행사건에 의하여 절차가 진행되게 되었을 때 사건의 진행정도에 따라 경매법원의 예납명령에 따라 적당한 금액을 예납한다. 물론 이들 2중경매신청에 소용된 비용도 배당을 받음에 있어서 그 채권의 순위에 따라 집행비용으로 상환받을 수 있다. 경매절차가 뒤의 개시결정에 의하여 속행된 경우에는 공익비용으로 계산된다.

4. 2중개시결정에 대한 불복
2중개시결정에 대하여는 경매개시결정에 대한 이의로 불복할 수 있다(제603조의 3 제1항). 후행 경매신청을 각하한 결정에 대하여는 즉시항고를 할 수 있다(제603조 제5항).

5. 2중경매신청의 취하
압류가 경합되어 2중개시결정이 있더라도 선행 경매절차가 정지, 취소되기 전까지는 뒤의 경매개시결정에 의한 집행절차는 잠정적인 것에 불과하므로 선행 경매절차에서의 최고가매수신고인 등을 동시에 후행절차에서의 최고가매수신고인등으로 볼 수 없다. 즉 이 경우에 후행 경매신청인 등은 선행 경매절차에서의 최고가매수신고인 등의 동의여부와 관계없이 경매신청을 취하할 수 있다. 취하후 선행경매절차가 정지, 취소 또는 취하되면 이후의 모든 절차를 정지 또는 종료하여야 한다.

---

[228] 대법원 1972. 6. 21. 72마507 결정 ; 대법원 1973. 11. 30. 73마734 결정 ; 대법원 1978. 11. 15. 78마285 결정 ; 대법원 1984. 4. 3.자 84마83 결정

[229] 대법원 1972. 3. 29. 72마79 결정 ; 대법원 1984. 4. 3.자 84마83 결정

6. 2중경매개시결정의 효력
2중개시결정도 통상의 경매개시결정과 마찬가지로 채무자에게 그 결정이 송달되거나 또는 경매신청기입등기가 되면 압류의 효력이 생긴다. 그러나 경매절차는 먼저 개시결정한 선행사건의 집행절차에 따라 진행하여야 한다. 따라서 이해관계인의 범위, 경매기일의 통지, 이의, 항고 등의 적부 등도 선행의 경매사건을 기준으로 정하여야 한다. 그러나 2중 경매신청채권자가 압류의 효력이 생기면 압류채권자로서 당연히 배당에 참가할 수 있다. 다만, 선행의 경매사건의 낙찰기일전에 경매신청한 경우에 한하며 그 후에 경매신청을 한 경우에는 배당에 참가할 수 없다.

152. 2중경매
선행사건의 경매신청이 취하되거나 취소된 경우 뒤의 경매개시결정에 의하여 절차를 속행한다.

1. 압류의 경합과 우선권
먼저 개시결정한 경매신청이 취하되거나 그 절차가 취소된 때에는 민사소송법 제608조 제1항의 우선권을 해하지 아니하는 한도 안에서 뒤의 강제경매 개시결정에 의하여 절차를 속행하여야 한다(제604조 제2항). 민사소송법 제608조 제1항의 우선권을 해하는 때란 압류채권자의 채권이 부동산상에 우선권을 가지고 있음에도 2중압류채권자의 채권은 이와 같은 우선권을 가지고 있지 않은 때를 가리킨다.

2. 압류에 대항할 수 있는 권리의 판단시점
최초의 압류후에 비로소 저당권설정등기가 되고 그 후에 2중개시결정이 되었기 때문에 그 저당권이 2중 압류채권자에 대한 관계에 있어서 부동산상의 부담으로 되는 경우에는 새로이 민사소송법 제616조 소정의 절차를 취하지 않으면 안된다. 속행에 관하여 별도로 경매법원의 결정을 요하지 아니한다. 이 후행절차는 후행 압류채권자를 위한 경매절차이다. 따라서 압류에 대항할 수 있는 권리의 범위는 2중개시결정에 의한 압류의 발효시를 기준으로 한다. 단, 강제경매의 경우에 한한다. 담보권실행을 위한 경매의 경우에는 저당권설정등기 시점을 기준으로 한다.

3. 2중경매와 다시 실시해야 할 경매절차
선행사건에 있어서 현황조사가 후행의 압류뒤에 행하여진 경우를 제외하고는 그 후 달라진 부분에 대하여 경매법원은 다시 현황조사를 명하여야 한다. 그 결과 선행의 압류와 후행의 압류와의 사이에 새로운 용익권의 설정이 있으면 경매물건명세서에 이를 기재하고 부동산의 재평가를 명하여 최저경매가격도 다시 정한다. 또 그 사이에 담보권의 설정이 있으면 잉여주의(제608조 제1항)에 반하는지 여부를 다시 심사하여 잉여의 가망이 없다고 인정되는 때에는 무잉여 경매취소(제606조)의 절차를 밟아야 한다.

4. 2중경매와 새로운 이해관계인의 발생
선행의 압류와 후행의 압류의 중간에 등기부에 기입된 부동산 위의 권리자(제607조 제3호)가 생긴 때에는 채권신고의 최고를 하여야 한다(민사소송규칙 제147조). 소유권이전에 관한 가등기권리자에 대하여도 권리신고의 최고를 하여야 한다(가등기담보등에관한법률 제16조 제1항).

5. 선행사건 절차의 원용
2중경매의 후행절차는 선행절차의 속행이라는 성격을 가지고 있다. 따라서 선행절차에서 행해진 현황조사라든가 부동산의 평가등은 특별히 원용절차를 밟지 아니하여도 후행절차에 그대로 이용할 수 있다. 후행사건에서는 나머지 절차만 속행하면 된다.230) 물론 새로운 용익권등의 설정으로 이를 그대로 이용할 수 없게 되는 경우에는 새로 평가를 하여야 한다. 반면에 선행사건의 채권자가 지출한 집행비용 중 후행사건에 그대로 이용된 절차에 관한 비용은 공익비용으로서 선행사건 채권자에게 당연히 우선변제한다. 따라서 경매법원은 선행사건의 신청채권자도 소환하여야 하며 만일 그가 배당기일에 출석하지 않은 경우에는 그 비용액을 공탁해야 할 것이다(제598조 제4항).

---
230) 대법원 1980. 2. 7. 79마417 결정 ; 대법원 2014. 1. 16. 선고 2013다62315 판결

153. 2중경매

먼저 개시결정한 경매절차가 정지된 경우에도 우선권을 해하지 아니하는 한도 안에서 뒤의 경매개시결정에 의하여 절차를 속행한다.

1. 2중경매절차를 속행할 수 없는 경우

먼저 개시결정한 경매절차가 정지된 경우에도 민사소송법 제608조 제1항의 우선권을 해하지 아니하는 한도 안에서 뒤의 강제경매 개시결정에 의하여 절차를 속행한다(제604조 제2항). 그러나 정지된 선행의 경매절차가 취소되면 경매물건명세서의 기재사항 중 등기된 부동산에 관한 권리 또는 가처분으로서 낙찰에 의하여 소멸되지 아니하는 것(제617조의 2 제3호)의 기재사항이 변경될 때에는 뒤의 경매개시결정에 의하여 경매절차를 속행하여서는 아니된다(민사소송규칙 제146조의 2). 정지중의 선행의 경매절차가 취소되고 안됨에 따라 매각조건이 달라지게 되기 때문이다.

2. 선행경매절차의 정지사유가 해소된 경우 경매절차의 속행방법

후행절차로 속행하고 있는 중에 선행절차의 정지사유가 해소되는 경우는 어떻게 할 것인가? 선행절차로 환원된다는 견해와 후행절차로 진행하여야 한다는 견해가 있다. 선행의 경매절차가 정지된 경우 아직 그 절차가 실효된 것은 아닐지라도 속행되는 것은 후행절차이고 선행절차가 아니다. 물론 이미 선행절차에서 행해진 현황조사라든가 평가로서 유용한 것은 후행절차에 그대로 이용할 수 있다. 또 절차가 정지되더라도 압류의 효력자체는 남아 있으므로 중간의 담보권자의 지위는 선행의 압류를 기준으로 하여 결정한다. 다만, 선행절차의 정지사유가 해소되지 않은 채 배당에 들어가게 될 경우에는 선행절차의 압류채권자에게 배당할 금액은 이를 공탁하여야 한다(제658조, 제589조 제3항).

3. 전후 경매개시결정 사이에 저당권이 설정되어 있는 경우

앞의 경매개시결정과 뒤의 경매개시결정과의 사이에 저당권이 설정되어 있는 경우에는 선행절차가 취소되더라도 배당을 받을 자의 범위에 변동이 있을 뿐 민사소송법 제617조의 2 제3호의 기재사항이 변경되는 것은 아니므로 2중개시결정에 의한 경매절차의 속행을 방해하지 않는다. 다만, 이로 인하여 민사소송법 제608조 제1항의 우선권을 해하게 되는 때에는 잉여의 가망이 없으므로(제616조) 경매절차를 취소하여야 한다.

4. 전후 경매개시결정 사이에 용익물권이 설정되거나 처분금지가처분의 등기가 마쳐진 경우

앞의 경매개시결정과 뒤의 경매개시결정과의 사이에 용익권이 설정되거나 처분금지가처분의 등기가 마쳐진 경우에는 선행의 경매절차가 존속하고 있는 한 뒤의 개시결정에 의하여 경매절차를 속행할 수 없다. 따라서 경매법원은 집행관에게 이에 대한 현황조사를 다시 명하여 후행압류채권자에 대항할 수 있는 용익권등이 존재하는가를 확인하여야 한다. 이때 현황조사비용은 후행의 압류채권자가 예납하고 후행의 절차에 의하여 경매가 완료되면 공익비용으로 된다.

154. 배당요구 할 수 있는 채권자는

우선변제청구권이 있는 채권자, 집행력있는 정본을 가진 채권자 및 경매신청의 등기후에 가압류를 한 채권자는 배당요구를 할 수 있다.

1. 배당요구를 할 수 있는 채권자
부동산경매에서 채무자의 총 재산으로부터 변제를 받을 수 있는 채권자는 일정한 요건아래 낙찰부동산의 매각대금으로부터 평등한 비율로 변제를 받기 위하여 배당요구를 할 수 있다. 배당요구를 할 수 있는 채권자는 민법, 상법 기타 법률에 의하여 우선변제청구권이 있는 채권자, 집행력있는 정본을 가진 채권자 및 경매신청의 등기후에 가압류를 한 채권자에 한한다(제605조 제1항). 우선변제청구권이 있는 채권자 중 경매신청기입등기 전에 등기되어 있는 저당권자나 전세권(단, 존속기간의 정함이 없거나 민사소송법 제611조의 경매신청의 등기후 6월 이내에 그 기간이 만료되는 전세권)을 가지고 있는 채권자는 낙찰로 인하여 각 그 권리가 소멸되는 대신 배당요구를 하지 않더라도 당연히 순위에 따라 배당을 받을 수 있다.

2. 판례
근저당권자가 담보로 제공된 건물에 대한 담보가치를 조사할 당시 대항력을 갖춘 임차인이 그 임대차 사실을 부인하고 임차보증금에 대한 권리주장을 않겠다는 내용의 확인서를 작성해 주었으나 그후 그 건물에 대한 경매절차에서 이를 번복하여 대항력 있는 임대차의 존재를 주장함과 아울러 근저당권자보다 우선적 지위를 가지는 확정일자부 임차인임을 주장하여 그 임차보증금반환채권에 대한 배당요구를 하는 것은 특별한 사정이 없는 한 금반언 및 신의칙에 위반되어 허용될 수 없다.[231]

3. 우선변제청구권이 있는 채권자(제605조)
민법, 상법 기타 법률에 의하여 우선변제청구권이 있는 채권자란 어떠한 자를 말하는가? 배당요구를 하지 않아도 당연히 배당을 받을 수 있는 채권자는 이에 포함되지 아니한다. 통상 주택임대차보증금반환청구채권(주택임대차보호법 제3조의 2 및 제8조 제1항), 임금채권(근로기준법 제30의 2), 사용인의 우선변제권(상법 제468조)등과 같이 법이 우선변제청구권은 인정하고 있으나 등기가 되어 있지 않아 배당요구를 하지 않으면 그 채권의 존부나 수액을 알 수 없는 채권을 가진 자를 가리킨다. 경매부동산상의 저당권 등 압류채권자의 채권에 우선하는 채권에 관한 부동산상의 부담은 낙찰대금에서 우선하여 변제받으므로(제608조 제1항) 이들 우선채권자는 법률상 당연히 배당요구를 한 것과 동일한 효력이 있다. 그러나 그 권리는 경매신청기입등기 전에 등기되어 있는 것이어야 한다.

---

[231] 대법원 1987. 5. 12. 선고, 86다카2788 판결 ; 대법원 1987. 12. 8. 선고, 87다카1738 판결 ; 대법원 1987. 11. 24. 선고, 87다카1708 판결 ; 대법원 1997. 6. 27. 선고, 97다12211 판결 ; 대법원 2000. 1. 5.자 99마4307 결정

155. 배당요구 할 수 있는 채권자는

배당요구를 할 수 있는 채권자는 소액임차인, 임금채권자, 약정담보물권자, 가압류채권자 등이다.

1. 소액임차인
주택임대차보호법상의 소액임차인등이 이해관계인으로서 권리신고만 한 경우에는 이를 배당요구로 볼 수 없다. 반드시 배당요구를 하여야 한다. 법원에서는 배당요구를 하지 않은 임차인을 보호하기 위하여 권리신고와 배당요구신청을 동시에 할 수 있도록 1장으로된 권리신고 겸 배당요구신청서를 비치·교부하고 있다.

2. 임금채권자
근로기준법 제30조의 2 소정의 임금채권자처럼 우선권을 가진 채권자라 하더라도 그 권리가 등기되어 있지 않은 경우에는 그 우선권의 존재만으로써 당연히 배당요구의 효력이 생기는 것은 아니고 일반채권자와 마찬가지로 배당요구를 하여야 우선배당을 받을 수 있다. 이때 주의할 것은 배당요구신청서에 임금채권을 증명할 수 있는 서면을 반드시 첨부하여야 하는데 이 서면에는 구체적으로 근로기간, 체불임금액 등이 기재되어 있어야 한다.

3. 가압류채권자
집행력있는 정본을 가지지 않은 채권자는 배당을 요구할 수 없다. 경매신청기입등기 전에 가압류집행을 한 채권자가 있을 때에는 그 채권자에 대한 배당액을 공탁하도록 되어 있으므로(제658조, 제589조 제3항) 이러한 가압류채권자는 배당요구의 신청이 없더라도 당연히 배당요구의 신청을 한 것과 동일하게 취급된다.[232] 따라서 가압류채권자가 채권계산서를 제출하지 않았다 하더라도 배당에서 제외되지는 않는다. 가압류채권자는 채무명의를 취득하여 공탁된 배당금을 출급하면 채권만족을 얻게 된다. 그러나 경매신청기입등기 후에 가압류집행을 한 경우에는 그 가압류는 경매신청인에게 대항할 수 없고 경매법원도 가압류사실을 알 수가 없으므로 일반채권자와 마찬가지로 적기에 배당요구를 하지 아니하면 배당에서 제외된다(제605조 제1항). 2중개시결정이 된 경우 후행압류채권자도 배당에 참가할 수 있다.

4. 압류후의 약정담보물권자
압류후에 설정된 저당권 등의 약정담보물권자도 배당을 요구할 수 있는 자에 해당하는가?
약정담보물권자는 민사소송법 제605조 제1항에서 말하는 민법, 상법 기타 법률에 의하여 우선변제청구권이 있는 채권자에 포함되므로 배당요구가 허용된다. 그러나 부동산을 목적으로 하는 담보의 실행을 위한 경매절차에서 그 개시 전의 근저당권자는 민사소송법 제728조에 의하여 준용되는 같은 법 제605조에 의한 배당요구를 하지 않았더라도 당연히 배당요구를 한 것과 동일하게 취급되므로 그러한 근저당권자 배당요구를 하지 아니하였다 하여도 배당에서 제외되지 않는다.[233]

5. 가등기담보권자
가등기담보권자는 등기부의 기재만으로는 순수한 소유권이전청구권보전을 위한 가등기인지 담보가등기인지를 알 수 없고 채권의 존부 및 액수도 알 수 없으므로 채권신그를 하지 않으면 배당을 받을 수 없다(가등기담보등에관한법률 제16조 제2항).

6. 근저당권자가 채권최고액을 초과하는 채권에 관하여 가압류채권자와 같은 순위로 안분비례하여 배당받기 위한 요건
근저당권의 채권최고액을 초과하는 부분으로서 우선변제의 효력이 미치지 않는 채권에 관하여 다른 가압류채권자와의 사이에 같은 순위로 안분비례하여 배당하기 위하여는 근저당권에 기한 경매신청이나 채권계산서의 제출이 있는 것 만으로는 안 되고, 그 채권최고액을 초과하는 채권에 관하여 별도로 민사소

---

[232] 대법원 1995. 7. 28. 선고, 94다57718 판결 ; 대법원 2012. 4. 26. 선고 2010다94090 판결
[233] 대법원 1996. 5. 28. 선고, 95다34415 판결 ; 대법원 2006. 9. 28. 선고 2004다68427 판결

송법 제728조, 제605조의 규정에 의한 적법한 배당요구를 하였거나 그 밖에 달리 배당을 받을 수 있는 채권으로서의 필요한 요건을 갖추고 있어야 한다.234)

156. 배당요구는

배당요구는 원인을 명시하고 법원 소재지에 주거나 사무소가 없는 자는 가주소를 선정하여 경매법원에 신고하여야 한다.

1. 가주소신고
배당요구는 그 원인을 명시하고 경매법원 소재지에 주거나 사무소가 없는 자는 가주소를 선정하여 경매법원에 신고하여야 한다(제605조 제2항). 경매법원 소재지에 주소나 사무소가 없는 자가 가주소선정신고를 하지 않은 경우에는 당해 채권자에게 송달할 서류는 본래의 주소지에 등기우편으로 발송한다(제171조 제2항).

2. 서면에 의한 배당요구신청
배당요구의 원인이라 함은 채권자가 채무자의 총재산으로부터 변제를 받을 수 있는 법률관계를 말한다. 배당요구를 함에 있어서는 채무자에 대한 이자채권 기타의 부대채권을 포함한 청구권의 발생원인과 그 액수 등을 명시하여야 한다. 신청의 방식은 채권의 원인과 수액을 기재한 서면에 의하여야 한다(민사소송규칙 제148조의 3, 동 제121조의 3). 즉, 배당요구는 채권의 원인과 수액을 기재한 서면에 의하여 집행법원에 배당을 요구하는 취지가 표시되면 된다. 채권자가 경매목적 부동산에 관하여 가압류결정을 받은 다음 채권의 수액을 기재한 서면에 그 가압류결정을 첨부하여 경매법원에 제출하였다면 채권의 원인과 수액을 기재하여 배당을 요구하는 취지가 표시된 것으로 보아야 한다.235) 그 서면의 제목이 권리신고라고 되어 있다하여 달리 볼 것이 아니다.

3. 원인서류의 첨부
집행력있는 정본에 의한 배당요구를 함에 있어서는 집행력있는 정본을 첨부 제출하여야 하고 가압류채권자나 우선변제청구권자가 배당요구를 함에 있어서는 가압류등기가 된 등기부등본이나 우선변제청구권이 있음을 증명하는 서류(임금대장사본이나 근로감독관 작성의 체불임금계산증명서 등)를 첨부하여야 한다.

4. 채권의 인부절차
우선변제청구권이 있는 채권자로서 그 자격을 증명할 만한 마땅한 서류를 제출할 수 없는 경우도 있을 수 있는바 본래 집행력있는 정본에 의하지 아니한 배당요구가 있을 때에는 채권의 인부절차(제606조 제2항, 제3항)를 따로 밟아야 한다. 경매법원은 위와 같은 경우에는 바로 배당요구신청을 각하할 것이 아니라 그 사유를 소명토록 한 다음 채권의 인부절차를 밟아야 할 것이다. 그런데 배당요구를 한 채권의 실체적존부는 경매법원에 실질적 심사권이 없으므로 심사대상이 되지 않는다. 그 채권의 유무는 제1차적으로는 채무자가 인낙여부를 진술하여야 한다(제606조 제2항). 채권자들은 배당기일에 배당표에 대한 이의의 소를 제기하여 배당이의의 소에서 최종적으로 판가름을 짓게 된다.

---

234) 대법원 1992. 5. 26. 선고 92다1896 판결 ; 대법원 1998. 4. 10. 선고, 97다28216 판결
235) 대법원 1999. 2. 9. 선고, 98다53547 판결

157. 배당요구채권은
배당요구채권은 이행기가 도래한 집행채무자에 대한 채권이어야 한다.

1. 배당요구채권은 이행기가 도래한 채권이어야 한다.
이행기가 도래하지 않은 채권은 배당요구를 할 수 없다. 다만, 압류당시 존재하고 있던 가압류채권자에 대하여는 그 배당액을 공탁하도록 되어 있으므로(제658조, 제589조 제3항) 이행기가 도래하지 않은 채권으로 가압류를 한 경우에는 사실상 이행기가 되기 전의 채권으로 배당을 받는 셈이 된다.

2. 배당요구채권은 집행채무자에 대한 채권이어야 한다.
경매부동산의 전소유자 또는 양수인에 대한 채권으로는 배당요구를 할 수 없다. 집행채무자에 대한 채권이라 할 지라도 경매절차진행 중에 제3자에게 양도되어 소유권이전등기가 된 때에는 그 처분이 경매신청채권자와의 관계에 있어서는 효력이 없으나 그 외의 자에 대하여는 그 처분이 유효하므로 그 시점 이후에는 배당요구를 할 수 없다.

158. 배당요구는
배당요구는 경매법원이 낙찰허가결정을 선고할 때까지 할 수 있다.

1. 배당요구 시기(始期)
배당요구를 할 수 있는 시기에 관하여는 특별한 규정이 없다. 채무자에 대한 경매개시결정 송달시와 경매신청기입등기시 중 먼저 도래한 때가 압류의 효력 발생시 이므로 그 이후가 배당요구의 시기라 할 것이다. 다만, 경매개시결정 후 압류효력발생 전에 배당요구가 있으면 압류효력발생시에 배당요구의 효력이 발생한다. 경매신청채권자가 경매신청서에 채무명의가 있는 채권과 채무명의가 없는 채권을 함께 기재한 경우에 후자에 관하여는 배당요구를 한 것이라고 보아야 한다. 따라서 압류의 효력발생시에 후자에 관한 배당요구의 효력이 발생한다. 다만, 배당요구를 할 수 있는 요건이 갖추어진 채권에 해당되는 경우에 한한다.

2. 배당요구 종기
배당요구의 종기는 낙찰기일까지이다(제605조 제1항). 낙찰기일까지라 함은 경매법원이 낙찰허가결정을 선고한 때까지라는 의미이다. 낙찰허가결정확정 후 재경매를 하는 경우에는 재경매의 낙찰기일이 배당요구의 종기이다. 또 낙찰허가결정이 항고에 의하여 취소되어 신경매가 된 경우에는 그 신경매의 낙찰기일이 배당요구의 종기가 된다. 다만, 실무상 가등기담보권자에게는 배당기일까지 채권신고를 하면 배당을 하여 주고 있다.

159. 배당요구를 하면
배당요구를 하면 배당요구채권자는 매각대금으로부터 배당받을 권리가 있다.

1. 배당요구의 일반적효력
배당요구채권자는 매각대금으로부터 배당받을 권리가 있다. 그 외에 경매법원으로부터 배당기일의 통지를 받을 권리(제654조의 2), 배당기일에 출석하여 배당표에 대한 의견을 진술할 수 있는 권리(제659조)가 있다.

2. 집행력있는 정본에 의한 배당요구에 특유한 효력
집행력있는 정본에 의한 배당요구채권자는 경매절차의 이해관계인이 되므로(제607조 제1호) 다른 채권자로부터 배당요구가 있으면 경매법원으로부터 그 통지를 받으며(제606조 제1항) 경매기일에 출석할 수 있다(제628조 제2항). 매각조건의 변경에 합의를 할 수 있고(제622조) 낙찰기일에 출석하여 낙찰의 허부에 관한 의견을 진술할 수 있다(제632조). 또 낙찰허부의 결정에 대하여 항고할 수 있는(제641조) 권리가 있다.

160. 배당요구신청의 적부심사
배당요구신청이 있으면 경매법원은 배당요구신청서의 기재 및 첨부서류에 의하여 배당요구의 형식적요건에 관하여 심사를 한다.

1. 배당요구신청서의 제출
배당요구신청서에는 500원의 인지를 첩부하여야 한다(민사소송인지법 제10조). 배당요구는 이해관계인에게 통지하여야 하므로(제606조 제1항) 배당요구채권자는 그 송달비용을 예납하여야 한다. 또 이해관계인에 대한 통지서에는 배당요구신청서 부본을 첨부하여야 하므로 이해관계인의 수에 해당하는 부본도 함께 제출하여야 한다. 배당요구신청을 한 후에 별도로 가주소선정신고서를 제출하는 경우에는 인지는 첩부하지 않아도 된다.

2. 경매법원의 배당요구신청의 적부심사
배당요구신청이 있으면 경매법원은 배당요구신청서의 기재 및 첨부서류에 의하여 배당요구의 형식적요건에 관하여 심사를 한다. 배당요구신청서에 흠결사항이 있으면 경매법원은 신청인에게 보정이 가능한 경우에는 보정을 명한다. 심사결과 배당요구의 요건을 갖추지 못하여 부적법한 경우에는 배당요구신청을 각하한다. 집행력있는 정본을 제출하지 않았다든가, 우선 변제청구권이 없는 채권으로 배당요구를 한 경우에는 각하를 하게 된다. 그러나 낙찰기일종료후의 배당요구는 재경매가 실시되는 경우에는 배당에 참가할 여지가 있으므로 바로 각하하지 않는다. 그러나 늦어도 배당기일전에는 각하결정을 하여 이를 배당요구채권자에게 고지한다. 실무에서는 부적법한 배당요구가 있더라도 별도로 각하결정을 하지 않고 배당표에서 이를 제외하고 배당을 실시한다.

3. 배당요구신청 각하에 대한 불복신청
배당요구신청을 각하한 결정에 대하여는 집행에 관한 이의를 할 수 있다(제504조). 각하결정을 따로 하지 않고 배당표에서 제외하는 방법으로 배당요구를 받아들이지 않은 경우에도 마찬가지이다. 부적법한 배당요구신청을 적법한 것으로 받아들여 배당표를 작성한 경우에는 이해관계인은 배당기일에 출석하여 배당표에 대한 이의를 진술할 수 있다(제659조 제1항, 제2항). 이에 의하여 시정되지 않을 때에는 집행에 관한 이의를 할 수 있다.

161. 채권확정의 소
채권자는 채무자가 채권자의 채권을 인낙하지 않는다는 통지를 받게되면 5일이내에 채권확정의 소를 제기하고 소제기증명원을 경매법원에 제출하여야 한다.

1. 이해관계인에 대한 배당요구의 통지
적법한 배당요구의 신청이 있는 때에는 경매법원은 그로부터 3일 이내에 직권으로 이해관계인에게 그 취지를 통지하여야 한다(제606조 제1항). 위 통지는 배당요구의 효력발생요건은 아니고 경매법원은 언제든지 그 흠결을 보정할 수 있다. 국세등의 교부청구가 있는 경우에 실무에서는 통지를 하지 않고 있다. 이해관계인이라 하더라도 낙찰에 의하여 소멸하지 아니하고 존속하는 용익권자처럼 배당절차와 이해관계가 없는 자 등에게는 통지를 하지 않는다. 통지를 하는 경우 통상 법원사무관 등의 명의로 통지서를 작성하여 송달한다. 위 통지서에는 배당요구신청서 부본을 첨부한다. 다만, 집행력있는 정본없이 한 배당요구에 있어서 위 통지를 하지 아니한 경우에는 채권의 인부와 그 확정절차(제606조 제2항, 제3항)가 완료되지 않은 것이므로 배당절차를 실시할 수 없다.

2. 배당요구채권자에 대한 통지
집행력있는 정본없이 배당을 요구한 채권자가 있는 때에는 채무자는 배당요구의 통지를 받은 날로부터 5일 이내에 그 채권의 인낙여부를 경매법원에 신고하여야 한다(제606조 제2항). 채무자는 인지를 첨부하지 않고 인낙여부신고서를 제출할 수 있다. 경매법원은 위 채무자로부터 인낙여부신고서(통지서)의 부본을 함께 제출받아 이를 배당요구채권자에게 통지를 할 때 첨부하여 송달한다. 경매법원은 채무자로부터 배당요구채권을 인낙하지 아니한다는 통지를 받거나 5일 이내에 인낙한다는 통지를 받지 아니하였을 때에는 배당요구채권자로 하여금 채권확정을 위한 소를 제기하도록 하기 위하여 그 사실을 배당요구채권자에게 통지하여야 한다(제606조 제3항).

3. 채권확정을 위한 채권자의 제소
채권자는 경매법원으로부터 위 통지를 받은 날로부터 5일 이내에 채무자에 대하여 채권확정을 위한 소를 제기하여 채권을 확정하여야 한다(제606조 제3항). 채권확정을 위한 소는 이행의 소일 것을 요한다. 소의 제기뿐만 아니라 지급명령신청도 무방하나 조정이나 화해의 신청은 이에 해당하지 않는다. 배당요구채권의 확정을 위한 소에는 민사소송등인지법 제2조 소정의 인지를 첨부하여야 한다. 그 배당요구 채권자가 법원으로부터 위 통지를 받은 날로부터 5일 내에 위 소를 제기한 사실을 법원에 대하여 증명하지 아니하면 배당요구의 효력은 상실하고 당연히 배당절차로부터 배제된다. 따라서 채권자가 채권확정의 소를 제기하면 소제기증명원을 접수담당자로부터 교부받아 이를 경매법원에 제출하여야 한다. 법정기간 내에 소의 제기가 있으면 경매법원은 그 채권확정의 소의 확정전에 배당절차를 실시하게 될 때에는 배당요구채권자에 대한 배당액을 공탁한다(제658조, 제589조 제3항).

162. 국세 교부청구와 참가압류
국세 등의 교부청구는 과세관청이 이미 진행중인 경매절차에 가입하여 체납된 조세의 배당을 구하는 것이다.

1. 과세관청의 교부청구
국세징수법 제56조는 세무서장은 납세자가 강제집행을 받을 때에는 경매법원에 대하여 국세·가산금과 체납처분비의 교부를 청구하여야 한다고 규정하고, 지방세법 제65조에 의하면 국세징수법의 준용에 의하여 지방세의 경우도 교부청구를 할 수 있다.

2. 체납된 조세
국세 등의 교부청구는 과세관청이 이미 진행중인 강제환가절차에 가입하여 체납된 조세의 배당을 구하는 것이다. 그런데 교부청구는 강제집행에 있어서의 배당요구와 같은 성질의 것이므로 당해 조세는 교부청구 당시 체납되어 있음을 요한다.

3. 납부기한이 도래한 조세
국세징수법 제14조 제1항에 의하여 당해 조세에 대한 납기전 징수를 하는 경우에도 동조 제2항에 의하여 납부기한을 미리 정하여 고지하거나 이미 납부고지가 된 때에는 납부기한의 변경을 고지하도록 되어 있으므로 교부청구 당시 납기전 징수를 위하여 납부기한을 정하거나 변경한 납부기한이 이미 도래하였음을 요한다.[236]

---

[236] 대법원 1992. 4. 28. 선고, 91다44834 판결 ; 대법원 2001. 11. 27. 선고 99다22311 판결 ; 대법원 2019. 7. 25. 선고 2019다206933 판결

4. 교부청구의 시적범위
과세관청의 교부청구는 언제까지 할 수 있는가?
(1) 교부청구도 배당요구와 마찬가지로 낙찰기일까지만 할 수 있다는 견해
(2) 국세등은 우선변제되어야 하므로 교부청구에 있어서는 배당요구와 같은 시간적 제한이 없이 낙찰허가결정 선고후라도 배당전이면 교부청구가 가능하다는 견해

(3) 판례
임의경매에 있어서 낙찰기일 이후에 국세 등의 교부청구가 있더라도 국세등은 우선배당되어야 한다고[237] 판시하여 (2)설을 취한 판례가 있다. (2)설을 취하는 경우에는 배당기일까지 교부청구가 있으면 배당에 가입시켜야 한다. 그러나 세무서장이 국세징수법 제56조에 따라서 경매법원에 대하여 국세의 교부청구를 하는 것은 배당요구와 성질이 같은 것이므로 국세의 교부청구도 배당요구와 마찬가지로 낙찰기일까지만 할 수 있다고[238] 판시하여 (1)설을 취한 판례도 있다.

5. 참가압류의 경우
국세징수법 제57조, 지방세법 제65조에 의한 참가가압류가 있는 경우에도 교부청구의 경우와 마찬가지로 배당요구의 효력을 인정하여 배당에 가입시켜야 한다.

163. 경매신청은 언제까지 취하할 수 있는가

경매신청 후 경매기일에 적법한 매수의 신고가 있기까지 경매신청인은 임의로 경매신청을 취하할 수 있다.

1. 경매신청을 취하할 수 있는 자
경매신청을 취하할 수 있는 자는 경매신청채권자이다. 경매절차가 개시된 후에 경매신청의 기본인 권리에 관하여 승계가 생긴 경우에도 포괄승계이건 특정승계이건 간에 승계인이 승계집행문을 부여받아(제481조) 이를 경매법원에 제출할 때까지는 종전의 경매신청채권자가 취하를 할 수 있고 그 이후에는 승계인이 취하를 할 수 있다. 임의경매의 경우에는 승계집행문제도가 없지만 실체상 승계가 되었다 하여 당연히 절차상의 경매신청인의 지위가 승계인에게 이전되는 것이 아니다. 이 경우도 역시 승계인이 경매법원에 승계의 사실을 증명하면 그 때에 비로소 절차상의 당사자 교체가 생긴다. 승계인이 그 승계사실을 경매법원에 증명하기 전에는 종전의 경매신청인이 취하를 할 수 있고 그 이후에는 승계인만이 취하를 할 수 있다.

2. 취하는 매수의 신고가 있기 전까지 가능
경매신청 후 경매기일에 적법한 매수의 신고가 있기까지 경매신청인은 임의로 경매신청을 취하할 수 있다. 경매신청인 이외의 다른 채권자의 동의를 받을 필요가 없다. 취하는 경매법원에 하여야 한다. 경매실시를 위하여 집행관에게 경매기록을 교부한 후에 취하가 있으면 경매법원은 즉시 집행관에게 연락하여 경매를 중지한다. 경매법원으로부터 연락이 없어 집행관이 그대로 경매를 실시하여 최고가매수신고인 등이 결정된 경우에는 법원사무관 등이 최고가매수신고인 등에게 경매신청이 취하된 사실을 통지하여야 한다.

3. 매수의 신고가 있은 후의 취하
매수의 신고가 있은 후에 경매신청을 취하함에는 최고가매수신고인과 차순위매수신고인의 동의가 있어

---
[237] 대법원 1972. 6. 13. 선고, 72다503 판결 ; 대법원 1997. 2. 14. 선고 96다51585 판결
[238] 대법원 1994. 3. 22. 선고, 94다19276 판결 ; 대법원 2001. 6. 12. 선고 99다45604 판결 ; 대법원 2001. 11. 27. 선고 99다22311 판결

야 한다(제610조 제2항). 이해관계인의 동의는 요하지 아니한다. 다만, 2중개시결정이 되어 있는 경우에는 선행사건의 경매신청이 취하되면 후행사건에 기하여 경매절차가 속행되므로 매각조건의 변경이 없는 한 최고가매수신고인 등의 지위에 아무런 영향이 없고 그 이익을 해하는 것도 없으므로 취하에 최고가매수신고인 등의 동의를 필요로 하지 않는다. 그러나 제1의 개시결정과 제2의 개시결정과의 사이에 용익물권이 설정되어 있다든가 가처분등기가 되어 있어 매각조건이 다르게 되는 경우에는 최고가매수신고인 등이 취득하는 권리의 내용이 변경되기 때문에 종전의 절차를 그대로 유지할 수 없으므로 동의가 있어야 한다.

4. 대금납부후의 취하
낙찰인이 대금을 납부하면 그때 낙찰인은 확정적으로 부동산의 소유권을 취득하므로 그 이후에는 취하를 할 수 없다. 그러나 압류채권자가 스스로 배당받을 권리를 포기 할 수 있으므로 대금납부 후에 취하서가 제출되면 배당을 받을 권리를 포기하는 의사가 있는 것으로 해석하고 배당을 실시한다.

164. 재경매경령 후의 취하
재경매명령 전 또는 재경매명령 후 재경매기일의 3일 전까지 사이에 경매신청을 취하하기 위하여는 전낙찰인의 동의가 필요하다.

1. 재경매명령후의 취하
낙찰인이 대금지급일에 대금을 납부하지 아니하고 차순위매수신고인이 없거나 차순위매수신고인도 대금을 납부하지 아니하면 재경매명령을 하게 된다. 이 경우에 전(前)낙찰인은 재경매기일의 3일 이전까지는 대금, 지연이자와 절차비용을 지급하고 목적물의 소유권을 취득할 수 있는 권리를 가지고 있다(제648조 제4항). 재경매명령이 있기 전이나 재경매명령 후 재경매기일의 3일 전까지 사이에 경매신청을 취하를 하기 위하여는 전낙찰인의 동의가 필요하다. 차순위매수신고인도 대금을 납부하지 아니하여 재경매를 명한 경우에는 차순위매수신고인의 동의도 필요하다.

2. 재경매기일의 3일전 이후 재경매기일까지 사이에 취하를 함에 있어서도 전낙찰인의 동의가 필요한가?
(1) 적극설
재경매기일 3일전 이후라도 재경매기일이 열리기 전에 낙찰인이 대금 등을 제공한 때에는 경매법원은 사정을 참작하여 대금 등을 수령하고 재경매절차를 취소할 수 있으므로 재경매기일의 3일전의 경과 후라도 그 경과전의 경우와 마찬가지로 전낙찰인의 동의가 있어야 경매신청을 취하할 수 있다.
(2) 소극설
재경매기일의 3일전까지 대금 등을 납부하지 않으면 낙찰인은 완전히 그 지위를 상실하는 결과 경매신청인 단독으로 취하할 수 있다.
(3) 동의불요설
전낙찰인의 위와 같은 권리는 어디까지나 경매를 조속히 완결하기 위하여 편의적 은혜적으로 인정한 것에 불과하므로 동의가 필요없다.

3. 2중경매신청의 취하
압류가 경합되어 2중경매개시결정이 있더라도 선행경매절차가 정지, 취소되기 전까지는 뒤의 개시결정에 의한 집행절차는 잠정적인 것에 불과하므로 선행경매절차에서의 최고가매수신고인 등을 동시에 후행절차에서의 최고가매수신고인 등으로 볼 수 없으므로 이 경우에는 민사소송법 제610조가 적용될 여지가 없다. 따라서 후행경매신청인 등은 선행경매절차에서의 최고가매수신고인 등의 동의여부와 관계없이 경매신청을 취하할 수 있다. 취하후 선행경매절차가 정지, 취소 또는 취하되면 법원은 이후의 모든 절차를 정지 또는 종료하여야 한다.

4. 경매신청취하의 합의
경매절차외에서 경매신청채권자와 채무자사이에 경매신청취하의 합의가 성립되었으나 채권자가 법원에 신청취하서를 제출하지 않은 경우 채무자의 구제방법은?
(1) 청구에 관한 이의의 소를 제기할 수 있다는 설
(2) 집행에 관한 이의를 할 수 있다는 설
(3) 손해배상을 청구할 수 밖에 없다는 설
(4) 일반소송절차에 의한 판결로서 강제집행의 취하를 명하는 재판을 받아 그 판결을 경매법원에 제출하면 된다는 설 등이 대립하고 있다.

165. 경매신청 취하는 어떻게 하는가

경매신청의 취하는 취하서를 작성하여 경매신청서에 날인한 인장으로 날인한 후 경매법원에 제출하면 된다.

1. 취하의 의사표시
경매신청취하의 의사표시는 경매법원에 대하여 하여야 하며 경매기일이 개시된 후라도 집행관에 대하여 취하를 할 수는 없다. 낙찰허부결정에 대한 즉시항고가 있어 기록이 항고법원에 송부된 후에는 항고법원에 취하서를 제출하여야 한다. 경매법원은 항고법원으로부터 기록이 반환된 후에 경매신청기입등기 말소촉탁을 한다.

2. 서면에 의한 취하
경매신청의 취하는 서면으로 하여야 한다. 구술로 취하의 의사표시를 할 경우에는 조서를 작성하여야 할 것이나(제150조 제3항) 가능한 한 취하의 의사표시의 존재를 명확히 하기 위하여 당사자는 취하서를 제출하도록 하여야 할 것이다. 취하서에는 인지의 첩부가 필요없다. 취하서를 제출하는 경우에는 2통을 제출하여야 한다. 법원은 1통은 경매기록에 편철하고 다른 1통은 경매신청기입등기의 말소촉탁시에 등기원인증서로 사용한다.

3. 신청서와 취하서에는 동일한 인장으로 날인할 것
경매신청취하서가 제출된 경우에 경매신청서에 날인된 인영과 취하서에 날인된 인영이 동일하거나 양자가 동일한 인영이 아니더라도 취하서에 인감증명서가 첨부되는 등 취하의 진실성이 보장되는 때에는 그대로 경매신청기입등기의 말소촉탁을 한다. 그러나 경매신청서와 취하서에 날인된 인영이 상이한 때에는 경매신청인에게 인감증명서의 제출 등을 보정을 명하여 취하서 제출이 있었다는 사실을 통지하고 위 보정명령이 송달된 때로부터 상당기간 내에 경매신청인의 이의가 없으면 인감증명서의 제출 등이 없더라도 그대로 취하처리를 한다. 현재 서울지방법원에서는 경매신청의 인영과 취하서의 인영이 상이한 때에는 보정명령을 신청인에게 송달하고 있다.

4. 동의서를 제출하는 경우
경매신청취하에 최고가매수신고인 등의 동의를 필요로 하는 경우에는 동의서를 제출하여야 한다. 취하서와 동의서가 1개의 문서로 작성되어도 무방하다.

5. 채무자에 대한 취하사실의 통지
경매신청이 취하되면 법원사무관 등은 경매개시결정을 송달받은 채무자에게 그 사실을 통지하여야 한다(민사소송규칙 제96조). 경매개시결정을 송달하기 전에 취하가 된 경우에는 취하의 통지를 할 필요가 없다.

☞ 경매신청취하서

166. 경매신청을 취하하면
경매신청이 유효하게 취하되면 압류는 소멸하고 경매절차는 당연히 종료된다.

1. 경매절차의 종료
경매신청이 유효하게 취하되면 압류는 소멸한다(제610조 제1항). 즉 유효한 취하가 있으면 경매절차는 당연히 종료된다. 따라서 별도로 경매절차 내지 경매개시결정을 취소할 필요가 없다. 다만 매수신고가 있은 후에 취하를 하거나 매수신고가 있기 전에 취하를 하였음에도 불구하고 취하가 있은 사실을 간과하여 경매를 실시한 경우에는 최고가매수신고인 등에게 경매신청이 취하된 사실을 통지하여야 한다.

2. 압류가 경합된 경우
압류가 경합된 경우에는 먼저 개시결정한 경매신청이 취하되더라도 우선권(제608조)을 해하지 아니하는 한도 안에서 뒤의 경매개시결정에 의하여 경매절차가 속행된다(제604조 제2항).

3. 동의가 없는 경우
경매신청취하가 있더라도 최고가매수신고인 등의 동의가 없어 유효한 취하로 되지 못하는 경우에는 그대로 경매절차를 진행한다. 취하가 무효라고 하여 각하의 재판을 할 필요는 없다. 무효인 취하를 경매법원이 유효한 것으로 오인하여 경매절차를 속행하지 아니할 때에는 이해관계인은 경매법원에 집행에 관한 이의를 신청하여 속행을 구할 수 있다. 법원이 이의신청을 정당하다고 인정하면 경매절차를 속행하고 경매신청기입등기가 말소된 경우에는 직권으로 말소등기의 회복을 촉탁한다.

4. 취하와 비용의 부담
경매신청이 취하되면 그때까지 소요되었던 경매절차의 비용은 경매신청인이 부담하여야 한다. 다만 압류가 경합되어 있어 선행사건의 신청인이 지출한 절차비용 중 후행사건에 그대로 이용된 절차에 관한 비용은 공익비용으로서 낙찰대금에서 당연히 우선적으로 상환을 받을 수 있다. 따라서 경매법원은 그러한 경우 취하한 선행사건의 경매신청인도 배당기일에 소환해야 한다

167. 경매신청기입등기의 말소
경매법원은 유효한 경매신청취하가 있으면 직권으로 등기관에게 경매신청기입등기의 말소촉탁을 한다.

1. 말소등기의 촉탁
경매법원은 유효한 취하가 있으면 직권으로 등기관에게 경매신청기입등기의 말소를 촉탁한다(제651조). 경매신청취하에 최고가매수신고인 등의 동의가 필요한 경우에 취하서만이 제출된 때에는 동의서가 제출될 때까지는 말소촉탁을 할 수 없다. 사건이 항고심에 계속 중 항고법원에 취하의 의사표시가 있더라도 기록이 반송된 후에 경매법원이 말소촉탁을 한다. 압류가 경합되어 있는 경우에 선행의 경매신청이 취하되더라도 뒤의 강제경매개시결정에 의하여 경매절차는 속행되나 앞의 경매개시결정에 따른 경매신청기입등기는 바로 말소촉탁을 하여야 한다.

2. 등기원인
경매신청기입등기 말소등기촉탁서에는 등기권리자로서 채무자(소유자)의 주소 성명을, 등기의무자로서 경매신청인(채권자)의 주소와 성명을 표시한다. 등기원인 및 그 연월일로서는 '1999년 5월 1일자 강제경매신청의 취하' 등기목적으로서는 '1999년 5월 3일 접수 제12345호 강제경매신청 기입등기의 말소' 또는 '1999년 5월 1일자로 촉탁한 부동산 강제경매신청 기입등기의 말소'라고 기재한다. 압류의 등기후에 다른 사람 앞으로 소유권이전등기가 된 경우에도 압류당시의 소유자가 등기권리자이다. 등기원인증서는 취하서이다. 수 개의 부동산을 대상으로 한 신청 중 일부의 부동산에 관하여만 신청을 취하한 경우에는 그 부동산에 대한 압류등기만 말소를 촉탁하면 족하다.

3. 말소등기의 비용
등기의 말소에는 등록세 3,000원과 교육세 600원을 납부하여야 하므로(지방세법 제131조 제1항 제8호, 교육세법 제5조 제1항) 촉탁서에는 등록세영수필확인서와 영수필통지서를 첨부하여 등기관에게 송부하여야 한다. 위 등록세와 그 밖의 말소등기의 촉탁에 관한 비용은 경매신청인(취하자)이 부담한다(민사소송규칙 제155조의 4).

168. 낙찰대금의 납부
낙찰인은 낙찰허가결정 확정후에 법원이 지정한 기일에 낙찰대금을 지급하여야 한다.

1. 낙찰인의 대금납부의무
낙찰인은 낙찰허가결정 확정후에 법원이 지정한 기일에 낙찰대금을 지급하여야 한다(제654조 제2항). 즉, 낙찰인은 낙찰허가결정의 확정에 의하여 대금납부의무가 현실적으로 발생하므로 낙찰허가결정 확정전에는 대금지급기일을 지정할 수 없다. 또 낙찰인이 낙찰허가결정의 확정전에 대금을 제공하더라도 경매법원은 이를 수령할 수 없다.

2. 낙찰대금 납부의무의 포기
낙찰인의 권리의무는 낙찰허가결정의 효력으로서 발생하는 것이므로 낙찰인의 일방적인 의사표시로써 이를 포기할 수 없다. 따라서 낙찰인이 대금지급기일 이전에 낙찰인으로서의 권리의무를 포기하고 낙찰대금을 납부하지 않겠다는 포기서를 법원에 제출하였다 하더라도 낙찰인은 여전히 대금납부의무를 부담한다.[239]

3. 이해관계인의 항고가 제기된 경우
낙찰허가결정이 일단 확정되어 낙찰대금을 납부하였으나 이해관계인이 추완항고를 제기하여 항고법원이 위 추완항고를 허용하고 그후 심리결과 위 추완항고가 기각되고 또 재항고를 하였으나 재항고도 기각되었다 하더라도 위 대금납부는 적법한 납부라 할 수 없다.[240] 따라서 이 경우 경매법원은 재항고기각결정에 의하여 낙찰허가결정이 확정된 후에 다시 대금지급기일을 지정하여야 한다. 그리고 낙찰인은 그 기일에 다시 대금을 납부하여야 한다. 다만, 이 경우 낙찰인이 이미 납부한 대금을 반환받지 않아 새로 정한 대금지급기일이 경과되면 대금납부의 효력이 발생한다.

4. 납부기일전의 납부
낙찰대금의 납부는 경매법원이 지정한 대금지급기일에 납부하여야 한다(제654조 제1항). 경매법원이 대금지급기일로 지정한 기일 이외의 날에 납부하거나 또는 그 이전에 공탁하여도 이는 대금납부로서의 효력이 없다.[241] 다만, 대금지급기일전에 낙찰대금을 납부하면 그 대금납부가 무효로 되는 것은 아니고 대금지급기일의 경과와 더불어 대금납부의 효력이 발생한다.[242] 따라서 대금지급기일 전에 대금납부를 하더라도 경매법원은 그 수령을 거절할 수 없다.

---

239) 대법원 1971. 5. 10. 71마283 결정
240) 대법원 1967. 2. 7. 65마729 결정 ; 대법원 1969. 11. 25. 선고, 69다1583 판결 ; 대법원 2002. 12. 24.자 2001마1047 전원합의체 결정
241) 대법원 1964. 8. 25. 64마467 결정 ; 대법원 1966. 6. 28. 선고, 66다833 판결
242) 대법원 1970. 3. 31. 선고, 70다32 판결 ; 대법원 1992. 11. 11.자 92마719 결정

169. 집행정지서면이 제출되면

집행정지서면을 제출하면 경매법원은 재경매를 명할 수 없고 절차를 정지하여 두었다가 집행정지사유가 해소되면 재경매를 명한다.

1. 집행정지서면이 제출된 경우
경매법원은 낙찰허가결정이 확정되면 대금지급기일을 지정하고 그 이후 절차를 속행한다. 다만 낙찰인이 대금지급기일에 대금을 납부하지 아니하고 차순위매수신고인이 없거나, 차순위매수신고인에 대한 낙찰불허가결정이 확정된 때 또는 차순위매수신고인도 대금지급기일에 대금을 납부하지 않은 때에는 통상의 경우에는 경매법원은 직권으로 재경매를 명한다. 그러나 집행정지 서면이 제출되어 있는 경우에는 경매법원은 그 이후의 집행절차를 속행할 수 없다. 따라서 이 경우는 재경매를 명할 수 없고 절차를 정지하여 두었다가 집행정지사유가 해소되면 재경매를 명한다.

2. 민사소송법 제510조 제4호 집행정지서면의 제출
낙찰허가결정이 선고된 후에 민사소송법 제510조 제4호의 서류가 제출되더라도 다른 사유로 낙찰허가결정이 취소되거나 효력을 잃게 되지 않는 한 경매절차는 정지되지 않는다(민사소송규칙 제146조의 3 제2항).

3. 민사소송법 제510조 제1호, 제2호 또는 제5호 집행정지서면의 제출
민사소송법 제510조 제1호, 제2호 또는 제5호의 서류가 제출된 경우에는 비록 낙찰허가결정이 확정된 후일지라도 강제집행을 정지하여야 하므로 대금 지급기일을 지정할 수 없고 대금지급기일을 이미 지정한 경우에는 대금을 수령할 수 없다(민사소송규칙 제146조의 3 제1항). 종국적으로 이미 실시한 집행처분을 취소하여야 한다.

4. 민사소송법 제510조 제3호, 제6호 집행정지서면의 제출
민사소송법 제510조 제3호, 제6호의 서류를 제출한 경우에도 위와 마찬가지다. 다만, 이 경우에는 낙찰인과 차순위매수신고인의 동의가 있어야 한다(제610조 제3항).

170. 대금지급기일

대금지급기일에 낙찰인은 경매법원에 출석하여 납부명령서를 교부받아 매수보증금을 제외한 낙찰대금을 납부하여야 한다.

1. 대금지급기일
경매법원은 낙찰허가결정이 확정되면 지체없이(3일 이내에) 직권으로 대금지급기일을 지정한다. 민사소송규칙 제156조에 의하면 대금지급기일은 낙찰허가결정이 확정된 날(다만, 경매사건기록이 상소법원에 있는 때에는 그 기록의 송부를 받은 날)로부터 1월 이내의 날로 대금지급기일을 정하도록 되어 있다. 실무에서는 통상 낙찰허가결정이 확정된 날로부터 30일정도의 간격을 두고 대금지급기일을 지정한다. 경매법원은 일단 대금지급기일을 먼저 지정하여 실시하고 대금이 납부되면 배당기일을 지정한다(제654조 제1항 및 제654조의 2). 기일을 지정함에 있어서는 연월일 및 개시시각과 장소를 밝혀야 한다. 기일은 지정된 시각 그 자체가 아니고 사건과 낙찰인 및 차순위매수신고인을 호명한 때로부터 그 종료에 이르기까지의 시간전체가 기일이다.

2. 대금지급기일과 배당기일을 같은 날로 지정하는 경우
경매신청채권자나 배당요구채권자와 낙찰인이 동일인인 경우에는 낙찰대금의 지급이 확실시될 뿐만 아니라 자기의 배당액과 상계할 기회를 주기 위하여 양기일을 같은 일시로 지정한다. 대금지급기일에 대금지급이 없어 재경매를 명하였으나 그 후 낙찰인이 대금을 지급하여 재경매절차가 취소된 경우에는 이

미 대금은 완납되었으므로 별도로 대금지급기일을 지정할 필요가 없다.

3. 대금지급기일의 소환
대금지급기일의 지정이 있으면 낙찰인과 차순위매수신고인에게 대금지급기일 소환장을 송달하여야 한다(제654조 제1항). 이해관계인이나 배당요구채권자는 소환하지 않는다. 그러나 대금지급기일과 배당기일이 같은 일시로 지정된 경우에는 이해관계인이나 배당요구채권자도 소환하여야 한다(제654조의 2). 기일소환장이 송달불능이 된 경우에는 직권으로 공시송달을 한다. 다만, 이는 송달장소가 경매법원의 소재지에 있는 경우에 한하고 경매법원 소재지에 주거와 사무소가 없음에도 불구하고 그 소재지에 가주소를 선정하여 신고하지 아니한 경우에는 기일소환장을 등기우편으로 발송할 수 있으며 발송한 때에 송달된 것으로 본다(제630조 제1항, 제171조 제2항, 제174조). 공동낙찰인의 경우에 전원은 연대하여 대금지급의무를 부담하므로 법원은 전원에 대하여 대금지급기일의 소환장을 송달하여야 한다.

4. 대금지급기일 통지가 없는 경우
낙찰인에 대한 적법한 낙찰대금납부기일 통지가 없었다면 경매법원은 낙찰인이 낙찰대금 납부기일에 낙찰대금을 납부하지 아니하였다는 이유로 재경매를 명하여 경매절차를 속행할 수 없음에도 불구하고 경매법원이 재경매를 명하여 경매절차를 진행하였다면 그 재경매절차에는 민사소송법 제728조, 제635조, 제633조 제1호 소정의 낙찰을 허가하지 아니할 위법사유가 있다. 그런데 그 위법사유에 대하여 이해관계인이 원심법원에 진정서를 제출하여 이의를 제기하였다면 재경매절차에서 이루어진 낙찰허가결정은 더 이상 유지될 수 없다.[243]

171. 낙찰대금 납부절차
낙찰인은 대금지급기일에 현금 또는 금융기관 발행의 자기앞수표로 낙찰대금에서 보증금을 공제한 전액을 납부하여야 한다.

1. 낙찰대금
낙찰인이 지급하여야 할 낙찰대금은 낙찰허가결정에 기재된 경매가격이다. 매수신청의 보증금으로 받은 매수보증금은 낙찰대금에 산입한다(제655조 제3항). 매수의 보증금이 금융기관 발행의 자기앞수표를 포함한 현금일 경우에는 낙찰대금에서 이를 공제한 잔액만을 납부하면 된다. 차순위매수신고인은 낙찰인이 대금을 지급함으로써 매수의 책임을 면하고 즉시 보증금의 반환을 청구할 수 있다(제654조 제3항).

2. 현금의 지급방법
대금지급은 현금으로 경매법원에 납부하여야 한다. 낙찰인이 대금지급기일에 출석하여 대금을 지급하고자 할 때에는 법원사무관으로부터 납부명령서를 받아 납부하면 된다. 금융기관이 발행한 자기앞 수표는 현금에 준한다. 대금의 분할납부는 허용되지 아니한다. 공동낙찰인은 낙찰대금 전액에 관하여 연대책임을 부담하므로 각 낙찰인은 자기의 부담부분에 따라 분할지급할 수 없다. 동일절차에서 동일인이 수 개의 부동산을 분할경매에 의하여 낙찰을 받아 낙찰허가결정이 있었다 하더라도 이는 각 부동산별로 낙찰을 한 것이므로 낙찰인은 일부의 부동산에 대한 낙찰대금만을 지급하여도 된다. 그러나 일괄경매의 경우에는 분할납부가 인정되지 않는다.

3. 매수의 보증으로 유가증권을 보관한 경우
매수의 보증금으로 유가증권을 보관시킨 경우에는 법원은 직권으로 대금지급기일까지 집행관으로 하여금 환가하게 하여 그 환가금에서 환가비용을 공제한 액을 대금에 충당하고(민사소송규칙 제157조 제1항) 낙찰인으로 하여금 그 충당액과 낙찰대금의 차액만을 납입시킨다. 그러나 낙찰인이 낙찰대금 전액을 현

---
[243] 대법원 1990. 10. 16. 70마553 결정 ; 대법원 1994. 9. 22. 94마759 결정 ; 대법원 1995. 7. 26. 95마488 결정 ; 대법원 2001. 6. 4.자 2000마7550 결정

금으로 납부하고 유가증권의 반환을 받을 수도 있다. 이 경우 낙찰인은 경매법원의 환가명령이 있기 전에 미리 그 취지를 신고하여야 한다.

4. 낙찰인이 사망한 경우
낙찰허가결정에 표시된 낙찰인이 낙찰허가결정 선고전 또는 선고후에 사망한 경우에 그 결정은 상속인에 대하여 효력이 미친다. 따라서 상속인은 호적등본 등을 첨부하여 상속개시가 있었다는 사실을 신고하고 상속인 명의로 대금을 납부할 수 있다.

172. 낙찰대금 납부의 하자
경매개시결정이 채무자에게 송달되기 전에 경매가 이루어져 낙찰인이 경매대금을 납부하였다면 이는 대금납부로서 **효력을 인정할 수 없다.**

1. 대금납부의 효력이 없는 경우
경매법원이 이중경매 신청에 기한 경매개시결정을 하면서 그 결정을 채무자에게 송달함이 없이 경매절차를 진행하였다면 그 경매는 경매개시결정이 효력을 발생하지 아니한 상태에서 이루어진 것이어서 당연히 무효라고 보아야 한다. 그런데 그 경매개시결정이 채무자에게 송달되기 전에 경매가 이루어져 법원이 경매대금의 납부를 명하고 이에 따라 낙찰인이 경매대금을 납부하였다면 경매절차를 속행할 수 없는 상태에서의 대금납부로서 부적법하여 대금납부의 효력을 인정할 수 없다.244)

2. 경매절차의 하자와 소유자의 무효주장
경매개시결정을 채무자에게 송달하지 않고 경매절차를 진행하였다면 결과적으로 무효인 경매절차가 그대로 진행된 것인데 만일 경매목적물의 제3취득자인 소유자가 경락대금 중 채권자들에게 순차로 배당되고 남은 금원을 지급받기까지 하였으며 채무자가 위 경매절차에 관하여 아무런 이의를 제기하지 아니하였다고 하더라도 그와 같은 사정만으로 그 경매로 인하여 경매목적물에 관한 소유권을 상실할 우려가 있는 제3취득자인 소유자가 그 경매개시결정이 채무자에게 송달되지 아니하여 무효라고 주장하는 것을 가리켜 신의칙에 반한다거나 권리남용에 해당한다고 볼 수 없다.245)

3. 대금납부명령의 취소와 함께 반환명령을 할 수 있는가?
경매법원이 제3취득자인 소유자의 집행방법에 대한 이의를 받아들여 대금납부명령이 무효임을 선언하는 의미에서 이를 취소하는 경우에 있어서 무효인 배당절차에서 이미 경락대금을 지급받은 채권자들이나 소유자에게 그 지급받은 금원을 경매법원에 반환하도록 함께 명하여야 한다고 볼 법률상의 근거는 없다. 따라서 그와 같은 반환명령을 동시에 하지 아니한 원심법원의 대금납부명령 취소결정은 위법하다 할 수 없다.246)

173. 특별한 낙찰대금 지급방법
특별한 낙찰대금지급 방법으로 낙찰인이 채무를 인수하는 경우와 상계하는 방법이 있다.

1. 채무의 인수(제660조 제1항)
경매부동산에 존재하는 저당권이라도 특별매각조건으로서 낙찰인이 인수하면 존속하고 그 외에는 경매에 의하여 소멸된다(제608조 제1항, 제2항). 낙찰인은 매각조건에 의하여 부동산의 부담을 인수하는 외에

---

244) 대법원 1991. 12. 16. 91마239 결정 ; 대법원 1994. 1. 28. 선고, 93다9477 판결 ; 대법원 1995. 7. 11. 95마147 결정 ; 대법원 1997. 6. 10.자 97마814 결정
245) 대법원 1995. 7. 11. 95마147 결정 ; 대법원 1997. 6. 10.자 97마814 결정
246) 대법원 1995. 7. 11. 95마147 결정 ; 대법원 1997. 6. 10.자 97마814 결정

배당표의 실시에 관하여 낙찰대금의 한도에서 관계채권자의 승낙이 있으면 낙찰대금의 지급에 갈음하여 채무를 인수할 수 있다(제660조 제1항). 낙찰인이 배당기일에 관계채권자의 승낙을 얻어 낙찰대금의 한도 내에서 그 지급에 갈음하여 저당권의 피담보채무를 포함한 관계채권자에 대한 채무자의 채무를 인수하여(저당권의 피담보채권인 경우에는 저당권을 존속시키고) 그 배당액에 상당하는 낙찰대금의 지급의무를 면할 수 있다. 여기서 채무인수는 반드시 모든 채권자의 채무를 인수하여야 하는 것은 아니다. 승낙을 얻은 일부 채권자의 채무만 인수할 수도 있다. 다만, 인수할 채무에 관하여 배당기일에 적법한 이의가 있으면 이에 상당하는 대금을 지급하거나 담보를 제공하여야 한다(제660조 제2항 단서).

2. 배당액과의 상계(제660조 제2항)
배당받을 채권자가 낙찰인인 경우에 자기가 교부받을 배당액과 낙찰대금을 대등액에서 상계할 수 있다. 이에 의하여 그 한도에서 대금지급의 효력이 생기는 한편 채권에 대한 배당액 교부의 효과가 생긴다(제660조 제2항). 이 경우 낙찰대금액이 배당액보다 다액인 때에는 낙찰인은 그 차액을 납부하여야 한다. 채권자가 낙찰인인 때에는 이와 같은 상계의 기회를 주기 위하여 대금지급기일과 배당기일을 동일 일시로 지정한다. 낙찰인이 상계를 하려고 하는 경우에는 상계신청서를 제출하는 것이 실무상 관례이다. 그러나 상계할 낙찰인의 채권에 대하여 이의가 있는 경우에는 이의있는 채권액에 상응하는 대금을 지급하거나 담보를 제공하여야 한다(제660조 제2항 단서). 위 대금의 지급이나 담보의 제공이 없으면 재경매를 명한다.

174. 소유권이전등기
낙찰인은 대금지급기일에 낙찰대금을 완납하면 소유권이전등기를 하지 않아도 낙찰부동산의 소유권을 취득한다.

1. 낙찰에 의한 소유권 취득시기
낙찰인은 대금지급기일에 낙찰대금을 완납하면 낙찰부동산의 소유권을 취득한다(제646조의 2). 이것은 등기를 요하지 아니하는 부동산물권 취득에 해당한다(민법 제187조). 낙찰대금의 완납이 있는 경우에는 경매법원은 낙찰허가결정의 등본을 첨부하여 낙찰인의 소유권이전등기, 낙찰인이 인수하지 아니한 부동산위의 부담의 기입의 말소등기, 경매신청기입등기의 말소등기를 등기관에게 촉탁하여야 한다(제661조 제1항).

2. 등기촉탁절차
등기촉탁은 판사명의로 등기촉탁서를 작성하여 이를 관할등기소의 등기관에게 송부하는 방법으로 행한다. 촉탁서를 낙찰인이 등기소에 지참, 제출 하는 것은 허용되지 않는다. 낙찰인에 대한 소유권이전등기와 부동산 위의 부담의 기입등기의 말소등기, 경매신청기입등기의 말소등기는 등기의 목적은 다르나 서로 관련성이 있으므로 동일한 촉탁서에 의하여 동시에 촉탁한다. 수 개의 부동산이 동일절차에서 경매되어 수인의 낙찰인에게 각각 낙찰된 경우에는 각 낙찰인별로 별도의 촉탁서를 작성한다. 이 경우는 등기완료후 등기필증을 낙찰인 각자가 수령할 수 있다. 낙찰인이 동일인인 경우에는 수 개의 부동산마다 각별로 낙찰허가결정이 된 경우에도 1통의 촉탁서를 작성하는 것이 실무례이다. 1개의 부동산에 대하여 수인이 공동으로 낙찰인이 된 경우에도 1통의 촉탁서에 의하여 촉탁한다.

3. 소유권이전등기의 촉탁 시기
경매법원은 낙찰인이 낙찰대금을 완납하면 바로 소유권이전등기의 촉탁을 한다(제661조 제1항). 그러나 소유권이전등기의 촉탁을 하기 위하여는 주민등록표등본, 등록세영수필통지서 및 영수필확인서, 국민주택채권매입필증, 대법원등기수입증지, 토지대장, 건축물관리대장 등 촉탁서에 첨부할 서류가 필요하므로 실제로는 대금완납후 낙찰인으로부터 위 서류가 제출되었을 때 등기촉탁을 한다.

4. 낙찰에 의한 소유권이전등기의 등기원인
낙찰인이 낙찰대금을 완납하면 낙찰부동산의 소유권을 취득하므로 낙찰허가결정을 원인으로 하여 낙찰인을 위하여 소유권이전등기를 관할등기소 등기관에게 촉탁하여야 한다(제661조 제1항 제1호). 등기부에 기재되는 소유권이전의 등기원인은 '낙찰허가결정'이다.

5. 소유권이전등기의 신청주의
경매법원이 행하는 촉탁에 관한 등기에 관하여도 원칙적으로 신청에 의한 등기에 관한 부동산등기법의 규정이 준용된다(부동산등기법 제27조 제2항). 따라서 촉탁서에는 부동산등기법 제41조, 제42조, 부동산등기법 시행규칙 제49조 소정의 각 사항을 기재하여야 한다.

175. 소유권이전등기
낙찰인의 사망 또는 법인의 합병 등 법적 지위에 변경이 있는 경우에도 소유권이전등기를 할 수 있다.

1. 낙찰인이 사망한 경우
(1) 낙찰허가결정 전에 최고가매수신고인이 사망한 경우
낙찰허가결정 전에 최고가매수신고인이 사망한 경우에는 상속인에 대하여 낙찰허가결정을 하여야 한다. 경매법원이 상속사실을 모르고 사망자를 낙찰인으로 표시하여 낙찰허가결정를 하였더라도 위 결정의 효력은 상속인에게 미친다. 만일 상속인으로부터 대금납부가 있으면 상속인을 낙찰인으로 하여 소유권이전등기의 촉탁을 하여야 한다. 이 경우에 상속인명의로 낙찰허가결정을 경정하여 등기를 촉탁함이 원칙이다. 그러나 위 낙찰허가결정의 효력이 상속인에게 미치므로 실무상으로는 경정결정을 하지 않고 통상 상속을 증명하는 서면을 첨부하여 촉탁을 하고 있다. 낙찰허가결정의 선고후 확정전에 낙찰인이 사망한 때에도 마찬가지이다.
(2) 낙찰허가결정 확정후 대금납부 전에 낙찰인이 사망한 경우
낙찰허가결정 확정후 대금납부전에 낙찰인이 사망함으로써 그 상속인이 낙찰인의 지위를 승계하여 낙찰대금을 납부한 경우에는 직접 상속인 명의로 소유권이전등기를 촉탁한다. 이 경우에 낙찰인의 상속인은 경매법원에 상속을 증명하는 제적등본, 호적등본 등의 서면을 제출하여야 한다.
(3) 낙찰인이 대금납부 후에 사망한 경우
낙찰인이 대금납부후에 사망한 경우에는 낙찰부동산의 소유권은 일단 낙찰인인 피상속인에게 이전하고 상속인은 다시 이를 승계하게 되므로 이 경우에 직접 상속인을 위하여 소유권이전등기의 촉탁을 하는 것은 등기부상 실체적인 권리변동 사실과 부합하지 않는다. 따라서 대금납부 후에 낙찰인이 사망한 경우에는 사망한 낙찰인을 위하여 소유권이전등기의 촉탁을 하여야 한다. 이 경우 낙찰인명의로 일단 소유권이전등기를 한 후 상속인이 상속등기를 할 수 있다.

2. 법인이 합병한 경우
낙찰인이 사망한 경우 외에 법인의 합병 등에 의하여 일반승계가 있는 경우에도 위에서 설명한 바가 그대로 적용된다. 이 경우 합병후 존속하는 회사 또는 합병후 신설되는 회사는 합병등기가 경료된 법인등기부등본 및 합병으로 인하여 소멸된 법인등기부등본을 제출하여야 한다.

3. 낙찰인의 지위가 양도된 경우
낙찰허가결정 확정후에 낙찰인이 그 지위를 제3자에게 양도하고 제3자가 낙찰대금을 납부한 경우라 하더라도 경매법원은 낙찰인을 위하여 이전등기촉탁을 하며 제3자를 등기권리자로 하여 이전등기촉탁을 하지 않는다. 왜냐하면 경매법원은 그 양도행위의 유·무효를 심사할 권한이 없을 뿐만 아니라 양수인 명의로 직접 소유권이전등기의 촉탁을 하는 것은 진실의 권리변동과는 부합되지 아니하기 때문이다.

4. 압류의 효력발생후의 제3취득자가 낙찰인이 된 경우
압류의 효력발생 후에 소유권이전등기를 받은 제3취득자가 낙찰인이 된 경우에는 낙찰인인 제3취득자를 위하여 낙찰허가결정을 원인으로 한 소유권이전등기를 촉탁한다. 이때 등기관은 제3취득자의 소유권이전등기를 말소하고 다시 제3취득자명의의 소유권이전등기를 기재하여야 한다.

5. 가압류 등기후 압류의 효력발생 전에 제3취득자가 낙찰인이 된 경우
가압류 등기후에 제3자에게 소유권이전등기가 되고 그 후에 가압류채권자가 채무명의를 얻어 경매신청를 한 경우에 그 제3취득자가 낙찰인이 된 경우 제3취득자 명의의 소유권이전등기를 말소하고 다시 낙찰로 인한 소유권이전등기를 하는 것은 무의미하다. 따라서 이 경우에는 경매신청기입등기와 낙찰인이 인수하지 아니한 부동산상의 부담등기만을 말소촉탁한다. 임의경매에 있어서 압류당시의 소유자가 낙찰인이 된 경우에는 이미 소유권이전등기는 존재하고 있고 또 그것이 말소될 등기도 아니므로 다시 소유권이전등기의 촉탁은 필요하지 않다.

176. 말소등기 촉탁절차
말소의 대상이 되는 등기는 낙찰인이 인수하지 않은 부동산 위의 부담의 등기이다.

1. 말소의 대상이 되는 부동산 위의 부담의 등기
낙찰대금의 완납이 있는 경우에는 경매법원은 직권으로 낙찰인이 인수하지 아니한 부동산 위의 부담의 기입을 말소하여야 한다(제661조 제1항 제2호). 낙찰인이 인수하지 아니한 부동산의 위의 부담이라 함은 낙찰에 의하여 소멸하는 저당권설정등기 뿐만 아니라 낙찰인에 대항할 수 없는 모든 권리의 등기를 말한다.

2. 말소할 등기의 조사
말소촉탁할 등기는 경매기록에 편철된 등기부등본에 의하여 그 존재를 알 수 있다. 그러나 압류의 효력발생 후에 경료된 등기는 낙찰인이 새로운 등기부등본을 제출하여 그 존재를 경매법원에 알리지 않는 한 말소등기의 촉탁을 할 수 없게 된다. 경매법원이 말소의 대상이 된 권리의 존재를 알지 못하여 말소촉탁에서 누락된 경우에는 등기소로부터 말소할 등기의 누락이 있다는 통지가 있거나 낙찰인으로부터 그 말소등기의 추가 촉탁신청이 있으면 경매법원은 소유권이전등기의 촉탁 후라도 누락된 등기의 말소를 추가로 촉탁하여야 한다.

3. 말소등기청구의 소
경매법원이 말소할 등기가 아니라고 인정하여 말소촉탁을 하지 아니한 경우에 낙찰인은 이에 대하여 불복을 신청할 수 없다. 낙찰인은 경매법원이 말소촉탁을 하지 않은 등기명의인을 상대로 말소등기청구의 소를 제기할 수 밖에 없다.

4. 착오말소와 회복등기
착오로 말소등기를 촉탁한 경우에는 직권으로 그 회복등기를 촉탁해야 한다. 이 경우 그 회복에 관하여 이해관계가 있는 제3자가 있는 때에는 승낙서 또는 이에 대항할 수 있는 재판의 등본을 제출받아 첨부하여야 한다(부동산등기법 제75조, 제27조 제2항).

177. 말소촉탁의 대상이 되는 등기

저당권설정등기, 가압류등기, 가처분등기, 국세체납처분에 의한 압류등기, 경매신청기입등기는 말소의 대상인 등기이다.

1. 저당권설정등기 등
가등기담보권, 존속기간의 정함이 없거나 경매신청의 등기후 6월 이내에 그 기간이 만료되는 전세권 등은 낙찰에 의하여 소멸되므로(제608조 제2항) 그 등기는 말소의 대상이 된다. 그러나 낙찰인이 인수하기로 한 경우(제608조 제1항)에는 말소되지 아니한다. 말소될 저당권에 관하여 채권압류의 등기(제562조)가 되어 있는 경우에는 그 압류의 등기도 말소하여야 한다.

2. 용익물권의 등기·임차권의 등기
압류의 효력발생후에 등기된 지상권, 전세권, 지역권, 임차권의 등기 등은 낙찰인에 대항할 수 없으므로 말소의 대상이 된다. 그러나 압류의 효력발생 전에 등기된 것은 낙찰인에 대항할 수 있으므로 소멸되지 아니하고 존속한다. 다만, 압류의 효력발생 전에 등기된 것이라도 그 보다 선순위로서 낙찰에 의하여 소멸되는 담보권에 관한 등기가 존재하는 경우에는 그 등기도 담보권에 관한 등기와 함께 말소의 대상이 된다.

3. 소유권이전등기
압류의 효력발생 후에 제3자명의로 경료된 소유권이전등기는 낙찰인에 대항할 수 없으므로 말소의 대상이 된다. 소유권이전청구권보전의 가등기도 마찬가지이다. 그러나 압류의 효력발생 전에 마친 소유권이전청구권보전의 가등기는 낙찰인에게 대항할 수 있으므로 소멸되지 아니하고 존속한다. 다만, 이 경우에도 그보다 앞서 선순위로서 낙찰에 의하여 소멸되는 담보권에 관한 등기가 존재하는 경우에는 위 가등기도 말소의 대상이 된다.[247]

4. 가압류등기
가압류등기는 낙찰인에 대항할 수 있는 것인지 여부를 불문하고 말소의 대상이 된다. 즉, 압류의 효력발생 전에 가압류등기를 한 가압류채권자는 당연히 매각대금으로부터 배당을 받을 수 있으므로(제589조 제3항) 가압류등기는 그 존재이유를 상실하여 낙찰에 의하여 소멸한다. 그러나 가압류등기후 소유권이 이전되어 현재 소유자의 채권자가 경매신청을 하여 낙찰이 된 경우 구 소유자에 대한 가압류채권자는 배당에 가입할 수 없으므로 그 가압류등기는 말소할 수 없다.

5. 가처분등기
담보권설정등기나 압류의 효력발생 후에 경료된 처분금지가처분등기는 낙찰인에 대항할 수 없으므로 말소의 대상이 된다. 그러나 압류의 효력발생전에 경료된 가처분등기는 말소되지 아니한다.

6. 국세체납처분에 의한 압류등기
국세체납처분에 의한 공매와 강제경매 또는 임의경매절차는 각각 독자적으로 진행할 수 있고 양 절차 중 먼저 진행된 절차에서 소유권을 취득한 자가 진정한 소유자로 확정된다.[248] 또 낙찰후의 배당에 있어서 국세는 우선적으로 변제되어야 하므로 배당절차에서 국세체납처분에 의한 압류등기에 관계된 국세를 우선변제하고 압류등기를 말소하여야 한다. 지방세의 경우도 마찬가지이다.

---

[247] 대법원 1980. 12. 30. 80마491 결정 ; 대법원 1985. 2. 11. 84마606 결정 ; 대법원 1989. 7. 25. 선고 88다카6846 판결
[248] 대법원 1961. 2. 9. 선고, 4293민상124 판결 ; 대법원 1959. 5. 19. 4292민재항2 결정 ; 대법원 2000. 5. 29.자 2000마603 결정

7. 예고등기
예고등기는 권리에 관한 공시를 목적으로 하는 등기가 아니므로 부동산상의 부담으로 되지 아니하여 말소의 대상이 되지 아니한다.

8. 경매신청기입등기의 말소
경매가 완결되면 경매신청기입등기는 필요없게 되므로 경매법원은 직권으로 그 등기를 말소촉탁한다(제661조 제1항 제3호).

178. 소유권이전등기 촉탁신청서
소유권이전등기 촉탁서에는 부동산의 표시, 등기권리자, 등기의무자, 등기의 목적, 등기원인 등을 기재하여야 한다.

1. 부동산의 표시
촉탁할 등기의 목적이 되는 낙찰부동산은 등기부의 표시와 일치하여야 한다. 낙찰부동산이 수 개인 경우에는 별지목록에 의하여 부동산을 표시한다. 경매신청기입등기 후 낙찰부동산에 관하여 합필, 분필, 행정구역변경, 환지, 증축, 분할, 합병, 구분 등으로 등기부상 번지, 지적, 구조, 건평 등의 변경이 있는 경우 그 표시변경 등기일자가 낙찰허가결정 전이면 이를 경정한 다음 신청서에 변경된 표시를 기재하고 낙찰허가결정 후이면 변경전의 부동산의 표시를 하고 그 밑에 변경된 현재의 등기부등본의 내용대로 표시한다.

2. 등기권리자
등기권리자는 낙찰인을 표시한다. 낙찰인이 자연인인 경우에는 그 주소, 성명을, 법인인 경우에는 소재지, 명칭을 기재한다. 법인의 경우에 대표자는 기재하지 않는다. 수인이 공동으로 낙찰한 경우에는 공동낙찰인을 모두 표시한다. 이 경우 낙찰허가결정에 지분이 표시되어 있으면 촉탁서에도 그 지분을 표시하여야 한다.
(1) 낙찰허가결정후 대금납부전에 낙찰인이 사망한 경우에는 그 상속인을 등기권리자로 표시한다. 낙찰허가결정을 경정하지 않고 상속을 증명하는 서면을 첨부하여 바로 상속인 앞으로 등기촉탁하는 경우에는 낙찰인 ○○○의 상속인 ○○○라고 표시할 것이나 낙찰허가결정을 경정하여 하는 경우에는 상속인을 바로 낙찰인으로 표시하면 된다. 상속인이 수인인 경우에는 그 지분도 표시하여야 한다.
(2) 대금납부후 낙찰인이 사망한 경우에는 낙찰인을 등기권리자로 표시한다. 낙찰허가결정전에 최고가매수신고인이 사망하였음에도 불구하고 경매법원이 이를 간과하고 낙찰허가결정에 사자(死者)를 낙찰인으로 표시한 경우에도 낙찰허가결정후 대금납부전에 사망한 경우와 같다. 수인이 공동으로 낙찰한 경우에는 공동낙찰인을 모두 표시한다. 이 경우 낙찰허가결정에 지분이 표시되어 있으면 촉탁서에도 그 지분을 표시하여야 한다.

3. 등기의무자
소유권이전등기의 등기의무자는 압류의 효력발생 당시의 소유권의 등기명의인이다. 압류의 효력발생후에 소유권을 취득한 제3자가 있더라도 그 소유권이전등기는 압류에 대항할 수 없다. 즉 제3자가 등기의무자로 되는 것은 아니다. 압류의 효력발생 당시의 소유자가 사망하여 상속등기가 된 경우에는 그 상속인을 등기의무자로 표시하고 상속등기가 되어있지 아니한 경우에는 사망자를 등기의무자로 표시한다. 부동산위의 부담의 기입등기의 말소에 있어서는 말소될 등기의 명의인(저당권설정등기의 경우에는 저당권자, 가압류등기의 경우에는 가압류채권자)이 등기의무자 이다. 경매신청기입등기에 있어서는 경매신청인이 등기의무자이다. 실무에서는 소유권이전등기촉탁서에 이러한 등기의무자의 표시는 하지 않고 압류의 효력발생 당시의 소유자만을 등기의무자로 표시하고 있다.

4. 등기목적
촉탁에 의하여 경료할 소유권이전등기나 말소할 등기를 구체적으로 표시한다. 소유권이전등기의 경우에는 단순히 소유권이전등기라고 표시하고 부담기입등기 및 경매신청기입등기말소의 경우에는 말소할 각 등기를 특정할 수 있을 정도로 접수일자와 접수번호도 아울러 표시한다. 예컨데 저당권설정등기의 경우에는「1998년 6월 8일 접수 제123호 저당권설정등기의 말소」또는「저당권설정등기 말소(1997. 11. 23 접수 제456호)」라고 표시한다.

5. 등기원인과 그 연월일
등기원인은 낙찰허가결정이고 그 연월일은 낙찰허가결정일자이다. 예를 들어 '1999년 4월 1일자 낙찰허가결정'이라고 표시한다.

6. 과세표준
이는 소유권이전등기의 등록세의 과세표준이 될 액을 말한다(부동산등기법 시행규칙 제49조 제1항). 그 과세표준액은 낙찰대금액이다(지방세법 제130조 제1항).

7. 등록세액
촉탁서에는 등록세액을 기재하여야 한다(부동산등기법 시행규칙 제49조 제1항). 소유권이전등기에 있어서는 과세표준액의 1,000분의 30(농지의 경우에는 1,000분의 10)에 해당하는 등록세와 그 등록세액의 100분의 20에 해당하는 교육세를 납부하여야 한다(지방세법 제131조 제1항 제3호, 교육세법 제5조 제1항). 말소등기에 있어서는 매 1건당 3,000원의 등록세와 600원의 교육세(등록세액의 100분의 20)를 납부하여야 한다(지방세법 제131조 제1항 제8호, 교육세법 제5조 제1항). 낙찰인이 국고수납은행에 등록세를 납부하고 그 영수필통지서와 영수필확인서를 경매법원에 제출하여야한다. 등기촉탁서에는 소유권이전등기와 말소등기별로 위 등록세와 교육세의 합산액을 표시한다. 예를 들어 소유권이전등기 금 11,234,560원(교육세 포함)말소등기 금 36,000원(교육세 포함)이라고 기재한다.

179. 소유권이전등기 촉탁신청서
소유권이전등기 촉탁신청서에는 낙찰허가결정등본, 주민등록등본, 토지대장, 건축물관리대장, 부동산양도신고확인서 등을 첨부하여야 한다.

1. 낙찰허가결정등본
강제경매의 경우에는 등기촉탁서에 낙찰허가결정의 등본을 첨부하여야 한다(제661조 제1항). 낙찰허가결정은 등기원인증서로 된다(부동산등기법 제40조 제1항 제2호).

2. 등기권리자의 주소를 증명하는 서면
소유권이전등기 촉탁신청서에는 등기권리자의 주민등록표등본 1통을 첨부하여야 한다. 법인인 경우에는 법인등기부등초본을 첨부하여야 한다. 주소를 증명하는 서면은 낙찰인이 제출하여야 한다.

3. 상속을 증명하는 서면
낙찰대금납부전에 낙찰인이 사망한 경우에는 상속인을 위하여 소유권이전등기를 촉탁하여야 하므로 제적등본, 호적등본, 상속포기증명 등 상속을 증명하는 서면을 첨부하여야 한다. 다만, 상속인명의로 낙찰허가결정을 경정하여 촉탁하는 경우에는 그러하지 아니하다.

4. 토지대장등본·가옥대장등본
국민주택채권의 매입의무의 존부판단, 매입액의 산출을 위하여 토지대장등본, 가옥대장등본이 필요하므로 낙찰인은 경매법원에 등기촉탁일이 속한 연도에 발행된 위 대장등본을 제출하여야 한다.

5. 등록세영수필통지서·영수필확인서
소유권이전등기 촉탁을 함에 있어서는 등록세 영수필통지서와 영수필확인서를 송부하여야 한다(지방세법시행령 제91조). 낙찰인은 등기촉탁 전에 이전등기와 말소등기에 필요한 등록세를 납부하고 등록세 영수필통지서와 영수필확인서를 받아 이를 경매법원에 제출하여야 한다. 낙찰인이 이를 제출하지 아니하면 법원은 등기촉탁을 하지 아니한다.

6. 국민주택채권매입필증
낙찰부동산의 과세표준액이 500만원 이상인 경우 낙찰인 명의로 소유권이전등기를 하기 위하여는 주택건설촉진법에 규정한바 대로 낙찰인이 국민주택채권을 매입하여야 한다. 낙찰인은 소유권이전등기 촉탁신청서에 국민주택채권을 매입하고 그 매입필증을 첨부하여야 한다. 낙찰인이 국민주택채권 매입필증을 제출하지 아니하면 경매법원은 소유권이전등기의 촉탁을 하지 않을 수 있다. 국민주택채권의 매입금액은 과세시가표준액에 주택건설촉진법시행령 별표 3에 정한 매입률을 곱하여 산출한다. 토지는 매년 조례로써 결정된 토지등급(토지대장에 기재되어 있다)과 행정자치부가 고시한 부동산과세시가표준액표에 의하여 산출한다. 건물은 그 구조, 경과년수 등과 위 부동산과세시가표준액표에 의하여 산출한다.

7. 송달료납부서
소유권이전등기 촉탁서의 송부와 등기공무원의 등기필증 송부에 필요한 송달료를 납부하여야 한다.

8. 부동산등기부등본

9. 대법원등기수입증지(등기신청수수료)
경락으로 인한 등기촉탁에 있어 촉탁의 대상이 되는 등기의 목적이 수개인 경우에는 각 등기의 목적에 따른 신청수수료를 합산한 금액을 등기신청수수료로 납부하여야 한다. 예를 들어 경락으로 인한 등기촉탁서에 의하여 소유권이전등기의 촉탁과 아울러 1번 및 2번 근저당권설정등기 및 가압류등기의 각 말소등기를 촉탁하는 경우에는 (소유권이전등기) 5,000원 +1,000원×(말소등기의 개수) 3=8,000원의 등기신청수수료를 납부하여야 한다. 일괄경매로 인하여 수개의 부동산을 낙찰받은 경우에는 각 부동산별로 등기신청수수료를 계산하여야 한다. 등기신청수수료는 대법원등기수입증지를 첨부하면 된다.

10. 부동산양도신고 확인서
부동산을 양도하는 경우 소유권이전등기를 하기 전에 그 거래내용을 양도자의 주소지 관할세무서에 먼저 신고하고 세무서장이 발급한 '부동산양도신고확인서'를 부동산소유권이전등기 신청시 등기소에 제출하여야 등기가 가능하다.

180. 등기촉탁비용과 등기필증의 수령
소유권이전등기와 부담기입등기 및 경매신청기입등기의 말소에 관한 비용은 낙찰인의 부담으로 한다.

1. 등기촉탁비용
소유권이전등기와 부담기입등기 및 경매신청기입등기의 말소에 관한 비용은 낙찰인의 부담으로 한다(제661조 제2항). 따라서 낙찰인은 대금납부와 동시에 위 비용을 경매법원에 납부하여야 한다. 납부할 비용으로서는 촉탁서송부비용, 등기관이 등기필증을 법원에 송부하는 비용, 경매법원이 등기필증을 낙찰인에게 송부하는 비용 등이 있다. 등록세는 현금으로 금융기관에 납부하고 등록세 영수필통지서, 영수필확인서만 제출하면 된다. 낙찰인이 위 비용을 납부하지 아니하면 등기촉탁을 하지 아니하며 상당한 기간 경과 후에는 그대로 기록 보존조치를 취한다.

2. 등기필증의 교부

등기관이 소유권이전등기를 완료하였을 때에는 등기원인증서인 낙찰허가결정등본에 등기번호, 접수연월일, 접수번호, 순위번호와 등기필의 취지를 기재하고 등기소인을 압날하여 이를 경매법원에 송부한다(부동산등기법 제67조). 경매법원은 낙찰인이 송달료를 납부하였으면 낙찰인에게 위 등기필증을 우송하고 송달료를 납부하지 아니하였으면 경매법원에 나온 낙찰인에게 영수증을 받고 이를 교부한다. 수인이 공동낙찰인이 된 경우에는 전 낙찰인이 연서한 영수증을 제출하여야 등기필증을 교부받을 수 있다.

181. 부동산 관리명령

낙찰허가결정이 있은 후 경매한 부동산을 인도할 때까지 관리인으로 하여금 부동산을 관리하게 하는 관리명령을 발할 수 있다.

1. 부동산 관리명령의 의의
낙찰인이 낙찰허가결정을 받은 후 대금을 지급하고 그 부동산의 인도를 받을 때까지 사이에 채무자인 그 부동산의 소유자가 법률상의 처분행위 또는 사실상의 행위에 의하여 부동산의 가치가 감소되어 낙찰인이나 채권자의 이익을 해할 염려가 있다. 그러나 강제경매에 있어서 낙찰인은 낙찰대금을 지급한 후가 아니면 그 부동산의 인도를 청구하지 못한다(제647조 제1항). 따라서 민사소송법은 낙찰허가결정이 있은 후 인도할 때까지 낙찰인이나 채권자의 신청이 있으면 법원이 관리인을 선임하여 관리인으로 하여금 부동산을 관리하게 하는 관리명령을 발할 수 있도록 하고 있다(제647조 제2항).

2. 관리명령의 법적 성질
관리명령은 낙찰부동산의 현상유지를 목적으로 하는 일종의 보전처분이다. 관리명령은 압류후 경매부동산에 대한 침해행위를 방지하기 위한 보전처분(제603조 제3항)과 그 뜻을 같이 한다.

3. 관리명령의 신청권자
관리명령을 신청할 수 있는 자는 낙찰인 또는 채권자이다. 채권자라 함은 집행채권자만을 의미하고 낙찰대금으로부터 변제를 받을 권리를 가진 채권자를 모두 포함하는 개념은 아니다. 낙찰대금 완납후에는 낙찰인은 직접 자기에게 인도할 것을 구할 수 있으므로 관리명령을 신청할 수 없다. 재경매를 명한 후에는 전낙찰인은 관리명령의 신청권이 없다.

4. 관리명령의 신청시기
관리명령의 신청은 낙찰허가결정후 낙찰인이 낙찰대금을 완납할 때까지 사이에 할 수 있다. 낙찰대금 완납후에는 낙찰인은 직접 인도명령을 신청할 수 있으므로 관리명령을 신청할 수 없다. 관리명령은 보전처분이므로 낙찰허가결정에 대한 즉시항고가 있더라도 항고법원에 의하여 낙찰허가결정이 취소되지 않는 한 관리명령의 신청을 할 수 있다. 또 낙찰허가결정후 경매절차가 집행정지에 의하여 정지된 경우라도 관리명령을 신청 할 수 있다.

5. 관리명령의 관할
관리명령은 경매법원의 전속관할에 속한다.

6. 관리명령의 신청방법
관리명령의 신청은 경매법원에 서면 또는 구술로 할 수 있다(제150조). 신청서에는 낙찰부동산을 낙찰인에게 인도할 때까지 법원이 상당하다고 인정하는 관리인 또는 신청인이 추천하는 사람을 선임하여 관리를 명하도록 하는 신청취지를 기재하여야 한다. 보전의 필요성에 관하여는 기재할 필요는 없다. 관리명령신청서에는 1,000의 인지를 첩부하여야 한다(민사소송인지법 제9조 제4항 제4호). 관리인에 대한 보수 또는 관리에 소요되는 비용은 관리명령신청인이 부담하므로 신청인은 이를 예납하여야 한다.

7. 관리명령의 재판
관리명령의 신청이 있으면 경매법원은 변론을 거치지 않고 심리하여 신청이 이유있다고 인정할 때에는 관리인을 선임하고 그로 하여금 낙찰부동산의 관리를 명하는 재판 즉, 관리명령을 발한다.

8. 관리명령의 고지
관리명령은 송달 기타 적당한 방법으로 신청인과 상대방(채무자)에게 고지하여야 한다(민사소송규칙 제103조의 2 제1항 제2호). 다만 실무상으로는 신청을 하지 않은 낙찰인 또는 집행신청채권자에게도 고지를 하고 있다. 신청을 각하한 결정은 신청인에게만 고지한다. 관리명령신청에 관한 재판에 대하여는 즉시항고를 할 수 있다(제647조 제5항).

182. 관리명령과 인도명령
인도명령은 낙찰인이 대금을 납부한 후 6월 내에 신청하여야 한다.

1. 관리명령
관리인은 부동산을 관리하기 위하여는 부동산을 점유할 필요가 있다. 관리인으로 선임된 자는 경매법원의 관리명령에 기하여 채무자에 대하여 낙찰부동산의 인도를 요구하여 채무자가 임의로 인도하면 인도를 받아 관리에 착수한다. 관리인은 채무자의 인도에 의하여 비로소 관리권을 행사할 수 있게 된다. 그러나 채무자가 관리인의 인도요구에 응하지 아니하는 경우에 관리인은 관리명령만으로써는 인도를 강제할 수 없다. 채무자가 인도를 거부한 경우에는 낙찰인 또는 채권자의 신청에 의하여 경매법원으로부터 인도명령을 받아 인도를 강제할 수 있을 뿐이다(제647조 제3항).

2. 인도명령
채무자가 관리인에게 낙찰부동산을 임의로 인도하지 아니하는 경우에는 관리인은 관리명령만 가지고서는 그 인도를 강제할 권한을 가지지 아니하므로 관리에 착수할 수 없다. 따라서 민사소송법은 관리명령을 한 경우에 부동산의 관리에 필요한 때에는 경매법원은 낙찰인 또는 채권자의 신청에 의하여 담보를 제공하게 하거나 제공없이 인도명령을 할 수 있도록 하고 있다(제647조 제3항). 경매법원은 이 신청이 이유있다고 인정하는 경우에는 인도명령을 발한다. 경매법원이 인도명령의 정본을 신청인에게 송달하면 신청인은 이에 기하여 집행관에게 집행을 위임하여(제647조 제6항) 인도를 집행하도록 한다(제690조 제1항). 인도명령정본은 집행전에 채무자에게 송달하거나 집행관으로 하여금 집행과 동시에 채무자에게 송달하게 한다. 낙찰부동산을 제3자가 현실로 점유하고 있는 경우에는 그 제3자를 상대로 인도명령을 구할 수 없다. 또 채무자를 상대로 하여 인도명령을 얻어도 제3자가 임의로 인도하지 않는 한 이에 의하여 제3자에 대하여 인도를 강제할 수 없다. 위 인도명령의 신청에 관한 재판에 대하여는 즉시항고를 할 수 있다(제647조 제5항).

183. 관리방법·관리종료·관리비용
관리인은 낙찰부동산의 인도를 받은 후 선량한 관리자의 주의로써 이를 보존 유지하여야 한다.

1. 관리의 방법
관리인은 낙찰부동산의 인도를 받은 후 선량한 관리자의 주의로써 이를 보존 유지하여야 한다. 관리인은 위 목적범위 내에서 관리권을 가지므로 그 목적범위를 넘어 부동산을 제3자에게 사용 또는 임대시켜 차임 등을 얻는 등의 수익권을 가지는 것은 아니다. 다만, 천연과실이 발생하는 경우에는 관리인은 이를 관리·수취할 권한이 있다. 관리인은 부동산의 현상을 유지하기 위하여 관리비용을 지출할 수 있다. 이 경우 일일이 경매법원의 허가를 받거나 이해관계인의 동의를 얻을 필요는 없다. 그러나 경매법원은 관리인에 대하여 필요에 따라 관리상의 감독을 할 수 있다.

2. 관리인의 자격
관리인의 자격에 관하여는 법률상 제한이 없다. 따라서 경매법원은 관리의 구체적 내용, 부동산의 종류, 위치, 구조 등을 고려하여 적임자를 관리인으로 선임하여야 한다. 통상 집행관이나 변호사를 관리인으로 선임한다. 다만, 채권자나 채무자 또는 낙찰인을 관리인으로 선임할 수 없다. 특히 낙찰인을 선임하는 것은 대금지급전에 부동산을 인도하는 결과로 되어 부당하다. 신청인이 적임자를 추천할 수 있으나 법원은 이에 구속되지 아니한다. 관리명령에는 상대방을 기재하여야 한다. 관리명령의 상대방은 채무자에 한하고 낙찰부동산을 점유하는 제3자에 대하여는 관리명령을 발할 수 없다.

3. 관리의 종료
(1) 낙찰인이 대금을 완납한 경우
관리인은 낙찰인이 낙찰대금을 완납하고 관리인의 관리하에 있는 낙찰부동산의 인도를 청구한 때에는 관리사무를 청산하고 그 부동산을 낙찰인에게 인도하여야 한다. 이때 낙찰인은 대금을 완납한 것을 증명하여 관리인으로부터 인도를 받으면 족하다. 경매법원으로부터 별도의 인도명령을 받을 필요는 없다. 관리인이 그 부동산을 인도하면 당연히 관리권은 종료된다. 별도로 관리명령의 취소신청을 할 필요는 없다.

(2) 낙찰허가결정이 실효된 경우
경매개시결정의 취소, 항고에 의한 낙찰허가결정의 취소, 경매신청의 취하 또는 재경매명령에 의하여 낙찰허가결정의 효력이 상실된 경우에 관리인의 관리는 언제 종료하는가? 관리명령은 부수적 보전처분이므로 낙찰허가결정이 실효되면 관리명령도 당연히 실효되어 그 때 관리인의 관리도 종료된다. 이때 경매법원은 관리인에게 관리명령의 실효를 통지하여야 한다.

4. 관리비용
관리인에 대한 보수 기타 관리에 소요되는 비용은 관리명령을 신청한 낙찰인이나 채권자가 부담하여야 한다. 소송비용처럼 채무자의 부담으로 되는 것은 아니다. 왜냐하면 관리명령은 직접적으로 낙찰인 또는 채권자를 보호하기 위한 것이고 또 이것은 집행절차의 파생적 부수처분으로서 경매절차에 속하지 아니하기 때문이다.

184. 인도명령의 신청절차
인도명령은 항고로서만 불복을 신청할 수 있는 재판으로 채무명의가 된다.

1. 인도명령의 의의
경매법원은 대금을 납부한 후 6월 내에 낙찰인의 신청이 있는 때에는 채무자, 소유자 또는 압류의 효력이 있은 후에 점유를 시작한 부동산점유자에 대하여 부동산을 낙찰인에게 인도할 것을 명할 수 있다(제647조 제1항). 이 규정에 따라 경매법원이 발하는 명령을 인도명령이라 한다.

2. 인도명령의 법적성질
현행 민사소송법 하에서는 인도명령 자체가 집행관에 대하여 발하도록 되어 있는 것이 아니라 채무자 등에게 발하도록 되어 있고 집행도 낙찰인의 위임을 받아 하도록(제647조 제6항)되어 있으므로 인도명령을 직무명령이라 볼 여지는 없다. 인도명령은 항고로서만 불복을 신청할 수 있는 재판(제647조 제5항)으로 채무명의이다(제519조 제1호).

3. 인도명령의 신청방법
인도명령의 신청은 경매법원에 서면 또는 구술로 할 수 있다(제150조 제1항). 집행절차의 부수적인 신청이므로 민사소송법 제491조의 3의 적용은 없으나 통상 서면으로 한다.

4. 인도명령신청서에 첨부할 서류
채무자, 소유자 또는 현황조사보고서 등 기록상 명백한 점유자를 상대방으로 하여 신청하는 경우에는 특별한 증빙서류의 제출을 요하지 아니한다. 그러나 채무자의 일반승계인을 상대방으로 하는 경우에는 호적등본 또는 법인등기부등본을 제출하여야 한다. 경매기록상 드러나지 않는 점유자를 상대방으로 하는 경우에는 채무자에 대한 인도명령에 기하여 인도의 집행을 실시하였으나 제3자의 점유로 집행불능이 되었다는 집행관이 작성한 집행불능조서등본 또는 주민등록표등본 등 그 점유사실 및 점유개시일시를 증명할 수 있는 서면을 제출하여야 한다. 신청서에는 1,000원의 인지를 첨부하여야 한다(민사소송인지법 제9조 제4항 제4호).

5. 인도명령의 신청시기
인도명령은 낙찰대금을 납부한 후 6월 내에 신청해야 한다. 6월을 경과한 후에는 점유자를 상대방으로 하여 소유권에 기한 인도 또는 명도소송을 제기할 수밖에 없다.

6. 인도명령의 관할법원
당해 부동산에 대한 경매사건이 현재 계속되어 있거나 또는 과거에 계속되어 있었던 경매법원이다(제647조 제1항, 제600조). 이는 전속관할이다.

185. 인도명령의 당사자
낙찰인이나 그 승계인이 낙찰대금을 완납하여야 인도명령신청을 할 수 있다.

1. 인도명령의 신청인
(1) 원칙
인도명령을 신청할 수 있는 자는 낙찰인과 낙찰인의 상속인 등 일반승계인에 한한다. 낙찰인이나 그 승계인이 낙찰대금을 완납하였음을 요하며 낙찰인명의로 소유권이전등기가 경료되었음을 요하지는 않는다.
(2) 특정승계가 있는 경우
인도명령신청권은 낙찰대금을 완납한 낙찰인에게 부여된 집행법상의 권리이므로 낙찰인이 낙찰부동산을 제3자에게 양도하였다 하더라도 낙찰인이 인도명령을 구할 수 있는 권리를 상실하지 아니한다.[249] 양수인 앞으로 소유권이전등기를 마친 경우에도 마찬가지이다. 낙찰인으로부터 낙찰부동산을 양수한 양수인은 낙찰인의 집행법상의 권리까지 승계하는 것은 아니기 때문에 그 양수인은 인도명령을 신청할 권리를 가지지 않는다.[250] 이와 같은 특정승계인에게는 낙찰인을 대위하여 인도명령을 신청하는 것도 허용되지 아니한다.
(3) 일반승계가 있는 경우
상속 또는 회사의 합병등에 의하여 낙찰인의 지위를 승계한 일반승계인은 낙찰인과 동일한 집행법상의 권리를 가지므로 일반승계사실을 증명하여 인도명령을 신청할 수 있다. 인도명령이 발하여진 후의 일반승계인은 승계집행문을 부여받아 인도명령의 집행을 할 수 있다.
(4) 관리명령이 있는 경우
관리명령에 기하여 관리인이 부동산의 점유를 취득하였으면 낙찰인은 대금납부후 직접 관리인에 대하여 자기에게 인도할 것을 구할 수 있으므로 채무자에 대하여 인도명령을 신청할 이익이 없다. 아직 관리인이 부동산의 점유를 취득하지 못한 사이에 대금납부가 있었다면 낙찰인은 채무자에 대하여 인도명령을 구할 수 있다.

---

249) 대법원 1970. 9. 30. 70마539 결정
250) 대법원 1966. 9. 10. 66마713 결정

2. 인도명령의 상대방
(1) 상대방으로 되는 자
인도명령의 상대방은 채무자, 소유자 또는 압류의 효력이 발생한 후에 점유를 시작한 부동산점유자이다(제647조 제1항 본문). 채무자나 소유자의 일반승계인도 인도명령의 상대방이 될 수 있다.[251] 압류의 효력은 경매개시결정이 채무자에게 송달된 때 또는 경매신청기입등기가 된 때에 발생한다(제603조 제4항). 따라서 양자 중 어느 것이든 먼저 이루어진 때에 압류의 효력이 발생한다. 압류의 효력이 발생한 후에 점유를 시작한 부동산 점유자는 그 점유가 채무자의 의사에 기한 것인가 여부를 불문하고 또 압류의 효력발생 후이면 그것이 낙찰허가결정 후의 점유개시자인가를 불문한다. 채무자나 소유자의 일반승계인도 인도명령의 상대방이 될 수 있다.[252]
(2) 상대방으로 되지 않는 자
압류의 효력발생 전에 이미 점유를 개시한 자는 그 권원이 낙찰인에게 대항할 수 없는 경우라도 인도명령의 상대방이 되지 않는다. 따라서 우선변제권이 인정되는 이른바 소액임차인도 압류의 효력발생전에 점유를 개시한 경우에는 배당의 실시여부와 관계없이 상대방이 될 수 없다. 낙찰인이 일단 채무자로부터 부동산의 인도를 받은 후에 제3자가 불법으로 이를 점유하여도 그 자를 상대방으로 하여 인도명령을 신청할 수 없다. 압류의 효력발생 후라도 유치권자나 낙찰인으로부터 새로 임차한 자 또는 낙찰인으로부터 다시 매수한 자 등과 같이 낙찰인에 대하여 대항할 수 있는 권원을 가진 점유자는 인도명령의 상대방이 될 수 없다(제647조 제1항 단서).

186. 인도명령의 심리·재판·집행
채무자, 소유자, 또는 압류의 효력이 있은 후에 점유를 시작한 부동산 점유자에 대하여 심문을 한 후에 인도명령을 발한다.

1. 인도명령의 심리
인도명령의 신청이 있는 경우에 한하여 경매법원은 그 적부를 판단할 수 있다. 인도명령을 발할 수 있는 요건의 구비가 경매기록상 명백하다 하더라도 그 신청이 없으면 경매법원이 직권으로 인도명령을 발할 수는 없다. 경매법원은 서면 심리만에 의하여 인도명령의 허부를 결정할 수도 있다. 즉, 인도명령의 신청을 각하하는 경우에까지 심문을 요하는 것은 아니다. 필요하다고 인정되면 상대방을 심문하거나 변론을 열 수도 있다(제124조). 그러나 채무자 또는 소유자 이외의 자에 대하여 인도명령을 하는 경우에는 그 점유자를 심문하여야 한다(제647조 제4항). 일단 심문기일을 정하여 진술할 기회를 주었음에도 그 점유자가 심문에 응하지 아니한 때에는 그의 진술을 듣지 않고서도 인도명령을 발할 수 있다. 그러나 심문기일소환장이 송달불능이 된 경우에는 바로 인도명령을 발할 수 없다. 이때에는 인도명령 신청인에게 주소보정을 명하거나 공시송달 등 적법한 소환절차를 거친다. 채무자 또는 소유자의 일반승계인에 대하여 인도명령을 발하는 경우에는 심문을 하지 않고 인도명령을 할 수 있다.

2. 인도명령의 재판
경매법원은 신청인이 제출한 주민등록표등초본, 전에 발한 인도명령의 집행조서, 호적등본, 등기부등본, 현황조사보고서, 감정평가서 등 경매기록 및 상대방의 심문결과에 따라 인도명령의 사유가 소명 되면 인도명령을 발한다. 즉 일반승계인을 상대방으로 하는 경우에는 그 승계사실이 소명되면 족하다. 제3자를 상대방으로 하는 경우에는 그 자가 압류의 효력발생 후에 점유를 개시한 사실만 소명되면 일응 인도명령을 발할 수 있다. 다만 유치권처럼 상대방에게 인도를 거부 할 수 있는 권원이 있는 사실이 경매기록에 의하여 명백하거나 상대방이 이 사실을 주장하고 소명한 때에는 인도명령신청을 기각한다. 이 경우에 반대급부와 상환으로 인도를 명하는 이른바 조건부명령을 하는 것은 아니다. 인도명령신청이 부적법하면 신청을 각하하고 이유없다고 인정되면 신청을 기각한다. 그러나 인도명령의 신청에 관한 재판에

---
[251] 대법원 1973. 11. 30. 73마734 결정 ; 대법원 1998. 4. 24. 선고 96다30786 판결
[252] 대법원 1973. 11. 30. 73마734 결정 ; 대법원 1998. 4. 24. 선고 96다30786 판결

는 실체적 확정력이 없으므로[253] 각하와 기각을 엄격히 구별할 필요는 없다.[254] 낙찰인의 대금완납 후에 채무자로부터 집행정지서면(제510조)이 제출되더라도 낙찰인의 권리에 영향을 주지 못하므로 인도명령을 발하는데 아무런 지장이 없다. 인도명령신청을 인용하는 경우 '피신청인은 신청인에게 별지목록기재 부동산을 인도하라'는 명령을 하게 된다. 인도명령정본은 신청인 및 상대방에게 송달한다. 다만, 상대방에게 송달할 정본을 신청인에게 교부하여 집행관으로 하여금 집행시에 상대방에게 송달하게 할 수도 있다.

3. 인도명령의 집행
상대방이 인도명령에 응하지 아니하는 때에는 신청인은 집행관에게 집행을 위임하여 집행관으로 하여금 인도집행을 하도록 한다(제647조 제6항).
인도명령의 집행에 집행문부여가 필요한가?
(1) 인도명령을 채무명의로 보는 이상 집행문의 부여가 필요하다는 견해
(2) 인도명령은 경매법원 자신이 부동산에 대한 강제집행의 부수절차로서 채무명의를 부여한 것이므로 다시 집행문의 부여가 필요없다는 견해가 있다. 그러나 인도명령이 발하여진 뒤에 신청인 또는 상대방에 관하여 일반승계 사유가 생긴 경우라든가 상대방의 점유가 다른 사람에게 승계된 경우에는 승계집행문을 부여받아 집행할 수 있다(제204조, 제470조, 제481조).

187. 인도명령에 대한 불복방법
인도명령의 재판과 집행에 대하여는 즉시항고, 청구에 관한 이의의 소, 제3자 이의의 소를 제기할 수 있다.

1. 인도명령신청에 관한 재판에 대한 불복방법
인도명령의 신청에 대한 재판에 대하여는 즉시항고 할 수 있다(제647조 제5항). 확정된 인도명령에 대하여는 인도명령의 상대방은 청구에 관한 이의의 소(제505조)를, 인도명령의 상대방이 아닌 제3자가 인도집행을 받게 되는 때에는 제3자 이의의 소(제509조)를 제기할 수 있다.

2. 인도명령에 대한 불복사유
(1) 인도명령의 발령시에 판단하여야 할 절차적 하자
(2) 인도명령 신청인의 자격, 상대방의 범위 및 신청기한 등 실체적 사항에 대한 하자
(3) 인도명령신청의 하자, 심문절차의 하자 등 인도명령 심리절차의 하자
(4) 인도 목적물의 불특정, 상대방의 불특정 등 인도명령 자체의 형식적 하자
(5) 낙찰인이 상대방에게 부동산을 양도하였거나 임대한 경우처럼 인도명령의 상대방이 낙찰인에 대하여 부동산의 인도를 거부할 수 있는 점유권원의 존재에 한정된다.

3. 인도명령신청에 관한 재판에 대한 불복할 수 없는 경우
낙찰절차 자체에 존재하는 하자는 낙찰허가결정에 대한 이의, 낙찰허가결정에 대한 즉시항고 등 대금지급 전에 허용되는 불복신청 방법에 의하여야 한다. 이러한 하자로써 인도명령에 대한 불복사유로 할 수 없다.

4. 인도명령의 집행에 대한 불복
인도명령의 집행자체에 존재하는 위법에 대하여는 집행에 관한 이의(제504조)에 의하여 다툴 수 있다.

---

253) 대법원 1981. 12. 8. 선고, 80다2821 판결 ; 대법원 2015. 3. 26. 선고 2014다13082 판결
254) 대법원 1960. 7. 21. 4293민항137 결정

5. 인도명령과 집행정지
상대방이 인도명령에 대하여 즉시항고를 제기한 경우에는 집행정지명령(제418조)을 받아 이를 집행관에게 제출하여 그 집행을 정지할 수 있다(제517조). 청구에 관한 이의의 소나 제3자 이의의 소를 제기한 경우에는 잠정처분을 받아 이를 집행관에게 제출하여 그 집행을 정지할 수 있다(제507조 제2항, 제509조 제3항).

188. 법정지상권

경매로 토지, 건물의 소유자가 다르게 된 경우에 건물소유자의 대지이용을 보장하려는 것이 법정지상권제도의 취지이다.

1. 의의
토지와 그 지상의 건물이 동일인에게 속하고 있었으나 어떤 사정으로 이들 토지와 그 지상건물이 각각 소유자를 달리하게 된 때에 건물소유자에게 그의 건물소유를 위하여 법률상 당연히 인정되는 지상권이 이른바 법정지상권이다.

2. 제도의 취지와 작용
토지와 그 위의 건물은 법률상으로는 별개의 부동산이므로 저당권의 설정이나 그 실행으로서의 경매는 각각 따로 행하여진다. 따라서 토지와 그 지상의 건물이 동일인의 소유에 속하고 있는 동안은 소유자가 양자 중 어느 하나를 저당에 넣더라도 건물을 위한 대지이용은 자기소유지의 이용으로서 문제가 없으나 어느 한쪽의 경매가 있게 되면 토지와 건물이 각각 다른 사람의 소유로 되는 수가 있고 그러한 경우에는 건물소유자에게 대지이용의 권원이 당연히 필요하게 된다. 민법은 제366조에서 경매로 토지, 건물의 소유자가 다르게 된 경우에 법률상 당연히 토지소유자는 건물소유자를 위하여 지상권을 설정한 것으로 보아 건물소유자의 대지이용을 보장하고 있다.

3. 성립시기와 등기
(1) 법정지상권이 성립하는 시기는 토지나 또는 그 지상건물의 경매로 그 소유권이 경락인에게 이전하는 때이다. 이 시점에서 지상권의 성립이 가능하기 때문이다. 따라서 임의경매에 있어서 경락인이 경락대금을 완납한 때에 법정지상권은 성립하게 된다.
(2) 법정지상권은 민법 제366조의 규정에 의하여 성립하는 것이므로 민법 제187조에서 말하는 법률의 규정에 의한 물권의 취득이다. 따라서 등기를 필요로 하지 않는다. 건물소유자는 법정지상권을 취득할 당시의 토지소유자는 물론이고 그로부터 토지소유권을 취득한 제3자에 대하여도 역시 등기없이 그의 법정지상권을 가지고 대항할 수 있다.[255] 그리고 법정지상권을 취득한 자는 토지소유자에게 대하여 지상권의 등기를 할 것을 청구할 수 있다. 법정지상권이 성립한 후 토지가 제3자에게 양도된 때에는 그 양수인에게 대하여 등기청구권을 가지게 된다. 이와 같이 법정지상권의 취득자는 등기없이 토지소유자 또는 그 전득자에게 대항할 수 있으나 그 법정지상권을 제3자에게 처분하려면 제187조 단서에 의하여 등기를 하여야 하고 그러한 등기없이 건물을 처분할 때에는 건물의 전득자는 토지소유자에게 지상권을 가지고 대항하지 못한다.[256]

4. 법정지상권의 내용
(1) 법정지상권의 범위는 반드시 그 건물의 대지에 한정되는 것은 아니며 건물로서 이용하는데 필요한 한도에서는 대지 이외의 부분에도 미치게 됨은 보통의 지상권에 있어서와 같다.

---

[255] 대법원 1965. 9. 23. 선고, 65다1222 판결 ; 대법원 1967. 6. 27. 선고, 66다987 판결 ; 대법원 2013. 3. 14. 선고 2012다108634 판결
[256] 대법원 1965. 2. 4. 선고, 64다1418 판결 ; 대법원 1965. 7. 6. 선고. 65다907 판결 ; 대법원 1980. 9. 9. 선고 78다52 판결

(2) 지료(地料)는 우선 당사자의 협의에 의하여 이를 결정하게 되나 협의가 성립하지 못하는 때에는 당사자의 청구로 법원이 이를 정한다(민법 제366조 단서). 법원이 결정하는 지료는 당연히 지상권이 성립한 때에 소급해서 그 효력을 발생하며 토지소유자의 지료청구의 특별한 의사표시는 필요하지 않다.

189. 법정지상권의 성립요건

소유자가 동일한 토지와 건물에 저당권을 설정하였으나 경매로 소유자가 달라진 경우 법정지상권이 성립한다.

1. 저당권설정 당시의 건물의 존재

저당권설정 당시부터 토지 위에 건물이 존재하는 경우에만 법정지상권이 성립한다. 따라서 건물이 없는 토지에 저당권을 설정하고 그 후에 건물을 지은 때에는 그 건물을 위하여 법정지상권은 성립하지 않는다.257) 건물이 없는 토지에 저당권을 설정한 후에 설정자가 저당권자로부터 법정지상권의 성립을 인정한다는 양해를 얻어서 건물을 지어도 법정지상권은 인정되지 않는다. 만일에 저당권자가 경락인이 된 경우에는 지상권을 설정해 줄 의무를 부담하게 될 것이다. 건물이 없는 토지에 1번저당권을 설정한 후에 건물을 짓고 이어서 그 토지에 2번저당권을 설정하여 2번저당권자의 신청으로 경매가 있게 되더라도 건물을 위한 법정지상권은 성립하지 않는다. 건물은 저당권설정 당시에 실제로 존재하고 있으면 되고 보존등기가 없더라도 법정지상권의 성립을 방해하지는 않는다.258) 즉, 토지에 저당권을 설정할 당시에 있었던 지상의 건물이 미등기의 것이더라도 후에 보존등기를 갖추고 양도된 때에는 그 양수인은 법정지상권을 취득하게 된다. 민법 제187조와의 관계에 있어서 당연한 결과이다. 건물이 있는 토지에 저당권을 설정한 후에 건물이 멸실되어서 재축 또는 개축된 경우에도 법정지상권은 성립한다. 다만 그 지상권의 내용은 재축, 개축이 있기 전의 건물을 표준으로 해서 결정하여야 할 것이다. 멸실한 건물을 재축하기 전에 저당권이 실행되면 어떻게 되는가? 경매절차가 개시되기 전에 재축되어 있어야 한다고 해석하여야 하며 따라서 법정지상권은 인정되지 않는다고 하여야 한다.

2. 소유자의 동일성

저당권을 설정할 때에 토지와 건물이 동일한 소유자에게 속하고 있어야 한다. 저당권설정 당시에 토지와 건물이 각각 다른 자의 소유에 속하고 있었던 때에는 법정지상권의 성립은 인정되지 않는다.259) 이러한 경우에는 그 건물에 관하여 이미 토지 소유자에게 대항할 수 있는 용익권이 설정되어 있을 것이므로 이러한 건물의 소유자나 경락인에게 다시 법정지상권을 인정할 필요가 없기 때문이다. 이러한 사정이 있는 토지나 건물 위의 저당권은 용익권의 존재를 전제로 해서 성립한다. 즉 토지 위의 저당권은 용익권의 제한을 받는 것으로 성립하고 건물 위의 저당권은 용익권을 수반하는 것으로서 성립한다. 용익권이 등기 내지 대항요건을 갖추고 있어야함은 물론이다. 그러나 용익권이 양도성이 없는 것이면 경락인은 이를 취득하지 못한다. 저당권의 설정 후에 토지와 건물이 각각 다른 소유자에게 속하게 된 때에는 어떻게 되는가? 저당권설정 당시에 동일인에게 속하고 있으면 그 후에 한쪽이 제3자에게 양도되더라도 법정지상권은 성립한다고 하여야 한다. 즉 저당권설정 후에 토지나 건물의 어느 하나를 소유자가 임의로 처분하는 때에는 건물소유자와 토지소유자 사이에서 지상권의 설정 기타의 건물의 존속을 가능하게 하는 토지 사용관계를 정하게 되겠지만 저당권설정 후에 설정된 용익권은 경락으로 그 효력을 잃게 되므로 민법 제366조는 이러한 경우에도 적용된다고 하여야 한다.

---

257) 대법원 1965. 8. 31. 선고, 65다1404 판결 ; 대법원 1971. 9. 28. 선고, 71다1238 판결 ; 대법원 1978. 8. 22. 선고 78다630 판결

258) 대법원 1964. 9. 22. 선고, 63아62 판결 ; 대법원 1989. 2. 14. 선고 88다카2592 판결 ; 대법원 1991. 8. 13. 선고 91다16631 판결

259) 대법원 1966. 11. 29. 선고, 66다1213 판결 ; 대법원 1969. 5. 13. 선고, 69다344 판결 ; 대법원 1988. 9. 27. 선고 88다카4017 판결

3. 저당권의 설정
토지와 건물의 어느 한쪽이나 또는 양자 위에 저당권이 설정되어야 한다. 토지와 그 지상건물의 어느 쪽에도 저당권이 설정되지 않은 때에는 민법 제366조의 법정지상권은 성립하지 않는다. 그러나 일정한 경우에는 이른바 관습법상의 법정지상권의 성립이 판례에 의하여 인정되어 있다.

4. 경매로 소유자가 달라질 것
민법 제366조의 법정지상권이 성립하는 것은 저당권의 목적으로 되어 있는 토지나 건물이 그 저당권자의 신청으로 임의경매에 붙여진 때이다. 그러나 그 저당권자가 채무명의에 기하여 저당부동산을 강제경매한 경우에도 법정지상권 성립요건은 충족된다. 뿐만 아니라 저당권이 있는 부동산에 관하여 일반채권자가 강제경매를 한 경우에도 법정지상권의 성립은 인정된다. 민법 제366조는 강행규정이며 따라서 저당권설정 당사자의 특약으로 법정지상권의 성립을 막지는 못한다.

190. 배당이란
배당절차는 목적부동산을 매각하여 그 매각대금으로써 채권자의 채권의 변제에 충당하는 절차이다.

1. 경매절차에서 배당은 채권만족과 채무자 구제절차이다.
배당절차는 목적부동산을 경매 또는 입찰에 의하여 매각하여 그 매각대금으로써 채권자의 채권의 변제에 충당하는 절차이다. 따라서 낙찰인이 매각대금을 납부하면 경매법원은 그 매각대금을 채권자들에게 변제하여야 한다. 매각대금으로부터 변제받을 채권자가 1인 뿐이거나 채권자가 수인이 경합되어 있더라도 매각대금이 집행비용 및 각 채권자의 채권을 만족시키기에 충분한 경우에는 경매법원은 각 채권자에게 그 채권액을 변제하고 잔액이 있으면 채무자에게 교부할 것이다.

2. 채권자가 경합된 경우는 안분비례로 배당한다.
변제받을 채권자가 경합되어 있을 뿐만 아니라 매각대금으로 위 채권자의 채권을 만족시키기에 충분하지 아니한 경우에는 경매법원이 각 채권자에게 민·상법 기타 법률에 의하여 그 우열순위에 따라 안분비례의 방법으로 매각대금을 배당하여야 한다.

3. 배당기일의 지정과 배당표의 작성
매각대금이 모든 채권자를 만족시킬 수 없어도 배당기일이 지정되고 배당표가 작성된다. 이론상으로는 매각대금으로 각 채권자를 만족시킬 수 있는 경우에 실시하는 변제절차와 각 채권자를 만족시킬 수 없는 경우에 실시하는 변제절차가 서로 구별된다. 어느 것이나 모두 넓은 의미에서는 배당절차라 할 것이다. 실제에 있어서는 전자의 경우에도 후자의 경우와 똑같이 배당기일을 지정하고 배당표를 작성하여 배당을 실시한다.

4. 배당절차는 경매절차에 속한다.
동산집행에 있어서는 배당절차개시요건이 구비되면 종전의 집행절차와는 별도의 독립한 배당절차가 개시되지만, 부동산경매에 있어서는 배당절차는 종전의 경매절차의 일환으로 실시된다.

191. 배당받을 채권자의 범위
경매신청채권자, 배당요구채권자, 2중압류채권자, 압류의 효력발생 전에 등기한 가압류채권자 등이 배당받을 채권자이다.

1. 경매신청채권자

2. 배당요구채권자

3. 2중압류채권자

4. 압류의 효력발생 전에 등기한 가압류채권자
압류의 효력발생 전에 저당권설정의 가등기가 되어 있는 경우에 그 가등기 권리자가 매각대금에서 변제를 받을 채권자인가?
(1) 소극설
경매로 인하여 그 가등기는 말소되지 않고 낙찰인에게 인수된다고 본다. (2) 적극설
가등기권리자가 본등기를 하였다고 가정하고 그에게 배당할 금액을 정하여 이를 공탁하여야 한다고 본다.

5. 낙찰로 인하여 소멸되는 저당권자 및 전세권자로서 압류의 효력발생 전에 등기한 자
대지권등기가 경료된 구분소유물에 대한 전세권자는 대지의 매각대금에 대하여도 우선변제를 받을 수 있다. 담보가등기권리자도 저당권자와 마찬가지로 우선변제청구권이 있으나 등기의 기재만으로는 채권의 존부와 수액을 알 수 없으므로 채권신고를 하여야 한다.

6. 교부청구, 압류, 참가압류를 한 국세, 지방세등 공과금채권자
국세징수법에 의한 압류등기만 되어 있고 공과주관공무소가 교부청구를 하지 않거나 그 세목과 계산명세서를 제출하지 아니한 경우에는 경매법원은 당해 공무소에 조회하여 그 세목과 액수를 확인한다.

192. 채권계산서의 제출

채권계산서에는 채권의 원금, 이자, 비용 기타 부대채권을 기재하여야 한다.

1. 채권계산서의 제출의무
채권자는 낙찰기일까지 채권의 원금, 이자, 비용 기타 부대채권의 계산서를 제출하여야 한다(제653조 제1항). 채권계산서를 제출하는 경우 인지는 첨부하지 않는다. 각 채권자의 채권액은 경매기록에 첨부된 자료에 의하여 알 수 있다. 그러나 경매신청서, 배당요구신청서, 등기부등본, 민사소송법 제607조 제4호의 신고서 기타 서류들의 제출 이후 또는 경매신청기입등기 이후 사정변경에 의하여 각 채권자의 채권액에 변동이 생기게 마련이다. 그런데 경매법원은 낙찰기일에 각 채권자의 채권액을 계산하여 보아야 과잉경매의 여부를 결정할 수 있으므로 민사소송법은 각 채권자에게 채권계산서의 제출의무를 부과하고 있다.

2. 압류의 효력발생 이전에 설정된 근저당권자
담보권 실행을 위한 부동산 경매절차에서 경매신청기입등기 이전에 등기되어 있는 근저당권은 경락으로 인하여 소멸되는 대신에 그 근저당권자는 민사소송법 제605조가 정하는 배당요구를 하지 아니하더라도 당연히 그 순위에 따라 배당을 받을 수 있다. 이와 같이 배당요구를 하지 아니하더라도 당연히 그 순위에 따라 배당을 받을 수 있는 근저당권자는 민사소송법 제605조 제1항의 배당요구채권자에 포함되지 않는다. 따라서 비록 그와 같은 근저당권자가 채권신고서를 제출하였고 그 채권신고서에 기재된 피담보채권이 존재하지 아니한다 하더라도 그 근저당권자는 위와 같은 피담보채권의 부존재를 이유로 하여 다른 채권자가 제기한 배당이의 소송에서 그 근저당권의 피담보채권이 될 수 있는 다른 채권이 존재하고 있다는 주장을 할 수 있다. 그리고 다른 채권이 존재하고 있음이 밝혀진 경우에는 그 근저당권자에 대한 배당은 적법하다.[260]

---

[260] 대법원 1998. 7. 28. 선고, 98다7179 판결 ; 대법원 1999. 9. 21. 선고 99다26085 판결

3. 법원의 최고의무
경매법원은 경매개시결정을 한 때에 하는 채권신고의 최고(민사소송규칙 제147조)외에 따로 각 채권자에게 낙찰기일까지 채권계산서를 제출할 것을 최고할 의무는 없다. 이 점은 동산집행에 관한 배당절차에 있어서 법원이 채권계산서의 제출을 최고할 의무가 있는 것(제586조)과 다르다. 각 채권자는 채권계산서 불제출로 인한 불이익을 받지 않기 위하여 스스로 채권계산서를 제출하여야 한다. 그러나 임의경매에서는 낙찰대금의 교부 또는 배당에 관하여 민사소송법 제653조의 규정이 준용될 수 없다.[261]

4. 실무
민사소송법 제653조 제1항 소정의 채권계산서의 최고에 해당하는 것은 아니지만 실무상으로는 배당기일 소환장에 채권계산서를 제출하도록 부기하고 있다. 이것은 다만 배당기일소환장 송달이 있을 때까지 사이에 채권액이 소멸 또는 감소되었는지 여부를 확인하기 위한 것에 불과하다. 그러므로 이에 의하여 제출된 채권계산서는 위 민사소송법 제653조 제2항의 효력을 가지는 것은 아니다.

5. 채권계산서에 기재할 사항
채권계산서에 기재할 사항은 채권의 원금, 이자, 비용 기타 부대채권이다. 원금은 채권계산서 제출 당시의 원금액이다. 비용이라 함은 매각대금으로부터 우선변제받을 집행비용 뿐만 아니라 우선변제가 인정되지는 아니하나 매각대금으로부터 변제받을 배당요구신청을 위한 비용, 2중압류채권자의 경매신청비용 등을 말한다. 원칙적으로 채권계산서를 제출할 당시 금액을 기재한다. 이자에 관하여는 배당기일까지의 이자를 계산할 수 있다. 부대채권이라함은 지연손해배상채권, 소송비용확정절차에 의하여 확정된 본안소송비용 등을 말한다.

193. 채권계산서의 제출
경매신청서 등 서류에 기재된 채권액이 실제보다 소액이라 하더라도 채권계산서 제출기간 이후에는 채권액의 증액을 허용하지 않는다.

1. 채권계산서 제출시기
채권계산서를 낙찰기일까지 제출하라고 한 것은(제653조 제1항) 낙찰기일에 낙찰허가결정를 선고한 때까지라는 의미이다. 채권자는 낙찰기일후에는 위 채권액을 보충할 수 없다(제653조 제2항, 제587조 제2항). 즉, 경매신청서 등 서류나 증빙의 기재에 잘못이 있어 그곳에 기재된 채권액이 실제보다 소액이라 하더라도 채권계산서 제출기간 이후에는 채권액의 증액을 허용하지 않는다.

2. 채권계산서 불제출의 효과
채권자가 낙찰기일까지 채권계산서를 제출하지 아니한 때에는 경매법원은 경매기록에 첨부되어 있는 서류와 증빙에 의하여 채권을 계산한다. 경매기록상 명백하지 아니한 집행준비비용, 집행실시비용 중의 당사자비용은 집행비용으로서 우선변제받지 못한다. 그러나 경매신청서나 배당요구신청서에 기재된 액이 실제보다 과다하여 이를 위 제출기간 후의 채권계산서에 의하여 감액하는 것은 허용된다. 또 경매기록상 명백한 신청서인지대, 경매수수료 등 집행실시비용 중 재판상의 비용은 채권계산서의 제출이 없어도 경매법원이 직권으로 조사하여 계산하여야 한다. 결국 강제경매에 있어서는 과잉경매금지의 원칙이 적용되는 결과 동산집행에 있어서의 배당절차의 경우와 달리 낙찰기일의 종료후 배당기일까지 사이에 다소 시일이 존재하더라도 낙찰기일의 종료후에는 채권계산서를 제출하여도 아무런 효과가 없다.

3. 채권계산서의 보정
채권계산서를 제출한 채권자는 그 채권계산서의 오기를 발견한 때에는 이를 보정할 수 있다. 다만, 보정의 명목으로 새로운 배당요구를 하는 것은 허용되지 아니한다.

---

[261] 대법원 1974. 11. 12. 선고, 74다1445 판결 ; 대법원 2001. 3. 23. 선고 99다11526 판결

4. 가압류채권자의 채권액

경매신청채권자에 대항할 수 있는 가압류채권자는 배당요구신청이 없어도 배당에서 제외되지 않는다. 그러나 가압류등기에는 그 피보전채권액이 기재되지 않은 경우도 있기 때문에 법원으로서는 그 채권액을 알 수 없는 경우도 있다. 따라서 법원은 가압류채권자가 채권계산서를 제출하지 아니하면 배당기일까지 그로 하여금 가압류결정의 정본이나 등본을 제출하게 하여 그 채권액을 확인한다. 만약 가압류채권자가 위 서류를 제출하지 아니한 때에는 직권으로 가압류법원에 그 채권액을 조회하거나 가압류기록을 송부촉탁하는 방법으로 그 채권액을 조사하여 배당표를 작성한다.

5. 조세채권에 대한 채권계산서 제출의 요부

판례262)는 임의경매에 있어서 낙찰기일 이후에 국세등의 교부청구가 있더라도 그 국세등은 우선 배당되어야 한다고 판시함으로써 낙찰기일까지 채권계산서의 제출이 없더라도 실권의 효과가 발생하지 아니하는 것으로 보고 있다. 또 국세징수법에 의한 압류등기가 되어 있는 경우에는 배당기일전에 당해 조세주관공무소에 조회하여 그 세목과 액수를 확인한다. 실무에서는 교부청구서 제출후에 세금이 납부되거나 교부청구의 변경이 있을 수 있으므로 배당기일소환장에 채권계산서의 제출을 최고하는 내용을 부기하여 해당 조세주관공무소에 송달하고 있다.

6. 근저당권자가 채권계산서를 제출하지 않은 경우 배당액산정의 기준

담보권의 실행을 위한 경매절차에서 경매신청채권자에 우선하는 근저당권자는 배당요구를 하지 아니하더라도 당연히 등기부상 기재된 채권최고액의 범위내에서 그 순위에 따른 배당을 받을 수 있다. 그러므로 그러한 근저당권자가 채권계산서를 제출하지 않았다고 하더라도 배당에서 제외할 수 없다. 또한 위 근저당권자는 경락기일 전에 피담보채권액을 기재한 채권계산서를 제출하였다고 하더라도 그 후 배당표가 작성될 때까지 피담보채권액을 보정하는 채권계산서를 다시 제출할 수 있다. 이 경우 배당법원으로서는 특단의 사정이 없는 한 배당표 작성 당시까지 제출한 채권계산서와 증빙 등에 의하여 위 근저당권자가 등기부상 기재된 채권최고액의 범위 내에서 배당받을 채권액을 산정하여야 한다.263)

194. 배당기일

낙찰인이 낙찰대금을 지급하면 경매법원은 배당기일을 지정하여 이해관계인과 배당요구채권자를 소환하여야 한다.

1. 배당기일의 지정

낙찰인이 낙찰대금을 지급하면 경매법원은 직권으로 배당기일을 지정하여야 한다(제654조의 2). 부동산 경매사건의 진행기간 등에 관한 예규에 의하여 낙찰인이 낙찰대금을 지급하면 3일 이내에 배당기일을 지정하되 대금납부 후 2주일 이내에 배당기일을 열도록 되어 있다. 대금지급기일과 배당기일은 서로 다른 날로 지정함이 원칙이나 경매신청채권자나 배당요구채권자가 낙찰인이 된 경우에는 낙찰대금의 지급이 확실시 될 뿐만 아니라 자기의 배당액과 상계할 기회를 주기 위하여 양기일을 같은 일시로 지정한다. 재경매를 명하였다가 대금의 지급이 있어 재경매절차를 취소한 경우에는 대금지급기일을 정할 필요가 없으므로 배당기일만을 지정한다.

2. 배당기일의 소환

배당기일에는 이해관계인과 배당을 요구한 채권자를 소환하여야 한다(제654조의 2). 배당기일소환장은 각 채권자 및 채무자의 쌍방에 대하여 늦어도 배당기일의 3일 전에 도달할 수 있도록 송달한다. 왜냐하면 배당기일 3일전 보다 뒤에 배당기일소환이 되면 민사소송법 제658조, 제588조 제2항 소정의 3일 간의 배당표열람기간을 지킬 수 없게 되기 때문이다. 낙찰인은 배당에 관하여 이해관계를 가지지 아니하

---

262) 대법원 1972. 6. 13. 선고, 72다503 판결 ; 대법원 1997. 2. 14. 선고 96다51585 판결
263) 대법원 1999. 1. 26. 선고, 98다21946 판결 ; 대법원 2018. 3. 27. 선고 2015다70822 판결

므로 배당기일에 소환하지 않는다. 다만, 대금지급기일과 배당기일을 같은 기일로 지정한 경우에는 낙찰인도 소환한다. 소환은 배당기일소환장을 송달하는 방법으로 행한다. 채무자의 소재지가 분명하지 아니하거나 외국에 있는 때에는 소환하지 아니한다(제658조, 제588조 제1항).

3. 집행정지, 제한 서류가 제출된 경우
낙찰인이 낙찰대금을 지급한 후에는 집행정지(제510조 제1호 내지 제6호)서류가 제출되더라도 경매법원은 경매절차를 정지하거나 취소할 수 없다. 따라서 경매법원은 집행정지서류를 제출한 당해 채권자 외에 달리 배당을 받을 채권자가 있는 때에는 그 채권자를 위하여 배강을 실시하여야 하므로(민사소송규칙 제146조의 3 제3항) 배당기일을 지정하여 배당절차를 진행한다. 이 경우에 제출된 서류가 민사소송법 제510조 제2호의 집행정지서류일 때에는 당해 채권자에게 배당할 액을 공탁한다(제658조, 제589조). 이에 대하여 집행정지서류 중 민사소송법 제510조 제4호의 서류가 이 단계에서 제출된 경우에는 이를 무시하고 당해 채권자에 대하여도 배당을 실시할 수밖에 없다.

195. 배당표의 작성
경매법원은 배당기일에 출석한 이해관계인과 배당을 요구한 채권자를 심문하여 배당표를 확정한다.

1. 배당표 원안의 작성
매각대금으로 모든 채권자의 채권 및 집행비용을 변제하기에 충분한 때에는 배당절차를 실시한다. 경매법원은 각 채권자가 적법하게 제출한 채권계산서와 경매기록에 편철된 경매신청서, 배당요구신청서 등에 의하여 배당표 원안을 작성한다. 경매법원은 배당기일에 출석한 이해관계인과 배당을 요구한 채권자를 심문하여 배당표를 확정한다(제656조, 제657조 제2항).

2. 배당표의 열람
배당표의 확정에 앞서 늦어도 배당기일의 3일 전까지는 배당표의 원안을 작성하여 이를 경매법원에 비치하여 각 채권자와 채무자로 하여금 열람할 기회를 주어야 한다(제658조, 제588조 제2항). 즉 경매법원은 배당기일의 3일 전까지 배당표의 원안을 작성하여 경매법원에 비치한 후 배당기일에 출석한 이해관계인 및 배당을 요구한 채권자를 심문하여 그 진술을 듣고 배당표 원안을 정정하여 배당표를 확정하거나 출석한 이해관계인과 배당을 요구한 채권자가 위 배당표 원안과 달리 합의를 하면 그 합의의 내용에 따라 배당표를 작성하여야 한다.

3. 배당표의 기재사항
배당표에는 매각대금, 각 채권자의 채권의 원금·이자·비용, 배당의 순서와 배당의 율을 기재하도록 되어 있다(제657조 제1항). 법원공문서규칙 소정의 배당표 양식에 의하면 배당표에는 위 기재사항 외에 배당법원의 표시, 사건번호, 배당할 금액, 매각부동산, 배당순위와 그 이유, 배당액, 잔여액, 비용비례액, 채권자의 성명 등을 기재하도록 되어 있다. 배당표가 배당기일에 확정되면 판사가 기명날인한다. 채권금액은 각 채권자별로 배당순위에 따라 좌측으로부터 순차로 기재한다.

196. 배당표의 기재사항
배당표에는 매각부동산, 이유, 잔여액, 채권자의 성명 등을 기재한다.

1. 매각부동산
매각대금이 발생한 당해 낙찰부동산을 특정하여 표시한다.

2. 이유
이유란에는 배당순위를 결정하는 근거를 기재한다. 우선권이 있는 채권에 대하여는 우선권의 근거를 기재한다. 즉, 조세채권의 경우에는 국세·지방세의 표시를, 공과금의 경우에는 그 종목을, 우선특권의 경우에는 그 내용을 기재하며, 또 저당권자인지를 표시한다. 그 외의 경우에는 배당참가채권자가 압류채권자인지 가압류채권자인지 또는 배당요구채권자인지를 표시한다.

3. 잔여액
배당할 금액으로부터 채권자의 배당액을 공제한 금액을 최좌측란의 잔여액란에 기재하고 그 다음부터는 전자의 잔여액에서 배당액을 공제한 금액을 잔여액으로 기재한다. 예를 들어 국세채권의 잔여액란에는 배당할 금액 1,000만원에서 배당액 500만원을 공제한 금 500만원을, 압류채권자의 잔여액란에는 위 잔여액 500만원에서 배당액 200만원을 공제한 금 300만원을, 배당요구채권자의 잔여액란에는 0을 기재한다.

4. 채권자의 성명
이 란에는 배당가입채권자의 성명 또는 강남세무서, 부산지방관세청, 용산구청, 한국주택은행, 노동부 광주지방사무소 등)을 기재한다.

197. 배당표에 포함되는 채권은

채권자가 배당요구를 하지 아니하거나 채권계산서에 기재하지 아니한 것은 배당표에 포함되지 않는다.

1. 채권금액
배당에 참가한 모든 채권자의 채권을 배당표에 기재하여야 한다. 채권자가 채무자에 대하여 가지는 채권이라도 청구 또는 배당요구를 하지 아니하거나 채권계산서에 기재하지 아니한 것은 포함되지 아니한다. 단 압류의 효력발생 전에 등기한 저당권자나 가압류채권자의 채권은 그러하지 아니하다. 채권의 일부만을 청구한 경우에는 청구하고 있는 일부의 채권만이 채권금액으로 된다. 채권금액에는 원금뿐만 아니라 이자(지연손해금 포함) 및 비용도 포함된다. 우선변제 받을 저당권자(근저당권자 포함)가 채권계산서를 제출하지 아니한 경우에는 등기부에 기재된 채권액(근저당권인 경우에는 그 채권최고액)이 채권액으로 된다.

2. 이자채권
이자를 계산함에 있어서 이율의 약정이 있으면 약정이율에 의한다. 저당권자가 우선변제를 받는 경우 변제기전의 이자는 제한을 받지 않지만 변제기 이후의 지연배상에 대하여는 변제기 이후의 1년 분에 한하여 우선권 있는 채권으로 계산할 수 있다(민법 제360조). 근저당권의 피담보채권의 범위는 채권최고액을 한도로 하고 이자는 최고액에 산입된 것으로 간주된다(민법 제357조 제2항). 따라서 채권최고액을 초과하는 원금, 이자는 변제받을 수 없다.264) 어음금액의 집행인낙을 기재한 공정증서에 기하여 배당요구를 한 경우 이자부분은 채무명의 없이 배당을 요구한 것이므로 배당을 받을 수 없다.

3. 비용
비용이라 함은 집행비용 즉, 우선변제 받을 집행비용을 제외한 배당요구신청비용, 2중압류채권자가 지출한 비용, 그 밖에 자기의 채권보전 내지 실현을 위하여 지출한 비용으로서 우선변제를 받을 수 없는 비용을 말한다. 소송비용 확정절차에 의하여 확정된 본안소송비용, 금융기관인 저당권자가 채무자를 위하여 대납한 화재보험금 등이 있다. 이러한 비용은 다른 배당채권에 우선하여 변제받을 수는 없다. 그러나 당해 채권자에 대한 배당금 중에서는 집행채권에 우선하여 변제받아야 할 성질의 것이므로 배당표에 기재하여야 한다. 이러한 비용에 관하여서는 그 내역을 명백히 하기 위하여 각 채권자별로 집행비용계산서를 작성하여 배당표에 첨부한다.

---

264) 대법원 1974. 12. 10. 선고, 74다998 판결 ; 대법원 2015. 6. 23. 선고 2014다35167 판결

198. 배당비율과 배당액
배당비율은 배당액을 산출하는 기초가 된다.

1. 배당비율
배당은 우선순위에 따라 선순위의 채권으로부터 순차로 전액을 배당한 다음 잔액이 있으면 그 잔액에 관하여 일반채권자의 각 채권액에 따라 안분하는 것이 원칙이다. 따라서 배당순위가 동일한 배당가입채권이 여러 개인 경우 그 채권간에는 각 배당가입 채권액의 동순위 채권합산액에 대한 백분율(각배당가입채권액/동순위채권합산액×100)이 배당비율로 된다. 그러나 선순위채권은 후순위채권에 우선하여 전액 배당하여야 하므로 그에 대한 배당율은 100%가 된다.

2. 배당액
배당비율은 배당액을 산출하는 기초가 된다. 즉 동순위채권자에게 배당할 금액에 배당비율을 곱하여 산출된 금액이 배당액이 된다. 따라서 배당에 참가한 모든 채권자가 동순위이면 (배당할 금액×배당비율=배당액)이 산출된다. 선순위채권자가 있는 경우에는 최선순위채권으로부터 순차로 그 채권금액을 배당한다. 일반채권자에 대하여는 배당할 금액에서 선순위채권 전액을 공제한 잔액에 관하여 배당비율에 따라 배당액을 산출한다.

3. 배당액의 계산방법
배당액은 편의상 원 이하를 사사오입하는 방식으로 계산한다. 원 이하를 사사오입하기 위하여는 적어도 원 이하 1자리까지는 계산하여야 하므로 배당할 금액의 자리수를 참작하여 배당비율을 소수점이 이하 몇 자리까지 표시하여야 할 것인가를 정하여야 한다.

4. 사례
배당할 금액이 100만원이고 배당가입 채권으로서 국세채권이 50만원, 집행채권자의 채권이 100만원, 배당요구재권자의 채권이 150만원인 경우에 먼저 배당비율을 계산하면 국세채권은 우선채권이므로 100%, 집행채권자가 40%(100/250×100), 배당요구채권자가 60%(150/250×100)로 된다. 그리고 구체적인 배당액을 계산하면 국세채권에 대한 배당액은 채권전액인 50만원, 집행채권자 및 배당요구채권자에 대한 배당액은 20만원 〈(100-50)×40/100〉 및 30만원 〈(100-50)×60/100〉이 된다.

5. 계산명세서
매각대금으로 모든 채권자의 채권 및 집행비용을 변제하기에 충분한 경우에는 배당표에 배당비율을 표시하지 않아도 되지만 실무에서는 모두 100%로 기재한다. 각 채권자에 대한 배당비율과 배당액의 산출 내용을 명백하게 하기 위하여 별지로 계산명세서를 작성하여 배당표에 첨부하기도 한다.

6. 배당표의 확정
경매법원은 미리 작성한 배당표 원안을 배당기일에 출석한 이해관계인과 배당을 요구한 채권자에게 열람하게 하고 그들을 심문하여 의견을 듣는다. 배당기일에 출석한 이해관계인과 배당요구채권자의 합의가 있으면 경매법원은 합의에 의하여 배당표를 작성하여야 한다(제657조 제2항). 즉시 조사할 수 있는 서증을 조사한 결과 배당표 원안에 추가·정정할 것이 있으면 추가·정정하여 배당표를 완성·확정한다(제656조, 제657조).

7. 배당표에 대한 이의
배당표에 대하여 이의가 있으면 이의있는 부분에 한하여 배당표는 확정되지 아니한다(제658조, 제590조 제3항). 배당표에 대하여 이해관계인이나 배당요구채권자의 이의가 없어 그대로 확정되면 경매법원 및 각 채권자와 채무자는 이에 기속된다.

199. 배당재단
배당할 금액에 산입되는 것으로는 낙찰대금, 지연이자, 항고 보증금 등이 있다.

1. 낙찰대금(제655조 제1항 제1호)
경매법원이 매수신청의 보증으로 최고가매수신고인으로부터 받은 금액은 낙찰대금에 산입된다(제655조 제3항).

2. 대금지급기일로부터 대금지급까지의 지연이자(제655조 제1항 제2호)
재경매명령이 있은 후 전낙찰인이 낙찰대금과 지연이자 및 절차비용을 지급하여 재경매가 취소된 경우에(제648조 제4항) 낙찰인이 지급한 대금지급기일부터 대금지급시까지의 이자는 배당할 금액에 산입된다.

3. 항고 보증금(제655조 제1항 제3호)
채무자 또는 소유자의 항고가 기각된 경우에는 항고인이 보증으로 제공한 금전이나 유가증권 및 재경매가 실시된 경우에 전낙찰인이 매수의 보증으로 보관하게 한 금전이나 유가증권은 그 반환을 청구하지 못하고(제642조 제6항 및 제648조 제5항) 그 보증금은 배당할 금액에 산입된다(제655조 제1항 제3호). 보증이 유가증권인 경우에는 경매법원은 이를 집행관에게 환가하게 하여 그 환가대금에서 환가비용을 공제한 금액을 배당할 금액에 산입한다(민사소송규칙 제157조 제1항).

4. 차순위매수신고인에 대한 낙찰허가결정이 있는 경우 낙찰인이 매수의 보증으로 보관한 보증금(제647조의 2 제2항, 민사소송규칙 제156조의 2)
차순위매수신고인에 대한 낙찰허가결정이 있는 경우 낙찰인이 매수의 보증으로 보관한 금전이나 유가증권도 배당기일에 배당할 금액에 산입된다.

5. 배당할 금액
실제배당할 금액이라 함은 실제로 각 채권자에게 배당할 금액으로서 배당할 금액에서 집행비용을 공제한 나머지를 말한다. 배당할 금액은 이상의 네가지 각 항목에 따라 명세를 밝히고 그 합계액을 표시한다. 한편 부동산이 일괄경매된 경우에 각 부동산의 낙찰대금액을 특정할 필요가 있는 때에는 각 낙찰대금액은 총 대금액을 각 부동산의 최저경매가격비율에 의하여 안분한 금액으로 한다(제655조 제2항). 각 부동산이 부담할 집행비용액을 특정할 필요가 있는 때에도 같다.

6. 배당의 실시가 불가능한 경우
토지 및 건물을 일괄경매함에 있어 강제경매부분과 임의경매부분이 각 그 목적물이나 범위가 다른 등의 사유로 각 부동산별로 따로 매각대금이나 집행비용을 정할 필요가 있음에도 불구하고 각 부동산별로 따로 최저입찰가격을 정하지 아니하고 일괄하여 최저입찰가격을 정한 결과 민사소송법 제655조 제2항에 따른 각 부동산별 매각대금을 정할 수 없게 된 경우 낙찰허가결정에 대한 항고절차에서는 위와 같은 사유만으로도 배당의 실시가 불가능하게 되었다고 본다.[265] 이 경우 각 부동산별로 매각대금이나 집행비용을 정할 필요가 있는 배당요구권자는 각 부동산별로 최저입찰가격을 정하지 아니하였음을 들어 낙찰허가결정에 대하여 항고를 제기할 이해관계가 있다.

☞ 낙찰허가결정에 대한 항고의 보증으로 공탁한 현금 또는 유가증권을 배당금액의 일부로 출급하는 경우 절차

1. 현금일 경우
경매법원은 항고인이 보증으로 공탁한 금액을 포함하여 배당을 실시한 후 공탁금에 관하여 지급위탁서

---

[265] 대법원 1995. 3. 2. 94마1729 결정

를 공탁공무원에게 송부한다(공탁사무처리규칙 제39조). 배당받은 집행채권자에게는 증명서 3통을 교부하여야 한다. 지급위탁서를 받은 공탁공무원은 수령권자에게 공탁금출급을 인가한다.

2. 유가증권일 경우
경매법원은 항고기각 또는 각하의 재판이 확정되었음을 증명하는 서면, 항고취하를 증명하는 서면, 기타 보증금이 배당할 금액에 포함되게 되었음을 증명하는 서면을 첨부하여 공탁유가증권출급청구를 한다. 공탁유가증권출급청구를 받은 공탁공무원은 경매법원에게 공탁유가증권의 출급을 인가한다. 재경매의 전낙찰인이 매수의보증으로 보관한(제648조 제5항) 보증금 및 차순위매수신고인에 대한 낙찰허가결정이 있는 경우 낙찰인이 매수의 보증으로 보관한(제647조의 2 제2항) 보증금을 배당금의 일부로 출급하는 절차도 위와 같다.

200. 집행비용

집행비용이라 함은 채권자가 지출한 모든 비용이 아니라 배당재단으로부터 우선변제를 받을 집행비용만을 의미한다.

1. 집행비용의 의의
집행비용이라 함은 각 채권자가 지출한 비용의 전부가 포함되는 것이 아니라 배당재단으로부터 우선변제를 받을 집행비용만을 의미한다. 이에 해당하는 것으로서는 당해 경매절차를 통하여 모든 채권자를 위하여 체당한 비용으로서의 성질을 가진 집행비용에 한한다. 집행채권보다 우선변제를 받을 집행비용은 원칙적으로 경매신청채권자가 지출한 비용이다. 여기에는 부동산경매의 실시를 위하여 필요한 비용뿐만 아니라 경매신청의 준비를 위하여 필요한 비용도 포함된다.

2. 집행비용에 포함되는 것
선행의 경매절차가 취소, 취하되어 뒤의 경매신청에 기하여 경매절차가 진행된 경우에는 뒤의 경매신청사건의 경매신청비용 이하 모든 비용이 집행비용으로서 우선변제 받을 수 있다. 그러나 위와 같은 경우에 선행사건의 절차에 의하여 지출된 비용은 원칙적으로 집행비용으로 되지 않으므로 비용액의 배당이 정지된다. 이때 배당표에 그 액을 기재하여 공탁하여야 한다. 선행사건의 비용중 부동산평가료, 현황조사비용 등 모든 채권자의 이익을 위하여 지출된 비용은 당연히 선행사건의 신청채권자에게 우선변제 되어야 한다. 따라서 경매법원은 그러한 경우 배당기일에 선행사건의 신청채권자도 소환한다. 만일 배당기일에 출석하지 않은 경우에는 그 비용액을 공탁한다(제598조 제4항). 집행비용을 우선변제 받을 채권자가 2인 이상인 경우에는 배당표에는 각 채권자별로 집행비용액을 기재한다.

3. 집행비용에 포함되지 않는 것
배당요구신청을 하기 위하여 지출한 비용은 집행비용에는 포함되지 아니한다. 왜냐하면 모든 채권자를 위하여 체당한 비용이 아니기 때문이다. 압류가 경합된 경우에 뒤의 경매신청에 소요된 경매신청서서기료, 인지대, 제출비용 등은 배당요구신청에 소요된 비용과 마찬가지로 우선변제를 받을 집행비용으로 되지는 아니한다.

4. 일괄경매의 집행비용
부동산이 일괄경매된 경우에 각 부동산이 부담할 집행비용액을 특정할 필요가 있는 때에는 각 집행비용액은 총집행비용액을 각 부동산의 최저경매가격의 비용에 의하여 안분한 금액으로 한다(제655조 제2항).

5. 경매개시결정에 대한 이의·낙찰허가결정에 대한 항고사건의 비용
집행비용은 경매절차에 있어서 직접 발생한 것에 한하므로 경매개시결정에 대한 이의사건이라든가 낙찰허가결정에 대한 항고사건을 위하여 지출한 비용은 포함되지 아니한다. 또 낙찰인에 대한 소유권이전등

기나 부담기입의 말소등기를 위한 등록세 등의 비용은 낙찰인이 부담할 것이므로 집행비용이 아니다(제661조 제2항).

201. 강제집행절차에서 필요한 비용이란
부동산경매에서는 필요비만이 집행비용이고 무익한 비용을 지출한 경우는 집행비용에 포함되지 않는다.

1. 필요비만이 집행비용이다.
강제집행의 비용중 필요한 것만이 집행비용으로 된다(제513조 제1항). 현실적으로 지출한 것이라도 필요가 없는 것은 집행비용이 아니다.

2. 무익의 비용을 지출한 경우
채권자의 부주의로 하지 않아도 되거나 쓸모없는 절차를 진행하여 소요된 비용은 집행에 필요한 비용이라고 할 수 없으므로 집행비용이 아니다. 예컨대, 소정의 요건을 제대로 갖추지 못하여 신청을 보정한 경우 그 보정에 소요된 비용이라든가, 채무자의 주소를 오기하였기 때문에 집행관이 불필요한 여비를 지출한 경우 그 여비, 비용의 예납을 촉구하는데 소요된 비용이라든가, 경매기일 변경신청서의 서기료 등은 필요한 비용이라 할 수 없다.

3. 채권자가 임의로 지출한 비용
채권자가 할 의무가 있는 행위 또는 할 것으로 예정되어 있는 행위 이외의 행위를 채권자가 임의로 하더라도 그 비용은 강제집행을 위하여 필요한 비용이라 할 수 없으므로 집행비용으로 되지 않는다. 예컨대 부동산 경매기일이라든가 낙찰기일 또는 대금지급기일에 채권자가 법원에 임의로 출석하더라도 그 비용은 집행비용으로 되지 않는다.

4. 부동산 인도청구 집행비용
부동산 인도청구의 집행에 있어서 채권자가 집행현장에 출석하는데 소요된 비용이다. 이 경우에는 채권자나 그 대리인이 집행장소에 출석한 때에 한하여 집행할 수 있으므로 채권자측의 출석은 필요적이기는 하나 강제집행에 의하지 않고 부동산 인도를 받더라도 그 부동산의 소재지에 나가야 하는 것이므로 강제집행을 위하여 특히 필요한 비용이라 할 수 없다. 예컨대, 낙찰기일 이후에 채권계산서를 제출(제653조 제1항)함에 있어 소요된 비용은 집행비용으로 되지 않는다. 결과적으로 아무런 소용없이 끝난 행위에 지출된 비용은 집행비용이 아니다.

5. 부수적 신청 비용
인용하면 당연히 집행비용으로 되는 부수적 신청이라도 그것이 각하된 때에는 그 신청에 들어간 비용이 집행비용에 해당되지 않음은 말할 것도 없다. 예를 들어 민사소송법 제603조 제3항의 부동산에 대한 침해행위를 방지하기 위한 조치의 신청에 관한 것일지라도 신청이 각하된 때에는 신청에 들어간 비용이 집행비용에 포함되지 않는다.

6. 신청을 취하한 경우
강제집행이 절차가 진행되는 도중에 신청취하, 절차를 취소로 종료한 때에는 그때까지의 절차 및 그 준비에 소요된 비용은 결국 필요없는 것이 되어 집행비용으로 되지 않는다(민사소송규칙 제155조의 4). 다만, 당해 목적재산에 관하여 후행의 사건이 존재하여 절차가 속행되는 경우에는 취하를 한 채권자가 지출한 비용도 속행절차에 있어서 그대로 유용하게 이용되는 행위나 절차에 관한 것인 한 집행비용으로 된다.

202. 경매비용의 예납
경매신청인이 예납하여야 할 비용은 경매절차를 수행하기 위하여 필요로 하는 재판상의 비용 중 법원이 지급할 비용이다.

1. 법원이 집행기관인 경우
강제경매신청 또는 담보권의 실행을 위한 경매의 신청이 있는 경우 법원은 신청인으로 하여금 경매절차의 수행에 필요한 비용을 예납하게 할 수 있다(제513조의 2 제1항, 제707조, 제715조, 제735조).

2. 예납하여야 할 비용
경매신청인이 예납하여야 할 비용은 법원이 경매절차를 수행하기 위하여 필요로 하는 재판상의 비용 중 법원이 지급할 비용이다. 예를 들어 서류의 송달 또는 송부비용, 공고비용, 현황조사수수료, 평가료, 경매수수료 등 집행개시후의 지급하는데 필요한 비용이다. 따라서 집행개시후의 당사자 비용과 집행개시전의 비용은 예납의 대상이 아니다. 또 각종신청시의 수수료는 인지첩부의 방법으로 납입되기 때문에 역시 예납의 대상이 되지 아니한다. 부동산 강제경매개시결정의 기입등기, 담보권의 실행 등을 위한 경매신청등기, 가처분등기 등의 등록세는 현금을 국고수납대행은행에 납부하고 그 영수증을 법원에 제출해야 하므로 예납의 대상이 아니다.

3. 예납액
집행비용은 그 비용을 요하는 개개의 행위시마다 개별적으로 예납하는 것이 원칙이다. 그러나 이렇게 하는 것은 오히려 집행절차의 원활한 진행을 해하므로 미리 통상의 절차에 따른 집행종료시까지의 비용의 개산액을 일괄하여 예납하여야 한다.

5. 예납의무자
강제경매 또는 담보권의 실행을 위한 경매의 신청을 한 자가 예납의무자이다. 단 소송상의 구조를 받은 자는 예납의무를 지지 않는다. 국가, 지방자치단체 기타 공공단체가 신청을 하는 경우에도 예납의무를 진다.

6. 예납절차
송달료의 예납절차에 관하여는 민사소송법은 예납기한에 대하여 아무런 규정을 두고 있지 않다. 그러나 당사자가 비용을 예납하지 아니한 경우에는 신청을 각하하거나 이미 실시한 집행절차를 취소할 수 있다(제513조의 2 제2항). 실무상으로는 5일 내지 7일의 기간을 정하여 예납을 명하는 것이 통례로 되어 있다. 이 기간은 재정기간이므로 연장할 수 있다(제159조). 한편 예납명령에 대한 고지의 방법에 관하여는 아무런 제한이 없으나 고지의 일시를 명확히 하기 위하여 재판의 정본(보정명령)을 송달하는 방법에 의한다.

7. 예납금의 출급
민사예납금 등을 출급받을 자가 출급받을 민사예납금 등을 자기의 비용으로 자신의 예금계좌에 입금하여 줄 것을 신청한 때에는 민사예납금 등을 신고한 예금계좌로 입금하여 지급 받을 수 있다. 위 계좌입금을 신청하려면 예금통장의 사본 2통, 우편엽서 1매를 첨부하여 계좌입금신청서 2매를 제출하여야 한다. 사건이 종결된 후 예납금중 잔액이 있을 때에는 납부인은 환급신청을 하면 된다.

8. 예납불이행의 효과
채권자가 예납명령(보정명령)에 응하지 아니한 경우 경매법원은 신청을 각하하거나 이미 실시한 집행절차를 취소할 수 있다(제513조의 2 제2항). 그러나 예납에 응하지 않더라도 예상외로 목적물이 고가로 경매가 된경우에는 매각대금 중에서 이를 지급하고 배당 등의 절차를 진행한다. 또 예납기간이 경과되었다 하더라도 신청을 각하하거나 집행절차를 취소하기 전에 예납을 한 때에는 신청을 각하하거나 절차를 취소할 수 없다. 신청을 각하하거나 절차를 취소하는 결정에 대하여는 즉시항고를 할 수 있다(제513조의 2 제3항). 채권자가 즉시항고를 하면서 경매법원이 명한 예납액을 납부한 경우에 그 예납의 효과를 어떻게 볼 것인가? 즉시항고를 하고 그 흠결을 보정하였을 경우라도 이를 경정할 수 없다고 본다.

☞ **계좌입금신청서**

203. 집행비용의 부담자와 추심절차

부동산 경매절차의 모든 비용 중 강제집행에 필요한 부분은 집행비용으로 되어 결국 채무자의 부담으로 된다.

1. 집행비용은 채무자가 부담하는 것이 원칙이다.
강제집행의 비용은 필요한 부분에 한하여 종국적으로 채무자의 부담으로 하고 그 집행에 의하여 우선적으로 변상을 받는다(제513조 제1항). 즉 강제집행의 실시 및 준비를 위한 모든 비용은 채권자가 우선 지출하여야 하나 그중 강제집행에 필요한 부분은 집행비용으로 되어 비용부담의 재판을 필요로 하지 않고 채무자의 부담으로 되는 것이다.

2. 채권자가 부담해야 할 집행비용
집행에 불필요한 비용은 채권자의 부담으로 한다. 채권자가 집행준비를 위하여 지출한 비용은 강제집행을 개시하지 아니하면 집행비용으로서 고려될 여지가 없다. 집행이 개시된 다음에 지출한 비용이라 하더라도 집행신청이 취하되거나 집행절차가 취소되는 등 집행본래의 목적인 청구권의 실현을 보지 못하고 종료된 경우에는 그 비용은 채권자의 부담으로 된다. 채권자가 집행신청의 일부를 취하하거나 집행절차의 일부가 취소된 경우 등에 있어서 그 일부의 집행에 소요된 비용도 채권자의 부담으로 되며 집행비용으로 되지는 않는다. 예납금 잔액을 환급받는 경우 위와 같은 비용부담은 공제하고 나머지만 환급받는다.

3. 제3자가 집행비용을 부담하는 경우
실체법상의 비용부담자는 별론으로 하더라도(민법 제473조) 그 경매절차 내에서는 경매목적물의 소유자를 경매비용의 부담자로 보아야 할 것이다. 그러나 집행당사자 이외의 제3자가 집행비용을 부담하는 경우도 있다. 예컨대 재경매에 있어서 전의 낙찰인이 재경매기일의 3일 이전까지 대금, 지연이자와 절차비용을 지급하여 재경매절차를 취소한 경우와 같다(제648조 제4항). 담보권의 실행 등을 위한 경매에도 민사소송법 제513조 제1항이 준용된다(제735조).

4. 부동산에 대한 강제집행과 집행비용의 추심
강제집행비용은 그 추심을 위하여 별도의 채무명의 없이 본래의 강제집행에 의하여 우선적으로 변상을 받는다(제513조 제1항). 강제경매의 집행비용은 경매법원이 부동산을 경매한 매각대금의 배당시에 집행비용을 계산하여 채권자에게 상환한다. 경매법원은 직권으로 집행기록과 채권자가 제출한 채권계산서를 근거로 하여 집행비용을 계산한다. 집행비용은 어떠한 채권보다도 우선하여 추심된다. 그러나 이미 경매개시결정이 있는 부동산에 대하여 다시 강제경매신청을 한 경우에는 종전의 경매절차가 취소되거나 경매신청이 취하되지 않는 한 후의 경매신청비용을 공익비용으로 우선적으로 배당받을 수는 없다.

5. 담보권의 실행 등을 위한 경매에 있어서의 비용의 추심
담보권의 실행 등을 위한 경매의 비용은 매매물건의 환가금으로부터 먼저 공제하여 추심한다. 경매비용은 집행기관이 경매기록과 채권자가 제출한 채권계산서를 근거로 하여 직권으로 계산하여 추심한다. 이미 경매개시결정이 있는 부동산에 대하여 다시 담보권의 실행 등을 위한 경매를 신청한 경우에 선행의 경매신청이 취하되거나 취소되지 않는 한 그 신청비용을 우선적으로 배당 받을 수 없음은 강제경매의 경우와 같다.

204. 집행비용확정 결정이란

채무자가 부담할 강제집행 비용으로서 집행에 의하여 변상받지 못한 비용에 관하여는 경매법원이 결정으로 그 금원을 정한다.

1. 집행비용확정결정 신청절차
집행비용확정결정의 신청에는 비용계산서, 그 등본과 비용액의 소명에 필요한 서면을 제출하여야 한다. 신청을 받은 경매법원은 결정전에 상대방에 대하여 비용계산서의 등본을 교부하고 이에 대한 진술을 할 것과 일정한 기간 내에 비용계산서와 비용액의 소명에 필요한 서면을 제출할 것을 최고하여야 한다(민사소송규칙 제107조 제2항, 법 제101조 제1항).

2. 집행비용의 계산
집행기관이 강제집행 또는 담보권의 실행 등을 위한 경매를 실시하여 본안의 청구와 동시에 채무자 또는 경매물건 소유자로부터 집행비용을 추심하여 이를 채권자에게 지급하기 위하여는 집행비용의 구체적인 액을 산정할 필요가 있다. 집행비용은 채권자의 청구가 없어도 집행기관이 직권으로 계산한다. 법원은 스스로 비용액을 계산하지 아니하고 법원사무관 등에게 이를 계산하게 할 수 있다(민사소송규칙 제107조 제2항, 법 제105조). 그러나 전부를 직권으로 탐지하여 계산할 의무는 없다. 따라서 집행기관은 기록에 명백히 나타난 것은 기록에 기하여 계산하고 기록상 명백하지 아니한 비용은 채권자가 제출한 채권계산서 및 소명자료에 의하여 계산하여야 한다. 채권자는 민사소송법 제586조, 제653조에 의하여 채권계산서에 집행비용을 기재하여 제출할 수 있다. 채권자가 채권계산서를 제출한 경우 법원은 이에 기재된 집행비용의 항목, 총액에 구속받지는 않는다. 집행기록상 명백한 비용에 관하여는 채권자가 특히 청구하지 아니한다는 취지의 의사표시가 없는 한 비용항목의 추가, 금액의 증액을 할 수 있다. 집행비용의 계산은 채권자가 집행의 실시 또는 그 준비를 위하여 비용이 소요되는 각 행위를 한 때를 표준으로하여 계산한다.

3. 부동산 경매에 있어서의 집행비용의 계산방법
부동산 강제경매절차에서는 배당을 실시하는 경우이거나 이를 실시하지 아니하는 경우이거나를 불문하고 집행비용의 계산관계를 명확히 할 필요가 있으므로 실무상으로 집행비용계산서를 작성하여 집행비용의 내역을 밝히고 있다. 집행비용계산서는 법률상 요구되는 것은 아지만 집행비용계산서가 없더라도 배당표의 효력에 영향을 주지는 않는다. 집행비용계산서는 법원사무관 등이 작성하여 법원의 승인을 받는다. 그러나 승인절차가 따로 정해져 있는 것은 아니고 실무상으로는 배당표상의 집행비용항목에 이를 인용함으로써 승인에 갈음한다.

4. 집행비용확정결정에 대한 불복신청방법
집행비용확정결정은 채무명의가 된다(제519조 제1호). 따라서 채권자는 이에 기하여 강제집행을 할 수 있다. 채무자의 비용변상의무는 위 집행비용확정결정의 확정에 의하여 비로소 이행기가 도래하는 것으로 본다. 집행비용확정결정의 신청에 관한 결정에 대하여는 즉시항고를 할 수 있다(민사소송규칙 제107조 제2항, 법 제100조 제3항).

5. 집행비용의 계산에 대한 불복신청
부동산 강제경매에서 집행비용의 계산에 대한 불복신청의 방법은 배당기일에 출석한 각 채권자와 채무자가 배당표에 기재된 집행비용의 계산에 대하여 이의를 진술함으로써 한다. 법원은 위 이의가 이유있다고 인정될 때에는 집행비용을 다시 계산하여 배당표의 기재를 경정한다. 집행비용계산을 즉시할 수 없는 경우에는 배당의 실시를 연기하고 다시 배당기일을 정하여 경정한 배당표에 따라서 배당을 실시한다. 이의가 이유 없다고 인정된 때에는 그대로 배당을 실시한다. 이 경우 이의를 진술하였던 채권자 또는 채무자는 정식으로 집행에 관한 이의(제504조 제1항)를 신청할 수 있다. 담보권실행 등을 위한 경매에 있어서 경매비용의 계산에 대한 불복신청의 방법도 위와 같다(저 728조 내지 제730조, 제732조, 제733조 제3항, 제734조 제1항, 제735조)

205. 배당순위

배당요구채권자는 민법과 상법 기타 법률에 따라 우선순위가 정하여 진다.

1. 배당요구채권자의 우선순위
각 배당요구채권자는 민법과 상법 기타 법률에 따라 우선순위가 정하여 진다(제652조). 배당참가채권이 모두 일반채권자라면 채권발생의 선후에 불구하고 평등한 비율로 배당을 받게 된다.

2. 배당순위의 표시
법률에 의하여 일반채권자에 우선하여 변제받을 수 있도록 규정되어 있는 채권이 있으면 이러한 채권에 관하여는 우선적으로 변제하여야 하므로 배당표에 각 채권의 배당순위를 표시하여야 한다. 배당순위는 번호로 표시하며 동일순위의 채권자가 수인인 때에는 같은 번호로 표시한다. 예를 들어 당해세인 국세채권, 저당채권, 압류채권, 배당요구채권이 배당에 가입한 경우에는 국세채권에 대하여는 1로, 저당채권자에 대하여는 2로, 나머지에 대하여는 3으로 표시한다.

3. 압류재산에 조세채권의 확정일 이후 설정된 저당권에 의하여 담보되는 채권이 있는 경우
(1) 1순위 : 소액주택임대차보증금채권, 최종 3월분 임금 등 채권
(2) 2순위 : 조세 기타 이와 동순위의 징수금(당해세 포함)
(3) 3순위 : 저당권에 의하여 담보된 채권
(4) 4순위 : 임금 기타 근로관계로 인한 채권
(5) 5순위 : 조세 다음 순위의 공과금
(6) 6순위 : 일반채권

4. 압류재산에 국세의 법정기일 또는 지방세의 과세기준일, 납세의무 성립일(조세채권의 확정일) 이전에 설정된 저당권에 의해 담보된 채권이 있는 경우
(1) 1순위 : 소액주택임대차보증금채권, 최종 3월분 임금 등 채권
(2) 2순위 : 집행의 목적물에 대하여 부과된 국세와 가산금(당해세)(국세기본법 제35조 제1항 제3호)
(3) 3순위 : 국세의 법정기일 또는 지방세의 과세기준일, 납세의무성립일 이전에 설정등기된 저당권에 의하여 담보되는 채권(국세기본법 제35조 제1항 제3호, 지방세법 제31조 제2항 제3호)
(4) 4순위 : 근로기준법 제30조의 2 제2항 소정의 퇴직금 등을 제외한 임금 기타 근로관계로 인한 채권(근로기준법 제30조의 2 제1항).
(5) 5순위 : 국세, 지방세 등 지방자치단체의 징수금(국세기본법 제35조, 지방세법 제31조)
(6) 6순위 : 국세 및 지방세의 다음 순위로 징수하게 되는 공과금
(7) 7순위 : 일반채권자

5. 압류재산에 저당권에 의하여 담보되는 채권이 없는 경우
(1) 1순위 : 소액주택임대차보증금채권, 최종 3월분 노임 등 채권
(2) 2순위 : 임금 기타 근로관계로 인한 채권
(3) 3순위 : 조세 기타 이와 동순위의 징수금(당해세 포함)
(4) 4순위 : 조세 다음 순위의 공과금.
(5) 5순위 : 일반채권

206. 임대차보증금의 배당순위
소액주택임대차보증금채권은 최우선 배당받는다.

1. 최우선 배당액의 범위
주택임대차보호법 제8조 제1항에 규정된 임차인의 보증금중 일정액(서울특별시 및 광역시에서는 1,200만원 이하, 기타 지역에서는 800만원)은 다른 담보물권자(주택임대차보호법 제8조 제1항) 및 모든 국세 등 채권자보다 우선한다(국세기본법 제35조 제1항 제4호, 지방세법 제31조 제2항 제4호).

2. 임차인의 배당요구
주택임대차보호법의 적용대상인 '주거용 건물'의 의미는 대지를 제외한 건물에만 한정하지는 않는다. 따라서 대지 및 건물이 경매개시되었다가 대지 부분만 낙찰된 경우에도 그 주택의 소액임차인은 대지 낙찰대금에서 보증금을 우선변제받을 수 있다.[266] 그리고 임차인은 배당요구의 방법으로 우선변제권을 행사할 수 있으므로 임차주택이 임차기간의 만료전에 경매되는 경우 대항력을 갖춘 임차인의 배당요구는 임대차 해지의 의사표시로 본다.[267]

3. 우선변제 요건의 존속기간
주택임대차보호법 제8조에서는 임차인에게 같은 법 제3조 제1항 소정의 주택의 인도와 주민등록을 요건으로 명시하여 그 보증금 중 일정액의 한도 내에서는 등기된 담보물권자에게도 우선하여 변제받을 권리를 부여하고 있다. 그런데 배당요구시까지만 위 요건을 구비하면 족하다고 한다면 동일한 임차주택에 대하여 주택임대차보호법 제8조 소정의 임차인 이외에 같은 법 제3조의2 소정의 임차인이 출현하여 배당요구를 하는 등 경매절차상의 다른 이해관계인들에게 피해를 입힐 수도 있다. 따라서 공시방법이 없는 주택임대차에 있어서 주택의인도와 주민등록이라는 우선변제의 요건은 그 우선변제권 취득시에만 구비하면 족한 것이 아니고 배당요구의 종기인 경락기일까지 계속 존속하고 있어야 한다.[268]

☞ 부동산 경매와 주택임대차

1. 대법원 1998. 9. 25. 선고, 97다28650 판결
(1) 주택임대차보호법 제3조의2 제1항의 규정에 의하면 제3자에 대한 대항요건과 확정일자를 갖춘 임차인은 민사소송법에 의한 경매시 임차주택의 환가대금에서 후순위권리자 기타 채권자보다 우선하여 보증금을 변제받을 권리가 있다. 다만 위와 같은 요건을 갖춤으로써 우선변제권이 있는 주택임차인이라고 하더라도 당해 주택의 양수인에게 대항할 수 있는 경우에는 임대차가 종료되어야 임차주택의 환가대금에서 우선변제를 받을 수 있다.
(2) 임차주택의 양수인에게 대항할 수 있는 주택임차인이 당해 임차주택을 경락받아 그 대금을 납부함으로써 임차주택의 소유권을 취득한 때에는 그 주택임차인은 임대인의 지위를 승계하는 결과 그 임대차계약에 기한 채권이 혼동으로 인하여 소멸하게 되므로 그 임대차는 종료된 상태가 된다.
(참조판례) 대법원 1996. 7. 12. 선고, 94다37646 판결 ; 대법원 1998. 9. 18. 선고, 97다28407 판결 ; 대법원 1996. 11. 22. 선고, 96다38216 판결

2. 대법원 1998. 10. 27. 선고, 98다1560 판결
(1) 주택임대차보호법 제3조의2 제1항의 규정에 의하면 제3자에 대한 대항요건과 확정일자를 갖춘 임차인은 민사소송법에 의한 경매시 임차주택의 환가대금에서 후순위권리자 기타 채권자보다 우선하여 보증금을 변제받을 권리가있으나, 다만 그와 같은 요건을 갖춤으로써 우선변제권이 있는 주택임차인이라고

---
266) 대법원 1996. 6.14. 선고, 96다7595 판결 ; 대법원 2012. 7. 26. 선고 2012다45689 판결
267) 대법원 1996. 7. 12. 선고, 94다37646 판결 ; 대법원 2018. 12. 27. 선고 2016다265689 판결
268) 대법원 1997. 10. 10. 선고, 95다44597 판결 ; 대법원 2007. 6. 14. 선고 2007다17475 판결

하더라도 주택의 양수인에게 대항할 수 있는 경우에는 임대차가 종료된후가 아니면 경매절차에서 우선순위에 따른 배당을 받을 수 없으며, 한편 임차주택이 경매되는 경우에 주택의 양수인에게 대항할 수 있는 임차인이 임대차기간이 만료되지 아니하였음에도 경매법원에 배당요구를 하는 것은 스스로 더 이상 임대차관계의 존속을 원하지 아니함을 명백히 표시하는 것이어서 다른 특별한 사정이 없는 한 이를 임대차 해지의 의사표시로 볼 수 있고 경매법원이 민사소송법 제606조 제1항에 따라 임대인에게 배당요구 사실을 통지하여 임차인의 해지의사가 경매법원을 통하여 임대인에게 전달되면 이 때 임대차관계는 해지로 종료되며 임차인이 경매법원에 배당요구를 하였다는 사실만으로는 곧바로 임대차관계가 종료되지 아니한다.
(2) 경매법원이 임차인의 배당요구통지서를 경매신청인인 금융기관이 경매신청 당시 신고한 임대인(소유자)의 주소로 송달하였다가 이사갔다는 이유로 송달불능되자 등기우편으로 같은 주소에 발송한 경우 금융기관의연체대출금에관한특별조치법 제3조에 의하면 금융기관의 신청에 따라 진행하는 경매절차에서 통지 또는 송달은 경매신청 당시의 부동산등기부에 기재된 주소나 법원에 신고된 주소에 발송함으로써 송달된 것으로 보도록 하고 있지만 이는 경매절차에서 송달된 것으로 본다는 것일 뿐이므로 발송만으로 배당요구통지서에 담긴 임대차 해지의 의사표시가 임대인에게 도달하였다고 볼 수 없다.
(참조판례) 대법원 1996. 7. 12. 선고, 94다37646 판결 ; 대법원 1998. 9. 18. 선고, 97다28407 판결 ; 대법원 1995. 6. 5. 94마2134 결정

3. 대법원 1998. 6. 26. 선고, 98다2754 판결
(1) 주택임대차보호법상의 대항력과 우선변제권의 두 가지 권리를 겸유하고 있는 임차인이 먼저 우선변제권을 선택하여 임차주택에 대하여 진행되고 있는 경매절차에서 보증금 전액에 대하여 배당요구를 하였으나 그 순위가 늦은 까닭으로 보증금 전액을 배당받을 수 없었던 때에는 보증금 중 경매절차에서 배당받을 수 있었던 금액을 뺀 나머지에 관하여 경락인에게 대항하여 이를 반환받을 때까지 임대차관계의 존속을 주장할 수 있고 이 경우 임차인의 배당요구에 의하여 임대차는 해지되어 종료되며 다만 같은 법 제4조 제2항에 의하여 임차인이 보증금의 잔액을 반환받을 때까지 임대차관계가 존속하는 것으로 의제될 뿐이어서 경락인은 같은 법 제3조 제2항에 의하여 임대차가 종료된 상태에서의 임대인의 지위를 승계하고 임차인의 우선변제권은 경락으로 인하여 소멸하는 것이다.
(2) 대항력과 우선변제권을 가진 임차인이 임차주택에 관한 경매절차에서 보증금에 대하여 배당요구를 함으로써 임대차계약이 해지되어 종료되고 그 주택이 경락된 이상 그 경락인이 마침 임대인의 지위에 있던 종전 소유자이고 임차인은 후순위 권리자이어서 전혀 배당을 받지 못한 채 계속하여 그 주택에 거주하고 있었다고 하더라도 그 후 그 주택에 관하여 새로이 경료된 근저당권설정등기에 기한 경매절차에서 그 낙찰대금으로부터 우선변제를 받을 권리는 없고 다만 경락인에 대하여 임차보증금을 반환받을 때까지 임대차관계의 존속을 주장할 수 있을 뿐이다.
(참조판례) 대법원 1997. 8. 22. 선고, 96다53628 판결 ; 대법원 1997. 8. 29. 선고, 97다11195 판결

4. 대법원 1998. 10. 2. 선고, 98다28879 판결
(1) 확정일자란 증서에 대하여 그 작성한 일자에 관한 완전한 증거가 될 수 있는 것으로 법률상 인정되는 일자를 말하며 당사자가 나중에 변경하는 것이 불가능한 확정된 일자를 가리키고 확정일자 있는 증서란 위와 같은 일자가 있는 증서로서 민법 부칙 제3조 소정의 증서를 말한다.
(2) 법무법인이 사서증서인 임대차계약서에 대하여 공증인법의 규정에 따라 사서증서의 인증절차를 마쳤다면 그 인증일자가 곧 확정일자이므로 인증받은 임대차계약서는 민법 부칙 제3조 제1항에서 말하는 공증인의 확정일자인 있는 사문서에 해당한다.

5. 대법원 1999. 3. 23. 선고, 98다46938 판결
(1) 구 주택임대차보호법(1999. 1. 21. 법률 제5614호로 개정되기 전의 것) 제3조 제1항은 임대차는 그 등기가 없는 경우에도 임차인이 주택의 인도와 주민등록을 마친 때에는 그 익일부터 제3자에 대하여 효력이 생긴다고 규정하고 있고 같은 법 제3조의2 제1항은 같은 법 제3조 제1항의 대항요건과 임대차계약증서상의 확정일자를 갖춘 임차인은 경매 등에 의한 환가대금에서 후순위권리자 기타 채권자보다 우선하

여 보증금을 변제받을 권리가 있다고 규정하고 있는바 주택의 임차인이 주택의 인도와 주민등록을 마친 당일 또는 그 이전에 임대차계약증서상에 확정일자를 갖춘 경우 같은 법 제3조의2 제1항에 의한 우선변제권은 같은 법 제3조 제1항에 의한 대항력과 마찬가지로 주택의 인도와 주민등록을 마친 다음날을 기준으로 발생한다.
(2) 담보권 실행을 위한 경매절차에서 신청채권자가 배당을 받을 금액은 경매신청서에 처음 기재한 채권액을 한도로 확정되고 그 후 신청채권자가 채권계산서를 제출하는 방법에 의하여 그 청구금액을 확장할 수 없다.
(3) 담보권 실행을 위한 경매를 신청하면서 경매신청서의 표지에는 대여금 원금만을 표시하고 그 내용의 청구금액란에 원금과 연체손해금을 기재한 경우 경매신청서에 기재한 채권액에는 대여금 원금 뿐만 아니라 그 연체손해금도 포함된다고 보아야 한다.
(참조판례) 대법원 1997. 12. 12. 선고, 97다22393 판결 ; 대법원 1998. 9. 8. 선고, 98다26002 판결 ; 대법원 1994. 1. 25. 선고, 92다50270 판결 ; 대법원 1995. 6. 9. 선고, 95다15261 판결 ; 대법원 1997. 1. 21. 선고, 96다457 판결 ; 대법원 1997. 2. 28. 선고, 95다22788 판결 ; 대법원 1998. 7. 10. 선고, 96다39479 판결

6. 대법원 1998. 9. 2. 98마100 결정
임대차계약에 있어 임대인의 지위의 양도는 임대인의 의무의 이전을 수반하는 것이지만 임대인의 의무는 임대인이 누구인가에 의하여 이행방법이 특별히 달라지는 것은 아니고 목적물의 소유자의 지위에서 거의 완전히 이행할 수 있으며 임차인의 입장에서 보아도 신 소유자에게 그 의무의 승계를 인정하는 것이 오히려 임차인에게 훨씬 유리할 수도 있으므로 임대인과 신 소유자와의 계약만으로써 그 지위의 양도를 할 수 있다 할 것이나 이 경우에 임차인이 원하지 아니하면 임대차의 승계를 임차인에게 강요할 수는 없는 것이어서 스스로 임대차를 종료시킬 수 있어야 한다는 공평의 원칙 및 신의성실의 원칙에 따라 임차인이 곧 이의를 제기함으로써 승계되는 임대차관계의 구속을 면할 수 있고 임대인과의 임대차관계도 해지할 수 있다고 보아야 한다.

7. 대법원 1998. 8. 24. 98마1031 결정
(1) 담보권의 실행을 위한 부동산의 입찰절차에 있어서 주택임대차보호법 제3조에 정한 대항요건을 갖춘 임차권보다 선순위의 근저당권이 있는 경우에는 낙찰로 인하여 선순위 근저당권이 소멸하면 그보다 후순위의 임차권도 선순위 근저당권이 확보한 담보가치의 보장을 위하여 그 대항력을 상실하는 것이지만 낙찰로 인하여 근저당권이 소멸하고 낙찰인이 소유권을 취득하게 되는 시점인 낙찰대금지급기일 이전에 선순위 근저당권이 다른 사유로 소멸한 경우에는 대항력 있는 임차권의 존재로 인하여 담보가치의 손상을 받을 선순위 근저당권이 없게 되므로 임차권의 대항력이 소멸하지 아니한다.
(2) 선순위 근저당권의 존재로 후순위 임차권의 대항력이 소멸하는 것으로 알고 부동산을 낙찰받았으나 그 이후 선순위 근저당권의 소멸로 인하여 임차권의 대항력이 존속하는 것으로 변경됨으로써 낙찰부동산의 부담이 현저히 증가하는 경우에는 낙찰인으로서는 민사소송법 제639조 제1항의 유추적용에 의하여 낙찰허가결정의 취소신청을 할 수 있다.

8. 대법원 1999. 4. 13. 선고, 99다4207 판결
(1) 주택임대차보호법 제3조 제1항에서 주택의 인도와 더불어 대항력의 요건으로 규정하고 있는 주민등록은 거래의 안전을 위하여 임대차의 존재를 제3자가 명백히 인식할 수 있게 하는 공시방법으로 마련된 것이고 그 주민등록이 어떤 임대차를 공시하는 효력이 있는가의 여부는 일반사회통념상 그 주민등록이 당해 임대차건물에 임차인이 주소 또는 거소를 가진 자로 등록되어 있는지를 인식할 수 있는가의 여부에 따라 결정된다.
(2) 등기부상 동·호수 표시인 '디동 103호'와 불일치한 '라동 103'호로 된 주민등록은 그로써 당해 임대차건물에 임차인들이 주소 또는 거소를 가진 자로 등록되어 있는지를 인식할 수 있다고 보여지지 아니한다고 하여 위 주민등록이 임대차의 공시방법으로서 유효하다고 할 수 없다.
(참조판례) 대법원 1997. 11. 14. 선고, 97다29530 판결 ; 대법원 1997. 7. 11. 선고, 97다10024 판결 ; 대법

원 1998. 1. 23. 선고, 97다47828 판결 ; 대법원 1995. 8. 11. 선고, 95다177 판결 ; 대법원 1996. 4. 12. 선고, 95다55474 판결 ; 대법원 1997. 1. 24. 선고, 96다43577 판결

9. 대법원 1998. 9. 8. 선고, 98다26002 판결
주택임대차보호법 제3조 제1항은 임대차는 그 등기가 없는 경우에도 임차인이 주택의 인도와 주민등록을 마친 때에는 그 익일부터 제3자에 대하여 효력이 생긴다고 규정하고 있고 같은 법 제3조의 2 제1항은 같은 법 제3조 제1항의 대항요건과 임대차계약증서상의 확정일자를 갖춘 임차인은 경매 등에 의한 환가대금에서 후순위권리자 기타 채권자보다 우선하여 보증금을 변제받을 권리가 있다고 규정하고 있는바 주택의 임차인이 주택의 인도와 주민등록을 마친 당일 또는 그 이전에 임대차계약증서상에 확정일자를 갖춘 경우 같은 법 제3조의 2 제1항에 의한 우선변제권은 같은 법 제3조 제1항에 의한 대항력과 마찬가지로 주택의 인도와 주민등록을 마친 다음날을 기준으로 발생한다.
(참조판례) 대법원 1997. 12. 12. 선고, 97다22393 판결

10. 대법원 1998. 12. 11. 선고, 98다34584 판결
주택의 임차인이 그 주택의 소재지로 전입신고를 마치고 입주함으로써 임차권의 대항력을 취득한 후 일시적이나마 다른 곳으로 주민등록을 이전하였다면 그 전출 당시 대항요건을 상실함으로써 대항력은 소멸하고 그 후 임차인이 다시 그 주택의 소재지로 주민등록을 이전하였다면 대항력은 당초에 소급하여 회복되는 것이 아니라 재전입한 때로부터 새로운 대항력이 다시 발생한다. 이 경우 전출 이전에 이미 임대차계약서상에 확정일자를 갖추었고 임대차계약도 재전입 전후를 통하여 그 동일성을 유지한다면 임차인은 재전입시 임대차계약서상에 다시 확정일자를 받을 필요 없이 재전입 이후에 그 주택에 관하여 담보물권을 취득한 자보다 우선하여 보증금을 변제받을 수 있다.
(참조판례) 대법원 1987. 2. 24. 선고, 86다카1695 판결 ; 대법원 1998. 1. 23. 선고, 97다43468 판결

207. 임금·퇴직금의 배당순위
최종 3월분 임금·최종 3년분 퇴직금 등 채권도 최우선 배당받는다.

1. 임금 등의 우선권
근로기준법의 적용을 받는 근로자의 근로관계로 인한 채권 중 최종 3월분의 임금과 최종 3년분의 퇴직금 및 재해보상금도 저당권에 의하여 담보되는 채권, 조세, 공과금 및 다른 채권에 우선하여 변제된다(근로기준법 제30조의 2 제2항, 국세기본법 제35조 제1항 제5호, 지방세법 제31조 제2항 제5호). 다만, 이 우선특권을 설정한 법률이 제정되기 전에 이미 성립한 저당권에 대하여는 우선특권소급효가 미치지 않는다.[269]

2. 임금채권의 범위
근로기준법 제30조의 2 제2항의 규정에 의하여 보호되는 임금채권의 범위는 퇴직의 시기를 묻지 아니하고 사용자로부터 지급받지 못한 최종 3월분의 임금을 말한다. 반드시 사용자의 도산 등 사업 폐지시로부터 소급하여 3월 내에 퇴직한 근로자의 임금채권에 한정하여 보호하는 취지라고 볼 수는 없다.[270]

3. 퇴직금·재해보상금
최우선변제되는 퇴직금은 최종 3년분의 퇴직금이다. 재해보상금은 통상의 임금과는 달리 전액에 대하여 우선변제권이 인정된다. 그러나 근로기준법 적용 사업장은 산재보험가입이 필수적이고 산재보험을 받으면 재해보상청구를 할 수 없으므로 재해보상금의 최우선변재권은 별 의미가 없게 되었다.

---
[269] 대법원 1990. 7. 10. 선고, 89다카13155 판결 ; 대법원 1999. 3. 12. 선고 98다59125 판결
[270] 대법원 1996. 2. 23. 선고, 95다48650 판결 ; 대법원 1995. 7. 28. 선고, 94다57718 판결 ; 대법원 2002. 12. 10. 선고 2002다48399 판결

4. 우선권의 경합이 있는 경우
소액주택임대차보증금채권과 최종 3월분의 임금 등 채권이 서로 경합하는 경우에는 상호 동등한 순위의 채권으로 배당한다.

5. 근저당권자가 임금채권자를 대위하는 경우
구 근로기준법(1997. 3. 13. 법률 제5305호로 폐지) 제30조의 2 제2항에 규정된 임금 등에 대한 우선특권은 사용자의 총재산에 대하여 저당권에 의하여 담보된 채권, 조세 등에 우선하여 변제받을 수 있는 이른바 법정담보물권으로서 사용자 소유의 수 개의 부동산 중 일부가 먼저 경매되어 그 경매대가에서 임금채권자들이 우선특권에 의하여 우선변제 받은 결과 그 경매한 부동산의 저당권자가 민법 제368조 제1항에 의하여 위 수 개의 부동산으로부터 임금채권이 동시배당되는 경우보다 불이익을 받은 경우에는 같은 조 제2항 후문을 유추적용하여 위 저당권자로서는 임금채권자가 위 수 개의 부동산으로부터 동시에 배당받았다면 다른 부동산의 경매대가에서 변제를 받을 수 있었던 금액의 한도 내에서 선순위자인 임금채권자를 대위하여 다른 부동산의 경매절차에서 우선하여 배당받을 수 있다.271)

208. 국세와 가산금의 배당순위
집행의 목적물에 대하여 부과된 국세와 가산금(당해세)의 배당순위는?

1. 서언
현행 세법상 당해세는 상속세, 증여세, 재평가세 등이 있다(국세기본법시행령 제18조 제1항). 지방세는 1991. 12. 14. 지방세법을 개정하면서 당해세 우선의 원칙을 폐지하였다(지방세법 제31조 제2항 제3호). 그러나 국세기본법상의 법정기일 전에 설정된 저당권에 의하여 담보된 채권보다 우선하는 그 매각재산에 대하여 부과된 국세·가산금은 근저당권이 설정된 재산 자체에 대하여 부과된 국세·가산금이어야 할 것이다.

2. 증여세
그런데 상속세법의 규정에 의하여 부과된 증여세는 재산의 취득자금을 증여받은 것으로 추정하여 그 재산의 취득자금에 대하여 부과하는 것이어서 국세기본법상의 그 매각재산 자체에 대하여 부과된 국세·가산금이라고 할 수 없으므로 위 법정기일 전에 설정된 근저당권에 의하여 담보된 채권에 우선하지 못한다.272)

3. 개발부담금
개발이익환수에관한법률 제19조 제1항이 '개발부담금의 납부의무자가 독촉장을 받고 지정된 기한까지 개발부담금 및 가산금 등을 완납하지 아니한 때에는 건설교통부장관은 국세체납처분의 예에 의하여 이를 징수할 수 있다.'라고 규정한 것은 국세징수법 중 체납처분에 관한 규정을 준용하여 개발부담금을 강제징수할 수 있다는 소위 자력집행권이 있음을 규정한 것일 뿐, 국세가 저당권부채권 등에 우선한다는 국세기본법 제35조 제1항의 규정도 준용된다는 취지로 볼 수는 없다.273)

4. 종합토지세
"모든 국민은 소급입법에 의하여 참정권의 제한을 받거나 재산권을 박탈당하지 아니한다."고 한 헌법 제13조 제2항의 규정에 비추어 개정된 지방세법(1995. 12. 6. 법률 제4995호로 개정되어 1996. 1. 1.부터 시

---
271) 대법원 1998. 12. 22. 선고, 97다9352 판결 ; 대법원 1996. 2. 23. 선고, 94다21160 판결 ; 대법원 2015. 11. 27. 선고 2014다208378 판결 [배당이의]
272) 대법원 1996. 3. 12. 선고, 95다47831 판결 ; 대법원 1996. 7. 12. 선고 96다21058 판결 [부당이득금반환]
273) 대법원 1996. 10. 11. 선고, 96다27032 판결

행된 것)에 의하여 새로 규정된 당해세의 우선적 효력은 그 우선적 효력을 설정한 법률이 제정되기 전에 이미 성립한 저당권이나 질권에 대해서까지 소급하여 적용될 수는 없다. 나아가 지방세법에 당해세 우선 규정이 전혀 없는 시점에 저당권을 설정받는 자에게 장래에 당해세 우선 규정이 신설될 것을 예측할 것을 요구할 수는 없으므로 저당권설정 후 제정된 당해세 우선 규정을 그 규정 제정 전에 이미 성립한 저당권에 대해서까지 적용하는 것은 저당권자의 예측을 침해한다는 점에서도 허용될 수 없다. 따라서 과세관청이 배당요구를 한 재산세 및 종합토지세가 모두 근저당권의 목적물에 관하여 부과된 당해세이고 그 법정기일(납세고지서 발송일)이 개정된 지방세법 시행 이후라고 하더라도 그 조세채권은 개정된 지방세법 시행 이전에 설정된 근저당권의 피담보채권에 대해서는 우선할 수 없다.274)

5. 농어촌특별세
취득세 및 취득세를 본세로 하는 농어촌특별세는 신고납세방식의 조세로서 이러한 유형의 조세에 있어서는 원칙적으로 납세의무자가 스스로 과세표준과세액을 정하여 신고하는 행위에 의하여 조세채무가 구체적으로 확정되고 그 납부행위는 신고에 의하여 확정된 구체적 조세채무의 이행으로 하는 것이므로 근저당권의 목적인 재산의 매각으로 인하여 생긴 금액에서 취득세 및 이에 대한 농어촌특별세를 징수하는 경우 그 세금과 근저당권에 의하여 담보된 채권의 우선순위를 정함에 있어서는 설사 납세의무자가 위 세금에 관한 과세표준과 세액을 과세관청에 신고하기만 하고 이와 동시에 세금을 납부하지 아니하였다고 하더라도 국세기본법 제35조 제1항 제3호 (가)목, 지방세법 제31조제2항 제3호 (가)목에 의하여 각 세금의 신고일과 근저당권설정등기일을 비교하여 그 일자의 선후를 기준으로 우선순위 여부를 판단하여야 한다.275)

209. 저당권의 배당순위

국세의 법정기일 또는 지방세의 과세기준일, 납세의무성립일 전에 설정등기된 저당권에 의하여 담보되는 채권의 배당순위는?

1. 저당권과 국세채권
국세의 법정기일이라 함은 과세표준과세액의 신고에 의하여 납세의무가 확정되는 국세에 있어서 신고한 해당세액에 대하여는 그 신고일을 말한다. 근저당권설정등기가 있은 후 다시 추가 근저당권설정등기를 한 후 양 목적물에 대하여 동시에 경매하는 경우에 추가로 설정한 근저당권이 국세채권의 확정전에 설정된 것이 아니면 그 매득금에서는 국세가 우선변제를 받는다. 또한 국세의 법정기일전에 설정등기된 저당권이라 함은 그 저당권설정당시의 저당권자와 저당권설정자의 관계를 기본으로 하여 저당권설정자의 납세의무를 기준으로 한다는 취지이다. 따라서 저당목적부동산이 제3자에게 양도되었을 경우에 양수인인 제3자에게 부과되는 국세의 법정기일이 저당권설정전이라 하더라도 저당권의 피담보채권은 위 국세채권에 대하여 우선권이 있다.276) 저당권이 국세 등의 법정기일에 설정되어 있으면 피담보채권은 그 발생시기 여하를 불문하고 국세보다 우선한다.277)

2. 국세의 법정기일
(1) 국세기본법 제21조 제2항, 제22조 제2항 제3호의 규정에 의하면 원천징수이자소득세의 납부의무는 원천징수의무자가 이자를 지급하는 때에 특별한 절차없이 성립하고 확정되는 것이므로 같은 법 제35조 제1항 단서 제3호 (다)목의 규정에 따라 저당권 등의 피담보채권과의 우선관계를 결정하는 법정기일도 그 때로 볼 것이다.278)

---

274) 대법원 1999. 3. 12. 선고, 98다59125 판결 ; 대법원 1999. 7. 23. 선고 98다49180 판결
275) 대법원 1999. 1. 26. 선고, 98다54298 판결 ; 대법원 1996. 3. 8. 선고, 95다51113 판결 ; 대법원 1996. 4. 12. 선고, 96다3807 판결 ; 대법원 1997. 4. 11. 선고, 96다40264 판결 ; 대법원 2004. 1. 16. 선고 2003다32483 판결
276) 대법원 1972. 1. 31. 선고, 71다2266 판결 ; 대법원 1991. 9. 24. 선고 88다카8385 판결
277) 대법원 1962. 7. 19. 선고, 62다190 판결 ; 대법원 1997. 5. 9. 선고 96다55204 판결
278) 대법원 1998. 9. 8. 선고, 97다12037 판결 ; 대법원 2007. 2. 22. 선고 2005다10845 판결

(2) 원천징수의무자가 징수하였거나 징수하여야 할 세액을 기한 내에 납부하지 아니하였거나 미달하게 납부하여 구 소득세법(1994. 12. 22. 법률 제4803호로 전문 개정되기 전의 것) 제182조의 규정에 의하여 부담하는 원천징수 납부불성실 가산세는 과세관청의 부과처분이 있어야 비로소 확정되는 것이므로 국세기본법 제35조 제1항 단서 제3호 (나)목의 규정에 따라 그 법정기일은 납세고지서의 발송일로 볼 것이다.[279]

(3) 원천징수의무자가 징수한 세액을 납부기한 내에 납부하지 아니하여 국세징수법 제21조, 제22조의 규정에 의하여 부담하는 가산금이나 중가산금은 납부기한 또는 그 이후의 소정의 기한까지 체납된 세액을 납부하지 아니하면 과세관청의 가산금 확정절차 없이 위 규정에 의하여 당연히 발생하고 그 액수도 확정되는 것이므로 국세기본법 제35조 제1항 단서 제3호 (다)목의 규정을 유추·적용하여 그 법정기일도 그 때로 보아야 한다.[280]

3. 지방세의 연대납세의무

연대납세의무자의 상호연대관계는 이미 확정된 조세채무의 이행에 관한것이지 조세채무 자체의 확정에 관한 것은 아니다. 연대납세의무자라 할지라도 각자의 구체적 납세의무는 개별적으로 확정함을 요하는 것이어서 연대납세의무자 각자에게 개별적으로 구체적 납세의무 확정의 효력발생요건인 부과처분의 통지가 있어야 한다. 따라서 연대납세의무자의 1인에 대하여 납세고지를 하였다고 하더라도 이로써 다른 연대납세의무자에게도 부과처분의 통지를한 효력이 발생한다고 할 수는 없다. 다만 지방세법 제18조 제3항에 의하여준용되는 민법 제416조에 따라 다른 연대납세의무자에게 징수처분의 통지를한 효력이 발생할 수 있을 뿐이다.[281]

4. 납세의무 성립일의 기준

구 지방세법(1991. 12. 14. 법률 제4415호로 개정되기 전의 것) 제31조 제2항 제3호에서 말하는 지방세 채권과 저당권 등에 의하여 담보된 채권과의우선관계를 가리는 '납기한'은 취득세 및 등록세와 같은 신고납세방식의 지방세에서는 세법이 규정한 법정납부기한을 가리키는 것이다. 따라서 같은 법의 관계규정에 의하면 취득세의 법정납부기한은 그 취득세 과세물건인 부동산을 취득한 날로부터 30일이 되는 날이고 등록세의 법정납부기한은 그 부동산에 관하여 등기를 한 날이다.[282]

5. 배당순위 판단의 기준으로서 가산세의 '납기한'

지방세법상 가산세는 지방세법에 규정하는 의무의 성실한 이행을 확보하기 위하여 그 의무를 이행하지 아니한 경우에 같은 법에 의하여 산출한 세액에 가산하여 징수하는 금액으로서 그 가산세가 본세의 명목으로 부과·징수된다고 하더라도 본세와는 본질적으로 그 성질이 다른 것이므로 구 지방세법(1991. 12. 14. 법률 제4415호로 개정되기 전의 것) 제31조 제2항 제3호에 따라 가산세 채권과 저당권 등에 의하여 담보된 채권과의 우선관계를 판단하는 데에는 가산세 자체의 '납기한'을 기준으로 하여야 할 것이다. 구 지방세법 제120조, 제121조의 규정 등에 의하면 취득세 납세의무자가 과세물건을 취득한 날로부터 30일 내에 자진신고납부를 하지 아니하거나 신고납부한 세액이 법정의 산출세액에 미달할 때에는 미납세액과 그에 대한 가산세를 부과고지하여 징수하도록 되어 있을 뿐이므로 가산세의 '납기한'은 그 부과고지시에 정한 납부기한이라고 보아야 한다.[283]

6. 저당권과 다른 권리와의 관계

저당권이 일반채권자 보다 우선하기 위하여는 압류의 효력발생 전에 등기된 것이어야 한다. 저당권상호

---

279) 대법원 1998. 3. 24. 선고, 95누15704 판결 ; 대법원 2011. 12. 8. 선고 2010두3428 판결
280) 대법원 1988. 9. 20. 선고, 85누635 판결 ; 대법원 1996. 4. 26. 선고. 96누1627 판결
281) 대법원 1985. 10. 22. 선고, 85누81 판결 ; 대법원 1988. 5. 10. 선고, 88누11 판결 ; 대법원 1994. 5. 10. 선고, 94누2077 판결 ; 대법원 1998. 9. 4. 선고 96다31697 판결
282) 대법원 1984. 9. 25. 선고, 84누201 판결 ; 대법원 1994. 1. 25. 선그, 93다47349 판결 ; 대법원 1995. 5. 23. 선고, 94다53365 판결 ; 대법원 2000. 1. 28. 선고 98다53646 판결
283) 대법원 1998. 9. 4. 선고, 96다31697 판결 ; 대법원 2001. 4. 24. 선그 2001다10076 판결

간에는 저당권설정등기의 선후에 의하여 우선순위가 정하여 진다(민법 제370조, 제333조). 저당권자와 전세권 및 임차권의 순위도 그 등기의 선후(다만, 주택임대차보호법 제3조의 2 제1항 소정의 임차권의 경우에는 같은 법 제3조의 2 제1항의 요건을 갖춘 선후)에 의한다. 저당권설정등기와 담보가등기의 선후도 그 등기의 선후에 의한다(가등기담보등에관한법률 제13조).

7. 근저당권의 피담보채권을 추가적·교환적으로 변경한 경우도 배당을 받을 수 있는가?
근저당권의 실행을 위한 경매절차에 있어서는 경매신청서에 피담보채권으로 기재한 채권이 변제 등에 의하여 소멸하였으나 당해 근저당권의 피담보채권으로서 다른 채권이 있는 경우 경매신청채권자는 그 청구채권을 소멸된 당초의 채권으로부터 그 다른 채권으로 교환적으로 변경하여 그 다른 채권에 대하여 배당을 구하는 내용의 채권계산서 등을 제출하는 방법으로 그 다른 채권에 대하여 배당을 받을 수 있다.284) 이때 청구채권의 변경이 추가적 변경인가 교환적 변경인가는 신청채권자가 경매법원에 표시한 의사를 객관적·합리적으로 해석하여 판단하여야 한다.285) 다만 변경 후의 피담보채권액이 경매신청서에 기재되어 있는 청구채권액을 초과하는 때에는 그 초과하는 부분에 대하여는 배당을 받을 수 없다.

8. 임의경매절차에서 교부받은 국세의 부과처분취소로 인한 환급금의 수령권자
제2차 납세의무자 소유의 부동산에 대한 임의경매절차에서 세무서장이 국세에 대한 교부청구를 하여 이를 교부받았는데 그 후 국세의 부과처분이 확정판결에 의하여 취소된 경우 교부받은 국세 상당액은 교부청구가 없었더라면 경매절차에서 채권의 우선순위에 따라 배당을 받았을 후순위 채권자들에게 반환되어야 한다. 후순위 채권자들의 채권이 이미 소멸되었다거나 그채권을 변제하고도 잉여가 있다는 등의 특별한 사정이 없는 한 경매 목적 부동산의 소유자인 제2차 납세의무자나 원래의 납세의무자에게 반환될 성질의 것이 아니다.286)

210. 근로관계로 인한 채권의 배당순위
최종 3월분의 임금과 최종 3년분의 퇴직금 등을 제외한 임금 기타 근로관계로 인한 채권의 배당순위는?

근로기준법 제30조의 2 제1항의 채권은 질권 또는 저당권에 의하여 담보된 채권을 제외하고는 조세, 공과금 및 다른 채권에 우선하여 변제되어야 한다. 다만, 질권 또는 저당권에 우선하는 조세, 공과금에 대하여는 그러하지 아니한다고 규정하고 있어 위 임금채권 등은 조세, 공과금에 우선하여 배당받으나 저당권보다는 후순위로 배당받게 되므로 여기서 전제로 하고 있는 바와 같이 국세의 법정기일 전에 저당권이 설정되어 있어서 그 저당권에 의하여 담보되는 채권이 조세채권보다 우선하는 경우에는 위 임금채권 등이 4순위로 배당을 받게 된다.

211. 징수금의 배당순위
국세·지방세 등 지방자치단체의 징수금의 배당순위는?

경매부동산을 국세의 체납처분에 의하여 압류한 경우에 관계되는 국세, 가산금, 체납처분비는 교부청구한 다른 국세에 우선한다(국세기본법 제36조 제1항, 지방세법 제34조 제2항). 또 지방세의 체납처분에 의하여 압류한 경우에는 교부청구한 국세, 가산금, 체납처분비는 압류에 관계되는 지방세의 다음 순위로 된다(국세기본법 제35조 제2항, 지방세법 제34조 제1항). 국세와 지방세 사이에는 우열이 없다. 또 교부청구된 조세 상호간에도 교부청구의 선후에 관계없이 동순위다.

---

284) 대법원 1997. 1. 21. 선고, 96다457 판결 ; 대법원 1999. 3. 23. 선고 98다46938 판결
285) 대법원 1998. 7. 10. 선고, 96다39479 판결 ; 대법원 1997. 1. 21. 선고, 96다457 판결
286) 대법원 1999. 1. 8. 98마363 결정

212. 공과금의 배당순위
국세 및 지방세의 다음 순위로 징수하게 되는 공과금의 배당순위는?

1. 서언
국세 및 지방세의 다음 순위로 징수하게 되는 공과금의 예로는 산업재해보상보험법 제76조의 산업재해보상보험료, 의료보험법 제58조의 의료보험료 등이 있다.

2. 공과금 채권의 우선순위
공과금채권과 저당권에 의하여 담보되는 채권의 우선순위에 관하여 판례[287]는 의료보험료와 저당권에 의하여 담보되는 채권의 우선순위에 관하여 의료보험료의 징수절차에 국세기본법 제35조 제1항 단서 제3호 또는 지방세법 제31조 제2항 제3호의 규정을 준용하게 되면 저당권설정시기와 의료보험료 등의 납부기한 여하에 따라서는 의료보험료 등의 우선순위가 국세, 지방세에 우선하는 결과가 되는 수도 있게 되어 의료보험법 제58조에 반하게 된다고 한다.

3. 실무
공과금채권과 저당권에 의하여 담보되는 채권의 우선순위에 관하여 실무는 저당권에 의하여 담보되는 채권이 항상 우선하는 것으로 우선순위를 결정하고 있다.

213. 배당을 실시하여야 할 경우
배당기일에 출석한 채권자 및 채무자로부터 이의신청이 없는 경우에 배당표는 확정되므로 배당을 실시한다.

1. 이의신청이 없는 경우
배당기일에 출석한 채권자 및 채무자로부터 이의신청이 없는 경우 또는 배당기일에 불출석함으로 인하여 배당표에 의한 배당실시에 동의한 것으로 보게 되는 경우(제591조 제1항)에는 경매법원이 작성한 배당표가 그대로 확정되므로 이에 따라 배당을 실시한다. 이의신청이 있고 이의가 완결되지 아니한 때에 있어서 이의없는 부분이 있는 경우(제590조 제3항)에는 이의없는 부분에 한하여 배당을 실시한다.

2. 이의신청이 있었으나 이의가 완결된 경우
이해관계인이 이의를 정당하다고 인정하거나 다른 방법으로 합의가 된 경우에는 이의가 완결된다(제590조 제2항).

3. 이의신청이 있었으나 이의신청인이 이의를 철회한 경우 또는 이의신청인이 배당이의의 소제기증명을 제출하지 아니한 경우(제592조)
이 경우에는 경매법원은 기일을 정하여 배당받을 채권자와 채무자를 소환하여 종전의 배당표에 따라 배당을 실시하여야 한다는 견해와 기일을 지정하지 않고 공탁을 한 다음 후일 수시로 출석한 채권자에게 지급증명서를 교부한다는 견해가 있다.

4. 배당이의의 소송이 취하, 취하간주, 소각하 또는 청구기각의 판결이 확정되었음이 증명된 경우(제597조)
이 경우에는 종전의 배당표에 따라 배당액을 지급하여야 한다. 즉 경매법원은 배당이의 소송의 피고가 소취하, 각하, 또는 청구기각 판결의 확정사실을 증명하는 서면을 제출하면서 배당액의 지급청구를 하는 경우에는 배당기일을 지정하지 않고 공탁공무원에게 지급위탁서를 송부하고 당해 채권자에게는 지급증

---
287) 대법원 1988. 9. 27. 선고, 89다카428 판결 ; 대법원 2018. 3. 29. 선고 2017다242706 판결

명서를 교부한다.

5. 배당이의소송의 판결이 확정되었음이 증명된 경우(제597조)
배당이의소송에 있어서 원고청구의 전부 또는 일부를 인용하는 판결이 확정되었음이 증명된 때에는 경매법원은 판결내용에 따라 배당을 실시한다. 즉, 원고 전부승소의 경우에는 원고가, 원고 일부승소의 경우에는 원고 또는 피고가 판결확정증명원을 제출하면서 배당액의 지급 또는 재배당실시를 신청하면 경매법원은 판결주문에서 배당액을 경정한 경우에는(제595조 전단) 그 내용에 따라 배당표의 배당액을 경정한 다음 공탁공무원에게 배당액의 지급위탁서를 송부하고 해당 채권자에게는 지급증명서를 교부한다. 판결주문에서 새로운 배당표의 작성과 배당절차를 명한 경우에는(제595조 후단) 새로운 배당표를 작성하여 관계채권자의 열람을 거친 다음 배당기일을 지정하여 관계채권자 및 채무자를 소환하는 등 배당절차를 실시한다.

6. 집행정지의 판결을 제출한 후 청구이의의 소가 종결된 경우
집행력있는 정본이 있는 채권자에 대한 채무자의 이의신청이 있는 경우에 채무자가 집행정지의 재판(제507조, 제508조)을 제출하지 아니하면 그 이의를 무시하고 그대로 배당을 실시하여야 한다. 또한 위 집행정지의 판결이 제출되었다라도 배당기일로부터 7일 내에 그 채권자를 상대로 청구이의의 소를 제기한 것을 증명하지 아니한 때, 위 청구이의의 소가 취하 또는 취하간주되거나 그 소송에 있어서 소각하 또는 청구기각의 판결이 확정되었음이 증명된 때에도 배당을 실시하여야 한다.

7. 낙찰인이 상계신청한 경우
대금지급 및 배당기일에 낙찰인이 배당액과의 상계에 의하여 대금을 지급한 때(제660조)에는 그 자에 대하여는 현실의 배당을 실시하지 않는다.

214. 배당금의 수령절차

배당기일에 채권자, 지배인 또는 법률상 대리인으로부터 배당금의 수령을 위임받은 사람은 대리권을 증명하여 배당금을 수령할 수 있다.

1. 배당액의 지급
배당기일에 출석한 채권자에 대하여는 민사예납금등 취급규칙에 따라 배당액을 지급한다. 우선변제를 받을 저당권의 피담보채권은 변제기가 도래하지 아니하였다 하더라도 경매에 의하여 저당권이 소멸되기 때문에 저당권자에게 지급하여야 할 것이라는 견해와 정지조건 있는 채권으로 보아(제589조 제2항) 배당액을 공탁할 것이라는 견해가 있다.

2. 대리인에 의한 배당금의 수령
배당기일에 지배인 또는 이에 준하는 법률상 대리인으로부터 배당금의 수령을 위임받은 사람은 ①위임장 ②지배인등기부등본 또는 법률상대리인의 기재가 있는 법인등기부초본과 ③지배인등의 개인인감증명 또는 지배인의 인장에 틀림없다는 취지의 법인대표자 명의로 된 확인서 기타의 적절한 서류를 첨부하여 대리권을 증명함으로써 배당금을 수령할 수 있다.

3. 집행력있는 정본 또는 채권증서의 교부, 영수증의 교부
(1) 채권자가 채권전부를 배당받을 경우
채권자가 채권전액을 배당금으로 수령하는 경우 채권자는 소지하고 있는 집행력있는 정본을 제출하여야 한다. 집행력있는 정본이 없는 때에는 채권증서를 제출하면 된다. 채권자가 이미 집행력있는 정본을 제출하여 경매기록에 편철되어 있는 때에는 이를 채무자에게 교부하면 된다. 수통의 집행력있는 정본을 부여받은 경우(제485조)에는 사용하지 아니한 집행력있는 정본도 제출하여야 한다.

(2) 채권자·채무자가 불출석한 경우
채무자가 배당기일에 출석하지 아니한 경우에는 채권자가 제출한 집행력있는 정본이나 채권증서를 기록에 편철하여 두었다가 후일 채무자의 청구가 있으면 교부한다. 채무자가 소재불명인 경우도 같다. 채권자가 집행력있는 정본이나 채권증서를 가지고 있지 아니한 경우에는 채권자는 영수증을 제출할 수 있고 이를 채무자에게 교부한다(제658조, 제598조 제3항). 불출석한 채권자의 신청에 의하여 경매법원에 보관되어 있는 배당액을 계좌입금한 경우 채권자가 미리 집행력있는 정본 등을 제출하지 아니한 때에는 채권자가 제출한 계좌입금신청서와 계좌입금하고 받은 무통장입금증등을 채무자에게 교부하여 영수증의 교부에 갈음할 수 있다.

(3) 임의경매의 경우
임의경매에 있어서는 집행력있는 정본이 불필요하다. 임의경매에 있어서 채무자와 소유자가 다른 경우에 채권증서와 영수증은 후일 소유자가 채무자에 대한 구상권을 행사할 수 있으므로 소유자에게 교부하여야 한다. 집행력있는 정본의 환부신청서에는 인지를 붙이지 않는다.

(4) 채권자가 채권의 일부를 배당받은 경우
채권자에게 채권액의 일부만을 배당금으로 지급하는 경우에는 담당법원사무관 등은 채권자로부터 집행력있는 정본 또는 채권증서를 제출받아 그 여백부분 또는 뒷면에 배당액을 기입하고 기명날인하여(98타경12345호 사건에 기하여 1999. 5. 15. 금 23,400,000원이 지급되었음을 부기함. 1999. 5. 15. 서울지방법원 법원사무관 홍길동 (인))반환하고 채권자로부터 영수증을 제출받아 채무자에게 교부하여야 한다(제598조 제3항).

☞ 환부신청서
☞ 부기문신청서

215. 배당액을 공탁하는 경우

배당액을 즉시 채권자에게 지급할 수 없거나 지급하는 것이 상당하지 아니한 경우 경매법원은 이를 공탁한다.

1. 정지조건이 있는 채권에 대한 배당액(제658조, 제589조 제2항)
정지조건이 있는 채권의 배당액은 공탁하고 조건의 성부에 의하여 지급하거나 재배당하여야 한다(제658조, 제589조 제2항). 정지조건이 있는 채권은 원래 강제집행은 물론 배당요구를 할 수 없다. 따라서 낙찰로 인하여 소멸하는 저당권 또는 가등기 담보권의 피담보채권이 정지조건에 걸려 있는 경우 경매법원은 배당액을 공탁하게 된다.

2. 조건이 성취된 경우
정지조건이 있는 채권은 조건의 성취에 의하여 채권이 확정되므로 조건이 성취된 경우에 당해 채권자가 그 사실을 증명하여 경매법원에 배당액 지급청구를 하면 경매법원은 배당기일을 열지 않고 당해 채권자에게 지급하여야 할 배당액에 상당하는 금액의 지급위탁서를 작성한 후 여기에 공탁서를 첨부하여 공탁공무원에게 송부하고 당해 채권자에게는 지급증명서(배당액지급증) 3통을 교부한다(제658조, 제589조 제2항, 제3항, 공탁사무처리규칙 제39조 제1항). 여기서 배당액에 상당하는 금액이라 함은 배당표상의 배당액과 집행비용을 합산한 액이다. 채권자가 지급증명서를 교부받은 때에는 집행력있는 정본 또는 채권증서나 영수증을 제출하여야 한다. 배당수령채권자는 공탁공무원에게 공탁물출급청구서(3통)에 지급증명서를 첨부 제출하여 공탁금을 출급받는다(공탁사무처리규칙 제29조, 제39조 제2항).

3. 조건의 불성취가 확정된 경우
조건의 불성취가 확정된 경우에는 이해관계인인 다른 채권자가 그 사실을 증명하면 배당법원은 추가배당절차를 실시한다.

4. 임차인의 배당금 수령
주택임대차보호법 제3조의 2 제1항의 규정에 의하여 우선변제권이 인정되는 임대차보증금도 임차인이 임차주택을 낙찰인에게 인도하지 아니하면 이를 수령할 수 없으므로 정지조건있는 채권에 대한 배당액 교부방법과 마찬가지로 임차물의 인도를 조건으로 배당액을 공탁하고 목적물의 인도를 증명하여야 배당액을 지급받을 수 있다. 통상 낙찰인이 작성한 명도확인서를 제출하면 된다.

216. 배당액을 공탁하는 경우
가압류채권자의 미확정채권에 대한 배당액, 배당이의소송 미완결의 채권에 대한 배당액 등은 공탁한다.

1. 집행력있는 정본에 의하지 아니한 배당요구채권을 채무자가 인낙하지 아니한 경우의 배당액(제658조, 제589조 제3항)
위와 같은 채권에 대하여는 채권자는 채권확정의 소를 제기하여 그 채권을 확정하여야 한다(제606조 제3항). 따라서 그 때까지는 위 채권에 대한 배당액을 채권자에게 지급하는 것이 부당하므로 이를 공탁한다. 위 채권의 존재가 확정되면 당해 채권자에게 배당액을 지급하고 부존재가 확정되면 다른 채권자에게 추가배당한다.

2. 가압류채권자의 미확정채권에 대한 배당액(제658조, 제589조 제3항)
가압류채권자의 피보전채권의 존재가 본안의 확정판결에 의하여 확정된 경우에는 채권자가 확정판결을 제출하면 경매법원은 가압류를 한 채권자에게 배당액을 지급한다. 본안의 확정판결을 받지 않은 가압류의 경우에 확정하지 아니한 채권은 공탁하여야 한다. 그러나 다른 채권자가 피보전채권의 존재에 관하여 배당기일에 배당표에 대한 이의를 하지 아니하여 배당표에 의한 배당의 실시로서 위 피보전채권에 대한 배당액이 공탁된 경우 후일 위 피보전채권의 부존재가 본안의 확정판결에 의하여 확정되거나 가압류결정의 취소 등에 의하여 가압류집행이 취소된 때에는 위 공탁된 배당액은 다른 채권자에게 추가 배당하지 않고 채무자에게 지급한다. 왜냐 하면 배당표에 대한 이의신청이 없는 때에는 가압류채권자의 채권에 대한 배당실시는 공탁에 의하여 종료되고 배당액의 귀속은 채권존재확정 여부에 따라 가압류채권자나 채무자로 한정되며 다른 배당채권자의 배당액에는 영향이 없으므로 그 배당절차는 이로 인하여 모두 종료한 것으로 보아야 하기 때문이다.[288]

3. 배당이의소송 미완결의 채권에 대한 배당액(제658조, 제589조 제3항)
다른 채권자가 배당표에 대한 이의를 한 경우에는 배당절차가 종료되지 아니하므로 판결내용에 따라 다시 배당을 실시한다. 따라서 배당표에 대한 이의신청이 있는 채권에 관하여 적법한 배당이의의 소가 제기된 때에는 그 배당액을 공탁하여야 한다. 배당이의의 소의 판결이 확정된 때, 배당이의의 소가 취하 또는 취하간주된 때에는 이해관계있는 채권자가 그 사실을 증명하면 경매법원은 판결 내용에 따라 배당을 실시하거나 종전의 배당표에 따라 배당액을 지급한다.

---

[288] 대법원 1979. 7. 5. 79마94 결정 ; 대법원 2012. 4. 26. 선고 2010다94090 판결

217. 배당액을 공탁하는 경우

배당기일에 출석하지 아니한 채권자의 배당액, 집행정지중의 채권에 대한 배당액 등은 공탁한다.

1. 배당기일에 출석하지 아니한 채권자의 배당액(제658조, 제598조 제4항)
배당받을 채권자가 배당기일에 출석하지 아니한 경우에는 그 배당액을 지급할 수 없으므로 이를 공탁하여 배당을 완결한다. 후일 그 채권자가 지급을 청구하면 경매법원은 배당액을 지급한다. 배당기일에 출석하지 아니한 채권자가 배당액을 입금할 예금계좌를 신고한 때에는 위 공탁에 갈음하여 배당액을 그 예금계좌에 입금할 수 있다. 이 경우 입금에 소요되는 수수료는 채권자의 부담으로 한다(민사소송규칙 제158조, 제145조의 2). 그러나 법원은 채권자가 배당기일에 출석하지 아니하였다 하여 즉시 공탁을 하지 않고 10일 동안 채권자의 지급청구를 기다렸다가 끝내 그 채권자의 지급청구가 없으면 그때 공탁을 한다. 채무자가 배당기일에 출석하지 아니한 경우도 채무자에게 지급할 금원이 있으면 이를 공탁하였다가 채무자가 지급을 청구하면 배당액을 지급한다.

2. 집행정지 중의 채권에 대한 배당액
집행력있는 정본을 가진 배당채권자 전원에 대하여 집행정지 서면이 제출된 경우에는 배당절차는 정지되므로 배당액의 공탁문제가 일어날 여지가 없으나 집행력있는 정본을 가진 배당채권자의 일부에 대하여서만 집행정지서면이 제출된 경우에는 경매법원은 배당절차를 속행하여 그 채권자에 대한 배당액을 공탁하여야 한다. 이와 같이 공탁이 된 후 집행정지의 본안소송 또는 이의의 결과로서 집행불허의 재판의 정본이 제출되면 아직 만족하지 못한 다른 채권자가 있는 경우에는 그 채권자에게 추가배당을 하고 그렇지 아니하면 채무자에게 지급한다. 반대로 집행정지를 받은 채권자가 본안소송 또는 이의에서 승소한 사실을 증명하면 그 채권자에게 배당액을 지급한다.

3. 저당권설정의 가등기권리자에 대한 배당액
압류의 효력발생전에 저당권설정의 가등기가 경료되어 있는 경우에 그 가등기권리자는 후일 본등기를 하면 우선변제를 받을 수 있는 지위에 있으므로 경매법원은 가압류의 경우에 준하여 가등기권리자가 본등기를 하였다고 가정하고 그에게 배당할 금액을 정하여 이를 공탁한다. 가등기권리자가 본등기를 경료하든가 본등기를 경료하지 않더라도 본등기에 필요한 조건을 구비한 때에는 가등기권리자에게 그 배당액을 지급한다. 이 경우 본등기에 필요한 조건이라 함은 등기의무자의 동의서나 본등기를 함에 필요한 저당권 자체의 성립을 인낙하는 등기의무자의 채권확인서 또는 본등기를 명하는 확정판결, 가등기권리자에 뒤지는 다른 권리자의 동의서 등이 제출된 경우를 말한다. 이러한 서류가 제출되면 경매법원은 공탁하기 전이면 배당액을 지급하고 공탁한 후라면 공탁금지급 절차에 의하여 배당액을 지급한다.

218. 추가배당절차

공탁된 배당액에 관하여 당해 채권자에게 배당할 수 없게 되면 다른 채권자에게 추가배당을 하여야 한다.

1. 추가배당절차
공탁된 배당액에 관하여 당해 채권자에게 배당할 수 없게 되면 다른 채권자에게 추가배당을 하여야 한다. 이때 배당법원은 공탁된 금액에 관하여 배당표를 작성하고 배당기일의 3일전에 법원에 비치하여 이를 관계채권자의 열람에 제공한 후 배당기일에 관계채권자 및 채무자를 소환하여 배당을 실시한다. 관계채권자는 위 배당표에 대하여 이의신청을 할 수 있다. 그러나 전에 이미 배당기일을 거친 바 있으므로 배당채권액 및 순위에 관하여 배당표확정이전의 사유로 이의를 할 수 없다.

2. 추가배당후 잔여금이 생긴 경우
추가배당을 한 결과 잔여금이 생긴 경우에는 이를 채무자에게 지급한다. 채무자가 배당기일에 출석하지 아니한 경우에는 그 부분에 대하여 공탁을 유지한다. 후일 채무자의 청구가 있으면 공탁공무원에게 지급위탁서를 송부하고 채무자에게는 지급증명서를 교부하는 등 지급절차를 취한다.

219. 배당기일조서
배당기일에 참여한 법원사무관 등은 배당기일의 경과 및 내용에 관하여 조서를 작성하여야 한다.

1. 배당기일조서의 작성
배당기일에 참여한 법원사무관 등은 배당기일의 경과 및 내용에 관하여 조서를 작성하여야 한다(제658조, 제589조 제4항). 이를 배당기일조서 또는 배당조서라 한다. 이 조서에 대하여도 민사소송법 제141조 내지 제148조의 규정이 준용된다.

2. 배당기일조서의 기재사항
① 사건의 표시
② 법관과 법원사무관 등의 성명
③ 출석한 이해관계인 또는 그 대리인과 불출석한 이해관계인 및 그 대리인의 성명
④ 배당실시의 장소와 연월일
⑤ 이의신청의 유무
⑥ 다른 채권자의 이의신청에 대한 진술 또는 진술을 하지 아니한 경우에는 그 취지
⑦ 배당의 방법에 관하여 합의가 있으면 그 사실과 내용
⑧ 이의있는 부분의 배당절차를 중지하였다는 취지
⑨ 이의없는 부분에 관하여 배당표대로 배당을 실시 하였다는 취지
⑩ 정지조건 있는 채권(제589조 제2항), 확정되지 아니한 가압류채권(제589조 제3항)의 배당액의 지급을 정지하였다는 취지 등을 기재하여야 한다.

3. 채권인부의 기재
이의신청 및 이에 대한 인부는 중요한 것이므로 배당기일조서에 어떤 채권자가 어떤 채권자의 채권에 대하여 이의신청을 하였는가 하는 것을 알 수 있을 정도로 기재하는 것은 부족하다. 이의신청의 범위가 그 채권전액에 미치는 것인지 일부에 한하는 것인지, 일부에 한하는 경우에는 그 금액을 특정할 수 있도록 기재하여야 한다. 다른 채권자의 인부에 관하여도 어떤 채권자가 어떤 채권자의 이의를 인정하는지 또는 부인하는지를 기재하여야 한다. 또한 일반적인 기재사항 외에 민사소송법 제598조 제1항 내지 제4항에서 규정한 각 절차를 거친 여부도 배당기일조서에 기재하여야 한다(제598조 제5항).

4. 기재례
(1) 소액임차인 ○○○
   (주)○○은행이 배당받을 금원 중 12,000,000원에 대하여 배당이의한다고 진술
(2) 신청채권자 대리인 ○○○
   확정일자 임차인 ○○○가 배당받을 금원 전액에 대하여 이의 한다고 진술
(3) 가등기권자 ○○○
   (주)○○이 배당받을 금 1,234,567,890원에 대하여 이의 한다고 진술

5. 배당조서에 첨부하는 서류들
배당기일조서에는 이미 작성된 배당표를 별지로서 첨부한다. 배당기일에 배당협의서가 제출되어 협의서대로 배당을 실시하는 경우에는 협의서에 기하여 배당을 실시한다는 취지를 기재하고 협의서를 위 조서에 별지로서 첨부한다.

220. 임의경매의 배당절차

경매법원은 낙찰대금으로부터 경매비용을 공제하고 남은 액을 배당기일에 이를 수령할 권리를 가진 자에게 배당한다.

1. 서언
민사소송법 제728조와 민사소송규칙 제205조는 강제경매의 배당절차를 담보권의 실행을 위한 경매에 전부 준용하고 있다. 따라서 강제경매에 있어서의 배당절차와 임의경매 중 담보권의 실행을 위한 경매에 있어서의 배당절차와 차이가 없다. 낙찰허가결정이 확정된 때에는 낙찰인은 경매법원이 정하는 기일에 낙찰대금을 경매법원에 납부하여야 한다(제728조, 제654조 제2항). 경매법원은 낙찰인이 대금지급기일에 낙찰대금을 지급하면 위 낙찰대금으로부터 경매의 비용을 공제하고 그 잔액을 경매법원이 정하는 기일에 이를 수령할 권리를 가진 자에게 배당한다.

2. 채권계산서에 의한 청구금액의 확장의 가부
경매신청서에 청구금액으로 피담보채권의 일부만을 표시하였다가 채권계산서에 이를 확장 기재하여 나머지 피담보채권액 전체를 청구할 수 없다.[289] 따라서 경매신청서에 청구금액을 과소 기재하였다거나 배당기일까지의 이자·지연이자를 청구하는 경우 또는 신청당시 변제기가 도래하지 아니한 피담보채권을 추가로 청구하는 것은 다른 특별한 사정이 없는 한 불가능하다.

3. 채권계산서를 제출하지 않은 경우
채권자가 채권계산서를 제출하지 아니한 때에는 경매신청채권자의 경우는 경매신청서에 표시된 청구금액을 기준으로 하여 배당한다. 경매신청서에 이자나 지연이자를 청구한다는 취지의 기재가 없는 경우에는 그 이율이 채권증서나 등기부등본의 기재에 의하여 명백하더라도 그 청구권의 존부 및 기간이 명백하지 아니하므로 이를 계산하지 아니한다.

4. 경매신청채권자 이외의 담보권자에 대한 배당
경매신청채권자 이외의 담보권자의 경우에는 등기부등본에 기재된 채권액(보통 저당권의 경우) 또는 채권최고액(근저당권의 경우)을 현실의 채권액으로 보아 배당한다. 이 경우 지연이자에 관하여는 그 내용이 등기부상 명백하다 하더라도 계산하지 아니한다.

5. 가압류권자에 대한 배당
가압류채권자가 채권계산서를 제출하지 아니하고 등기부에도 가압류채권액의 기재가 없는 경우 가압류결정의 정본이나 등본이 제출되어 있지 않으면 경매법원은 직권으로 가압류 법원에 조회하거나 가압류사건기록을 송부촉탁하여 그 피보전채권액을 조사하여 그 금액을 기준으로 배당한다.

6. 국세 압류등기가 되어 있는 경우
국세징수법에 의한 압류등기가 되어 있는 경우에 교부청구나 채권계산서 제출이 없으면 당해 조세주관공무서에 조회하여 그 세목과 액수를 확인하여 배당한다.

---

[289] 대법원 1997. 1. 21. 선고, 96다457 판결 ; 대법원 1999. 3. 23. 선고 98다46938 판결

221. 제3취득자의 비용상환청구권
제3취득자는 필요비, 유익비를 지출한 경우 가액을 증명하여 경매법원에 상환을 청구할 수 있다.

1. 제3취득자가 지출한 필요비 및 유익비
저당권설정등기 후에 목적부동산의 제3취득자 즉, 소유권·지상권·전세권·대항력 있는 임차권 등을 취득한 자가 그 부동산의 보존, 개량을 위하여 필요비 또는 유익비를 지출한 때에는 민법 제203조 제1항, 제2항(점유권자의 상환청구권)의 규정에 의하여 저당물의 경매대금에서 우선상환을 받을 수 있다(민법 제367조).

2. 입법취지
제3취득자가 저당부동산에 관하여 지출한 필요비, 유익비는 그 부동산의 가치의 유지, 증가를 위하여 지출된 일종의 공익비용이므로 이는 저당부동산의 환가대금에서 부담하여야 할 성질의 비용이다. 더욱이 저당부동산의 제3취득자는 경매의 결과 그 권리를 상실하게 되므로 특별히 우선적으로 상환을 받도록 한 것이다.

3. 제3취득자의 의미
제3취득자라 함은 압류의 효력발생 전의 제3취득자인가 그 후의 제3취득자인가를 구별할 이유가 없다. 왜냐하면 민법 제367조는 저당부동산의 가치의 유지, 증가를 위하여 제3취득자가 지출한 공익비용을 받게하려는 취지이기 때문이다. 압류의 효력발생 후의 제3취득자도 포함된다. 그러나 물상보증인이나 이와 유사한 지위에 있는 자는 비용상환청구권을 가지지 않는다.[290] 또 제3취득자라고 할 수 없는 단순한 점유자도 비용상환청구권을 가지지 아니한다.

4. 입증책임
제3취득자는 필요비 또는 유익비를 낙찰대금으로부터 상환받기 위하여 필요비에 관하여는 지출한 금액, 유익비에 관하여는 지출한 금액 또는 부동산의 가액의 증가액을 증명하여 경매법원에 그 상환을 청구하여야 한다. 유익비에 관하여는 부동산의 가액의 증가가 현존하는 경우에 한하여 회복자의 선택에 좇아 그 지출금액이나 증가액의 상환을 청구할 수 있도록 되어 있으나(민법 제203조 제2항) 경매절차에 있어서는 당연히 적은 쪽의 금액만을 상환받을 수 있다. 따라서 배당표에는 필요비에 관하여는 지출이 증명된 금액, 유익비에 관하여는 지출액과 증가액 중 적은 금액을 기재하여야 한다. 다만, 경매절차에 있어서는 유익비 상환에 대한 상당기간의 허가(민법 제203조 제3항)는 있을 수 없으므로 배당절차에서 유익비를 바로 제3취득자에게 교부한다.

5. 부당이득반환청구
제3취득자가 필요비 또는 유익비를 경매절차에서 상환받지 못한 경우에도 그 권리를 상실하는 것은 아니다. 제3취득자는 동 금액에 관하여 배당을 받은 저당권자에 대하여 부당이득반환청구를 할 수 있다.

---

290) 대법원 1959. 5. 14. 선고, 4291민상302 판결

222. 저당권의 배당

우선 변제를 받을 수 있는 저당권의 범위는 원본, 이자, 위약금, 채무불이행으로 인한 손해배상, 저당권의 실행비용이다.

1. 저당권의 피담보채권의 범위
저당권이 우선 변제를 받을 수 있는 범위는 원본, 이자, 위약금, 채무불이행으로 인한 손해배상, 저당권의 실행비용이다(민법 제360조). 저당권에 의하여 담보되는 원본의 액과 변제기, 이자에 대한 특약이 있는 때에는 이율, 발생기, 지급시기를 등기하여야 한다(부동산등기법 제140조). 만약 이자의 약정여부, 이율에 관하여 등기를 하지 않았다면 이를 후순위권리자, 제3취득자 등 제3자에게 대항할 수 없다. 이자채권은 등기되어 있는 한 저당권에 의하여 무제한 담보되므로 연체된 이자전액은 낙찰대금으로부터 우선 변제 받을 수 있다. 다만, 이자의 약정에 관하여서만 등기가 있고 이율에 관하여 등기가 없으면 법정이율인 연5푼의 범위 내에서만 우선변제를 받을 수 있다(민법 제379조).

2. 상사채권
상사채권에 관하여는 등기가 없더라도 상법소정의 연6푼의 비율에 의한 이자를 청구할 수 있다는 견해, 등기없이는 이를 청구할 수 없다는 견해 및 등기원인으로부터 피담보채권이 상사채권인 것이 명백하면 연6푼의 비율에 의한 이자에 관하여 우선권을 주장할 수 있다는 견해 등이 있다.

3. 지연손해금
채무불이행으로 인한 손해배상 즉, 이행기일 이후의 지연손해금(지연이자)은 원금의 이행기일을 경과한 후의 1년 분에 한하여 우선변제를 받을 수 있다(민법 제360조 단서). 지연손해금은 원금채무의 불이행으로 법률상 당연히 발생하므로 특약이나 등기가 없더라도 법정이율의 범위내에서는 당연히 청구할 수 있다. 약정이자에 관한 등기가 있으면 그 이율에 의하여 지연손해금이 당연히 발생한다.

4. 위약금
위약금의 등기에 관하여는 아무런 규정이 없으나 위약금의 특약이 있는 경우에는 그것이 손해배상액의 예정이든 아니든 간에 등기를 하여야만 저당권에 의하여 담보된다.

5. 저당권 실행비용
저당권의 실행비용은 '경매의 비용'으로서 낙찰대금으로부터 우선적으로 공제되므로 배당표의 '집행비용'란에 기재할 것이고 각 채권자의 '채권금액'란에 기재할 것은 아니다. 다만, 경매진행 중에 임의경매 또는 강제경매신청을 하여 2중개시결정을 받은 채권자가 경매신청에 소요된 비용은 배당표중 '채권금액'란 중 '비용'란에 기재한다.

6. 가등기담보권에 의하여 담보되는 채권의 범위
가등기담보권에 의하여 담보되는 채권의 범위에 관하여도 민법 제360조의 규정이 준용되는가? 가등기담보는 소유권이전을 위한 가등기의 형식을 취하고 있으므로 담보목적에 필요한 범위 전부라 하여도 부당하지 않다는 이유로 그 준용을 부정하는 견해와 다른 담보권자와 일반채권자의 이익을 보호하기 위하여 이를 긍정할 것이라는 견해가 있다.

7. 가등기와 추가담보
채권자가 채무자 제공의 부동산을 담보로 매매예약에 기한 가등기를 경료하고 금원을 대여한 후에 다시 같은 채무자에게 추가로 금원을 대여하는 경우 추가대여금에 관하여는 별도의 담보제공이 되어 있다거나 반대의 특약이 있다는 등 특별한 사정이 없다면 조리상 당사자의 의사는 추가되는 대여금 역시 기왕의 가등기부동산의 피담보채권에 포함시키려는 의사로 수수한 것이라고 볼 수 있다.[291]

---

[291] 대법원 1985. 12. 24. 선고, 85다카1362 판결 ; 대법원 1989. 4. 11. 선고 87다카992 판결 ; 대법원 2010. 4. 29. 선고 2009다16896 판결

223. 저당권의 배당

선순위저당권자가 경매신청서 또는 채권계산서로써 원본의 이행기를 경과한 후 1년을 초과하는 지연손해금을 청구한 경우는?

1. 후순위권리자·일반채권자가 없는 경우
목적부동산에 후순위 담보권자·후순위의 조세채권자 및 일반채권자의 배당요구가 없는 경우에는 저당권자는 저당권설정자가 채무자이거나 물상보증인이거나를 불문하고 낙찰대금으로부터 위 초과액까지도 변제받을 수 있다. 왜냐하면 저당권의 우선변제권의 범위를 제한하는 민법의 취지는(제360조 단서) 목적부동산에 대하여 이해관계를 가지는 후순위담보권자 및 전세권자, 조세채권자, 일반채권자 등 제3자와 저당권자와의 이해의 조화를 도모하기 위하여 제3자에 대한 관계에 있어서 우선권의 범위를 제한하는 것에 불과하고 저당권자와 이해관계있는 제3자가 아닌 저당권설정자(채무자 또는 물상보증인)와의 관계에 있어서는 우선권의 범위를 제한하는 것이 아니기 때문이다.

2. 저당권설정후에 제3자가 소유권을 취득하는 경우
목적부동산에 관하여 저당권설정후에 소유권을 취득한 제3취득자는 그 부동산으로 담보된 채권의 원본, 이자, 위약금, 채무불이행으로 인한 손해배상, 저당권의 실행비용과 이행기경과후 1년 분의 지연이자(민법 제360조)를 변제하면 그 저당권의 소멸을 청구할 수 있다(민법 제364조). 따라서 이와 같은 저당권설정후에 소유권을 취득한 제3취득자가 있는 경우에는 저당권자는 매득금으로부터 원본의 이행기일을 경과한 후 1년을 초과하는 지연손해금은 변제받을 수 없다. 따라서 경매법원은 매득금으로부터 민법 제360조의 제한범위 내의 피담보채권액을 배당하고 잔액이 있으면 잔액을 제3취득자(소유자)에게 반환하여야 한다.[292]

3. 후순위 권리자가 있는 경우
목적부동산에 관하여 2번 저당권자, 전세권자, 조세채권자 등 후순위권리자가 있는 경우에는 매득금으로부터 선순위저당권자의 제한범위 내의 채권(민법 제360조)을 우선변제하고 잔액이 있으면 이를 후순위권자에게 배당하고 다시 잔액이 있으면 선순위권자에게 민법 제360조의 제한을 초과하는 채권의 변제에 충당한다.

4. 후순위권리자와 일반채권자가 있는 경우
목적부동산에 대한 후순위권자와 일반채권자가 있는 경우에는 선순위저당권자가 위 제한범위에서 우선배당을 받고 잔액이 있으면 이를 후순위권자에게 배당한 후 다시 잔액이 있으면 그 잔액에 관하여 선순위저당권자의 제한범위 초과채권과 일반채권자의 채권을 동순위로 하여 안분비례에 의하여 배당을 받는다.

5. 일반채권자만 있는 경우
일반채권자만 있는 경우에는 저당권자의 초과채권과 일반채권자의 채권은 동순위로 안분비례에 의하여 배당을 한다. 위와 같이 선순위채권자에 대하여 배당을 하고 그 잔액에 관하여 후순위권자나 일반채권자에게 배당을 하는 경우에는 선순위저당권자의 제한범위내의 채권(민법 제360조)과 위 제한범위 초과채권은 배당순위가 틀리므로 배당표상에 제한범위내의 채권액과 제한범위 초과채권액을 별개의 란에 각별로 기재하여야 한다.

6. 공동저당권실행의 경우
공동저당권의 실행에 의하여 수 개의 부동산이 때를 달리하여 경매되고 매득금을 각 별로 배당하는 때에는 민법 제360조의 제한에 관하여 이것을 포괄적으로 적용하여야 한다. 먼저 경매가 실시된 부동산에

---

292) 대법원 1971. 5. 15. 71마251 결정

대한 매득금에서 이행기일을 경과한 1년 분의 지연손해금을 배당받은 채권자는 그 후 다시 원본의 잔액에 관하여 지연손해금이 생기더라도 그 이후의 배당에 있어서는 후순위저당권자에 우선하여 최후의 1년 분을 초과한 지연손해금의 배당을 받을 수 없다.

224. 근저당권의 배당
근저당권이 담보하는 채권의 범위는 등기된 채권최고액을 한도로 결산기에 현실적으로 존재하는 채권액의 전부에 미친다.

1. 근저당권자의 피담보채권의 범위
근저당권이 담보하는 채권의 범위는 등기된 채권최고액을 한도로 하여 그 결산기에 현실적으로 존재하는 채권액의 전부에 미친다. 다만 원금과 이자, 손해배상(지연손해금), 위약금 등을 합산하여 위 채권최고액의 범위 내에서만 근저당권의 효력이 미치며 이를 초과하는 부분을 우선변제를 받지 못한다. 왜냐하면 이자, 채무불이행으로 인한 손해배상, 위약금도 위 채권최고액에 포함되기 때문이다(민법 제357조 제2항).293) 그러나 근저당권의 실행비용(경매비용)은 채권최고액에 포함되지 아니한다.294) 이와 같이 손해배상도 근저당권의 채권최고액에 포함된다고 하는 이상 지연손해금은 1년 분에 한정할 필요가 없으므로 민법 제360조 단서는 근저당권의 경우에는 그 적용이 없다. 반면에 근저당권의 결산기에 확정된 원금에 대하여 그 최고액을 초과하는 지연손해금은 1년 분의 범위 내라도 민법 제360조 단서를 적용하여 이를 위 최고액과 별도로 청구할 수 없다. 또한 채권자는 이와 같이 이자, 손해배상, 위약금이 채권최고액에 포함되는 결과 이자, 지연손해금, 위약금의 약정사실이나 그 이율, 액수 등에 관하여 따로 등기할 필요가 없다. 따라서 이자 등의 약정에 관한 등기가 없어도 이러한 약정이 있었다는 것을 근저당권자가 증명한 때에는 최고액의 범위 내에서 채권금액으로 인정할 수 있다.

2. 피담보채권의 확정시기
근저당권자 자신이 경매를 신청하려면 근저당권의 존속기간이 만료되거나 또는 계속적 거래계약이 종료됨으로써 결산기가 도래하여야 하므로 경매신청서에 이미 피담보채권액이 확정되어 있다는 사실을 기재하여야 한다. 그렇다면 다른 저당권자나 전세권자가 경매신청을 하거나 일반채권자가 강제경매신청을 한 경우에는 근저당권의 피담보채권이 언제 확정되는가? 근저당권자가 피담보채무의 불이행을 이유로 경매신청을 한 경우에는 경매신청시에 근저당권의 피담보채무액이 확정되고 그 이후부터 근저당권은 부종성을 가지게 되어 보통의 저당권과 같은 취급을 받게 된다. 그런데 피담보채권의 확정시기의 문제는 환언하면 근저당권자는 언제까지 발생한 원금채권을 최고액에 포함시켜 매득금으로부터 우선변제를 받게 되느냐의 문제로 된다. 근저당권설정계약을 체결함에 있어서 다른 저당권자나 일반채권자로부터 경매신청이 있으면 당연히 그 근저당거래계약이 종료되어 결산기가 도래한다는 특약이 있으면 이 특약에 의하여 근저당거래계약이 종료된 때를 기준으로 하여 피담보채권이 확정된다. 이와 같은 특약이 없는 경우에는 목적부동산의 소유권이 낙찰인에게 이전함으로써 근저당거래가 당연히 종료되므로 위 낙찰로 인한 대금완납시까지 발생한 원금채권을 청구할 수 있다. 한편, 근저당권의 피담보채권이 일단 확정되면 그 이후에 발생하는 원금채권은 그 근저당권에 의하여 담보되지 않는다.295)

---

293) 대법원 1957. 1. 10. 선고, 4289민상401 판결
294) 대법원 1971. 4. 6. 선고, 71다26 판결 ; 대법원 1971. 5. 15. 71마251 결정
295) 대법원 1988. 10. 11. 선고, 87다카545 판결 ; 대법원 1991. 9. 10. 선고 91다17979 판결

225. 근저당권의 배당

낙찰대금으로 저당권자가 가지는 원금, 이자, 위약금, 손해배상, 경매실행비용 등을 전부 만족시킬 수 없는 경우 충당순서는?

1. 근저당권자가 채권최고액을 초과하는 금액을 청구한 경우

결산기에 있어서 발생한 채권이 채권최고액을 초과하고 근저당권자가 경매신청서 또는 채권계산서에 의하여 그 초과액까지 청구하고 있는 경우에 목적부동산의 매득금으로부터 채권최고액을 변제하고도 잔액이 있으며 잔액으로부터 변제받을 후순위권자도 없는 때에는 그 잔액으로부터 초과액을 변제받을 수 있는가?

(1) 긍정설

원래 저당권은 원본, 이자, 위약금, 채무불이행으로 인한 손해배상 및 저당권의 실행비용을 담보하는 것이며 이것이 근저당권에 있어서의 최고액을 초과하였다고 하더라도 근저당권자로서는 그 채무와의 관계에 있어서 채무의 일부만을 받고 근저당권을 말소시켜야 할 이유가 없다.[296] 또 근저당권에 의하여 담보되는 채권액의 범위에 관한 문제는 차순위담보권자 또는 담보물건의 제3취득자에 대한 관계에 있어서만 거론될 수 있는 것이고 근저당권설정자 겸 채무자에 대한 관계에서는 적용되지 아니한다는 취지의 대법원의 판례[297]에 비추어 후순위권자가 없는 경우에는 최고액을 초과하는 채권도 낙찰대금으로 부터 변제받을 수 있다.

(2) 부정설

근저당권설정자가 동시에 채무자인 경우에 있어서는 근저당권의 채권최고액은 우선변제권의 범위를 한정할 뿐만 아니라 피담보채권에 관한 근저당권행사의 한도, 환가권의 한도를 의미하는 것이므로 근저당권자는 후순위담보권자 등 배당을 받을 제3자가 없더라고 최고액을 초과하는 부분에 관하여는 당해 경매절차에 있어서는 경매대금의 교부를 받을 수 없다.

2. 수인의 담보권자가 최고액을 초과한 배당요구를 한 경우

근저당권설정자가 물상보증인이거나 또는 목적부동산에 관하여 제3취득자가 생긴 경우에는 위 잔액은 근저당권설정자인 물상보증인이나 제3취득자에게 교부되어야 한다.[298] 다만, 수인의 담보권자가 최고액을 초과한 배당요구를 한 경우 각 담보권자의 최고액 초과부분 상호간에는 우선순위가 없으므로 안분비례 의하여 배당한다. 또 일반채권자만 있는 경우에는 최고액을 초과하는 채권과 일반채권자의 채권은 같은 순위로 안분비례에 의하여 배당을 하여야 한다.

3. 충당의 순서

낙찰대금으로써 저당권자가 가지는 원금, 이자, 위약금, 손해배상, 경매실행비용 등을 전부 만족시킬 수 없는 때에는 비용, 손해배상, 위약금, 이자, 원금의 순서로 충당 한다(민법 제479조 제1항).

---

296) 대법원 1972. 1. 26. 71마1151 결정 ; 대법원 1981. 11. 10. 선고, 80다2712 판결 ; 대법원 2001. 10. 12. 선고 2000다59081 판결 ; 대법원 2010. 5. 13. 선고 2010다3681 판결
297) 대법원 1972. 5. 23. 선고, 72다485, 486 판결 ; 대법원 2010. 5. 13. 선고 2010다3681 판결
298) 대법원 1974. 12. 10. 선고, 74다998 판결 ; 대법원 1971. 5. 15. 71마251 결정

226. 근저당권의 배당
저당권자가 매득금으로부터 변제받을 채권액 즉, 배당표에 기재할 채권금액은 어느 때를 기준으로 하여 산정할 것인가?

1. 저당권의 피담보채권이 금전채권이 아닌 경우의 채권금액의 산정
저당권의 피담보채권은 반드시 금전채권에 한정되는 것이 아니고 대체물의 일정수량의 급여채권과 같이 금전채권이 아닌 채권이라도 무방하다. 다만, 이 경우에는 저당권설정등기신청서에 피담보채권외에 그 '채권의 가격' 즉, 채권을 금전으로 평가한 평가액을 기재하여야 하고 이를 등기부에 표시하게 된다(부동산등기법 제143조). 이와 같이 대체물의 일정수량의 급여를 목적으로 하는 채권이 저당권의 피담보채권인 경우에 저당권의 실행으로 저당권자가 실제 변제받는 것은 채권을 금전으로 평가한 금액이다.

2. 저당권자의 채권액 산정의 기준시점
저당권자가 매득금으로부터 변제받을 채권액 즉, 배당표에 기재할 채권금액은 어느 때를 기준으로 하여 산정할 것인가?
후순위의 이해관계인이나 목적부동산의 제3취득자가 없는 경우에는 당초 당사자 사이에 약정된 변제기일의 시가로 산정한 가격을 채권액으로 본다.299) 위의 이해관계인이나 제3취득자가 있는 경우에는 변제기일의 시가로 산정한 가격이 부동산등기법 제143조에 따라 등기부상 기재한 '채권의 가격'을 초과하지 아니할 때에는 변제기일의 시가 상당액을 채권금액으로 한다. 만약 변제기일의 시가상당액이 등기부상의 '채권의 가격'을 초과한 때에는 초과분에 대하여는 저당권자는 후순위의 이해관계인이나 제3취득자에게 대항할 수 있다. 따라서 저당권자에게는 등기부상의 '채권의 가격'만을 변제하고 잉여가 있을 때에는 잉여금은 후순위담보권자나 제3취득자에게 교부하여야 한다.300) 다만, 위 초과분은 강제경매신청에 의한 2중압류채권자, 배당요구채권자 등 일반채권자의 채권에 대한 관계어 있어서는 원본의 이행기일을 경과한 후의 1년(민법 제360조 단서)분을 초과하는 지연손해금의 경우와 마찬가지로 동 순위이므로 안분비례에 의하여 배당한다.

3. 저당권의 피담보채권이 외화채권인 경우의 채권금액의 산정
채권의 목적이 다른 나라 통화로 지급할 것 경우 즉, 외화채권인 경우에는 채무자는 현실로 이행하는 때에 있어서 이행지의 환금시가에 의하여 우리 나라의 통화로 변제할 수 있다(민법 제378조).301) 외화채권이 저당권의 피담보채권으로 된 때에는 배당기일에 있어서의 그 외화의 환금시가에 의한 원화환산액이 채권액으로 된다. 즉 배당기일에 있어서의 당해 외화의 대고객 전신환매매율에 의하여 외화채권액을 원화로 환산한 금액을 채권액으로 보아 배당을 실시한다.

---

299) 대법원 1975. 2. 25. 선고, 74다136 판결 ; 대법원 1975. 2. 25.자 74마136 결정
300) 대법원 1975. 2. 25. 선고, 74다136 판결 ; 대법원 1971. 3. 23. 선고, 70다2982 판결 ; 대법원 1980. 9. 18. 80마75 결정
301) 대법원 1991. 3. 12. 선고, 90다2147 판결 ; 대법원 2019. 6. 13. 선고 2018다258562 판결

227. 공동저당

공동저당이라 함은 동일한 채권을 담보하기 위하여 수개의 부동산위에 설정된 저당권을 말한다.

1. 공동저당의 의의
공동저당이라 함은 동일한 채권을 담보하기 위하여 수 개의 토지 또는 건물, 토지와 그 지상건물, 수 개의 공장재단 등 수개의 부동산위에 설정된 저당권을 말한다. 동일한 채권이라 함은 동일 당사자간에 동일 발생원인에 의하여 발생한 채권으로서 그 급여내용이 동일한 것을 말한다.

2. 공동저당권의 모습
공동저당은 반드시 각 부동산 위에 동시에 설정하여야 하는 것은 아니고 이른바 추가담보로서 때를 달리하여 설정될 수 있다. 또한 목적물은 모두 동일인의 소유에 속할 필요가 없다. 즉 채무자 및 물상보증인의 각 소유부동산에 관하여 각각 저당권이 설정되어도 무방하다. 또 공동저당권의 순위가 반드시 동일할 필요도 없다. 예컨대 갑 부동산의 공동저당권은 제1순위이고 을 부동산의 공동저당권은 제2순위라도 무방하다.

3. 공동저당권의 불가분성과 근저당권자 대위
공동저당권자는 이른바 저당권의 불가분성(민법 제370조, 제321조)에 의하여 공동저당 목적부동산의 어느 것으로부터도 채권의 전부나 일부를 자유로 우선변제받을 수 있으므로 저당권자의 의사 여하에 따라 후순위 저당권자, 물상보증인, 제3취득자에게 불공평한 결과를 초래하게 된다. 따라서 민법은 공동저당권자의 자유선택권을 원칙적으로 보장하면서도 공동저당권자의 의사에 의한 불공평한 결과를 피하기 위하여 한편으로는 공동저당의 목적물 전부가 경매되어 경매대금을 동시에 배당하는 경우에 있어서 각 부동산에 합리적인 부담을 할당하도록 규정하고 다른 한편으로는 일부의 부동산만이 경매되어 그 경매대금으로부터 변제받는 경우에는 그로 인하여 불이익을 받는 후순위저당권자가 공동저당권자가 가지는 다른 부동산의 저당권을 대위할 수 있는 규정을 두고 있다(민법 제368조).

4. 공동저당권자가 채권의 일부만 청구한 경우 나머지 저당권은?
공동저당권자는 공동저당의 목적인 수개의 부동산 중 어느 것이라도 먼저 저당권을 실행하여 피담보채권의 전부나 일부를 자유롭게 우선변제받을 수 있다. 따라서 공동저당권자가 수개의 부동산 중 먼저 실행된 부동산에 관한 경매절차에서 피담보채권액 중 일부만을 청구하여 이를 배당받았다고 하더라도 이로써 나머지 피담보채권액 전부 또는 민법 제368조 제1항의 규정에 따른 그 부동산의 책임분담액과 배당액의 차액에 해당하는 채권액에 대하여 아직 경매가 실행되지 아니한 다른 부동산에 관한 저당권을 포기하는 것으로 볼 수 없다.[302]

228. 공동저당

공동저당권의 목적부동산이 전부 경매되어 동시에 배당하는 때에는 각 부동산의 경매대가에 비례하여 그 채권의 분담을 정한다.

1. 안분부담의 원칙
공동저당권의 목적부동산이 전부 경매되어 경매대가를 동시에 배당하는 때에는 각 부동산의 경매대가에 비례하여 그 채권의 분담을 정한다(민법 제368조 제1항). 즉 동시배당의 경우에는 공동저당권자의 의사에 의하여 어느 특정 부동산의 낙찰대금만으로부터 배당받는 것은 허용되지 않는다. 다시말해 각 부동산의 낙찰대금액에 따라 공동저당권의 피담보채권의 부담을 안분할당하여 할당된 부담액에 한하여서만 공동저당권자는 각 부동산으로부터 우선변제를 받을 수 있다. 물론 할당부담액을 초과하는 부분은 후순

---

[302] 대법원 1997. 12. 23. 선고, 97다39780 판결

위저당권자의 변제에 충당한다. 안분부담의 원칙은 공동저당 목적부등산의 전부에 관하여 후순위저당권이 존재하는 경우에 한하지 않고 목적부동산의 일부에만 후순위저당권이 존재하는 경우에도 지켜진다.

2. 공동저당부동산의 부담의 분배
공동저당권자의 채권액이 1,000만원이고 공동저당의 목적인 A, B부동산의 경매대가가 각각 x원, y원이라 한다면 A, B 각 부동산의 부담액은 다음과 같은 수식에 의하여 산정한다.
　　A의 부담액 = $x/x+y$　　　B의 부담액 = $y/x+y$

3. 공동저당 목적부동산 중 일부만 경매를 실시한 경우의 배당
공동저당 목적부동산 A, B, C중 A, B 2개의 부동산에 대하여 동시에 경매를 실시한 경우에도 공동저당권자는 A, B 부동산의 낙찰대금으로부터 각 부동산의 경매대가에 비례하여(민법 제368조 제1항) 채권전액을 변제받을 수 있다. A, B, C 3개의 부동산 가액에 의하여 안분할당된 A, B 부동산의 부담액의 한도 내에서만 변제받을 수 있는 것은 아니다.

4. 공동저당과 과잉경매금지
공동저당권의 목적부동산 전부에 후순위저당권자가 존재하지 아니하고 동시에 그 부동산의 소유자가 동일한 경우에는 1개의 부동산의 경매대금으로부터 공동저당권자의 경개비용을 포함한 채권전액을 변제받을 수 있으면 과잉경매금지의 원칙에 따라 다른 부동산의 낙찰은 허용되지 아니하므로(제728조, 제636조) 안분부담의 문제는 발생할 여지가 없게 된다. 다만, 이 경우에도 과잉경매로서 낙찰불허가 되지 아니하고 공동저당 목적부동산의 전부에 관하여 낙찰을 허가하고 그 낙찰대금을 배당하는 때에는 안분배당 해야하는 문제가 생긴다.

5. 민법 제368조 제1항의 적용범위
민법 제368조 제1항은 원래 공동저당권자의 자의(恣意)를 배제하여 후순위저당권자 사이의 이해의 조정을 도모하려는 것을 주된 목적으로 한 규정이다. 그러나 저당권이 설정된 부동산의 전부 또는 일부에 관하여 후순위저당권자가 존재하는 경우에 한하여 적용된다는 명문의 제한이 없으므로 각 부동산의 소유자가 다른 경우에도 민법 제368조 제1항은 적용된다. 뿐만 아니라 당해 부동산의 낙찰대금의 배당에 참여하는 후순위의 전세권자, 가압류채권자, 배당요구채권자가 있는 경우에도 위 규정이 적용된다. 나아가 저당목적물이 수 개의 부동산인 경우만이 아니라 공장저당법에 의한 저당권의 목적물인 토지와 건물 및 거기에 설치된 기계·기구의 경매대가를 동시에 배당하는 경우에도 적용 및 준용된다.[303] 이러한 법리는 선순위 근저당권자가 토지에 대한 단독 근저당권을 취득한 시점과 그 단독 근저당권을 공장저당법에 의하여 공장에 속하는 동일한 토지와 그 지상의 건물 및 기계·기구에 대한 공동근저당권으로 변경하여 취득한 시점과의 사이에 후순위 근저당권자가 토지에 대한 근저당권을 취득한 경우에도 마찬가지로 적용 및 준용된다.[304] 민법 제368조 제1항에서 말하는 '각 부동산의 경매대가'라 함은 낙찰대금에서 당해 부동산이 부담할 경매비용, 제세·공과금과 선순위 저당권자의 채권 등 우선채권을 공제한 잔액을 말한다.

229. 공동저당
공동저당의 경우 일괄경매한 때는 총경매비용을 각 부동산의 최저경매가격비율에 의하여 안분하여 산출한다.

1. 공동저당 부동산의 경매비용 계산방법
당해 경매절차의 경매비용은 수개의 부동산 전부를 매각하기 위하여 소요된 포괄적인 액수이고 각 부동산 마다 개별적으로 구분하여 계산되는 것은 아니므로 '각 부동산의 경매대가'를 산정하려면 당해 부동

---
303) 대법원 1998. 4. 24. 선고, 97다51650 판결
304) 대법원 1998. 4. 24. 선고, 97다51650 판결 ; 대법원 2014. 4. 10. 선고 2013다36040 판결

산이 부담할 경매비용을 계산할 필요가 있다.

경매비용 계산방법에 관하여 일괄경매의 경우는 총경매비용을 각 부동산의 최저경매가격비율에 의하여 안분하여 산출하도록 명문의 규정을 두고 있다(제728조, 제655조 제2항). 이에 위반한 경우 즉, 일괄경매 하였으나 경매비용을 각 부동산별로 따로 계산하지 않은 경우 낙찰허가결정에 대한 항고절차에서는 위와 같은 사유만으로도 배당의 실시가 불가능하게 되었다고 본다.305) 그러나 분할경매가 된 경우에는 이에 관한 규정이 없으므로 총 경매비용을 각 부동산의 낙찰대금에 따라 안분하여 각 부동산의 경매비용을 산출하여야 한다. 다만, 경매비용 중 절차를 공동으로 진행한 부분에 관하여서만 안분비례의 방법에 의하여 경매비용을 산출하고 예컨대 A부동산에 관하여는 재경매, B부동산에 관하여는 신경매를 실시한 경우에 재경매, 신경매 이후의 비용처럼 절차를 공동으로 진행하지 아니한 부분의 비용에 관하여는 당해 절차의 부동산이 부담하여야 한다.

공동저당 부동산 전부에 대하여 경매신청을 하였으나 그 중 일부 부동산이 민사소송법 제636조의 과잉경매에 의하여 낙찰불허가가 된 경우에는 불허가된 부동산에 고유한 절차비용은 경매신청인이 부담하여야 하므로 그 부분은 다른 부동산의 낙찰대금으로부터 공제하여 배당할 수는 없다. 예를 들어 A, B부동산의 낙찰대금이 각각 2,000만원, 1,000만원이고 총경매 비용이 300만원이었다면 A부동산에 대한 경매비용은 200만원(300×2,000/3,000), B부동산에 대한 경매비용은 100만원(300×1,000/3,000)이 되므로 A, B부동산의 경매대가는 각각 1,800만원, 900만원이 된다.

2. 제세 기타 공과금

제세 기타 공과금도 이른바, 당해세를 제외하고는 공동저당 목적물의 소유자가 동일한 때에는 경매비용의 경우와 마찬가지로 각 낙찰대금에 따라 안분하여 각 부동산의 부담으로 한다. 그러나 목적물의 소유자가 각각 다른 때에는 안분부담으로 할 것이 아니라 각 해당 부동산의 낙찰대금으로 부터 제세공과금을 공제한다. 예를 들어 A부동산은 갑 소유, B부동산은 을 소유인데 A부동산에 대한 재산세, B부동산에 대한 주민세가 교부청구되었다면 A부동산의 경매대가는 A부동산의 낙찰대금에서 위 재산세액을 공제한 금액이, B부동산의 경매대가는 B부동산의 낙찰대금에서 주민세액을 공제한 금액이 된다.

3. 우선채권

공동저당 목적부동산에 공동저당권보다 선순위저당권이 있는 경우에는 각 부동산의 낙찰대금에서 각 부동산의 경매비용을 공제하고 다시 선순위저당권자의 채권을 공제한 나머지 금액이 경매대가가 된다. 예를 들어 A, B, C부동산의 낙찰대금이 각 3,000만원, 2,000만원, 1,000만원이고 A부동산에 관하여 1번 저당권자 갑이 500만원, B부동산에 관하여 1번 저당권자 을이 400만원의 채권을 가지고 있고 A, B, C부동산이 부담할 경매비용이 각 300만원, 200만원, 100만원인 경우에 A, B, C부동산의 경매대가는 각 2,200만원(3,000만원-300만원-500만원), 1,400만원(2,000만원-200만원-400만원), 900만원(1,000만원-100만원)이 된다.

---

305) 대법원 1995. 3. 2. 94마1729 결정

230. 차순위 저당권자의 대위(代位)

차순위 저당권자는 선순위 저당권자가 공동저당 부동산 전부가 경매되어 동시배당을 하였더라면 변제받을 수 있는 금액의 한도 내에서 선순위자를 대위한다.

1. 차순위권리자의 대위권
공동저당권의 목적부동산 일부만이 경매되어 경매대가를 먼저 배당하는 때에는 공동저당권자는 그 경매대가로부터 채권금액을 변제받을 수 있다. 이 경우 경매한 부동산의 차순위 저당권자는 선순위 저당권자가 공동저당 목적부동산 전부가 경매되어 동시에 배당을 하였더라면 다른 부동산의 경매대가에서 변제를 받을 수 있는 금액의 한도내에서 선순위자를 대위하여 저당권을 행사할 수 있다(민법 제368조 제2항). 민법 제368조 제2항의 '차순위 저당권자'라 함은 공동저당권자의 바로 다음 순위의 저당권자 뿐만 아니라 기타 후순위 담보권자로서 경매에 의하여 권리가 소멸되는 자 전부를 포함한다. 법문상으로는 '차순위 저당권자'로 되어 있으나 동순위저당권자도 포함한다.

2. 입법취지
선순위의 공동저당권자가 공동저당 목적부동산의 일부에 관하여서만 경매신청을 한 경우라든가 또는 그 목적부동산 전부에 관하여 경매신청을 하였으나 과잉경매 불허에 관한 민사소송법 제636조의 준용으로 그 중의 일부부동산에 대하여서만 낙찰이 허가되고 나머지에 대하여는 낙찰불허가가 된 결과 낙찰된 일부부동산의 낙찰대금만을 배당하는 경우에 다른 부동산이 부담하여야 할 채권액의 한도에서 차순위권리자가 대위하는 것을 인정하여 차순위권리자 상호간의 이익의 조화를 유지하려는 취지가 민법 제368조 제2항이다.

3. 저당권자의 대위
선순위저당권자가 저당권을 실행하는 경우 뿐만 아니라 후순위권리자가 일부의 부동산에 관하여 저당권을 실행하는 경우 및 일반채권자가 일부의 부동산에 관하여 강제경매를 신청한 경우에도 민법 제368조 제2항은 적용된다. 대위권은 공동저당권자가 일부의 부동산의 낙찰더금으로부터 그 채권의 전부를 변제받은 경우뿐만 아니라 그 채권의 일부만을 변제받은 경우에도 발생한다. 선순위 공동저당권자가 일부 부동산의 낙찰대금으로부터 채권의 일부만을 변제받은 경우에는 선순위 공동저당권자는 여전히 잔액채권에 관하여 경매되지 아니한 다른 부동산위에 저당권을 보유하고 있으므로 차순위 저당권자의 대위권은 선순위의 공동저당권자가 그 채권의 전부를 변제받을 것을 정지즈건으로 하여 발생한다.

4. 후순위저당권자의 대위와 물상보증인의 변제자대위가 충돌하는 경우 법률관계의 우선순위는?
공동저당의 목적인 채무자 소유의 부동산과 물상보증인 소유의 부등산에 각각 채권자를 달리하는 후순위저당권이 설정되어 있는 경우 물상보증인 소유의 부동산에 대하여 먼저 경매가 이루어져 경매대금의 교부에 의하여 1번저당권자가 변제를 받은 때에는 물상보증인은 채무자에 대하여 구상권을 취득함과 동시에 변제자대위(민법 제481조, 제482조)에 의하여 채무자소유의 부동산에 대한 1번저당권을 취득한다. 이러한 경우 물상보증인 소유의 부동산에 대한 후순위권리자는 물상보증인에게 이전한 1번저당권으로부터 우선하여 변제를 받을 수 있다.[306] 물상보증인이 수인인 경우도 마찬가지이다. 물상보증인이 수인인 경우 물상보증인들 사이의 변제자대위의 관계는 민법 제482조 제2항 제4호, 제3 호에 의하여 규율될 것이다. 자기 소유의 부동산이 먼저 경매되어 1번당권자에게 대위변제를 한 물상보증인은 1번당권을 대위취득하고 그 물상보증인 소유의 부동산의 후순위권리자는 1번저당권자에 대하여 대위할 수 있다.

5. 후순위 저당권자의 대위권이 물상보증인 소유 부동산에까지 미치는가?
공동저당의 목적인 채무자 소유의 부동산과 물상보증인 소유의 부동산 중 채무자 소유의 부동산에 대하여 먼저 경매가 이루어져 그 경매대금의 교부에 의하여 1번 공동저당권자가 변제를 받더라도 채무자 소

---

306) 대법원 1994. 5. 10. 선고, 93다25417 판결

유의 부동산에 대한 후순위 저당권자는 1번저당권자를 대위하여 물상보증인 소유의 부동산에 대하여 저당권을 행사할 수 없다(민법 제368조 제2항 후단).307)

231. 대위권의 발생요건

공동저당권의 목적부동산이 전부 채무자의 소유 이어야 하는가 아니면 일부가 물상보증인 또는 제3취득자의 소유인 경우에도 대위권이 발생하는가?

1. 부정설
차순위저당권자의 대위권은 공동저당권의 목적부동산이 동일한 채무자의 소유에 속하는 경우에 한하여 발생한다는 견해이다. 즉, 채무자 갑 소유의 부동산과 물상보증인 또는 제3취득자 을 소유의 부동산이 순위 1번의 공동저당권의 목적이 되고 있고, 갑 소유의 부동산에 제2순위의 저당권자가 있는 경우에 공동저당권자가 갑 소유의 부동산을 먼저 경매하여도 갑 소유 부동산의 순위 2번 저당권자는 물상보증인 또는 제3취득자 을 소유 부동산에 대위할 수 없다.308) 반면에 먼저 을 소유의 부동산을 경매하면 을은 변제자대위에(민법 제481조, 제482조) 의하여 공동저당권자에 대위하므로 갑 소유의 부동산 위의 순위 2번 저당권자는 을이 변제받은 후 잔액에 대하여서만 권리를 행사할 수 있다.

2. 긍정설
민법 제368조 제2항은 모든 공동저당의 경우에 적용이 있다는 견해이다. 공동저당권의 목적부동산의 일부의 제3취득자가 다른 부동산의 차순위저당권자보다 우선한다면 차순위저당권자는 일부 부분이 제3취득자에게 양도되었다는 우연한 사정에 의하여 부당하게 그 지위가 불안하게 된다. 따라서 목적부동산의 일부가 물상보증인이나 제3취득자의 소유에 속하는 경우에도 차순위저당권자의 대위권은 발생한다. 자기 소유 부동산을 공동저당권의 목적물로 제공한 물상보증인은 공동저당 채무액의 부담을 각오하고 있으므로 이러한 물상보증인을 채무자 소유 부동산 위의 차순위저당권자보다 더 보호 하는 것은 부당하다는 것이 이 견해의 논거이다.

3. 부분긍정설
제3취득자가 있는 경우에도 대위권이 발생하되 제3취득자는 그 소유부동산이 먼저 경매되어도 그 부동산의 부담액을 초과하는 금액만을 대위하고(민법 제481조, 제482조) 차순위저당권자가 있는 채무자 소유 부동산이 먼저 경매된 때에는 차순위저당권자는 제3취득자 소유의 부동산에 대위(민법 제368조 제2항)을 행사할 수 있다는 견해이다.

4. 기타
기본적으로는 부정설의 입장이면서도 공동저당의 목적부동산의 일부가 제3취득자에게 이전되는 경우에는 예외로 대위권(민법 제368조 제2항)을 행사할 수 있다는 견해가 있다.

---

307) 대법원 1996. 4. 26. 선고, 95다52864 판결 ; 대법원 1995. 6. 13. 95마500 결정 ; 대법원 2014. 1. 23. 선고 2013다207996 판결
308) 대법원 1996. 3. 8. 선고, 95다36596 판결 ; 대법원 2008. 4. 10. 선고 2007다78234 판결 ; 대법원 2014. 1. 23. 선고 2013다207996 판결

232. 대위의 효과
대위의 효과로서 선순위 공동저당권자의 저당권이 **법률상 당연히** 차순위 저당권자에게 이전한다.

1. 공동저당 등기의 말소
대위는 선순위의 공동저당권자의 저당권이 법률상 당연히 차순위 저당권자에게 이전하는 효과를 발생한다. 이때의 저당권의 이전은 법률규정에 의한 이전이므로 등기 없이도 효력이 생긴다(민법 제187조). 따라서 이와 같은 경우에는 경매목적부동산에 관한 공동저당권 설정등기만 말소하고 다른 부동산에 관한 공동저당권 설정등기는 말소하여서는 안된다. 물상보증인이 대위취득한 선순위 저당권설정등기에 대하여는 말소등기가 경료될 것이 아니라 물상보증인 앞으로 부기등기가 경료되어야 할 것이다.309)

2. 저당권이전의 부기등기
대위는 저당권의 이전이고 저당권의 이전은 부기등기를 하므로(부동산등기법 제156조의 2) 대위등기의 방법은 부기등기에 의하여야 한다. 이 부기등기는 차순위 저당권자와 선순위 저당권자의 공동신청에 의하여 행해진다(부동산등기법 제27조, 제28조). 선순위 저당권자가 위 등기신청에 응하지 않으면 차순위 저당권자는 저당권이전등기를 이행하라는 소를 제기하여 승소판결을 얻어 단독으로 등기신청을 할 수 있다. 이 경우 차순위 저당권자의 대위의 부기등기는 공동저당물의 경매대가에 비례하여 분담할 금액의 한도내에서 할 수 있다.310) 위 대위의 부기등기를 하기 위하여는 먼저 각 부동산이 부담하게 되는 채권액을 산출할 필요가 있고 또 이를 산출하기 위하여는 기초가 되는 乙 부동산의 낙찰대금을 확정할 필요가 있다.

233. 이시배당(異時配當)과 대위
공동저당권의 목적인 수개의 부동산 중 일부의 부동산만이 낙찰되어 배당을 실시하는 경우 동일절차에서 이시배당을 하여야 한다.

1. 이시배당을 하는 경우의 대위
낙찰인으로부터 낙찰대금의 납부가 있으면 각 채권자에게 배당을 실시하게 된다. 이때 공동저당권의 목적인 수개의 부동산에 관하여 경매절차가 진행되어 그 중 일부의 부동산만이 낙찰되어 대금이 납부된 때에는 낙찰된 부동산의 대금만에 관하여 배당을 실시할 수 있다. 반드시 다른 부동산이 낙찰되는 것을 기다릴 필요는 없다. 이 경우 공동저당권자는 일부의 부동산의 낙찰대금으로부터 그 부동산의 분할부담액을 초과하여 저당권의 피담보채권 전액을 만족을 받을 수 있다. 그 결과 먼저 낙찰된 부동산 위의 차순위 저당권자는 변제를 받지 못하게 되나 선순위의 공동저당권자를 대위(민법 제368조 제2항)하여 다른 부동산에 대한 공동저당권자의 저당권을 행사할 수 있으므로 경매절차를 속행하여 다른 부동산의 낙찰대금으로부터 만족을 받게 된다.

2. 공동저당권의 목적부동산이 소유자를 달리하는 경우 배당시기
채무자 소유의 A부동산과 물상보증인 소유의 B부동산이 공동저당의 목적으로 된 경우에 배당의 시기는?

(1) 수시배당설
A부동산만이 낙찰되어 낙찰대금으로부터 저당권자의 채권금액을 변제받을 수 없으면 B부동산의 경매는 불허될 것이며 A부동산의 대금이 납부된 후에 이를 배당하지 아니하고 경매법원이 보관하고 있는 것은 부당하므로 B부동산의 낙찰을 기다리지 아니하고 수시로 배당하는 것이 타당하다고 주장한다.

---

309) 대법원 1994. 5. 10. 선고, 93다25417 판결 ; 대법원 2001. 6. 1. 선고 2001다21854 판결 ; 대법원 2012. 7. 26. 선고 2010다78708 판결
310) 대법원 1961. 7. 27. 선고, 4293민상106 판결

(2) 동시배당설
목적부동산의 소유자가 다른 경우에는 대위(민법 제368조 제2항)가 불가능하므로[311] A부동산의 대금만을 미리 배당하게 되면 A부동산 위의 후순위저당권자는 B부동산의 대금으로부터 변제를 받을 수 없게 되어 그 이익이 침해받으므로 B부동산의 낙찰을 기다려 A부동산의 낙찰대금과 일괄하여 동시배당하여야 한다고 한다. 후순위저당권자 기타 이해관계인의 이익을 고려할 때 동시배당하는 것이 타당하다.

234. 근저당권 공유자와 대위 변제자의 배당

근저당권 공유자들 사이의 배당은 채권액의 비율에 따라 안분하고 채권의 일부에 관하여 대위변제가 있는 때에는 대위자는 변제한 가액에 비례하여 권리를 행사한다.

1. 근저당권의 공유자에 대한 배당
(1) 원칙
근저당권의 공유자들 사이에 배당을 하는 경우는 원칙적으로 각 공유자의 배당시점에서의 채권액의 비율에 따라 안분한다.
(2) 사례
갑과 을이 채권최고액 1,000만원의 근저당권을 공유하고 있을 때 배당시에 있어서의 갑의 채권이 800만원, 을의 채권이 600만원이고, 당해 근저당권에 배당될 낙찰대금이 700만원이라면 그 700만원을 갑 400만원(700만원×800/(800+600)), 을 300만원(=700만원×600/(800+600))의 비율로 나눈다.

2. 채권자와 대위변제자와의 배당관계
(1) 원칙
채권의 일부에 관하여 대위변제가 있는 때에는 대위자는 그 변제한 가액에 비례하여 채권자와 함께 그 권리를 행사한다(민법 제483조 제1항).
(2) 대위변제 권리행사의 방법
대위자는 단독으로 대위한 권리를 행사할 수 없고 채권자가 그 권리를 행사하는 경우에만 '채권자와 함께' 그 권리를 행사할 수 있으며, 또 이 경우에는 변제에 관하여 채권자가 우선한다. 예를 들어 1,000만원의 저당채권에 관하여 보증인이 400만원을 변제한 경우 통설에 의하면 채권자만이 경매를 신청할 수 있으며 배당에 있어서도 채권자의 채권액에 우선적으로 충당을 하게 되므로 보증인은 배당을 받을 수 없게 된다.
그러나 대위자는 변제한 가액에 비례하여 그 범위 내에서는 단독으로 저당권을 행사할 수 있고 채권자와 평등한 입장에 선다는 견해에 의하면 1,000만원의 저당채권에 관하여 보증인이 400만원을 변제한 경우 채권자 또는 보증인이 담보물건에 관하여 경매를 신청하여 낙찰대금 500만원을 얻은 때에는 채권자는 300만원, 보증인은 200만원의 배당을 받게 된다.
(3) 대위로 인한 보증책임의 면제
채권자가 일부 대위변제자에게 그 대위변제 비율을 초과하여 담보권의 전부를 이전하여 준 경우 다른 보증인은 보증채무를 이행함으로써 법정대위권자로서 그 저당권 실행으로 배당받을 수 있었던 범위내에서 보증책임을 면한다.[312]

---

311) 대법원 1996. 3. 8. 선고, 95다3659 판결 ; 대법원 2017. 12. 21. 선고 2013다16992 전원합의체 판결
312) 1996. 12. 6. 선고, 96다35774 판결

235. 수개의 공장저당권 상호간의 배당관계

수개의 공장저당권 상호간의 배당관계는 공장저당법 제7조 소정의 목록의 내용에 따라 다르다.

1. 공장저당법 제7조 소정의 목록의 내용이 동일한 경우
공장에 속하는 동일한 토지 또는 건물에 수개의 공장저당권이 설정되어 있는 경우에 그 설정등기를 할 때 제출한 기계·기구 기타 공장의 공용물에 관한 공장저당법 제7조 소정의 목록의 내용이 동일한 때(어떤 공장토지 위에 갑의 1번 공장저당권이 설정되고 그 공장에 설치된 기계·기구 A, B, C, D에 관하여서만 목록이 제출된 경우)에는 그 수개의 공장저당권의 우선순위는 그 설정등기의 선후에 따라 결정한다(민법 제370조, 제333조). 따라서 저당목적물의 매득금은 위 우선순위에 따라 배분하면 된다.

2. 공장저당법 제7조 소정의 목록의 내용이 상이한 경우
동일한 공장토지나 건물에 설정된 수개의 공장저당권에 있어서 제출된 공장저당법 제7조 소정의 목록이 서로 다른 때(1번 저당권설정에 있어서는 기계·기구 A, B, C, D에 관하여 목록이 제출되고, 그 후 E, F라는 기계·기구를 증설하여 2번 저당권설정을 하면서 위 E, F에 관하여 추가로 목록이 제출된 경우) 또는 공장저당권 설정등기의 순서와 목록제출의 순서가 일치하지 않은 때(2번 저당권설정시에 추가목록이 제출된 후 1번 저당권에 관하여 위 기계·기구 E, F의 추가에 의한 종전 목록의 변경등기가 행하여진 경우)에는 그 목록 중 일치하지 아니한 부동산의 기계·기구(E, F의 기계·기구)에 대하여 어느 공장저당권이 우선하느냐에 따라 위 수개의 공장저당권 간의 배당관계가 달라진다.

3. 기계·기구 등에 대한 각 저당권 상호간의 우선순위
(1) 제1설
공장저당법 제7조 소정의 목록의 제출 내지 그 목록의 기재는 공장저당권의 효력발생요건 내지 대항요건이다. 따라서 당해 기계·기구 등에 대한 저당권자 상호간의 우선순위는 저당권설정등기의 선후에 불구하고 위 목록의 제출이나 그 변경등기의 선후에 의하여야 한다는 견해이다. 즉, E, F의 기계·기구에 대하여는 2번 저당권자 을이 갑보다 우선한다.

(2) 제2설
공장저당법 제7조 소정의 목록의 제출은 공장저당권의 효력이 미치는 범위를 공시하는데 불과한 것이고 그것 자체가 공장저당권의 효력발생요건이나 대항요건으로 되는 것은 아니다. 따라서 그 목록의 기재나 변경등기의 선후에 관계없이 저당권설정등기의 선후에 의하여 우선순위가 결정된다는 견해이다. 즉, 1번 저당권자 갑이 E, F의 기계·기구에 대하여도 2번 저당권자 을보다 우선한다.

4. 문제점
(1) 제1설을 따르는 경우
토지·건물에 대한 저당권의 순위와 기계·기구에 대한 저당권의 순위가 상이하게 되어 일괄경매와의 관계상 배당에서 복잡한 문제가 발생한다.
즉, 공장에 속하는 토지 또는 건물과 이에 설치된 기계·기구 기타 공장의 공용물은 이를 일괄하여 경매하여야 하므로 그 기계·기구 등은 토지 또는 건물과 일괄하여 최저경매가격이 정하여 진다. 또 일괄하여 경매가격의 신고를 받아 일괄하여 낙찰을 허가하여야 하는데[313] 추가된 목록의 기계·기구(E, F의 기계·기구)에 대하여는 우선순위가 다르므로 매득금의 배당을 위하여는 추가된 기계·기구의 낙찰가격과 종전의 기계·기구(A, B, C, D의 기계·기구)의 낙찰가격을 각각 확정할 필요가 있다. 이처럼 일괄경매를 하면 추가된 기계·기구의 낙찰대금이 명확하게 구별되지 아니하므로 곤란하게 된다. 그러나 공장저당을 인정하는 취지나 공장저당법 제10조의 규정에 비추어 보면 이러한 경우에도 일괄경매를 하는 것이 타당하므로 이와 같이 일괄경매를 한 경우에는 배당을 위하여 부득이 각 물건별로 최저경매가격을 정하여 놓은 다음

---

[313] 대법원 1971. 2. 19. 70마935 결정 ; 대법원 2003. 2. 19.자 2001마785 결정

이 비율에 의하여 추가된 기계·기구의 낙찰대금을 결정하고 그 비례결정된 낙찰대금을 기준으로 하여 저당권의 순위에 따라 배당할 수 밖에 없다.
(2) 제2설을 따르는 경우
추가된 기계·기구의 매득금으로부터도 추가전에 설정된 공장저당권의 피담보채권을 우선변제받을 수 있으므로 배당에 있어서 위와 같은 복잡한 문제가 발생하지는 아니한다.

236. 공장저당권과 보통 저당권간의 배당
공장저당권의 목적인 토지 또는 건물에 설정된 보통저당권과 공장저당권 간의 우선순위는 그 설정등기의 선후에 의하여 결정된다.

1. 순위의 확정
공장저당권의 목적인 토지 또는 건물에 설정된 보통저당권과 공장저당권 간의 우선순위는 그 설정등기의 선후에 의하여 결정된다. 즉, 공장에 속하는 토지나 건물에 관하여 선순위로 보통저당권이 설정된 후에 후순위자가 공장저당법에 의한 공장저당권을 설정한 경우 또는 그 반대로 공장저당권이 설정된 후 그 목적토지나 건물에 관하여 보통저당권이 설정된 경우에는 그 토지·건물에 관한 한 설정등기의 선후에 의하여 양자의 우선순위가 결정된다.

2. 보통저당권과 공장저당권의 경합
공장저당권과 보통저당권이 경합된 경우에 선순위 또는 후순위의 보통저당권자가 그 저당권의 실행으로서 경매신청을 한 경우에도 공장저당법 제10조에 의하여 토지·건물만을 분리경매할 수 없고 그 공장에 설치된 기계·기구 기타 공장의 공용물도 토지·건물과 일괄하여 경매하여야 한다. 이 경우 보통저당권자는 경매신청시에 공장저당권의 효력이 미치는 기계, 기구 등의 목록을 제출하여야 한다. 다만 이 경우 보통저당권자의 저당권의 효력은 공장에 설치된 기계·기구 기타 공장의 공용물에는 미치지 아니하므로 그 기계·기구 등의 매각대금에서 우선변제받을 권리는 없다.

3. 매각대금의 구별
공장저당권자와 보통저당권자 사이의 배당을 위하여는 그 기계·기구 등의 매각대금을 토지나 건물자체의 매각대금과 구별할 필요가 있다. 이 경우 각 매각대금액은 총 매각대금액을 각 목적물의 최저경매가격 비율에 의하여 안분한 금액으로 한다(제655조 제2항). 따라서 위와 같이 각 목적물별로 매각대금을 구별할 필요가 있는 경우에는 각 목적물별로 최저경매가격을 정하여 놓을 필요가 있고 전체 목적물에 대한 최저경매가격과 함께 공고하여야 한다.

237. 전세보증금·가압류채권의 배당
전세권이 경매로 인하여 소멸하는 경우 전세권자와 저당권자간의 배당순위는 등기의 선후에 의하여 결정된다.

1. 전세보증금
전세권은 존속기간의 정함이 없거나 민사소송법 제611조의 등기 후 6월 이내에 기간이 만료되는 경우 또는 경매로 인하여 그 보다 먼저 등기된 저당권이 소멸하는 경우에 한하여 소멸된다. 위와 같이 전세권이 경매로 인하여 소멸하는 경우에는 배당에 있어서 전세권자와 저당권자간의 순위는 등기의 선후에 의하여 결정되므로 전세권자는 위 기준에 따라 매득금으로부터 전세금의 반환을 받는다. 다만, 전세권이 기간만료 등으로 인하여 이미 소멸하였으나 전세금이 아직 반환되지 아니하여 전세권설정등기가 말소되지 않고 남아 있는 경우에도 전세권자는 등기의 선후에 따라 매득금으로부터 전세금의 반환을 받을 수 있다(민법 제317조, 제536조). 여기서 전세보증금은 주택임대차보호법상의 임대차보증금과 구별됨은 두

말할 나위 없다.

2. 가압류채권자의 채권금액

목적부동산에 가압류등기가 되어 있는 경우에 그것이 저당권설정등기 후의 가압류등기이면 저당권자에 대항할 수 없으므로 낙찰대금으로부터 저당권자에게 우선변제하고 잔여가 있으면 이를 가압류채권자에게 배당한다. 그러나 저당권설정등기 전의 가압류등기이면 저당권자에게 대항할 수 있으므로 저당권자는 가압류채권자와 안분비례에 의하여 배당을 받는다. 단, 경매신청기입등기 후에 가압류를 한 경우에는 낙찰기일까지 배당요구를 하여야 한다(제605조 제1항). 가압류채권자의 채권금액은 피보전채권액의 한도 내에서 채권계산서와 가압류결정의 정본 등 증빙서류에 의하여 확정한다. 가압류채권자가 채권계산서 등을 제출하지 않으면 경매법원이 직권으로 피보전채권액을 조사하여 확정한다. 채권계산서 기재의 채권액이 가압류결정에 표시된 피보전채권액을 초과하는 때에는 피보전채권액을 채권금액으로 본다

3. 가압류채권의 배당액 산정

가압류의 효력은 가압류채권자의 피보전채권액에 한하여 미치므로 가압류결정에 피보전채권액으로서 기재된 액이 가압류채권자에 대한 배당액의 산정기준으로 된다. 그러므로 배당법원이 배당을 실시함에 있어서 가압류의 경우에 확정되지 아니한 채권의 배당액은 공탁을 하여야 하고 그 후 가압류채권자의 피보전채권의 존재가 본안의 확정판결 등에 의하여 확정된 때 가압류처권자가 확정판결 등을 제출하면 배당법원은 가압류채권자에게 배당액을 지급한다. 이 경우 가압류의 피보전권리와 본안의 소송물인 권리는 엄격히 일치함을 요하지 아니하며 청구기초의 동일성이 인정되는 한 가압류에 대한 관계에서 본안이라고 보아야 한다. 따라서 배당법원은 가압류채권자에 대한 배당액을 산정함에 있어서 가압류채권자가 가압류의 피보전채권 및 그와 청구기초의 동일성이 인정되는 채권을 청구채권으로 하는 내용의 채권계산서를 제출하였으나 피보전채권 중 전부 또는 일부의 존재가 인정되지 아니한 때에는 특별한 사정이 없는 한 가압류결정에 피보전채권액으로 기재된 액의 범위 내에서는 위 피보전채권 중 그 존재가 인정되는 나머지 부분 외에 그와 청구기초의 동일성이 인정되는 채권도 그 존재가 인정되는 한 이를 포함시켜야 한다. 가압류채권자가 원금채권에 대하여만 가압류결정을 받은 후 채권계산서제출시 배당기일까지의 지연손해금채권을 덧붙여 배당요구를 한 경우 지연손해금채권도 배당액 산정에 포함시킨다.[314]

238. 가압류·압류의 효력

가압류·압류의 효력에 관하여 실무는 개별상대효설의 입장을 따르고 있다.

1. 개별상대효설

가압류 또는 압류등기가 먼저 되고 나서 담보물권 설정등기가 경료된 경우에 담보물권 설정등기는 가압류에 의한 처분금지의 효력 때문에 집행목적을 달성하는 필요한 범위 안에서 가압류채권자에 대한 관계에서만 상대적으로 무효이다. 따라서 담보물권자는 그보다 먼저 등기된 가압류채권자에 대항하여 우선변제를 받을 권리는 없으나 가압류채권자와 채권액에 비례하여 평등하게 배당을 받을 수 있다.[315] 이와 같이 가압류 이후에 이루어진 처분행위도 그 처분행위 당사자 사이에서는 유효하고 오직 가압류채권자와의 관계에서만 무효라고 하는 입장을 개별상대효설이라 한다.

2. 절차상대효설

유체동산을 2중으로 압류한 경우에 '각 압류한 물건은 강제집행을 신청한 모든 채권자를 위하여 압류한 것으로 본다'는 민사소송법 제549조 제3항의 규정이야말로 가압류 또는 압류에 저촉되는 처분은 참가한

---

[314] 대법원 1982. 3. 9. 선고, 81다1223, 81다카991 판결 ; 대법원 1992. 9. 25. 선고, 92다24325 판결 ; 대법원 1992. 10. 13. 선고, 92다30597 판결 ; 대법원 1996. 2. 27. 선고, 95다45224 판결 ; 대법원 1997. 2. 28. 선고, 95다22788 판결

[315] 대법원 1987. 6. 9. 선고, 86다카2570 판결 ; 대법원 1992. 3. 27. 선고 91다44407 판결

모든 채권자에 대한 관계에서도 그 효력을 대항할 수 없다고 하는 이른바 가압류 또는 압류의 절차상대효를 명문화한 것이라고 한다. 이 학설은 부동산의 경우에도 유체동산의 압류 또는 가압류의 경우와 똑같은 효력을 인정하여야 하고 가압류 후의 담보물권자는 가압류가 존속하고 있는 한 배당에도 참가할 수 없다고 한다.

3. 배당요구불허설
임의경매에서도 낙찰대금은 각 채권자의 우선권의 순위에 따라 교부된다. 다만, 약정담보물권자는 우선변제청구권이 있는 채권자(제605조 제1항)에 해당되지 않고 따라서 가압류후의 약정담보물권자는 가압루의 개별상대효 또는 절차상대효 여부를 가릴 것 없이 배당요구자체가 허용되지 않는다는 견해이다.

239. 흡수배당
가압류후에 1번 및 2번 저당권이 설정되어 있던 중 위 1번 또는 2번 저당권자에 의하여 경매신청이 된 경우에 3자간의 배당순위는?

1. 사례
배당할 금액 : 2,000만원
가압류채권자 A : 500만원
1번 저당권자 B : 1,500만원
2번 저당권자 C : 3,000만원

2. 사례의 해결
가압류채권자와 각 저당권자는 동순위로서 각 채권액에 따라 안분배당을 받게 되지만 1번 저당권은 2번 저당권에 우선하므로 1번 저당권자는 2번 저당권자가 받을 배당액으로부터 자기의 채권액이 만족될때까지 이를 흡수하여 변제를 받을 수 있다.

3. 배당의 실제
(1) 제1단계
A·B·C의 배당액은 각 채권액에 따라 안분비례되므로 A는 200만원 (2,000×500/500+1,500+3,000), B는 600만원 (2,000×1,500/500+1,500+3,000), C는 1,200만원 (2,000×3,000/500+1,500+3,000)을 각 배당받는다.
(2) 제2단계
B는 C에 우선하는 저당권자인데 제1단계에서 채권액 전부를 배당받지 못하므로 그 채권액 1,500만원과 위 배당액 600만원과의 차액 900만원은 C의 배당액으로부터 흡수하여 만족을 얻는다.
(3) 결론
A는 200만원, B는 1,500만원, C는 300만원(1,200만원-900만원)을 각 배당받게 된다.

240. 흡수배당
가압류후에 설정등기를 한 저당권자의 신청에 의하여 임의경매절차가 진행중 다른 채권자가 강제경매신청을 하여 압류가 경합된 경우 배당순위는?

1. 사례
배당할 금액 : 2,000만원
가압류채권자 A : 500만원
저당권자 B : 1,500만원
2중압류채권자 C : 3,000만원

2. 사례의 해결
(1) 제1설
각채권자는 안분배당을 받되 저당권자 B는 그 저당권으로써 2중압류채권자 C에 대항할 수 있으므로 C가 받을 배당액으로부터 자기의 채권액이 만족될 때까지 이를 흡수하여 변제받을 수 있다.
(2) 제2설
저당권자 B는 그 저당권으로써 가압류채권자 A에게 대항할 수 없으므로 일반채권자와 동일한 지위에 선다. 이는 저당권설정등기 후의 모든 채권자와의 관계에 있어서도 같으므로 A·B·C를 평등하게 취급하여 그 채권액에 따라 안분배당하여야 한다.
(3) 제3설
저당권자 B는 2중압류채권자인 일반채권자 C보다는 우선하나 가압류채권자 A보다는 우선할 수 없으므로 A·B·C의 순위로 배당하여야 한다.
(4) 제4설
저당권자 B는 2중압류채권자인 일반채권자 C보다는 우선하므로 먼저 저당권에 의하여 담보된 채권액을 공제하되 가압류채권자 A에 대해서는 우선권을 주장 할 수 없으므로 A·B간에는 위 공제한 금액에 관하여 각 채권액에 비례하여 배분하고 공제한 잔액은 일반채권자 C에게 배당한다.

3. 판례
부동산에 대하여 가압류등기가 먼저 되고 나서 근저당권설정등기가 마쳐진 경우에 그 근저당권등기는 가압류에 의한 처분금지의 효력 때문에 그 집행보전의 목적을 달성하는 데 필요한 범위 안에서 가압류채권자에 대한 관계 에서만 상대적으로 무효이다. 이 경우 가압류채권자와 근저당권자 및 근저당권설정등기 후 강제경매신청을 한 압류채권자 사이의 배당관계에 있어서 근저당권자는 선순위 가압류채권자에 대하여는 우선변제권을 주장할 수 없으므로 1차로 채권액에 따른 안분비례에 의하여 평등배당을 받은 다음 후순위 경매신청압류채권자에 대하여는 우선변제권이 인정되므로 경매신청 압류채권자가 받을 배당액으로부터 자기의 채권액을 만족시킬 때까지 이를 흡수하여 배당받을 수 있다.316)

4. 배당의 실제(제1설의 입장)
(1) 제1단계
A·B·C 3자를 평등하게 취급하여 각 채권액에 따라 안분배당하면 A는 200만원, B는 600만원, C는 1,200만원을 각 배당받는다.
(2) 제2단계
저당권자 B는 제1단계에서 그 채권액 전부를 배당받지 못하므로 제2단계로 일반채권자 C의 배당액 900만원을 흡수하여 그 채권전액을 만족받게 된다.
(3) 결론
가압류채권자와 가압류등기 후의 1번, 2번 저당권자간의 배당관계와 동일하게 된다. 결국 A는 200만원, B는 1,500만원, C는 300만원을 각 배당받게 된다.

---

316) 대법원 1987. 6. 9. 선고, 86다카2570 판결 ; 대법원 1992. 3. 27. 선고, 91다44407 판결 ; 대법원 1994. 11. 29. 94마417 결정 ; 대법원 2008. 2. 28. 선고 2007다77446 판결

241. 흡수배당

가압류등기 후 저당권설정등기가 있고 그후 가압류가 본압류로 이전하여 강제경매개시결정이 된 뒤 다른 일반채권자가 배당요구를 한 경우 배당순위는?

1. 사례
배당할 금액 : 1,600만원
가압류채권자 A : 800만원
저당권자 B : 400만원
배당요구채권자 C : 800만원

2. 사례의 해결
(1) 제1설
배당요구채권자 C는 경매신청채권자 A와는 달리 저당권을 배척할 수 없으므로 자기가 안분배당받은 금액중에서 저당권자 B의 채권변제에 충당할 분을 공제하고 잔액이 있으면 자기가 수령할 수 있고 잔액이 없으면 배당을 받을 수 없게 된다.
(2) 제2설
저당권자 B가 별도로 배당요구를 하지 아니하면 저당권자 B는 경매신청채권자인 A에 대한 관계에서는 배척당할 수밖에 없으므로 낙찰대금은 경매신청채권자 A와 배당요구채권자 C의 2인에게 안분배당하면 된다.
(3) 제3설
저당권자 B가 배당요구를 하지 아니한 경우에는 B에게는 전혀 배당할 수 없다.
(4) 실무
실무는 저당권자 B가 본압류전에 설정등기된 저당권자라는 이유로 따로 배당요구를 하지 아니한 경우에도 배당요구를 한 경우와 마찬가지로 취급하여 배당을 실시하고 있다.

3. 저당권자 B가 배당요구를 하지 않은 경우 배당의 실제(제1설의 입장)
가압류채권자 A는 800만원을 배당받게 되고, 배당요구채권자 C는 A와 안분배당받은 800만원 중에서 저당권자 B의 채권 400만원을 공제한 잔액 400만원을 배당받는다.

4. 저당권자 B가 배당요구를 한 경우 배당의 실제(제1설의 입장)
(1) 제1단계
낙찰대금 1,600만원을 저당권자 B까지 포함하여 A, B, C 3인에게 A 640만원, B 320만원, C 640만원씩 각 안분배당한다.
(2) 제2단계
저당권자 B는 배당요구채권자 C에 대하여 우선변제권이 있으므로 저당권자 B의 피담보채권 중 제1단계에서 배당받지 못한 부족분 80만원을 배당요구채권자 C의 안분액으로부터 흡수하여 배당받는다.
(3) 결론
배당요구채권자 C는 저당권자 B에게 흡수당하고 남은 금액만을 배당받게 된다. 그 결과 가압류채권자 A는 640만원, 저당권자 B는 400만원(320만원+80만원), 배당요구채권자 C는 560만원(640만원-80만원)을 최종적으로 배당받게 된다.

242. 순환배당
A는 B보다, B는 C보다, C는 A보다 우선하는 순환관계가 생기는 경우의 배당순위는?

1. 사례
소액임차인에게 우선변제권이 인정되기 전(1984. 1. 1. 이전)에 설정등기된 저당권자 A, 조세채권자(당해세) B, 소액임차인 C, 3자사이의 배당에는 A는 C보다, C는 B보다, B는 A보다 우선하게 되어 끝없이 순환관계가 되풀이 된다. 이와 같은 경우에는 어떻게 배당하여야 할 것인가?

배당할 금액 : 2,000만원
저당권자 A : 500만원
조세채권자(당해세) B : 1,500만원
소액임차인 C : 3,000만원

2. 사례의 해결
(1) 안분배당설
A, B, C, 3자간의 채권액에 따라 안분비례하여 A에게 200만원, B에게 600만원, C에게 1,200만원을 배당하여야 한다.
(2) 안분후흡수설
제1단계로 A, B, C 3자간에 채권액 비례에 따라 안분한다. 제2단계로 A, B, C는 모두 우선변제권이 있으므로 각각 자신의 채권액 중 제1단계에서 배당받지 못한 부족액에 달할 때까지 자신에게 열후하는 채권자의 배당액으로부터 흡수하여 그 결과를 배당한다. 다만, 제2단계에서 후순위권리자의 안분배당액을 흡수함에 있어서 흡수할 금액은 자신의 채권액 중 제1단계에서 배당받지 못한 부족액과 제1단계에서 후순위자에게 안분배당된 금액을 각 한도로 한다.

3. 배당의 실제(안분후흡수설의 입장)
(1) 제1단계
A, B, C 3자를 평등하게 취급하여 각 채권액에 따라 A는 200만원, B는 600만원, C는 1,200만원을 안분배당 받는다.
(2) 제2단계
저당권자 A는 소액임차인 C에 우선하므로 A가 청구금액중 1차로 배당받지 못한 300만원을 C로부터 흡수한다. 소액임차인 C는 조세채권자 B에 우선하므로 같은 방식으로 B로부터 600만원을 흡수한다. 조세채권자 B는 저당권자 A에 우선하므로 마찬가지의 방식으로 A로 부터 200만원을 흡수한다. 각 흡수된 부분은 A, B, C 각자 제1단계로 배당된 금액에서 공제된다.
(3) 결론
A는 300만원(원래의 배당액 200만원+C로부터 흡수한 300만원-B에게 흡수당한 200만원)을 배당받는다.
B는 200만원(원래의 배당액 600만원-C에게 흡수당한 600만원+A로부터 흡수한 200만원)을 배당받는다.
C는 1,500만원(원래의 배당액 1,200만원-A에게 흡수당한 300만원+B로부터 흡수한 600만원)을 배당받는다.

243. 배당의 실제
공동저당권자가 다른 저당권자보다 선순위인 경우 배당순위는?

부동산	A	B	C
낙찰대금	500만원	300만원	200만원
경매비용	50만원	30만원	20만원
순위 1번	공동저당권자 갑 1,000만원	공동저당권자 갑 1,000만원	공동저당권자 갑 1,000만원
순위 2번	을 150만원	병 100만원	정 50만원

1. 원칙
각 부동산의 경매대가에 따라 공동저당권자 갑의 채권을 안분하여 각 부동산 A, B, C의 낙찰대금에 할당하고 나머지는 후순위권자에게 배당한다.

2. 경매비용
총 경매비용이 100만원이므로 A, B, C 각 부동산의 낙찰대금에 비례하여 50만원, 30만원, 20만원으로 안분할당 한다.

3. 경매대가
A, B, C 각 부동산의 경매대가는 각 낙찰대금에서 경매비용을 공제한 각 A 450만원, B 270만원, C 180만원이 된다.

4. 사례의 해결
(1) 공동저당권자 갑
A부동산으로부터 250만원(500×450/450+270+180), B부동산으로부터 150만원(500×270/450+270+180), C부동산으로부터 100만원(500×170/450+270+180)을 배당받는다.
(2) 후순위저당권자
각 부동산의 후순위저당권자 을은 A부동산에서 150만원, 병은 B부동산에서 100만원, 정은 C부동산에서 50만원을 각 배당받는다.
(3) 소유자
공동저당권자와 후순위저당권자에게 각 배당을 하고 A부동산에는 50만원(500만원-50만원-250만원-150만원), B부동산에는 20만원(300만원-30만원-150만원-100만원), C부동산에는 30만원(200만원-20만원-100만원-50만원) 합계 100만원의 잔액이 생기므로 이는 소유자에게 교부된다.

244. 배당의 실제
공동저당권자가 선순위인 경우 후순위 저당권자가 잔여 채권의 만족을 얻는 방법은?

부동산	A	B	C
낙찰대금	500만원	300만원	200만원
경매비용	50만원	30만원	20만원
순위 1번	공동저당권자 갑 500만원	공동저당권자 갑 500만원	공동저당권자 갑 500만원
순위 2번	을 150만원	병 100만원	정 50만원
순위 3번	무 70만원		

(1) 후순위저당권자 무
A 부동산의 후순위저당권자 무는 낙찰대금 500만원에서 경매비용 50만원, 공동저당권자 갑 250만원, 선순위저당권자 을 150만원을 각 배당하고 남은 50만원을 배당받는다.
(2) 소유자
공동저당권자와 후순위저당권자에게 각 배당을 하고 A부동산에는 0(500만원-50만원-250만원-150만원-50만원), B부동산에는 20만원(300만원-30만원-150만원-100만원), C부동산에는 30만원(200만원-20만원-100만원-50만원) 합계 50만원의 잔액이 생기므로 이는 소유자가 교부받는다.
(3) 후순위저당권자 무의 잔여채권 만족방법
후순위저당권자의 대위를 인정한 민법 제386조 제2항은 위와 같은 경우에는 적용되지 않는다. 무는 변제받지 못한 나머지 20만원은 B, C부동산의 잔여액으로 부터는 어떠한 방법으로써도 만족을 얻을 수 없다. 다만, 무가 B, C부동산의 소유자에 대한 채권자라면 별도로 배당요구를 하거나 위 잔여금의 반환청구권을 압류하거나 가압류하여 만족을 받을 수 있다.

245. 배당의 실제
공동저당권자가 다른 저당권자보다 후순위인 경우 배당순위는?

부동산	A	B	C
낙찰대금	500만원	300만원	200만원
경매비용	50만원	300만원	200만원
순위 1번	저당권자 을 150만원	저당권자 병 90만원	저당권자 정 60만원
순위 2번	공동저당권자 갑 500만원	공동저당권자 갑 500만원	공동저당권자 갑 500만원

1. 원칙
공동저당권자가 후순위저당권자인 경우에는 선순위저당권자, 전세권자, 조세채권자 등에게 우선배당하고 잔액을 기준으로 하여 각 부동산의 부담액을 정한다.

2. 경매대가
A부동산의 경매대가는 300만원(500만원-50만원-150만원), B부동산의 경매대가는 180만원(300만원-30만원-90만원), C부동산의 경매대가는 120만원(200만원-20만원-60만원)이다.

3. 사례의 해결
(1) 선순위저당권자에 대한 배당
선순위저당권자는 을 150만원, 병 90만원, 정 60만원의 각 채권전액을 순위 2번 공동저당권자 갑보다 먼저 배당받는다.
(2) 공동저당권자에 대한 배당
후순위 공동저당권자 갑은 A부동산으로부터 250만원(500×300/300＋180＋120), B부동산으로부터 150만원(500×180/300＋180＋120), C부동산으로부터 100만원 (500×120/300＋180＋120)을 각 배당받는다.
(3) 소유자
A부동산에 관하여 50만원(500만원-50만원-150만원-250만원), B부동산에 관하여 30만원(300만원-30만원-90만원-150만원), C부동산에 관하여 20만원(200만원-20만원-60만원-150만원)의 배당후 잔여액이 생기므로 이는 소유자에게 교부한다.

246. 배당의 실제
공동저당권자의 저당권이 공동저당물건의 일부에 관하여서만 순위 1번이고 나머지 일부에 관하여는 순위 2번인 경우 배당순위는?

부동산	A	B	C
낙찰대금	500만원	300만원	200만원
순위 1번	저당권자 을 200만원	공동저당권자 갑 500만원	공동저당권자 갑 500만원
순위 2번	공동저당권자 갑 500만원	저당권자 병 200만원	

1. 낙찰대금
낙찰대금은 편의상 경매비용을 공제한 잔액이라고 본다.

2. 경매대가
A부동산의 경매대가는 300만원(500만원-200만원), B부동산의 경매대가는 300만원, C부동산의 경매대가는 200만원이다.

3. 사례의 해결
(1) 선순위저당권자 을
A부동산의 선순위저당권자 을은 낙찰대금 500만원에서 우선하여 200만원을 배당받는다.
(2) 공동저당권자 갑
A부동산으로부터 1,875,000원(500×300/300＋300＋200), B부동산으로부터 금 1,875,000원(500×300/300＋300＋200), C부동산으로부터 금 125만원(500×200/300＋300＋200)을 각 배당받는다.
(3) B부동산의 후순위저당권자 병
B부동산의 후순위저당권자 병은 낙찰대금 300만원에서 공동저당권자 갑이 1,875,000원을 배당받고 남은 잔액 1,125,000원만을 배당받는다.
(4) 소유자
소유자는 배당후 A부동산으로부터 1,125,000원(500만원-200만원-1,875,000원), C부동산으로부터 750,000원(200만원-1,250,000원)을 교부받는다.

247. 배당의 실제
공동저당 목적부동산의 일부에 공동저당권자와 동순위의 다른 채권자가 있는 경우 배당순위는?

부동산	A	B
낙찰대금	240만원	400만원
순위 1번	공동저당권자 갑 200만원	공동저당권설정 전의 가압류채권자 을 300만원 공동저당권자 갑 200만원
순위 2번	저당권자 병 300만원	

1. 각 부동산의 낙찰대금은 편의상 경매비용을 공제한 잔액으로 본다.

2. 경매대가
B부동산의 낙찰대금 400만원을 공동저당권자 갑의 채권 200만원과 가압류채권자 을의 채권 300만원 간에 안분하여 갑의 채권액에 상응한 160만원(400×200/200+300)을 갑에 대한 배당에 관한 한 B부동산의 경매대가로 본다. 마찬가지로 을의 채권액에 상응한 240만원(400×300/200+300)을 을에 대한 배당에 관한 한 B부동산의 경매대가로 본다.

3. 사례의 해결
(1) 공동저당권자 갑
공동저당권자 갑의 채권 200만원을 A부동산의 경매대가 240만원과 B부동산의 경매대가 160만원에 할당하여 A부동산으로부터 120만원(200×240/240+160), B부동산으로부터 80만원(200×160/240+160)을 각 배당받는다.
(2) 가압류채권자 을
가압류채권자 을은 B부동산으로부터 300만원 전액을 배당받는다.
(3) A부동산의 후순위저당권자 병
A부동산의 후순위저당권자 병은 A부동산으로부터 공동저당권자 갑이 120만원을 배당받고 남은 잔액 120만원을 배당받는다.
(4) 소유자
B부동산의 낙찰대금중 잔여액 20만원(400만원-80만원-300만원)은 소유자에게 교부한다.

248. 배당의 실제
공동저당 목적부동산의 일부에 공동저당권자와 동순위의 다른 채권자가 있는 경우 배당순위는?

부동산	A	B
낙찰대금	240만원	400만원
순위 1번	공동저당권자 갑 700만원	공동저당권설정 전의 가압류채권자 을 300만원 공동저당권자 갑 700만원
순위 2번	저당권자 병 300만원	

1. 각 부동산의 낙찰대금은 편의상 경매비용을 공제한 잔액으로 본다.

2. 경매대가
공동저당권자 갑에 대한 배당에 있어서 B부동산의 경매대가는 280만원(400×700/700+300)이 된다.

3. 사례의 해결
(1) 공동저당권자 갑
B부동산의 경매대가 280만원과 A부동산의 경매대가 240만원을 기준으로 하여 산정한 공동저당권자 갑에 대한 A부동산의 부담액은 3,230,769원(700×240/240+280)이고, B부동산의 부담액은 3,769,231원(700×280/240+280)이 된다. 그러나 B부동산의 경매대가는 280만원에 불과하므로 결국 공동저당권자 갑은 A부동산으로부터 240만원, B부동산으로부터 280만원을 각 배당받게 된다.
(2) 가압류채권자 을
가압류채권자 을은 B부동산의 낙찰대금으로부터 공동저당권자 갑이 배당받은 280만원을 공제한 120만원을 배당받는다.
(3) A부동산의 후순위저당권자 병
A부동산의 후순위저당권자 병은 전혀 배당을 받지 못하게 된다.

249. 배당의 실제
수개의 부동산에 관하여 채권액이 서로 다른 공동저당을 설정한 경우 배당순위는?

부동산	A	B
낙찰대금	90만원	90만원
순위 1번	공동저당권자 갑 100만원	공동저당권자 갑 150만원
순위 2번	저당권자 을 300만원	

1. 수개의 부동산에 관하여 채권액을 달리하는 공동저당
공동저당권의 피담보채권은 동일한 채권이어야 하나 동일한 채권이 되기 위하여는 동일 당사자간의 동일 발생원인에 기한 채권이면 족하므로 동일한 채권을 담보하는 한 수개의 부동산에 관하여 채권액을 달리하는 공동저당도 가능하다.

2. 채권액을 달리하는 공동저당의 사례
갑 저당권자가 1개의 금전소비대차계약으로 하는 150만원의 대여금채권에 관하여 A부동산에 채권액 100만원, B부동산에 채권액 150만원으로 하여 각 저당권을 설정받은 경우이다. 이러한 경우도 공동저당이 되며 각 부동산의 경매대가에 비례하여 그 채권의 분담을 정한다(민법 제368조 제1항).

3. 각 부동산의 부담액의 결정방법
B부동산상의 저당권은 1개이나 부담액의 산정에 있어서는 100만원을 피담보채권으로 하는 저당권과 50만원을 피담보채권으로 하는 저당권이 동순위로 2개 존재하는 것으로 보아 계산하여야 한다.
각 저당권에 공통하는 금액부분에 관하여서만 공동저당의 관계에 있는 것으로 보아 부담액을 정한다는 견해에 따르면 A·B부동산의 낙찰대금이 각 90만원인 경우에 A·B부동산에 공통하는 100만원을 A·B 양 부동산의 가액에 안분하여 각각 50만원으로 부담액을 결정하여 B부동산에 관하여는 부담액 50만원과 잔액 40만원을 합하여 부담액으로 하고 A부동산으로부터는 50만원 합계 140만원을 배당받게 된다.

4. 경매대가
먼저 B부동산의 경매대가를 B부동산 위의 동순위저당권의 피담보채권에 따라 안분한다. 즉 100만원의 저당권에 대한 B부동산의 경매대가는 90×100/100+50=60만원이 되고, 50만원의 저당권에 대한 B부동산의 경매대가는 90×50/100+50=30만원이 된다.

5. 사례의 해결
(1) A·B 각 부동산의 부담액의 산정

경매대가를 기준으로 A·B부동산에 공통하는 100만원의 채권에 대한 A·B 각 부동산의 부담액을 산정하면 A부동산의 경매대가는 90만원, B부동산의 경매대가는 60만원이므로 A부동산의 부담액은 60만원(100×90/90＋60), B부동산의 부담액은 40만원(100×60/90＋60)이 된다.

(2) 배당액의 부족과 잉여
B부동산 위의 50만원의 채권은 30만원 밖에 배당을 받지 못하고 20만원의 부족이 있게 되나 위 100만원의 채권에 대한 B부동산의 부담액은 40만원에 불과하여 오히려 20만원의 잉여가 있게 되므로 위 부족금 20만원도 위 잉여액으로부터 배당받게 된다.

(3) 잉여금이 없는 경우 후순위저당권자의 배당액 흡수
잉여금이 없는 경우에는 후순위저당권자의 배당액으로 흡수한다. 그 결과 A부동산의 부담액은 60만원, B부동산의 부담액은 90만원이 되고 공동저당권자 갑은 합계 150만원의 배당을 받게 된다.

250. 배당의 실제

각 부동산상에 2개 이상의 공동저당권이 있고 그 순위가 서로 엇갈리는 경우 배당순위는?

부동산	A	B
낙찰대금	X	Y
순위 1번	공동저당권자 갑 100만원	공동저당권자 을 180만원
순위 2번	공동저당권자 을 180만원	공동저당권자 갑 100만원

1. 2개 이상의 공동저당권이 순위가 서로 엇갈리는 경우
을이 B부동산에 대하여 1번 저당권을 취득하고 갑이 A, B부동산에 대하여 공동저당권을 설정받은 후, 을이 A부동산에 대하여 추가로 B부동산과의 공동저당권을 취득한 경우에 생긴다.

2. 사례의 해결
(1) 제1설
공동저당으로 성립된 시간적 선후를 따지지 않고 모두 공동저당으로 취급하여 각 부동산 별로 각 채권에 대한 부담액을 산출하여 배당을 한다.
① 각 부동산별 부담액 산출방식
A부동산 상의 을의 2번 저당권에 대한 경매대가를 a
B부동산 상의 갑의 2번 저당권에 대한 경매대가를 b
$a = X-100만원, b = Y-180만원$
② 이에 따른 A부동산에 대한 갑 채권의 부담액은 100만원×(X/X＋b)이 되고 여기에 b＝y-180만원을 대입하면 결국 100만원×(X/X＋Y＋180만원)이 된다. A부동산에 대한 을 채권액의 부담액은 180만원×(a/Y＋a) = 180만원×(X-100만원/Y＋X-100만원)이 된다.
③ 같은 방식으로 B부동산에 대한 갑의 채권액의 부담액은 100만원×(b/X＋b) = 100만원×(Y-180만원/X＋Y-180만원)이 된다. B부동산에 대한 을 채권액의 부담액은 180만원×(Y/Y＋X-100만원)이 된다.

(2) 제2설
시간적으로 먼저 성립한 을의 공동저당을 기준으로 하여 순위계산을 하고 그 순위가 엇갈리게 된 원인이 된 갑의 추가적 후순위저당권에 대하여는 공동저당으로서의 특별취급을 할 필요가 없다고 한다.
을은 우선 B부동산에 대한 낙찰대금 Y로부터 우선 배당을 받고, 갑은 그 나머지와 A부동산에 대한 낙찰대금 X와의 비율에 따라 배당을 받는다.
만일 X에 나머지가 있고 을이 Y로부터 변제받지 못한 부족액이 있으면 위 남은 대금에서 부족액을 배당받게 될 뿐이고 서로 간에 대위문제가 생길 여지가 없다고 한다.

251. 배당의 실제
후순위저당권자의 대위가 허용되지 아니하는 경우 배당순위는?

부동산	A	B	C
낙찰대금	300만원	200만원	100만원
순위 1번	공동저당권자 갑 300만원	공동저당권자 갑 300만원	공동저당권자 갑 300만원
순위 2번	저당권자 을 200만원		
순위 3번		일반채권자 병	일반채권자 병

1. 동시배당의 경우
공동저당 목적부동산 중 어느 부동산에 대하여 경매가 실시되느냐에 따라 후순위저당권자의 이해가 엇갈리게 되는 겨우가 있다. 이때 A, B, C 각 부동산에 대한 낙찰대금이 동시에 배당되면 갑은 A부동산으로 부터 150만원, B부동산으로부터 100만원, C부동산으로부터 50만원을 배당받고 완전한 만족을 얻는다.

2. 후순위저당권자 을이 보호를 받지 못하는 경우
을은 A부동산으로부터 갑이 변제받고 남은 150만원을 배당받기는 하지만 나머지 50만원(=200만원-150만원)은 변제받지 못한다. 이 때 을은 B, C부동산의 잔존가액(B부동산은 200만원-100만원=100만원, C부동산은 100만원-50만원=50만원)으로부터 변제받을 수 없다. 이는 이시(異時)배당의 경우가 아니기 때문이다.

3. 후순위저당권자 을이 보호를 받는 경우
만약 갑이 B부동산과 C부동산에 대하여만 먼저 경매를 신청하였다면 갑은 B부동산으로부터 200만원, C부동산으로로부터 100만원을 배당받아 완전한 만족을 얻게 된다. 이에 따라 A부동산 위의 갑의 공동저당권은 소멸하고 A부동산 위의 을의 저당권은 순위가 상승하여 1번저당권이 됨으로써 완전한 만족을 얻게 된다.

4. 선순위공동저당권자의 경매신청과 후순위저당권자의 운명
갑이 어느 부동산에 대하여 먼저 경매를 신청하느냐에 따라 을의 이해가 엇갈리게 된다. 그러나 을이 A부동산에 대해 2번저당권을 설정받을 때는 A가 공동저당권을 실행하면 자기가 채권전액을 변제받을 수 없다는 점을 각오했을 것이므로 전자의 경우에 전액을 변제받지 못하게 되었다 하더라도 어쩔 수 없다. 후자의 경우는 우연한 사정에 의해 이익을 보게 된 것에 불과하다.

252. 배당의 실제
후순위 저당권자의 대위가 허용되는 경우 배당순위는?

부동산	A	B
낙찰대금	400만원	200만원
순위 1번	공동저당권자 갑 300만원	공동저당권자 갑 300만원
순위 2번	저당권자 을 300만원	

1. 사례
갑이 300만원의 채권을 위하여 A부동산과 B부동산에 관하여 순위 1번의 공동저당권을 가지고 있고, 을이 300만원의 채권을 위하여 A부동산에 관하여 2번저당권을 가진 경우

2. A부동산만 경매신청한 경우
갑이 A부동산만을 경매에 부쳐 그 낙찰대금 400만원을 배당하는 경우 갑은 채권 300만원 전액의 변제를 받고 을은 그 잔액 100만원만 변제받게 된다. 후순위저당권자의 대위의 문제는 B부동산만이 대금 200만원에 매각되었다고 가정하는 경우에 을이 변제받을 수 있는 액을 규정한 것이다. 그런데 실제로 B부동산이 아직 경매되지 않은 상태에 있다면 갑이 B부동산으로부터 변제받을 수 있는 금액 즉, 을이 갑을 대위할 수 있는 범위는 B부동산이 실제로 경매될 때까지는 판명되지 않는다.

3. A·B부동산을 동시에 경매신청한 경우
만약 공동저당권자 갑이 A·B부동산을 모두 경매에 부쳐 A·B부동산이 동시에 경매되어 경매대금이 동시에 배당되면 갑은 A부동산의 대금으로 부터 200만원, B부동산의 대금으로 부터 100만원의 변제를 받게 된다. 이때 B부동산이 동시에 경매되어 분할부담하게 될 100만원에 관하여 을은 갑을 대위하여 B부동산의 대금으로부터 변제받을 수 있다. 이와 같은 법리는 B부동산 위어 순위 2번의 다른 저당권자가 있는 경우에도 마찬가지다.

4. 경매법원의 입장
A부동산의 경매대금을 배당하는 경우에는 경매법원은 을의 대위의 문제를 고려할 필요없이 갑에게 대금 300만원, 을에게 그 잔액 100만원을 교부하여 사건을 종료하면 된다. 다만 그 후 B부동산에 대하여 경매가 실시되어 매각대금을 배당하는 때에는 갑의 채권액을 이미 경매가 실시된 A부동산의 경매대가와 B부동산의 경매대가에 따라 안분하여 을에게 100만원을 배당하여야 한다.

5. 후순위저당권자의 입증책임
갑이 A부동산의 대가에서 변제를 받은 사실은 을이 B부동산에 대한 경매절차에 있어서 증명하여야 하며 경매법원이 직권으로 이 사실을 조사할 의무는 없다.

☞ 이시배당(異時配當)의 경우

이시배당의 경우 일부부동산에 대하여는 경매가 신청되지 아니한 경우에 그 낙찰대금을 어떻게 정할 것인가?
(1) 제1설
각 부동산의 과세표준액을 낙찰대금으로 보고 이를 기준으로 각 부동산의 할당액을 산정하자.
(2) 제2설
각 부동산의 고정자산평가액 또는 과세표준액 등을 기준으로 하여 각 부동산의 감정시가를 산출한 후 경매목적부동산의 실제낙찰대금과 위 평가액과의 비율에 따라 나머지 부동산의 예상낙찰대금을 산출하

고 이를 기준으로 각 부동산의 할당액을 산정하자.
(3) 제3설
경매신청이 된 부동산에 대한 경매절차에서 경매신청이 되지 아니한 부동산에 대한 평가도 같이 하여 각 이를 기준으로 하여 각 부동산의 할당액을 산정하자.

253. 배당의 실제
후순위 저당권자의 대위가 허용되는 경우 배당순위는?

부동산	A	B
낙찰대금	300만원	200만원
순위 1번	공동저당권자 갑 400만원	공동저당권자 갑 400만원
순위 2번	저당권자 을 200만원	저당권자 병 100만원

1. A부동산만이 경매가 실시된 경우
갑은 낙찰대금으로부터 300만원의 변제를 받고도 아직 100만원의 채권이 남아 있으므로 을은 변제받을 수 없다.

2. A·B부동산이 동시에 경매가 실시된 경우
A·B부동산이 동시에 경매되어 낙찰대금이 동시에 배당되었더라면 갑은 A부동산의 낙찰대금으로부터 240만원(400×300/300+200), B부동산의 낙찰대금으로부터 160만원(400×200/300+200)을 각 변제받을 수 있었을 것이므로 을은 B부동산 위의 갑의 공동저당권에 기하여 갑의 100만원의 잔액채권의 변제를 정지조건으로 하여 대위할 수 있다.

3. B부동산에 대하여 경매가 실시된 경우
후일 B부동산이 200만원에 경매된 때에는 갑은 B부동산의 분할부담액 160만원으로부터 위 잔액채권 100만원을 변제받고 나머지 60만원을 후순위저당권자 을이 배당받게 된다. 다른 후순위저당권자인 병은 200만원에서 160만원을 공제한 40만원을 변제받게 된다.

254. 배당의 실제
동시배당과 이시배당이 경합한 경우 배당순위는?

부동산	A	B	C	D
낙찰대금	300만원	200만원	100만원	600만원
순위 1번	공동저당권자 을 300만원	공동저당권자 갑 300만원	공동저당권자 갑 300만원	공동저당권자 을 300만원
순위 2번	공동저당권자 갑 300만원	저당권자 병 200만원	저당권자 정 100만원	

1. A, B, C, D부동산이 동시에 경매되어 배당하는 경우
(1) 을의 공동저당채권액 300만원
A부동산과 D부동산에서 각 100만원과 200만원씩 안분배당 받는다.
(2) 갑의 공동저당채권액 300만원
A부동산에서 120만원(300만원×(300만원-100만원)/(300만원-100만원+200만원+100만원))

B부동산에서 120만원(300만원×(200만원/300만원-100만원+200만원+100만원))
C부동산에서 60만원(300만원×(100만원/300만원-100만원+200만원+100만원)) 씩 할당하여 배당받는다.
(3) 병
B부동산에 대한 낙찰대금에서 80만원(200만원-120만원)을 배당받는다.
(4) 정
C부동산에 대한 낙찰대금에서 40만원(100만원-60만원)을 배당받는다.

2. A, B, C부동산만이 먼저 경매되어 배당하는 경우(갑의 입장에서는 동시배당이 되나 을의 입장에서는 이시(異時)배당이 된다).
(1) 을은 A부동산으로부터 300만원 전액을 배당받게 된다.
(2) 갑은 B부동산으로부터 200만원, C부동산으로부터 100만원을 배당받게 된다.
(3) A, B, C부동산만 먼저 경매되어 공동저당권자 을이 A부동산으로부터 자신의 채권전액을 배당 받았으므로 을이 D부동산으로부터 배당받을 수 있는 금액중 120만원에 한하여는 A부동산의 후순위저당권자인 갑이 저당권을 행사할 수 있게 되었다 할 것이다(민법 제368조 제2항). 그런데 공동저당권자 갑도 B, C, D부동산(D는 대위에 의하여 이전)중 B, C부동산으로부터 자신의 채권을 전액배당을 받아감으로써 갑의 D부동산에 대한 저당권은 다시 각 B, C부동산의 후순위저당권자인 병, 정에게 이전된다.
(4) 결국 병, 정이 D부동산에 대하여 각 80만원과 40만원의 한도 내에서 저당권을 대위행사할 수 있다.

255. 배당의 실제

수개의 부동산 중 일부 부동산에만 공동저당권이 엇갈려 설정된 경우 배당순위는?

부동산	A	B	C
낙찰대금	1,500만원	300만원	1,000만원
순위 1번	공동저당권자 갑 1,000만원	공동저당권자 병 400만원	공동저당권자 갑 1,000만원 공동저당권자 을 600만원 공동저당권자 병 400만원
순위 2번	공동저당권자 을 600만원		

1. 공동저당관계
A부동산 위의 갑의 저당권과 C부동산 위의 갑의 저당권은 공동저당의 관계에 있고 을의 A 및 C부동산에 대한 각 저당권과 병의 B 및 C부동산에 대한 저당권도 같은 공동저당의 관계에 있다. C부동산위의 공동저당권자 갑, 을, 병은 동순위이다.

2. 경매가격의 안분할당
(1) 제1단계
C부동산 위의 경매가격을 갑, 을, 병에 할당하여 각 피담보채권액의 비율인 5 : 3 : 2의 비례에 따라 갑에게 500만원, 을에게 300만원, 병에게 200만원씩 할당한다.
(2) 제2단계
갑 채권을 A와 C사이에 나누게 되는데 이 때는 그 채권 1,000만원을 A부동산의 대금 1,500만원과 C부동산의 대금 중 갑의 채권에 할당된 500만원의 비율에 따라 다시 할당한다.
을을 위한 A부동산의 대가는 원래의 낙찰대금 1,500만원으로부터 우선변제채권인 갑 채권에 변제된 750만원을 뺀 잔액 750만원이다.
병 채권을 위한 할당액도 같은 방법으로 산정한다.

① 갑
A부동산이 갑 채권을 위해 부담할 액수는 1,000만원×3/4=750만원
C부동산이 갑 채권을 위해 부담할 액수는 1,000만원×1/4=250만원
② 을
A부동산이 을 채권을 위해 부담할 액수는 600만원×750만원/(300만원+750만원)=4,285,500원
C부동산이 을 채권을 위해 부담할 액수는 600만원×300만원/(300만원+750만원)=1,714,500원
③ 병
B부동산이 병 채권을 위해 부담할 액수는 400만원×300만원/(200만원+300만원)=240만원
C부동산이 병 채권을 위해 부담할 액수는 400만원×200만원/(200만원+300만원)=160만원

256. 배당의 실제

후순위 저당권자가 각각 임의경매신청을 하였으나 선순위 공동저당권자가 있는 경우에는 각 부동산별로 개별 배당재단을 형성하여야 한다.

부동산	A	B	C
낙찰대금	6,000만원	4,000만원	2,000만원
순위 1번	저당권자 갑 3,000만원	저당권자 을 2,000만원	저당권자 병 1,000만원
순위 2번	공동저당권자 정 2,400만원	공동저당권자 정 2,400만원	공동저당권자 정 2,400만원
순위 3번	저당권자 무 2,000만원	저당권자 기 1,000만원	저당권자 경 500만원

1. 개별 배당재단의 형성
A, B, C의 부동산에 대한 경매신청채권자가 각 무, 기, 경이고 이들의 신청에 의한 각 경매절차가 경합되어 일괄경매되었다고 한다면 무, 기, 경은 각각 A, B, C로부터만 변제를 받을 수 있기 때문에 개별배당재단의 형성이 필요하게 된다.

2. 개별 배당재단의 형성을 위한 할당
개별 배당재단의 형성을 위해 일괄낙찰대금을 먼저 각 부동산에 할당하고 다시 공동저당권자 정의 채권액을 각 배당재단에 할당하는 2단계의 할당이 필요하다
(1) 제1단계
우선 개별배당재단의 형성을 위한 할당은 총대금을 각 부동산의 최저경매가격의 비율에 의하여 안분한다(제655조 제2항). 따라서 위의 경우 총낙찰대금 1억 2천 만원은 3 : 2 : 1의 비율대로 6천만원, 4천만원, 2천만원으로 할당된다.
(2) 제2단계
다음으로 정의 공동저당권의 피담보채권을 각 부동산에 할당하기 위하여는 먼저 위에서 각 부동산 별로 산출된 낙찰대금에서 정의 공동저당권에 우선하는 갑, 을, 병의 채권액을 빼야 하므로 이를 각 공제하고 그 나머지 금액을 기준으로 하여 각 부동산의 부담액을 정한다.

3. 개별 배당재단의 형성을 위한 할당의 문제점
예를 들어 A, B 2개의 부동산이 있고 둘 다 부담이 없는 상태에서의 평가액이 1천만원인데 B부동산에는 매수인이 인수하여야 할 5백만원의 임차권과 부담이 있다면 개별 최저경매가격은 통상 A부동산이 1천만원, B부동산이 5백만원이 된다.
이 경우 일괄 최저경매가격이 1,800만원으로 정해졌고 경매결과 2,100만원에 낙찰되었다면 별개의 배당

재단은 위 원칙에 따라 A부동산이 1,400만원(2,100만원×1,000/1,000＋500), B부동산이 700만원(2,100만원×500/1,000＋500)이 된다.
위 임차권 인수의 부담을 고려하면 결국 A부동산은 1,400만원, B부동산은 1,200만원(700만원+500만원)의 배당재단이 형성되어 B의 배당재단에 대한 채권자가 불리해 진다는 결론에 이르게 된다.
이러한 불공평을 피하기 위해서는 일괄의 낙찰대금 2,100만원에 인수하여야 할 부담액 500만원을 합한 2,600만원을 본래의 각 부동산의 평가액에 따라 1,300만원씩 할당하고 그런 다음에 B부동산에 대해서는 인수될 500만원을 뺀 800만원을 배당재단으로 하는 것이 합당하다.

257. 배당표에 대한 이의절차
배당기일에 출석한 채무자 및 채권자만이 배당표에 이의할 수 있다.

1. 배당표에 대하여 이의를 할 수 있는 자
동산집행의 배당절차에서 채무자는 배당표에 관하여 이의를 진술할 수 없으나 강제경매의 배당절차에 있어서는 배당이 복잡하고 이해관계가 중대함에 비추어 채무자에게도 이의를 허용하고 있다. 배당기일에 출석한 채무자는 다른채권자의 채권과 배당순위에 관하여 이의를 진술할 수 있고(제659조 제1항) 각 채권자는 자기의 이해에 관하여 다른 채권자의 채권과 배당순위에 관하여 이의를 진술할 수 있다(제659조 제2항). 여기서 채무자란 임의경매에 있어서는 담보부동산의 소유자를 포함하는 개념이다.

2. 불출석 채권자의 동의 의제
이의는 배당기일에 출석하여 진술할 것을 요한다. 배당기일에 소환을 받고도 출석하지 아니한 채권자는 배당표의 실시에 관하여 동의한 것으로 보게 되므로(제658조, 제591조 제1항) 그 채권자에 관한 한 배당표는 확정된다. 따라서 이의할 수 있는 자가 배당기일 전에 미리 이의서면을 제출하였다 하더라도 그 자가 기일에 출석하지 아니하면 그 서면을 무시하고 배당을 실시한다. 채권자가 기일에 출석하지 아니한 다른 채권자의 채권에 관하여 이의를 한 경우에는 출석하지 아니한 채권자는 그 이의를 정당하다고 인정하지 아니한 것으로 보게 된다(제658조, 제591조 제2항).

3. 배당이의에 대한 조치
배당기일에 채무자 또는 채권자가 위와 같은 위법을 주장하여 이의를 진술하는 것은 사전에 경매법원에 대하여 집행방법상의 위법에 대한 시정을 촉구하는데 불과하다. 경매법원은 채무자 또는 채권자의 이의가 정당하다고 인정하면 그 절차의 위법을 시정하고 이의가 이유없다고 인정하면 응답하지 아니한 채 배당표를 확정하여 배당을 실시할 수 있다. 후자의 경우에 이의를 한 자는 정식으로 집행에 관한 이의(제504조)를 할 수 있다. 이때 배당표의 실시를 정지하기 위하여는 집행정지의 가처분을 받아 경매법원에 제출하여야 한다(제504조 제2항, 제484조 제2항).

4. 배당표에 대한 이의의 효과
이의는 배당표의 확정을 저지하며 이의의 완결에 이르기까지의 절차는 민사소송법 제659조의 특칙을 제외하고는 동산집행의 배당표에 대한 이의에 관한 민사소송법 제590즈 이하의 규정이 준용된다(제658조).

258. 배당표에 대한 이의절차
배당표에 대한 이의는 절차상의 이유에 기한 것과 실체상의 이유에 기한 것으로 나눌 수 있다.

1. 절차상(형식상)의 배당이의
이해관계 있는 각 채권자와 채무자는 배당표의 작성방법이나 배당실시 절차에 위법이 있음을 이유로 이의를 진술할 수 있다. 통설은 절차상의 이유로 하는 이의의 법적성질을 집행에 관한 이의라고 본다.
(1) 낙찰허가결정이 취소되었음에도 불구하고 배당기일을 지정하여 배당표를 작성하였다.
(2) 배당요구채권에 대한 인부절차를 거치지 않았다(제606조 제3항).
(3) 채권계산서를 제출하지도 않은 채권자에 대하여 경매법원이 임의로 배당표를 작성하였다(제653조).
(4) 배당할 금액에 산입하여야 할 낙찰대금, 지연이자, 항고보증금 등 금액을 탈루하였다.
(5) 자기의 채권이 배당표에 기재되지 아니하였다.
(6) 배당표상에 위산이 있다.
(7) 집행비용에 산입되어야 할 비용이 산입되지 아니하였다는 등의 사유가 이에 속한다.

2. 실체상의 배당이의
(1) 특수한 불복방법
배당표에 대한 실체상의 이의는 민사소송법이 인정하는 특수한 불복방법이다. 배당기일에 출석한 채무자는 각 채권자의 채권의 존부, 범위, 순위에 관하여 실체상의 사유가 있는 경우에는 이의를 신청할 수 있다(제659조 제1항). 배당기일에 출석한 각 채권자는 자기의 이해에 관하여는 다른 채권자의 채권의 존부, 범위, 순위에 관해 이의를 신청할 수 있다(제659조 제2항).
(2) 이의를 신청할 수 있는 자
이의를 신청할 수 있는 채권자는 집행력 있는 정본의 유무, 채권이 사법상의 것인지 공법상의 것인지 여부, 일반채권인지 우선권 있는 채권인지 여부를 불문하고 배당에 참가한 모든 채권자를 포함한다. 또 이의신청의 상대방이 되는 채권자도 그 채권의 우선권의 유무, 집행력 있는 정본의 유무를 불문하고 그 사건에서 배당을 받게 되는 채권자라면 누구라도 무방하다. 채권자가 이의를 할 수 있는 것은 이의의 결과 자기의 배당액이 증가되는 경우에 한한다. 따라서 우선순위에 있는 채권자는 자기보다 후순위 채권자의 채권에 관하여 이의신청을 할 수 없다. 또 매각대금으로 모든 채권자를 만족시킬 수 있는 경우에는 모든 채권자는 이의를 할 수 없다.
(3) 판례
판례는 배당이의의 소에서 피고에 대한 배당이 위법하다 할지라도 그로 인하여 원고에게 배당할 금액이 증가하는 것이 아니라면 이러한 사유로는 배당액의 증가를 구하는 배당이의의 소의 사유로 삼을 수 없다고 한다.[317]

---

317) 대법원 1994. 1. 25. 선고, 92다50270 판결 ; 대법원 1997. 1. 21. 선고 96다457 판결

259. 배당이의 신청방법

배당에 관한 이의는 반드시 채무자, 채권자, 이해관계가 있는 다른 채권자가 배당기일에 출석하여 진술하여야 한다.

1. 배당이의 신청방법
배당에 관한 이의는 반드시 채무자, 채권자가 배당기일에 출석하여 진술하여야 한다(제659조 제1항, 제2항). 이의신청을 하는 자는 어느 채권에 대하여 어느 한도에서 그 채권의 존재 또는 우선권을 다투는가 즉, 어떻게 배당표의 기재의 경정을 요구하는가를 구체적으로 명시하여야 한다. 그러나 배당기일에 반드시 그 이유를 밝히거나 이유에 대한 증거를 제출할 필요는 없다.

2. 실무(배당조서)
배당조서에 배당이의에 관한 진술은 다음과 같이 기재한다.
가등기권자 김○오
   주식회사 ○○은행이 배당받을 금500만원에 대하여 이의한다고 진술
소액임차인 황○일
   임차인 서○우가 배당받을 금액 전액에 대하여 이의한다고 진술

3. 배당이의의 철회
이의신청 채권자는 서면 또는 구술로 배당에 관한 이의를 취하할 수 있다. 배당이의가 철회되면 경매법원은 이의에 의하여 유보되었던 배당을 실시하여야 한다. 채권자 또는 채무자가 배당이의의 소를 제기한 후에 이의신청만 취하하고 배당이의의 소를 취하하지 않은 경우에는 배당이의의 소는 부적법하여 각하를 면할 수 없다. 그러나 채무자가 청구이의의 소를 제기한 경우에는 이의신청의 취하만으로 채무명의의 집행력의 배제를 구할 이익이 없다고 단정할 수 없으므로 채무자가 소를 취하하지 않는 이상 청구이의 소송은 유지되어야 한다. 이때 배당도 집행정지서면이 제출되어 있는 한 이를 실시할 수 없다.

4. 배당이의에 대한 조치
배당에 관한 이의신청이 있으면 경매법원은 그 적법 여부만을 심사할 수 있다. 배당에 관한 이의사유의 존부에 관하여 심사할 수는 없다. 왜냐하면 배당에 관한 적법한 이의신청이 있으면 그 당부는 배당이의의 소에서 판결절차에 따라 심리, 판단하도록 규정되어 있기 때문이다(제658조, 제592조). 부적법한 배당이의에 대하여는 각하의 재판을 하여야 하지만 실무에서는 별도로 각하의 재판을 하지 않는다. 즉, 부적법한 배당이의는 이를 무시하고 그대로 배당을 실시하는 예가 많다. 적법한 이의에 관하여는 그 이의내용에 불명한 점이 있으면 기일에 석명을 구한 다음 배당이의에 이해관계 있는 다른 채권자에게 인부의 진술을 하게 한다.

260. 배당이의에 대한 다른 채권자의 인부

배당기일에 배당이의 신청에 관하여 이해관계가 있는 다른 채권자는 배당이의에 대한 인부를 진술할 수 있다.

1. 배당이의와 채권인부
(1) 다른 채권자의 인부
배당기일에 배당이의 신청에 관하여 이해관계가 있는 다른 채권자가 출석하고 있으면 그로 하여금 배당이의에 대한 인부를 진술하도록 한다(제658조, 제590조 제1항). 만약 채권자가 재정하고 있으면서 인부를 하지 아니한 때에는 경매법원은 소송지휘권을 발동하여 인부를 석명할 수 있다. 경매법원의 석명에 대하여 응답이 없는 경우는 의제자백의 법리(제139조)에 따라 이의를 승인한 것으로 간주하여야 한다.
(2) 배당표의 경정
배당이의에 관하여 이해관계가 있는 채권자가 이의를 정당하다고 인정하면 경매법원은 이의의 내용에 따라 배당표를 경정하여야 한다(제590조 제2항). 이의신청을 정당하다고 인정할 수 있는 자는 이의신청에 관계되는 채권자에 한한다. 채무자라든가 또는 이의신청에 관계없는 다른 채권자는 이의를 승인할 자격이 없다.
(3) 배당의 실시
배당이의를 정당한 것으로 인정한 경우가 아니더라도 이의를 신청한 채권자와 배당에 관한 이의에 관계있는 상대방 채권자 사이에 다른 방법으로 합의된 때는 배당이의가 완결되어 경정된 배당표에 따라 배당을 실시하게 된다. 이의가 완결되지 아니하면 이의가 없는 부분에 한하여 배당을 실시한다(제658조, 제590조 제3항).

2. 불출석 채권자
(1) 동의 의제
배당기일에 출석하지 아니한 채권자는 배당표의 실시에 동의한 것으로 본다(제658조, 제591조 제1항). 민사소송법 제591조 제1항은 채권자에 대하여만 규정을 두고 있으나 채무자가 기일에 출석하지 않은 경우에도 마찬가지로 동의한 것으로 본다. 적법한 배당기일의 소환이 되어 있지 않은 경우에는 이러한 간주를 할 수 없다.
(2) 배당이의 확정절차
배당기일에 출석하지 아니한 채권자가 다른 채권자가 신청한 이의에 관계있는 때에는 그 채권자는 이의를 정당하다고 인정하지 아니한 것으로 본다(제658조, 제591조 제2항). 따라서 적어도 배당기일에 결석한 채권자에 관계되는 한도에서 이의는 그 배당기일에 완결할 수가 없다. 배당이의 신청 채권자는 배당이의확정을 위한 절차를 취하여야 한다.

261. 배당이의의 효과

이의신청채권자가 배당이의의 소를 제기하고 배당기일로부터 7일 내에 소제기를 경매법원에 증명하면 그 부분의 배당액은 공탁된다.

1. 집행할 수 있는 채권에 대한 배당이의의 효과
채무자가 이의를 진술한 것만으로써는 배당정지의 효력이 생기지 않는다. 경매법원은 채무자가 집행정지의 가처분재판을 제출하지 않으면 그대로 배당절차를 속행한다. 배당절차를 정지하여 배당표의 변경을 구하기 위하여는 집행의 일시 정지를 명하는 재판(제507조) 또는 이의의 재판에 있어서 집행정지가처분의 명령이나 그 인가·변경의 재판(제508조)을 얻어 이를 경매법원에 제출하여야 한다. 즉, 집행력 있는 정본을 가진 채권자의 채권에 대하여 채무자가 이의신청을 한 경우에는 그 채권자가 이의를 정당하다고 인정하는 경우를 제외하고는 채무자는 그 집행력을 배제하기 위하여 청구이의의 소를 제기하고 배당기일로부터 7일의 기간 내에 경매법원에 소제기증명원을 제출하여 이를 증명하여야 한다(제659조 제3항 및 제658조, 제592조).

2. 집행할 수 없는 채권에 대한 배당이의의 효과
집행할 수 없는 채권 즉, 집행력 있는 정본을 가지지 아니한 채권자의 채권이나 부동산상의 담보권자의 채권에 대하여 채무자가 이의신청을 한 경우에는 이의가 기일에 완결되지 아니하면 그 부분에 대하여는 배당의 실시가 일시 유보된다. 배당에 관한 이의신청을 한 채무자가 배당이의의 소(제658조, 제592조)를 제기하여 경매법원에 증명하면 그 부분의 배당액은 공탁된다. 다만, 집행력 있는 정본없이 배당을 요구하였는데 경매법원이 통지(제606조 제1항)를 하지 않았기 때문에 채무자의 인낙여부가 밝혀지지 않은 경우에는 이의를 한 채무자가 소송을 제기하여야 하는 것이 아니라 차권자가 채권을 확정하는 소송(제606조 제3항)을 제기하여야 하고 그렇지 않으면 배당에서 제외된다.

3. 채권자가 이의신청을 한 경우
배당이의가 배당기일에 완결되지 아니한 때에는 이의있는 채권에 대하여는 배당의 실시가 유보된다. 이의신청채권자가 배당이의의 소를 제기하고 배당기일로부터 7일 내어 소제기를 경매법원에 증명하면 그 부분의 배당액은 공탁된다. 소제기증명이 없이 이 기간을 도과한 경우에는 배당이의에도 불구하고 배당이 실시된다.

4. 배당이의와 소제기의 증명원의 제출
배당기일에 이의가 완결되지 아니한 경우에는 이의신청을 한 채권자나 채무자(단 집행력있는 정본이 없는 채권에 한함)는 배당기일로부터 7일 이내에 이의신청에 의하여 불이익을 입게 될 다른 채권자를 상대로 배당이의소송을 제기한 후 소제기 사실을 경매법원에 증명하여야 한다(제658조, 제592조). 소제기의 증명은 수소법원의 소제기증명원, 변론기일소환장 등을 제출하는 방법으로 하면 된다.

5. 경매법원의 제소의 심사와 배당
경매법원은 이의신청채권자가 소정의 기간 내에 관할법원에 이의의 소를 제기하였는지, 그 소가 이의신청과 관계가 있는 적법한 소제기 인지를 심사하여야 한다. 소의 내용이 위와 같은 사항을 흠결한 때에는 소제기의 증명은 배당의 실시를 유보하는 효력이 없다. 배당이의의 소가 소정의 기간 내에 제기되었으나 소제기증명원을 7일의 기간이 경과한 후에 제출한 경우에도 아직 배당이 실시되지 아니하였으면 기간을 준수한 경우와 마찬가지로 취급하여야 한다. 소제기증명원을 제출하지 아니한 경우에는 경매법원은 배당이의를 무시하고 유보되었던 배당을 실시하여야 한다(제658조, 제592조).

☞ 소제기증명원

262. 배당이의의 소

배당이의의 소도 일반소송과 마찬가지로 소송요건이 갖추어져 있지 않으면 법원은 부적법한 소로서 각하하는 판결을 한다.

1. 배당이의의 소
배당기일에 배당표에 대한 이의가 완결되지 아니하면 이의신청을 한 채권자 또는 집행력 있는 정본을 가지지 않은 채권자에 대하여 이의신청을 한 채무자는 이의의 상대방을 피고로 배당이의의 소를 제기하고 배당기일로부터 7일의 기간내에 경매법원에 그 사실을 증명하여야 한다(제658조, 제592조, 제659조 제3항). 배당기일에 이의신청을 한 채권자 또는 집행력 있는 정본을 가지지 아니한 채권자에 대하여 이의신청을 한 채무자가 그 기일로부터 7일의 기간 내에 배당이의의 소를 제기한 증명을 제출하지 못하면 일단 유보된 배당절차가 다시 속행되어 배당이 실시되기 때문에(제592조) 이 소는 배당절차에 있어서 배당의 실시를 막는데 필요 불가결한 수단이다.

2. 청구취지 기재례
① 서울지방법원 98타경123 부동산 강제경매 신청사건에 관하여 1999년 5월 6일 같은 법원이 작성한 배당표 중 원고에 대한 배당액 금 12,000,000원을 금 25,000,000원으로, 피고에 대한 배당금액 금 37,000,000원을 금 24,000,000원으로 경정한다.
② 서울지방법원 98타경456 부동산 임의경매 신청사건에 관하여 1999년 5월 4일 같은 법원이 작성한 배당표 중 원고에 대한 배당액 금 0원을 금 30,000,000원으로, 피고 홍길동에 대한 배당액 금 24,000,000원 및 피고 이몽룡에 대한 배당액 금 6,000,000원을 삭제하는 것으로 각각 경정한다.
③ 서울지방법원 98타경789 부동산 강제경매 신청사건에 관하여 1999년 5월 7일 같은 법원이 작성한 배당표를 취소하고 각 채권자의 채권액에 비례하여 이를 배당한다.
④ 서울지방법원 98타경987 부동산 임의경매 신청사건에 관하여 위 법원이 1999년 5월 8일 작성한 배당표 중 경매비용, 국세, 지방세의 배당순위와 배당금액을 제외한 나머지 부분을 취소하고, 원고에게 교부할 금액, 금 345,000원을 금 10,456,000원으로 변경한다.

3. 판결의 형식
(1) 원고패소의 경우
배당이의의 소도 일반소송과 마찬가지로 소송요건이 갖추어져 있지 않으면 부적법한 소로서 각하하는 판결을 한다. 이 소각하의 판결이 확정되면 처음부터 채권자가 배당이의를 신청하였으나 이의소송을 제기하지 아니한 것과 동일한 것으로 된다. 이 경우 배당법원은 당초에 작성한 배당표에 따라 배당을 실시할 수 있게 된다. 한편 원고의 배당이의가 이유없는 경우에는 청구기각의 판결을 한다. 이때에도 당초의 배당표가 그대로 확정되게 된다.

(2) 원고승소의 경우
원고의 청구가 전부 또는 일부 이유있는 경우에는 종국판결로써 이유있는 한도에서 배당표상의 피고에 대한 배당액을 취소함과 동시에 그 배당액에 관하여 어느 채권자에게 어느 정도의 액을 지급할 것인지를 구체적으로 결정하여야 한다. 사정에 따라 배당이의소송이 수 개가 계속되어 그 재판이 따로 진행되고 있기 때문에 계산이 복잡하여 배당법원이 하는 것이 적당하다고 인정되는 경우는 판결에서 구체적인 배당액까지 정하는 것이 부적당하다. 이때에는 판결에 이의를 인용하는 범위를 명시하고 배당법원에 대하여 배당표의 재작성과 그에 따른 새로운 배당절차의 실시를 명하게 된다(제658조, 제595조). 배당이의 소송을 인용하는 판결에는 가집행의 선고를 붙이지 못한다(제597조).

263. 배당이의 소의 소송요건
배당이의의 소송도 소의 이익, 소가(訴價), 제소기간, 관할법원 등 소송요건을 갖추어야 한다.

1. 배당이의 소의 이익
채권자가 배당이의의 소를 제기하기 위하여는 그 이의가 인용되면 자기의 배당액에 증가를 가져오게 하는 이익이 있어야 한다. 따라서 배당기일에 다른 채권자가 이의의 주장을 정당하다고 하거나 채권자간에 배당에 관하여 다른 방법으로 합의가 성립된 때에는 그 채권자 사이에는 이의권이 소멸되고 배당표는 확정되므로 소의 이익이 없게 된다. 이의신청이 있으면 경매법원은 그 부분에 대한 배당실시를 유보하고 배당표 가운데 이의가 없이 확정된 부분에 대하여 배당을 실시할 것이지만 경매법원의 잘못으로 이의의 대상이된 부분까지 배당을 실시한 때에도 역시 소의 이익이 없게 된다.[318]

2. 소가의 산정
배당이의의 소에 있어서 원고가 얻는 이익은 원고의 이의가 인용될 경우에 배당표의 변경 또는 새로운 배당표의 작성에 의하여 원고가 받게 되는 이익이다. 따라서 배당이의의 소에 있어서 소송물가액의 산정은 채권자가 원고일 경우에는 증가배당액 즉, 당초의 배당표에 의한 원고의 배당액과 변경 또는 새로운 배당표의 작성에 의한 배당액과의 차액을 표준으로 하여야 한다(민사소송인지규칙 제16조 제1호). 채무자가 원고일 경우에는 감소배당액 즉, 피고에 대한 당초의 배당표에 의한 배당액과 새로운 배당표에 의한 배당액과의 차액을 표준으로 하여야 한다. 이자, 지연손해금, 비용의 청구에 대한 배당액 부분도 소송의 부대목적으로 되는 것은 아니므로 소가에 합산하여야 한다(제24조 제2항).

3. 배당이의 소의 제소기간
배당이의의 소는 이의신청을 한 배당기일로부터 7일 내에 제기하여야 한다(제658조, 제592조). 이 기간을 초과하여 제기한 배당이의의 소에 대하여는 1설은 부적법한 소이므로 각하할 것이라 하고, 다른 1설은 소제기 자체는 적법하므로 당장 각하할 것은 아니나 이후 배당이 실시되면 그로 인하여 부적법한 소가 되므로 그 청구를 부당이득반환청구로 변경할 것이라고 한다.

4. 배당이의 소의 관할법원
배당이의의 소는 배당법원이 관할한다. 이는 전속관할이다(제524조). 부동산 경매에 있어서는 경매법원이 배당절차도 실시하게 되므로 경매법원과 배당법원은 항상 일치된다. 전속관할의 경우는 원래 합의관할(제26조), 응소관할(제27조)의 적용이 배제되나(제28조) 배당이의의 소에 있어서는 예외적으로 원·피고간에 합의가 있는 경우 합의부관할에 속하는 사건도 단독판사인 배당법원에서 할 수 있다. 법문상으로는 '각 채권자가 모든 이의에 관하여 배당법원의 재판을 받을 것을 합의한 때'라고 되어 있으나 이의의 효력은 개별적, 상대적인 것이므로 원·피고의 합의만 있으면 배당법원에 제소할 수 있다. 만약 수 개의 소가 제기된 경우에 1개의 소를 합의한 법원이 관할하는 때에는 기타의 소도 또한 이를 관할한다(제658조, 제594조). 그러나 소송물의 가액이 단독판사의 관할에 속하지 아니하는 때에는 그 배당법원의 소재지를 관할하는 법원의 합의부가 관할한다.

---

[318] 대법원 1965. 5. 31. 선고, 65다647 판결

264. 배당이의 소의 소송요건

원고는 배당기일에 출석하여 배당표에 대한 이의신청을 한 채권자 또는 채무자이고 피고는 배당이의에 의하여 배당액이 줄어드는 상대방 채권자이다.

1. 원고가 될 수 있는 자
원고로서 당사자적격이 있는 자는 배당기일에 출석하여 배당표에 대한 실체상의 이의신청을 한 채권자 또는 채무자이다. 현재 배당표상 배당을 받을 채권자가 아니라고 하더라도 배당이의의 소에서 승소하면 배당을 받을 수 있는 지위에 있는 채권자도 원고가 될 수 있다. 그러나 승소하더라도 배당을 받을 수 없는 채권자는 소의 이익이 없으므로 원고가 될 수 없다. 채무자도 집행력 있는 정본을 가지지 아니한 채권자의 채권에 대하여 이의신청을 하였으나 배당기일에 이의가 완결되지 아니하면 배당이의의 소를 제기할 수 있다. 그러나 집행력 있는 정본을 가진 채권자의 채권에 대한 이의신청을 한 경우에는 청구에 관한 이의의 소를 제기하여야 하므로(제659조 제3항) 본소의 원고가 될 수 없다. 이의신청을 한 이상 집행정본을 가지고 있는지 여부는 묻지 않는다. 기일에 출석하지 않고 서면으로 이의신청을 한 자는 원고가 될 수 없다.[319] 압류채권에 우선하는 등기된 담보권자나 압류채권에 대항할 수 있는 가압류채권자도 모두 포함된다. 집행력 있는 정본없이 배당요구를 한 채권자에 대하여 집행정본을 가진 채권자가 이의신청을 한 경우에도 언제나 이의신청을 한 채권자가 소를 제기하지 않으면 안되는 것은 파산채권확정의 경우와 다르다(파산법 제217조 제1항, 제221조).

2. 피고로 되는자
피고로서 당사자적격이 있는 자는 배당이의의 상대방 채권자로서 그 이의를 정당한 것으로 승인하지 아니한 자이다. 다시 말하면 배당이의에 의하여 자기에 대한 배당액이 줄어드는 상대방 채권자이다. 이 경우 채무자를 피고로 할 필요는 없다. 낙찰부동산의 제3취득자는 피고적격이 없다. 채무자는 각 채권자가 정당한 배당액을 수령하는데 이해관계가 있으므로 정당한 배당수령권자라고 생각되는 당사자측에 보조참가를 할 수 있다.

3. 보조참가
채무자가 제기한 배당이의의 소송에 관하여는 배당기일에 배당이의의 신청을 하지 않은 채권자라도 원고가 승소하면 추가배당을 받을 수 있으므로 보조참가를 할 수 있다. 채무자는 원·피고 어느 쪽에든 보조참가를 할 수 있다. 채권자가 제기한 배당이의 소송에 관하여는 다른 채권자가 보조참가를 할 이익이 없음이 원칙이다. 그러나 예외로 동일채권자에 대하여 다른 채권자 수명이 각자 배당이의의 소송을 제기하여 제소채권자가 승소한 결과 피고에 대한 배당액이 감소하게 되는 경우 감소분 만큼 자기에게 배당되는 액이 줄어드는 경우가 있다. 이때 배당액이 감소하는 자는 그 별소의 피고측에 보조참가할 수 있다.

4. 공동소송
배당이의 소송은 이의의 신청을 한 채권자 또는 채무자와 이의의 신청을 정당하지 아니하다고 주장한 상대방 채권자와의 소송이므로 배당을 받을 채권자 전원 또는 배당에 이해관계를 가지는 자 전원을 상대로 할 필요는 없다. 또한 반드시 다른 채권자와 합일하여 확정하여야만 소송의 목적을 달성할 수 있는 것도 아니다. 따라서 배당이의 소송은 필요적공동소송(제63조)은 아니다. 그러므로 배당이의의 소는 이의신청을 한 자가 각각 제기할 수 있다. 이의의 상대방이 여러 사람일 경우에도 그들을 공동피고로 할 수는 있으나 이는 통상의 공동소송(제61조)이다.

5. 소송참가
배당이의의 소는 배당기일에 배당이의의 신청을 하여야 함을 전제로 하고 있고 원칙적으로 다투는 배

---
[319] 대법원 1981. 1. 27. 선고, 79다1846 판결

당액에 관하여만 상대적 해결을 기도하는데 그치기 때문에 당사자참가는 실제로 문제가 되지 않는다.

☞ 보조참가신청서

265. 배당이의 소의 제기
배당이의의 소는 배당기일에 배당표에 이의한 자가 소장을 작성하여 법원에 제출하여야 한다.

1. 배당이의의 소의 제기
배당이의의 소의 제기절차는 통상의 소의 제기절차와 동일하다. 따라서 반드시 서면에 의하여야 하며 소장의 필요적 기재사항(제227조 제1항)이 명시되어야 한다. 재판장은 접수된 소장에 대한 심사(제231조)를 하여 인지의 부족 등 흠결이 있으면 보정을 명하고 불응하면 명령으로 소장을 각하한다. 소장의 기재사항에 흠결이 없다고 판단될 경우에는 특별한 사정이 없는 한 지체없이 소장부본을 피고에게 송달한다(제232조 제1항, 민사소송규칙 제50조 제1항).

2. 청구취지
배당이의 소송에 있어서의 청구취지는 원고가 이의신청을 한 대로 배당이 실시되도록 구하는 것이다. 채권자가 원고인 경우에는 배당기일에 이의신청을 한 범위 내에서 원고가 원래의 배당표에서 보다 더 배당을 받게 될 금액을 명시하여야 한다. 이 경우 형성소송설의 입장에서는 배당표를 일정한 내용으로 변경하라는 형식이 되고 확인소송설의 입장에서는 원고의 배당액이 ○○원 임을 확인한다라는 형식이 된다. 그런데 원고의 배당액이 많아짐으로써 그만큼 피고의 배당액은 감소하게 되고 이는 표리의 관계에 있으므로 피고의 감소될 금액 역시 표시하는 것이 실무의 관행이다. 그러나 모든 채권자에 대한 배당표까지 표시할 필요는 없다. 또 채무자가 원고인 경우에는 피고의 배당액에서 감소된 부분을 구체적으로 어떻게 처리해야 할 것인지 까지 명확히 할 필요는 없다.

3. 청구원인
청구의 취지를 유지하기 위하여 필요한 사실관계 또는 법률관계가 배당이의의 소의 청구원인이 된다. 즉 원고에게 이익이 되도록 배당표의 변경을 가져오게 하는 모든 사유, 다시 말하면 피고가 배당표대로 배당액을 수령할 수 없고 또 원고에게 보다 많은 배당액이 주어져야 할 근거가 되는 모든 사유를 주장할 수 있다. 이러한 사유는 피고의 채권이 당초부터 존재하지 않는다든가, 존재하더라도 이미 변제 기타의 사유로 소멸되었다는 것, 피고의 채권이 채권양도 등으로 타인에게 귀속한 것, 피고의 채권에 우선권이 있다고 한 배당법원의 판단이 부당하다는 것, 피고의 압류 또는 배당요구가 무효라거나 피고의 압류를 취소하는 재판이 있다는 것 등 피고측에 존재하는 사유와, 원고의 채권에 대하여 질권이 있음에도 불구하고 배당법원이 이를 무시하였다는 것, 매득금의 배당에 관하여 피고와의 사이에 원고에게 전부 또는 일부를 우선하게 하는 합의가 있었다는 것 등 원고측에 존재하는 사유를 모두 포함한다. 이러한 청구원인들 중에는 추완 등으로 청구원인사유로 되지 아니하는 것도 있다.

266. 배당이의 소송의 실제
배당요구채권이 허위의 가장채권이라는 것을 이유로 제기된 배당이의의 소송에서 입증책임은 원고가 부담한다.

1. 입증책임
원고의 공격방법이나 피고의 방어방법에 대한 입증책임의 분배는 일반원칙에 따른다. 따라서 피고의 배당요구채권이 허위의 가장채권이라는 것을 이유로 하여 제기된 배당이의의 소송에서 그 채권이 허위로 가장된 것이라는 사실의 입증책임은 원고가 부담한다.

2. 채권자대위권의 행사
배당이의의 소의 변론에서 공격방어방법을 제출하고 심리를 하는 절차는 일반소송과 다를 것이 없다. 원고는 채무자가 피고에 대하여 가지고 있는 모든 항변을 제출할 수 있다. 그 전제로서 채권자대위권(민법 제404조)에 기하여 채무자가 피고인 채권자에게 대항할 수 있는 모든 권리 즉, 취소권, 해지·해제권, 상계권 등을 행사할 수 있다. 이러한 사유를 주장함에 있어서는 배당기일에 배당이의의 이유로서 하였던 진술에 구속되지 아니한다.320) 그리고 그 사유가 배당기일 후에 발생한 것이라도 상관없다.

3. 기판력의 주관적 범위
피고가 확정판결 기타 기판력있는 채무명의를 가지고 있는 경우 원고가 기판력의 표준시(제505조 제2항, 제521조 제2항)인 변론종결 이전에 생긴 실체상의 사유를 주장하여 그 채권의 존재·액수를 부인할 수 있는가? 채무명의의 기판력은 소송당사자와 승계인 사이에만 미치는 것이므로(제204조) 제3자인 원고에게는 기판력이 미칠 수 없다. 따라서 위 경우에도 원고는 적극적으로 피고의 채권에 대하여 부인할 수 있다.

4. 피고의 방어방법
피고의 방어방법으로서는 자기의 채권이 원고의 채권보다 선순위에 있다거나 원고와 사이에 특약이 존재한다는 등 원고의 주장을 배척할 수 있는 모든 사유가 이에 포함된다. 한편 피고도 원고처럼 배당기일 후에 생긴 사유를 주장할 수 있다. 피고는 원고의 채권자체를 부인할 수 있는가? 1설은 배당기일에 피고가 원고에 대하여 이의신청을 하지 아니한 이상 원고의 채권자체를 부인할 수 없다고 하고, 다른 1설은 그에 관계없이 원고의 주장을 배척할 수 있는 사유로서 채권자체의 존재를 부인할 수 있다고 한다.

267. 배당이의 소송의 종결
배당이의 소송은 원고의 불출석에 의한 소의 취하, 재판상 화해·청구의 포기·인낙에 의하여 종결한다.

1. 원고의 불출석에 의한 소의 취하
배당이의소송에 있어서 소를 제기한 원고가 최초의 변론기일에 출석하지 아니한 때에는 소를 취하한 것으로 본다(제658조, 제596조). 이 경우 소취하는 법률상 당연히 의제된다. 수소법원이 속행기일을 지정한 경우에도 의제의 효과가 소멸되지 아니한다. 최초의 변론기일이라 함은 최초로 지정된 변론기일을 말하는 것이 아니라 최초로 변론을 하게 된 기일을 말한다. 또한 이러한 의제취하는 원고가 제1심에서 최초의 변론기일에 불출석한 경우를 말한다. 따라서 제2회 이후의 변론기일이나 항소심의 기일에는 적용이 없다. 위 변론기일은 준비절차기일도 포함된다. 판례321)는 최초의 변론기일에 원고가 불출석하고 피고가 출석한 경우 뿐만 아니라 당사자 쌍방이 모두 불출석한 경우에도 적용된다고 한다. 또, 원고가 변론기일

---
320) 대법원 1997. 1. 21. 선고, 96다457 판결 ; 대법원 1999. 3. 23. 선고 98다46938 판결
321) 대법원 1967. 6. 27. 선고, 67다796 판결 ; 대법원 2002. 7. 26. 선고 2001다60491 판결

에 출석하지 아니한 경우뿐만 아니라 출석하여도 변론을 하지 아니하거나 퇴정을 한 경우도 포함된다. 원고가 최초의 변론기일에는 출석하였으나 그 후의 변론기일에 쌍방이 2회 이상 출석하지 아니하였으면 의제취하(제241조)의 효력이 생길 수 있다.

2. 재판상 화해·청구의 포기·인낙
배당이의소송에서도 재판상 화해가 가능한가? 배당이의의 소의 성질을 어떻게 보느냐에 따라 다르다. 다른 집행법상의 소송이 채무명의의 집행력의 배제라고 하는 실체법상의 권리와 완전히 분리된 집행절차상의 효력의 소멸을 그 작용으로 하고 있는데 반하여 배당이의의 소에 있어서는 실체법상의 권리의 양(量)만이 직접적으로 문제로 됨에 그칠 뿐만 아니라 배당기일에 관계되는 각 채권자의 합의를 인정하고 합의가 성립되면 배당표를 경정하여 배당을 실시하는 것이 허용되고 있으므로 재판상화해가 가능하다. 청구의 포기나 인낙도 가능하다고 본다.

268. 배당이의의 소의 판결의 주관적 범위
배당이의의 본소의 판결의 효력은 원고와 피고 사이에만 미치고 그 밖의 채권자와 채무자에게는 미치지 아니한다.

1. 판결의 상대효의 원칙
상대효의 원칙이 지배하기 때문에 본소의 판결의 효력은 원고와 피고 사이에만 미치고 그 밖의 채권자와 채무자에게는 미치지 아니한다. 이 점에 있어서 파산채권확정소송과 다르다. 따라서 마침 동일배당표의 동일채권에 대하여 수인의 이의가 병합된 경우에도 각 원고와의 관계에서 배당액의 취소·변경이 된다. 다만 채무자가 제기한 배당이의의 소에서 청구가 인용된 경우에는 이의를 제기하지 않은 채권자를 위하여도 배당표를 변경한다. 그러나 채권자가 제기한 배당이의의 소에서 청구가 인용된 경우에는 피고가 배당을 수령할 수 없게 되더라도 그 가운데서 원고에게 배당할 비율의 금액을 원고에게 할당함에 그치고 다른 채권자의 배당액은 이로 인하여 영향을 받지 아니한다.

2. 원고에게 배당할 금액의 산정
(1) 제1설(흡수설)
배당이의의 소에서 원고의 승소판결이 있는 경우에는 배당이의와 관계없는 다른 채권자에 대한 배당액을 고려함이 없이 피고가 수령할 수 없는 배당액을 원고의 채권액의 한도로 원고의 배당액에 그대로 채우고 나머지가 있으면 이를 채무자에게 교부한다고 한다.
(2) 제2설(흡수설)
원고에 대한 배당방법은 제1설과 같지만 나머지가 있으면 이를 채무자에게 교부하지 않고 피고에게 교부한다고 하는 점에 차이가 있다.
(3) 제3설(안분설)
피고가 수령할 수 없는 배당액을 동순위의 다른 채권자 전원에게 안분하여 원고에게 배당할 금액을 정하고 그 한도에서 원고에게 배당한 후 나머지를 피고에게 교부한다고 한다.
(4) 제4설
흡수설과 안분설의 논리적 파탄을 극복하고 타당한 해결을 꾀하려면 파산방식에 의하는 수밖에 없다. 이 설은 행법상 민사소송법 제595조 후단을 논리적 근거로 들면서 배당법원이 새로운 배당표를 작성하고 그 결과에 이의를 제기하지 아니하는 채권자에게도 이의의 결과를 균점시켜야 한다고 주장한다.

269. 배당이의의 소의 판결의 주관적 범위
배당이의의 소가 1개인 경우 이의의 신청을 하지 아니한 채권은 다투는 부분의 배당을 실시하는데 있어서 참작하지 않는다.

1. 배당이의의 소가 1개인 경우
배당재산의 총액이 1,200만원이고, 배당에 참가한 채권자가 A, B, C 3명으로서 각 채권액이 A 500만원, B 1,000만원, C 1,500만원이고, 배당표에서 A의 배당액이 200만원, B가 400만원, C가 600만원으로 된 경우에 A가 배당표에 대한 이의를 신청하여 B의 채권이 존재하지 않는다고 주장하고 배당이의소송에서 그 청구가 인용되었다.

2. 학설
(1) 제1설(통설)
이의의 신청을 하지 아니한 C의 채권은 다투는 부분의 배당을 실시하는데 있어서 참작하지 않는다. B에 대한 배당액을 A의 채권액 500만원에 이르기까지 A에게 증액 배당한다. 결국 A에 대한 배당액은 500만원, B는 0, C는 600만원으로 되고 나머지 100만원은 채무자에게 교부한다.
(2) 제2설
우선 A·C간에 배당재산 총액 1,200만원을 각 채권액에 비례하여 안분하면 A의 몫이 300만원, C의 몫이 900만원으로 된다. 그러나 C의 배당액은 배당이의의 소의 판결에 의하여 하등영향을 받지 아니하므로, A에 대하여 300만원까지 증액배당하고, B에 대한 배당액의 나머지 300만원을 그대로 B에게 교부한다.
(3) 제3설
A에게 300만원, C에게 900만원을 배당한다.

270. 배당이의의 소의 판결의 주관적 범위
배당이의의 소가 수 개 존재하는 경우 어떻게 조정하여 새로운 배당표를 작성하여야 할 것인가?

1. 배당이의의 소가 수 개 존재하는 경우
배당재산의 총액이 1,200만원이고, 배당에 참가한 채권자가 A, B, C 3명의 채권액이 A 500만원, B 1,000만원, C 1,500만원이고, 배당표에서 A의 배당액이 200만원, B가 400만원, C가 600만원으로 된 경우 A·B, C·B사이에 배당이의의 소가 제기된 경우 어떻게 조정하여 새로운 배당표를 작성하여야 할 것인가?
제1설은 배당요구채권의 단계에서 조정한다고 하고, 제2설은 각 판결에 따라 배당액을 산출하는 단계에서 조정한다고 한다.

2. A, C 모두 승소한 경우
(1) 제1설
2개의 판결을 통합하여 배당요구채권액을 A 500만원, B 0원, C 1,500만원으로 하고, A에 대한 배당액은 300만원, C에 대한 배당액은 900만원으로 된다.
(2) 제2설
A·B사이의 판결에 의한 배당액은 A 500만원, B 0원, C 600만원, 채무자 100만원, C·B사이의 판결에 의한 배당액은 A 200만원, B 0원, C 1,000만원이다. 다음 이를 통합하여 A 350만원, B 0원, C 800만원, 채무자 50만원으로 각 배당한다.

3. A가 승소하고 C가 패소한 경우
(1) 제1설
한 채권자에게 패소했다 하여도 바로 모든 채권자로부터 본소에서 패소한 것과 같이 취급하는 것은 본소의 판결의 상대적 효력 원칙에 비추어 문제가 있으므로, B의 배당요구채권을 0원으로 보는 것은 불가한 반면, 1,000만원으로 보는 것도 불가한 것이므로 이러한 경우에는 A는 본래 자기에게 배당되어야 할 배당액의 한도에서 취소를 청구할 수 있는 것이라고 해석하여 배당요구채권액을 A 500만원, B 0원, C 1,500만원으로 하여 본래의 배당액을 A 300만원, C 900만원으로 각 산출한 다음, A 300만원, B 300만원, C 600만원을 각 배당한다.
(2) 제2설
A·B사이의 판결에 의한 배당액은 A 500만원, B 0원, C 600만원, 채두자 100만원, C·B사이의 판결에 의한 배당액은 A 200만원, B 400만원, C 600만원이다. 다음 이를 통합하여 A 350만원, B 200만원, C 600만원, 채무자 50만원을 각 배당한다.

4. A·B사이의 배당이의의 소에 있어서 B가 500만원의 한도로 일부인용된 경우
(1) 제1설
B에 대한 당초의 배당액 중 200만원을 취소하여 이를 A에게 배분한다.
(2) 제2설
취소된 200만원을 새로이 확정된 배당요구채권액 A 500만원, B 500만원에 안분하여 A, B에게 각기 100만원을 가산하므로 배당액은 A, B 각 300만원으로 된다고 한다.

271. 배당이의의 소의 판결의 객관적 범위

배당이의의 소에서 패소한 원고가 자기의 우선적 채권에 기하여 배당을 받은 다른 채권자에 대하여 부당이득반환청구소송을 제기할 수 있는가?

1. 부당이득반환청구권의 문제
배당이의의 소의 판결이 어떠한 청구권의 존부를 확정하는가? 배당이의의 소에서 패소한 원고가 자기의 우선적 채권에 기하여 배당을 받은 다른 채권자에 대하여 부당이득반환청구소송을 제기하는 것이 가능한가? 이 문제는 배당이의의 소의 성질론의 차이를 가장 단적으로 나타나는 판결의 객관적 범위의 문제이다. 형성소송설은 부당이득반환청구를 긍정하고 확인소송설 및 구제소송설은 이를 부정한다.

2. 학설
(1) 형성소송설
형성소송설에 의하면 본소의 소송물은 배당표변경청구권이라고 하는 소송법상의 형성권이므로 그 존부의 확정은 실체상의 권리의 존부를 확정하는 것은 아니라고 한다. 그러나 형성소송설을 취하면서도 배당표에 대한 이의를 진술하지 아니하거나 또는 기일에 결석한 채권자에 대하여는 후에 실체상의 채권을 주장하는 것이 허용되지 않게 되는 것이므로 배당이의의 소를 제기하여 패소한 자에게도 똑같은 취급을 하여야 할 것이라고 하는 견해도 있고, 민사소송법 제593조의 반대해석에 의하여 실권효과를 인정하여야 할 것이라고 하는 견해도 있다.
(2) 확인소송설·구제소송설
확인소송설이나 구제소송설에 의하면 본소의 소송물은 배당청구권의 기초인 실체상의 채권이므로 배당이의 소송은 실체상의 권리의 존부를 확정한다고 하는 것이다. 확인소송설 및 구제소송설에 있어서도 배당이의의 소의 판결확정의 효력은 배당액청구권이라고 하는 소송법상의 권리에 그치고 실체상의 권리에는 미치지 않는 것이므로 반드시 부당이득반환청구권을 부정할 것이 아니라고 하는 견해가 있다.

3. 판례
판례는 확정된 배당표에 의하여 배당을 실시하는 것은 실체법상의 권리를 확정하는 것은 아니므로 배당을 받아야 할 자가 배당을 받지 못하고 배당을 받지 못할 자가 배당을 받은 경우에는 배당에 관하여 이의를 한 여부 또는 형식상 배당절차가 확정되었는가의 여부에 관계없이 배당을 받지 못한 우선권자는 부당이득반환청구권이 있다고 한다.[322]

272. 배당이의소송 완료후의 배당실시

배당이의소송 종료후 판결확정증명서, 소취하 또는 소취하간주증명서 등을 첨부하여 배당금의 교부 또는 재배당의 실시를 신청할 수 있다.

1. 재배당신청 및 배당금 교부신청
배당이의의 소(제595조)의 판결의 확정 또는 배당이의의 소가 취하되었다는 증명이 있는 때에는 배당법원은 이에 의하여 지급 또는 다른 배당절차를 명한다(제658조, 제597조). 이의신청에 의하여 배당절차는 이의가 있는 부분에 대하여 정지되고 있으므로 배당이의의 소송에 대한 판결이 확정된 사실 등을 증명하여 배당액의 교부를 받든지 배당실시를 신청하게 된다. 이 경우에는 판결확정증명서, 배당이의소송의 취하증명서 또는 소취하간주가 된 증명서 등을 첨부하여 배당금의 교부 또는 재배당의 실시를 신청하여야 한다.

2. 공탁금의 청구
배당법원은 배당표에 이의가 없거나 판결의 주문에서 배당표가 정정된 경우에는 배당기일을 지정하지 않고 배당액에 상당한 금액의 지급위탁서를 공탁공무원에게 송부하고 채권자에게는 지급증명서를 교부한다.

3. 채권자·채무자의 소환
판결에서 배당표의 재조제를 명하고 있는 때에는 배당표를 작성한 다음 관계채권자에게 열람을 하게 하고 배당기일을 정하여 관계채권자 및 채무자를 소환하여야 한다. 다수의 배당이의소송이 제기된 때에는 모든 소송의 완결을 기다려 배당절차에 들어가야 한다.

4. 새로 작성된 배당표에 대한 이의신청 가부
새로 작성된 배당표에 대하여서도 이의신청이 가능하다. 그러나 이때에는 그 배당표가 배당이의소송의 확정판결에 합치되고 있지 않다는 이유로만 하여야 한다. 또한 재배당절차에 관하여는 채권자만이 이의신청을 할 수 있다. 그 전의 배당기일에 배당이의를 신청하지 아니한 채권자나 배당이의가 확정판결에 의하여 배척된 채권자는 재배당절차에 관여할 수 없다. 이때 채권자는 새로이 채권계산서를 제출할 필요가 없고 이미 제출된 계산서 등에 의하여 배당표가 작성된다.

5. 배당이의 소송에서 추가배당후 잉여금의 처리
민사소송법 제658조의 규정에 의하여 부동산 강제경매에 준용되는 민사소송법 제590조, 제591조, 제595조의 규정 등에 의하면 채권자가 제기한 배당이의 소송은 대립하는 당사자인 채권자들 사이의 배당액을 둘러싼 분쟁을 상대적으로 해결하는 것에 지나지 아니하고 그 판결의 효력은 오직 소송 당사자인 채권자들 사이에만 미친다. 따라서 배당이의소송의 판결에서 계쟁 배당부분에 관하여 배당을 받을 채권자와 그 수액을 정함에 있어서는 피고의 채권이 존재하지 않는 것으로 인정되는 경우에도 이의신청을 하지 아니한 다른 채권자의 채권을 참작함이 없이 그 계쟁 배당부분을 원고가 가지는 채권액의 한도 내에서 구하는 바에 따라 원고의 배당액으로 하고 그 나머지는 피고의 배당액으로 유지하여야 한다.[323]

---

322) 대법원 1988. 11. 8. 선고, 86다카2949 판결 ; 대법원 1996. 12. 20. 선고, 95다28304 판결 ; 대법원 1997. 2. 14. 선고, 96다51585 판결 ; 대법원 2006. 9. 28. 선고 2004다68427 판결
323) 대법원 1998. 5. 22. 선고, 98다3818 판결

제5편
개정사항

개정 1

개정 2

개정 3

개정1. 전세사기피해자 지원 및 주거안정에 관한 특별법

이 법은 전세사기로 피해를 입은 임차인에게 경·공매 절차 및 조세 징수 등에 관한 특례를 부여함으로써 전세사기 피해자를 지원하고 주거안정을 도모함을 목적으로 한다. 전세사기로 발생한 피해자들이 보증금을 반환받기 위해 그 순위의 안정성에 대한 검토를 반드시 임대차계약 이전에 확인해야 할 것이고 대항력있는 선순위 임차인의 지위로 계약을 하는 것과 주택도시보증공사의 보증금 반환 보증상품에 가입하여 추후 발생할 분쟁에서 임대인의 반환 의지를 불문하고 보증금을 안전하게 지킬 수 있도록 안전장치를 해야 할 것이다.

제1절 전세사기피해자의 요건

① 전세사기피해자로 결정받고자 하는 임차인(자연인에 한정한다. 이하 같다)은 다음 각 호의 요건을 모두 갖추어야 한다. 다만, 경매 또는 공매 절차가 완료된 임차인의 경우에는 제1호 및 제3호의 요건은 제외한다.

- 1. 「주택임대차보호법」 제3조에 따라 주택의 인도와 주민등록을 마치고(이 경우 전입신고를 한 때 주민등록을 한 것으로 본다) 같은 법 제3조의2제2항에 따라 임대차계약증서상의 확정일자(이하 "확정일자"라 한다)를 갖출 것(「주택임대차보호법」 제3조의3에 따른 임차권등기를 마친 경우도 포함한다)

- 2. 임차인의 임차보증금이 3억원 이하일 것. 다만, 임차보증금의 상한액은 제6조에 따른 전세사기피해지원위원회가 시·도별 여건 및 피해자의 여건 등을 고려하여 2억원의 범위에서 상향 조정할 수 있다.

- 3. 임대인의 파산 또는 회생절차 개시, 임차주택의 경매 또는 공매절차의 개시(국세 또는 지방세의 체납으로 인하여 임차주택이 압류된 경우도 포함한다), 임차인의 집행권원 확보 등에 해당하여 다수의 임차인에게 임차보증금반환채권의 변제를 받지 못하는 피해가 발생하였거나 발생할 것이 예상될 것

- 4. 임대인등에 대한 수사 개시, 임대인 등의 기망, 임차보증금을 반환할 능력이 없는 자에 대한 임차주택의 양도 또는 임차보증금을 반환할 능력 없이 다수의 주택 취득·임대 등 임대인이 임차보증금반환채무를 이행하지 아니할 의도가 있었다고 의심할만한 상당한 이유가 있을 것

② 다음 각 호의 어느 하나에 해당하는 경우는 제1항의 적용대상에서 제외한다.

- 1. 임차인이 임차보증금 반환을 위한 보증 또는 보험에 가입하였거나 임대인이 임차보증금 반환을 위한 보증에 가입하여 임차인에게 보증금의 전액 반환이 가능한 경우

- 2. 임차인의 보증금 전액이 최우선변제가 가능한 「주택임대차보호법」 제8조제1항에 따른 보증금 중 일정액에 해당하는 경우

- 3. 임차인이 「주택임대차보호법」에 따라 대항력 또는 우선변제권 행사를 통하여 보증금 전액을 자력으로 회수할 수 있다고 판단되는 경우

제2절 전세사기피해자등 지원

제17조(경매의 유예·정지) ① 전세사기피해주택에 대하여 「민사집행법」 제78조 또는 같은 법 제264조에 따른 경매절차가 진행 중인 경우 전세사기피해자는 법원에 매각기일의 지정을 보류하거나 지정된 매각

기일의 취소 및 변경 등 경매절차의 유예·정지(이하 "경매유예등"이라 한다)를 신청할 수 있다.

② 위원회가 제6조제2항제2호에 관한 사항을 심의·의결한 경우 국토교통부장관은 법원에 경매유예등의 협조를 요청할 수 있다.

③ 법원은 「민사집행법」 제104조에도 불구하고 제1항에 따른 신청이나 제2항에 따른 요청이 있고, 전세사기피해자(제12조에 따라 전세사기피해자등 결정을 신청한 자를 포함한다)가 임차보증금을 반환받지 못하여 생계나 주거안정에 지장을 줄 것이 우려되는 경우에는 채권자 및 채무자의 생활형편 등을 고려하여 경매유예등을 결정할 수 있다.

④ 제3항에 따른 경매유예등의 기간은 그 유예 또는 정지한 날의 다음 날부터 1년 이내로 한다. 다만, 법원은 제3항에 따른 경매유예등의 사유가 해소되지 아니하였다고 인정되는 경우 직권으로 또는 전세사기피해자의 신청을 받아 그 기간을 연장할 수 있다.

(1) 경·공매 유예·정지 [특별법]
(국토부 전세사기 피해자 지원 보도자료 일부 발췌)

☐ (현행) 경매 유예·정지는 **경매신청자만 가능**, 현재는 금융당국 요청 및 **금융권**의 **자율적 협조**에 따라 유예중

☐ (개선) **피해 임차인**이 직접 경매 유예·정지 신청 가능하며, **정부**도 **법적근거**에 따른 요청을 통해 **경·공매 유예 이행력 제고**

(2) 우선매수권 부여 [특별법]
(국토부 전세사기 피해자 지원 보도자료 일부 발췌)

☐ (현행) 임차주택에 대한 **경매 진행**시 **피해임차인**은 다른 채권자 등과 마찬가지로 **최고가로 입찰**하는 경우에만 낙찰 가능

☐ (개선) **피해 임차인**이 거주 중인 주택이 **경·공매**될 경우, 피해 임차인에게 **우선 매수할 수 있는 권한*** 부여

　　* '15.8월 이전에는 임대아파트가 부도로 경매되는 경우 임차인에게 우선매수권 부여

o 우선매수 신고시 **최고가낙찰액**과 같은 가격으로 낙찰 가능하며, 임차인이 희망 시 LH에 **우선매수권 양도**도 가능

(3) 조세채권 안분 [특별법]
(국토부 전세사기 피해자 지원 보도자료 일부 발췌)

☐ (현행) 임대인의 **세금체납액이 많을 경우**, 피해임차인은 사실상 **경매신청**이 **불가능**하거나 경매 시에도 배당 손실이 큰 상황

☐ (개선) **임대인의 전체 세금체납액**을 **개별주택별**로 안분하고, 주택 경매시 **조세당국**은 해당 주택의 세급체납액만 분리 환수

o 이를 통해 피해 임차인은 **경공매 신청가능, 배당도 증가**

(예시) 세금 100억 체납 임대인 소유 **주택 1,000채** 각각 경매시(모두 낙찰가 1억 가정)

o (현행) 모든 주택마다 **선순위 조세채권 100억원** 반영
　　↳ **우선 경매되는 100채**까지는 낙찰가 전액 징수 (101번째부터는 조세채권無)

o (개선) 모든 주택에 선순위 **조세채권 배분** (예: 주택 1,000채에 1천만원씩 배분)
　　↳ 경매되는 **주택별**로 낙찰시 **1천만원씩**만 징수

제3절 국세의 체납으로 인하여 압류된 주택의 매각 유예·정지

① 전세사기피해자는 전세사기피해주택이 「국세징수법」 제31조에 따라 압류되었거나 같은 법 제64조에 따른 매각절차가 진행 중인 경우 매각결정기일 전까지 관할 세무서장에게 매각절차의 유예 또는 정지(이하 이 조에서 "매각유예 등"이라 한다)를 신청할 수 있다.

② 위원회가 제6조제2항제2호에 관한 사항을 심의·의결한 경우 국토교통부장관은 관할 세무서장에게 매각유예 등에 대한 협조를 요청할 수 있다.

③ 관할 세무서장은 「국세징수법」 제88조제2항 및 같은 법 제105조제1항에도 불구하고 제1항에 따른 신청이나 제2항에 따른 요청이 있고, 전세사기피해자(제12조에 따라 전세사기피해자등 결정을 신청한 자를 포함한다)가 임차보증금을 반환받지 못하여 생계나 주거안정에 지장을 줄 것이 우려되는 경우에는 채권자 및 채무자의 생활형편 등을 고려하여 매각유예등을 할 수 있다.

④ 제3항에 따른 매각유예등의 기간은 그 유예 또는 정지한 날의 다음 날부터 1년 이내로 한다. 다만, 관할 세무서장은 제3항에 따른 매각유예등의 사유가 해소되지 아니하였다고 인정되는 경우 직권으로 또는 전세사기피해자의 신청을 받아 그 기간을 연장할 수 있다.

제4절 경매절차에서의 우선매수권

① 전세사기피해주택을 「민사집행법」에 따라 경매하는 경우 전세사기피해자는 매각기일까지 같은 법 제113조에 따른 보증을 제공하고 최고매수신고가격과 같은 가격으로 우선매수하겠다는 신고를 할 수 있다.

② 제1항의 경우에 법원은 최고가매수신고가 있더라도 제1항의 전세사기피해자에게 매각을 허가하여야 한다.

③ 제1항에 따라 전세사기피해자가 우선매수신고를 한 경우에는 최고가매수신고인을 「민사집행법」 제114조에 따른 차순위매수신고인으로 본다.

제21조(「국세징수법」에 따른 공매절차에서의 우선매수권)
① 전세사기피해주택이 「국세징수법」에 따라 공매되는 경우 전세사기피해자는 매각결정기일 전까지 같은 법 제71조에 따른 공매보증을 제공하고 다음 각 호의 구분에 따른 가격으로 그 주택을 우선매수하겠다는 신청을 할 수 있다.

1. 「국세징수법」 제82조에 따른 최고가 매수신청인이 있는 경우: 최고가 매수가격

2. 「국세징수법」 제82조에 따른 최고가 매수신청인이 없는 경우: 공매예정가격

② 관할 세무서장은 제1항에 따른 우선매수 신청이 있는 경우 「국세징수법」 제84조에도 불구하고 전세사기피해자에게 매각결정을 하여야 한다.

③ 제1항에 따라 전세사기피해자가 우선매수 신청을 한 경우 「국세징수법」 제82조에 따른 최고가 매수신청인을 같은 법 제83조에 따른 차순위 매수신청인으로 본다.

대법원 2011. 5. 26. 선고 2011다9655 판결 [전세보증금반환등]
甲이 임대차계약을 체결한 사실이 없다고 다투면서 전세계약서가 위조된 것이라고 항변한 사안에서, 전세계약서는 임대차계약의 존부 및 내용에 관한 처분문서로서 서면에는 甲 명의의 인장이 날인되어 있으므로, 원심으로서는 전세계약서 전체가 위조되었다고 다투는 것인지, 아니면 인영부분은 인정하되 의사에 반하여 날인되었거나 도용되었다는 취지로 다투는 것인지 등에 관하여 심리를 한 후에 전세계약서의 진정성립 여부를 판단하였어야 함에도, 전세계약서의 진정성립 여부에 관하여 아무런 심리를 하지 아니한 채 이를 증거로 사용하여 임대차계약이 체결된 사실을 인정한 원심판결에는 전세계약서의 형식적 증거력에 관한 증거법칙을 위반한 잘못이 있다고 한 사례

전세계약서를 작성한적이 없다고 주장하는 임차인甲과 甲이 임대차계약서를 작성하였다는 증거로 날인되어있는 임차대차계약서를 증거로서 제출하였다. 서증은 문서에 표현된 작성자의 의사를 증거자료로 하여 요증사실을 증명하려는 증거방법이므로 우선 그 문서가 거증자에 의하여 작성자로 주장되는 자의 의사에 의하여 작성된 것임이 밝혀져야 하고, 이러한 형식적 증거력이 인정되지 않으면 이를 증거로 쓸 수 없는 것이며, 그 형식적 증거력이 인정된 다음 비로소 작성자의 의사가 요증사실의 증거로서 얼마나 유용하냐에 관한 실질적 증명력을 판단하여야 한다.

특히 처분문서는 진정성립이 인정되면 그 기재 내용을 부정할 만한 분명하고도 수긍할 수 있는 반증이 없는 이상 문서의 기재 내용에 따른 의사표시의 존재 및 내용을 인정하여야 한다는 점을 감안하면 처분문서의 진정성립을 인정함에 있어서는 신중하여야 할 것이다(대법원 1993. 12. 7. 선고 93다41914 판결, 대법원 1997. 4. 11. 선고 96다50520 판결, 대법원 2003. 4. 8. 선고 2001다29254 판결 등 참조).

원심판결 이유와 이 사건 기록에 의하면, 피고는 원심에서 원고와 이 사건 임대차계약을 체결한 사실이 없다고 다투면서 원고가 임대차계약 체결사실을 뒷받침하는 증거로 제출한 이 사건 각 전세계약서는 원고가 위조한 것이라고 증거항변을 하였음에도, 원심은 이 사건 각 전세계약서의 진정성립 여부에 관하여 아무런 심리를 하지 아니한 채 피고의 증거항변에 대하여 "피고는 원고에 의하여 위조된 것이라고 항변하나, 이를 인정할 증거가 없다."고 판시한 다음, 이 사건 각 전세계약서의 기재 등을 종합하여 원고와 피고 사이에 이 사건 임대차계약이 체결된 사실이 인정된다고 판단하였고, 한편 이 사건 각 전세계약서에는 피고 명의의 인장이 날인되어 있음을 알 수 있다.

심판결 이유를 앞서 본 법리에 비추어 살펴보면, 이 사건 각 전세계약서는 임대차계약의 존부 및 내용에 관한 처분문서로서 각 서면에는 피고 명의의 인장이 날인되어 있으므로, 원심으로서는 피고가 이 사건 각 전세계약서 전체가 위조되었다고 다투는 것인지, 아니면 인영부분은 인정하되 의사에 반하여 날인되었거나 도용되었다는 취지로 다투는 것인지 등에 관하여 심리를 하여 본 후에 이 사건 각 전세계약서의 진정성립 여부를 판단하였어야 하였다.

그럼에도, 원심이 이 사건 각 전세계약서의 진정성립 여부에 관하여 아무런 심리를 하지 아니한 채 이를 증거로 사용하여 이 사건 임대차계약이 체결된 사실을 인정하고 말았으니, 원심판결에는 이 사건 각 전세계약서의 형식적 증거력에 관한 증거법칙을 위반한 잘못이 있고, 그러한 잘못은 판결 결과에 영향을 미쳤다고 볼 것이다. 이 점을 지적하는 취지가 포함된 상고이유의 주장은 이유 있다.

위와 같은 판례의 핵심은 증거로 제출된 임대차 계약서가 아니라 전세사기의 유형이 변화했다는 사실이다. 우리는 전세사기를 판단할 현실적으로 부당이득을 취하는 자가 누구인지 생각해야 한다. 임대차 계약서가 조작된 것이라는 주장부터, 매매계약을 본인의 의지로 작성한 사실은 있으나 매매계약을 체결함에 있어서 매수인이 어떤 의무를(임대인의 지위 승계) 부담하게 되는지를 판단할 수 없을 정도의 인지장애를 겪고 있고, 이를 숨기고 매매계약을 체결한 후 수개월 후 소송을 통하여 장애인임을 주장하며, 임대차계약을 무효로 하고 소유권을 다시 가져가라는 형태로도 발생하고 있다. 부동산 매매계약이던, 임대차계약이던, 법률과 상식을 벗어난 관행적인 계약을 요구한다면 조심해야 한다.

개정2. 주택임대차보호법 개정사항(2023. 4. 18. 개정 / 7. 11. 시행)

임대차계약 체결 시 임대인에게 ① 해당 주택의 선순위 보증금 등 임대차정보 및 ② 국세징수법·지방세징수법에 따른 납세증명서 제시 의무 부여
사전에 고지하지 않은 선순위 임대차 정보나 미납·체납 사실 확인 시, 위약금 없이 계약을 해제할 수 있도록 하는 특약사항 체결 권고
임차권등기명령 결정이 임대인에게 고지되기 전에도 임차권등기 경료 가능

제1절 임대인의 정보 제시 의무

임대차계약을 체결할 때 임대인은 다음 각 호의 사항을 임차인에게 제시하여야 한다.

- 1. 제3조의6제3항에 따른 해당 주택의 확정일자 부여일, 차임 및 보증금 등 정보. 다만, 임대인이 임대차계약을 체결하기 전에 제3조의6제4항에 따라 동의함으로써 이를 갈음할 수 있다.

- 2. 「국세징수법」 제108조에 따른 납세증명서 및 「지방세징수법」 제5조제2항에 따른 납세증명서. 다만, 임대인이 임대차계약을 체결하기 전에 「국세징수법」 제109조제1항에 따른 미납국세와 체납액의 열람 및 「지방세징수법」 제6조제1항에 따른 미납지방세의 열람에 각각 동의함으로써 이를 갈음할 수 있다.

- 3. 대전지방법원 2023. 9. 21. 선고 2023가단220803 판결 [손해배상(기)]
가. 공인중개사의 주의 의무 - 임대인의 말을 믿은 데에 과실이 있는지 여부

피고 B의 직원(중개보조원)인 D가 이 사건 임대차계약을 중개하면서 임대인으로부터, 이 사건 건물에 거주하던 다른 임차인 가구 수와 임대차보증금 총액(미등기 총 2.9억 원 + 등기된 전세권 1.5억 원으로 합계 4.4억 원)을 구두로 고지받아 이를 그대로 원고에게 전달한 사실, 위 2.9억 원에 관하여 임대인이 계약 당일 '선순위 임차보증금확인서'(갑3-1)를 작성하여 원고에게 교부한 사실, D가 선순위 근저당에 대하여 건물등기부를 기초로 원고에게 설명한 사실은 당사자 사이에 다툼이 없다.

그러니 원고는 건물등기부상 근저당권이 2건으로 채권최고액 합계 7.9억 원, 기존(선순위일 가능성이 높은) 임대차보증금 총액이 4.4억 원, 즉 합계액이 무려 12.3억 원인 줄 알면서도 임대차계약을 맺은 것이다.

피고 측이 임대인으로부터 듣고 전달한 위 설명이 (거짓으로 밝혀졌는지 여부를 떠나서) 그 자체로 터무니없거나 또는 석연치 아니하여 이를 그대로 전달한 것 자체가 피고 측의 과실이라고 할 만한 경우인지를 보면, 이에 대하여 원고의 증명이 없다.

계약서 작성 당시에 임대인이 동석하고 있었으므로 임차인인 원고는 임대인에게 직접 따져 묻고 확인하였거나 또는 확인할 수 있었을 것으로 보인다.

임대인 E이 위 등기된 전세권을 말소등기해주겠다고 약속하고 이를 임대차계약서 특약 제10항으로 명시적 기재를 하였는데 그러고도 그후 이를 불이행하였다. 그런데 이러한 임대인의 행위에 관하여 피고 B이 유책사유가 있다고 볼 만한 사정에 대하여는 원고의 별다른 증명이 없다.

나. 공인중개사의 성실 의무 - 직접 조사의 범위와 한계

원고의 주장 중에는, 공인중개사가 임대인의 말만 믿고 이를 임차의뢰인인 원고에게 그냥 그대로 전달할 것이 아니라 임대인에게 다른 세입자의 임대차계약서나 이 사건 건물의 주민등록등본을 제시할 것을 요구하거나 인근 중개업자들에게 이 사건 건물의 임대차조건 등을 문의해 보는 조치를 취했어야 한다는 취지도 있어 보인다. 호실의 수량, 주변 건물의 시세 등으로써 추정되는 임대차보증금 총액을 스스로 분석하여 임차의뢰인의 보증금 회수 가능성을 가늠하고 이를 임차의뢰인에게 설명해주어야 하는 의무가 있다는 취지의 주장으로 선해하여 볼 수 있다.

그러나 공인중개사가 다가구주택 건물의 호실 총수, 공실의 개수, 임대 중인 호실의 개수, 각 임대차보증금의 액수, 확정일자 부여 현황을 정확히 수시로 파악할 공권적 조사권한을 갖고 있지 않은 것이 현행 제도이다. 그 정확한 파악을 위해서는 그 건물 소유자 내지 임대인 및 임차인들의 구두 정보 제공에 의존하는 면이 크다. 그리고 인근 중개업자들과 정보 교환, 중개매물 현황에 대한 인터넷 검색1) 등을 최대한 활용하여 정확한 예측을 도모할 것이 상당한 정도로 권고된다.

위와 같은 현행 제도에서는 공인중개사가 임차보증금 회수 가능성에 대한 전문적 예상 정보를 제공치 않거나 분석적 예측을 정확히 하지 못했다고 하여 그로 인해 공인중개사의 과실로 인한 불법행위가 성립하고 임차보증금 회수불능 상당의 손해배상책임이 발생한다고 보는 것은, 과실이 없는데도 손해라는 결과에 대한 책임을 져야 한다고 법원이 명하는 불의(不義)한 결과에 이르게 될 수 있다. 오늘날 전국의 수많은 임차인들이 보증금 상실의 피해를 당한 안타깝고 엄중한 상황이다. 하지만, 그처럼 무과실책임을 법령상 근거 없이 함부로 창설하는 일은 마땅히 경계하여야 옳다.

임차인으로부터 임대차계약의 중개의뢰를 받은 중개업자는, 물론 감정평가인이 시가나 차임을 감정하듯이 시세 조사를 하여 이를 설명할 의무까지 있다고 할 수는 없으나, 의뢰인이 요구하는 경우 중개업자가 업무를 통하여 이미 인지하고 있거나 통상 조사할 수 있는 방법을 통하여 확인할 수 있는 범위 내에서는 신의성실로써 목적물의 시세를 설명하여 줄 의무가 있고, 중개업자가 이에 그치지 않고 시세에 관한 그릇된 정보를 제대로 확인하지도 않은 채 마치 그것이 진실인 것처럼 의뢰인에게 그대로 전달하여 의뢰인이 그 정보를 믿고 상대방과 계약에 이르게 되었다면, 부동산중개업자의 그러한 행위는 선량한 관리자의 주의로 신의를 지켜 성실하게 중개행위를 하여야 할 중개업자의 의무에 위반된다 할 것이다. 하지만 이 사건은 다가구주택 건물의 '시세'뿐만 아니라 호실 총수, 공실의 개수, 임대 중인 호실의 개수, 각 임대차보증금의 액수, 확정일자 부여 현황 등을 종합적으로 모두 파악하여야 비로소 보증금 회수 가능성을 가늠할 수 있다는 데에 차이가 있다.

다. 자료제공 거부 시 공인중개사 역할의 규범적 범위

피고 B 내지 그 중개보조원 D는 임대인으로부터 임차인의 수, 임대차보증금 액수, 임대차계약의 시기와 종기 등에 관하여 서면 자료를 받아 확인하려고 시도하였고, 임대인으로부터 '선순위 임차보증금 확인서'(갑3-1)를 받았을 뿐 다른 더 구체적인 근거자료는 받지 못하였던 것으로 보인다. 이 부분 임대인의 거부 내지 비협조 사실을 원고에게 명시하여 설명하였고 이를 중개대상물 확인·설명서의 해당란에 기재하였다. 여기에 원고도 확인의 의미로 서명하였다.

이처럼 피고 측은 임대인이 위 '선순위 임차보증금 확인서'를 뒷받침할 만한 다른 '자료'는 제공하지 않았다는 등의 여러 사정을 구두 설명하고 위 확인서에도 명시해서 알려줌으로써 원고 스스로 정확한 판단을 할 수 있도록 정보 제공을 해주었다. 이는 공인중개사법 시행령 제21조 제2항2)을 준수하고 그 정해진 바대로 이행한 것에 해당한다. 비교적 그 기재가 자세한 편이니 충실한 이행이라고 볼 수 있다.

그렇다면, 원고는 임대인의 근거자료 제공 거부 사실을 알고 있었다고 볼 수 있다. 원고가 이를 알고도

이 사건 임대차계약을 체결한 것이니, 피고 측이 원고를 기망하거나 적극 유도했다는 등의 특별한 사정에 대하여 원고가 증명한 바 없는 한, 원고는 자신의 위험 부담, 즉 자기 책임으로 임대차계약을 체결했다고 보아야 한다.

라. 확정일자 부여현황을 발급받도록 조언하거나 발급 방법을 설명해주지 않으면 손해배상책임이 발생하는지 여부

원고의 주장을 선해하여 본다면, 피고 측이 '확정일자 부여현황'을 발급받도록 조언하거나 발급 방법을 설명했어야 함에도 피고 측이 그렇게 하지 않았다는 취지도 있다고 볼 수 있다.

그러나 다음과 같은 이유로 원고의 주장을 받아들이지 아니한다.

주택임대차보호법 제3조의6 제4항, 제6항3), 주택임대차보호법 시행령 제6조 제2항4) 및 해당 대법원규칙5)과 예규6)의 각 규정을 살펴보면, 임대차계약을 체결하려는 사람은 일정한 서류(임대인의 동의서)를 구비하여야 해당 주택에 관한 임대차 정보제공 요청을 할 수 있는 것이다. 임대인의 협조가 없는 경우에는, 임대차계약을 체결하려는 사람은 위와 같은 방법으로 선순위 임대차계약에 관한 현황을 뜻대로 확인할 수 없다. 임대차계약의 체결(그 계약서의 작성) 전에는, 임대인이 협조를 거부할 경우, 임차의뢰인은 그러한 정보를 파악하기 위해 필수적인 '확정일자 부여현황'을 발급받을 방법이 제도상 없는 것이다. 임대차계약의 체결(그 계약서의 작성) 이후라야 임차인으로서, 즉 이해관계인으로서 발급받을 수 있다. 한편, 공인중개사는 자신이 신청하여 발급받을 방법이 아예 없다.

몇 해 전에 생긴 이러한 현행 제도에서, 임차인은 계약서를 작성한 직후에라도 스스로 위 현황을 확인하는 조치를 취할 것이 권고된다. 그리하여 임차보증금 반환이 곤란할 것으로 예상됨을 알아차리게 됐다거나 임대인의 설명에 거짓이 있음을 발견했다는 등의 사정이 있다면 적시에(중도금 · 잔금의 지급 전에) 임대차계약을 해제하거나 취소함으로써 손해의 발생이나 확대를 예방할 기회를 모색할 수 있을 것이다.

공인중개사는 임대인이 자료 제공이나 협조를 거부할 경우 임차의뢰인의 보증금의 회수가 어려워질 수 있음을 예상하여 이를 위해 적절한 조치를 할 의무, 즉 주택임대차보호법상의 정보제공요청, 주민등록법령상의 전입세대열람신청과 같은 방법을 강구하도록 그 방법을 알려주려고 설명하거나 그 방법을 취하라고 조언할 의무가 더 커지고, 공인중개사가 이러한 작위 의무를 위반하면 업무상 과실이 있다는 의견에도 일리 있는 면이 있기는 하다. 확정일자 부여현황이라는 서류의 존재, 그 중요성이나 의미에 대하여 무지하고 이를 발급받는 방법조차 모르는 국민이 다수인 마당에, 임차인이 임대차계약을 체결한 날부터는 그 중도금 · 잔금 납부 전이라도 확정일자 부여현황을 스스로 발급받아 보는 것이 가능해진다는 것을 공인중개사는 임차인에게 알려줄 의무가 있다는 고려, 임대인이 거부하는 경우라면 더욱 그러하다는 고려이다.

하지만 확정일자 부여현황 발급에 관하여 공인중개사가 설명 · 조언을 하지 않았다는 것만으로는 임차인의 임대차보증금 상실의 손해에 대한 배상책임이 발생한다고 보아서는 아니 된다. 이를 위반할 시 그 자체로 손해배상책임이 발생하는 법적 의무라고까지 보는 것은 타당하지 아니하다. 권고되는 차원의 것이라고 보아야 옳다고 본다.7) 이 사건 임대차계약 중개 시점인 2022. 8. 당시에 그러하였다는 판단으로서, 다음과 같은 점들을 고려한 판단이다.

확정일자 부여현황 발급에 관하여 공인중개사가 설명 · 조언하는 것이 '의무'라는 취지가 담긴 지침, 교육자료, 설명자료, 안내문, 의견서, 논문, 판결 등이 있는지를 이 사건 임대차계약 중개 시점과 그에 앞선 기간에 대하여 살펴보니 아무 것도 발견되지 아니한다.8) C협회가 운영하는 교육의 내용 중에도 공인중개사가 임차인에게 확정일자 부여현황 발급 방법을 설명하고 이를 발급받아 보도록 조언을 반드시

하여야 한다고 명시되어 있지 아니하다.

공인중개사가 임차인더러 확정일자 부여현황을 발급받아서 직접 확인해보라고 성심껏 설명·조언하는 것은 바람직하다. 상당수의 공인중개사가 이러한 할 일을 지금도 저버리고 있으니 안타까운 현실이다. 임대인이 자료제공을 거부하는 상황인데도 공인중개사가 임차인에게 확정일자 부여현황 발급을 해보도록 설명·조언하지 않았다면 이는 도덕적으로 비난 받을 만한 부적절한 행동이라고 해도 과언이 아니다. 그러나 그로 인해 공인중개사의 과실로 인한 불법행위가 성립하고 보증금 회수불능 상당의 손해배상책임이 발생한다고 보는 것은 부당하다.

마. 적극적 권유·유도 여부

원고의 주장 중에는, 공인중개사인 피고 B 또는 그 중개보조원 D가 원고에게 만연히 이 사건 임차목적물이 매우 안전한 매물인 것처럼 설명하여 적극적으로 임대차계약을 권유하고 유도했고 이로 인하여 임대차계약을 하게 되어 손해를 보았다는 취지도 있다 하겠다.

그러나 이를 인정할 만한 원고의 아무런 증명이 없다. 원고가 주장하려는 구체적인 경위 사실을 자세하게 적시하여 주장했다고 보기에 부족하고, 해당 증거를 제출한 바도 없다.

3. 결론

원고의 주장은 타당하지 아니하므로 이 사건 청구를 기각하기로 한다.

개정3. 공인중개사법 개정사항(2023. 4. 18. 개정 / 10. 11. 시행)

전세사기에 의한 주택임대차보호법 개정에 따른 임차인의 안전한 부동산 계약을 위하여 공인중개사법을 개정하는 것으로 중개사무소를 통한 계약체결의 안정성과 공인중개사들의 전문성을 제고함.

제1절 개업공인중개사의 고용인의 신고 등

① 개업공인중개사는 소속공인중개사 또는 중개보조원을 고용하거나 고용관계가 종료된 때에는 국토교통부령으로 정하는 바에 따라 등록관청에 신고하여야 한다. 〈개정 2008. 2. 29., 2013. 3. 23., 2013. 6. 4., 2014. 1. 28.〉

② 소속공인중개사 또는 중개보조원의 업무상 행위는 그를 고용한 개업공인중개사의 행위로 본다. 〈개정 2014. 1. 28.〉

③ 개업공인중개사가 고용할 수 있는 중개보조원의 수는 개업공인중개사와 소속공인중개사를 합한 수의 5배를 초과하여서는 아니 된다. 〈신설 2023. 4. 18.〉

제2절 중개보조원의 고지의무

중개보조원은 현장안내 등 중개업무를 보조하는 경우 중개의뢰인에게 본인이 중개보조원이라는 사실을 미리 알려야 한다.
중개보조원들이 대표인 개업공인중개사의 업무지시에 불응하고 계약서 작성, 날인, 초과수수료를 받고 전세사기를 알선하거나 채무이행 능력이 없는 임대인을 모집하여 보증금을 편취하는 유형이 많이 발생하다보니 이러한 규정이 신설된 것이다.

제3절 임대차 중개 시의 설명의무

개업공인중개사는 주택의 임대차계약을 체결하려는 중개의뢰인에게 다음 각 호의 사항을 설명하여야 한다.
- 1. 「주택임대차보호법」 제3조의6제4항에 따라 확정일자부여기관에 정보제공을 요청할 수 있다는 사항

- 2. 「국세징수법」 제109조제1항·제2항 및 「지방세징수법」 제6조제1항·제3항에 따라 임대인이 납부하지 아니한 국세 및 지방세의 열람을 신청할 수 있다는 사항 [본조신설 2023. 4. 18.]

- 3. 관련판례 대법원 2023. 11. 30. 선고 2023다259743 판결 [임대차보증금] [공2024상,104]
[1] 부동산중개업자가 직접 조사·확인하여 설명할 의무는 없으나 중개의뢰인이 계약을 맺을지를 결정하는 데 중요한 사항에 관하여 그릇된 정보를 진실인 것처럼 그대로 전달하여 중개의뢰인이 이를 믿고 계약을 체결하도록 한 경우, 선량한 관리자의 주의로 신의를 지켜 성실하게 중개해야 할 의무를 위반한 것인지 여부(적극)

[2] 다가구주택 일부에 대한 임대차계약을 중개하는 부동산중개업자가 임차의뢰인에게 부담하는 의무의 내용 및 중개업자가 고의나 과실로 이러한 의무를 위반하여 임차의뢰인에게 재산상의 손해를 발생하게 한 경우, 공인중개사법 제30조에 따른 배상책임을 부담하는지 여부(적극)

[3] 공인중개사법에 따른 중개업자인 갑이 을의 다가구주택 임대차계약을 중개하면서 다가구주택에 설정된 근저당권의 채권최고액과 실제 피담보채무액은 고지·설명하였으나, 다른 임차인의 임대차보증금 액수, 임대차의 시기와 종기 등에 관한 사항을 구체적으로 확인하여 설명하거나 근거자료를 제시하지 않았고, 중개대상물 확인·설명서 중 '실제 권리관계 또는 공시되지 않은 물건의 권리 사항'란에 임대인으로부터 구두로 확인받은 임차보증금 총액만을 기재하였는데, 이후 다가구주택에 대하여 부동산임의경매개시결정이 이루어졌고, 확정일자 부여현황 확인 결과 을보다 선순위의 임차인들이 갖는 임대차보증금 총액이 중개대상물 확인·설명서에 기재된 금액을 훨씬 초과하고 있었으며, 다가구주택은 감정평가액보다 낮은 가격에 매각되어 을이 배당절차에서 소액임차인, 근저당권 등에 대한 우선배당 결과 임대차보증금반환채권에 관하여 배당을 받지 못한 사안에서, 갑이 다가구주택의 중개업자로서 준수하여야 할 선량한 관리자의 주의의무를 다하지 않았다고 한 사례

공인중개사법 제25조(중개대상물의 확인·설명) 제1항, 제2항, 같은 법 시행령 제21조, 같은 법 시행규칙 제16조에 의하여, 중개업자는 다가구주택의 일부에 대한 임대차계약을 중개할 경우 임차의뢰인이 임대차계약이 종료된 후에 임대차보증금을 제대로 반환받을 수 있는지 판단하는 데 필요한 다가구주택의 권리관계 등에 관한 자료를 성실하고 정확하게 제공하여야 할 의무를 부담한다. 따라서 중개업자는 임차의뢰인에게 부동산등기부상에 표시된 중개대상물의 권리관계 등을 확인·설명하는 것에 그쳐서는 아니 되고, 임대의뢰인에게 다가구주택 내에 이미 거주해서 살고 있는 다른 임차인의 임대차계약내역 중 임대차보증금, 임대차의 시기와 종기 등에 관한 자료를 요구하여 이를 확인한 다음 임차의뢰인에게 설명하고 자료를 제시하여야 한다. 또한 공인중개사법 시행규칙 서식에 따른 중개대상물 확인·설명서 중 중개목적물에 대한 '실제 권리관계 또는 공시되지 아니한 물건의 권리 사항'란에는 그 내용을 기재하여 교부하여야 할 의무가 있고, 만일 임대의뢰인이 다른 세입자의 임대차보증금, 임대차의 시기와 종기 등에 관한 자료요구에 불응한 경우에는 그 내용을 위 중개대상물 확인·설명서에 기재하여야 할 의무가 있다. 그러므로 중개업자가 고의나 과실로 이러한 의무를 위반하여 임차의뢰인에게 재산상의 손해를 발생하게 한 때에는 공인중개사법 제30(손해배상책임의 보장)조에 의하여 이를 배상할 책임이 있다.

공인중개사법에 따른 중개업자인 갑이 을의 다가구주택 임대차계약을 중개하면서 다가구주택에 설정된 근저당권의 채권최고액과 실제 피담보채무액은 고지·설명하였으나, 다른 임차인의 임대차보증금 액수, 임대차의 시기와 종기 등에 관한 사항을 구체적으로 확인하여 설명하거나 근거자료를 제시하지 않았고, 중개대상물 확인·설명서 중 '실제 권리관계 또는 공시되지 않은 물건의 권리 사항'란에 임대인으로부터 구두로 확인받은 임차보증금 총액만을 기재하였는데, 이후 다가구주택에 대하여 부동산임의경매개시결정이 이루어졌고, 확정일자 부여현황 확인 결과 을보다 선순위의 임차인들이 갖는 임대차보증금 총액이 중개대상물 확인·설명서에 기재된 금액을 훨씬 초과하고 있었으며, 다가구주택은 감정평가액보다 낮은 가격에 매각되어 을이 배당절차에서 소액임차인, 근저당권 등에 대한 우선배당 결과 임대차보증금반환채권에 관하여 배당을 받지 못한 사안에서, 갑이 중개대상물 확인·설명서에 기재한 내용은 임대인으로부터 구두로 확인받은 금액이 전부로 다가구주택 임차인들의 실제 보증금이 얼마인지, 그중 소액보증금이 얼마인지를 전혀 알 수 없게 되어 있고, 그 금액조차 실제 선순위 임차인들의 임대차보증금 총액에 미달하였으며, 중개업자로서는 임대인이 관련 자료제공을 거부해 실상을 정확히 알기 어려웠더라도 다가구주택의 규모와 전체 세대수, 인근 유사 부동산의 임대차보증금 시세에 비추어 임대인이 구두로 확인한 금액이 실제와 다를 수 있고 상당수의 소액임차인이 있을 것임을 충분히 알 수 있었다고 보아야 하는데도, 갑은 중개대상물 확인·설명서에 임대인이 총액으로 알려준 금액만을 기재하였을 뿐 그 내용이 불충분하거나 부정확할 수 있음을 알리는 등으로 다가구주택의 중개업자로서 준수하여야 할 선량한 관리자의 주의의무를 다하지 않았고, 을로서는 이러한 사정을 알았다면 다가구주택을 임차하지 않았거나 적어도 같은 조건으로는 계약을 체결하지 않았을 여지가 큰데도, 갑이 중개대상물 확인·설명의무를 부실하게 한 것이 아니라고 본 원심판단에 법리오해 등의 잘못이 있다고 한 사례이다. 따라서 이 또한 공인중개사의 중개대상물 확인·설명의 일부라고 보는 판결이다. 공인중개사의 소극적인 의무이행은 문제가 된다는 것이다.

알기쉬운 부동산경매

2024년 3월 1일 초판 1쇄 인쇄
2024년 3월 5일 초판 1쇄 발행

저　자	|	김 상 진 • 著
발 행 처	|	도서출판 에듀컨텐츠휴피아
발 행 인	|	李 相 烈
등록번호	|	제2017-000042호 (2002년 1월 9일 신고등록)
주　소	|	서울 광진구 자양로 28길 98, 동양빌딩
전　화	|	(02) 443-6366
팩　스	|	(02) 443-6376
e-mail	|	iknowledge@naver.com
web	|	http://cafe.naver.com/eduhuepia
만든사람들	|	기획·김수아 책임편집·이진훈 최성은 이은미 하지수
		디자인·유충현 영업·이순우

ISBN　978-89-6356-424-1 (13360)
정　가　26,000원

ⓒ 2024, 김상진, 도서출판 에듀컨텐츠휴피아

이 책은 저작권법에 따라 보호받는 저작물이므로 무단전재와 무단복제를 금지하며, 책 내용의 전부 또는 일부를 이용하려면 반드시 저작권자 및 도서출판 에듀컨텐츠휴피아의 서면 동의를 받아야 합니다.

ISBN 978-89-6356-424-1